edition C·H·Beck PAPERBACK

Werner Dahlheim

DIE WELT ZUR ZEIT JESU

Verlag C. H. Beck

Für Elisabeth

Dieses Buch erschien zuerst in gebundener Form im Verlag C.H.Beck
(1.–3. Auflage. 2013, 4. Auflage. 2015)

Mit 50 Abbildungen, 11 Karten sowie zwei Zeittafeln

1. Auflage in der *edition* C.H.Beck Paperback 2017

Satz: Janß GmbH, Pfungstadt
Druck und Bindung: Druckerei C.H.Beck, Nördlingen
Umschlaggestaltung: Nach einem Konzept von Kunst oder Reklame, München
Umschlagabbildung: Modell der Rekonstruktion des Zweiten Tempels in Jerusalem (ca. 515 v. Chr. bis 70 n. Chr.); © akg-images / Leo G. Linder
Gedruckt auf säurefreiem, alterungsbeständigem Papier
(hergestellt aus chlorfrei gebleichtem Zellstoff)
Printed in Germany
ISBN 978 3 406 71507 5

www.chbeck.de

Inhalt

Vorwort

«Die Verdrängung der heidnischen Religion durch die christliche ist eine von den wunderbaren Revolutionen, deren Ursachen aufzusuchen den denkenden Geschichtsforscher beschäftigen muss.»
Hegel

Für viele Jahrhunderte war das christliche das offizielle Glaubensbekenntnis des abendländischen Menschen. Es hat seine Wertmaßstäbe geschaffen, seine Institutionen geprägt und seine Bildung beherrscht. Es kam in die Welt, als Augustus Monarch in Rom war. Es breitete sich aus, als das Imperium die Enden der Welt erreicht hatte. Und es verdankte seine Gestalt dem Weltreich und dem besonderen politischen und geistigen Zustand des griechischen Ostens und des lateinischen Westens. Hier wie dort verkündete eine wachsende Schar von Predigern die Ankunft eines Gottesreiches, das allen das ewige Leben versprach, wenn ihr irdischer Weg vollendet war.

Mit diesem Glaubenssatz traten in der Antike zum ersten Mal Menschen auf, die all ihre Hoffnungen auf die Zukunft setzten. Das taten andere auch, aber sie träumten von der Wiederkehr des Goldenen Zeitalters auf dieser Erde und in diesem Leben, nicht von einer besseren Welt jenseits des Todes. Dort jedoch, versicherten die Christen, und nur dort warte die Ewigkeit und die Glückseligkeit des Himmels. Was auf Erden nicht sein konnte, war dort. Diese Botschaft gewichtete alle bisher anerkannten Werte um. Soziale und politische Pflichten wurden der Frage unterworfen, ob ihre Beachtung während der irdischen Pilgerzeit dem ewigen Heil diente oder es zu verwirken drohte. Denn am Eingangstor zum Paradies wartete der von den Toten auferstandene Christus als Richter.

Dieses Buch hat viele Fragen zu beantworten. Wie kam es zur Ausbildung des Dogmas von einem Gott, der seinen Sohn Mensch werden ließ und seiner Kreuzigung zusah, um die Sterblichen von ihren Sünden zu erlösen? Wie war die Welt beschaffen, die diese Überzeugung, entstanden am Rande des römischen Reiches, «den Heiden eine Torheit, den Juden ein Ärgernis», am Ende annahm? Welchen geistigen Einflüssen unterlag ein

Glaube, der innerhalb des Judentums aufkeimte, dessen Missionare sich jedoch von ihm ab- und den heidnischen Bewohnern der Städte des Imperiums zuwandten?

Welche Lebensformen entwickelten sich aus dem revolutionären Gedanken, der Mensch müsse, um das ewige Leben zu finden, das irdische verlieren? Welches Verständnis von Religion eignete dem römischen Staat, der die jüdischen Verehrer Jahwes gewähren ließ, die Christen jedoch als Verbrecher einstufte? Wo lagen die Grenzen der christlichen Überzeugungskunst, welche Menschen verschlossen ihre Ohren vor den Predigten christlicher Missionare und warum?

Und schließlich (alles andere überlagernd): Warum siegte der auf Befehl eines römischen Statthalters in Jerusalem Gekreuzigte über seine Widersacher, obwohl seine Anhänger ihren Nachbarn als Fremde begegneten? Was bewegte diesen Nachbarn am Ende trotzdem, sich taufen zu lassen? Bedeutete der Aufstieg des Christentums eine Revolution in der Religions- und Geistesgeschichte oder brachte er zu Ende, was in der Geschichte angelegt und daher folgerichtig war? Hat nicht doch, wie die Christen glaubten, Gott, als er seinen Sohn Fleisch werden ließ, auch Augustus zum Herrn eines weltweiten Reiches gemacht, in dem sich die Verkünder des neuen Glaubens frei bewegen konnten?

*

Wer Geschichte schreibt, macht sich über das «Wie» Gedanken. Denn er muss der Pflicht zur quellenkritischen Analyse ebenso gehorchen wie der Kunst, seine Leser zu unterhalten. Dieser vertraut ihm, dass er das Regelwerk seiner Wissenschaft beherrscht. Aber er verlangt zugleich und durchaus energisch, nicht mit ausufernden Anmerkungen oder zunfttypischem Kauderwelsch misshandelt zu werden. Dies zu beherzigen, ist mehr als eine Stilfrage, geht es doch darum, dem Wunsch gerecht zu werden, einst Geschehenes wieder zum Leben zu erwecken. Es ist ein menschliches Urbedürfnis, fremd gewordene Erscheinungen zu erklären, indem man sie in Geschichten hüllt. Der Historiker wird dieser Einsicht nicht ausweichen können.

So folgt dieses Buch dem Rat Theodor Mommsens, der Historiker möge nicht immer den Rock mit den Nähten nach außen gewendet tragen und die Gelehrsamkeit auch einmal in der Tasche stecken lassen. Schließlich erwarte der Leser, schrieb schon Edward Gibbon hundert Jahre vor Mommsen, nicht nur Belehrung, sondern ebenso Vergnügen. Was einst galt, gilt noch heute. Der Gründer der Schule der *Annales*, Marc Bloch, forderte von seinen Schülern, der Forschung ihren Anteil an Poesie zu lassen; «vor allem sollten wir uns dessen nicht schämen. Es wäre töricht zu glauben, dass sie wegen ihres starken Einflusses auf unser Empfindungsvermögen weniger geeignet sei, auch unseren Verstand zu befriedigen.» Der Satz mag diesem Buch als Leitmotiv dienen.

Ich schulde vielfältigen Dank:

Meinem Bruder Richard für die kritische Durchsicht des Manuskripts und Frau Dr. Kerstin Zevallos Padilla für wertvolle stilistische Anregungen und das Register. Im Verlagshaus sorgte mit gewohnter Umsicht und förderlicher Kritik Stefan von der Lahr für ein gutes Gelingen. Andrea Morgan half tatkräftig bei der Beschaffung der Karten und Bilder. Die Zusammenarbeit mit allen war ein Genuss.

Gewidmet ist dieses Buch meiner Enkelin Elisabeth. Sie wird einmal als Kommandantin eines Raumschiffes neue Welten erkunden. Von den alten erzählt ihr auf den langen Fahrten das Buch ihres Großvaters.

Werner Dahlheim

I

Zeit und Raum

«Da die Heilige Schrift nicht lügt, deren Berichte über die Vergangenheit durch die Erfüllung ihrer Voraussagen beglaubigt werden, ist es abwegig, wenn behauptet wird, es hätten Menschen aus unseren Breiten den unermesslichen Ozean überquert, um zu Schiff von dieser auf jene Seite gelangen zu können, sodass auch dort ein von jenem ersten Menschen abstammendes Geschlecht hausen würde.»

Augustinus, Gottesstaat

1. Die Zeit

Es gibt nicht viele Perioden in der Geschichte, die mehr pulsierendes Leben, mehr religiöse Erschütterungen, mehr Hoffnung und Verzweiflung gekannt haben als die Zeit um 100 v. Chr. bis um 100 n. Chr. Diese beiden Jahrhunderte überragen die anderen der Antike, enthalten sie doch am meisten von dem, was ihnen vorausging, wie von dem, was ihnen folgte. Damals brachen die hellenistischen Reiche zusammen und römische Armeen überfielen die Länder vom Atlantik bis zum Euphrat, von der Sahara bis zur Donau. Städtische Kultur und Lebensart breiteten sich aus und die wissenschaftliche Erforschung der Welt erreichte ihren vorläufigen Höhepunkt. Die römische Republik versank in Bürgerkriegen und räumte der Monarchie das Feld. Diese bewahrte das Imperium vor dem Abgrund und versprach seinen Bewohnern den Frieden. Als sie Wort hielt, stimmten die alten Eliten und die Untertanen ihrer Herrschaft zu und träumten von einem Reich ohne Ende in Raum und Zeit.

Die Situation änderte sich erst mit dem Ende des 2. Jahrhunderts. Es begann an der Donau. Seit 166 drangen Markomannen, Quaden und Jazygen, selbst getrieben von nachdrängenden Stämmen, in die Donauprovinzen ein und gelangten bis Oberitalien. Der Einbruch konnte zehn Jahre später noch einmal abgeriegelt werden. Von diesem Tag an sah sich Rom

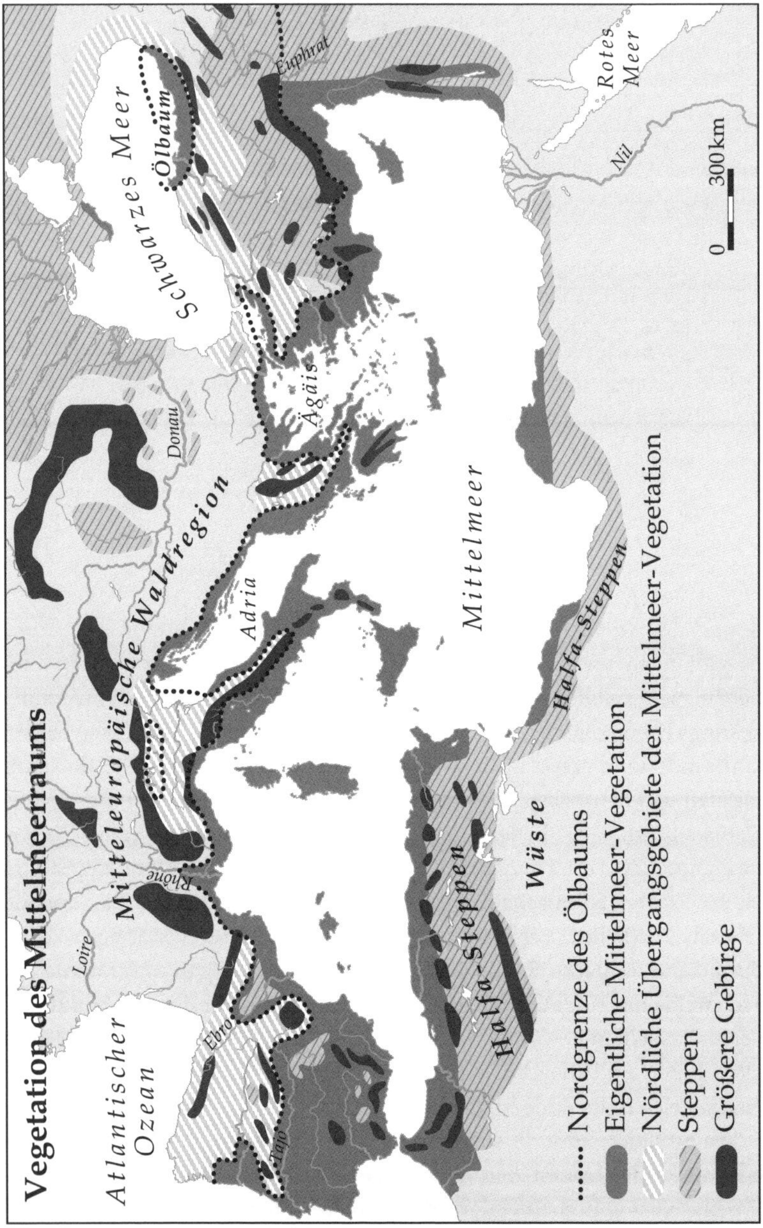

Karte 1
Die Vegetation des Mittelmeerraums

jedoch Völkern gegenüber, die sich – weit von den römischen Grenzen entfernt – im heutigen nord- und mitteldeutschen Raum sammelten und ihre Nachbarn auf die römischen Grenzen zutrieben. Dabei gruppierten sich die alten Verbände zu den Großstämmen der Alemannen, Franken, Markomannen und Quaden um, während neue auf Rhein und Donau vorrückten: Goten, Vandalen, Heruler und Burgunder, denen sich auf dem Balkan iranische Sarmaten zugesellten. Die einen kamen, um zu plündern, die anderen boten Waffendienste für Land. Manche trieben Abenteuerlust und märchenhaft ausgeschmückte Geschichten vom sonnigen und fruchtbaren Süden. Alle aber kamen, um teilzuhaben an einem Glück, das ihnen fremd war.

Auch im Osten brachen die Grenzen. 224/225 n. Chr. erstarkte dort ein persisches Großreich, das die alte Herrschaft der Parther beendete und den syrischen und asiatischen Raum für sich beanspruchte. Im Titel «König der Könige» des neuen Herrschergeschlechts der Sassaniden spiegelte sich das Ausmaß, wie die Erinnerung an die verklärte Geschichte der großen Perserkönige des 6. Jahrhunderts v. Chr. zum politischen Programm gefror. Fortan behauptete neben Rom eine zweite Macht, zur Weltherrschaft berufen zu sein. Als im Juni 260 der Römer Valerian vor dem Perser Schapur I. auf die Knie fiel, begriff in Rom auch der Letzte, wie gründlich sich die Welt verändert hatte.

In diesen Jahrhunderten begannen die Christen ihre lange Wanderung durch die Geschichte. Als sich die Ersten zum Glauben an einen für ihre Sünden gestorbenen und wieder von den Toten auferstandenen Erlöser bekannten, beriefen sie sich auf einen Mann, der am See Genezareth gelebt und in den umliegenden Dörfern gelehrt, der Dämonen ausgetrieben und Kranke geheilt hatte. Bei seiner ersten Pilgerfahrt nach Jerusalem verdächtigte ihn der römische Statthalter des Aufruhrs und ließ ihn kreuzigen. Seine Anhänger blieben jedoch zusammen und folgten dem Ruf «Gehet hin in alle Welt». Sie mieden das flache Land und eilten in die Städte, um dort von der Auferstehung und dem ewigen Leben zu predigen, das jenseits des Todes auf jeden Menschen warte. Ihre ersten Ziele waren das syrische Antiochia und die hellenistischen Städte. Hier fanden sie Luxus und Elend, überschäumende Freuden und die Sorge um das tägliche Brot, aber auch geistige Beweglichkeit und alle Spielarten des menschlichen Lebens – im Guten wie im Bösen. Die Intoleranz der Neuankömmlinge gegenüber den Göttern und dem von ihren Nachbarn geübten Lebensstil machte sie zu Fremden in dieser Welt.

Dreihundert Jahre später hingegen, beginnend mit dem Toleranzedikt des Kaisers Galerius (311) und der Taufe Konstantins (337), bestimmten ihre Normen das Leben, beherrschten ihre Eliten als Bischöfe die Städte und als Beamte die kaiserliche Bürokratie und ihre jungen Männer kämpften in den Legionen. Dazwischen lagen Jahre der Verfolgung und der gesellschaftlichen Missachtung. Doch selbst in diesen Zeiten verstummten die christlichen Stimmen nicht, die auf Verständigung drängten. Wie aber konnten sie die Frommen überzeugen, die auf ihrer Pilgerreise die irdische Welt nur als Brücke zu einer besseren verstanden? Wie fanden sie den Weg, die Nöte ihrer Nachbarn ernst zu nehmen und zu verstehen, dass dieselben auch auf ihren Nägeln brannten? Und warum sollten sie lernen, selbst in den Jahren der härtesten Prüfung für die Dauer des Reiches zu beten und seine Ordnung anzuerkennen?

2. Der Raum

Das Imperium Roms

Die Macht Roms reichte am Ende der Republik von den Ufern des Euphrat bis zu den Küsten des Atlantiks und von den Wüsten Nordafrikas bis zu den Gebirgsketten der Alpen. Römische Generäle durchmaßen die Länder von Spanien bis Persien, von England bis Ägypten und verurteilten weit voneinander entfernte und ganz unterschiedliche Länder zu einem gemeinsamen Schicksal. Die noch im 2. Jahrhundert v. Chr. herrschende Vorstellung von der Begrenztheit des Raumes löste sich auf. Die Kriegszüge in die großen Binnenräume im Norden des Imperiums, nach Gallien, Belgien, Britannien, Mitteleuropa bis zum Donaubecken und die Einrichtung von Provinzen jenseits des Mittelmeerraumes veränderten alles.

Die historische Geografie des weit gereisten Griechen Strabon dokumentiert das neue Raumgefühl ebenso wie die Weltkarte des Agrippa (gest. 12 v. Chr.). Nach dem Tod seines getreuen Sekundanten befahl Augustus, sie öffentlich auszustellen, und unterstrich damit die Entschlossenheit Roms, Gebieter der Welt zu sein und zu bleiben. Jahrzehnte später schlug Seneca, der Lehrer Neros (37 bis 68), einen Bogen weit in die Zukunft, als der Chor in seiner Tragödie *Medea* prophezeite, man müsse nur von der äußersten Küste Spaniens mit östlichen Winden nach Westen segeln, um in wenigen Wochen Indien zu erreichen: «Es werden Zeiten kommen, da der Ozean die Riegel seiner Geheimnisse lockert und ein riesiges Land offen steht und Thetys [die Göttin des Meeres] neue Welten erschließt und nicht mehr Thule das Ende der bekannten Welt ist.»[1] Augustus und seinen Nachfahren fehlten die Schiffe, nicht der Wille, danach zu suchen.

Innerhalb seiner Grenzen teilte sich das Reich einerseits in den seit Menschengedenken stadtstaatlich geformten griechischen Osten jenseits der Adria, in die von Griechen und Phönikern nur an den Küstenzonen verstädterten Westprovinzen des Mittelmeeres in Afrika, Spanien und Südfrankreich, und andererseits in die von Barbaren besiedelten Nordprovinzen von Britannien bis zum Schwarzen Meer. Innerhalb dieser Zonen lebten unübersehbar viele Gesellschaften, deren Sprachen, Kulte, Rechtsordnungen und Verhaltensnormen wenig oder nichts miteinander zu tun hatten. Zusammengehalten wurde das Ganze zunächst durch das Schwert des Legionärs – doch es entschied nicht über seine Dauer. Diese gründete sich allein auf den Entschluss der Besiegten, von ihrem alten Leben Abschied zu nehmen, als die Wunden der Niederlage vernarbten, und all ihre Hoffnungen und Energien auf die römisch gewordene Zukunft auszurichten.

Die Römer haben die Welt nicht erschaffen, die sie für viele Jahrhunderte beherrschten. Aber sie haben sich die ihnen überlegene griechische Kultur einverleibt und alle anderen Lebensformen so geprägt, dass das meiste von dem, was vor ihnen da war, seine Bedeutung verlor. Dies ist das eine. Das andere folgte aus der Größe des Reiches. Sie unterwarfen die Völker Spaniens, Galliens, Britanniens, Westgermaniens und des Balkans und verbanden sie auf vielfältige Weise mit den Menschen des Mittelmeerraumes: Sie lehrten sie die lateinische Sprache, tolerierten die griechische, zwangen den barbarischen Stämmen ihre urbane Lebensform auf und gaben ihren Eliten das Bürgerrecht Roms.

In diesem durch Politik, Raumverständnis und Kultur gegliederten Reich sahen die Menschen ein der Zeit entrücktes, von den Göttern geliebtes Imperium. Es umschloss eine Welt der besonderen Art, vielgestaltig und dank seiner geografischen Lage und seines Klimas besonders geeignet, die persönlichen und staatlichen Tugenden zu fördern. Sein Herz schlug in Rom. Dies entsprach der Logik einer zweihundertjährigen Geschichte, in der der Westen über den Osten triumphiert hatte. Dies änderte sich erst, als seit dem Sieg Konstantins über seinen Rivalen Licinius (324 n. Chr.) am Bosporus, an der Stelle des alten Byzanz, eine zweite Hauptstadt des Reiches wuchs: Konstantinopel. Gelegen an der Nahtstelle zwischen Europa und Asien und gleich nahe den am meisten bedrohten

Fronten des Reiches in den Balkanprovinzen, in Armenien und in Syrien, gab sie dem nie erloschenen Gefühl der Griechen, die eigentlich von der Geschichte Auserwählten zu sein, ein politisches Zentrum. Sie wussten es zu nutzen.

Zwei lange Jahrhunderte gewährten die Götter Rom ihre Gunst, zwei Jahrhunderte lang fand sich kein Gegner, der die Grenzen oder gar den Bestand des Reiches hätte gefährden können. Denn nach den Eroberungen des Augustus in Mitteleuropa war es von einer stillen Welt umgeben. In ihr – wenn sie überhaupt bewohnt war – gab es keinen Zusammenhalt und keine Veränderung. Die afrikanischen Territorien durchzogen Wüstennomaden; ihre klimatisch bedingten Wanderungen konnten lange ohne Mühe von den Grenzen ferngehalten werden. Im Westen und Norden stießen die Provinzen an die Wasserwüsten des Atlantiks oder an unwegsame Wald- und Steppengebiete. Sie waren dünn besiedelt und beherbergten in Fehden verstrickte Stämme, unfähig, politisch stabile Organisationsformen zu finden. Sumpf und Urwald hatten dort alle Kultur begraben.

Im Osten hatten asiatische Monarchien und Fürstentümer nicht die Kraft, sich zusammenzuschließen und gemeinsam Politik zu betreiben. Jenseits der Grenzen gab es keinen Konkurrenten, der das, was den Völkern des Reiches an Ideen und Visionen für eine eigene Zukunft fehlte, von außen an sie herangetragen hätte.

Eine derartige Konstellation der äußeren Welt gewährte die Geschichte erst wieder den neuzeitlichen Kolonisatoren auf dem amerikanischen und dem afrikanischen Kontinent. Wie einst in der Antike bot sie die Voraussetzung für die Errichtung und den Bestand imperialer Herrschaft. Diese aber verlangt nach Zustimmung und kann nur auf der Einsicht gründen, dass «die Zerstörung des Reiches nicht geschehen könne, ohne den Ruin auch seiner Zerstörer».[2] Es war ein römischer General, der mit dieser Wahrheit Aufständische zur Räson bringen wollte.

Rom hat den Glauben an die Ewigkeit seiner Herrschaft nie aufgegeben – auch nicht, als 410 die Stadt in die Hände der Westgoten fiel. Augustinus erlebte den Markstein der Geschichte als beispiellose Katastrophe, doch er konnte und wollte das Sterben dieser einzigartigen Weltordnung nicht sehen, obwohl er als Christ doch wusste, dass sie wie jede menschliche Einrichtung sterblich war. Aber er war ehrlich zu seinen Hörern, die er als Bischof trösten musste, ohne sie zu belügen: «Verliert nicht den Mut, Brüder, jedes irdische Königreich wird ein Ende haben. Gott sieht, ob dies

Das Weltbild der Kaiserzeit

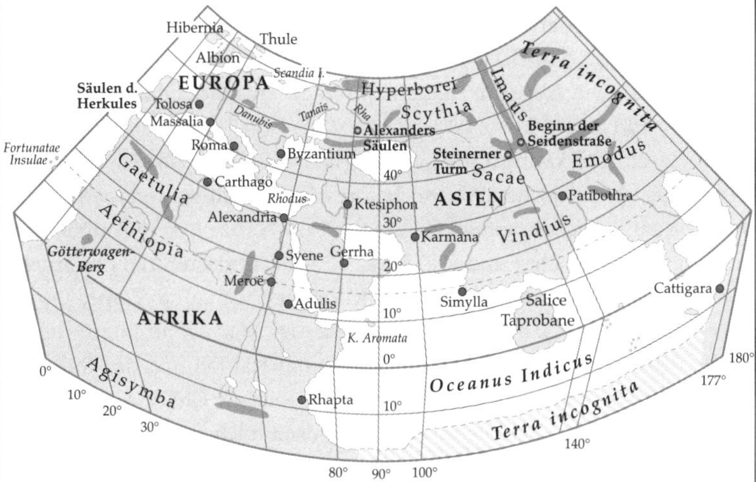

Karte 2
Das Weltbild der Kaiserzeit nach Klaudios Ptolemaios (um 150 n. Chr.). Ptolemaios schrieb «Geografische Anleitungen (zum Kartenzeichnen)», die den Standort von rund 8000 Orten nach Länge und Breite berechneten. Sein Werk blieb bis in die Neuzeit maßgebend.

jetzt das Ende ist. Vielleicht ist es noch nicht dazu gekommen. Aus irgendeinem Grunde – nenne es Schwäche oder Erbarmen, oder bloß Erbärmlichkeit – hoffen wir alle, dass es noch nicht gekommen ist.»[3]

Die Hoffnung trog nicht – noch nicht. Im 6. Jahrhundert gelang es Kaiser Justinian (527–565) noch einmal, die Germanenreiche im Westen niederzuwerfen und das Imperium bis zum Atlantik wiederherzustellen. Noch einmal durften große Siege gefeiert werden, zum letzten Mal gerieten die Küsten des Mittelmeeres in eine Hand. Dann aber fiel der Vorhang. Byzanz wandte sein Gesicht nach Osten und die Bühne Italiens füllte sich mit Langobarden. Als sich ihre Scharen unter der Führung ihres Königs Agilulf 593 Rom näherten, sprach Papst Gregor der Große, der letzte Abkömmling eines alten römischen Adelsgeschlechts, in der Basilika des heiligen Petrus von den Prophezeiungen des Ezechiel. Zum Sterben bereit duckten sich die unglücklichen Enkel Ciceros unter den schwermütigen Worten ihres Hirten, mit denen er dem einst mächtigen Rom die Exequien sang:

«Von unermesslichem Schmerz, von Entvölkerung der Bürger, vom Sturm der Feinde, vom Schutt der Ruinen ist sie darniedergebeugt, die einstige Herrin der Welt. Wo ist der Senat, wo ist das Volk? Die Knochen sind aufgelöst, das Fleisch zerstört, aller Glanz weltlicher Würde ist in ihr ausgelöscht. Alle ihre Helden, durch die sie einst fremdes Eigentum raubte, sind tot.»[4]

Die Geschichte kennt die Unvergänglichkeit nicht. Was für sie in der Gestalt des augusteischen Weltreiches geschaffen schien und in der Tat so lange bestand wie die ganze Geschichte der Neuzeit, zerfiel unter dem Ansturm germanischer und arabischer Krieger und im Streit christlicher Theologen. Von nun an gingen die Mittelmeerwelt und Zentraleuropa eigene Wege. Das 7. Jahrhundert zeichnete drei Machtzentren auf die politische Landkarte: Byzanz, die Herrschaft der Kalifen und das Reich der Franken. Dessen Vollender, Karl der Große, war als Christ an die Macht gekommen. Sein Reich, obwohl weder römisch noch europäisch, sondern germanisch, bildete die Basis für das mittelalterliche Europa, dessen Herrscher sich ihren Untertanen als die Nachfolger des Augustus vorstellten und ihre Macht von der römischen Kirche segnen ließen.

Die Grenzen der zivilisierten Welt

Zu Beginn des 3. Jahrhunderts schrieb ein syrischer Edelmann aus Edessa, ein gewisser Bardesanes, ein Werk über die *Gesetze der Länder.* Er war ein Mann von umfassender Bildung, Philosoph und Christ dazu, der in seinem Werk vom Atlantik bis nach China blickte und die Herrlichkeiten des städtischen Lebens zum Kriterium der Grenzziehung zwischen Wildnis und Kultur machte. Seine Heimat lag am Nordrand des Fruchtbaren Halbmondes, dessen Bewohner zwischen zwei Reichen lebten, dem persischen und dem römischen. Ihre Perspektiven reichten denn auch vom Mittelmeer bis nach Mittelasien. Dort, von Andalusien bis nach Turkestan, in der Lichterkette alter, von Griechen, Römern und Persern zivilisierter Länder, war es eine Lust zu leben. Die Welt jenseits davon war gleichermaßen bunt und vielfältig, zugleich war sie unzugänglich und bedrückend:

«Im Lande der Araber und Sarazenen, im oberen Libyen, bei den Mauretaniern, im Lande der Numider, an der Mündung des Ozeans, im äußeren Germanien, im oberen Sarmatien, in Spanien, in allen Ländern nördlich von Pontos, im ganzen Reich der Alanen, bei den Albaniern, in den Ländern jenseits des Oxus, da sieht niemand Maler oder Bildhauer oder Salbenhändler, da gibt es keine Geldwechsler und Dichter.»[5]

Die römischen Eroberer haben sich von dem Mangel an Bildhauern oder Salbenhändlern nicht schrecken lassen und immer wieder die Grenzen der bekannten Erde überquert. Sie führten ihre Legionen über den Euphrat und in den Sudan, über den Rhein und nach Britannien, getrieben von Ruhmsucht, Beutegier und der Hoffnung, Jupiter habe es ernst gemeint, als er verkündete, «weder in Raum noch Zeit setze ich Rom eine Grenze. Ein Reich ohne Ende habe ich verliehen.»

Der erste Kaiser Augustus folgte dieser Verheißung – entsprach sie doch seiner Sehnsucht. Er gehorchte damit dem unverrückbaren Grundgesetz, dass in Rom nur der nach der Macht greifen durfte, der willens und fähig war, das Reich bis an die Grenzen des Horizonts auszudehnen. So führte er Krieg wie niemand vor und niemand nach ihm. Der Stolz darauf prägte sein politisches Testament. Kriege habe er auf dem ganzen Erdkreis geführt, heißt es dort, und kein Hindernis habe ihn aufgehalten: «Bei allen Provinzen, die Völker zu Nachbarn hatten, die unserem Befehl nicht gehorchten, habe ich die Grenzen erweitert», beginnt der militärische Teil seines Tatenberichts. Je gebannter ihm der Leser folgt, umso unverhüllter tritt ihm der Herr der Welt entgegen.[6] Und umso augenfälliger wird, dass Rom sich niemals als ein auf das Mittelmeer und seine Küsten beschränktes Imperium begriffen hat.[7]

Das Meer

Aufhalten konnte die imperiale Leidenschaft Roms nur das Meer. Die römischen Admiräle hatten nur wenige hochseetüchtige Schiffe, verfügten über eine Navigationskunst, die allenfalls das Herumkriechen entlang der Küsten gestattete, und besetzten die Ruderbänke mit Männern, deren Furcht sie zu latenten Meuterern machte. Zudem: Was sollte sie an der Weite des Ozeans reizen, die der Sahara vergleichbar war, konturlos und kaum auszumessen? Selbst der Furchtloseste zitterte beim Anblick des gestaltlosen Wassers: «Ich meine ja immer», sinnierte bereits bei Homer der phäakische Königssohn, als er die Elendsgestalt des gestrandeten Odysseus in der Halle sitzen sah, «Übel gibt es genug, doch kein andres vergleicht sich dem Meere; dieses zerrüttet den Mann und hätte er riesige Kräfte.»[8] Der Apostel Paulus hätte wohl zugestimmt. «Dreimal», klagte er, «habe ich Schiffbruch erlitten, eine Nacht und einen Tag über dem Meeresgrund habe ich durchgemacht.»[9]

Viele Generationen tapferer griechischer Seeleute haben die Furcht vor dem Meer nicht ablegen können. Die Römer konnten es ohnehin nicht.

Groß geworden in den Landkriegen gegen die Städte und Stämme Italiens, bauten sie seit 260 v. Chr. gegen Karthago Schiffe und ließen sie dann verrotten, sobald der Krieg vorbei war. Ihre Expansion in den östlichen Mittelmeerraum deckten seetüchtige Bundesgenossen, und wo immer sie konnten, planten sie Straßen, um der See zu entgehen. Erst unter Pompeius fuhren römische Flotten über die See, als übermütig gewordene Seeräuberkapitäne die Herren der Meere spielen wollten.

Die Römer und selbst der als Abenteurer Geborene fürchteten neben den Schrecken des Wassers die Götter, die jeden bedrohten, der den Menschen verschlossene Gefilde betrat. «Schon sehen sie», erinnerte sich der von einer Fahrt in den unbekannten Norden glücklich heimgekehrte Seemann, «in ihrem Rücken Tag und Sonne verschwunden, längst schon vertrieben aus den bekannten Grenzen des Erdkreises. Jetzt meinen sie, jener Ozean, der unter seinen trägen Wellen gewaltige Ungeheuer, der überall wütende Haie und Seeungeheuer birgt, erhebe sich und ergreife die Schiffe; sich selbst vermeinen sie schon wehrlos den wilden Tieren ausgeliefert, zerrissen zu werden in unheilvollem Lose.» Der Mann am Ausguck habe beim Anblick der Wassermassen die Nerven verloren und geschrien: «Wohin treiben wir? Es flieht selbst der Tag, und den Erdkreis, den wir verließen, schließt in ewige Finsternis die Natur an der Grenze der Welt.» Die Götter selbst hätten, so schließt der Bericht, dem Menschen verboten, das Ende der Welt zu sehen. «Warum also verletzen wir mit unsern Rudern fremde Meere und heilige Gewässer und stören der Götter ruhige Sitze?»[10]

Dennoch haben Wagemutige den Atlantik befahren, von den Säulen des Herakles bis in den hohen Norden – diesen schmalen, häufig von wilden Stürmen heimgesuchten Meeresstreifen zwischen den Küsten Spaniens, Galliens, Irlands und Britanniens. Auf dieser Süd-Nord-Route wagten sich nur wenige Handels- und Forscherschiffe über die raue See, wo «Dunkelheit das Tageslicht mit einer Hülle umzieht, weil Nebel stets das Meer verdeckt und weil dort ständig bewölktes Wetter mit dicker Luft herrscht».[11] Viele mussten erfahren, dass es allzu kühn war, sich einem dünnen Holz anzuvertrauen und ins Ungewisse hinauszufahren, «wo ein allzu schmaler Grenzstreifen die Pfade von Leben und Tod trennt».[12] Einige aber scheuten die härteste Schule der Seefahrt nicht und die sie bestanden, zeigten späteren Generationen den Weg zur Eroberung auch der fernsten Inseln der Meere.

Einer von ihnen hat seine Fahrten beschrieben: Pytheas aus Massilia (Marseille), gestorben um 310 v. Chr. In seiner Schrift *Über den Ozean* las und bestaunte man, was er gesehen und erforscht hatte. Die Kaufleute seiner Heimatstadt hatten ihm, als Alexander nach Indien zog, eine Flotte ausgerüstet und das Kommando mit der Order übertragen, neue Wege zu dem begehrten Zinn zu finden. Dieses Metall, unverzichtbar für die Herstellung von Bronze, musste aus dem fernen britannischen Cornwall herbeigeschafft werden. Pytheas ließ sich von den umlaufenden Geschichten nicht schrecken, dass der Ozean jedes Schiff hinab ins Dunkel ziehe, fuhr nach Norden und erreichte Cornwall. Von dort trieb ihn der Ehrgeiz, das Nordland zu erkunden und die letzten Dinge zu sehen. Also umfuhr er Britannien, sichtete Irland und sah zu guter Letzt hoch im Norden Thule, eine Tagesfahrt vom «geronnenen» Meer entfernt. Er war an dem Ort angekommen, «wo die Sonne schlafen geht» und wo «es zur Sonnenwende, wenn die Sonne im Zeichen des Krebses steht, keine Nächte gibt».[13]

Kein Zweifel: Dieser mutige Grieche hatte das äußerste Ende der Welt erreicht. Dort, protokollierte er, verdichteten sich Land, Wasser und Luft zu einem schwebenden Durcheinander, das einer «Meerlunge» gleiche, und diese sei gleichsam das Band des Alls, weder begehbar noch befahrbar. Den triumphierend Heimgekehrten bewunderten seine Zeitgenossen, aber sie glaubten ihm nicht. Denn eine im arktischen Dunkel erstarrte Welt wollte so gar nicht zu den eigenen Erfahrungen passen. Also legte man seinen Bericht beiseite.

Allein in Alexandria beugte sich Eratosthenes (gest. um 194 v. Chr.), der größte Gelehrte seiner Zeit, über das Werk des vermeintlichen Fabulierers, der viele Seemeilen gefahren war, um Zinn zu suchen und sein Wissen zu mehren. Als Erstes fand er bestätigt, dass der Ozean und folglich die Erde eine Kugel sei. Deren Umfang berechnete er durch Messungen der Sonnenhöhe zur Zeit der Sommersonnenwende (rd. 39 700 Kilometer), zeichnete die Erdkarte in ein Koordinatennetz von Längen- und Breitengraden und trug dort den eurasischen Kontinent ein. Er nahm, von den Säulen des Herakles bis zur Ostküste Indiens reichend, etwa drei Fünftel der nördlichen Hemisphäre ein. Die Folge war ebenso logisch wie verblüffend: Wer von Gibraltar nach Westen fuhr, hatte nur etwa 18 500 Kilometer vor sich, bis er Indien erreichte.[14]

Solche Einsichten tauschten die Gelehrten unter sich aus. Niemand dachte daran, praktische Konsequenzen daraus zu ziehen. Sie dienten dem Verständnis der Ordnung des Kosmos und nicht als Gebrauchsanweisungen für Händler und Seefahrer. So dauerte es über 100 Jahre, bis sich erneut ein Gelehrter mit den Berechnungen des Eratosthenes befasste: Poseido-

Abb. 1

Giulio Romano zeichnete 1530 Karl V. als römischen Feldherrn, bekränzt von Victoria, der Göttin des Sieges, der auf dem Weg in die Neue Welt die Säulen des Herakles (Gibraltar) bezwingt, ermutigt von Herakles und Poseidon. Die aus der Antike ins Mittelalter reichende Mahnung *Non plus ultra*, «Nicht mehr darüber (über die Säulen des Herakles) hinaus», verkehrt der Kaiser in seinen Wahlspruch *Plus ultra!*, «Noch darüber hinaus!», in ihr Gegenteil.

nios, Universalgelehrter aus dem syrischen Apameia (gest. 51 v. Chr.). Er verkleinerte den Erdumfang auf etwa 28 350 Kilometer und dehnte die nördliche Landmasse auf rund 11 000 Kilometer aus. Wer jetzt mit seinen Überlegungen im Gepäck nach Westen fuhr, hatte bis zur indischen Küste anscheinend wenig mehr als 11 000 Kilometer vor sich.[15] Die erneut gestellte Frage, wie weit es denn von den äußersten Küsten Spaniens bis zu den Indern sei, fand eine verblüffende Antwort: «Eine Strecke von wenigen Tagen, wenn günstiger Wind das Schiff führt.»[16] So verhält es sich bekanntlich nicht. Irrtümer aber können jedoch manchmal fruchtbarer sein als die Wahrheit. «Das Ende Spaniens und der Anfang Indiens sind voneinander nicht weit entfernt», schrieb rund 1550 Jahre später Kolumbus, angeregt von Poseidonios, an den Rand der *Imago Mundi* des Petrus Alliacus (1410), und fügte hinzu: «Es ist offensichtlich, dass man mit günstigem Wind das Meer in wenigen Tagen durchqueren kann.»

3. Die Menschen

Die Bevölkerung

Schätzungen der Bevölkerungszahlen sind eine entsagungsvolle Kunst. Für die Antike reichen sie von 45 bis 80 Millionen. Verlässlich sind diese Annahmen nicht. Unsere Unkenntnis wiegt schwer. Denn Einsichten über die wirtschaftlichen Verhältnisse, über die militärische Leistungsfähigkeit, den Stand und die Möglichkeiten der Ernährung, der Entwicklung des Lebensstandards und der sozialen Rolle der Armen und der an die Randzonen der Gesellschaft Gedrängten sind nur schwer zu gewinnen.[17]

Die antiken Schriftsteller kannten den Begriff Statistik nicht. Keiner von ihnen hat sich Gedanken darüber gemacht, welchen Nutzen über einen längeren Zeitraum hinweg gesammelte Daten und Zahlen haben können. Dies hat nichts mit den intellektuellen Fähigkeiten der Alten zu tun. Die meisten von ihnen hatten mehr mathematisches Wissen als die Engländer und Holländer des 17. Jahrhunderts, die die «politische Arithmetik» entdeckt und erprobt haben. Es fehlte auch nicht an brauchbaren Informationen: Rom führte wie alle antiken Stadtstaaten Listen seiner wehrfähigen und steuerpflichtigen Bürger. Theoretisch wäre es einem Statistiker möglich gewesen, die Reichsbevölkerung zu beziffern. Etwa bei der Einrichtung oder Neuordnung einer Provinz führten römische Beamte immer eine Volkszählung durch, um die Höhe der jährlichen Tribute festzulegen. Es fehlte jedoch die Leidenschaft, solche Kenntnisse zu archivieren. Alle offiziell errechneten Zahlen dienten wie die privat erstellten der Erledigung bestimmter Aufgaben und verschwanden mit ihnen.

Ein weiteres Problem betrifft den Wahrheitsgehalt der überlieferten Zahlen. Häufig genug narren sie den Gutgläubigen und spiegeln ihm ein Luftschloss vor. Wenn es einmal anders ist, bleibt offen, ob die genannte Zahl eine Vermutung ist oder nur deshalb genannt wird, weil sie Außergewöhnliches unmittelbar verständlich machen will. Wenn Augustus beispielsweise in seinem Tatenbericht die immensen Summen aufzählt, die er für den Ankauf von Land, die Veteranen, die Staatskassen, die Bevölkerung der Stadt Rom und seine Soldaten ausgegeben haben will, so tut er das, um die jedes Maß übersteigende Größe seines Reichtums und seiner patriarchalischen Noblesse zu unterstreichen. Ungeachtet ihrer vorgetäuschten Exaktheit haben diese Angaben also nichts mit einem nüchternen Rechenschaftsbericht über Ein- und Ausgaben des ersten Prinzeps zu tun. Sie machen vielmehr anschaulich, was omnipotente Macht und Generosität vermögen.

Auch über die Zahl der Christen ist viel Bedenkenswertes erwogen worden. Den Stein des Weisen hat bisher keiner gefunden. Wer am Ende des 1. Jahrhunderts Umschau hielt, sah kleine und meist unauffällige christliche Gemeinden in den Städten des östlichen Mittelmeerraums, Italiens und in Rom wachsen. Die griechische Sprachbarriere hat die Ausbreitung der Christen im Westen sicherlich erschwert. So kannten am Vorabend der konstantinischen Wende 312 das mittlere und nördliche Gallien, Britannien, der Westteil Spaniens, Mauretanien und der Großteil der Balkanhalbinsel und der Alpenländer kaum Christen, während sie in den Ostprovinzen mancherorts nahezu die Hälfte der Bevölkerung ausmachten.[18] Von einer explosionsartigen Zunahme kann nirgends die Rede sein.

Ab der Mitte des 3. Jahrhunderts allerdings wuchs die Zahl der Bekehrten.[19] Zu Beginn der diokletianischen Verfolgung 303 wird man von fünf bis maximal zehn Prozent Christen ausgehen können. Diese Entwicklung entspricht der Logik einer Mission, die nicht durch Massenbekehrungen wirkte, vorangetrieben durch charismatische Wanderprediger, sondern durch die stille Tätigkeit der Gemeindevorsteher und dem Vorbild christlicher Familien. Wenn ihre Kinder Christen blieben und sich nur einer ihrer heidnischen Nachbarn dauerhaft von der Wahrheit des Glaubens überzeugen ließ, wird die Klage des bithynischen Gouverneurs Plinius verständlich, der 113 / 14 seinen Kaiser über eine große Zahl von Christen unterrichtet, «Menschen jeden Alters, jeden Standes, auch beiderlei Geschlechts, nicht nur in den Städten, sondern auch in den Dörfern».[20]

Die Städte

Städte waren es, die in der Antike Geschichte schrieben. In vielen lebten etwa 10 000 Menschen, manche, wie das italische Pompeji, beherbergten 20 000, kleinere bis zu 3000. Nur wenige waren Großstädte und zählten über hunderttausend Einwohner wie Antiochia, Alexandria und Karthago; andere wie Trier, Lyon, Mailand und die Metropolen der Provinz *Asia* boten Zehntausenden Arbeit und Brot. Rom, Hauptstadt und Residenz der Kaiser, erreichte unter Augustus rund eine Million Einwohner; bis ins 18. Jahrhundert hat keine andere Stadt diese Größe erreicht.

Die Städte boten den Menschen, was das Leben lohnte. «Die göttliche Natur hat uns das Land geschenkt, die menschliche Fähigkeit hat Städte geschaffen», schrieb am Ende der Republik Terentius Varro (116–27 v. Chr.), der wie viele bedeutende Zeitgenossen Gelehrter und Staatsmann war.[21] Und Ovid, kultivierter Städter und Lehrmeister vornehmer Lebensart, fügte hinzu, dass den Menschen die bessere Schöpfung gelungen sei: «Das Altertum möge andere erfreuen, ich preise mich glücklich, dass ich erst jetzt geboren bin», teilt er vergnügt den Jüngern seiner *Liebeskunst* mit, «weil jetzt feine Lebensart (*cultus*) herrscht, und weil sich das bäuerische Wesen (*rusticitas*) nicht bis auf unsere Tage gehalten und die Urväter überlebt hat.»[22] Da war aber noch weit mehr. Stadt war alles, was im Raum der Politik Bedeutung hatte und ihre Bürger bewegte – sei es, dass sie innerhalb ihrer Mauern alle Möglichkeiten staatlichen Zusammenlebens erprobten, sei es, dass sie jenseits davon Herrschaft über andere aufrichteten und nach Formen suchten, dieser Dauer zu verleihen.

Wer in der Kaiserzeit gefragt wurde, warum das Imperium so einmalig war, wies auf die Städte: «Wann gab es denn so viele im Binnenland und am Meer, oder wann wurden sie so mit allem ausgerüstet? Wer reiste früher jemals so, dass er die Städte nach Tagen zählte und bisweilen am gleichen Tag zwei oder drei durcheilte wie Straßen einer Stadt?»[23] Niemand, versichert der griechische Festredner Aelius Aristides 161 n. Chr. seinen zufriedenen römischen Zuhörern, denn während früher Machthaber nur Könige über leeres Land und feste Burgen waren, so seien jetzt die Römer Herrscher über Städte.

Er hätte noch hinzufügen können, dass die Gesichter der etwa 2000 Städte, die sich vom Atlantik bis zum Euphrat, von der Syrischen Wüste bis an den Rhein dehnten, in ihrer Geometrie fast gleichförmig waren. Dies gab ihnen etwas Zeitloses, atmete immerwährende Gültigkeit und kündete von dem Ende der bisherigen Geschichte von Krieg und Eroberung. Was vor Rom war, hatten die römischen Stadtplaner in den unterworfenen Gebieten des Westens gründlich ausradiert. Die Besiegten hatten keine Geschichte, sondern nur noch eine freudenreiche Zukunft, in der die Vorstellung von Veränderung nicht existierte.

Selbst die Gegenwelt jenseits des irdischen Horizonts war städtisch: In der Apokalypse des Johannes versinkt die Welthauptstadt, die «große Hure», und es senkt sich das mit Edelsteinglanz geschmückte himmlische Jerusalem auf die Erde hinab: «Und ich sah einen neuen Himmel und eine neue Erde, und ich sah die heilige Stadt, das neue Jerusalem, aus dem Himmel von Gott herabkommen, bereitet wie eine für ihren Mann geschmückte Braut.»[24]

Alle Generationen blieben von sozialen oder technischen Revolutionen, wie sie später das 18. und 19. Jahrhundert erschüttern sollten, verschont. Solange das Imperium stand, musste niemand erleiden, dass Weltverbesserer seine alten Lebensweisen zerstörten und er neue hätte finden oder ertragen müssen. Anders als im Mittelalter und in der Neuzeit bildeten sich damals keine Schichten, die die Revolution geprobt oder den sozialen oder politischen Umsturz organisiert und den Kampf mit den herrschenden Klassen gesucht hätten. Die Stunde tief greifender Wandlungen schlug erst, als die Europäer der Neuzeit der Zuversicht Altäre bauten, dass alles, was rational zu erkennen sei, auch praktisch machbar sein müsse und die Welt verbessere. So eilten sie von einer Entdeckung zur nächsten und stießen das einmal Gefundene für die nächste, neuere Erfindung wieder um.

In der Zeit der römischen Kaiser waren technische Umwälzungen noch so fern wie der Gedanke an soziale Umbrüche. Die Grundregeln des Lebens blieben unerschüttert: Der Vornehme war «hochgestellt von Geburt, reich an Kapital und ausgezeichnet durch Freigebigkeit».[25] Der kleine Mann gehorchte ihm, solange er Grund dazu hatte. Ein eigenes Profil hatte er nicht, auch keine eigenen Wertvorstellungen. Der Maßstab seiner Orientierung war und blieb der große Herr. Es gab Jahre, in denen es den Menschen besser oder schlechter ging. Doch sie alle, mochten sie nun in den Zeiten Caesars oder Diokletians ihr Leben eingerichtet haben, wären als Nachbarn miteinander ausgekommen. Denn die soziale Welt, in der sie lebten, war sich gleich geblieben.

Ungezählte Städte, über die Rom lange seine schützende Hand gehalten hat, sind nicht mehr. Von vielen kennen wir nur den Namen, von manchen nicht einmal diesen. Durch ihre spärlichen Trümmer ziehen heute Hirten mit ihren Schafen oder Ziegen. Ihnen gehören jetzt diese Orte, da kein anderes lebendes Wesen noch Anspruch darauf erhebt, sie mit ihnen zu teilen. Von den Städten des antiken Lykien etwa, im Südwesten der heutigen Türkei, hat keine den Untergang des Reiches überlebt. Von ihrem einstigen Reichtum und dem kultivierten Geschmack ihrer Bewohner zeugen die steinernen Halbkreise von nicht weniger als dreißig Theatern, gebaut für wenige Hundert oder für Tausende Zuschauer. Nicht weit von ihnen entfernt decken Sarkophagreste und Gebälktrümmer die Katen der Hirten und ihre Ställe. Anderswo haben der Sumpf, die Malaria oder der Zwist der Bürger ihr Vernichtungswerk getan: «Schau an, wie Luni und wie Urbisaglia verfallen sind, und wie jetzt Sinigaglia und Chiusi in derselben Weise schwinden», beklagt Dante das Schicksal einst großer Städte Mittelitaliens, die schon zu seiner Zeit in Trümmern lagen.[26]

Von den Glücklichen unter ihnen blieben Texte mit Fetzen der Erinnerung an die Bürger, die einst durch ihre Straßen eilten. Anderswo hauchten neue Geschichten ihren Trümmern wieder Leben ein. So den Resten der alten Stadt Metapont in Süditalien. Zwischen zwei Flussmündungen am Golf von Tarent stehen inmitten der trostlosen Einöde auf einer Bodenwelle noch fünfzehn Säulen eines alten Heratempels. Ihnen gab das Volk, das nichts mehr mit ihnen anzufangen wusste, den fantastischen Namen «Tische der Ritter» (*Tavole Paladine*). An diesem vom Fieber heimgesuchten Ort sah ihre Fantasie die Ritter Karls des Großen an den Deckbalken der Säulen sitzen und tafeln, gewappnete Gespenster, die zu den riesigen Ausmaßen der antiken Säulen passten.

II

Der Horizont

«Du ist ein Römer, dies sei dein Beruf:
Die Welt regiere, denn du bist ihr Herr,
Dem Frieden gib Gesittung und Gesetze,
Begnad'ge, die sich gehorsam fügen,
Und brich in Kriegen der Rebellen Trotz.»
Vergil

«Wie Feuersbrünste stets das Phönix-Nest Assyriens neu
erstehen lassen, wenn
Der Vogel sein Dezennium von Jahrhunderten durchlebt hat,
so hat das neue Rom sein hohes Alter abgestreift,
nahm selbst die Züge an des eignen Herrn.
Wir sind das Volk des Mars.»
Martial

1. Der Orient unter römischer Herrschaft

Der Untergang alter und der Aufstieg neuer Reiche

Alle Blicke richteten sich auf Rom und seine Weltherrschaft. Über sie entschieden die ersten sieben Jahrzehnte des 2. Jahrhunderts v. Chr. Sie sahen zuerst die Siege der Republik über die hellenistischen Könige Makedoniens, Ägyptens, Kleinasiens und des Vorderen Orients. Dann wurden sie Zeugen der wachsenden Aggressivität des römischen Senats, der statt dankbar gebeugter Rücken immer neue kriegsbereite Gegner vor sich sah. Am Ende erschütterte sie der Anblick einer Großmacht, die mit Feuer und Schwert um sich schlug, als sie mit ihren Herrschaftsaufgaben nicht fertig wurde und sich nur noch ihrer Waffen gewiss war.

Wer um die Jahrhundertwende den Mittelmeerraum bereiste und den Zustand der Welt beklagte, hatte allen Grund dazu. Die zwischen 148 und 100 erfolgte Provinzialisierung Makedoniens, Afrikas, weiter Teile Griechenlands und Asiens, Phrygiens, Kilikiens und Südfrankreichs erschien nur auf den ersten Blick als der Sieg eines politischen Willens, der durch gezielte Annexionen den Mittelmeerraum unter römischer Herrschaft neu zu ordnen gedachte. Tatsächlich gab es diesen Willen nicht. Es war das Eigengewicht der römischen Herrschaft, das die hellenistische Staatenwelt zum Einsturz brachte und die römischen Legionen und ihre Befehlshaber zwang, dort stehen zu bleiben, wo sie aus den Trümmern der zerstörten Ordnung nichts Brauchbares mehr rekonstruieren konnten.

Der auffallendste Vorgang in diesen Jahrzehnten der römischen Siege war der Aufstieg eines selbstständigen jüdischen Staates. 168 hatte der seleukidische König Antiochos IV., dem Jerusalem untertan war, versucht, die Juden gewaltsam zu hellenisieren. Seine Religionserlasse drohten – ob gewollt oder unbedacht –, den Glauben an den einen Gott Israels auszurotten:

> «Da sandte der König durch Boten Briefrollen nach Jerusalem und in die Städte Judas, man solle sich nach den Sitten der Ausländer richten, Brand-, Schlacht- und Trankopfer aus dem Heiligtum fernhalten, die Sabbattage und Feste schänden, das Heiligtum und seine Bediensteten verunehren, Opferhöhen, Haine und Götterbilder errichten, Schweine und unreine Tiere schlachten, die Söhne unbeschnitten lassen und sich selbst mit allem Unreinen und Schandbaren beflecken, das Gesetz vergessen und alle Satzungen abändern. Wer immer der Anordnung des Königs zuwiderhandle, müsse sterben.»[1]

Der Versuch des Königs scheiterte. Er löste den Aufstand der jüdischen Landbevölkerung aus, die in den Hasmonäern, dem Priester Mattathias und seinen fünf Söhnen, Anführer fanden, die alle Techniken des Guerillakrieges beherrschten und jeden Kompromiss ablehnten. Sie erstritten zunächst die Religionsfreiheit (163), dann die nationale Unabhängigkeit (142) und zuletzt die Königskrone (135). Der neue Staat breitete sich nach Galiläa, ins Ostjordanland, an die Küste und in das südliche Gebiet der Idumenäer aus und herrschte bald über ganz Palästina.

Möglich wurde dies durch ein Bündnis mit Rom (161). Es hatte die Rebellion der Hasmonäer von der ersten Stunde an unterstützt und seine Billigung der jüdischen Freiheit bekundet, schwächte sie doch sichtbar die Macht der syrischen Könige. So erhielt nach dem Vertragsschluss der Seleukide Demetrios I. (König 162 bis 150) ein Schreiben aus Rom, das ihm unverhüllt die römische Intervention androhte: «Werden die Juden sich noch weiter über dich beklagen müssen, so werden wir ihnen zu ihrem

Abb. 2
Nach Raffael malte auch Delacroix 1861 die Vertreibung des Heliodor aus dem Tempel getreu der Darstellung des 2. Makkabäerbuches (3,1–3,40). Es berichtet in märchenhafter Ausschmückung von Jahwe als wehrhaftem Gott. Heliodor hatte als Kanzler seines Königs Seleukos IV. Teile des Jerusalemer Tempelschatzes zu rauben versucht und war am Widerstand des Hohepriesters gescheitert. Der Autor und Delacroix sehen jedoch nicht ihn, sondern Gott selbst als Verteidiger seiner Rechte, der einen Ritter im goldenen Panzer ausschickt, um den Frevler niederzuwerfen. Die Lehre aus seinem Schicksal zieht der begnadigte Heliodor selbst. Von seinem König gefragt, ob ein neuer Versuch sinnvoll sei, klärt er den Herrscher auf: «Er selbst, der einen Himmelssitz bewohnt, ist der Aufseher und Hüter jenes Platzes, und er richtet zugrunde, die in böser Absicht dorthin kommen» (S. 101).

Recht verhelfen und dich zu Wasser und zu Land bekriegen.»[2] Der Gerügte gehorchte.

Die Neuordnung des Ostens durch Pompeius

Das gute Einvernehmen der Hasmonäer mit Rom blieb bis in die 70er Jahre bestehen, ungeachtet aller innerjüdischen Machtkämpfe. Dann kam Pompeius. 67 hatte ihm ein Volksgesetz die Bekämpfung der Piraten im gesamten Mittelmeerraum aufgetragen und ihm alle Machtmittel gegeben, die er dafür verlangt hatte: Legionen, Schiffe und eine prall gefüllte Kriegskasse;

seine prokonsularische Kommandogewalt überragte in allen Provinzen des Mittelmeeres bis zu 50 Kilometer landeinwärts die Amtsgewalt der ordentlichen Statthalter. Der Erfolg war überwältigend: Binnen drei Monaten brannten an allen Küsten die Stützpunkte der Piraten und 846 ihrer Schiffe sanken auf den Grund des Meeres – so die dankbare Botschaft des triumphierenden Siegers an die Götter. Erst jetzt, jubelte Cicero, hingerissen von den Siegesmeldungen, beherrsche Rom das Mittelmeer vom Ozean bis zum Schwarzen Meer «wie einen sicheren und geschlossenen Hafen». Er hätte hinzufügen können, dass noch nie ein General derart überzeugend bewiesen hatte, wozu er und seinesgleichen fähig waren, wenn man ihnen eine Befehlsgewalt ohne die üblichen zeitlichen und räumlichen Beschränkungen gab: Sie rissen mit ihren Legionen den Himmel ein, wenn es nottat.

Was aber sollte daraus werden? Zunächst ein neuer, großer Krieg. Pompeius erhielt den Befehl über die asiatischen Legionen, drang zum Kaspischen Meer vor, verwüstete Armenien, marschierte auf den alten Hauptstraßen Asiens südwärts und zerschlug den alten Seleukidenstaat in Syrien; seine Vorhuten überschritten die Grenze zu Arabien. In Rom wurden Siege über Völker bestaunt, deren Namen noch niemand gehört hatte, und die Fantasie entzündete sich an der Vorstellung, zwölf Könige hätten vor dem Feldherrn Roms wie vor einem Gott ihre Knie gebeugt und ihm Geschenke gebracht. Pompeius war auf dem Gipfel des Ruhms angekommen. Er krönte seine Siege mit einer umfassenden Neuordnung der Länder vom Bosporus bis Palästina und degradierte Syrien zur römischen Provinz.

Im Osten feierten die Menschen diesen Römer wie einen zweiten Alexander. In Rom rühmte ihn im Tempel der Venus Victrix eine Weihinschrift als Eroberer der Welt, der die Ozeane befreit, die Bundesgenossen geschützt und «die Grenzen des Reiches bis an die Enden der Erde vorgeschoben und die Einkünfte der Römer teils gerettet, teils vermehrt hat».[3]

Palästina wurde in diesen Strudel der Annexionen hineingerissen. Die Führer des jüdischen Staates, blind gegenüber den Veränderungen der Welt, glaubten allzu lange, ihre Fehden um das Hohepriesteramt und die Königswürde wie gewohnt fortführen zu können. Die Streithähne Hyrkanos und Aristobulos, verfeindete Söhne des Königs Alexander Jannäus (gest. 76), verfielen dem Irrglauben, Pompeius und seine Generäle in ihr taktisches Kalkül einbeziehen zu können; sie schickten wechselseitig Gesandte und verwöhnten mit noblen Geschenken jeden, der ihnen nützlich schien. Als sich trotz der weit geöffneten Schatullen die Verhandlungen

Abb. 3
Münzporträt des Pompeius. Die Historiker haben Pompeius nicht geliebt. Sein gewaltsamer Weg nach oben tauchte seine Ehrbarkeit ins Zwielicht, und der Krieg gegen Caesar überschattete seine Verdienste um die Ostprovinzen. Die Dichter zeigten sich gnädiger und gerechter. Unter Nero rettete Lucan seine Ehre, als er Cato den Nachruf auf den toten Feldherrn halten ließ: «Er griff mit Leidenschaft zum Schwert und konnte es doch niederlegen; er zog die Rüstung der Toga vor und liebte selbst in Waffen den Frieden; mit Freuden übernahm er Kommanden, mit Freuden gab er sie zurück. Sein Heim war unbescholten, sein Name angesehen und verehrt bei fremden Völkern und wertvoll für die Stadt.»

ergebnislos hinzogen und der gerade siegreiche Aristobulos (gest. 49) seine Rüstungen verstärkte, verlor Pompeius die Geduld. Er befahl, ihm alle Festungen Judäas auszuliefern und erschien mit seiner Armee vor Jerusalem. Im Herbst 63 stürmten seine Legionäre die Stadt, die sie drei Monate lang belagert hatten, und machten erst vor dem Tempelberg halt.

Nach jüdischer Überlieferung vollzog der Hohepriester an diesem Tag, ungerührt von der drohenden Gefahr, den Altardienst. Pompeius, davon wenig beeindruckt, betrat das Allerheiligste, das nur am Versöhnungstag (Jom Kippur) und nur vom Hohepriester besucht werden durfte. Es war ein ungeheurer Frevel in den Augen der Frommen, obwohl der Römer den Tempelschatz nicht anrührte. 15 Jahre später brachen sie in wilden Jubel aus, als sie vom schmählichen Tod des Tempelschänders an der Küste Ägyptens hörten. Gott hatte sein Urteil über ihn gesprochen:

«Und nicht brauchte ich warten, bis Gott mir den Übermut des Mannes bezeugte, erstochen auf den Bergen Ägyptens, zu nichts zergangen zu

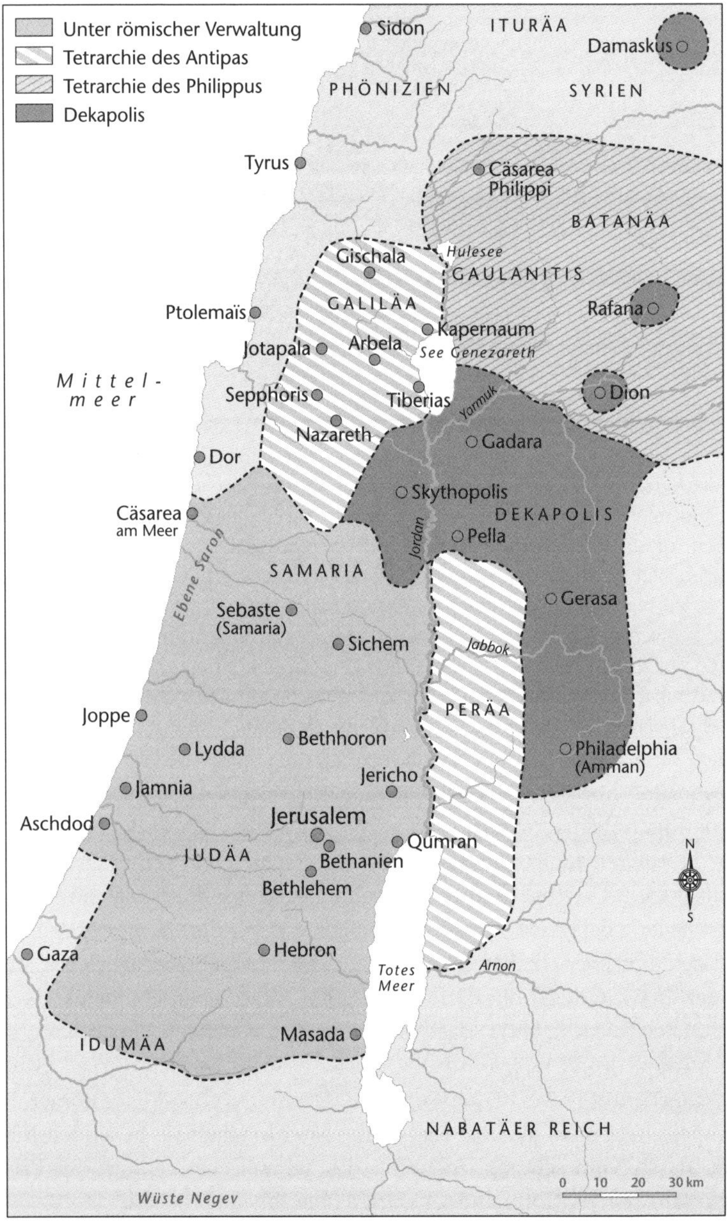

Karte 3
Judäa zur Zeit Jesu

> Land und See, sein Leib auf den Wellen entführt mit vielem Schimpf, und es war niemand, der ihn begrub, weil Gott ihn in Schande vernichtete.»[4]

Doch die jüdische Unabhängigkeit war vorerst verspielt. Der Sieger strafte nach Kriegsrecht und führte, zurück in Rom, Aristobulos und seine Familie im Triumphzug dem jubelnden Volk vor. Er verkleinerte das jüdische Territorium und beschränkte es auf das von Juden bewohnte Gebiet. Der Statthalter der syrischen Provinz erhielt die Aufsicht darüber und hatte für den regelmäßigen Eingang des festgesetzten jährlichen Tributs zu sorgen. Flavius Josephus, der Historiker allen jüdischen Unglücks, zog die Bilanz:

> «Für diese Katastrophe Jerusalems trug nur der Konflikt zwischen Hyrkanos und Aristobulos die Schuld. Wir verloren unsere Freiheit und wurden den Römern untertan. Sie zwangen uns, das Land zurückzugeben, das wir mit unseren Waffen erobert hatten und den Syrern wegnahmen. Dazu trieben die Römer in kurzer Zeit mehr als 10 000 Talente bei uns ein, und die Königswürde, die vorher denen gegeben wurde, die aufgrund ihrer Herkunft Hohepriester waren, gelangte an Männer aus dem Volk.»[5]

Das Urteil war voreilig. Denn einem «aus dem Volk» sollte noch einmal gelingen, worauf nur Träumer hoffen konnten: die Gründung eines jüdischen Großreiches, das an die Zeiten des unvergessenen David erinnerte.

2. Stolze Träume: Das Reich des Herodes

König von Roms Gnaden

Mit den Kriegszügen des Pompeius waren die Königsherrschaften der Seleukiden und der Hasmonäer zusammengebrochen. In den Randgebieten des Imperiums, so auch in Palästina, regierten Klientelkönige als persönliche Schutzbefohlene der römischen Machthaber, denen sie den Thron verdankten und die Herrschaft über Völker, die ihnen meist fremd waren und mit denen sie wenig oder nichts verband. Landesväter dieser Couleur dienten aus schierem Eigennutz. Auf sie sah Rom mit Wohlgefallen. Solange die Grenzen seiner Herrschaft ungesichert waren, brauchte es solche Verbündete.

In den folgenden Jahrzehnten fanden die in Bürgerkriegen verstrickten römischen Herren keine Zeit, die im Osten geschaffene Ordnung zu stabilisieren oder gar zu erneuern – im Gegenteil. Die in Syrien eingesetzten Gouverneure, wenn sie nicht gleich als Plünderer auftraten, griffen nach Belieben in die inneren Belange Judäas ein und provozierten damit Aufstände, die sie mit eiserner Faust niederwarfen. Licinius Crassus, der im Jahr 53 v. Chr. mit einer großen Armee durch Palästina zog und dem Partherreich den Garaus machen wollte, raubte den Tempelschatz, sein Legat Cassius Longinus, später einer der Caesarmörder, befriedete das Land und trieb etwa 30 000 Menschen in die Sklaverei. Nach Caesars Tod im März 44 v. Chr. durchzog er erneut Palästina, sammelte Waffen, warb Soldaten an und erpresste Tribute, um in dem zu erwartenden Kampf mit den Triumvirn des Westens bestehen zu können.

Unter den jüdischen Handlangern, die sich bei der Eintreibung von Geldern besonders hervortaten, zeichnete sich ein gewisser Herodes aus, Stratege in Galiläa. Wenig sprach dafür, dass dieser Mann eines Tages Geschichte schreiben würde. Weder stand seine Wiege in einem Königshaus, noch war er der Erstgeborene seines Vaters Antipatros, eines idumäisch-jüdischen Konvertiten, noch konnte er sich auf die Verwandtschaft mit den seit 135 in Palästina herrschenden Hasmonäern berufen. Jude war er nach orthodoxer Auffassung nicht, da seine Mutter Kypros die Tochter eines arabischen Scheichs war. Um die Macht in Jerusalem kämpfte er mithin als Außenseiter. König wurde er im Jahre 37 und er blieb es bis zu seinem Tod im Jahre 4.[6] Der Preis waren jahrelange Gratwanderungen am Abgrund, Winkelzüge, Wortbrüche, Morde und eine diplomatische Geschmeidigkeit, die selbst den späteren Augustus verblüffte.

Er begann seinen Aufstieg im Dienst Caesars, wechselte nach dessen Tod ins Lager der Mörder, gab ein kurzes Gastspiel als Steuereintreiber unter Cassius, verließ den im Herbst 42 bei Philippi Geschlagenen und eilte zu Antonius, der als Triumvir Roms den gesamten Osten des Reiches regierte und dessen Wort Gesetz war. Als auch dessen Stern sank, kniete er nach Aktium in Rhodos und Alexandria vor Octavian. Er verzichtete auf jede Rechtfertigung, legte seine Insignien ab und erklärte, wenn der neue Herr es wolle, werde er ihm genauso treu dienen wie dem alten – und er sollte Wort halten. Octavian, empfänglich für solche Auftritte, setzte dem Reumütigen das Diadem wieder auf, nahm ihm 800 Talente ab und übergab ihm die Teile Palästinas, die Kleopatra gehört hatten; sie brachten Herodes endlich den lang ersehnten Zugang zum Meer.[7] Das von ihm regierte Territorium war am Ende so groß wie einst das Reich König Davids, und die Hauptstadt Jerusalem glänzte als eine der führenden Städte im Vorderen Orient – und doch war die Herrschaft des Königs auch nach dreißig Jahren so instabil wie am Anfang.

Herodes war sich jede Stunde seines Lebens bewusst, dass er König von Roms Gnaden war. Sein politisches Glaubensbekenntnis hatte bereits der 25-jährige im Dienst des Cassius gefunden: «Er hielt es für klug, den Römern zu dienen und ihr Wohlwollen auf fremde Kosten zu erringen.»[8] Zeitlebens setzte er alles daran, Roms Gunst nicht zu verlieren. So trug die neu gegründete Hafenstadt Caesarea maritima nicht nur den Namen des Kaisers (Caesar), sondern hoch über den Hafenanlagen ragte ein dem Augustus geweihter Tempel. Jeder, der dort von Bord ging und das neue Großreich betrat, konnte erkennen, wie klein es in den Händen des römischen Herrn war. Wer diesen wie einen Gott ehrte, tat seine Pflicht als Untertan. So wuchsen allenthalben im Land Verehrungsstätten des fernen Kaisers. «Mit einem Wort: Man kann keinen nennenswerten Platz seines Reiches nennen, den Herodes ohne ein Zeugnis zu Ehren des Caesar Augustus ließ. Und nachdem er sein eigenes Land mit Tempeln gefüllt hatte, überschüttete er die Provinz Syrien mit Ehrungen für den Kaiser.»[9]

Nur einmal löckte Herodes wider den Stachel, als er im Süden Judäas ohne römischen Befehl die Nabatäer angriff. Augustus erteilte ihm einen scharfen Verweis und ließ ihn wissen, käme dies noch einmal vor, sähe er ihn nicht mehr als Freund, sondern als Untertan.[10] Die Drohung wirkte und Herodes tat Buße. Seine beiden Söhne schickte er nach Rom, um sie dort erziehen zu lassen – eine vornehme Umschreibung der freiwilligen Geiselstellung. Er besuchte Augustus mehrfach, schloss Freundschaft mit Agrippa, pflegte den Kaiserkult, ungerührt von den Protesten seines Volkes, und gebärdete sich als der Treueste der Treuen. Und trotzdem: Ein kleiner Fehler nur, eine bloß geringfügige Machtverschiebung in Rom, und schon platzten alle Träume von einem jüdischen Großreich im Osten wie eine Seifenblase.

König ohne Volk

Das Verhältnis des Königs zu seinen jüdischen Untertanen war von Anfang angespannt. Da halfen Herodes auch die Beteuerungen nichts, er habe «nach dem Willen Gottes das Volk der Juden zu einem Glück geführt, das es früher nie gekannt hat».[11] Die Mehrheit seiner Untertanen sah es anders. Auf ihren Schultern schleppten sie schwere Steuerlasten, da neben den Abgaben für den Tempelkult und die Priesterschaft noch reguläre Steuern erhoben wurden. Sie dienten nicht zuletzt der aufwendigen Hofhaltung, die einem hellenistischen Herrscher besser als einem jüdischen Volkskönig zu Gesicht gestanden hätte. Sie kamen überdies der königlichen Bauleidenschaft und dem Unterhalt einer schlagkräftigen Söldnertruppe zugute, die aus Thrakern, Galliern, Germanen und Griechen bestand und notfalls auch gegen die eigenen Untertanen eingesetzt werden konnte. Das Urteil, das nach Josephus eine jüdische Gesandtschaft in Rom über den Herrscher fällte, mag übertrieben sein, falsch ist es gewiss nicht: «Die Juden hätten mehr Drangsale erlitten als ihre Väter in der Zeit, seit sie unter Xerxes von Babylon zurück in ihre Heimat aufgebrochen waren.» (S. 49).

Die Nonchalance, die der König im Umgang mit der Religion seines Volkes pflegte, erregte immer wieder den Zorn der Frommen. So bereits, als der von Octavian mit Krone und Land beglückte Herrscher in Jerusalem ein Festspielhaus und in der Ebene vor der Stadt ein Amphitheater baute und dort Spiele zu Ehren seines Gönners ausrichtete. Zum Entsetzen seines Volkes kämpften dabei Gladiatoren, es fanden Pferderennen statt und Menschen starben, zerfleischt von wilden Tieren. Im festlich geschmückten Theaterrund zeigten Bilder die Großtaten des Augustus und die Trophäen, die er zahllosen Völkern geraubt hatte.[12] Die Beleidigung Jahwes, die mit alldem verbunden war, ließ den König kalt. Die Huld des fernen Herrn der Welt bedeutete ihm mehr als das Einvernehmen mit dem eigenen Volk.

Jahwe allerdings erhielt ein Geschenk, das ihm kein Hasmonäer hatte geben können. Es stellte in seiner Pracht alles bis dahin im Osten Gesehene in den Schatten, selbst den etwa gleichzeitig errichteten Tempel des Zeus in Damaskus. Nach neunjähriger Bauzeit erhob sich an der Stelle des vom babylonischen König Nebukadnezar 587 v. Chr. zerstörten salomonischen Gotteshauses ein neuer Tempel, dessen Größe und Glanz die Trauer um den verschwundenen jahrhundertealten Behelfsbau schnell vergessen ließ. Gewaltige Säulenhallen mit griechischen Kapitellen, prächtige Tore und Treppenanlagen und die mit Gold belegten Gebäude des inneren Heiligtums machten die Besucher sprachlos. Als 15 v. Chr. Agrippa, der zweite Mann Roms, auf Einladung des Herodes Jerusalem besuchte und sich vom Volk feiern ließ, soll er beim Anblick der Stadt ausgerufen haben, er habe nie etwas gesehen, was so ehrwürdig wie der Tempel sei, vor dem jede Rede und jedes Lob verstumme.[13]

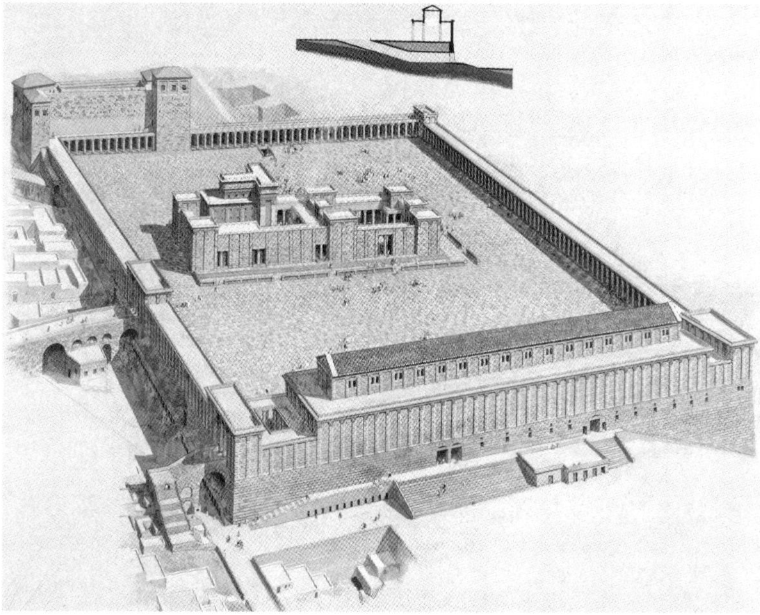

Abb. 4
Der herodianische Tempel in Jerusalem (Rekonstruktion; im Hintergrund die Burg Antonia).

Der König nannte bei Beginn der umfangreichen Arbeiten vor der Volksversammlung in Jerusalem das Motiv seiner Anstrengungen: Er wolle tun, was den Vorfahren versagt geblieben sei und den Tempel vollenden, da ihn die Gnade Gottes zum Regenten gemacht habe und er Dank schulde für die vielen Wohltaten, die ihm Jahwe erwiesen habe. Dies war sicher ernst gemeint, zumal Herodes hoffen konnte, dass der Bau den Zorn seiner Gegner, die ihn als Schänder des mosaischen Glaubens verurteilt hatten, besänftigen werde. Sicher war er, dass ein derart monumentales Werk seinen Ruhm und das Ansehen seines Reiches in der jüdischen Diaspora und in den Provinzen mehren würde. Beidem dienten auch unzählige Geschenke und Stiftungen, die er an viele Städte im ganzen hellenistischen Osten verteilte, und die ihn zum größten Wohltäter seiner Zeit machten.[14]

Herodes starb im Frühjahr 4 v. Chr. im Alter von 69 Jahren, von denen er 36 als Herrscher gelebt hatte. Wenn je einer, schrieb Josephus auf sein Grab, «vom Glück begünstigt wurde, so war er es. Als Mann aus dem Volk

Abb. 5
Nicolas Poussin, Der bethlehemitische Kindermord (1625). Zu den tatsächlich begangenen Verbrechen des Herodes kamen erfundene hinzu. Das berührendste ist der Mord an den Kindern von Bethlehem, die sterben mussten, weil eines von ihnen der «neugeborene König der Juden» sei. Jeder Gläubige, der die Geschichte bei Matthäus las (2,16–18), erinnerte sich an den Pharao, der die Knaben der Hebräer zu töten befahl, den einen aber, Moses, nach dem er suchte, nicht fand. Gott hatte über beide gewacht und den einen in die Obhut einer Prinzessin gegeben, den anderen nach Ägypten entkommen lassen. Rachel aber «weint um ihre Kinder und will sich nicht trösten lassen, weil sie nicht mehr sind».

hatte er eine Königskrone gewonnen, sie viele Jahre behalten und an seine Kinder weitergegeben; allein in seiner Familie war er mehr als unglücklich.»[15] So war es, hatte doch der Tod ihm als Handlanger gedient und furchtbare Ernte unter den Seinen gehalten. «Es ist besser», höhnte Augustus beim Nachzählen der Toten und wohl wissend, dass der König als Jude kein Schweinefleisch aß, «es ist besser, Herodes' Schwein zu sein als Herodes' Sohn».[16]

Antipater, der Erstgeborene, starb als Letzter. Sieben Tage vor seinem Ende befahl Herodes ihn zu töten, schuldig des Mordkomplotts gegen den Vater. In seinem nunmehr letzten Testament, dem siebten, teilte er das Reich unter seinen drei verbliebenen Söhnen auf, wohl wissend, dass sein letzter Wille Makulatur war, wenn Augustus ihn verwarf. Also eilten die Prinzen nach Rom, verneigten sich vor dem Kaiser und bettelten um ihr Erbe.

Die Erben, Fremde im eigenen Haus

Sie bettelten nicht umsonst. Archelaos erhielt Idumäa, Judäa und Samaria, etwa die Hälfte des alten Reiches. Doch er musste auf den Königstitel verzichten und sich mit dem eines «Ethnarchen», eines Volksfürsten über das jüdische Volk, zufriedengeben. Philipp wurde Tetrarch über das ehemalige Nordreich, während Antipas Herr über Galiläa und Peräa wurde. Augustus hatte offenkundig die wachsende Größe des herodianischen Reiches misstrauisch verfolgt, und so sehr er von der Treue des Herodes überzeugt war, so wenig zuverlässig schienen ihm die Söhne. Also zerschlug er den Staat und hatte damit Erfolg – zumindest teilweise. Philipp regierte sein von verschiedenen Stämmen bewohntes Territorium unbehelligt 37 Jahre, verließ es nie und galt als um seine Untertanen besorgter Herrscher. Antipas brachte es auf 43 Regierungsjahre, hielt sich an das Vorbild des Vaters und machte Tiberias am See Genezareth, ausgestattet mit Stadion und Hippodrom, zur Hauptstadt mit griechischem Gesicht; die Proteste der Frommen schlug er in den Wind. Die Evangelisten verurteilten ihn als Gottlosen, da er Johannes den Täufer hatte hinrichten lassen (S. 62). Bis zum Ende der Regierungszeit Neros besaß im palästinensisch-syrischen Osten keine Herrscherfamilie derart weit gestreute Territorien wie die Herodianer.

In Judäa hingegen brachen furchtbare Jahre an. Sie sprachen das endgültige Urteil über Herodes und die Ostpolitik Roms. Dessen Herren hatten gegeben und genommen wie es ihnen gefiel, und das Schicksal der Völker, über die sie ihre Günstlinge setzten, war ihnen gleichgültig. Rom, so hatte Vergil seinem Kaiser und der Nachwelt versichert, sei aus der Tiefe der Geschichte zur Weltmacht aufgestiegen, weil es dem Frieden Gesittung und Gesetze gegeben, Rebellen niedergeworfen und Gnade gewährt habe, wo es gebeugte Nacken sah.[17] Nichts davon, schworen die Menschen in Judäa, sei wahr.

Bereits wenige Tage nach dem Tod des Herodes brachen in Jerusalem schwere Unruhen aus, die am Passahfest auf die Pilgermassen übergriffen. Archelaos, der sich für die Abreise nach Rom rüstete und dem Kaiser nicht eingestehen konnte, dass sich das Land, das er begehrte, in Aufruhr befand, setzte reguläre Truppen ein und warf den Aufstand nieder – Tausende sollen dabei ihr Leben gelassen haben. Die erzwungene Friedhofsruhe erwies sich schnell als trügerisch. Noch auf dem Weg nach Italien erreichte den Henker seines eigenen Volkes die Nachricht von neuen Kämpfen, die schließlich Quinctilius Varus, seit 6 v. Chr. Statthalter Syriens und Kommandeur von vier Legionen, zum Eingreifen zwangen. Er hatte Erfolg und ließ eine Legion zurück – sie schien dem abziehenden Prokonsul ausreichend, um Jerusalem zu halten.

Dort aber tat der Prokurator Sabinus, der bis zur Entscheidung über die Thronfolge das Land verwalten sollte, alles, um diese Hoffnung zu zerstören. Sein Unverstand und seine Habgier, die ihn drängten, seine Hände nach dem königlichen Schatz auszustrecken, lösten erneut schwere Tumulte aus. Drei jüdische Heerhaufen schlossen ihn in der Stadt ein und behaupteten sich in schweren Straßenkämpfen.

Erneut rüstete sich der vor Wut schäumende Varus, mit seinen Truppen nach Palästina zu marschieren. Dort hatten die Anführer der Rebellen Zulauf bei der verarmten Landbevölkerung gefunden und hofften auf königliche Würden oder träumten von der Wiederherstellung des Reiches Davids. Visionen vom Ende der Zeit spukten in den Köpfen, kaum gemildert durch die Hoffnung, ein von Gott gesandter König werde sein Volk von Gewalt und Unrecht befreien. «So war Judäa», seufzte Flavius Josephus, Chronist der Ereignisse, «eine wahre Räuberhöhle, und wo immer sich eine Schar von Aufrührern zusammenfand, wählten sie Könige, die dem Land Unglück brachten. Denn während sie den Römern nur geringen Schaden zufügten, wüteten sie gegen ihre eigenen Landsleute allerorten mit Mord und Totschlag.»[18]

Als Varus mit seinen Legionen eintraf und sich in schwere Kämpfe verwickelt sah, schlug er mit aller Brutalität den Aufstand nieder. Zweitausend Empörer, Schuldige und Unschuldige, büßten am Kreuz für den Wahn, die Weltmacht herausfordern zu können. Schwer beladen mit seiner Beute zog Varus ab und kehrte bald darauf nach Rom zurück: «Als armer Mann betrat er das reiche Syrien, als reicher Mann verließ er das arme Syrien.»[19] Seinen Nachfolgern hinterließ er die verhängnisvolle Lehre, dem verstockten jüdischen Volk sei nur mit Terror beizukommen und Massenkreuzigungen das probateste Mittel dazu. Die Lehre wurde befolgt und säte neuen Hass. Der als Feuerwehrmann gerufene Prokonsul war zum Brandstifter geworden.

Als Augustus nach langem Zögern endlich handelte und die Herrschaft über das Reich des Herodes unter dessen Söhne aufteilte, war es zu spät. Was nun in den Augen der jüdischen Aristokratie allein noch zu tun blieb, trugen 50 Vertreter des Ältestenrates dem Kaiser vor. Augustus hatte sie auf Betreiben des Varus zu den Verhandlungen um die Zukunft Judäas zugelassen und nahm hin, dass sie von vielen in Rom ansässigen Juden unterstützt wurden. Sie klagten zunächst erbittert über das Regiment des Herodes und die ersten Entscheidungen seines Sohnes und baten am Ende, das judäische Königtum gänzlich zu beseitigen und das Land als ein Teil der Provinz Syrien einzurichten.[20]

Doch noch war es nicht so weit. Augustus – ob aus Pietät gegenüber seinem alten Freund oder getäuscht über die wahren Zustände im Land – entschied sich für Archelaos. Neun Jahre später musste er einsehen, dass dies ein Fehler gewesen war. Erneut erschienen Gesandte der jüdischen und samaritanischen Aristokratie in Rom und trugen Beschwerden vor, die nicht zu widerlegen waren. So jagte Augustus den als Despoten angeklagten Versager aus dem Amt und verbannte ihn ins ferne Gallien; er starb im Jahre 18. Sein Grab, traut man dem heiligen Hieronymus, zeigte man bei Bethlehem.

3. Judäa als Provinz

Im Jahre 6 erhielt der Statthalter Syriens, P. Sulpicius Quirinius, Order, Judäa als Provinz einzurichten, den Besitz des Archelaos zu beschlagnahmen und eine Volkszählung und eine Vermögensschätzung durchzuführen: «Es kam aber auch Quirinius nach Judäa, das Teil Syriens geworden war, um ihr Eigentum zu schätzen und die Güter des Archelaos zu verkaufen.»[21] Nun geschah, was zehn Jahre zuvor jüdische Gesandte in Rom gefordert hatten. Sie hatte damals die Hoffnung nach Rom geführt, die Herrschaft des judenfreundlichen Augustus würde milder sein als die des mit Blutschuld beladenen Herodes und seines Sohnes. Rom, so glaubten sie, werde wie in den anderen Provinzen die innere Autonomie der Untertanen nicht antasten und ihnen die alten Privilegien – das Leben nach ihren Gesetzen, die Heiligung des Sabbat, die Genehmigung der Tempelsteuer und die Befreiung vom Militärdienst – belassen. Darüber hinaus hatten sie gehofft, dass der Kaiser künftig ein offenes Ohr für ihre Nöte haben und seine schützende Hand weiterhin über sie und die Juden in der Diaspora halten würde.

Quirinius, ein mit den Verhältnissen des Orients vertrauter Beamter, ging behutsam vor. Wie von ihm erwartet, beließ er den Städten ihre Selbstverwaltung und bestätigte die Funktionen des Rates der Ältesten (Synhedrion). Dieser vertrat die geistlichen Belange aller Juden, und dort, wo diese davon nicht zu trennen waren, übernahm er auch die weltliche Vertretung insbesondere der Stadt Jerusalem. Glaube, Sitte und Recht lagen in seiner Hand, soweit sie römische Interessen nicht berührten. Die Besatzungstruppen hatten Befehl, ihre Feldzeichen mit den Kaiserbildern in den Garnisonen zu lassen, wenn sie nach Jerusalem kommandiert wurden. Der Kaiser erhielt, was seine Autorität und die Ergebenheit seiner Untertanen unterstrich: Täglich rauchte auf dem Tempelberg dem «höchsten Gott» das Opferfeuer eines Stiers und zweier Lämmer. Als es im Jahr 66 erlosch, erhielten die syrischen Legionen Marschbefehle.

Zum ersten Stein des Anstoßes wurde der 6 n. Chr. durchgeführte Zensus, unverzichtbar für die künftige Steuererhebung. Gegen sie wuchs der Widerstand, nicht nur, weil sie drückte, sondern weil sie gottlos war. Ein gewisser Judas, der Galiläer, sprach aus, was viele Juden allzu gerne übernahmen: «Er erklärte es für einen Frevel, wenn sie bei der Steuerzahlung an die Römer blieben und nach Gott irgendwelche sterblichen Gebieter anerkennen würden.»[22] Aufgetragen sei daher jedem Gläubigen, für Gott und sein Recht zu streiten, denn dieser «werde nur dann bereit sein, ihnen zu helfen». Zudem: «Dies Land ist mein», hatte der Herr erklärt, und König David bestraft, als er das Volk zählte, um es zu besteuern.[23] Erneut kamen Parolen in Umlauf, Gott werde aufseiten der Aufständischen kämpfen.

Dies aber tat er nicht. Seine Engel standen tatenlos Spalier, als sein auserwähltes Volk den Weg ins Verderben wählte. Wieder einmal gab es Erhebungen, wieder einmal riefen heilige Männer zum Krieg, indem sie auf die Gebote Jahwes pochten, wieder keimten messianische Hoffnungen. Die Idee von einem König, der als Heiland dem sozialen Elend und dem politischen Chaos ein Ende bereiten werde, geisterte erneut in den Köpfen der Armen wie der Reichen. Dabei waren es nicht nur die Stillen im Lande, die auf wundersame Ereignisse warteten und bereit waren, geduldig die Tage bis zu deren Eintreffen zu zählen. Nur zu häufig verbanden sich die Hoffnungen der Armen, von ihrem harten Los befreit zu werden, mit der Zuversicht, der ersehnte Messias werde auch die römischen Soldaten und ihre Mitläufer aus dem Land der Väter vertreiben – eine Tat, die nur ein mit dem Charisma des Himmels begabter König vollbringen konnte.

Viele waren bereit, mit Feuer und Schwert für die Sache Gottes zu streiten und den Kampf gegen die römischen Besatzer zu wagen, um so das Nahen des letzten Reiches zu beschleunigen. Prophetische Weissagungen gab es zuhauf, die von einem Messias sprachen, der als Sohn Davids und Herrscher Israels Jerusalem von den Heiden befreien und ein Reich der Gerechten und Heiligen aufrichten werde, und es sollten Tage voller Seligkeit werden:

> «Sieh' darein, o Herr, und lass ihnen erstehen ihren König, den Sohn Davids, zu der Zeit, die du erkoren, Gott, dass er über deinen Knecht Israel regiere.
> Und gürte ihn mit Kraft, dass er ungerechte Herrscher zerschmettere,
> Jerusalem reinige von den Heiden, die es kläglich zertreten!
> Weise und gerecht treibe er die Sünder weg vom Erbe,
> zerschlage des Sünders Übermut wie Töpfergefäße.
> Mit eisernem Stabe zerschmettere er all ihr Wesen,
> vernichte die gottlosen Heiden mit dem Worte seines Mundes,
> dass bei seinem Drohen die Heiden vor ihm fliehen,
> und er die Sünder zurechtweise ob ihres Herzens Gedanken …
> Dann wird er sein heiliges Volk zusammenbringen, das er mit Gerechtigkeit regiert, und wird richten die Stämme des vom Herrn, seinem Gott, geheiligten Volkes.»[24]

Diese alte Vision hatte mit ihrer eindringlichen Kraft schon nach dem Heerzug des Pompeius um sich gegriffen. Sie konnte sich nicht nur auf die Propheten des alten Israel berufen, sondern auch auf die Schilderungen aus der Zeit Davids und Salomons. Gott selbst, so heißt es bereits im ersten Buch der Könige, vernichtet seine Gegner und gründet das Reich Israels. Ihm dient ein königlicher Held, nach dessen Sieg der Friede einkehrt und jeder unter seinem Feigenbaum und seinem Weinstock sitzt. Juda und Israel werden dann «so zahlreich wie der Sand am Meer sein».[25]

Rom reagierte auf solche aufrührerischen Vorstellungen mit der schweren Hand des Eroberers. Seine Beamten verfolgten die Verkünder derartiger Sehnsüchte und trieben ihre Anhänger auseinander, wo immer sie auftraten. Leicht war diese Aufgabe für den Statthalter Judäas nicht. Er verfügte nur über Auxiliartruppen, die sich aus angeworbenen Syrern und Griechen zusammensetzten und alle Juden hassten, da die letzten hasmonäischen Könige die umliegenden syrischen und griechischen Städte unterworfen und versklavt hatten.[26] Seine Entscheidungsfreiheit war zudem eingeschränkt, da die Statthalter der benachbarten Provinz Syrien die Oberaufsicht für sich beanspruchten und ein offenes Ohr für die jüdischen Beschwerden hatten. Sie regierten die wichtigste Provinz des Orients, befehligten vier Legionen und zählten daher zu den engsten Vertrauten des kaiserlichen Hauses. Für Männer dieses Schlages war ein in Judäa eingesetzter Präfekt ein Niemand.

Aber weder sie noch die in Caesarea amtierenden Statthalter konnten den tödlichen Kreislauf von jüdischer Rebellion und römischem Terror unterbrechen. Als im Jahre 66 der große Aufstand ausbrach, war zum zweiten Mal der Versuch gescheitert, die Juden und ihre heilige Stadt einer fremden Kultur zu unterwerfen. Antiochos IV. hatte im Bund mit Teilen der jüdischen Aristokratie versucht, die hellenistische Lebensart in Judäa heimisch zu machen – der Widerstand der Makkabäer machte alles zunichte. Rom hatte sich bemüht, seinen Herrschaftsanspruch durch das Zugeständnis eines Sonderstatus für die Juden zu stabilisieren – es versagte, als seit Caligula kein Jude mehr sicher sein konnte, nach den Gesetzen seines Gottes weiterleben zu können.

In der Legende von der jüdischen Königin Esther an der Seite des persischen Herrschers Ahasver (Xerxes), geschrieben wahrscheinlich im 3. Jahrhundert v. Chr., steht der Ratgeber Haman vor seinem König, klagt die Juden an und verlangt ihre Ausrottung: «Es gibt ein Volk, das wohnt zerstreut und abgesondert unter den Völkern in allen Provinzen deines Reiches. Ihre Gesetze sind anders als die aller übrigen Völker, und die Gesetze des Königs halten sie nicht. Daher ziemt es sich für den König nicht, sie gewähren zu lassen.»[27]

Ahasver entscheidet anders, rettet die verfolgten Juden und gibt ihre Gegner in ihre und die Hand Esthers. Dort, wo es keine Esther gab und niemand von Versöhnung sprach, riefen die Eiferer seit Herodes, Gehorsam schuldeten sie nur Gott. Dagegen half das Argument nicht, dies bedeute den Tod.

III

Jesus von Nazareth

«Wir wissen nicht, wie Jesus oder seine Mutter aussahen, wohl aber, dass Er Mensch war und von einer Jungfrau geboren.»
Augustinus

«Evangelium aber heißt nichts anderes, denn eine Predigt und ein Geschrei von der Gnade und der Barmherzigkeit Gottes, durch den Herrn Christus mit seinem Tod verdienet und erworben. Und es ist eigentlich nicht das, was in Büchern steht und in Buchstaben verfasst wird, sondern mehr eine mündliche Predigt und ein lebendiges Wort und eine Stimme, die da in die ganze Welt erschallt und öffentlich wird ausgeschrien, dass man's überall hört.»
Martin Luther (1523)

1. Die Umstände des Lebens

«Die Geburt Jesu Christi geschah aber so»

Die vertrauteste Erzählung der Bibel ist die Geschichte der Heiligen Nacht. In ihr wird in einem Stall unweit von Bethlehem ein Kind geboren, in Windeln gewickelt und in eine Krippe gelegt. Die glückliche Mutter gibt ihm, dem Erstgeborenen, den Namen Jesus; so hatte es der Engel Gabriel befohlen, als er der Jungfrau ihre von Gott verfügte Schwangerschaft verkündete. Hirten, die in der Umgebung ihre Herden bewachen, erschrecken: Zeichen erscheinen am Himmel, ein Engel tritt zu ihnen und spricht von großer Freude und von der Geburt eines Heilands; Engelschöre loben Gott und preisen den Frieden, der unter den von Gott Erwählten künftig herrschen werde. Da hält es die Hirten nicht länger: Eilig brechen sie auf, finden in Bethlehem das Kind, eine Frau, die sich Maria, und einen Mann, der sich Joseph nennt, und berichten, was ihnen der Engel verkündet hat.[1]

Der Erzähler dieser Geschichte voller Poesie und märchenhafter Anmut ist der Evangelist Lukas. Er schrieb rund 90 Jahre nach den Ereignissen auf, was eine ständig wachsende Schar gläubiger Christen begierig zu

Abb. 6

Donatellos Verkündigung in Santa Croce in Florenz (um 1435) nutzt den Vorrat antiker Stilmittel, um den Bericht des Lukas mit Leben zu füllen. Den Erzengel Gabriel, der Maria die von Gott bewirkte Schwangerschaft ankündigt, trennt wie in allen anderen Darstellungen seines Erscheinens eine unüberschreitbare Barriere von der Jungfrau. Maria, eine offensichtlich gebildete Frau, die ein Buch in der Hand hält, beugt sich der Entscheidung Gottes: «Siehe, ich bin des Herren Magd.» Der Einbruch des Jenseitigen in das Diesseitige verdeutlichen allein die Flügel, die Gabriel als Wesen nicht von dieser Welt auszeichnen.

lesen wünschte. Sie müssen ihn sehr bedrängt haben. Denn woher und von wem sollte Lukas wissen, was damals geschah, als der Sohn Gottes, verborgen vor den Augen allzu Neugieriger, die Ewigkeit verließ und die Welt der Sterblichen betrat? Sein Vorläufer Markus, der seine Biografie zwanzig Jahre früher verfasste, ließ seine frohe Botschaft erst mit der Taufe des zum Manne gewordenen Jesus im Jordan beginnen, und die Missionare, die wie Paulus seit Jahrzehnten durch die Städte des östlichen Mittelmeers zogen, predigten von der Erlösung des Menschen durch den allmächtigen Gott, der am Kreuz gestorben war; ein hilfloser Säugling und die armseligen Umstände seiner Geburt wogen demgegenüber nichts. So blieben für Lukas nur von Mund zu Mund weitergegebene Geschichten, von denen er übernahm, was ihm sinnvoll schien. Sie waren geprägt vom frommen Glauben an den Mensch gewordenen Gott und erfüllt von der Gewissheit, dass der Himmel sein Erscheinen auf Erden durch Wunder und göttliche Zeichen begleitet hatte.

Trotzdem bemühte sich Lukas um historische Genauigkeit. Seine Quellen lehrten ihn, dass Jesus aus Nazareth stammte und dort seine Kindheit verbracht hatte. Sein Glaube aber gehorchte der alten Tradition, der zufolge der Messias ein Nachfahre Davids sein musste und daher das Licht der Welt nur in Bethlehem erblicken durfte. Also galt es, den Lesern zu erklären, wie Maria und Joseph dorthin kamen. Die Römer, sagt Lukas, die damaligen Herren Judäas, waren dafür verantwortlich. Ihr Kaiser Augustus habe, als Herodes König und in Syrien ein gewisser Quirinius Statthalter war, allen Bewohnern seines Reiches befohlen, in ihre Heimatstädte zu gehen, um sich dort in die Steuerlisten einschreiben zu lassen. So sei auch Joseph als Nachfahre Davids mit seiner Frau nach Bethlehem gezogen.

Die Erzählung des Lukas, so unsterblich sie auch sein mag, entspringt keiner historischen Recherche. Ihr Grundgedanke gehorcht der Prophezeiung des Propheten Micha, welche die christlichen Prediger als Weissagung auf Jesus, den künftigen Messias, auslegten:

«Aber du, Bethlehem-Ephrata,
so klein unter den Gauen Judas,
aus dir wird einer hervorgehen,
der über Israel herrschen soll.

Er wird auftreten und ihr Hirt sein
in der Kraft des Herrn,
im hohen Namen Jahwes, seines Gottes,

denn nun reicht seine Macht
bis an die Grenzen der Erde.
Und er wird der Friede sein.»[2]

Die zeitlichen Angaben des Lukas klingen auf den ersten Blick logisch. Auf den zweiten stecken sie voller Widersprüche. Herodes starb im Jahre 4 v. Chr., Quirinius hingegen amtierte erst im Jahre 6 n. Chr.; einen reichsweiten Zensus praktizierte Rom nicht, und wenn es ihn in einzelnen Provinzen durchführte, so begab sich niemand «in seine Stadt», sondern jeder blieb, wo er war.

Damit verwandelt sich die Geschichte von der Geburt Jesu in eine wundersame Legende: Die zu Tränen rührende Schilderung der reisenden Mutter, die keinen Platz findet, ihr Kind zu gebären, der Stall und die Krippe, die Lichterscheinungen in der Nacht und die Hirten auf dem Felde – alles dies erfüllte das Herz der Frommen und stärkte ihren Glauben an die Erscheinung Gottes auf Erden.

Es gibt aber noch eine zweite Version der Ereignisse. Matthäus schrieb sie etwa zur gleichen Zeit wie Lukas (S. 402 ff.). Wie dieser wollte er berichten, wie es war, als der Erlöser menschliche Gestalt annahm, und wie dieser konnte auch er nur aufschreiben, was ihm mündlich zugetragen wurde. Davon aber war vieles anders als bei Lukas: Nur wenig von der jungfräulichen Empfängnis, die allzu anstößig an einen göttlichen Liebhaber denken ließ;[3] so gut wie nichts über die Umstände der Geburt, keine von Rom aufgenötigte Wanderschaft, kein Stall und keine Krippe. Dafür wird viel geträumt, wie in der antiken Welt bei den wunderbaren Geburten großer Söhne sonst auch; zu ihnen zählte etwa Moses, dessen Vater im Schlaf von Gott erfuhr, sein Sohn werde das Volk der Hebräer aus Ägypten führen.

Matthäus berichtet überdies ausführlich von den Tagen und Wochen nach der Geburt. Da kommen Astrologen und Wahrsager aus dem Osten – «Magier» nennt sie Matthäus –, denen ein Stern den langen Weg nach Bethlehem wies, um dort dem königlichen Kind Geschenke zu bringen. Männer dieses Berufes dienten gewöhnlich an den Höfen orientalischer Fürsten und deuteten ihnen die Zukunft. Einige von ihnen waren im Jahre 66 mit dem armenischen König nach Neapel gezogen, um vor dem römischen Kaiser auf die Knie zu fallen. Der Stern, dem auch sie gefolgt waren, verkörpert ein altes orientalisches Königssymbol. Auf ihn verweist schon der Prophet Bileam, der wie andere den Juden ihren Messias verkündigt hatte:

> «Es geht auf ein Stern aus Jakob,
> ein Szepter erhebt sich aus Israel;
> er zerschmettert die Schläfen Moabs.»[4]

Während die Magier in der Erzählung des Matthäus nach Bethlehem ziehen, beginnt Herodes den Kampf gegen den neugeborenen König. Ihn bringen auf Geheiß eines Engels Maria und Joseph nach Ägypten in Sicherheit. Die Knaben Bethlehems allerdings kann dies nicht retten – der um seine Herrschaft bangende Herodes lässt sie töten. Jeder, der dies las, erinnerte sich an viele andere Geschichten, in denen heldische oder göttliche Kinder verfolgt wurden. Zu ihnen zählten Zeus, Herakles und wiederum Moses: Auch vor ihm fürchtete sich der Pharao, auch er floh, und auch seine Altersgenossen ließ der König töten.

Geschichten ohne Wahrheit?

Es sind mithin zwei recht unterschiedliche schriftliche Versionen von der Geburt Jesu aus der Zeit um 90 erhalten. Sie stimmen immerhin darin überein, dass sich die Geschichte zur Zeit des Herodes ereignete, der Heilige Geist Urheber der Schwangerschaft der jungfräulichen Mutter Maria war, Jesus als Nachfahre des jüdischen Königs David wie dieser in Bethlehem geboren wurde und die Geburt selbst im Verborgenen stattfand. Aber keine Überlieferung spricht davon, was, wann und wo in den Jahren vor oder nach der Zeitenwende wirklich geschah.

Verwunderlich ist dies nicht: Denn wer hätte damals wissen können, dass eines nicht allzu fernen Tages unzählige Menschen das Kind eines jüdischen Mädchens als den Sohn Gottes verehren würden, der ihnen ihre Sünden vergibt? Die Ersten, die in diesem Bewusstsein aufwuchsen, hörten auf die Botschaft von Kreuz und Auferstehung und glaubten an die nahe Wiederkehr Christi. Erst als dieser Tag immer ferner rückte, wandte sich die menschliche Neugier und die Fantasie der Frommen der Geschichte des Menschen Jesu zu. Am Ende war man bei seiner Zeugung und seiner Geburt angelangt: Ihre Umstände sollten die letzten Zweifel an der Göttlichkeit des so elend am Kreuz gestorbenen Mannes beseitigen.

Dies erklärt auch, warum andere die von Lukas und Matthäus erzählten Geschichten liebevoll in immer neuen Farben und mit immer neuen Details ausmalten. So neigten sich eines Tages auch Ochs und Esel über das Kind in der Krippe, getreu der frommen Deutung des Jesaja: «Ein Ochse kennt seinen Herrn und ein Esel die Krippe seines Herrn; aber Israel kennt es nicht, und mein Volk versteht es nicht.» Wenig später verwandelten sich die Magier, die lange Wochen einem Stern gefolgt waren, in drei Könige aus dem Morgenland, die die Namen Kaspar, Melchior und Balthasar erhielten. Schon das 2. Jahrhundert ließ zwei Hebammen zu der gebärenden Maria eilen, damit sie die Jungfräulichkeit der Gottesmutter bezeugen konnten. Andere machten aus dem Stall eine Höhle und gehorchten damit einer alten orientalischen Prophetie, nach der die Geburt des Retters und Heilands der Welt nur an einem solchen geheimen Ort möglich sei. Und immer neue Wunder hüllten das Geschehen der Heiligen Nacht ein: Am Toten Meer, im Weingarten von Engedi, blühten die Reben, und im fernen Rom stürzten der Tempel des römischen Friedens und die Säule des Romulus ein: Ein neues Zeitalter der Glückseligkeit hatte begonnen.

Die Botschaft

Wären die ersten Kapitel der Evangelien des Lukas und Matthäus verloren gegangen, würde dies den Lesern der Geschichte des Predigers Jesus nicht auffallen, da dort niemals auf seine Anfänge verwiesen wird. Nichts erinnert an die wundersame Geburt, nichts an die Engel und Hirten, die den künftigen Messias erkennen, nichts an die Flucht nach Ägypten. Wohl aber erhält das Kind Namen und Titel, die für seine spätere Geschichte prägend sind. Er ist der «Sohn Davids» und wird wie dieser herrschen: «Gott der Herr wird ihm den Thron seines Vaters David geben, und seines Königtums wird kein Ende sein», verheißt der Engel Gabriel der Mutter. Er ist der «Sohn Gottes», dem übermenschliche Würden zuteilwerden. Er ist schließlich der «neue Moses», dessen Schicksal als verfolgtes Kind bei Matthäus der Mordanschlag des Herodes und die Flucht nach Ägypten prägen, und der, erwachsen geworden, wie Moses zum Gesetzgeber und Retter seines Volkes wird.

Alles dies ist umhüllt von einer Aura von Wundern, Zeichen vom Himmel, Erscheinen von Engeln und offenbarenden Träumen. So war es immer, wenn die Vorstellung von einem auf die Erde herabgekommenen Gott und Wohltäter auf eine Welt des sozialen und politischen Elends traf. Dazu gehören Geschichten von der Not des auserwählten Kindes und von seiner göttlichen Zeugung. Erstere erzählte man sich auch von Moses und Romulus, Letztere von Alexander, der Zeus zum Vater hatte. Die Lehre, die sie vermittelten, war immer gleich: Geburt und Kindheit interpretierte man als Ursprung und Ausgangspunkt von vielem, was sich dann im weiteren Leben zeigte. So begleiteten die Götter die Geburt ihrer Auserwählten mit

Wundern und gaben damit zu erkennen, dass ihre schützende Hand stets über ihnen sein würde.

Der sakralen Feierlichkeit, die diese Sehnsüchte auszeichnete, mochte sich niemand entziehen. Die Mächtigen drängten sich geradezu in ihren Schatten, verlieh sie doch dem Bewusstsein, zu den Auserwählten zu zählen, rauschhafte Züge. In Rom hatte Octavian, als der Senat 39/38 v. Chr. offiziell die Vergottung Caesars vollzog, begonnen, sich als *Divi filius* über die menschliche Welt zu erheben. In Italien liefen geschickt gesteuerte Erzählungen über geheimnisvolle Vorzeichen um, die vor und nach der Geburt Octavians beobachtet worden waren. So habe Apoll sich in der Gestalt einer Schlange mit dessen Mutter Atia vereinigt, als diese nachts im Tempel des Gottes schlief, und auf dem Körper der jungen Frau den Abdruck einer Schlange hinterlassen, der sich nicht entfernen ließ; zehn Monate später sei Augustus geboren und als Gottessohn begrüßt worden. Atia, so erzählte man sich weiter, habe vor der Geburt geträumt, ihr Leib habe sich zu den Sternen erhoben und sich über Himmel und Erde ausgebreitet, und der Vater Octavius träumte, aus dem Schoß Atias sei das strahlende Licht der Sonne hervorgebrochen. Weitere uralte mythische Vorstellungen ergänzten das Bild: Schon vor der Geburt sei das Leben des Kindes in höchster Gefahr gewesen, als der Senat auf die Kunde hin, Rom werde ein König geboren, die Tötung aller Neugeborenen angeordnet habe, und nur die Intervention der Senatoren, deren Frauen schwanger waren, habe den Mord verhindert.

Für jedermann erkennbar waltete die Hand der Götter immer dann, wenn ihre Günstlinge am Scheideweg standen. So flogen an dem Tag, als Octavian sein erstes Konsulat antrat und die Priester die Vorzeichen einholten, zwölf Geier über den Himmel und die Lebern der Opfertiere kündeten von einer glücklichen Zukunft des Staates. Am Tag von Philippi, als die Legionen der Mörder Caesars auf die der Rächer stießen, verkündete ein thessalischer Seher Octavian im Auftrag des göttlichen Caesar, der ihm auf einem abgelegenen Weg erschienen sei, den bevorstehenden Sieg.[5] Als Jesus vor Johannes kniete und die Taufe empfing, «sah er die Himmel sich öffnen und den Geist wie eine Taube auf sich herabschweben. Und eine Stimme erscholl aus den Himmeln: ‹Du bist mein geliebter Sohn, an dir habe ich Wohlgefallen gefunden.›»[6]

Niemand war gezwungen, diese oder andere himmlischen Geschichten zu glauben – auch die frühen Christen nicht. Ihre Botschaft aber verlangte Gehör. Sie war wichtig, ja für die Durchsetzung des neuen Glaubens schwerwiegend. Wer sie taktlos oder gar lächerlich fand, hatte sich entschieden und den Missionaren den Rücken gekehrt. Denn sie sagte alles Entscheidende: Gott hat seinen Sohn Mensch werden lassen, geboren von einer Jungfrau, um sein Volk zu erlösen und Frieden zu bringen.

Es ist die Erzählung des Lukas, die seit Jahrhunderten die alte an die neue Generation weitergibt. Ihr lyrischer Glanz strahlt jedes Jahr am 25. Dezember am hellsten. Warum aber gerade dieses Datum und dieser Tag, der bis heute im Leben christlicher Familien verwurzelt ist wie kein zweiter? Noch im 3. Jahrhundert haben die Kirchenväter gegen die heidnische Sitte gewettert, Geburtstage zu feiern, und sie reagierten mürrisch auf Berechnungen, die «mit übertriebener Genauigkeit bei der Geburt unseres Heilands nicht nur das Jahr, sondern auch den Tag angeben» (Origenes). Sie hatten recht, denn jeder rechnete anders und mit unterschiedlichem Ergebnis.

Einer jedoch verband die Geburt Christi mit der Sonne, indem er sich an Maleachi, einen Propheten des 5./4. Jahrhunderts, und seine Weissagung hielt: «Euch aber, die ihr meinen Namen fürchtet, wird die Sonne der Gerechtigkeit aufgehen, die Heilung birgt unter ihren Flügeln.»[7] Von diesem Satz führte ein verschlungener Weg zum 25. Dezember, den der Kalender des Julius Caesar als den Tag der Wintersonnenwende verzeichnete. An ihm feierten seit 274 Kaiser und Untertanen den Geburtstag des *Sol Invictus*, des unbesiegten Sonnengottes, der die Legionen Roms zum Sieg über Palmyra geführt hatte. Es war ein populäres und ein heiteres Fest, an dem gesungen, getanzt und geschmaust wurde, während vor den Bildern des Kaisers unzählige Lichter brannten.

Jahrzehnte später, am 25. Dezember des Jahres 336, ließ der Bischof Roms in den Kalender eintragen: «Christus wurde in Bethlehem geboren.» Man schrieb das letzte Lebensjahr des Kaisers Konstantin. Er, der lange an die Macht des Sonnengottes geglaubt und schließlich den Gekreuzigten unter die Staatsgötter Roms aufgenommen hatte, gestattete nun dessen Anhängern, den Tag der Neugeburt der Sonne als den Geburtstag des in Bethlehem geborenen Kindes zu feiern.

2. «Die Zeit ist erfüllt»: Das Leben Jesu

Johannes der Täufer

Niemand kann sagen, wie sich Jesus selbst sah. Niemand hat seine äußere Gestalt beschrieben, obwohl alle antiken Biografen ihre Helden genau zu porträtieren pflegten und vier Evangelisten darüber informiert gewesen sein müssen. Der Apologet Justin, der um 165 als Märtyrer starb, und andere waren sicher, dass es ihm «an Schönheit und Ehre fehlte». Diese zunächst befremdlich scheinende Aussage hatte nichts mit Wissen, sondern mit genauer Lektüre zu tun. Sie stützt sich auf die Annahme, in Jesus habe sich eine Weissagung des Propheten Jesaja erfüllt: «Vor seinen Augen wuchs er auf wie ein junger Spross. Er hatte keine schöne und edle Gestalt, dass wir nach ihm geschaut, kein Ansehen, dass er uns gefallen hätte.»[8]

Das Wenige, was wir über Jesus erfahren, haben andere über ihn gesagt. Wahrscheinlich leiteten ihn ein ausgeprägtes Selbstvertrauen und die Überzeugung, wie viele Propheten vor ihm, als Sprachrohr Gottes auserwählt zu sein. Dies aber und alle Nachrichten reichen nicht, um eine Biografie Jesu zu schreiben.[9] Vor allem wissen wir nichts von seinen ersten Lebensjahrzehnten. Das Datum seiner Geburt ist ungewiss, vermutlich liegt es zwischen 6 und 4 v. Chr., also noch unter Herodes. Sein Geburtsort ist nach der Tradition Bethlehem, wahrscheinlicher aber ist Nazareth. Dort, wenige Kilometer südwestlich des Sees Genezareth, verbrachte er im Haus seiner Eltern Kindheit und Jugend, abgeschirmt von den Stürmen der Zeit. Seine erste Begegnung mit der Welt verschaffte ihm Johannes der Täufer.

Dessen Existenz ist durch Flavius Josephus, die Evangelien und die Notiz in der Apostelgeschichte, es habe eine Johannessekte gegeben, gesichert. Dieser apokalyptische Prophet sprach viel über die menschlichen Sünder und rief sie zur Umkehr auf, da Gott sehr bald über Israel Gericht halten und die nicht zur Buße Bereiten als fruchtlose Bäume ins Feuer werfen werde. Auf Gnade dürften nur die hoffen, die ihre Schuld bekennen, und von Johannes (und nur von ihm) die «Taufe zur Vergebung der Sünden» empfingen.

So hat auch Jesus, überzeugt von dem Ruf nach Umkehr und Buße, seine Sünden öffentlich beklagt und sich taufen lassen – ein für die Christen höchst anstößiger Akt, da der Sohn Gottes nicht vor einem Sterblichen knien kann. Da der Tatbestand jedoch offenkundig und nicht zu leugnen war, galt es, ihn abzumildern. So deuten Markus und Matthäus den Vorgang als Berufungsvision, während der Evangelist Johannes die Taufe gar nicht mehr erwähnt, sondern Gott selbst dem Täufer erklärt: «Auf wen du den Geist herabschweben und auf ihm bleiben siehst, der ist's, der mit Heiligen Geist tauft» – was Jesus nicht tat.[10]

Johannes fiel bald bei seinem Landesherrn Herodes Antipas in Ungnade und bezahlte seinen Zorn über dessen Ehe mit der ehemaligen Frau des noch lebenden Bruders, die den jüdischen Gesetzen widersprach, mit dem Leben. Jesus hatte zu dieser Zeit dem Täufer bereits den Rücken gekehrt, da ihn dessen asketische Lebensweise abstieß. Der Vorwurf, Jesus sei «ein Fresser und Säufer», stammt wohl aus dem Umkreis der verlassenen Johannesjünger. Trotzdem blieb er dem Kerngedanken der apokalyptischen Botschaft seines Lehrers treu, so sehr er sie auch modifizierte: Gottes Gericht ist nahe.

«Er ist von Sinnen»: Konflikte

Das öffentliche Leben Jesu als Prediger muss um das Jahr 29 begonnen haben, da das bei Lukas überlieferte Datum durch eine mehrfache Chronologie gesichert und das genaueste der Evangelien ist: «im fünfzehnten Jahr der Herrschaft des Kaisers Tiberius, als Pontius Pilatus Statthalter von Judäa war.»[11] Die weitere Angabe, Jesus sei zu dieser Zeit ungefähr 30 Jahre alt gewesen, orientiert sich an der biblischen Tradition, nach der dies das ideale Alter für ein öffentliches Auftreten war.

Die Zeitspanne, in der Jesus selbstständig predigte und Anhänger um sich scharte, ist nicht zu bestimmen – wohl aber der Ort. Nazareth war und blieb seine Heimat, und seine Lehren verkündete er in den Dörfern im südgaliläischen Bergland und den umliegenden Gebieten; Sepphoris und Tiberias, obwohl nur wenige Kilometer von Nazareth entfernt, mied er. Beide Städte verdankten alles Herodes Antipas. Sepphoris, in den Kämpfen nach dem Tod des Herodes zerstört, baute er neu auf, Tiberias, benannt nach Kaiser Tiberius, gründete er im Jahre 19 als neue Residenzstadt. In beiden Orten wollte er sein Volk an die hellenistische Kultur gewöhnen und dem römischen Herrschaftsanspruch gefügig machen. Wie sein Vater schob er die Einsprüche der Frommen beiseite, planierte das Gelände seiner Hauptstadt auf den als unrein geltenden Ruinen eines Friedhofs und schmückte seinen Palast mit Tierbildern, eine gezielte und grobe Verletzung des jüdischen Bilderverbots.

Dies war nicht die Welt, an die Jesus seine Botschaft richten wollte. Die «verirrten Schafe Israels» suchte er zu erreichen, zu ihnen sprach er als

Prophet des nahen Gottesreiches, unter ihnen verdiente er seinen Lebensunterhalt als Wundertäter und Lehrer. Unter seinen Zuhörern standen keine Städter, wenige Reiche, viele Arme und etliche Sünder. An sie richtete er seine Worte und ihre Wunden suchte er zu heilen. Unter ihnen fand er auch seine Gefährten. Nachdem er in Nazareth gescheitert war – «ein Prophet gilt nirgends weniger denn daheim bei den Seinen» –, ging er nach Kapernaum, gelegen am Ufer des Sees Genezareth, wo er Jünger um sich sammelte, die alles im Stich ließen und ihm folgten. Es sollen zwölf gewesen sein, die den inneren Kreis der Anhängerschaft bildeten und die zwölf Stämme Israels repräsentierten.[12]

Seine Angehörigen sahen fassungslos auf das Treiben des Wanderpredigers, der ehelos durch die Lande zog und von familiären Bindungen wenig hielt. Die von Markus erzählte Geschichte, seine Mutter und seine Brüder hätten ihn für verrückt erklärt und seien gekommen, um ihn zur Vernunft zu bringen, verschweigen Lukas und Matthäus – wie wollten sie dies auch den Familien in den Städten erklären, denen sie ans Herz legten, wie Brüder und Schwestern zusammenzuleben und für ihre Mitmenschen da zu sein?

Gar nicht. Zumal weitere Zeugnisse davon sprechen, dass Jesus die Trennung von Heimat und Familie auch von seinen Anhängern erwartete. Es ist wiederum Markus, der von einem Besuch der Familie bei dem lehrenden Jesus erzählt und ihn, als seine Zuhörer an die Wartenden erinnern, auf sein Publikum zeigen und fragen lässt: «Was sind meine Mutter und meine Brüder?» Er antwortet selbst, indem er auf die Umstehenden blickt: «Siehe, das sind meine Mutter und meine Brüder. Wer den Willen Gottes tut, der ist mir Bruder und Schwester und Mutter» (3,31 ff.). Wer dies ernst meint, muss von seinen Jüngern die gleiche Lebensauffassung erwarten: «Wenn jemand zu mir kommt und nicht seinen Vater, seine Mutter, seine Frau, seine Kinder, seine Brüder und Schwestern und dazu sein Leben hasst, so kann er nicht mein Jünger sein.»[13] Derartige Aussagen sind breit gestreut und stehen im Gegensatz zum Familienbild der frühen Gemeinden. Sie müssen daher von Jesus selbst stammen.

«Wenn ihr nicht Zeichen und Wunder seht, so glaubt ihr nicht»

Überaus beeindruckend sind die Berichte der Evangelisten von den Wundern Jesu. Von keinem Sterblichen werden so viele berichtet wie von ihm. Sie lassen sich in zwei Gruppen einteilen. Die eine beschreibt, was Jesus mit Sicherheit tat: Heilungen und Dämonenaustreibungen, von denen rund zwanzig erzählt werden; in ihre Darstellung ist viel aus der allgemeinen antiken Tradition eingeflossen oder volkstümlich angereichert worden. Die zweite Gruppe besteht aus Episoden, in denen Jesus die Gesetze der Natur außer Kraft setzt; dazu gehören etwa die Stillung eines Seesturms, die wunderbare Speisung einer großen Volksmenge, das Weinwunder zu Kanaa und die Totenerweckungen.[14] Sie alle sind vom Osterglauben geformte Dichtungen des Urchristentums. Es fehlen Strafwunder, obwohl das Alte Testament, die Apostelgeschichte und die heidnische Tradition sie kannten und gerne erzählten.[15]

Was in modernen Ohren so irreal klingt, gehörte in der antiken Welt zum Alltag (S. 283 ff.). Wer damals von Mirakeln erfuhr, hatte schon häufig von herumziehenden Wunderheilern gehört und war dem einen oder anderen bereits begegnet.[16] Die Juden erinnerten sich an die Propheten Elija und Elischa, die Griechen an Pythagoras und Apollonios von Tyana, die Christen an Simon den Magier aus Samaria und die Späteren an den Ägypter Arnuphis, der Mark Aurel auf seinen Feldzügen begleitete.

Die Alexandriner wussten zu erzählen, dass auch der irdische Herr der Welt über göttliche Wunderkräfte verfügte. So drängten sich bei seinem Aufenthalt in Alexandria ein Blinder und ein Lahmer zu Vespasian und baten um Heilung. Der ob des Ansinnens schockierte Kaiser gab nach kurzem Zögern nach und heilte beide, wobei er Wange und Augenlider des Blinden mit seinem Speichel bestrich. Die Berater Vespasians haben, so betont unser Gewährsmann, die politische Wirksamkeit des Wunders, das in den Basaren der Städte des Ostens die Erzählfantasie beflügeln musste, genau bedacht.[17] Warum also sollte es jemand merkwürdig finden, dass die frühen Christen überzeugt waren, der Sohn Gottes sei ein Wundertäter und dadurch berühmt geworden? Nach Lukas sagte er es selber: «Ich treibe Dämonen aus und vollbringe Heilungen» (13,32).

Erzählt werden die Wunder nach einem bestimmten Muster, das nicht den wahren Hergang spiegeln muss. So treten Dämonen, denen ein Mensch hilflos ausgeliefert ist, in vielen Gestalten auf. Sie alle muss der Exorzist im Zweikampf besiegen.[18] Besiegt demonstrieren sie ein letztes Mal ihre Macht: Nach Markus fahren sie in eine Schweineherde, die sich in den See stürzt und elend zugrunde geht. Heilungen dagegen verlaufen anders, ohne Kampf. Sie werden durch die Übertragung einer wunderbaren Energie auf den Kranken bewirkt. Weitere Gesten und Requisiten können hinzukommen: Die heilende Handauflegung oder eben der Speichel, der auf das blinde Auge aufgetragen wird.

Ohne Analogie in der antiken Wundertopik ist allerdings der Zuspruch:

«Dein Glaube hat dich gerettet.» Heidnische Wundertaten enden mit der gläubigen Anerkennung des Geschehenen. Bei Jesus wird der Glaube zu einer Kraft, die dem Wunder vorausgeht. Der Glaube versetzt Berge, heißt es bei Markus, eine Botschaft, die auf den historischen Jesus zurückgehen könnte.

Anstoß erregte der Exorzist Jesus. Er provozierte den Vorwurf, mit dem Teufel im Bunde zu stehen: «Er treibt die Dämonen nicht anders aus als durch Beelzebub, den Herrscher der Dämonen», lautete die jüdische Anklage.[19] Zudem nährte er den Verdacht, Zauberkünste anzuwenden: «Warum ist es nicht möglich», fragte bei Justin sein heidnischer Widerpart, «dass euer sogenannter Christus, der in Wirklichkeit ein Mensch war, das, was wir *Kräfte* nennen, durch magische Kunstfertigkeit tat, und er deswegen für einen Sohn eines Gottes gehalten wurde?»

Der Vorwurf muss im Laufe der Zeit hörbarer geworden sein und wurde auf die Apostel und die Heiligen ausgedehnt, jagten doch auch sie Dämonen davon, machten Blinde sehend und ernteten die Bewunderung der Zeugen: «Die Götter sind den Menschen gleich geworden und sind zu uns herabgekommen», riefen die Bürger von Lystra, als Paulus einen Lahmen heilte. «Und sie nannten den Barnabas Zeus, den Paulus aber Hermes, weil er es war, der das Wort führte. Der Priester des Zeustempels aber, der vor der Stadt war, brachte Stiere und Kränze an die Tore und wollte mit der Volksmenge opfern.»[20]

Die späteren Christen machten sich keine Illusionen. Für ihre Gegner waren die Taten, die von Jesus umliefen, ein willkommener Kritikpunkt. Man hörte von Künsten, die nach schwarzer Magie rochen und Menschen ins Unglück stürzen konnten. Noch der Verfasser der ersten Kirchengeschichte, Eusebius, sah sich genötigt, Jesus gegen den Vorwurf zu verteidigen, er habe seine Macht unbillig ausgenützt. Nein, erklärt er, er habe sie nicht dazu missbraucht, sich Frauen gefügig zu machen; er habe die großen Städte gemieden, in denen er ein Publikum und Anhänger hätte finden können, und er sei kein Zauberer gewesen, denn «er mischte sich nicht in alles ein und machte sich nicht zum Herrn über andere. Er tat sich nicht groß damit, Macht zu besitzen, die andere nicht besaßen.»[21]

Die nahende Gottesherrschaft

Die Wunder haben für die verkündete Lehre eine wichtige Funktion. Sie bezeugen den Anbruch der Gottesherrschaft: «Wenn ich mit dem Finger Gottes die Dämonen austreibe, dann ist das Reich Gottes bei euch angelangt.» Dies aber verlangt Umkehr, und für sie bleibt wenig Zeit, denn sie «ist erfüllt und die Herrschaft Gottes nahe. Kehrt um und glaubt an die Heilsbotschaft.»[22]

Mit dieser Eingebung griff Jesus in seinem Volk weitverbreitete Hoffnungen auf. Vom Anbruch der Herrschaft Gottes war in der jüdischen Tradition immer wieder die Rede gewesen. Die Propheten hatten sie angesichts vieler enttäuschter Erwartungen auf die Endzeit verlegt. So spricht die Apokalypse des Jesaja von den Heimsuchungen der letzten Tage, von der Vernichtung der Weltmächte und von der Erlösung. Am Ende leuchtet die Gnade Gottes über Israel, und «an jenem Tage, da wird die große Posaune erschallen, und sie werden heimkommen, die Verlorenen im Lande Assyrien und die Versprengten im Lande Ägypten, und sie werden den Herrn anbeten auf dem heiligen Berge zu Jerusalem».[23]

Jesus hat den Glauben an die kommende Gottesherrschaft mit der Vollmacht verknüpft, die ihm sein göttlicher Vater verliehen hatte. Wer das Reich Gottes betreten will, muss sich für ihn entscheiden. Die Kompromisslosigkeit der geforderten Nachfolge ist besonders auffallend. Sie schloss den Bruch mit der eigenen Familie ein, den er auch selbst vollzogen hatte. Wer dazu nicht bereit war, wandte sich ab. So wohl auch der Mann, der Jünger werden wollte und auf seine Bitte, erst seinen Vater begraben zu dürfen, barsch zurechtgewiesen wurde: «Folge mir nach und lass die Toten ihre Toten begraben.»[24] Die Nachfolge ist wichtiger als die sozialen Pflichten, das Reich Gottes verlangt mehr als nur die Wahrung von Gesetz und Sitte.

So zeichnet sich in Umrissen das Leben eines Wanderpredigers ab, der die Zeit für Gottes Erscheinen gekommen sieht. Ehelos, umgeben von Frauen und Männern, die ihre alten Bindungen zerrissen hatten, durch Exorzismen und Heilungen seinen Lebensunterhalt verdienend, ohne feste Heimat, durchzog er einen kleinen ländlichen Raum. Die Sprache seiner Lehren war einfach, geschmückt mit einprägsamen Geschichten und Gleichnissen wie dieses: «Das Reich Gottes gleicht einem Senfkorn, das, wenn es in die Erde gesät wird, kleiner ist als alle anderen Samenkörner; und wenn es gesät wird, geht es auf und wird größer als alle Gartengewächse und treibt große Zweige, sodass die Vögel des Himmels unter seinem Schatten nisten können.»[25] Sein Publikum waren kleine Leute vom Lande, denen das Leben mehr Lasten als Freuden aufgebürdet hatte. Ihnen, nicht den Mächtigen und Reichen, gehörte das Reich Gottes. Erneuern wollte Jesus Israel, und es ist ein Wunder der Geschichte, dass sich mit seinem Namen der Siegeszug einer weltumspannenden Religion verbindet.

Im Frühjahr des Jahres 30 kam der Tag, an dem es Jesus mit seinen Jüngern zur Pilgerfahrt nach Jerusalem zog, nur drei Tagesreisen von Galiläa entfernt. An diesem Tag betrat der Mann, der selbst die Städte am See Genezareth gemieden hatte, eine fremde Welt.

3. Pontius Pilatus, Landpfleger, Richter und Glaubenszeuge

Der Statthalter

Im Jahre 26 erreichte Pilatus der Befehl seines Kaisers Tiberius, das Kommando in der fernen Provinz Judäa zu übernehmen. Wie allen Gouverneuren, wenn sie sich auf den Weg machten, wurde auch ihm eine Weisung mitgegeben. Sie war einfach und klar und für jeden Amtsträger verbindlich: Er hatte dafür Sorge zu tragen, dass seine Provinz ruhig blieb.[26] Wem dies gelang, der durfte auf weitere Gunstbeweise des Kaisers hoffen. Wer scheiterte, dem drohte das Ende der Karriere oder Schlimmeres. Pilatus wusste, worum es ging, als er in Caesarea das Schiff verließ und dort sein Quartier bezog.[27]

Seiner Herkunft und seiner Stellung nach galt er in der römischen Hierarchie wenig; aus ritterlichem Geschlecht stammend, war er wie die meisten seiner Herkunft in der Armee aufgestiegen. Seine dort erworbenen Verdienste müssen allerdings in Rom aufgefallen sein, da ihn Tiberius als Präfekt (*praefectus Iudaeae*) nach Judäa schickte, wo seit der Provinzialisierung erst vier Statthalter, allesamt Schatten ohne Fleisch und Blut, regiert hatten.

Keine seiner Entscheidungen kann diesem Manne, dessen Schule das Feldlager gewesen war, leicht gefallen sein. Denn um das gesteckte Ziel zu erreichen, war er wie seine Vorgänger auf ein gewisses Maß an Zusammenarbeit mit dem jüdischen Synhedrion angewiesen, dem Hohen Rat, in dem sich die Hohepriester, die Ältesten und Schriftgelehrten versammelten. Den Vorsitz führte der amtierende Hohepriester, den Ton gab die konservative Tempelaristokratie an. Es war die einzige jüdische Institution, die eigenständig Entscheidungen treffen durfte, und die insbesondere für den Tempel verantwortlich war, dessen innere Areale Nichtjuden verschlossen waren. Das politische Credo der Mitglieder bestimmte die Furcht, «es werden die Römer kommen und uns den Tempel und das Volk wegnehmen».[28]

Der Tempel war die Opferstätte Israels, zu der jährlich zahllose Pilger strömten. Er war die Wohnstatt Gottes und stand für die Einheit der Juden, wo immer sie siedeln mochten. Wer dies vergaß und die Funktion des Synhedrion nicht ernst nahm, sah sich schnell einer geschlossenen und gesetzlich geordneten Opposition gegenüber; diese wusste sich am Hof des syrischen Statthalters ebenso wie in Rom Gehör zu verschaffen.

Kein antiker Gewährsmann berichtet anerkennend über Pilatus und seine Amtszeit, die ihn zehn Jahre lang an Judäa fesselte. *Sub Tiberio quies*, «unter Kaiser Tiberius herrschte Ruhe» – mit diesem Satz des Tacitus war alles gesagt, was es für einen Römer Berichtenswertes über diese entlegene Provinz und Lobenswertes über seinen Statthalter zu sagen gab.[29] Je energischer man weitere Quellen befragt, umso schemenhafter wird die Biografie des Richters Jesu. Wer auch immer sich mit ihm beschäftigte, war auf die eine oder andere Weise voreingenommen. Jüdische Autoren benutzten ihn, um zu beweisen, was den eigenen Zielen nützlich war.

Dies gilt für Philo von Alexandrien (gest. nach 40), Sohn einer der hochnoblen jüdischen Familien der ägyptischen Metropole und angesehener Religionsphilosoph. Dies gilt gewiss für Flavius Josephus, der die Gründe des jüdischen Aufstandes im Jahre 66 auch in der Regierung der römischen Statthalter ausmachte. 37/38 n. Chr. als Sohn einer der vornehmsten Familien Jerusalems geboren, machte er in seiner Heimat Karriere. 66 trotz seiner geringen militärischen Erfahrung als Verteidiger der Bergfeste Jotapata eingesetzt, geriet er in römische Gefangenschaft. Dort suchte und fand er das Wohlwollen des späteren Kaisers Vespasian und schrieb im Dienste Roms eine Chronik des Aufstandes der Jahre 66 bis 70.[30] Darin erteilte er Vespasian und seinem Sohn Titus, den Zerstörern Jerusalems und des Tempels, die Absolution. Zuchtruten Jahwes gegenüber seinem Volk seien sie gewesen, das einer Handvoll gottloser Fanatiker in den Widerstand gegen die Herren der Welt gefolgt war: Darum «ist die Gottheit aus ihrem Tempel geflohen und steht auf der Seite jener, gegen die ihr (sc. die Aufständischen) kämpft».[31] In den 90er Jahren schrieb der in Rom ansässig Gewordene eine Geschichte des Judentums von der Erschaffung der Welt bis 66 n. Chr.[32]

Für Josephus wie für Philo hatte die Amtsführung des Pilatus Recht und Vernunft verhöhnt und das mosaische Gesetz mit Füßen getreten. Was sie an Beweisen vorlegen, wiegt allerdings nur dann schwer, wenn sie lediglich Beispiele für eine allgemeine Misswirtschaft des Präfekten nennen wollten.[33] Tatsächlich listen sie nur drei Konflikte auf – für die immerhin zehnjährige Regierung des Pilatus eine erstaunlich positive Bilanz. Sie passt eher zu der lapidaren Notiz des Tacitus als zu der wütenden Verallgemeinerung Philos.

Dessen Motive sind augenfällig. Im Jahre 40 hatte er vergeblich eine Gesandtschaft nach Rom an den Hof Caligulas geführt, um Ausschreitungen gegen die Juden in Alexandria zu beenden (S. 117). Wenig später, unter Claudius, versuchte er nachzuweisen, dass alle Verfolger des jüdischen Volkes, von Gottes Hand gestraft, ein furchtbares Ende gefunden hätten. Der Bericht über seine Gesandtschaft sollte den neuen Kaiser wohl an den ermordeten Caligula erinnern und ihn ermahnen, zur judenfreundlichen Politik seines Vorgängers Tiberius zurückzukehren. Dieser, so Philo, habe zugunsten seiner jüdischen Untertanen eingegriffen, als die Schandtaten des Pilatus überhandnahmen.

Sehen wir genauer hin. Der erste Vorwurf lautete, Pilatus habe römische Truppen mit dem Kaiserbild auf den Feldzeichen in Jerusalem einmarschieren lassen. Der zweite beschuldigte ihn, Gelder aus dem Tempelschatz zum Bau einer Wasserleitung entwendet zu haben. Der dritte klagte, Pilatus habe am Palast des Herodes goldene Schilder mit einer Widmung an Tiberius angebracht.

Die Taten, auf die sich die Vorwürfe beziehen, sind zeitlich nicht einzuordnen. Alle enthalten jedoch eine Lehre: Den Widerstand der Frommen konnte der Präfekt nicht brechen und er musste am Ende klein beigeben. Schwieriger ist es, die kritisierten Maßnahmen zu bewerten. Waren sie tatsächlich Provokationen, geboren aus Hass und Dummheit? Oder verbirgt sich hinter ihnen der Versuch, in der noch jungen Provinz Zug um Zug die Verhältnisse herzustellen, die in anderen Provinzen längst üblich waren? Dass die angewandten Mittel untauglich waren, sagt nichts gegen ein solches Motiv, gehörte es doch zu den Aufgaben jedes Statthalters, den Herrschaftsanspruch Roms und seine äußeren Insignien allen Untertanen vor Augen zu führen.

Wie schmal der Grat tatsächlich war, auf dem der Landpfleger sein Amt versah, zeigen die Ausmalungen des Prozesses gegen Jesus durch die Evangelisten. Nach ihrer Darstellung habe Pilatus, von der Unschuld des Beklagten überzeugt, ernsthaft versucht, Jesus das Leben zu retten, sei jedoch am Starrsinn der vom Hohepriester aufgestachelten jüdischen Volksmenge gescheitert; deren Druck habe er schließlich nachgegeben.

Dieser Einfall des Johannes war nun keineswegs aus der Luft gegriffen, sondern beschrieb genau, womit jeder Gouverneur zu rechnen hatte. So

Abb. 7
«Ich bin ohne Schuld.» Auf einem Elfenbeintäfelchen des 5. Jahrhunderts wäscht Pilatus seine Hände in Unschuld. Von ihm wendet sich Jesus ab, das Kreuz als Siegeszeichen auf der Schulter, einem römischen Standartenträger durchaus ähnlich. Er geht blicklos an Petrus vorbei, der ihn verleugnet, während der Hahn kräht.

musste auch Pilatus bestimmte Spielregeln beachten, die sich lange vor seinem Auftreten zwischen der römischen Herrenmacht und den jüdischen Behörden herausgebildet hatten. Gewiss wollte er, ein Mann in den besten Jahren und am Beginn einer vielleicht großen Karriere, in Rom durch ein entschlossenes Regiment Eindruck machen; aber er wusste als Offizier nur zu gut um die Gefahren des Übereifers. In Jerusalem lauerten sie dort, wo es um religiöse Animositäten ging, die selten von nationalen Empfindlichkeiten zu trennen waren.

Trotz aller Schwierigkeiten: Zehn Jahre lang hat Pilatus alles richtig gemacht. So hätte er wie viele andere verdiente Männer auch mit den schönsten Hoffnungen nach Rom zurückkehren können, wäre da nicht ein falscher Prophet gekommen. Dieser tauchte 36 in Samaria auf und predigte mit großem Erfolg auf dem heiligen Berg Garizim. Alarmiert durch Nachrichten, die von bewaffneten Zusammenrottungen der Samaritaner sprachen, eilte Pilatus mit Reiterei und Fußvolk dorthin und trieb alle jene gewaltsam auseinander, die im frommen Entzücken herbeigeströmt waren, um die von Moses am Berge begrabenen heiligen Gefäße zu sehen, die der betrügerische Weissager zu zeigen versprochen hatte.[34] Die samaritanische Gemeinde, über die Härte des Vorgehens empört und um ihre religiöse Sonderstellung fürchtend, protestierte bei Lucius Vitellius, dem Statthalter Syriens; dieser, ein einflussreicher Konsular, dem Kaiserhaus seit Langem eng verbunden und ein Freund der Juden, befahl Pilatus nach Rom. Dort sollte er sich vor dem Kaiser zu den gegen ihn erhobenen Vorwürfen äußern. Gegen den Befehl dieses Mannes gab es keine Widerrede. Also machte sich Pilatus ungeachtet des hereinbrechenden Winters auf den Weg, um nach einer mehrwöchigen beschwerlichen Landreise in Rom zu hören, dass Tiberius am 16. März gestorben sei.

Von dieser Stunde an entgleitet er dem Zugriff der Historiker. Er war, obwohl so viele Jahre Herr Judäas, eben doch ein kleines Licht, das den Großen in Rom nicht weiter aufgefallen ist. Dass dort gegen ihn ein Verfahren eingeleitet wurde, ist ganz unwahrscheinlich. Der neue Kaiser, Caligula, der wenig später, besessen von der eigenen Göttlichkeit, versuchen sollte, seine Statue im Tempel zu Jerusalem aufstellen zu lassen, wird einen Mann nicht belangt haben, den Gesandte aus Samaria der Grausamkeit bezichtigten. So mag es sein, dass Pilatus nicht ohne Häme zusah, als sich der aus Syrien abberufene Vitellius vor Caligula jammernd am Boden krümmte, um sein Leben zu retten – er hatte in den Augen des Kaisers versagt und die Ruhe in einer großen Provinz nicht wahren können.

Der Richter

Viele Tage des Präfekten müssen in der weitgehend ruhigen Provinz Judäa eintönig verlaufen sein. Einer davon machte ihn unsterblich. Pilatus hatte, von Caesarea kommend, wie gewöhnlich bei hohen Festen, den Herodespalast im Westen Jerusalems bezogen. Gebaut wie eine Zitadelle beherbergte der Palast Truppenverbände der Garnison und verfügte über effektvolle Verteidigungsanlagen – der rechte Ort, um von dort aus mögliche Unruhen während des Passahfestes ersticken zu können. Am frühen Morgen des 7. April 30 überstellten ihm die jüdischen Behörden einen Mann namens Jesus. Er war wenige Tage zuvor mit seinen Anhängern nach Jerusalem gepilgert, um am Passahfest teilzunehmen. Am Abend des 6. April hatte ihn eine Streife der Tempelpolizei aufgegriffen und den Mitgliedern des Synhedrions vorgeführt. Im Verhör hatten Zeugen bekundet, der in die Stadt gekommene Fremde habe erklärt, er könne den Tempel eigenhändig niederreißen und in drei Tagen wieder aufbauen.

Die Aussage, nahm man sie ernst, wog schwer. Hinzu kamen umlaufende Gerüchte, Jesus sei bei seiner Ankunft in Jerusalem von einer großen Volksmenge mit messianischen Huldigungen begrüßt worden («Palmsonntag»), habe auf dem Tempelberg gepredigt, ja er habe aus dem Vorhof des Tempels die Geldwechsler und Verkäufer von Opfertauben mit der Peitsche vertrieben und damit eine der wichtigsten Einnahmequellen der Priester sabotiert.[35] Wer den Tempel, das Haus Gottes, und den dort beheimateten Kult angriff, erhob sich gegen die von Moses gegebene Ordnung und lästerte Gott.

Aber er tat noch mehr. Rom hatte die tempelstaatliche Ordnung der Provinz Judäa bei der Provinzialisierung des Landes bestehen lassen und der Statthalter hatte Befehl, für ihr reibungsloses Funktionieren zu sorgen. Als die Befragung vor dem Hohen Rat die Beschuldigung zu erhärten schien, übergab die jüdische Behörde den Angeklagten dem Präfekten. Er war zuständig, obwohl das Dorf, aus dem der Beklagte kam, nicht zur römischen Provinz gehörte, sondern dem Klientelfürsten Herodes Antipas unterstand. Schuldig geworden war Jesus jedoch in Jerusalem, daher musste nach römischer Rechtsauffassung auch dort das Urteil gesprochen werden. Zudem hatte nur der römische Gerichtsherr das Recht, Todesurteile zu verhängen (*ius gladii*).

Pilatus handelte gemäß der ihm vorliegenden Prozessordnung. Er ließ einen Dolmetscher kommen und fragte Jesus – so die übereinstimmende Aussage aller Evangelisten – «Bist du der König der Juden?» «Du sagst es», erwiderte Jesus. Pilatus fragte ein zweites Mal – rund achtzig Jahre später sollte der Statthalter Plinius den verhafteten Christen in der Provinz Pontos die Anklage sogar dreimal vortragen –, erhielt jedoch keine Antwort mehr.[36] Zweifel schienen nun nicht mehr angebracht: Der Beklagte hatte seine Schuld zugegeben. Die Anmaßung, ein König zu sein, erfüllte den Tatbestand des Hochverrats (*crimen laesae maiestatis*), und das Geständnis machte die Fortführung des Prozesses überflüssig.[37] Das Lukasevangelium nennt drei Anklagepunkte: Jesus habe die dem Kaiser geschuldete Steuer verworfen, sich für den Messias gehalten und das Volk zum Aufruhr verführt. Alle drei sind nur Varianten der einen entscheidenden Anklage: König der Juden zu sein.

Der Präfekt konnte mit sich zufrieden sein. Er hatte das Verfahren selbstständig durchgeführt und damit seine Unabhängigkeit gegenüber

Abb. 8

Maria aus Magdala wurde nach den Berichten der Evangelisten von sieben Dämonen befreit, schloss sich Jesus an, stand unter dem Kreuz, war die Erste am offenen Grab, begegnete dem Auferstandenen und verkündete den Jüngern seine Botschaft: «Ich fahre auf zu meinem Vater» (Joh 20,1–18). Paulus folgte einer anderen Tradition und machte Petrus zum ersten Zeugen der Auferstehung. Gregor der Große identifizierte Maria fälschlich mit der Sünderin, die Jesus die Füße salbt (Lk 7,36–50) – sie ging daher als Büßerin in die Liturgie ein. Der Kreuzaltar im Dom zu Trier (1687) zeigt sie unter dem Kreuz; der Fuß Jesu berührt ihren Kopf, eine eindringliche Geste der Verbundenheit.

den jüdischen Behörden unterstrichen. Gleichzeitig hatte ihm dieser Nazarener die willkommene Gelegenheit gegeben, öffentlich Einvernehmen mit dem Synhedrion zu demonstrieren und dies angesichts der herbeiströmenden Pilger wirkungsvoll und vor großer Kulisse zu inszenieren. Selten, so durfte sich Pilatus eingestehen, war die Loyalität, die er dem Kaiser und der Sicherheit des Imperiums schuldete, so einfach mit den

Forderungen der jüdischen Priesterkaste in Deckung zu bringen gewesen. Weitere Maßnahmen schienen nicht mehr erforderlich. Die mit dem Galiläer in die Stadt gekommenen Spießgesellen hatten sich verlaufen und waren in ihren Heimatdörfern untergetaucht. Warum nach ihnen fahnden? Es gab Wichtigeres zu tun.

Das Urteil lautete «Kreuzigung» und wurde sofort vollstreckt. «Dies ist Jesus, der König der Juden» (INRI: *Jesus Nazarenus Rex Judaeorum*), lasen Neugierige an der Hinrichtungsstätte. Der Mann, den nach Lukas seine Mutter Maria in Bethlehem in einem Stall geboren und den eine Schar himmlischer Engel als Heiland begrüßt hatte, war am Ende seines irdischen Weges angekommen. Er starb, von seinen Anhängern verlassen, qualvoll auf Golgotha.

4. Der gute Römer

«Ich bin unschuldig am Blute des Gerechten»

Jede Erinnerung an den irdischen Jesus prägte der Glaube. Der Glanz des Auferstandenen und die machtvollen Züge des zur Rechten seines göttlichen Vaters sitzenden Erlösers hüllten die Taten und Worte des sterblichen Menschen ein und gaben ihnen einen neuen Sinn. In den Evangelien schaffen chronologische, geografische oder zeitliche Angaben Übergänge zu den jeweils geschilderten Ereignissen; sie sind jedoch austauschbar und bleiben für sich genommen ohne Bedeutung. Allein die Passionsgeschichte gehorcht anderen Gesetzen. Sie folgt einem klaren Handlungsablauf: letztes Mahl mit den Jüngern, Verhaftung, Prozess, Tod, Entdeckung des geöffneten Grabes; sie charakterisiert Verfolger und Anhänger: Kaiphas, Pilatus, Simon von Kyrene, Joseph von Arimathäa, Petrus und die Frauen unter dem Kreuz; sie macht genaue topografische Angaben: Jerusalem, Gethsemane, Golgotha.

Der Zweck dieses Vorgehens leuchtet unmittelbar ein. Die Neubekehrten wollten alles über die Erlösungstat wissen. Also waren die Evangelisten aufgerufen, den Weg Jesu vom Verrat des Judas in Gethsemane bis zur Passion auf Golgotha ausführlich zu schildern. Sie verbanden daher alle zu ihrer Zeit umlaufenden Nachrichten, wie dürftig und anekdotenhaft sie auch sein mochten, zu einer zusammenhängenden Geschichte. In dieser achteten sie sorgfältig auf die alttestamentliche Prophetie, die sie als ganz auf Jesus ausgerichtet deuteten. «Dass Christus starb für unsere Sünden nach den Schriften», hatte Paulus als erstes urchristliches Bekenntnis übernommen. So ist die älteste erhaltene Passionsgeschichte bei Markus mit Anspielungen auf die alttestamentlichen Leidenspalmen gesättigt, die streckenweise die Darstellung beherrschen und den Taten der Akteure ihren Sinn geben.

Das gilt auch für Pilatus. Glaube und Prophetie bestimmen sein Bild. Aber da ist noch weit mehr. Nach dem Fall Jerusalems im Jahre 70 und nach den ersten Erfolgen der christlichen Prediger, die die Grenzen Judäas überschritten hatten, kam ein gewichtiger politischer Grund hinzu. Wer im Schatten des allmächtigen Rom seine Missionare in alle Himmelsrichtungen entsandte, tat gut daran, die Herren der Welt zu respektieren. Die Evangelisten, die alle in unterschiedlicher Distanz zu Palästina schrieben, taten es in und für Gemeinden, die gelernt hatten, mit Rom in Frieden zu leben und dem Kaiser zu geben, was des Kaisers ist: Steuern und Loyalität. Markus lebte wahrscheinlich in Syrien und wusste, wie wichtig dies war.[38] So ließ er den Offizier des Hinrichtungskommandos auf Golgotha im Angesicht des Toten am Kreuz ausrufen, «dieser Mann war Gottes Sohn».[39] Ein Römer bekennt sich damit als Erster zum Sohn Gottes und stellte so zwischen beiden ein besonderes Verhältnis her. In diesem zentralen Punkt stimmen alle Evangelisten überein, so unterschiedlich sie im Einzelnen über das Prozessverfahren unterrichten.

Lukas, der wie Matthäus die Darstellung des Markus kennt (S. 404 f.), ist am gründlichsten. Pilatus, so erzählt er, habe den verhafteten Jesus zwar gefragt, ob er der König der Juden sei, ihn aber von jeder Schuld freigesprochen, obwohl der Beklagte die Frage bejahte; dann, als die Hohepriester auf der Fortführung des Verfahrens bestanden, habe er Jesus, da er aus Galiläa stammte, dem Tetrarchen Herodes Antipas als zuständigen Landesherrn überstellt. Erst als dieser mit der Sache nichts zu tun haben wollte, habe Pilatus seine Zuständigkeit anerkannt. Schließlich, von allen Seiten bedroht und beschimpft, habe er sein Urteil gesprochen, dabei jedoch dreimal beteuert, dass er keine Schuld des Angeklagten erkennen könne.

Matthäus schildert die Geschichte anders. Nach ihm wäscht Pilatus nach alttestamentlicher Weise seine Hände in Unschuld,[40] wird von seiner ob des drohenden Unrechts verzweifelten Frau gewarnt, dem «Gerechten» Übles anzutun, und macht von seinem Recht Gebrauch, den Juden zum Passahfest einen Gefangenen freizugeben, wobei er ihnen die Wahl zwischen dem Aufrührer Barrabas und Jesus lässt. Johannes endlich schildert lange Verhandlungen des Präfekten mit den Juden, in denen er sich um die

Freilassung Jesu bemüht. «Der mich dir ausgeliefert hat, der hat die größere Sünde», tröstet Jesus den zaudernden Pilatus. In einem späteren Evangelium, das seit der Mitte des 2. Jahrhunderts unter dem Namen des Petrus umlief, schwört Pilatus nach der Auferstehung Jesu: «Ich bin rein am Blute des Sohnes Gottes, ihr (die Juden) habt es beschlossen.»[41]

Die Grundtendenz aller Evangelien kann bei aller Freiheit, mit der die Neben- und Hauptpersonen agieren dürfen, nicht zweifelhaft sein. Der Römer, so wollen es die Autoren und so bestätigt es auch die Apostelgeschichte, hat ernsthaft versucht, Jesus das Leben zu retten.[42] Er scheiterte am Starrsinn der von der Tempelaristokratie aufgestachelten jüdischen Volksmenge, deren Druck er schließlich nachgab.

Da dies für manches kritische Ohr nicht eben wahrscheinlich klang, nennt Johannes das Motiv: Furcht. Sie habe den Statthalter ergriffen, als die Juden ihn beschworen, ihre Gesetze zu achten, und für den Fall eines Freispruchs Beschwerde beim Kaiser in Rom ankündigten. Damit liegt 70 Jahre nach dem Tod Jesu ein in sich geschlossenes Bild vor: ein gerechter, aber allzu ängstlicher Richter und ein unschuldig angeklagter «Gerechter»; beide werden zu Opfern.

Der Glaubenszeuge

Zurück in Rom und ohne ein neues Kommando wird Pilatus seinen Lebensabend unauffällig – vielleicht in einer Villa irgendwo in Italien – verbracht haben, gehörte doch die Sorge um den standesgemäßen Lebensabend zu einem römischen Statthalter, der seine Provinz selten mit leeren Taschen verließ. Dort, fern von der aufrührerischen Provinz Judäa, wird der Nazarener wie viele andere seiner Opfer aus seinem Gedächtnis verschwunden sein. Einem Besucher, der ihn nach einem Jesus aus Nazareth, gekreuzigt auf seinen Befehl, fragte, mag sich folgendes Bild eingeprägt haben: «Pontius Pilatus runzelte die Brauen. Er fuhr mit der Hand über die Stirn, als ob er sich auf etwas zu besinnen versuchte. Dann, nach einer kurzen Pause, murmelte er: ‹Jesus? Jesus aus Nazareth? – Nein, ich erinnere mich nicht mehr.›»[43]

An ihn aber sollte sich die Welt erinnern. Er war schon wenige Jahre nach seinem Abschied zu einer historischen Gestalt geworden, gerühmt von den einen, verdammt von den anderen. Im Sommer 381, auf dem Ersten Konzil von Konstantinopel, als die versammelten Bischöfe im Wesentlichen das Glaubensbekenntnis von Nizäa 325 bekräftigten, ergänzten sie den Satz, «der Mensch ward, litt und am dritten Tage auferstand», um den

Zusatz: «gekreuzigt wurde für uns unter Pontius Pilatus».[44] Offenkundig hielten sie es für wichtig, den Richter über Jesus ausdrücklich zu erwähnen. Auch er war ein Werkzeug Gottes und zudem der wichtigste und ganz unverdächtige Zeuge der Passion.

Ihm vertrauten zunächst die heidnischen Gegner des Gekreuzigten, hatte er doch nach Gesetz und Recht einen Juden bestraft, der sich gegen Rom aufgelehnt hatte. Noch in den Jahren der großen Christenverfolgung des Maximinus Daia (305 bis 313) lernten die Kinder in den Schulen auf Befehl des Kaisers auswendig, was der tote Statthalter Judäas einst aktenkundig über den Hochverrat des Nazareners festgehalten und Tiberius übergeben haben soll.[45] 300 Jahre waren ins Land gegangen, und noch einmal klagte Pilatus den Galiläer an und bezeugte durch seine Schriften, dass dieser ein Verbrecher war. Doch es war längst zu spät. Die Akten waren ohnehin Fälschungen. Gut gemacht waren sie offenkundig ebenfalls nicht, da die verfolgten Christen sie leicht durchschauen konnten. Aber es war der letzte Versuch zu verhindern, was bald alle Welt glauben sollte: Pilatus hatte keinen Aufrührer, sondern einen Gott hinrichten lassen.

Während Maximinus noch die Bittschriften seiner Untertanen las, die den Bau christlicher Kultstätten verbieten und die Christen aus ihren Mauern verbannen wollten, öffnete Konstantin im Westen den Christen das Tor zur Macht. Als er 337 starb, hatte sich die Welt für jedermann sichtbar verändert. Ein langer Zug von Trauernden und Vornehmen begleitete den toten Kaiser zur Apostelkirche in Konstantinopel. Dort bestatteten sie ihn inmitten von zwölf heiligen Stelen, die dem Gedächtnis und der Verehrung der Apostel dienten. Auf seinem letzten Weg angekommen beanspruchte der erste christlich getaufte Imperator der dreizehnte Apostel Jesu zu sein, Gefolgsmann des Mannes, den Pilatus unter einem seiner Vorgänger als Verbrecher hatte hinrichten lassen. Das war ein Testament, das die Abkehr der künftigen von der vergangenen Geschichte wie mit Engelsposaunen verkündete.

Aber nicht nur die Welt hatte sich verändert. Auch Pilatus war inzwischen ein anderer geworden. Die Christen schrieben ihm eine neue Legende, drängten ihn in eine gänzlich andere Rolle, in welcher er, der Richter Jesu, die Unschuld des Gottessohnes beteuerte und als Kronzeuge für die göttliche Natur des ans Kreuz Gehenkten aussagte.[46] Und weil dies kaum zu glauben war, mussten Akten das scheinbar Unmögliche beweisen. Mitte des 2. Jahrhunderts setzte sich Justin gegen die Verleumder seiner Religion zur Wehr und legte dar, jedermann könne alle in seiner

Schrift erwähnten Einzelheiten aus dem Leben Jesu in den von Pontius Pilatus niedergelegten Protokollen nachlesen. Denn, erklärt er seinen Lesern, «ich bin nicht gekommen, euch mit dieser Schrift zu schmeicheln oder zu Gefallen zu reden, sondern um zu fordern, dass ihr nur nach genauer und sorgfältiger Prüfung euer Urteil fällen sollt».[47] Allerdings: Gelesen hatte Justin diese Protokolle ebenso wenig wie die Zensustabellen des Landpflegers Quirinius aus dem Jahre 6, von deren Existenz er ebenso im Brustton der Überzeugung gesprochen hatte.

Fünfzig Jahre später waren solche Mängel behoben. Tertullian, als Anwalt und Verteidiger seines Glaubens weit streitbarer als der Philosoph Justin, verwies auf ein Schreiben des Pilatus an Tiberius, in dem er ausführlich von den Wundern Jesu, seiner Auferstehung und Himmelfahrt berichtete. Aus diesem Brief müsse, so Tertullian, geschlossen werden, dass Pilatus seiner Gesinnung nach Christ war (*pro sua conscientia Christianus*), und sein Bericht keineswegs zufällig den Kaiser bewogen habe, beim Senat die Anerkennung der Göttlichkeit Christi zu beantragen.[48]

Der Erfinder dieser Geschichte, an deren Historizität Tertullian nicht zweifelte, bleibt – wie sollte es anders sein – im Dunkeln. Nicht jedoch sein Blickwinkel. Der Brief, den er dem Pilatus als dienstlichen Bericht in die Feder diktierte, spricht den Statthalter von jeder Schuld frei, da die Juden, «eine Lüge nach der anderen erdichtend», ihn hintergangen und erklärt hätten, Jesus sei ein Magier und tue, was den römischen Gesetzen widerspreche; dies habe er ihnen geglaubt und Jesus daraufhin ausgeliefert. Der Gerichtete sei jedoch am dritten Tag auferstanden und die Soldaten, die den Leichnam bewachen sollten, hätten dies bezeugt, obwohl ihnen die Juden Schweigegeld gegeben hätten.

Mit diesem Brief des Pilatus, der die Auferstehung Christi amtlich bestätigte und in der Zeit vor 200 in den christlichen Gemeinden zirkulierte, war der Weg geebnet, um die Rollen für die Täter und Opfer gänzlich neu einzustudieren. Pilatus wird zum Knecht des Mannes, der selbst am Kreuz noch König und Erlöser war und zu guter Letzt seinen treuen Diener in sein himmlisches Reich aufnimmt.

Um 425 entstand ein Sammelwerk, das seit der Zeit Karls des Großen den Titel «Nikodemusevangelium» trägt. Der Verfasser gibt sich als Nikodemus aus, der sich nach Johannes um die würdige Grablegung Jesu bemüht hatte.[49] Er soll eine private Niederschrift des Prozessverlaufs angefertigt und dem Synhedrion zu treuen Händen übergeben haben. Darin schildert er, dass sich die mit dem Bildnis des Kaisers geschmückten Standarten der römischen Soldaten vor Jesus verneigt hätten, als er zu Pilatus geführt wurde. Für die Unterwerfung der Weltmacht unter den Sohn Gottes konnte es gar kein sinnfälligeres Bild geben als dies.[50] Die alten Götter folgten diesem Beispiel. Als der Kaiser Tiberius den geständigen Pilatus verhörte und den Namen Christi aussprach, zerfielen die Statuen der Götter zu Staub – nichts mehr hielt sie in einer Welt, die nur zu dem einen in drei Gestalten beten wollte.

Nikodemus entwirft ein weiteres wundersames Schauspiel, in dem Pilatus die Hauptrolle spielt. Von Judäa nach Rom zurückgekehrt habe ihn sein Kaiser verhaften und vor Gericht stellen lassen, da sein gesetzeswidriges Vorgehen gegen Jesus Finsternis und Erdbeben über die ganze Erde gebracht habe. Der Bußfertige bekannte sich schuldig und klagte die Juden an, ihn zum Mord angestiftet zu haben; daraufhin habe Tiberius befohlen, das ganze jüdische Volk mit Krieg zu überziehen: «Gehe gegen sie vor», wies er den Kommandierenden der syrischen Legionen an, «und mache sie zu Sklaven, indem du sie unter alle Völker verstreust und indem du sie aus Judäa verjagst, mache das Volk winzig klein, sodass es überall nicht mehr auffällt, denn es sind Menschen voller Bosheit.»

Pilatus hingegen, so schließt die Geschichte, sei verurteilt worden und habe als gläubiger Christ den Weg zum Schafott angetreten. Als der Henker das Schwert hob, hörte der Gebeugte die Stimme Christi aus dem Himmel, die ihm zurief: «Selig werden dich alle Generationen und Völker preisen, weil unter deiner Regierung in Erfüllung ging, was die Propheten von mir geweissagt hatten. Und du selbst wirst bei meinem zweiten Kommen als mein Zeuge erscheinen.» Als das Schwert fiel, nahm ein Engel das Haupt des reuigen Sünders auf. Bis heute verehrt ihn die koptische Kirche als Märtyrer und Heiligen.[51]

Ein von Gott Gestrafter

Das schwarze Schaf – so schien es – strahlte für immer weiß. Die Schuldigen am Tode des Gerechten hatte man entlarvt und die Strafe an ihnen vollzog der Kaiser, dessen Untertanen lernten, dem einzigen wahren Gott zu gehorchen.

Vielleicht wäre dies das gängige Bild geblieben, wäre nicht Maximinus Daia gewesen, der Pilatus als Ankläger gerufen hatte, um die Umtriebe des Nazareners zu beweisen (s. o). Prompt erwies sich die bessere Legende als der Feind der guten. Wer bei den Evangelisten nachlas, mochte vieles finden, was den Römer entlasten konnte, aber nichts, was ihm die Verantwortung für den Schuldspruch gegen Jesus abnahm. Also wurde er den Christen wieder zum Feind. Sein Leben nach der Tat sollte stattdessen beweisen, was allen Verfolgern wie ein Menetekel ihres künftigen Schicksals erscheinen musste: Der ihnen verhasste christliche Gott war keiner, der die linke Wange bot, wenn einer seine rechte schlug.

Die Fabulierer, die sich nun ans Werk machten, konnten sich auf die jüdischen Vorläufer Philo und Flavius Josephus stützen, die dem Präfekten bereits ein schlechtes Zeugnis ausgestellt und dem christlichen Einfallsreichtum feste Anhaltspunkte geliefert hatten. So komponierte Eusebius das Leitmotiv der neuen Legende, unbekümmert darum, dass er damit den von ihm selbst zitierten Sätzen des Tertullian widersprach (S. 78). Pilatus, vom Unglück verfolgt, habe in seiner Not Hand an sich gelegt, denn «nicht lange ließ, wie es sich gehörte, die göttliche Gerechtigkeit auf sich warten».[52] Das passte zudem vorzüglich zum Tode des Judas Ischariot, dem anderen Verräter Jesu, den eine spätere Fabel konsequent zum Diener des Pilatus machte. Wer beide den gleichen Tod sterben ließ, erhöhte die Glaubwürdigkeit der Geschichte.

Ein weiterer Glücksfall half, diese Dichtung auszuschmücken. Niemand hatte Genaues über den seines Amtes ledigen Gouverneur berichtet, als dieser sich 36 auf den Weg zurück nach Rom machte. Dies öffnete der Einbildungskraft die Tore auf ein weites, nahezu unbegrenztes Feld. Dort konnten bekannte und neue Personen in Palästina, Rom, Italien und weit darüber hinaus paradieren, durften wunderbare Dinge geschehen, die alle in immer neuen Fabeln dieselbe frohe Botschaft verkündeten: Gott kennt die Rache und übt sie stellvertretend für alle verfolgten Gerechten.

So lasen die Gottesfürchtigen in der Schrift über den Tod des Pilatus, was später noch im 13. Jahrhundert die Leser der *Legenda aurea* des Jacobus de Voragine begierig verschlangen: Der Kaiser Tiberius, krank und ohne Hoffnung, hört von Jesus, dem Arzt, jagt einen Boten nach Jerusalem, vernimmt, dass Pilatus den wundertätigen Mann als Zauberer ans Kreuz schlug, wird aber trotzdem geheilt, da der Bote die heilige Veronika findet. Sie soll als eifrige Jüngerin um ein Bild des Meisters gebeten haben und als Jesus diese Bitte erfüllt und sein Antlitz in das vorgehaltene Schweißtuch gedrückt habe, hätte sie es immer bei sich getragen. Der Anblick des nach Rom gebrachten Christusbildes erlöst den Kaiser von seinen Leiden. Um sich vor dem Zorn des Tiberius zu schützen, schlüpft Pilatus in den ungenähten Rock Christi. Doch er entgeht der verdienten Strafe nicht, wird verurteilt und nimmt sich das Leben.

Abb. 9
El Greco, Die heilige Veronika mit dem Schweißtuch (1580).

Seine Leiche aber findet keine Ruhe: Dämonen treiben ihr böses Spiel mit ihr, lassen die Flüsse, in die sie geworfen wird, anschwellen und lösen heftige Unwetter aus; endlich wird sie in einen von Bergen umgebenen fernen Brunnen geworfen, wo niemanden das Rumoren der Geister stören kann.[53]

Es war ein weiter Weg, den der Richter des Gottessohnes bis zu seinem einsamen Grab zurückgelegt hatte. Selbst dort fand er keine Ruhe. Entweder beteten die Gottesfürchtigen zu ihm als Heiligen oder priesen ihn als bemühten, aber erfolglosen Gegner der jüdischen Ankläger, oder die Geister Luzifers feierten mit ihm Hochzeit.

IV

Der erste Schritt in die Welt

«Bevor der Glaube kam, bewachte uns das Gesetz, sperrte uns ein bis zum künftigen Glauben, der offenbart werden sollte. Daher ist das Gesetz unser Zuchtmeister geworden bis zu Christus, damit wir aus dem Glauben gerechtfertigt würden. Nachdem aber der Glaube gekommen ist, stehen wir unter keinem Zuchtmeister mehr. Denn ihr alle seid durch den Glauben Söhne Gottes in Christus Jesus. Denn alle, die ihr auf Christus getauft wurdet, habt Christus angezogen: Da gibt es nicht Jude oder Grieche, nicht Sklave oder Freier, nicht männlich und weiblich, alle seid ihr nämlich einer in Christus Jesus.»

Paulus, Brief an die Galater

«Wer weiß noch, was die Völker waren, die Rom unterworfen hat? Sie sind alle Römer geworden und heißen Römer. Einzig die Juden blieben gezeichnet.»

Augustinus

1. «Der Tod ist verschlungen vom Sieg»

Bist du Gott, dann wehr dich: das unehrenhafte Kreuz

Jesu Tod löste in Jerusalem keine Unruhen aus. Die Anhänger, die mit ihm in die Stadt gereist waren, flohen oder versteckten sich, während ein reicher Gönner den Leichnam bergen und bestatten ließ. Viele glaubten später Wunderzeichen gesehen zu haben: Finsternis sei über die Erde gekommen und der Vorhang im Tempel zerrissen. Pilatus wird nicht überrascht gewesen sein, als ihm dies zu Ohren kam. Auch in seiner Welt fand nichts statt, ohne dass irgendwelche Wunder und Himmelszeichen gemeldet wurden. Vermutlich hatte ihn das Tagesgeschehen längst eingeholt, und da gab es wichtigere Meldungen als die, dass eine kleine verängstigte Schar Juden verbreitete, ein Hingerichteter sei von den Toten auferstanden.

Für sie müssen es Wochen der Verzweiflung gewesen sein, erfüllt von Trauer, Angst und bar jeder Hoffnung. Angst vor Verfolgungen, Hoffnungslosigkeit angesichts des furchtbaren Endes jenes Mannes, der ihnen so Vieles versprochen hatte. Ihm zuliebe hatten sie ihr altes Leben beiseitegeworfen, waren ihm gefolgt, hatten seinen Worten geglaubt und auf eine glückliche Zukunft gehofft. Geblieben waren ihnen nur bohrende Fragen: Warum hatte er sich nicht vor seinen Richtern verteidigt, warum war er nicht herab vom Kreuz gestiegen, wo waren die himmlischen Heerscharen, von Gott gesandt zu seiner Rettung?[1]

Noch Jakobus (gest. 521), christlicher Hymnendichter und Bischof in Batnä (unweit von Edessa), konnte es nicht verstehen. In einem Gedicht auf den reuigen Sünder am Kreuz, dem einzigen Lebewesen auf Erden und im Himmel, das Jesus die Treue hielt, sieht er den Himmel rat- und sprachlos: «Keine Legion vom Hause unseres Vaters kam ihm zu Hilfe, und keine Schar von Himmelsbewohnern umgab ihn. Nicht gaben ihm die Cherubin das Geleit nach Golgotha, und kein ‹Heilig› ward ihm von den Seraphim zugerufen, da er am Kreuz hing. Allein der Räuber neben ihm kämpfte gegen den Irrtum, und keine andere Stimme gab es, die ihm zu Hilfe gekommen wäre.»[2]

Wie sollte man auch die Allmacht des Vaters, Schöpfer von Himmel und Erde, mit der Ohnmacht des Sohnes verbinden? So verstummten die bohrenden Fragen nie. Der Batnäer verrät, dass diese selbst spätere Generationen quälten, die zu Jesus längst als dem Sohn Gottes beteten, dem unbegrenzte Macht auf Erden und im Himmel gegeben war. Auch die heidnischen Kritiker bohrten in der Wunde. Wer groß war, starb nicht so schmählich, schon gar nicht den Tod eines Verbrechers. Hektor und Cato auf der einen, Sokrates und Seneca auf der anderen Seite hatten den wahren Tod eines Helden und das rechte Ende des leidenden Gerechten vor Augen geführt. Ein zweites, weit gewichtigeres Argument wollte nicht verstummen. Für Juden und Heiden machte die uneingeschränkte Strafgewalt den wesentlichen Teil der göttlichen Macht aus. Wer sie bezweifelte, stellte Gott selbst auf den Prüfstand.

So hielt Kelsos, prominenter Widersacher, den Christen vor, wie unsinnig ihre Passionsgeschichte sei: Gott wäre es seiner Existenz schuldig gewesen, strafend einzugreifen, wenn sein Sohn gemartert wurde; die alten Götter hätten sich gegen Lästerer offen und heftig gewehrt, war doch ihre Göttlichkeit gerade wegen ihrer Fähigkeit zur Rache verehrungswürdig. Der Kirchenvater Origenes, genauer Leser der kelsischen Streitschrift,

Abb. 10

Das von Kaiser Otto III. um 990 gestiftete Vortragekreuz (sog. Lotharkreuz) aus dem Aachener Domschatz, Rückseite. Während auf der mit Edelsteinen verzierten Vorderseite ein eingesetzter antiker Kameo mit dem Bild des Augustus leuchtet, ist auf der schmucklosen Rückseite der Gekreuzigte dargestellt. Das Haupt auf die Brust gesunken, zu seinen Füßen die durch seinen Tod besiegte Schlange, die Verkörperung des Bösen, über ihm die Hand des Vaters, die ihm den lorbeernen Siegeskranz reicht. So sieht ihn nur der Priester, der ihn durch die Menge der Frommen trägt. Sie soll im Zeichen des Kreuzes den triumphierenden Kaiser, nicht ihn, den leidenden Gott, sehen.

konnte dieses Argument nur mühevoll abwehren: Gott, hält er Kelsos vor, habe doch die eigentlich Schuldigen gezüchtigt, denn er habe den Staat der Juden und ihren Tempel vernichtet.[3]

Ganz im Sinne des Kelsos tadelt auch der Verfasser einer antichristlichen Streitschrift aus dem 3. Jahrhundert die Haltung Jesu. Sie hielt noch Anfang des 5. Jahrhunderts der Bischof des kleinasiatischen Magnesia, Makarios Magnes, in den Händen und suchte sie zu widerlegen. «Weshalb», will dort ein heidnischer Philosoph wissen, «brachte Christus, als er dem Hohepriester und dem Statthalter vorgeführt wurde, nichts vor, was eines weisen und heiligen Mannes würdig gewesen wäre und was auch den Richter sowie die Anwesenden belehrt und zum Besseren bekehrt hätte? Weshalb ertrug er es stattdessen, mit Ruten geschlagen und mit Dornen umkränzt und gekrönt zu werden? Und warum verhielt er sich nicht wie Apollonios, der freiheraus zu Kaiser Domitian sprach und dann aus dem Palast verschwand? Christus, auch wenn er auf Anweisung Gottes leiden musste, hätte zwar die Strafe erdulden, sich dem Leiden aber nicht ohne freimütige Rede fügen müssen. Vielmehr hätte er würdige und weise Worte zum Richter Pilatus sprechen und sich nicht wie ein ordinärer Mensch schmähen lassen sollen.»[4]

Sein christlicher Widerpart verweist auf die alttestamentlichen Weissagungen, die derlei nicht prophezeit hätten. Den Verweis auf Apollonios schiebt er resolut beiseite. Der sei als Magier aufgetreten und die Künste, in denen er sich gefallen habe, seien des Ewigen unwürdig. Dessen Reich und das aller Gotteskinder habe mit dieser Welt und ihren Scharlatanen nichts zu schaffen.

Makarios umgeht damit die einzige Antwort auf alle Fragen: Gott, so der Kerngedanke des Glaubens, wollte den Tod seines Sohnes als Sühneopfer für die Sünden der Menschen. Deshalb schweigt Jesus vor Pilatus, einem Richter, der keine Gewalt über ihn hat, was auch immer er verfügt. Hätte er ihn herausgefordert, hätte er seine himmlischen Heerscharen ins Treffen geführt, hätte er wie ein irdischer Gewalthaber gehandelt oder wie ein Zauberer, der mit magischer Geschicklichkeit spielt, dann wäre sein göttlicher Anspruch dahin gewesen. Gerade der Verzicht auf Gewalt und Hexerei zeigt den unüberwindlichen Graben, der Gott von allem Irdischen trennt.

Nicht jeden konnte diese Wahrheit überzeugen. Immer wieder bohrten die Kritiker in der Wunde, die wie jene des Amfortas nicht heilen wollte. Selbst theologisch konnte nur schwer verstanden werden, dass die göttliche Existenz Jesu so weit ins Irdische verbannt wurde, dass an ihrem Ende ein furchtbarer Tod stand. Viel einfacher schien der Gedanke, Gottes Sohn habe selbst in dieser Stunde triumphiert. Nur so, erklärten die Gnostiker des 2. Jahrhunderts, könne es gewesen sein; ein leidender Gott sei nicht vorstellbar, da dies der göttlichen Existenz widerspreche. Es werden nun neue Geschichten um die Passion erfunden. Die eine spricht von einer nur kurzen Verbindung des Göttlichen mit dem Menschen Jesus, der, als er am Kreuz hing, seine himmlische Würde bereits wieder verloren hätte. Die andere macht Gott zu einem erfinderischen Betrüger: So habe Jesus mit einem gewissen Simon von Kyrene das Kreuz getauscht, sei heimlich davongeeilt und habe zugesehen, wie jener starb.[5]

Moderne Theologen haben solche fantasievollen Auswege nicht. Ihnen bleibt das Grundproblem des Opfertodes: Warum hat Gott so etwas wie ein Opfer benötigt und warum musste dieses Opfer ein so grausames Menschenopfer sein? Rudolf Bultmann (gest. 1976) hat das an den Rand der Ketzerei getrieben: «Die Tatsache, dass ein Mensch gewordenes Gottwesen durch sein Blut die Sünden der Menschen sühnt, ist primitive Mythologie, die nicht existenziell interpretiert werden kann, sondern eliminiert werden muss.»[6]

«Auferweckt am dritten Tag»: Die Erscheinung des Auferstandenen

Es wird ein Tag wie viele andere gewesen sein, als für die Jünger Jesu eine neue Welt anbrach. Kein Komet erschien am Himmel, kein zweiter Alexander feierte einen Triumph. Vielmehr lief ein einfacher Mann in Galiläa zu seinen Freunden und rief: «Gott hat ihn von den Toten auferweckt», ihn, der am Kreuz gestorben war. Der Rufer fand Gehör, so unerhört seine Kunde auch klang, und er gab seinen Gefährten den Lebensmut zurück, den sie im Angesicht des Kreuzes und auf der Flucht vor ihren Feinden verloren hatten. Jetzt brachen sie erneut auf, verließen ihre Dörfer und versammelten sich in Jerusalem, dort, wo alles geendet hatte und zugleich alles anfangen sollte.

Jetzt waren sie sich sicher. Die Kunde von dem auf Golgotha ans Kreuz Gehängten war nicht der Schlusspunkt, war nicht das Ende aller Hoffnungen gewesen. Der so elend Gestorbene war wieder ins Leben zurückgekommen. Gott habe, so schworen nun die Jünger, seinen Sohn von den Toten auferweckt, Maria aus Magdala und ihre Begleiterinnen hätten das Grab leer gesehen, Jesus sei denen, mit denen er das Leben geteilt hatte, zwölfmal und an verschiedenen Orten erschienen, habe mit ihnen gesprochen, zu Tisch gesessen und ihnen seine Wundmale gezeigt. Paulus, der als Erster von dem Geschehen berichtet, präsentiert der Korinther Gemeinde gar eine Liste derer, denen der Auferstandene erschienen sei: Zuerst sei er von Petrus, dann von den Zwölfen, dann von «mehr als fünfhundert Brüdern», dann von Jakobus, dem Bruder Jesu, danach von «allen Aposteln» und schließlich von ihm selbst gesehen worden: «Habe ich nicht unseren Herrn gesehen?»

Wie und warum diese Geschichten die Jünger Jesu überzeugten, so unterschiedlich und voneinander abweichend sie auch sind, hat die Legende überwuchert.[7] Sachlich ist dies ohne Bedeutung. Wie immer man sich das Ereignis ausmalt, mit ihm beginnt das Christentum. Denn nicht der Tod schaffte das künftige Heil, sondern seine Überwindung. Die Auferstehung setzt das Siegel unter das früheste Bekenntnis, überliefert von Paulus in seinem ersten Brief an die Korinther: «Dass er begraben wurde, und dass er auferweckt wurde am dritten Tage nach den Schriften.» Der Satz veränderte alles, Tod und Leben jedes Menschen. Er enthielt die Botschaft, die allein zählte, und die allein allen das Tor zur Ewigkeit öffnete. «Ist Christus aber nicht auferstanden», so schwört Paulus den Korinthern, «ist euer Glaube nichtig, so seid ihr noch in euren Sünden, so sind wir die elendesten unter allen Menschen».[8]

Die Himmelfahrt

Den Evangelisten Matthäus plagten keine Zweifel. Für ihn hatte Jesus am Tag der Auferstehung seine Mission erfüllt und von seinen Jüngern in Galiläa mit dem Versprechen Abschied genommen, «ich bin bei euch alle Tage der Welt». Seinem Konkurrenten Lukas genügte dies nicht. Er beschrieb als Schlussakt seiner Erzählung die Himmelfahrt Jesu: «Er führte sie aber hinaus bis nach Betanien, erhob seine Hände und segnete sie. Und es geschah, während er sie segnete, da schied er von ihnen und wurde in den Himmel emporgehoben. Und sie warfen sich anbetend vor ihm nieder und kehrten mit großer Freude nach Jerusalem zurück.»[9] Der Bericht des Lukas klang so einsichtig, dass ihm das Glaubensbekenntnis von Nizäa (325) folgte: «Der Mensch ward, litt und am dritten Tage auferstand, aufgefahren ist gen Himmel und kommen wird, um Lebende und Tote zu richten.»

Einsichtig ist jedoch nicht zwingend folgerichtig. Warum die spektakuläre Himmelfahrt, wenn Ostern doch alle theologischen Wünsche erfüllt hatte? Einig sind sich die Evangelisten und mit ihnen Paulus, dass Jesus nach seiner Auferstehung Vielen erschien. Diese sahen keinen Geist oder

Abb. 11
Alexanders Himmelfahrt, Chorkapitell im Basler Münster. Sterblichen blieben zu Lebzeiten die Himmelspforten verschlossen – wie mächtig sie auch auf Erden waren. Wer daran zweifelte, wurde von Alexander dem Großen eines Besseren belehrt. Ihn hatten Greifen in die Lüfte getragen, bis ihm ein geflügeltes Wesen Halt gebot: «O Alexander, du verstehst die Dinge der Welt nicht und willst die im Himmel begreifen? Kehre um, damit du nicht zum Fraß für die Vögel wirst.» Der König gehorchte, denn er hatte verstanden: Der Mensch, der alles will, macht sich der Sünde des Hochmuts schuldig und wird die Himmelspforte verschlossen finden.

einen wieder zum Leben erweckten Leichnam, etwa dem Lazarus vergleichbar. Ihnen begegnete ein Mann aus Fleisch und Blut, den man anfassen konnte, der aß und trank. Und doch war er anders, da die ersten Zeugen ihn nur am Brotbrechen erkannten. Er war verwandelt, so hatte es Paulus den Neubekehrten für die Zeit nach dem Tod versprochen: «Wie wir getragen haben das Bild des Irdischen, so werden wir auch tragen das Bild des Himmlischen».[10]

Die Erscheinung des am Kreuz Gestorbenen als Mensch zwang, logisch zu Ende gedacht, seine Biografen, ihn auf irgendeine Weise in den Himmel zu bringen; dort sollte er an sich längst sein, da er doch dem neben ihm gehängten Räuber versprochen hatte, «noch heute wirst du mit mir im Paradies sein». Lukas, ein gebildeter Mann, kannte die Schriften des frühen

Judentums ebenso wie die wichtigste griechische und römische Literatur. Hier waren Himmelfahrten nicht selten: Henoch, Elias, Esra, Baruch, Moses und die Kinder Hiobs im Alten Testament, Romulus, Herakles, Apollonios von Tyana und alle römischen Kaiser seit Augustus, selbst Götter wie Attis und Kybele oder Mithras waren in den Himmel gefahren. Wenn sie es schon auf eindrucksvolle Weise getan hatten, so erst recht der Sohn Gottes.

Von der Ankunft Jesu im Himmel hatten bereits andere, unter ihnen Paulus, gesprochen. Für einen Biografen aber galt es, ein Altarbild zu zeichnen, das eine wundersame Geschichte erzählte. Die Farben waren vorhanden. So konnte Lukas damit rechnen, dass seine Leser die Wolke als Symbol der Gegenwart Gottes verstanden, war doch Jahwe in dieser Gestalt bereits seinem Volk auf der Wanderung durch die Wüste vorangegangen. Niemand konnte auch infrage stellen, dass die Auffahrt in den Himmel zugleich die Einsetzung in die göttliche Ordnung bedeutete. Wer dennoch zweifelte, dem halfen Zeugen. So war es auch beim Begräbnis des großen Augustus gewesen. Als dessen Scheiterhaufen entzündet wurde und die Flammen loderten, sah ein Senator den Toten in Gestalt eines Adlers zum Himmel emporsteigen und berichtete wenig später dem ergriffenen Senat.

Die Suche nach Beweisen für die Himmelfahrt Jesu endete allerdings nie – wie sollte es auch anders sein. Von ihrem Ausmaß zeugt ein Stein. Auf ihm erkennt der fromme Pilger die Fußabdrücke Christi vor der Himmelfahrt: Er wurde vom englischen König Henry III. (gest. 1272) dem Reliquienschatz der Westminsterabtei einverleibt.

In der Apostelgeschichte folgt Lukas einer bekannten Typologie. Jesus, der vierzig Tage lang seinen Anhängern erschienen war, versammelt sie auf dem Ölberg und verabschiedet sich mit dem Versprechen von ihnen, der Heilige Geist werde über sie kommen. Dann wird er emporgehoben und von einer Wolke aufgenommen. Es entschwindet der ganze Mensch (nicht nur die Seele), ein Leichnam kann nicht gefunden werden. Zwei Engel treten in weißen Gewändern vor die erstarrten Zeugen und erklären ihnen das Geschehene: «Dieser Jesus, der von euch weg in den Himmel entrückt worden ist, wird in der gleichen Weise wiederkommen, wie ihr ihn habt zum Himmel fahren sehen.» Fast beiläufig nennt dieser Satz einen neben der Auferstehung unverrückbaren christlichen Glaubenssatz: Die Rückkehr des göttlichen Sohnes am letzten Tag.

Bei aller Ausführlichkeit – eine Frage hatte Lukas offen gelassen und sie quälte die Gläubigen, die auf den göttlichen Arm hofften, der stark genug war, sie in die Ewigkeit zu führen: Welcher Platz gebührte im Himmel dem Auferstandenen? Ein später Bearbeiter des Markusevangeliums wusste es: «Jesus wurde, nachdem er zu ihnen geredet hatte, in den Himmel emporgehoben und setzte sich zur Rechten Gottes.» Damit hatte sich auch die Prophezeiung erfüllt: «Der Herr sprach zu meinem Herrn: ‹Setze dich zu meiner Rechten, bis ich deine Feinde zum Schemel deiner Füße mache›».[11] Die Himmelfahrt weitet sich damit zur Thronerhebung, die dem himmlischen Aufenthalt Jesu eine neue und eigenständige Bedeutung zuerkannte. Das «Sitzen zur Rechten Gottes» wird zum beherrschenden Merkmal der auf Jesus übertragenen Würde: Der Sohn Gottes übt sein Herrscheramt ab sofort aus und nicht erst am letzten aller Tage, an dem er die Rolle des Richters einnehmen wird.

2. «Gehet hin in alle Welt»: Der imperiale Anspruch des neuen Glaubens

Die Gemeinde in Jerusalem

Die Rückkehr der aufs Land geflohenen Anhänger nach Jerusalem veränderte alles. Keiner der Apostel sollte Galiläa wiedersehen. Die Dörfer um den See Genezareth, wo alles begonnen hatte, sanken zurück ins Dunkel der Geschichte. In Jerusalem lag die Zukunft der Männer und Frauen, die überzeugt waren, der Geist Gottes sei über sie gekommen und leite sie. Die Apostelgeschichte schildert die Herabkunft des Heiligen Geistes, und die Christen erinnern 50 Tage nach Ostern in der Feier des Pfingstfestes daran.[12] Der lukanische Bericht der Ereignisse ist wiederum ein kunstvolles Arrangement literarisch bekannter Elemente und dadurch wenig ergiebig: Es finden eine Massenvision, das Ende der babylonischen Sprachverwirrung und eine Gemeindeekstase statt; sie alle bezeugen dramatische Erzählkunst, aber keine historische Erinnerung.

Sicher ist hingegen, dass die Jesusanhänger im Schatten des Tempels loyal an den jüdischen Institutionen und Überzeugungen festhielten. Sie verehrten den Gott Israels, der Himmel und Erde geschaffen und mit seinem Volk einen Bund geschlossen hatte. Neu an ihrem Glauben war der Leitsatz, der Gott Abrahams und Jakobs habe seinen Sohn Mensch werden lassen, um allen schuldig gewordenen Geschöpfen die Vergebung ihrer Sünden zu gewähren; den am Kreuz Gestorbenen habe er wieder zum Leben erweckt, ja zu sich selbst erhöht.

Der Entschluss, in der Stadt, und nicht, wie etwa die Gruppe von Qumran, die wohl zwischen 100 v. Chr. und 70 n. Chr. in der Wüste eine mönchsartige Gemeinde bildete, am Rande der zivilisierten Welt zu leben, bestimmte fortan die Spielregeln des täglichen Lebens. Die Anhänger Jesu wollten keine Sekte sein, fern von den Nöten der Menschen, die sie zu gewinnen suchten. Ihre Apostel, Propheten und Lehrer glaubten sich vom Geist Gottes beseelt und berufen, zu missionieren und zu heilen.[13] Viele von ihnen zogen, gelöst von den Zwängen einer bürgerlichen Existenz, als Wanderprediger von Haus zu Haus, von Stadt zu Stadt, wo sie Tage oder Wochen von den ortsansässigen Gemeinden versorgt wurden. Allein zu ihnen passen die in den Evangelien bewahrten Ideale eines heimat-, besitz- und familienlosen Daseins: «Siehe, wir haben, was wir hatten, verlassen und sind dir nachgefolgt.» Mancher mag diesen Satz als Freibrief für seinen Bruch mit der etablierten Welt gelesen haben. Gebunden an niemanden und nur seinem Auftrag verpflichtet, brauchte er nichts von der Lehre Jesu den sozialen Gegebenheiten anzupassen.[14]

Wer wie Lukas am Ende des Jahrhunderts auf die inzwischen untergegangene Gemeinde in Jerusalem zurückblickte, sah, was es nie gegeben hatte: Dort sollte eine ideale Gemeinschaft gelebt haben, in der jeder mit jedem teilte, was er hatte.[15] So aber war es gerade nicht gewesen. Die später beschworene Harmonie verdeckt nur notdürftig die schweren Konflikte, welche die Gemeinde schon in den ersten Jahren spalteten. Jesu Ausruf, «glaubt ihr, dass ich gekommen bin, Frieden auf die Erde zu bringen, nein, sage ich euch, sondern den Zwiespalt», traf gerade die Ersten, die an die Prophezeiung vom anbrechenden Reich Gottes glaubten.[16] Der Hader zerriss ganze Familien, aber er zerstörte die Gemeinde nicht, sondern setzte Kräfte frei, die den Frommen den Weg in die Städte der Griechen und Römer wiesen und früher oder später den Abschied von der jüdischen Tradition verlangten.

Die Apostelgeschichte nennt zwei auffällig gekennzeichnete Kontrahenten: Die einen sprachen aramäisch, rekrutierten sich aus Judäa und wurden von den zwölf Aposteln geführt (die *Hebräer*). Die anderen sprachen griechisch, waren zumeist aus der Diaspora nach Jerusalem gezogen und der Gemeinde beigetreten (die *Hellenisten*). Beide, so will es Lukas, gerieten in Streit um die Versorgung der hellenistischen Witwen. Diese sollen bei der täglichen Speisung übersehen worden sein und hätten gefordert, was ihnen zustand. Wahrscheinlicher scheint aber, dass es Streit um den täglichen Besuch des Tempels gab, den die Judenchristen, nicht aber die Hellenisten pflegten.

Was immer den Konflikt auslöste, sein Ergebnis war folgenreich. Die Hellenisten wählten sich eine eigene Leitung aus sieben Mitgliedern, die dem Kreis der zwölf gegenübertrat. Sie richteten eine eigene Witwenversorgung ein, und sahen sich fortan mit eigener geistlicher Autorität ausgestattet. Damit spalteten sich die Gläubigen in zwei Gruppen, die sich sozial und sprachlich deutlich voneinander abgrenzten und ein grundsätzlich unterschiedliches Verständnis vom Tempel pflegten: Für die einen war der tägliche Tempelbesuch Herzenssache, die anderen kritisierten den blutigen Tempelkult als «Vergehen gegen den Heiligen Geist».[17] Sie – und nur sie – trieb der Zorn der jüdischen Behörden aus Jerusalem, und ihr Anführer Stephanus starb den Märtyrertod.

Die blieben, sammelten sich um Jakobus, den Bruder Jesu. Er war und blieb bis zu seinem Tod ein gesetzestreuer Mann, der das Reich Gottes im Schatten des Tempels erwartete. Hegesipp, ein bekehrter Jude des 2. Jahrhunderts, der zwanzig Jahre in Rom lebte, stellte dessen jüdischer Frömmigkeit ein beredtes Zeugnis aus: «Allein pflegte er in den Tempel zu gehen, und man fand ihn auf den Knien liegend und für das Volk um Verzeihung flehend. Seine Knie wurden hart wie die eines Kamels.»[18] Während Paulus und andere Missionare durch Syrien, Kleinasien, Griechenland und Italien zogen, harrten er und die Seinen betend in Jerusalem aus und hofften, das baldige Ende der sündigen Welt und das Kommen Jesu als Richter zu erleben. Jakobus starb im Jahre 62, hingerichtet auf Befehl des Hohepriesters Hannas II., der die Abwesenheit des römischen Gouverneurs ausnutzte, um seinen Feinden den Garaus zu machen. Der Vorfall hatte ein Nachspiel: Der neue Statthalter Roms, der das *ius gladii* Roms verletzt sah, verwarnte den Hohepriester und warf ihn bald darauf aus seinem Amt.[19]

Der Aufbruch in die Städte der Heiden

Viele der aus Jerusalem Vertriebenen zogen in die syrische Weltstadt Antiochia (heute: Antakya), eine halbe Tagesreise vom Mittelmeer im reichen Tal des Orontes gelegen und nach Rom und Alexandria mit mehreren Hunderttausend Einwohnern die drittgrößte Stadt des Imperiums. In ihren Gassen drängten sich Griechen, Juden und Syrer, aber auch Araber und Ägypter, die der Handel hierher geführt hatte. Eine Großstadt wie diese war ein Ort, an dem man jahrelang leben konnte, ohne als Außenseiter aufzufallen. Wer auf der anderen Seite des Flusses lebte, war ein

Fremder, dem man selten begegnete. Auf dem Land hingegen konnte man sich nicht abseits halten, ohne dass dies im ganzen Dorf bekannt und Gesprächsstoff wurde. Hier bekamen Nachrichten über jedes absonderliche Verhalten Flügel, und richtig aufbereitet wärmten sie die Herzen der Neugierigen.

In Antiochia suchten die Neuankömmlinge Herberge und Sympathie. Hier lebte eine große jüdische Minderheit, die Griechisch als Muttersprache beherrschte und über eine größere Zahl von Synagogen verfügte. Ihr Verhältnis zur Mehrheit der Bevölkerung war gespannt, da stets – wie im ganzen syrisch-arabischen Raum – ein latenter Judenhass lauerte, der aus geringem Anlass zu sporadischen Ausbrüchen von Mord und Totschlag führen konnte. Aufnahme fanden die Christen vornehmlich bei den «Gottesfürchtigen» – so bezeichnet die Apostelgeschichte Heiden, die der jüdische Monotheismus überzeugte, die jedoch vor dem Übertritt zum Judentum zurückschreckten.[20] Unter ihnen sollten die Flüchtlinge aus Jerusalem erste Zuhörer gewinnen; viele tauften sie, ohne ein Wort über die Beschneidung zu verlieren, die die Griechen als Verstümmelung ablehnten.

Dies war nach dem Verlassen Galiläas die zweite Entscheidung, die alles Spätere bestimmte. Als es den Christen gelang, in einer weltoffenen Großstadt eine Gemeinde zu gründen, hatten sie einen Schritt auf ihrem Weg in die Welt getan, der endgültig war. Wenige Jahre nach Jesu Tod waren sie in der Zukunft angekommen und die lag in den Städten des Imperiums. Dort richteten sie ihre Botschaft sehr bald nicht nur an Juden, Proselyten und Gottesfürchtige, sondern auch an Heiden. Die Mahnung Jesu, «Geht nicht zu den Heiden, und betretet keine Stadt der Samariter, sondern geht zu den verlorenen Schafen des Hauses Israel», blieb ungehört. Sinn machte sie ohnehin nur im Dunkel apokalyptischer Naherwartung: «Amen ich sage euch: Ihr werdet nicht zu Ende kommen mit den Städten Israels, bis der Menschensohn kommt.» Nichts galt sie im Licht der Tatkraft griechischer Städte.[21]

So wurde sie ersetzt durch eine Forderung, die alle sozialen und nationalen Schranken überwand und nur in den Köpfen der Auswanderer entstanden sein konnte: «Gehet hin in alle Welt und lehret alle Völker.» Dieser Befehl führte direkt zum Dogma des Kolosserbriefes, geschrieben vermutlich von einem Schüler des Paulus an die Kleinstadt Kolossae, gelegen an der Straße von Milet nach Kappadokien: «Da ist nicht Grieche und Jude, Beschneidung und Vorhaut, Barbar, Skythe, Sklave oder Freier, sondern alles und in allen ist Christus.» Dies war kein Plädoyer für die Aufhebung

Abb. 12
Raffael, Die Befreiung des Petrus. Lukas hat in der Apostelgeschichte auf eine reiche Tradition von Petruslegenden zurückgreifen können (S. 296 ff.). Dazu zählt die wundersame Geschichte von der Rettung des Petrus (Apg 12,1–9). Auf Befehl Agrippas I. sei der Apostel verhaftet und im Kerker lückenlos bewacht worden. Nachts habe ihn ein Engel geweckt, seine Fesseln gelöst, ihn durch alle Wachen geführt und zum Stadttor geleitet. Die Lehre der Erzählung hat auch Raffael angeregt: Gott lässt die Seinen auch in auswegloser Situation nicht im Stich.

nationaler oder sozialer Schranken, sondern ein Appell, in der Gemeinde jeden als gleich anzuerkennen. Die Thora, Israel und seine heilsgeschichtliche Rolle waren damit bedeutungslos geworden.[22]

Die Grenze zum Heidentum, so suggeriert die Apostelgeschichte, hat Paulus überschritten. Dieselbe Schrift bewahrt aber auch eine Tradition, die die Bekehrung des ersten Heiden dem Petrus zuschreibt.[23] Erzählt wird die Geschichte von der Taufe des römischen Hauptmanns Cornelius, stationiert in Caesarea, und seines ganzen Hauses.

Vor diesen gottesfürchtigen Mann tritt eines Tages ein Engel, lobt seine Sorge um die Armen und rät ihm, einen gewissen Simon Petrus aus Joppe kommen zu lassen. Der Offizier, Befehl und Gehorsam gewohnt, schickt Ordonnanzen, die Petrus in Zwiesprache mit Gott finden, der ihn anweist, jüdischen Reinheitsgeboten ungeachtet den Heiden das Evangelium zu verkünden. In Caesarea angekommen schildert Petrus im Hause des Römers die Taten Jesu, erklärt Tod und Auferstehung und erlebt, dass der Heilige Geist auf alle, Beschnittene wie Unbeschnittene, herabkommt, worauf des Erstaunens kein Ende ist. Die Erzählung endet mit der Taufe der anwesenden Heiden und harscher Kritik an Petrus, als sich dieser, zurück in Joppe, vor den dortigen Judenchristen rechtfertigen muss.

Die fantasievoll ausgeschmückte Geschichte ist gespickt mit Visionen und einem nicht zu überbietenden Wunder: Vor den Augen des Petrus kommt der Heilige Geist nicht auf einen Juden, sondern auf einen Heiden herab. Daher, verteidigt sich der Apostel vor seinen Anklägern, dürfe man die Heiden nicht unter das mosaische Gesetz zwingen, denn Gott gab ihnen «den heiligen Geist wie auch uns» und «hat durch den Glauben ihre Herzen gereinigt».[24] Verbunden ist diese Legitimation der Taufe eines römischen Centurios mit der Bekehrung des Petrus zur Heidenmission: «In Wahrheit begreife ich», so folgert er aus dem wundersamen Eingreifen des Himmels, «dass Gott nicht auf die Person sieht, sondern ihm in jedem Volk der willkommen ist, der ihn fürchtet und Gerechtigkeit übt.» Daher, so schließt der Bericht, «hat auch Gott den Heiden die Umkehr zum Leben geschenkt». Der apologetische Charakter der Geschichte liegt offen zutage: Der Durchbruch zur Heidenmission sollte mit Petrus verbunden und durch seine Autorität legitimiert werden – angesichts der Mahnung Jesu, nur Israel die frohe Botschaft zu überbringen, eine so notwendige wie überzeugende Lösung, die alle Kritiker nahezu verstummen ließ.

In Antiochia erhielten die Christen den Namen, den sie bis heute tragen: *Christiani*.[25] Sie selbst nannten sich Auserwählte oder heiliges Volk, Erwählte oder Heilige; heilig, da der Heilige Geist über sie gekommen war und sie sicher waren, an der zukünftigen Herrlichkeit Gottes teilzuhaben. Ihr Hauptname aber wurde früh «Christen». Es spricht vieles dafür, dass die Behörden der Stadt Antiochia den Messiastitel des mutmaßlichen Gründers als Eigenname lasen und ihn deshalb zur Bezeichnung der neu aufgetauchten Sekte nutzten. Wie auch immer: Als das Christentum in einer hellenistischen Weltstadt Fuß fasste, verließ es den dörflichen Raum, in dem es entstanden war, und verwandelte sich in eine städtisch geprägte Religion, die die Götter Griechenlands und Roms und ihre zahllosen Diener herausforderte. Ein Zurück gab es nun nicht mehr.

3. «Durch Gottes Gnade bin ich, was ich bin»: Paulus

Es war eine kleine Schar, die in Antiochia ankam und überschwänglich von Gottes Sohn, seiner Auferweckung und seinen Versprechen erzählte. Wer sich ihnen anschloss, den nahmen sie in die Gemeinschaft auf. Ihr Eifer ließ sie, die drohende Verfolgung und Missachtung aus der Heimat vertrieben hatte, immer seltener die Frage nach der jüdischen Herkunft eines Bekehrungswilligen stellen. Sie tauften alle, die glaubten, gleichgültig ob beschnitten oder unbeschnitten. Dabei schlugen sie die Bedenken derer in den Wind, die von Jesus anderes gehört hatten und nach der Beglaubigung fragten. Kurz: Den entscheidenden Schritt in die Welt taten die Christen, die den Tempel hinter sich gelassen hatten und verwirklichten, was sie für richtig hielten. Ihre Namen sind vergessen.

Bürger Roms

So steht bis heute der Name «Paulus» für alle, die den Weg zu den Heiden fanden. Nicht ohne Grund. Er rechtfertigte im Nachhinein die Revolution, die in Antiochien im Stillen stattgefunden hatte. Geboren wurde Paulus um die Zeitenwende im kilikischen Tarsos. Er war Diasporajude, sprach und schrieb griechisch. Von seinem Vater hatte er das römische Bürgerrecht geerbt. Es verschaffte ihm das Ansehen, das den *civis Romanus* über die graue Masse der provinzialen Untertanen Roms hinaushob.

Was dies bedeutete, hat die Apostelgeschichte anschaulich festgehalten. So erzählt sie vom Missgeschick des Kommandanten der römischen Besatzung Jerusalems, dem Paulus in die Hände fiel. Zunächst hatte er alles richtig gemacht, als sich eines Tages eine tobende Menge vor den Toren des

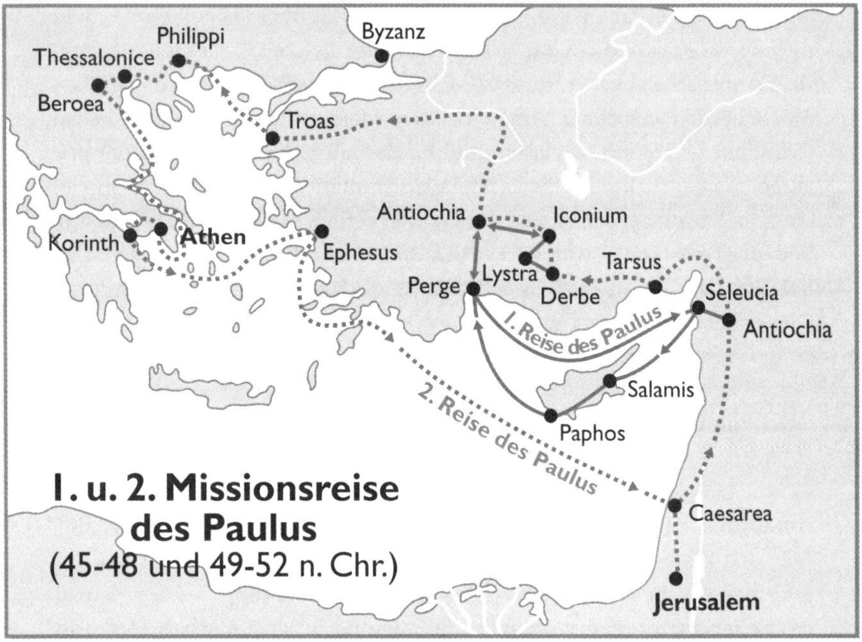

Karte 4

Paulus wuchs als Sohn begüteter Diasporajuden im kleinasiatischen Tarsos auf, in dem griechische Kultur und Lebensart zu Hause waren. Als von Gott berufener Apostel und getrieben von der Erwartung des nahen Weltendes zog er vornehmlich in die großen griechischen Städte, gründete Gemeinden und kommunizierte mit ihnen durch Briefe. Die Botschaft, die er verkündete, kam, wie er immer aufs Neue betonte, nicht von einem Menschen, «sondern durch eine Offenbarung Jesu Christi» (Galater 1,12). Diese Gewissheit verlieh seiner Predigt, die alle Neubekehrten vom jüdischen Gesetz lossprach, eine unangreifbare Autorität. Wer dennoch zweifelte, verwarf Gottes eigenes Wort. Am Ende erreichte er, verfolgt von seinen Gegnern, Rom. Es entsprach dies seiner Lebensplanung: «Griechen und Nichtgriechen, Weisen und Unverständigen bin ich ein Schuldner. So bin ich willens, auch Euch, die ihr in Rom seid, das Evangelium zu predigen» (Römer 1,14 f.).

Tempels anschickte, einen Mann zu lynchen, der einen Nichtjuden in das Innere des Tempelbezirks geführt haben soll: Er ließ den Beschuldigten in Ketten legen und als Unruhestifter abführen – an diesem heikelsten Ort der Provinz die einzige Möglichkeit, Ruhe und Ordnung rasch wiederherzustellen. Im Verließ streckte der Kerkermeister den Gefangenen über ein Brett, wies auf die bereitliegenden Folterwerkzeuge und fragte nach dem Wie und Warum des Aufruhrs. Was er hörte, ließ ihn eilends den ranghöchsten Tribun rufen. «Ich bin ein Bürger Roms (*civis Romanus sum*)», hatte der Gefangene gerufen und hinzugefügt, sein Name sei Paulus und zuständig für ihn sei der römische Statthalter in Caesarea.

Der Offizier erbleichte. Der Befehl, einen römischen Bürger zu foltern, konnte ihn vor Gericht bringen und Rang und Ehre kosten. Er befahl, den Gefangenen unverzüglich von seinen Fesseln zu befreien und anderntags mit einer militärischen Eskorte sicher nach Caesarea zu geleiten. Dort appellierte der selbstbewusste Missionar einer weithin unbekannten jüdischen Sekte nach langen Monaten der Verschleppung seines Verfahrens schließlich an das Gericht des Kaisers, woraufhin ihn ein alexandrinisches Segelschiff nach Rom brachte.[26]

Lukas, der Autor dieses Berichtes, war offenkundig stolz darauf, Paulus als Bürger Roms vorstellen zu können. So lässt er seinen Helden prahlen, *er* habe diesen Status von Geburt an gehabt, hingegen habe der ihn verhörende Offizier das Bürgerrecht für teures Geld erst kaufen müssen. Bereits Jahre vorher, malt Lukas aus, hätten sich Beamte in Philippi für die Paulus wider Recht und Gesetz zugefügte Unbill entschuldigen und ihn persönlich aus dem Gefängnis führen müssen, da er römischer Bürger und damit anders als andere Bewohner der Provinz war.[27]

Dass Paulus zu den Auserwählten Roms gehörte, war nicht sein Verdienst. Sein Vater hatte ihm vererbt, was er selbst oder seine Vorfahren vermutlich als freigelassene Sklaven eines römischen Herrn erhalten hatten. Trotzdem: Sein Biograf hielt es für wichtig, kannte er doch die damit verbundenen Privilegien und rühmte sie, obwohl er wie sein Held Angehöriger einer verfolgten und verachteten Minderheit war. Für sie zählte wenig, dass sie vor entehrenden Strafen geschützt und in Kapitalprozessen die Willkür der Statthalter nicht fürchten mussten. Weit mehr bedeutete das öffentliche Ansehen, das den *civis Romanus* dem Kreis der Herren der Welt zugesellte, ohne dass er sich von seinem Volk und seiner Rechtsordnung verabschieden oder gar seine Religion preisgeben musste.

Paulus hat denn auch dem Imperium den schuldigen Gehorsam feilgeboten, dem Kaiser aber verweigert, was des Kaisers war: die bedingungslose Loyalität. Sie gehörte, so sagt er selbst im Brief an die Galater, zuerst Jahwe, dem er anfänglich als Christenverfolger diente.[28] Dann aber gab er sich für den Rest seines Lebens dem Auferstandenen hin, der ihm erschienen war und ihn beauftragt hatte, «ihn unter den Völkern» zu verkünden: «Bin ich nicht Apostel, habe ich nicht Jesus, unseren Herrn gesehen?»[29]

Diener Christi

Dieser Tag, an dem Gott sich zu ihm beugte und die Zeit stillstand, wog sämtliche vergangenen Tage des Zweifels auf und ebenso viele kommende, in denen ihm Spott und Verfolgung drohten, wenn er hinausging, um die Lehre von einem am Kreuz gestorbenen Erlöser zu verkünden. In dessen Händen lag nun für den Rest seines Lebens alles, was das Weiteratmen lohnte, lag das ewige Leben. Denn der sinnlose Tod Jesu auf Golgotha hatte sich in eine göttliche Liebestat verkehrt, da das Kreuz die Auferstehung vorbereitete.

Lukas hat die göttliche Berufung des Paulus in eine wundersame Bekehrung verwandelt: Ein strahlendes Licht vom Himmel habe den nach Damaskus eilenden Verfolger der jungen christlichen Gemeinde niedergeworfen; erblindet sei er in die Stadt geführt worden und habe drei Tage später von Christus selbst sein künftiges Schicksal erfahren: «Ich will dich erretten vor deinem Volk und den Heidenvölkern, zu denen ich dich sende.»[30] Getauft und wieder sehend habe er begonnen, in den Synagogen von Damaskus Jesus als den Sohn Gottes zu verkünden. Die Gebildeten werden das Erzählschema schnell erkannt haben, das dem Einfallsreichtum des Lukas Flügel verlieh. In der jüdischen Tradition war es die Geschichte von Heliodor: Dieser wird als Kanzler des seleukidischen Königs nach Jerusalem gesandt, um den Tempel zu plündern; kaum hat er die Schatzkammer betreten, tritt ihm der «Herr der Geister» entgegen, ein Ritter in goldener Rüstung reitet ihn nieder, zwei starke Jünglinge geißeln ihn und tiefe Finsternis schlägt ihn zu Boden; im Leben zurück bekennt er sich als Sünder, lässt von seinem Vorhaben ab und verkündet die große Macht Gottes.[31]

39/40 kam Paulus nach Antiochien, geleitet von der Überzeugung, zum Apostel «nicht von Menschen durch einen Menschen, sondern durch Jesus Christus und durch Gott, den Vater» ernannt zu sein. Dieses Bewusstsein prägte ihn vom Tag seiner Bekehrung bis zur letzten Stunde (über die wir nichts wissen). Es trieb ihn, das Unmögliche zu wagen: Noch vor dem Er-

Abb. 13
Die Bekehrung des Paulus, um 1604 gemalt von Michelangelo Caravaggio. Die in der Apostelgeschichte überlieferte dramatische Szene galt den Nachgeborenen als essenzieller Ausgangspunkt der Ausbreitung des Christentums – entsprechend oft ist sie dargestellt worden.

scheinen Jesu als Richter über Lebende und Tote wollte er die Menschen zum Glauben an den Erlöser bekehren. Des göttlichen Ursprungs seiner Lehre und seines Auftrags sicher, ging er erst nach Arabien, dann in die Orte des kleinasiatischen Hinterlandes und schließlich in die großen Städte Griechenlands und der Ägäis, wo er sich jeweils jahrelang in Korinth, Ephesos, Thessalonike und Philippi aufhielt.

In Antiochien fand er die Heidenmission vor und setzte sie gegen alle Widerstände und allerorten durch. Alle Zeugnisse schildern ihn als einen Visionär, der ehe- und heimatlos von Stadt zu Stadt hetzte, um die christliche Botschaft zu verkünden; seine Spur verliert sich Anfang der 60er Jahre in Rom. Dorthin war er als beklagter Unruhestifter überführt worden, nachdem er an das Gericht des Kaisers appelliert hatte. Wie Jesus und die Apostel lebte er in der Erwartung des kommenden Weltenendes: «Das Himmelreich ist nahe.» Diese Hoffnung gab der Auseinandersetzung um die Heidenmission fast theatralische Züge. Denn noch längst nicht waren die Fragen, die die antiochenische Gemeinde bereits beantwortet glaubte, entschieden. Sie brachte wenige Jahre später Paulus in seinem Brief an die Galater noch einmal auf den Punkt: Muss die Beschneidung gefordert werden, um Heiden zur Taufe zuzulassen? Muss das mosaische Gesetz das Zusammenleben zwischen Heiden und Juden beim Gottesdienst und der Tischgemeinschaft regeln?

Das Ringen um verbindliche Bescheide spitzte sich zu einem schweren Konflikt zwischen Petrus und Paulus zu. Ausgetragen wurde er in Antiochien. Er endete mit dem Erfolg des Paulus und dem zweimaligen «Nein» auf die gestellten Fragen – «ich widerstand ihm ins Angesicht», triumphierte der Sieger.[32] Das neue Israel, das es zu gründen galt, sollte keine gesellschaftlichen und nationalen Schranken mehr kennen. Die Taufe machte alle zu «Söhnen Gottes», die «in Christo» das Ziel ihres Lebens erreicht hatten. Aber auch Paulus sah sich wie alle späteren Kirchenväter fest in der jüdischen Tradition verankert, blieb doch der Gott des Alten Testaments immer der Vater Jesu, und alle Versuche, beide zu trennen, brandmarkten die christlichen Lehrer als Häresie.

Man mag darüber streiten, ob die Kontroverse der beiden Apostel eine Auseinandersetzung unter Brüdern oder ein unerbittlicher Zweikampf ohne versöhnliches Ende war. Unstrittig ist seine historische Bedeutung: Der Erfolg des Paulus führte die Jesusbewegung endgültig aus Palästina hinaus. Nach Max Weber ist der «Tag von Antiochien» ein Schlüsseldatum der europäischen Geschichte. Die durchgesetzte Lehre, nicht das Gesetz, sondern allein der Glaube weise den Weg zum Heil, öffnete das Tor zur universalen Mission. Auf Dauer hätte das Christentum als jüdische Sekte nicht überleben können, und schon gar nicht mit zwei Tischgemeinschaften unter einem Dach.

Paulus ist der erste Zeuge des Glaubens an den gekreuzigten Sohn des jüdischen Gottes. Seine Briefe aus den fünfziger Jahren sind die einzigen Texte aus dem 1. Jahrhundert, die von dem Verfasser geschrieben wurden, der sie unterzeichnete. Sie entstanden in der sicheren Gewissheit göttlicher Inspiration. Gerichtet waren sie (bis auf den Philemonbrief) an die von ihm missionierten Gemeinden, unter denen sie zirkulierten. Von besonderer Bedeutung ist das 55/56 in Korinth diktierte Schreiben an die ihm unbekannte Gemeinde in der Hauptstadt Rom. Es sollte die Römer mit dem Missionar und seiner Botschaft vertraut machen und enthält eine umfassende Darlegung seiner Überzeugungen, die er nach seinem Rombesuch weiter nach Spanien tragen wollte. Dieser Brief zählt, seitdem Martin Luther vornehmlich aus ihm seine Lehre von der Rechtfertigung allein aus dem Glauben gewonnen hatte, zu den am meisten behandelten christlichen Dokumenten.[33]

Die Bedeutung dieses Mannes für das Überleben, die Ausbreitung und die Lehren des Christentums schien den Späteren so groß, dass Theologen und Historiker immer wieder die provozierende Frage stellten, ob Paulus der eigentliche «Entdecker der christlichen Religion als einer neuen Religion» gewesen sei.[34] Er war es, der die Heidenmission durchsetzte, indem er sie theologisch legitimierte, er trennte das christliche vom jüdischen Schicksal, und er prägte das Bild vom himmlischen Christus und gekreuzigten Gottessohn, das aus einer messianisch-apokalyptischen Sekte der frühen Jahre eine konkurrenzfähige Religion machte. Seine welthistorische Rolle schmälert nicht, dass ihn weder die jüdische noch die heidnische Literatur zur Kenntnis nahm. In den christlichen Gemeinden der ersten Jahrhunderte blieb seine Autorität ungebrochen, auch wenn seine theologischen Ausführungen gegenüber seiner Morallehre nach und nach in den Hintergrund traten.

V

Getrennte Wege: Christen und Juden

«Und Gott redete alle diese Worte und sprach:
Ich bin Jahwe, dein Gott,
der ich dich aus Ägyptenland, aus der Knechtschaft geführt habe.
Du sollst keine anderen Götter haben neben mir.
Du sollst dir kein Bildnis noch irgendein Gleichnis machen,
weder von dem, was oben im Himmel,
noch von dem, was unten auf Erden,
noch von dem, was im Wasser unter der Erde ist:
Bete sie nicht an und diene ihnen nicht!
Denn ich, Jahwe, bin ein eifernder Gott.»

Anfang der Zehn Gebote

«Du aber, mein Sohn Jakob, gedenke meiner Worte und halte die Gebote deines Vaters Abraham; trenne dich von den Völkern und iss nicht mit ihnen und handle nicht nach ihrem Tun und sei nicht ihr Genosse. Denn ihr Werk ist Unreinheit, und alle ihre Wege sind Befleckung.»

Abrahams letzte Worte an Jakob (Buch der Jubiläen)

1. Der Bruch mit der Synagoge

«Ich bin Jahwe, dein Gott»

Die Synagoge blieb unbesiegt. Die Lehre vom fleischgewordenen Gottessohn konnte weder auf jüdischem noch auf semitischem Boden Wurzeln fassen. Im Mittelmeerraum hatten sich drei jüdische Hauptgebiete gebildet; sie blieben miteinander verbunden, waren jedoch jeweils unterschiedlichen politischen und religiösen Einflüssen ausgesetzt.

Da gab es zum einen die aus der Babylonischen Gefangenschaft Zurückgekehrten. 587 v. Chr. hatte Nebukadnezar Jerusalem eingenommen, den Tempel zerstört, die davidische Dynastie beseitigt und das Land seinem Reich einverleibt. Wie bereits zehn Jahre zuvor deportierte der Sieger in den folgenden Jahren weite Teile der Bevölkerung, die Bewohner der Hauptstadt und die Oberschichten der ländlichen Gebiete; es blieben, um das Land für die neuen Herren weiter zu bestellen, die Kleinbauern. Die Exilierten überlebten als eigenständige Gruppe, da die Babylonier ihnen eigene Siedlungen im Süden Mesopotamiens zuwiesen und ihr religiöses Leben tolerierten. In Judäa verlief das Leben in den alten Bahnen, da das Land von Neuansiedlungen verschont blieb. Als Jahrzehnte später der persische König Kyros Babylon einnahm, gestattete er seinen jüdischen Untertanen die Heimkehr: «So spricht Kyros, der König von Persien: Wer unter euch von seinem Volk ist, mit dem sei sein Gott, und er ziehe hinauf nach Jerusalem in Juda und baue das Haus des Herrn, des Gottes Israels.»[1]

Nicht alle kehrten heim. Die es taten, brachten Erfahrungen mit, die ihr religiöses und politisches Bewusstsein von Grund auf veränderten. Im Exil, ohne nationale Zusammengehörigkeit, ohne Tempel und ohne Kult war der Glaube an Jahwe zum Fundament des Lebens geworden und er selbst einzigartig:

> «Vor mir ist kein Gott geschaffen worden,
> und nach mir wird keiner sein,
> ich allein bin Jahwe,
> und außer mir gibt es keinen Retter.»[2]

Nur im Tempel von Jerusalem knieten die Gläubigen jetzt noch nieder. Eine Priesterherrschaft, abgestuft nach Priestern, Leviten (Tempeldiener) und Laien unter Führung des Hohepriesters, regelte den Dienst an Gott. Alle Heiligtümer im Lande verfielen der Spitzhacke und jede Kumpanei mit anderen Göttern verbot sich. Dabei half die Einhaltung der göttlichen Gebote: Die religiös begründete Beschneidung, die Heiligung des Sabbat und die Reinheits- und Speisegebote prägten jede Stunde des täglichen Lebens. Dazu kam der sich entwickelnde opferlose Wortgottesdienst in der Synagoge, in dem Erzählungen die Vergangenheit lebendig hielten.[3]

Es blieb die politische Ohnmacht, nur noch einmal in den folgenden Jahrhunderten durch die Herrschaft der Hasmonäer unterbrochen (142 bis 63 v. Chr., S. 36). Die Zeit des politischen Schattendaseins verklärte den Blick auf die einst glanzvolle Vergangenheit: Die Geschichten vom Auszug aus Ägypten, von der Eroberung Kanaans und über das Königreich Davids wurden gesammelt, in Geschichtsbüchern ausgemalt und mündlich weitergegeben. Das Gestern, von Gott gewollt und gefördert, nährte die Hoffnung auf das Morgen, stärkte die Gewissheit, dass einst der Tag kom-

Abb. 14
Die Hand Gottes, Genesisdarstellung aus der Millstätter Handschrift (um 1100).

men wird, an dem Jahwe die gottlosen Völker niederwerfen, seine Versprechen einlösen und sein auserwähltes Volk zur Herrschaft führen wird:

> «Fremde werden deine Mauern bauen, und ihre Könige werden dir dienen. Denn in meinem Zorn habe ich dich geschlagen, und in meiner Gnade erbarme ich mich über dich. Deine Tore sollen stets offen stehen und weder Tag noch Nacht zugeschlossen werden, damit die Schätze der Völker zu dir gebracht werden unter der Führung ihrer Könige. Denn das Volk und das Königreich, die dir nicht dienen wollen, werden untergehen und ihre Länder sollen verwüstet werden.»[4]

Damit war die jüdische Heilserwartung in eine für jede Zukunft gültige Form gebracht. Die Kluft zwischen politischer Vision und politischer Realität war unüberbrückbar wie Tag und Nacht. Und doch: Zusammen mit der religiösen Erneuerung wurde die Zeit des Exils zukunftsweisend für das kommende Schicksal Israels. Das Bewusstsein, eines Tages Jahwes

Eingreifen zu erleben, half, die schier endlosen Jahre unerfüllter Hoffnungen zu ertragen. Es gestattete außerdem, dem Befehl des persischen Königs nachzukommen, im Tempel auf seine Kosten Opfer und Gebete für sein Leben und das seiner Söhne darzubringen. Wer künftig als Herr über Jerusalem auftrat, folgte dem Beispiel des Kyros – auch der Kaiser in Rom. Als im Jahre 66 die Opferfeuer erloschen und die Gebete für den Kaiser verstummten, hatten die Eiferer gesiegt, die glaubten, sie könnten Jahwe zum Kampf gegen die Unterdrücker zwingen. Doch sie mussten erfahren, dass Gott nicht mit sich handeln ließ.

Die Diaspora

In den Tagen des Augustus notierte der Geograf Strabon, das «Volk der Juden sei bereits in jede Stadt gekommen, und man könne in der ganzen Welt nicht leicht einen Ort finden, der es nicht aufgenommen habe und von ihm beherrscht werde».[5] Von der Übertreibung einmal abgesehen, die Existenz einer weitläufigen jüdischen Diaspora ist tausendfach belegt und ihre historischen Ursachen liegen deutlich zutage: Tausende und Abertausende vertrieben Not und Elend aus Judäa, Unzählige wurden als Kriegsgefangene versklavt und später freigelassen; die Anziehungskraft wohlhabender Länder wie zum Beispiel Ägypten und die Mission taten das ihrige. Die Territorien, in denen Juden dauerhaft siedelten, reichten über den griechisch-römischen Mittelmeerraum hinaus bis in die Tiefe des Vorderen Orients. In den glücklichen Jahrhunderten der Perserherrschaft und der ihr folgenden hellenistischen erfuhren die Juden der Diasporagemeinden, dass die Großreiche ihre Religion und ihre Gemeinden schützten und ihnen ein Leben in rechtlich abgesicherten Gemeinschaften ermöglichten.

Begonnen hatte dies mit der Herrschaft der Perser über die Länder des Orients. Als ihr König Kyros das babylonische Exil der Juden 539 beendete, kehrte nur ein Teil der Verbannten in die alte Heimat zurück. Die sich auf den Weg machten, waren vorwiegend Angehörige der Oberschicht, die in den Jahren der Umsiedlung nicht voll assimiliert worden waren. Die in Mesopotamien blieben, folgten nach den Siegeszügen Alexanders des Großen dem Ruf der seleukidischen Könige nach Kolonisatoren und siedelten sich vom Iran bis an die Küsten des Mittelmeeres an. Josephus berichtet etwa, dass auf Befehl Antiochos' III. 2000 jüdische Familien im westlichen Kleinasien eine neue Heimat fanden und als Dank für ihre Loyalität Land, Steuerfreiheit und das Recht erhielten, nach ihren Gesetzen zu leben. Dem Statthalter in Kleinasien erteilte der König genaue Order und befahl ihm,

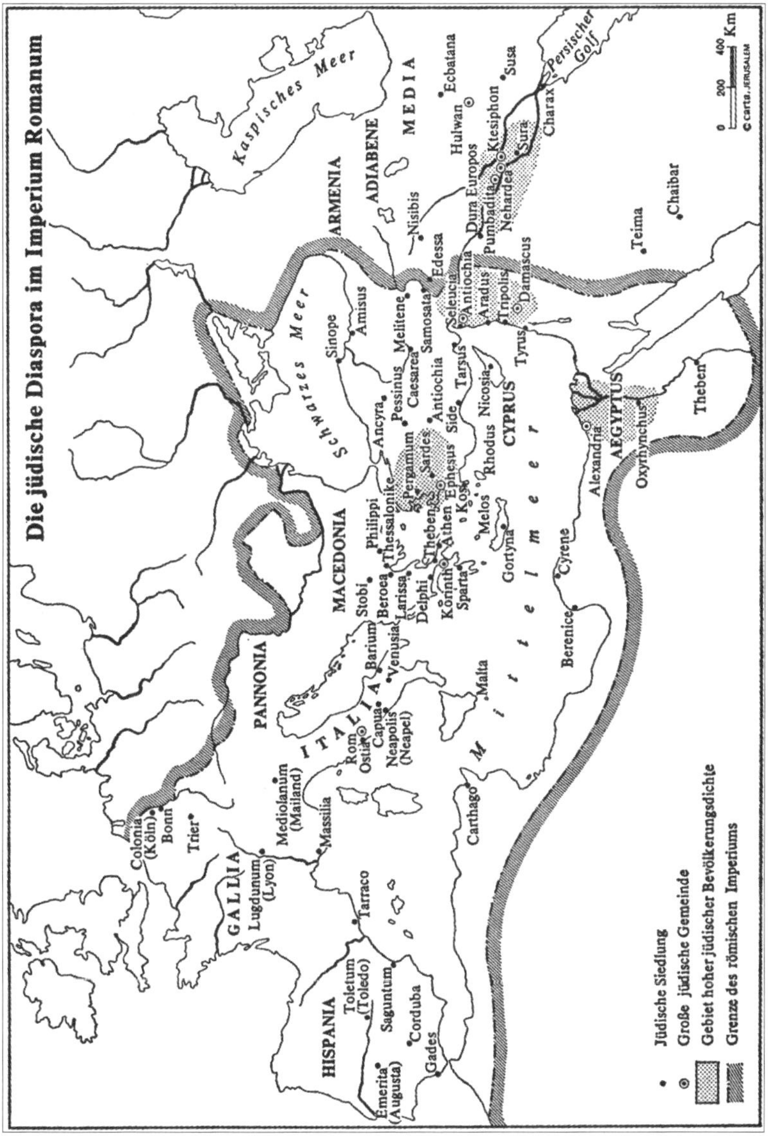
Die jüdische Diaspora im Imperium Romanum
Kaspisches Meer
ARMENIA
ADIABENE
MEDIA
Ecbatana
Susa
Persischer Golf
Charax
Hulwan
Ktesiphon
Sura
Nehardea
Pumbadita
Dura Europos
Nisibis
Edessa
Samosata
Melitene
Seleucia
Antiochia
Aradus
Tripolis
Damascus
Tyrus
Teima
Chaibar
Schwarzes Meer
Sinope
Amisus
Pessinus
Caesarea
Ancyra
Antiochia
Tarsus
Side
Nicosia
CYPRUS
Rhodus
Pergamum
Sardes
Ephesus
Kos
Melos
Gortyna
Philippi
Thessalonike
Beroea
Stobi
MACEDONIA
Larissa
Delphi
Theben
Athen
Korinth
Sparta
Mittelmeer
Cyrene
Berenice
Alexandria
AEGYPTUS
Oxyrhynchus
Theben
Barium
Venusia
Capua
Neapolis (Neapel)
Rom
Ostia
ITALIA
Malta
PANNONIA
Mediolanum (Mailand)
Massilia
Carthago
Colonia (Köln)
Bonn
Trier
GALLIA
Lugdunum (Lyon)
Tarraco
HISPANIA
Toletum (Toledo)
Saguntum
Corduba
Gades
Emerita (Augusta)
Jüdische Siedlung
Große jüdische Gemeinde
Gebiet hoher jüdischer Bevölkerungsdichte
Grenze des römischen Imperiums
0 200 400 Km
© carta, JERUSALEM

Karte 5

Herrscher, Könige, Rebellen

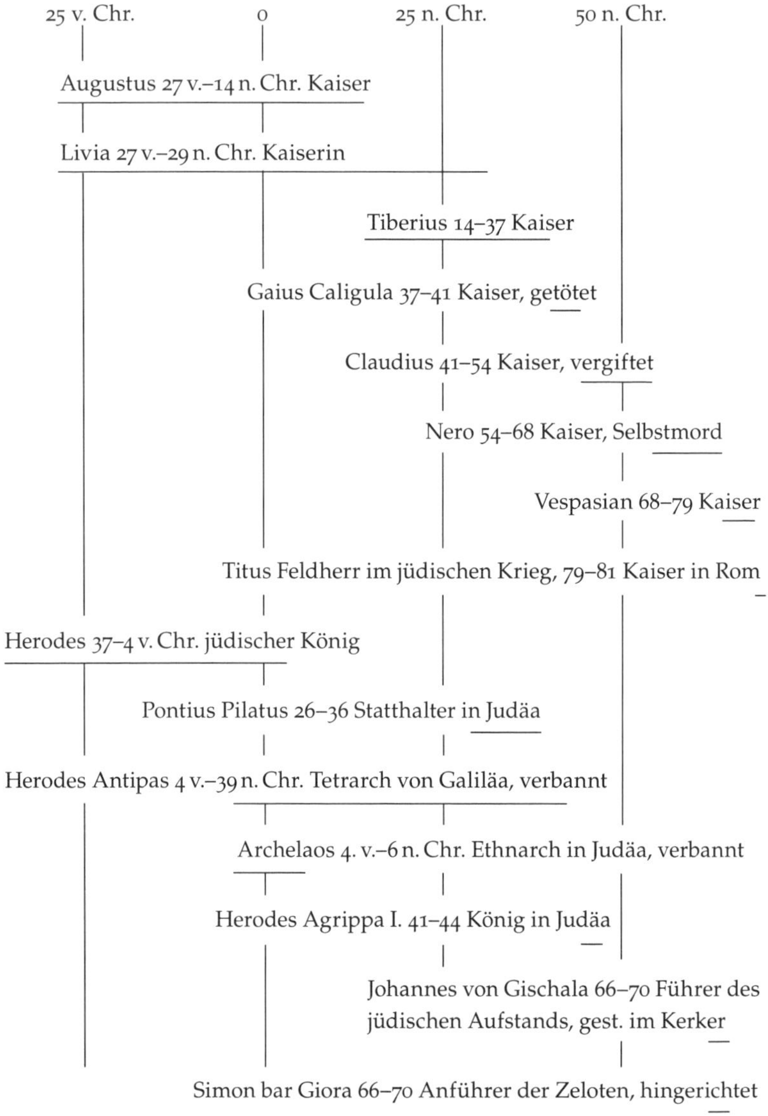

sorgsam auf das Wohlergehen der Kolonisten zu achten, damit sie den königlichen Großmut täglich spüren konnten «und sich umso eifriger unseren Interessen widmeten».[6]

Das freimütig ausgesprochene Motiv zeigt, dass sein Nutzen die Triebfeder für die Privilegierung und Ausbreitung der Juden war. Auch die in Palästina wieder ansässig Gewordenen hörten auf die Versprechungen der neuen Herrscher, dienten in ihren Armeen und wurden auf ihr Geheiß in fremden Ländern sesshaft.

Dies galt besonders für Ägypten. Ptolemaios I. hatte in den Kriegen um das Erbe Alexanders viele von ihnen dorthin verschleppt und seine Nachfolger ermutigt, seinem Beispiel zu folgen. Die Neuankömmlinge wurden dringend als Soldaten, Militärsiedler und Bauern gebraucht, stützten sie doch neben den Einwanderern aus Griechenland und Makedonien Herrscher, die sich ihren Untertanen zwar als Nachfolger der alten Pharaonen vorstellten, die tatsächlich aber Landfremde waren und das eroberte Land als ihren Privatbesitz betrachteten und einrichteten. Sie hatten von Ägypten aus weitere Gebiete des östlichen Mittelmeerraumes besetzt und jüdischen Zuwanderern geöffnet: die Kyrenaika, Phönizien, Zypern und Stützpunkte an der kleinasiatischen Küste. Alles dies ging verloren, als sich Kleopatra, die letzte Ptolemäerin, 30 v. Chr. den Tod gab und ihr Reich an den römischen Sieger Octavian fiel. Es blieben die jüdischen Siedler, den neuen Herren nicht minder willkommen als den alten.[7]

Auch für die Juden führten nun alle Wege nach Rom. Für viele war es der qualvolle Marsch eines Kriegsgefangenen, der nach Italien verschleppt und auf den Sklavenmärkten verkauft wurde. Pompeius verfuhr so, als er Jerusalem 63 v. Chr. eroberte, C. Cassius machte es ihm nach, als er 53/52 v. Chr. die Gegend um den See Genezareth mit Krieg überzog, ihm folgte Gaius Sosius, Statthalter von Syrien, der 37 v. Chr. Jerusalem einnahm; sie alle boten Zehntausende Gefangene auf den italischen Märkten feil. Unter Augustus dürfte die Zahl der in Rom ansässig Gewordenen weiter gewachsen sein. Als nach dem Tod des Herodes 4 v. Chr. eine jüdische Bittgesandtschaft vor dem Kaiser erschien, soll sie von 8000 in Rom lebenden Juden unterstützt worden sein (S. 49).

Eine Verschmelzung mit den Völkern, in deren Mitte sich die jüdischen Siedler niederließen, fand nicht statt. Die Diasporagemeinden umgab ihre Religion wie eine schützende Mauer, die sie gegen die heidnische Umwelt abschottete. Dabei half ihnen, dass die Herrscher der hellenistischen Reiche, deren Erbe Rom übernahm, ihnen eine begrenzte Autonomie innerhalb der Gemeinwesen zugestanden, in denen sie sesshaft geworden waren.

Ihr großer und lange betrauerter Gönner Caesar hatte allen Juden das Recht eingeräumt, ihren Gesetzen zu folgen, Synagogen zu bauen, ihren Kult nach Gutdünken auszuüben, sich zu gemeinsamen Mählern zu versammeln, ihre Feste zu feiern und den Sabbat einzuhalten; in der Stadt Rom ging das so weit, dass Juden, die römische Bürger waren, bei Getreideverteilungen an einem Sabbat ihre Rationen am folgenden Tag abholen durften.[8] Nicht tolerieren wollte und konnte Rom die Bekehrung von Angehörigen seines Hochadels zum «Gott der Väter Israels». Wer diesen Schritt wagte und sich durch die Beschneidung ohne Wenn und Aber der jüdischen Gemeinschaft anschloss, hatte die römische verlassen. Zum Juden, schrieb der zornige Tacitus, könne niemand werden, der nicht alle ihre geschmacklosen Sitten übernommen und die seinen, die doch die der Väter waren, verworfen habe. Am Ende stand unter Hadrian das Verbot der bisher tolerierten Beschneidung und damit des Übertritts zum Judentum.

Ansonsten blieb es bei der caesarischen Privilegierung, die Augustus sich im Wesentlichen zu eigen machte. Sie sollte sich selbst dann als stabil erweisen, als das Imperium im 1. und 2. Jahrhundert reichsweit durch jüdische Aufstände herausgefordert wurde.

Dessen ungeachtet gab es Streit, kam es immer wieder zu Krawallen und bürokratischen Bosheiten. Von ihnen sprechen die jüdischen Beschwerden an die städtischen Behörden oder an die römischen Beamten: Man hindere sie, so heißt es da, die jährliche Tempelsteuer nach Jerusalem zu senden, zwinge sie, am Sabbat vor Gericht zu erscheinen, schände die Synagogen und die heiligen Bücher, missachte die Verfügungen Roms und verlange Dienstleistungen der verschiedensten Art (Liturgien).

Der eigentliche Grund der Auseinandersetzungen findet sich nicht in den Querelen des täglichen Miteinanders. Sein Nährboden ist wiederum das babylonische Exil. Es hatte die Juden für immer gelehrt, auch dann zu überleben, wenn sie politisch machtlos, in der Fremde und ohne den Rückhalt des Tempels in Jerusalem waren. Ihre Existenz und ihre Identität sahen sie behütet, solange sie dem einen Gott gehorsam blieben oder als reuige Sünder zu ihm zurückkehrten. Denn er hatte Israel erwählt und ihm Gesetze und Verheißungen gegeben. Aus diesem Glauben folgte die Abschottung von allen, die anders beteten und anders lebten. Diese antworteten darauf mit Unverständnis und dem allgemeinen Vorwurf des

Menschenhasses. Juvenal, römischer Satirendichter in der Zeit Hadrians, goss in Verse, was in vielen Köpfen spukte:

«Gewohnt aber, die römischen Gesetze gering zu schätzen,
lernen sie das jüdische Recht genau, beachten und fürchten es,
ganz wie Moses es ihnen in geheimen Rollen überlieferte:
niemandem die Wege zu zeigen außer dem Anhänger desselben Kults,
allein die Beschnittenen hin zur gesuchten Quelle zu führen.»[9]

2. Die Abkehr der Christen vom Judentum

Glaube und Geschichte schlossen ein Nebeneinander von Juden und Christen aus.[10] So war es nur eine Frage der Zeit, bis es zur Konfrontation kam. Sie ereignete sich nicht in dramatischen Schritten, sondern kam schleichend, aber unaufhaltsam. Gewiss begann alles in Antiochia mit der Taufe des ersten Nichtjuden. Aber was dort geschah, führte noch nicht zu klaren Abgrenzungen. Nur langsam wurde den Christen ihre innere Autonomie bewusst, da der Gott des Alten Testaments für alle der Vater Jesu war und blieb.

Die Gründe der Trennung wogen schwer. Die Lehre des Paulus, allein das Bekenntnis zu Christus entscheide über Heil und Unheil, gab dem Gesetz einen völlig neuen Stellenwert. Seine Funktion, das Verhältnis zwischen Gott, seinem Volk und jedem Einzelnen zu regeln, übernahm jetzt der Glaube an den Auferstandenen. Er machte als Erstes die Beschneidung überflüssig. Sie aber war und ist für jeden Juden das Zeichen des Bundes, den Gott mit Abraham geschlossen hatte. Wer sie verweigerte, war von Gott verflucht, dessen «Seele soll ausgerottet werden aus ihrem Volk».[11]

Dem Verzicht auf die Beschneidung folgte sehr schnell die Abkehr von weiteren Regeln des mosaischen Gesetzes; bald galten den Christen auch die Ritualgebote, die Reinheitsvorschriften und die Sabbatheiligung nichts mehr. Der Akt der Taufe war zum einzigen und unverzichtbaren Initiationsritual geworden. Er machte alle zu «Söhnen Gottes» und trennte Gläubige von Nichtgläubigen. Keinem Juden konnte dies entgehen, kein Jude konnte auf das Gesetz verzichten oder Jesus als den Messias anerkennen. Sah er schärfer hin, stieß ihn die blasphemische Lehre von einem gekreuzigten und auferstandenen Gottessohn ab, der zur Rechten seines Vaters thronte. Der göttliche Glanz, den dieser Gedanke verlieh, zerstörte in seinen Augen das Bekenntnis, nur dem einen und einzigen Gott Gehorsam zu schulden.

Rom tat ungewollt das seine, um die Trennung zu vertiefen. Die politische Katastrophe des Jahres 70 erläuterten die Christen als Werk Gottes, der die Verbrechen der jüdischen Verfolger an den Anhängern Christi rächte: «Da suchte zuletzt das Strafgericht Gottes die Juden heim und sühnte ihre Freveltaten, die sie an Christus und seinen Aposteln begangen hatten, indem er jenes Geschlecht der Gottlosen unter den Menschen mit Stumpf und Stil vertilgte.»[12] Die Trümmer Jerusalems segneten den Weg des neuen Gottesvolkes, das Tempelkult und Gesetz nicht mehr achtete. Es setzte an die Stelle des zerstörten irdischen das himmlische Jerusalem, das am Ende der Zeit auf die Erde herabkommen wird: «Wir haben hier keine bleibende Stadt, sondern die zukünftige suchen wir.»[13]

Diese hatten auch die jüdischen Aufrührer gegen Rom gesucht, angetrieben vom Hass gegen den barbarischen Sieger aus dem Westen und durchdrungen von der religiös aufgeladenen Hoffnung, das Blatt mit der Waffe in der Hand doch noch wenden zu können. Wer abseits blieb, verriet diese Hoffnung wie der Überläufer Josephus und trennte sich von der politischen und geistigen Existenz Israels.

Es genügte bereits das Vorhandensein der Weltmacht Rom, um die Spaltung zu vertiefen. Seit der Verfolgung des Nero (S. 388) war das Misstrauen der Behörden gegen die Christen gewachsen, beriefen sie sich doch auf einen Kriminellen, den ein römischer Beamter mit dem Tode bestraft hatte. Dies zwang die Evangelisten, den Tod Jesu durch die Hand des Pilatus zu erklären. Sie alle sprachen ihn nun von der Anklage der Tötung des Gerechten frei und verurteilten an seiner Stelle die jüdischen Volksführer; nicht der Vorwurf des Hochverrats, sondern ihre falschen Anklagen und der Druck aufgehetzter jüdischer Massen hätten den Statthalter des Kaisers gezwungen, Jesus zu verurteilen. Tertullian fasste in Worte, was in seiner Zeit längst gängige Meinung war: «So hat ihn also die gesamte Synagogenschaft Israels ums Leben gebracht, indem sie Pilatus, als er ihn freilassen wollte, zuriefen: ‹Sein Blut komme über uns und unsere Kinder› (Matthäus 27,25), und, ‹wenn du diesen freilässt, so bist du kein Freund des Kaisers› (Johannes 19,12), damit alles erfüllt werde, was über Jesus geschrieben steht.»[14] Spätestens jetzt konnte das Dach der Synagoge nicht mehr beide beherbergen, da die Christen das allen Juden Gemeinsame aufgaben.

So trafen die Nachstellungen des Staates die Christen allein und nährten den Hass auf die privilegierten Juden, denen noch Diokletian in den Jahren der Menschenjagd die Pflicht zum Opfer ausdrücklich erlassen hatte. Eine der zahlreichen Märtyrerakten, Heldenliedern gleich und im

Detail wenig glaubwürdig, berichtet etwa von dem Leidensweg des Priesters Pionius aus Smyrna unter Decius. Er erteilte vor dem Richter und dem tobenden Pöbel, darunter viele Juden, öffentlichen Unterricht, ertrug standhaft alle Torturen und starb schließlich auf dem Scheiterhaufen. In seinen langen Ausführungen rechnete er auch mit den Juden ab, deren Gräueltaten gegen Mensch und Gott er geißelte. Haften blieb ein Gedanke: Die Juden rief er, dies beweise die Bibel, seien in früheren Zeiten hundertfachen Verfolgungen ausgesetzt gewesen und zum Opfern für verabscheuenswürdige Götter gezwungen worden. Jetzt stünden sie in den Reihen der Jäger.[15]

Am Ende der Trennung steht die polemische Vorstellung einer zweigeteilten Welt: hier Juden, dort Nichtjuden, zu denen die Christen gehören. Eigene Schriften gegen die Juden (*adversus Iudaeos*) entstanden und zogen die Gräben tiefer.[16] Die Juden wehrten sich. Sie hatten früh begriffen, dass die neue Religionsgemeinschaft tödlich verwundbar war, wenn es gelang, ihren am Kreuz gestorbenen Stifter als Betrüger zu entlarven.

Genau darauf zielten die Häupter jüdischer Schulen, die immer entschiedener gegen die abtrünnigen Christen vorgingen. Tertullian fasste Ende des 2. Jahrhunderts zusammen, was sie über Jesus verbreiteten: «Sohn eines Zimmermanns oder einer Dirne, Schänder des Sabbats, ein Samariter und einer, der einen Dämon hatte; von den hohen Priestern von Judas gekauft, mit Rohren geschlagen und geohrfeigt, mit Speichel gedemütigt, mit Galle und Essig getränkt; ein Mensch, den seine Jünger aus dem Grab verschwinden ließen, sodass sie sagen konnten, er sei auferstanden, oder den der Gärtner beiseitegeschafft hat, damit seine Salatköpfe nicht von der Menge der Schaulustigen verwüstet würden.»[17] Andere wollten gar wissen, Jesus sei das uneheliche Kind eines Soldaten namens Panthera gewesen, habe sich als Lohnarbeiter in Ägypten verdingt, dort die Magie gelernt und hätte – nach Palästina zurückgekehrt – vergeblich auf große Dinge gehofft.[18]

Unangetastet von den Auseinandersetzungen blieb trotz allem der Gedanke von der bruchlosen Kontinuität von Altem und Neuem Testament. Die Verirrung der Juden entdeckten die Christen in der Missachtung der Prophezeiungen auf Christus, nicht in der Anbetung des falschen Gottes. So hätten sie die Propheten und Jesus auch nicht aus fehlgeleitetem Hass getötet, sondern weil sie sie nicht erkannten. Der Urgrund der Trennung lag für die christlichen Theologen tief in der Vergangenheit und war daher weder in der Gegenwart noch in der Zukunft zu heilen.

3. Krieg für die Freiheit Zions

Die Ursachen des Konflikts

Tage werden kommen, rief Jesus im Tempel, in denen die Feinde Jerusalem mit einem Wall einschließen, und «sie werden dich und deine Kinder vernichten und keinen Stein auf dem anderen lassen». In den Jahren, in denen der Evangelist Lukas Jesus diese Prophezeiung in den Mund legte, schlugen Steinmetze in Rom in die Attika eines Ehrenbogens, der den Eingang zum Circus Maximus zierte, das Preislied des Mannes, der Jerusalem nach einem vierjährigen Krieg dem Erdboden gleichgemacht hatte.[19]

Dass es dahin kam, hatte mehrere Ursachen. Die Erste findet sich in der schieren Existenz der römischen Besatzungsmacht. Sie wollte Judäa wie jede andere Provinz beherrschen, und je energischer sie dieses Ziel betrieb, umso schneller glitt ihr die Kontrolle über das Land aus den Händen. Nicht alles, was die römischen Beamten anrichteten, war bewusste Provokation, auch wenn es dafür beredte Zeugnisse gibt. Vieles taten sie, weil sie die Lebensgewohnheiten und die Religion der Juden nicht kannten oder nicht verstanden, sodass ihnen selbst banale Handlungen als Religionsfrevel ausgelegt werden konnten.

Die Vizekönige, die Rom nach Judäa entsandte, waren zudem Militärs, wenig begabt als Diplomaten, aber fantasievoll als Ausbeuter, die sich ebenso emsig um die Steuern für Rom wie um die Zuwendungen für den eigenen Geldbeutel sorgten. Die Soldaten, die sie kommandierten, waren Hilfstruppen, ausgehoben in Syrien und unter den latent judenfeindlichen Bewohnern griechischer Städte. Für sie war die Verhöhnung jüdischer Bräuche eine Mischung aus Verachtung und Wichtigtuerei. So zerriss ein Soldat, dessen Truppe befehlsgemäß ein jüdisches Dorf plünderte, zur Belustigung seiner Kameraden öffentlich eine Thorarolle – der verantwortliche Kommandant befahl seine Hinrichtung, konnte aber das verspielte Ansehen nicht mehr zurückgewinnen.

In den Städten der Provinz und im gesamten Osten nahmen die Konflikte zwischen den jüdischen und griechischen Bewohnern zu. Gewiss, in den Diasporagemeinden gab es Annäherungen, zumal die Verkehrssprache Griechisch war und die meisten Juden nur sie beherrschten. Die Exklusivität des jüdischen Glaubens, seine Riten und Reinheitsgebote und die Besonderheiten des Alltags bis hin zur Sabbatruhe verhinderten jedoch ein ungetrübtes Nebeneinander. So fielen die Schatten hemmungsloser Gewalt immer tiefer über den Orient.

Im Herbst 38 brachen in Alexandria Straßenkämpfe aus, denen die römische Obrigkeit, ohnehin an den inneren Konflikten ihrer Untertanen wenig interessiert, lange hilflos zusah. Der Anlass war banal, seine Auswirkungen waren es nicht. Herodes Agrippa, ein Enkel des Herodes und seit 37 von Caligula bestellter König in Judäa, erschien nach einem Rombesuch in der Stadt und genoss es über die Maßen, als ihn die dortige jüdische Gemeinde festlich empfing. Die Griechen antworteten mit Hohn und pantomimischen Umzügen, in denen ein stadtbekannter närrischer Mime sich in tollen Bocksprüngen als König verehren ließ. Als es bei der Maskerade zu schweren Tumulten kam, zeigte sich sehr schnell, dass der Konflikt vorbereitet und genau durchdacht war. Seine griechischen Urheber forderten als Wiedergutmachung, dass die jüdischen Gemeinden in ihren Synagogen Standbilder Caligulas aufstellten und ihm als Zeichen ihrer Loyalität göttliche Ehren erweisen sollten. Aus Rom, ebenfalls geplagt von den göttlichen Anwandlungen des Kaisers, war laute Zustimmung zu erwarten, aus dem Hauptquartier des Statthalters kein Einspruch und von den jüdischen Notabeln ein entschiedenes «Nein!».[20]

So kam es, wie es kommen musste und sollte. Avillus Flaccus, ein bis dahin unauffälliger Gouverneur, verlangte, die Ungnade des Kaisers fürchtend, nun seinerseits die Aufstellung der Kaiserstatuen, obgleich dies jüdische Privilegien verletzte. Der Widerstand kam entschlossen und löste neue Zusammenstöße aus. Daraufhin erklärte Flaccus die Juden zu Fremden, ließ 38 Mitglieder des Ältestenrates öffentlich auspeitschen, gab die Quartiere der Juden dem Pöbel preis und sah hilflos auf brennende Synagogen und Tausende, die ihr Leben verloren. Beide Seiten wandten sich nun an den Kaiser in Rom. Im Herbst 40 hörte er ihre Vorträge und Beschwerden, demonstrierte den Juden deutlich seine Verachtung und entschied nichts.

Erst sein Nachfolger Claudius erkannte, dass Bürgerkrieg in der größten Handelsmetropole seines Reiches nach entschlossenem Eingreifen geradezu schrie. Er befahl in einem langen Schreiben, den Frieden in der Stadt zu wahren, und drohte mit kaiserlicher Ungnade und dem Einsatz von Truppen, falls Ruhe und Ordnung nicht sofort wiederhergestellt würden. Die göttlichen Sehnsüchte seines Vorgängers verwarf er in dürren Worten: «Die Ernennung eines Oberpriesters für mich und den Bau von Tempeln billige ich nicht. Ich lehne es ab, bei meinen Zeitgenossen Anstoß zu erregen, und meine Ansicht ist, dass Heiligtümer und Ähnliches allein ein Vorrecht der Götter sind, das ihnen zu allen Zeiten gebührt.» Nicht minder klar lautete seine Entscheidung in der Sache. Die alten Privilegien der Juden wurden bestätigt, ihr bis dahin möglicher Zugang zum griechischen Bürgerrecht jedoch für die Zukunft unterbunden und weitere jüdische Einwanderungen verboten. Beide Bevölkerungsteile sollten künftig ihr Leben voneinander getrennt verbringen – wie aber sollte dies auf Dauer gut gehen?[21]

Die Intervention des Kaisers beruhigte vorerst die Streithähne. Ihren gegenseitigen Hass konnte sie nicht beenden. Das schwierige Miteinander war zu einem unversöhnlichen Nebeneinander geworden und der Ausbruch neuer Pogrome nur eine Frage der Zeit.

Angesichts dieser Ereignisse konnte kein Jude noch darauf vertrauen, dass Rom die ihm gewährten Privilegien auch in schwierigen Zeiten beachten würde. Die wachsenden Probleme des Zusammenlebens in den Städten des Orients verliehen dem lauter zu hörenden Vorwurf Nachdruck, die Juden wollten das Imperium in Unruhen stürzen. Selbst Claudius ließ die Juden wissen, dass er zwar die Ursachen des alexandrinischen Bürgerkrieges aus guten Gründen nicht untersucht habe, ihnen aber künftig mit Misstrauen begegnen werde: Bei neuen Konflikten, schrieb er, werde er «sie mit allen Mitteln vertreiben als Erreger einer allgemeinen Plage für die ganze Welt». Unruhestifter, wo immer man auf sie trifft – diese Anklage lastete wie ein Alb auf dem zukünftigen Verhältnis der Juden zu Rom.

Der Druck nahm zu, als die Weltmacht begann, die Griechen in den Städten spürbar zu begünstigen. Diese, dadurch ermutigt, nutzten nun mehr und mehr jede Gelegenheit, um in Rom vorstellig zu werden und um Hilfe zu bitten. Überraschend ist dies nicht. Die Griechen standen den Römern näher als jedes andere Volk. Sie beteten zu denselben Göttern, lebten wie sie, bejahten die römische Herrschaft und beugten sich – wenn auch häufig mit der Faust in Tasche – den Weisungen der römischen Beamten. Neros Entscheidung über Caesarea, nach Josephus einer der Anlässe für den Ausbruch des Aufstandes, sollte zeigen, wohin die Reise ging.

In Jerusalem tat eine in sich zerrissene und korrupte Aristokratie das ihrige, um den Widerstand im Untergrund in die offene Rebellion zu treiben. Ihre Autorität schwand ohnehin Jahr für Jahr, beschädigt durch ihre Fügsamkeit gegenüber der Besatzungsmacht. Den Anführern des Aufbegehrens hingegen verlieh das Empfinden, für die Sache Gottes zu kämpfen, Kraft und Siegesgewissheit. Ihre Zahl wuchs stetig. Sie predigten den Aufstand in den Städten, führten, wenn Gefahr drohte, ihre Anhänger in die Wüste, brannten die Häuser der Friedfertigen nieder und erschlugen die, die abseits bleiben wollten. Die Energie zu wagen, was unmöglich schien, gab ihnen eine alte in den Priesteraufzeichnungen entdeckte Weissagung, nach der die Zeit gekommen war, da ein Mann im Morgenland erscheinen und die Weltherrschaft gewinnen werde.[22]

Die Mehrheit der Juden in Judäa waren kleine Bauern. Sie dachten nicht an Krieg, sondern an die nächste Ernte und ans Überleben. Ihr Glaube aber war wie in den Zeiten der Makkabäer stark und ihre Ehrfurcht vor Jahwe und seinen Priestern ebenso groß wie ihre Abscheu gegenüber den fremden und unreinen Unterdrückern aus dem Westen. Dies gab am Ende den Ausschlag. So reihten sie sich nach langem Zögern in die Bataillone der Aufständischen ein.

Der Krieg

Die latenten Konflikte explodierten in Caesarea und Jerusalem. In der Hauptstadt der Provinz, die auch das römische Hauptquartier beherbergte, hatte Nero Anfang der 60er Jahre den jüdischen Einwohnern das Bürgerrecht ab- und allein der hellenisch-syrischen Minderheit zuerkannt. Der Entscheid lag zweifellos im Interesse Roms, das in der zentralen Metropole eine ihm geneigte Bürgerschaft sehen wollte. Die Folge aber waren jahrelange Tumulte, ausgelöst durch religiöse Provokationen und verschärft durch einen Gouverneur, der hohe Bestechungssummen jüdischer Vornehmer entgegennahm und durch Nichtstun lohnte; als lästige Mahner auftauchten, warf er sie ins Gefängnis. Vollends außer Kontrolle gerieten die Dinge, als ein notorischer Provokateur auf dem Vorplatz einer Synagoge am Sabbat Vögel opferte und die in die Synagoge strömenden Juden, die ihr Reinigungsopfer verhöhnt sahen, zu den Waffen griffen. Da der in der Stadt verantwortliche Reiteroberst der Garnison der Straßenkämpfe nicht Herr wurde, wanderte die jüdische Bevölkerung aus und bat den Statthalter Florus um Hilfe. Er trieb sie in die Stadt zurück und rührte keine Hand, als die Heimkehrer am 6. August des Jahres 66 sämtlich erschlagen wurden.

Damit waren Kräfte entfesselt, die selbst der Himmel nicht mehr hätte bändigen können. In den wichtigsten Orten des Orients verstanden beide Seiten die Vorgänge in Caesarea als Signal, übereinander herzufallen und niemandem Pardon zu gewähren. In Judäa töteten Juden Griechen, in den

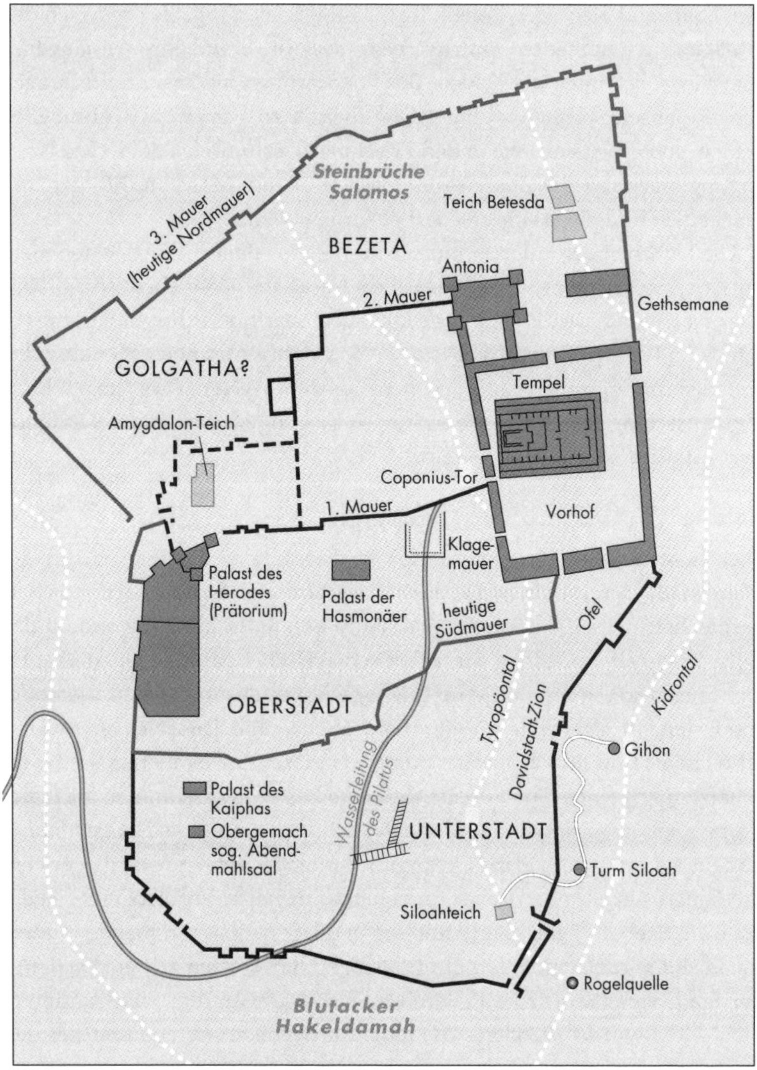

Abb. 15
Jerusalem im 1. Jahrhundert n. Chr. bis zur Zerstörung

Städten von Tyros bis Alexandrien Griechen Juden. In Damaskus jagte man sämtliche Juden ins Gymnasium und erschlug sie, als von der Front in Judäa Verlustmeldungen eingingen. Allein in Antiochia, Sidon und Apameia siegte die Einsicht, während im Herrschaftsbereich Agrippas der König die aufgehetzten syrischen Bluthunde zähmte.

In Jerusalem schürte der Prokurator Gessius Florus eigenhändig das Feuer. Er befahl, den Tempelschatz um 17 Talente zu erleichtern – offenbar, um rückständige Steuern einzutreiben. Der Versuch endete in Mord und Totschlag, woraufhin Florus einen Teil der Stadt seinen Soldaten zur Plünderung preisgab. Dies setzte eine Spirale der Gewalt in Gang, die weder er noch Agrippa aufhalten konnte.

Der König, erschüttert von den eingehenden Meldungen, war nach Jerusalem geeilt und hatte das Volk vor seinem Palast zusammengerufen. Inständig mahnte er die zum Kampf Entschlossenen, den Widerstand gegen Rom aufzugeben, da er aussichtslos sei: «Habt ihr denn gar keine Vorstellung von der Macht Roms und keinen Maßstab für eure eigene Schwäche?», rief er und zählte auf, wie viele Völker und Könige bereits die Waffen gestreckt hätten, wie gewaltig Heer und Flotte Roms seien und welch furchtbares Schicksal allen Juden drohe, käme es tatsächlich zum Krieg. Unter Tränen beschwor er die Menge, den Aufruhr zu beenden und sich dem Unvermeidlichen zu beugen: «Lasst euch doch endlich von Mitleid ergreifen, wenn schon nicht mit euren Frauen und Kindern, so doch mit eurer Stadt und den heiligen Bezirken!» Der König flehte umsonst. Nur Hohn und Spott begleiteten ihn, als er Jerusalem den Rücken kehrte.

Die zum Krieg bereite Gruppe scharte sich um den Tempelhauptmann Eleazar, den Sohn des ehemaligen Hohepriesters Ananias. Der Vorschlag, das seit Augustus täglich zu vollziehende Opfer für den Kaiser einzustellen, fand die nötige Mehrheit unter den Aufrührern. Damit war der Landesherr vom Gottesdienst ausgeschlossen worden – ein nicht zu übersehender und darüber hinaus beleidigender Akt des Abfalls von Rom. Bestürzt, ja verzweifelt riefen der prorömische Adel, die Pharisäer und die Tempelaristokratie den Statthalter und Agrippa um Hilfe. Der Erste zuckte mit den Achseln, der Zweite schickte 2000 Reiter in die Stadt, die nach aussichtslosem Kampf kapitulierten, als ihnen freier Abzug zugesagt wurde. Eine aufgebrachte Volksmenge steckte den Palast Agrippas und das Haus des Hohepriesters ebenso wie das Archiv mit den dort aufbewahrten Schuldregistern in Brand, riss den Hohepriester aus seinem Versteck und tötete ihn. Die römische Kohorte, die auf freien Abzug kapituliert und die Waffen niedergelegt hatte, wurde beim Abzug überfallen und Mann für Mann erschlagen.

Jetzt reagierte Rom. Der syrische Gouverneur Cestius Gallus zog in Antiochia 12 000 Legionäre und zahlreiche Hilfstruppen zusammen und fiel in Judäa ein. Im Herbst erreichte er Jerusalem. Nach den ersten Scharmützeln brach er jedoch die Belagerung der Stadt ab, als er einsehen musste, dass seine Truppen die Mauern des Königspalastes und des Tempels nicht überwinden konnten. Der Rückmarsch verwandelte sich in Flucht und gelang nur unter Zurücklassung des Trosses und des schweren Kriegsmaterials. Judäa, Idumäa, Samaria und Galiläa besetzten die Aufständischen. Zum zweiten Mal hatten sie gesiegt, diesmal gar über eine ganze römische Armee – konnte es ein deutlicheres Zeichen für Gottes Eingreifen auf Seiten der Verteidiger seines Tempels geben? Jetzt verzichteten auch Teile der bis dahin zögernden jüdischen Eliten auf weiteres Taktieren und stellten sich an die Spitze der Empörer.

Nero, der sich in Griechenland aufhielt, und seine Berater konnten nun nicht mehr zweifeln: Der jüdische Putsch hatte sich in einen Krieg verwandelt, der Roms Herrschaft im Orient gefährdete, da die Haltung der Parther, die nur auf einen Fehler Roms warteten, nicht vorhersehbar war. Ein neuer Oberkommandierender wurde schnell gefunden. Den Kaiser begleitete in Griechenland Flavius Vespasianus, ein ebenso erprobter wie besonnener Militär. Er stammte aus einer bescheidenen Adelsfamilie und stand daher nicht im Verdacht, eine Militärrevolte gegen Nero anzetteln zu können.[23] So bekam er für seine Mission, was er verlangte. Drei Legionen, 23 Auxiliareinheiten, Reiterei und 15 000 Mann von den benachbarten Klientelvölkern; rund 60 000 Soldaten, rüsteten sich im Frühjahr, den jüdischen Rebellen den Garaus zu machen. Die Militärverbände in Syrien wurden verstärkt, um parthische Interventionsgelüste abzuschrecken.

Vespasian, aus den Fehlern seines Vorgängers klug geworden, marschierte und kämpfte vorsichtig. Ende 67 kontrollierte er bereits Galiläa, Samaria und die Küstenstädte, die die Verbindung nach Ägypten offen hielten. Im zweiten Kriegsjahr eroberte er Peräa, Idumäa und Judäa. Am Ende hatte er bis auf die Hauptstadt und die Festungen Massada, Machärus und Herodeion das gesamte Land unterworfen. Im Sommer 68 war Jerusalem von allen Seiten umstellt und Hilfe nicht mehr zu erwarten. Ihr Fall schien nur noch eine Frage von Monaten. Es kam anders. Neros Tod und die ihm folgenden Kämpfe um den Thron zogen sich bis Ende des

Jahres 69 hin und sahen schließlich Vespasian als Kaiser. Jetzt übernahm sein Sohn Titus das Kommando und erhielt Befehl, Jerusalem zu nehmen und zu zerstören. In der belagerten Stadt forderten das Schwert und der Hunger zahllose Opfer, außerhalb ihrer Mauern schlugen die Römer jeden ans Kreuz, der ihnen in die Hände fiel, gleichgültig, ob er als Überläufer oder als Gefangener kam.

Fünf Monate wehrte sich die Stadt, dann sprengten im September des Jahres 70 die Legionäre ihre Tore. Soldaten warfen Brandfackeln in den Tempel, in dem Gott wohnte, und zerstörten den Ort, der untrennbar mit der Existenz des Judentums verbunden war. Mit dieser Tat hoffte der Sieger das religiöse, politische und wirtschaftliche Zentrum des Aufstandes für immer ausgelöscht zu haben. Frauen und Kinder, die dem Hunger und den Plünderern entkamen, trieb man auf die Sklavenmärkte, die Männer in die Bergwerke Ägyptens oder als Gladiatoren in die Arenen. Als letztes Bollwerk des Widerstandes fiel im April 73 die Festung Massada.

Die Antwort des Siegers

Einen jüdischen Kirchenstaat durfte es nun nicht mehr geben. Er vertrug sich nicht mit dem Machtanspruch der römischen Herren. Sie verboten jede Wiederaufnahme des alten Kultes und mit ihm das Hohepriestertum und das Jerusalemer Synhedrion – nichts sollte mehr an ein jüdisches Staatswesen erinnern, niemand durfte künftig mehr für alle Juden sprechen. Dieser Leitgedanke der kaiserlichen Judenpolitik entschied auch über den Tempel im ägyptischen Leontopolis, die letzte jüdische Opferstätte: Vespasian ließ sie schließen, als ins Nildelta geflohene Aufständische neue Unruhen schürten.

Erhalten blieb die alte Rechtsstellung der Juden; Rom hatte Krieg gegen Rebellen, nicht gegen eine religiöse Häresie geführt.[24] Erhalten blieb auch die Jahressteuer, die jeder Jude, wo immer er lebte, dem Tempel gezahlt hatte. Nur wurde sie – bittere Ironie des Siegers – jetzt dem capitolinischen Jupiter und dem Kaiser als dessen irdischem Arm geschuldet. Das Land des alten Tempelstaates, Privat- und Gemeindeland, wurde kaiserliche Domäne, auf der die ehemaligen Besitzer als Pächter schufteten; lediglich 800 Veteranen durften sich über Landzuteilungen freuen. Judäa wurde von Syrien abgetrennt und als eigene Provinz einem prätorischen Legaten unterstellt. In den Trümmern Jerusalems schlug eine römische Legion ihr Lager auf. Ihre Adler sollten jeden daran erinnern, was es hieß, die Weltmacht herauszufordern.

Abb. 16
Relief am Triumphbogen des Titus. Zu Beginn der achtziger Jahre ließ der Senat auf dem Forum den Titusbogen errichten. Das Relief in der Durchfahrt des Bogens zeigt, was der Triumphzug im Sommer 71 der staunenden Menge geboten hatte: Gemälde, auf denen die Kämpfe dargestellt waren, und der kostbarste Teil der Beute, der im Triumphzug mitgeführt wurde: die heiligen Geräte aus dem zerstörten Tempel in Jerusalem, die goldenen Tische für die Schaubrote, die silbernen Trompeten und der goldene siebenarmige Leuchter. Dargestellt ist der Höhepunkt des Zuges, an dem die gezeigten Stücke durch die *Porta triumphalis* getragen wurden.

Mit diesen Anordnungen endete der jüdische Staat und mit ihm die zentrale religiöse Organisation des Judentums. Als einige Jahrzehnte später, 132 bis 135, ein gewisser Simon Bar Kochba («Sternensohn») noch einmal als Messias auftrat und den Krieg predigte, kämpften Hunderttausende in der Erwartung, diesmal werde der Herr der Heerscharen mit ihnen sein und die Lakaien des Unterdrückers von seiner heiligen Stätte vertreiben. Er tat es nicht. Der gescheiterte Aufstand machte alles nur noch schlimmer. Seine schwer erkämpfte Niederwerfung verwüstete das Land, «bis viele Wölfe und Hyänen heulend in die Städte einfielen» und der Preis für jüdische Sklaven zeitweise nicht mehr betrug als der für ein Pferd. Am Ende erhob sich über den Trümmern der Stadt Davids die Kolonie *Aelia Capitolina*, eine römische Stadt, die jedem Juden bei Androhung der

Todesstrafe verschlossen blieb; selbst der Name des besiegten Volkes verschwand von der Landkarte. Die Provinz hieß fortan nicht mehr Judäa, sondern Syria Palästina. Hadrian durfte sich rühmen, damit den letzten Akt des Zerstörungswerkes Vespasians geschrieben zu haben.[25]

Die Verzweiflung der Geschlagenen fand herzzerreißende Worte:

> «Weshalb ist Israel den Heiden hingegeben zur Schmach,
> dein geliebtes Volk den gottlosen Stämmen?
> Das Gesetz unserer Väter ist vernichtet,
> die geschriebenen Satzungen sind nicht mehr.
> Wir schwinden aus der Welt wie Heuschrecken,
> unser Leben ist ein Rauch.»[26]

Gegen jeden Augenschein, aber mit einem Rest an Hoffnung auf ein Ende des Elends blieb den Überlebenden nur die bange Frage an Gott: «Wie lange noch?» Sie hatte bereits Sacharja gestellt, der Autor der ältesten Apokalypse des Alten Testaments: «Wie lange versagst du Jerusalem dein Erbarmen über das du zornig gewesen bist, nun siebzig Jahre?» Gott hatte damals geantwortet und Gnade versprochen: «Ich wende mich in Erbarmen Jerusalem wieder zu. Mein Haus soll darin wieder gebaut und die Messschnur über Jerusalem ausgespannt werden.»[27] Auch diesmal würde Gott antworten.

Die Antwort Gottes

Nicht jeder teilte solche Hoffnungen. Flavius Josephus etwa las aus dem Geschehen wie später die Christen nur den Zorn Gottes. Er hatte sich als gefangener Rebell den Römern angedient und niedergeschrieben, was er mit eigenen Augen gesehen hatte und was seinen römischen Gönnern gefiel. Sie traten in seiner Geschichte des Krieges als Zuchtruten Jahwes auf, der sein Volk strafte, weil es sich von einer kleinen Minderheit ruchloser Fanatiker in den Widerstand hatte treiben lassen: «Darum glaube ich, Gott ist aus seinem Heiligtum geflohen und steht auf der Seite jener, gegen die ihr kämpft», rief er über den Gräbern seiner ehemaligen Kampfgefährten. Es klang endgültig.

Und dennoch: Der Gott vom Zion lebte. Sein Haus hatte er aufgegeben, nicht jedoch sein Gesetz; «Zion ist von uns genommen worden, und wir haben nichts, das uns retten könnte, als den Allmächtigen und sein Gesetz».[28] Seine Anwälte wurden die Pharisäer und die Schriftgelehrten. Sie hatten zwei Jahrhunderte Zeit gehabt, sich auf ihre Rolle vorzubereiten, und standen bereit, ihrem Gott eine neue Heimat zu suchen. Sie taten es entschlossen und ohne Widerspruch befürchten zu müssen, da der verlorene Krieg den Tempelstaat, seine Priester und die Tempelaristokratie in den Abgrund gerissen hatte. Ihre Vornehmsten sammelten sich in der Küstenstadt Jamnia (Jabne), konstituierten sich als Kollegium und beanspruchten die Rolle des alten Synhedrions.

Ihre Aufgabe bestimmten die Umstände, unter denen sie sich aufmachten, eine Religion ohne Blut und ohne Priester zu finden. Mit dem Ende der Opfer in Jerusalem konnte das Ritual der Gottesverehrung nicht mehr an einen heiligen Ort gebunden sein. Gott, der seinen Palast und seine Opferstätte verloren hatte, nahm stattdessen Wohnung in seinem Gesetz. Dem Eifer, mit dem sich die Rabbinen in Jamnia und bald auch anderswo in das Studium der Thora vertieften und auf die Einhaltung ihrer Bestimmungen drängten, entsprach die Forderung, das Band zwischen göttlicher und menschlicher Sphäre durch Gebet, Fasten und Almosen fest zu knüpfen. Nur die Beachtung seiner Gebote konnte Gott geneigt machen, seinem auserwählten Volk noch einmal Gnade zu gewähren.

Die Reform der pharisäischen Schriftgelehrten und die von ihnen durchgesetzte absolute Herrschaft des Gesetzes, die das ganze Leben in heilige Regeln einspann, veränderten den Charakter des Judentums, haben aber sein Weiterbestehen zugleich erst möglich gemacht. Die Grenze zu den Heiden wurde nun noch schärfer gezogen und im eigenen Lager ein Damm gegen Häretiker errichtet. Ein Kanon der Schriften trennte die Spreu vom Weizen, ein authentischer Text der heiligen Bücher erschien, und die Apokryphen, denen noch im griechischen Kanon Aufnahme gewährt worden war, blieben ausgeschlossen. Das letzte Buch, das Gnade vor seinen Kritikern fand, ist das Buch Daniel.

Konsequent trennte sich nun die Synagoge auch von den Christen. Die Septuaginta wurde verdrängt, da sie zur christlichen Bibel geworden war; eine andere Übersetzung nahm ihre Stelle ein, da es in den Diasporagemeinden unsinnig gewesen wäre, den Gebrauch der griechischen Sprache zu verbieten. In das jüdische Hauptgebet, die 12. Bitte des Achtzehn-Bitten-Gebets, wurde die Verwünschung der Ketzer eingefügt:

> «Den Abtrünnigen sei keine Hoffnung und das Reich der Gewalt [Rom] mögest du eilends ausrotten in unseren Tagen. Und die Nazarener und Ketzer mögen umkommen in einem Augenblick. Sie mögen ausgelöscht werden aus dem Buch des Lebens und nicht mit den Gerechten eingeschrieben werden.»[29]

Justin, christlicher Apologet, bestätigte um die Mitte des 2. Jahrhunderts die Existenz dieser Fluchformel. Ihr entehrt uns, beklagt er sich bei seinem rabbinischem Gesprächspartner, «indem ihr in euren Synagogen die verflucht, die an Christus glauben. Denn ihr habt nicht das Recht, selbst Hand an uns zu legen.» Nicht ohne Bosheit fährt der Christ fort, «wann immer aber ihr dies könntet, würdet ihr es tun».[30]

4. Das lange Sterben des Judenchristentums

Die judenchristliche Gemeinde hatte zu Beginn des Krieges Jerusalem verlassen und war nach Pella ins Ostjordanland gezogen. Auch wenn Jahre später viele in die Heimat zurückkehrten, blieben sie innerhalb des Judentums Ausgestoßene, so laut sie auch beteuerten, niemals abtrünnig geworden zu sein. Aus dem Gesichtskreis der Christen, die in den Städten des Imperiums missionierten, verschwanden sie. Zerrieben zwischen Synagoge und Kirche galten sie bald als Häretiker.

Nur ab und an haben in späteren Zeiten neugierige Theologen auf die versprengten Reste einer ehrwürdigen Vergangenheit geblickt. In ihr waren die Jesusanhänger Juden. Sie wollten es sein und bleiben und an die Vorhersage Jesu glauben, eher werde Himmel und Erde als ein Buchstabe vom Gesetz vergehen. Die Christen um Paulus hatten dem widersprochen und scharf zwischen richtig und falsch unterschieden. So diskutierte bereits Justin ernsthaft die Frage, ob Judenchristen, die sich beschneiden ließen und an der vom Gesetz geregelten Lebensweise festhielten, selig werden könnten. Ein Menschenalter zuvor hatte Ignatius, Bischof von Antiochien, die Antwort im Grunde bereits gegeben: «Es ist ungebührlich, Christus zu sagen und jüdisch zu leben.» Gegen Ende des Jahrhunderts nahm Irenäus von Lyon in seinen Häretikerkatalog die «Ebioniten», die «Armen», auf – so hatte sich die Urgemeinde genannt – und er berichtete, diese hielten sich allein an das Evangelium des Matthäus, leugneten die Jungfrauengeburt Jesu und verachteten Paulus, der das Gesetz verraten habe.[31]

Jenseits der Reichsgrenze hörten die Judenchristen auf Stimmen, in denen sich jüdische und christliche Traditionen auf wundersame Weise mischten. Davon zeugt das Buch des Elchasai (Elxai), eines Propheten, der zur Zeit Trajans im Ostjordanland auftrat und seine Weissagungen schriftlich festhielt. Sie hätten nach dem Willen ihres Autors nie ein größeres Publikum gefunden, wenn nicht um 200 ein gewisser Alkibiades als Missionar seines Meisters in Rom aufgetreten wäre. Seine Verkündigungen fielen wiederum dem Bischof Hippolytos auf, einem rigorosen Wächter über die wahre Lehre. Dieser las, schlug die Hände über den Kopf zusammen und schrieb in seinem Werk über die Ketzer einen ausführlichen Bericht über die verirrten Schafe.

Klar erkennbar ist der jüdische Anteil der Lehre des Elchasai mit Beschneidung, Einhaltung des Sabbat und des Gebets gen Jerusalem. Die Propheten und das Tieropfer werden jedoch abgelehnt. Versprochen wird allen, die sich ein zweites Mal taufen lassen und als Zeugen die sieben Elemente anrufen – den Himmel, die Erde, das Wasser, die heiligen Geister, die Gebetsengel, das Öl und das Salz –, die Befreiung von allen Sünden. Auch Krankheiten und dämonische Besessenheit schwinden und der Getaufte erhält «Frieden und Anteil mit den Gerechten». Den Himmel beherrscht der «große König» Christus, ein vor aller Zeit geschaffenes Wesen, begabt mit göttlicher Kraft. Der Prophet schaut ihn als Riesen, gewaltig wie ein Berg, und neben ihm seine Schwester Rucha, der Heilige Geist. Auch an praktischer Lebenshilfe fehlt es nicht. Wer von den Gottlosen verfolgt wird, darf seinen Glauben verleugnen, wenn sein Herz standhaft bleibt und er Gott an die Verheißung des Elchasai erinnert: «Ich werde über euch Zeuge sein am Tag des großen Gerichts.»[32]

Die Sekte und weitere versprengte Reste des Judenchristentums haben sich bis Ende des 4. Jahrhunderts gehalten und verbreitet. Den Siegeszug der offiziellen Kirche in den Grenzen des Imperiums konnten sie nicht aufhalten. Aber sie bezeugen die Leidenschaft, mit der immer wieder selbst ernannte Propheten Gläubige um sich sammelten und bereit waren, für ihre Interpretation des Erlösungswerkes einzustehen. Sie sprechen zudem von dem Ausmaß an Fantasie, mit dem Gott aufgespürt und sein Verhältnis zu den Menschen erforscht wurde. Von der ersten Stunde an tönte in den Ohren der Christen ein vielstimmiger Chor von Meinungen, der sie jeden Tag neu zwang, Autoritäten zu suchen, an die man sich halten konnte. «Es müssen Parteiungen unter euch sein», schrieb bereits der misstrauisch gewordene Paulus nach Korinth, als ihn diffuse Nachrichten von dort erreichten.

Die Judenchristen zählten damals noch dazu. Später nicht mehr. Ihr Glaube an die Einheit von mosaischem Gesetz und christlicher Erlösung starb eines einsamen Todes.

VI

Die Ordnung der Welt: Das Imperium Roms

«Trophäen erheben sich auf Trophäen, Triumphe treffen auf Triumphe, und das erste Blut, das noch warm an den Waffen klebt, wird durch anderes weggespült. Niemand zählt die Siege nach Toten und Beutestücken, sondern nach eroberten Königreichen und unterjochten Völkern, nach Inseln und festen Ländern, die der Größe des Reiches hinzugefügt werden.»
Plutarch

«Es reicht nicht, die Weiten auf der Oberfläche der Welt einfach zu besetzen, wenn man nicht das Beste aus ihnen machen kann. Es ist die Pflicht eines Eigentümers, seinen Besitz zu erschließen.»
Joseph Chamberlain, britischer Kolonialminister

1. Die Eliten des Reiches

Die Lehren der Väter

Erst dreihundert Jahre nach Gründung der Republik verspürten die Römer das Bedürfnis, die eigene Vergangenheit zu erforschen. Sie wussten nichts von ihren Ahnen, aber die Suche nach Vorbildern und die Lust am Fabulieren, die sie wie so vieles von den Griechen gelernt hatten, vertrieb die Nebel über der eigenen Frühgeschichte. Dort traten Götter und Menschen auf, die zielstrebig die Herrschaft Roms über die Welt steuerten und Krieg für eine bessere Welt führten.

Ihre Moral war allein auf das Wohl des Staates ausgerichtet. Wer fragte, was dies bedeute, bekam die Geschichte von Marcus Curtius zu hören, jung und im Krieg ausgezeichnet. Zum Helden wurde er an dem Tag, als am Forum die Erde riss und die Seher verkündeten, wenn Rom wolle, dass es ewig sei, dann müsse es in dem Spalt begraben, wodurch es am meisten vermöge. «Waffen und der Mut eines Mannes (*arma virtusque*)» seien es, rief Curtius seinen Mitbürgern zu, betete zum Himmel, weihte sich als Opfer und stürzte sich mit Pferd und Waffen in den Spalt, der sich über ihm schloss, während die Menge Opfergaben und Früchte über ihn warf.[1]

Dem Willen der Götter und kriegerischen Tugenden, so lehrten diese und Dutzende ähnlicher Geschichten, verdankten die Römer die Herrschaft über den Erdkreis. Ihre Historiker wandelten durch die Geschichte wie durch ein Museum, in dessen Räumen die Bilder der Männer und Frauen hingen, deren Tapferkeit und Opfermut die Größe des römischen Volkes verkörperten. «Ich wünsche», schrieb Livius, der selbst ernannte Kustos dieses Museums, «dass jeder darauf achtet, wie das Leben, wie die Sitten einst waren, welche Männer und welche Eigenschaften zu Hause und im Krieg die Herrschaft geschaffen und vergrößert haben.»[2] Es waren Männer in Waffen, denen alles zu danken war, sie lenkten das Schicksal Roms. Gleich nach seiner Gründung, versicherte etwa Dionysios von Halikarnaß, habe die Stadt begonnen, die Nachbarvölker zu unterwerfen, so zahlreich sie auch waren.[3] Der Grieche, der seit 30 v. Chr. als Rhetoriklehrer in Rom lebte und eine römische Geschichte schrieb, brauchte diese Version von den Anfängen der Tiberstadt nicht zu erfinden – sie war dort offizielle Lehre.

Die Bühne, auf die die Besucher der Vergangenheit blickten, war mit aristokratischen Akteuren gefüllt, deren Schicksal sich kaum voneinander unterschied. Geboren in einem hochadligen Haus, gehörten sie zu den Auserwählten. Sie waren Herren und wollten es für immer bleiben. Familie und Herkunft wiesen ihnen den Weg. Wenn der Vater den Säugling vom Boden aufnahm und seinen Sohn nannte, wurde dieser, selbst wenn die Vergangenheit seines Geschlechts wenig ruhmreich war, dem Grundgesetz aristokratischen Lebens unterworfen: Politik und Krieg. Beide, dies lernten die Knaben früh, waren gestrenge Herren und forderten asketische Hingabe. Denn nur in ihren Diensten war zu gewinnen, was allein das Leben lohnte: Ruhm und Ehre (*gloria et dignitas*).

Erwachsen geworden dienten sie dem Staat als Feldherr, Staatsmann, Diplomat oder Priester. Solche Männer sah der Kirchenvater Augustinus vor sich, als er in einem bewegenden Nachruf 415 n. Chr. sein Urteil über Rom fällte: Einzig dünkelhafte Selbstsucht habe seine Eliten bis an die Grenzen der Erde getrieben, «Ruhm liebten sie glühend, für ihn gingen sie ohne Zögern in den Tod; die übrigen Begierden drängten sie zurück aus grenzenloser Sucht nach Ruhm und nichts als Ruhm».[4]

Abb. 17
Jacques-Louis David, Die Rückkehr des Horatius (1781). Der römische Tugendkatalog kennt Beispiele düsterer Taten. Zu ihnen zählt der Mord eines Horatiers an seiner Schwester (Livius 1,26). Er hatte im Kampf gegen Alba drei Gegner erschlagen und trug bei seiner Rückkehr nach Rom den Mantel eines der Besiegten. Seine Schwester erkannte die Trophäe als Gewand ihres Verlobten, das sie selbst genäht hatte, und brach in Tränen aus. Ihr Bruder, rasend vor Zorn, tötete sie und rief: «So soll jede Römerin sterben, die um einen Feind trauert!» Als es zum Prozess kam, verteidigte ihn der Vater und verurteilte seine Tochter, die zu Recht getötet worden sei. Das Volk sprach daraufhin den Sohn frei. Livius berichtet von Gedenkstätten an die Tat, die noch zu seiner Zeit besucht und vom Staat unterhalten wurden. Das vorrevolutionäre Frankreich, das römische Geschichte spielte, übernahm den Freispruch und sein Hofmaler verherrlichte die Tat.

Wer sich davon leiten ließ, pflegte die Erinnerung an die glanzvolle Geschichte der Vorfahren besonders liebevoll. «Auf Sitten und Männern alter Art ruht der Bestand des römischen Staates», schrieb um 200 v. Chr. der Dichter Ennius.[5] Die Späteren zitierten ihn immer wieder als den Kronzeugen römischen Wesens, obwohl er aus Kalabrien stammte und erst als Günstling des Geschlechts der Fulvier das Bürgerrecht erhalten hatte. «Was Kürze und Wahrheitsgehalt anbelangt», begeisterte sich Cicero, «scheint Ennius diesen Vers wie aus einem Orakel verkündet zu haben.»[6]

Und da es so war, entschied das Verhalten der Vorfahren (*mos maiorum*) auch über die Richtigkeit des im Hier und Jetzt einzuschlagenden Weges oder über die Güte vorhandener staatlicher und gesellschaftlicher Zustände.

Bilder und Losungen der verklärten Vergangenheit gesellten sich zu jedem rationalen Kalkül, wenn es um politische Entscheidungen ging. Jeder, der den Blick in die Zukunft richtete und diese gestalten wollte, blickte zurück auf die Vorfahren. Die Toten und ihre Taten waren die Instanz, vor der alles Gegenwärtige und alles Zukünftige zu bestehen hatte: «Wenn die Heimat und die Eltern mit dir sprechen könnten», heißt es im einem von Sallust überlieferten Brief an Caesar, «würden sie zu dir sagen: ‹O Caesar, wir, tapfere Männer, haben dich gezeugt in der besten Stadt, uns zum Schutz, den Feinden zum Schrecken. Was wir mit vielen Strapazen und Gefahren gewannen, haben wir dir bei der Geburt zugleich mit dem Leben gegeben: das größte Vaterland auf der Erde, das angesehenste Haus und eine hoch geachtete Familie, zudem gute Eigenschaften, ehrenhaften Reichtum, schließlich allen Schmuck des Friedens und alle Auszeichnungen des Krieges.›»[7]

Das Bewusstsein, in den Toten über die Abgründe der Zeit hinweg Verbündete zu haben, gab dem eigenen Handeln Orientierung. An sie erinnerte man sich gemeinsam. Die Liturgie, die das Begräbnis eines Verstorbenen begleitete, führte jedermann die Macht der Tradition und der Familienehre vor Augen: Dem Leichnam voraus gingen in langer Reihe die Masken der Vorfahren, und wenn der Zug sein Ziel erreicht hatte, sprach der älteste Sohn vom Ruhm des Vaters und seines Geschlechts. Vor ihm saßen auf elfenbeinernen Stühlen die personifizierten Ahnen und nahmen den Toten in ihren Kreis auf. Der von diesem Schauspiel tief beeindruckte Grieche Polybios erkannte den Sinn, der dem Ganzen innewohnte: «Das ehrende Gedächtnis der Wohltäter des Vaterlandes bleibt im Volke wach und wird weitergegeben an Kinder und Enkel. Vor allem aber wird die Jugend angespornt, für das Vaterland alles zu ertragen, um selbst den Ruhm, der dem verdienten Manne folgt, zu gewinnen.»[8]

Der Weg nach oben: Das Bündnis mit dem Kaiser

Den Weg nach oben säumten die Staatsämter. Das höchste, das es zu erreichen galt, war das Konsulat. Es verschaffte seinem Inhaber Macht und Ehre auf Lebenszeit und adelte ihn für immer. Wer es so weit gebracht hatte, dem fielen die Statthalterschaften der reichsten Provinzen zu, der führte Legionen, der besaß im Senat eine lebenslängliche Ehrenstellung und der lenkte die Geschicke des Staates. Niemand nahm daran Anstoß. Denn alle anerkannten die hierarchische Ordnung der Gesellschaft wie die Luft, die sie atmeten. Außenseiter konnten daher nur in Ausnahmefällen hoffen, sich den Traum vom Konsulat zu erfüllen. Verlangt wurde viel: eine gründliche Ausbildung als Redner und Rechtskundiger, die Bewährung als Soldat. Den Gipfel erreichte jedoch nur, wer den Zusammenhalt der Familie wahrte, Freundschaften schloss, politische Verbindungen knüpfte und all dies auf das Sorgfältigste zu pflegen wusste. Familie und Freunde, Krieg und Politik: verwobene Fäden, die den Adel enger miteinander verbanden, als dies Geld oder Geschäfte je vermocht hätten.

Augustus und die von ihm begründete Monarchie haben vieles verändert. Der Senat, der einstige Herr Roms, wurde zum Zuschauer politischer Entscheidungen. Gewiss, noch immer fasste er Beschlüsse und wurde gehört. Aber er entschied nicht mehr. Seine Mitglieder waren wie Leute, die den Takt noch schlagen, obwohl die Musik zu spielen aufgehört hat. Cicero fand ein anderes, nicht minder treffendes Bild: «Wir saßen am Heck und hielten das Steuer in der Hand; jetzt gönnt man uns kaum einen Platz im Kielwasser.»[9]

Die Macht des Senates sollte schwinden, nicht jedoch die der Senatoren. Denn der Adel blieb. Seine Taten gaben der verehrten Tradition der Republik ihren Glanz, und seine militärische und politische Erfahrung konnte nichts und niemand ersetzen. Wer das Imperium beherrschen wollte, musste regieren und Krieg führen. Dies aber ging nicht ohne die alten Eliten. Unbestreitbar, der Bürgerkrieg hatte von ihnen schwere Opfer verlangt und viele Familien zermahlen. Schon Cicero hatte darüber geklagt und seinem Freund Atticus geschrieben, wenn Caesar unter den ersten Familien Helfer finden wolle, müsse er sich schon aufhängen, denn sie befänden sich längst im Reich der Toten.[10]

So war es nicht. Sicher, die Bänke des Senats drückten seit Caesars Alleinherrschaft und seit den auf seinen Tod folgenden Bürgerkriegen mehr und mehr Männer ohne Stammbaum; aber was bedeutete das schon? Sie hatten wie alle Emporkömmlinge rasch und eifrig die Künste, das Ethos und den Standesdünkel des alten Adels gelernt. Selbst die aus dem Nichts aufgestiegenen Gefährten des Augustus, wie vernehmlich sie auch auf ihre Leistung pochen mochten, dachten und handelten längst im Stil ihrer einstigen Gegner und wollten leben wie sie.

Überdies war es für die großen Geschlechter so schlimm nicht abgelaufen, obwohl viele ihr Leben gelassen hatten und viele Besitztümer dahin waren. Doch es hatte keine Enteignungen großen Stils und schon gar keine langjährigen Verfolgungen gegeben. Selten sind die Verlierer so glimpflich davongekommen, selten verlorene Söhne so wohlgelitten nach Hause zurückgekehrt. Viele wurden gar mit all den Ehren, die ihrem Stand zukamen, empfangen. Das hat sie nicht abgehalten, alten Zeiten nachzutrauern, wie dies noch hundert Jahre nach Augustus der Historiker Tacitus tat, als er die verlorene Freiheit der Republik beklagte. Auf Verschwörungen aber ließ man sich nicht mehr ein – die wenigen Draufgänger, die es taten, zahlten mit ihrem Leben. Nein, man trug die alte republikanische Selbstherrlichkeit im Herzen, nahm jedoch die Zuvorkommenheit des Siegers gerne an.

Der Glanz adligen Lebens

Selbst der äußere Glanz kehrte wieder, selbst wenn jetzt die rauschendsten Feste und die aufwendigsten Tafeln dem neuen Herrn nicht mehr streitig zu machen waren. Der Adel genoss wieder seine Besitztümer, Ländereien in Italien und in den Provinzen, die Villen im Golf von Neapel. Wie seit Jahrhunderten waren und blieben die großen Häuser Meister des Sich-zur-Schaustellens. Ihre Angehörigen zeigten sich mit ihren Klienten auf dem Forum und in den Straßen Roms, und noch immer empfingen sie täglich Bittsteller und Freunde. Dies waren eingeübte Rituale, und obwohl keiner von ihnen mehr Wahlkämpfe führen musste und sein Rang nun von der Nähe zum Kaiser und seinen amtlichen Funktionen abhing, blieben sie ein unverzichtbarer Teil adliger Existenz. «Sobald sich einer», spottete Tacitus, «durch seinen Reichtum, seinen Palast und seine Prachtentfaltung bemerkbar machte, galt er aufgrund seines Namens und seiner vielen Klienten als Mann von höherem Rang.»[11] Ein enormes Vermögen war das erste, und es zu zeigen, das zweite Kriterium, das aus der Masse hervorhob. Beides behielt weiterhin seine Gültigkeit. Jeder, der Rom durchwanderte, konnte es sehen, ja mit Händen greifen. Dort war das Kaiserhaus nur das erste unter vielen strahlenden Gestirnen.[12]

Für die private Muße blieb wenig Zeit. Wer sie suchte, fand sie vornehmlich im Golf von Neapel, wo der Adel unter sich blieb. Dort bauten die großen Familien ihre Villen und Kurorte und genossen die überirdische Schönheit von Land und Meer. Dort besuchten sie die Badeanstalten des um seiner Mineralquellen beneideten Baiae, das seinen Namen, Baios, einem Gefährten des Odysseus verdankte. Es war eine Kapitale der Lüste, in dessen Bucht, für Horaz der anmutigste Busen der Welt, sich die vornehme Gesellschaft vergnügte und ihre Leiden kurierte. Die Fisch- und Austernzucht des nahe gelegenen Lukriner Sees versorgte die verwöhnten Gaumen: Für ein einziges Bankett sollen einmal sechstausend Muränen geliefert worden sein.

Auch dort, fern von Rom, pflegte man die alten Freundschaften. Sie gründeten auf Blutsbanden, Heiraten, landsmannschaftlichen Bindungen, wie beispielsweise die Herkunft aus bestimmten italischen Städten, ökonomische Interessen oder gemeinsamen Karrieren in Krieg und Verwaltung. Diese Bande hielten über Generationen und sie waren weit langlebiger, als sie der Kaiser durch ausgesuchte Wohltaten begründen konnte. Denn er war sterblich und sein Wohlwollen flüchtig; die Verbindungen hingegen, welche die adligen Geschlechter vereinigten, waren dauerhaft und fest. Selbst wer dem Kaiser alles verdankte, Karriere und Geld, verwandelte sich eines Tages in einen sorgenden Familienvater, der das Schicksal der Seinen nicht bedingungslos an das Glück des Regenten binden wollte. Naturgemäß unterlag auch dieses Geflecht familiärer und freundschaftlicher Beziehungen dem Wandel. Aber es blieb als solches bestehen. Augustus, der selbst seine Netzwerke pflegte, ohne die er nicht Kaiser geworden wäre, kannte deren Macht und hütete sich, sie ohne Not herauszufordern.

Unverändert galt auch das alte Standesethos des Adels. Selbst wenn sein herrscherliches Gebaren nur noch als Fassade diente, der sich der Gehorsam als neue Tugend beigesellt hatte. Munatius Plancus, der im Bürgerkrieg rechtzeitig die Seiten gewechselt und das Lied des Augustus besonders wohltönend gesungen hatte, durfte bei Gaeta eine fast hochverräterisch monumentale Grabstätte bauen; er hielt für die Ewigkeit fest, was für ihn und seinesgleichen das Leben lebenswert machte – ob nun als Herr oder als Diener:

> «Lucius Munatius Plancus, Sohn, Enkel und Urenkel eines Lucius, Konsul, Zensor, zweimal als siegreicher Feldherr akklamiert, Septemvir Epulonum; er feierte einen Triumph über die Räter, erneuerte aus der Kriegsbeute den Saturntempel, verteilte Ackerland in Italien bei Benevent, gründete in Gallien die Städte Lugdunum und Raurica.»[13]

Da war es, unbeschadet vom Verlust der Macht, das uralte Grundgesetz aristokratischen Lebens: Politik und Krieg. Ihm zu gehorchen bedeutete höchstes Glück. Mit den Worten Ciceros: «Der Rang, das Ansehen, der Glanz in der Heimat, der Name und Einfluss bei den auswärtigen Völkern, die pupurbesäumte Toga, der Amtssessel, die Ehrenzeichen, die Rutenbündel, die Truppen, Befehlshaberstellen und Provinzen; unsere

Vorfahren wünschten, dass in diesem Bereich für richtiges Verhalten die höchsten Belohnungen, für Vergehen aber desto größere Gefahren bereitstünden.»[14]

Der Wille, nichts davon zu verlieren, führte den Adel an die Seite des Alleinherrschers. Die Republik gab er verloren wie auch die Regeln, nach denen er einst die Macht verteilt hatte. Er kannte den Preis, der für eine politische Karriere zu zahlen war: dienende Teilhabe an der Macht statt selbstherrliche Verfügung. Darüber hinaus galt es, sich abzufinden mit der Willkür größenwahnsinniger Kaiser und den Untaten ihrer Handlanger. Aus dem Gedächtnis zu streichen war fast alles, wofür die Väter und Großväter einst unter den Fahnen der Republik und mit dem Ruf nach Freiheit gekämpft hatten. Die jetzt gültige Lebensweisheit hatte schon Cicero beschworen, als er nach Caesars Tod im Senat dazu aufrief, «jede Erinnerung an die Wirren in ewigem Vergessen zu begraben», da anders der innere Friede nicht zu retten sei. Natürlich ließ sich Vergessen nicht befehlen und Erinnerung nicht verbieten. Aber mehr denn je kam es darauf an, den Schmerz um Verlorenes nicht zu verlängern und keine Anlässe für neue Kämpfe zu schaffen.

Aufgaben und Pflichten

Doch auch die Monarchie hatte keine Wahl. Die von niemandem infrage gestellte soziale Hierarchie verbot, den Adel auf seine Landgüter zu verbannen und durch eine neue Führungsschicht zu ersetzen – sie existierte nicht. Nur die alte Herrenschicht und die Aufsteiger aus dem Ritterstand waren willens und fähig, die eigene Zukunft mit dem Schicksal des Imperiums zu verbinden. Nur sie konnten Legionen kommandieren, hohe Staatsämter übernehmen und Provinzen verwalten. Nur sie konnten dort als Patrone auftreten und römischen Interessen nützen. In dieser Funktion handelten sie ohne offiziellen Auftrag des Staates, aber ganz in seinem Sinne.

So schlichteten sie Grenzstreitigkeiten zwischen den Städten und versöhnten Hitzköpfe, wenn sie wegen einiger Äcker oder politischer Ämter in Streit gerieten. Bei Hofe waren sie zur Stelle, wenn es galt, erpresserischen Statthaltern oder Steuereintreibern das Handwerk zu legen. In den Städten selbst knauserten sie nicht mit Geld und Brot, Bauten und Spielen. Dafür erwarteten sie Auszeichnungen, die zu erhalten ihr höchstes Glück war: Statuen, Dankgottesdienste, Spiele und in Stein gemeißelte Hochrufe des Stadtrates. Der Kaiser profitierte von ihrem Tatendrang nicht minder als von ihrem provinzialen Regiment. Denn er kontrollierte beide Formen der Machtausübung als oberster Kriegsherr oder kraft seiner sozialen Übermacht, die allzu ehrgeizige Patrone zu zähmen wusste.

Im Grunde war es immer so gewesen, war es immer ein und dasselbe Problem, um das alles kreiste: Da Rom die Provinzen nicht nur mithilfe emsiger Bürokraten regieren konnte, brauchte die amtliche Herrschaft von Kaiser und Gouverneur Hilfe. So trat neben die städtische Selbstverwaltung die private Initiative der großen aristokratischen Häuser. Schon die Republik verdankte ihr viel. Wie sie funktionierte, demonstrierten Angehörige des Hauses der Minucier. 117 v. Chr. krochen sie monatelang in den Steilhängen östlich von Genua herum, vermaßen dort die Äcker neu und hielten das Ergebnis ihrer Mühsal penibel genau auf einer Bronzetafel fest, die heute ihren Ehrenplatz in der Amtsstube des Oberbürgermeisters hat. Sie lösten damit die Grenzstreitigkeiten, die die Genueser mit ihren Nachbarn entzweit hatten, und versöhnten die städtischen Montagues und Capulets, die drauf und dran waren, sich wegen einiger Krumen Land den Fehdehandschuh hinzuwerfen. Wenig konnte in den Augen Roms schlimmer sein als dies, zerstörte doch der Streit, was für die Stabilität der Herrschaft so wichtig war: die Fähigkeit zum städtischen Selbstregiment.[15]

Ihm diente alles, was die Patrone ihren Schützlingen zukommen ließen. Diese bezahlten mit Wohlverhalten. Ein Staatsmann, belehrte Plutarch die Honoratioren seiner griechischen Heimat, muss täglich um seinen und den guten Ruf seines Vaterlandes besorgt sein, und «er muss einen der Mächtigsten und Angesehensten am Hofe zum Freunde haben, gleichsam zur sicheren Stütze seiner Verwaltung». Denn es sei für jedermann erfreulich, «wenn die Frucht einer Freundschaft mit den Oberherrn der Allgemeinheit zugutekommt».[16]

Wie erfreulich dies war, zeigte sich dort, wo die Pflicht zur Fürsorge dem Patron eine schwere Last auflud, er ihr aber trotzdem nachkam. So geschah es zweihundert Jahre nach dem Schiedsspruch der Minucier, als Gesandte der spanischen Provinz Baetica vor den Senat traten und die Einleitung eines Prozesses wegen Erpressung gegen den Statthalter Caecilius Classicus forderten. Als Rechtsbeistand verwiesen sie auf den Senator Plinius, Konsul des Jahres 100, der schon öfter für sie eingetreten sei. Die Freunde des viel beschäftigten Mannes winkten ab, konnten aber nicht verhindern, dass der Senat Plinius nominierte, falls ihn die Gesandten umstimmten. Dies gelang ihnen ohne besondere Mühe, als sie den Patron an seine vergangenen Dienste erinnerten. «Unziemlich erschien es mir, die Rechte staatlicher Schutzherrschaft außer Acht zu lassen», teilte der Überredete einem Freunde mit. Wie recht er hatte, zeigte sich, als die Senatoren seine Zusage einhellig begrüßten. Erst jetzt befand sich Plinius wieder im Einklang mit den Pflichten seines Standes. «Man mag sich den Leuten», seufzte am Ende der Geplagte, «noch so oft verpflichtet haben – versagt man sich nur ein einziges Mal, bleibt allein diese Absage in ihrem Gedächtnis haften.»[17]

In der Tat: Das soziale Prestige und das Ansehen jedes Einzelnen und des ganzen Standes hingen von der Übernahme solcher Leistungen ab. Wer sie verweigerte, missfiel den Seinen und riskierte den Zorn des Monarchen. Denn das Leben in den Städten erstarb ohne den Rechtsbeistand der Eliten, ohne deren Aufwendungen für die sozialen Bedürfnisse der Bürger, ohne die aus privater Schatulle finanzierten Bauten, ohne das Eintreten der Großen für die Kleinen. Rechtlich gesehen waren diese Leistungen Geschenke, tatsächlich aber Teil des gesellschaftlichen Grundkonsens und ein Pakt, der auf Gegenseitigkeit beruhte. Die erwarteten Gegenleistungen, allen voran Untertänigkeit und Loyalität, gehörten zur Existenz der Städte ebenso wie die fürstlichen Geschenke der hohen Herren. Der Charakter dieser Gaben war also freiwillig und erzwungen zugleich. Nur wer gab, hatte Anspruch auf Loyalität, nur wer Kaiser und Reich diente, durfte seine Größe in vielfältigen Ehrungen und öffentlichen Denkmälern gespiegelt sehen.

Die Rolle als Fürstendiener fiel den Söhnen und Enkeln der einstmalig allmächtigen Familien schwerer als den Debütanten. Die meisten von ihnen hatten sich als Truppenführer den Weg nach oben gebahnt und das Gehorchen gelernt und gefordert. Sie entschädigte der gesellschaftliche Prunk ihrer Stellung und das Ansehen ihrer Ämter für vieles, was ihnen der Alleinherrscher an politischem Einfluss vorenthielt. Tacitus urteilte über sie boshaft und doch treffsicher: Je unterwürfiger sie sich aufgeführt hätten, umso steiler seien sie durch Reichtum und Ehrenstellen nach oben gelangt; dort angekommen, hätten sie als «Günstlinge der neuen Verhältnisse die Sicherheit der Gegenwart den Gefahren der Vergangenheit vorgezogen».[18]

2. Der Weg zur Weltherrschaft

Roms Weg zur Weltmacht war lang und steinig gewesen. Am Anfang stand die Eroberung Italiens. Sie begann in der zweiten Hälfte des vierten Jahrhunderts mit den Kriegen gegen die Samniten und endete hundert Jahre später mit der Unterwerfung der keltischen Stämme nördlich des

Apennin. Italien begann, zu dem einheitlichen Land lateinischer Sprache und Kultur zu werden, als das es seit dem Ende der Republik gilt. Mit dieser Entwicklung verschoben sich zugleich die Machtverhältnisse im Mittelmeerraum. Fast unbemerkt von den Großmächten des Ostens war im Westen ein neues Machtzentrum entstanden, dessen militärische Stärke seinesgleichen suchte und dessen Eliten willens waren, jede Herausforderung anzunehmen.

In dieser Zeit bildeten sich die Herrschaftsinstrumente aus, die Rom erst Italien, dann die Länder des Orients und schließlich die des Westens und Mitteleuropas dienstbar machen und das Gesicht des Weltreiches bestimmen sollten: Besiegte Städte erhielten den Status eines Munizipiums, d.h., ihre Bewohner richteten ihr Leben als römische Bürger ein, regelten aber ihre inneren Angelegenheiten selbst; andere banden Verträge, strategisch wichtige Gebiete sicherten Kolonien. Die Kriege gegen Karthago in Sizilien und Spanien (264 bis 201) zwangen Rom, große territoriale Gebiete außerhalb Italiens zu besetzen und als Untertanengebiete (*provinciae*) einzurichten. Dort verkörperte ein Statthalter die Militärhoheit Roms, übernahm die Rolle des obersten Gerichtsherrn und übte die allgemeine Aufsicht über die bestehenden Verhältnisse aus.

Damit war eine Ordnung gefunden, die es gestattete, große Ländermassen auf Dauer dem römischen Spruchrecht zu unterwerfen, ohne auf die in Italien gefundenen Herrschaftsformen verzichten zu müssen. So sorgten auch in den Provinzen Kolonien für die militärische Sicherung. In den weiten Binnenräumen Galliens und Spaniens, im Donauraum, in Britannien, Afrika und – wenn auch seltener – im griechischen Osten dienten sie als Trutzburgen der römischen Macht (*propugnacula imperii*). Die dort angesiedelten Veteranen und ihre Nachkommen hielten ihre Waffen blank und waren für den Tag gerüstet, an dem von dies- oder jenseits der Grenzen Unheil drohte. So folgte dem Soldaten der Kolonist, und der Kolonist war ein guter Soldat. Wie in Italien wurden einheimische Städte, die ihre Treue zu Rom bewiesen hatten, als Munizipien eingerichtet. In den barbarischen Ländern des Westens schließlich wuchsen neu gegründete städtische Vororte (*civitates*), die die unterworfenen Stammesgebiete verwalteten und an die mediterrane Lebensart heranführten.

Am Ende aller Siege herrschte Rom über ein Weltreich, das vom Atlantik bis zum Euphrat, von den Alpen bis zur Sahara reichte. Es gliederte sich entsprechend den vorgefundenen Lebensformen in vier Teile:

Italien als privilegiertes Herrenland, den seit Jahrhunderten stadtstaat-

Abb. 18
Relief einer Säulenbasis in Mainz: Legionäre im Angriff. Die Römer waren sich zu allen Zeiten bewusst, dass ihr Reich durch das Schwert gegründet und gehalten wurde. Zahllose Darstellungen bezeugen ihren Stolz auf ihre Feldzüge. Mainz (Mogantiacum), 13 v. Chr. von Drusus, dem Kommandierenden der Rheinarmee, als Basislager angelegt, wurde zu einem wichtigen Stützpunkt der Offensiven ins freie Germanien.

lich geformten griechischen Osten, die von Griechen und Phönikern nur an den Küstenzonen verstädterten Westprovinzen in Afrika, Spanien und Südfrankreich, und die von Barbaren besiedelten Provinzen des Nordens (Gallien, Teile Britanniens, Mitteleuropa bis zum Donaubecken).

Gegliedert nach Kultur und Sprache trug das Imperium zwei Gesichter: ein römisches in Italien und den Provinzen des Westens, ein griechisches in den Ländern des Ostens. Die Grenze verlief von der mittleren Donau südlich durch die Adria und stieß, ungefähr dem 20. Längengrad folgend, in Nordafrika auf die libysche Provinz. Auf dem Balkan schied sie das lateinische Dalmatien und Pannonien und die ebenfalls lateinischen Donauprovinzen Moesien und Dakien vom griechischen Makedonien (das heutige Griechenland). Im Osten bestimmten seit Menschengedenken Städte das Leben Griechenlands, Kleinasiens, Syriens und Ägyptens. Sie alle besaßen, was einer Polis gebührte: die Volksversammlung, den Rat, die Behörden, die Tempel und Gymnasien. Ihre Bewohner sprachen griechisch in einem attischen Dialekt, der sich über den ganzen Osten ausbreitete – die Evangelien des jungen Christentums zeugen davon. Als Rom die weltpolitische Bühne betrat und bis zum Euphrat vordrang, änderte sich nichts an den Lebensgewohnheiten dieser Städte. Sie verbreiteten weiterhin die griechische Kultur in den angrenzenden, nun von Rom abhängigen Staaten. Gegen die Sprache und Lebensart des römischen Siegers blieben sie immun.

Im lateinischen Westen war alles anders. Dort zu siegen war für Rom unendlich schwer gewesen, dort auf Dauer zu bleiben, erschien nahezu unmöglich. Denn um diese Ländermassen ohne Verkehrswege, ohne feste soziale Hierarchien und ohne beständige politische Organisationsformen zu beherrschen, musste es dem Sieger gelingen, den Besiegten ein neues, stabiles Zentrum ihres Lebens aufzuzwingen. Dies konnte angesichts der in Italien gemachten Erfahrungen nur die Stadt sein, da beide Formen der römischen Herrschaftsausübung, das Regiment der Statthalter und die patronale Fürsorge adliger Familien, ohne sie nichts waren.

Damit war der ersten Generation der Besiegten im Westen ein Weg von Not und Elend gewiesen. Ihre einstige Welt sank in Trümmer. Jenseits davon wuchsen die Mauern römischer Militärkolonien und städtischer Neugründungen und kündeten von der Entschlossenheit des Siegers, eine neue Lebensordnung notfalls mit Gewalt einzurichten. Ihr Bestand hing davon ab, ob die Nachgeborenen bereit waren, die ihnen aufgezwungene Zivilisation höher einzuschätzen als alles, was ihre Väter preisgeben mussten.

Die Römer haben ihr Ziel mit zäher Energie verfolgt. Nicht als Missionare einer besseren Weltordnung, sondern vielmehr als Herren und Krieger, die ihre Beute behalten wollten. Was immer sie anpackten, sie taten es aus Eigennutz und ohne moralische Skrupel. Unabhängig davon hatte ihre Urbanisierungspolitik als Mittel der politischen Befriedung und der Herrschaftssicherung den gewünschten Erfolg. Als die Städte standen, vernarbten die Wunden, die die Eroberungen geschlagen hatten. Die Bilder einst brennender Dörfer verblassten und die Besiegten fanden einen Weg, ihre Zukunft auf Rom auszurichten.

3. Organisierte Plünderung: Rom, ein Ort des Schreckens

Das Regiment der Statthalter

Lange Jahre sprach wenig dafür, dass die römische Politik erfolgreich war. Denn jede Herrschaft bedarf einer gestuften Bürokratie. Sie aber gab es in Rom nicht. Wer als Gouverneur in die Provinz abreiste, bekam wenig Helfer und keinen Kontrolleur mit auf den Weg. Als einziger Beamter begleitete ihn ein Quästor, der sich um das Budget kümmerte, dann ein Miltärtribun (oder Präfekt), zuständig im Grunde für alles, was gerade anfiel, sowie ein bis vier Legaten aus dem Senatorenstand, die neben ihren militärischen auch organisatorische Aufgaben schulterten. Zum Tross gehörten außerdem Diener, die zumeist aus dem Haushalt des Statthalters stammten und alles taten, um dem offiziellen Vertreter der Weltmacht das seinem Rang gemäße Auftreten zu ermöglichen.

Über Militär in Legionsstärke verfügten meist nur die Vizekönige der Grenzprovinzen; alle anderen gaben sich wie Pilatus in Judäa oder Plinius in Bithynien mit Hilfstruppen zufrieden. Jener etwa stritt mit seinem Präfekten in Pontos um die Abordnung von zehn Gefreiten, zwei Reitern und einem Centurio; erst ein Machtwort Trajans entschied, dass Soldaten nur in Notfällen ihren Truppenteilen entzogen werden dürfen.[19] So musste den Statthaltern die Drohung mit Roms Intervention genügen, um ausbrechende Unruhen zu ersticken. So war es etwa in Ephesos gewesen, als der Apostel Paulus Weh und Ach über die Götzendiener schrie und mit seinen Predigten den Zorn der Silberschmiede auf sich lud, die um den Absatz ihrer Glück bringenden Amulette bangten. Als die Aufgebrachten im städtischen Theater mit viel zusammengelaufenem Volk die Fäuste reckten, genügte der warnende Hinweis des Stadtsekretärs auf die drohende Vergeltung Roms, um alle Hitzköpfe friedlich den Weg nach Hause finden zu lassen.[20] Die Sache selbst ist im Hauptquartier des Statthalters ohne großes Aufheben zu den Akten gelegt worden.

Die Pflichten der Provinzialen umfassten Leistungen jedes Augenblicks und aller Art: Steuern, deren Höhe nicht immer klar geregelt war, Dienstleistungen für den Statthalter, die Beamten und Offiziere, Requisitionslasten, Quartier und Unterhalt für die Truppen und die Senatoren im Gesandtenstatus, Sondersteuern, Schmiergelder für die Diener, die den Zugang zum Statthalter kontrollierten, und – alles überwölbend – Gehorsam, wo immer er verlangt wurde.

Nur wenige Statthalter hatten das Land und die Menschen, die sie regieren sollten, vorher gesehen. Niemand hatte sie geschult, niemand hatte ihnen Instruktionen gegeben, kein kolonialer Verwaltungsdienst leistete Beistand – er existierte nicht. So betrat Quintus Cicero im Jahre 61 v. Chr. als Proprätor die ihm zugewiesene Provinz *Asia* mit einem Stab von etwa 15 Personen. Mit ihnen sollte er ein Gebiet regieren, das vom Bosporus bis an die südliche und von den Hochländern Anatoliens bis an die westliche Mittelmeerküste reichte und von fünf Millionen Menschen bewohnt wurde.

Wer wohin geschickt wurde, entschieden Kriterien, die selten nach Eignung und Vorlieben fragten. Das Los des Marcus Cicero, der das Forum, den Senat und die Gerichtssäle in Rom liebte, Krieg und Verwaltung jedoch sorgfältig mied, zeigt dies überdeutlich. Ihn machten im Februar 51 v. Chr. die Senatoren zum Prokonsul Kilikiens, ungerührt von der Unerfahrenheit des Berufenen und schadenfroh dazu, als sie ihn die Hände über diese vergiftete Auszeichnung ringen sahen. In der Provinz angekommen, interessierten ihn die von seinem Vorgänger misshandelten Bewohner und ihre Gewohnheiten wenig und ihre Sorgen ließen ihn kalt. In den Briefen an seine Freunde sprach er nie von ihnen. Stattdessen bat er eindringlich, den Senat daran zu hindern, seine Amtszeit zu verlängern und ihn damit ein weiteres Jahr von der römischen Politik, seinem ureigensten Turnierfeld, fernzuhalten. Auch ängstigte ihn die Situation an der Ostgrenze, an der parthische Regimenter operierten und mit Überfällen drohten. Im Spätsommer 50 kehrte er erleichtert der Provinz den Rücken und erwartete in Rom ein Dankfest, hatte er doch einige aufrührerische Nester in den Bergen niederbrennen lassen. Reichtümer hatte er bei seiner Rückkehr allerdings nicht im Gepäck; was immer man ihm vorwerfen mochte, ein Ausbeuter war er nicht, sodass die Provinzialen ihn am Ende doch eher schweren als leichten Herzens ziehen sahen.

Die Order, die dem Statthalter ausgehändigt wurde, ähnelte mehr einer Faustregel als einem Aufgabenkatalog: Er habe dafür zu sorgen, dass die Provinz ruhig blieb. So verteidigte er die Grenzen, wenn es nottat, achtete auf die Rechtspflege und übte die Kapital- und höhere Zivilgerichtsbarkeit aus. Alles andere forderte mehr den Diplomaten als den Regenten. Seiner Kunst oblag es, jeden zwischen den Städten ausbrechenden Zank geräuschlos zu entschärfen. Alles Weitere überließ er den städtischen Organen. Gerieten diese ins Stolpern, war er, obwohl der absolute Herr über Leben und Tod seiner Untertanen, ohne bürokratischen Apparat verloren.

Seine Rolle glich denn auch weit mehr der eines Friedensrichters als der eines Potentaten: Er schlichtete Streit, wo immer er auszuarten drohte, und sorgte im Übrigen für die Autorität der städtischen Organe und ihrer Träger. Sie taten die Arbeit, zu der ihm das Rüstzeug fehlte. Niemand erwartete im Grunde mehr von ihm. Die gesellschaftlichen Sorgen gehörten alle in den Bereich der kommunalen Selbstverwaltung, und nur dort, wo diese gefährdet schien, griff Rom ein. So ließ Tiberius zwei Kohorten in Italien zusammenziehen, um an der Stadt Pollentia ein Exempel zu statuieren: Ihre Bürger hatten den Leichenzug eines verdienten Offiziers gesprengt und seiner Familie Teile des ererbten Vermögens abgetrotzt. Die Schuldigen, darunter viele Stadträte, wanderten dafür nach dem Einmarsch der Truppen lebenslänglich ins Gefängnis, denn sie hatten die Grundregel des Zusammenlebens verletzt – den sozialen Frieden.[21]

Ausbeutung und Willkür

Mit der Macht kam die Habgier. Sie vergiftete die Regentschaft allzu Vieler. Was bereits die Bezahlung aller Aufwendungen für sich und das Gefolge bedeuten konnte, brachte bereits Cato in Rage, der 198 als junger Prätor in Sardinien fassungslos auf seine Amtsvorgänger blickte. Sie hatten Zelte, Ruhebetten und Decken gefordert und die Kosten für ihre Dienerschaft, ihre Freunde und ihre verschwenderischen Gastmähler auf die Schultern der Provinzialen geladen.[22]

Das waren noch Bagatellen. Doch diese vermehrten sich und wuchsen mit der Ausdehnung des Imperiums und wurden salonfähig. «Diebe von privatem Eigentum verbringen ihr Leben in Gefängnis und Fesseln, Diebe von Staatsgut in Gold und Purpur», ereiferte sich Cato.[23] Der Raub vermehrte die Schar echter und vermeintlicher Freunde, die künftige Wohltaten von ihrem Beuteanteil abhängig machten. Dazu zählten Männer der Finanz- und Geschäftswelt, die ihre Interessen als Steuerpächter oder Kreditgeber gewahrt sehen wollten oder ihre Ernennung zum Legaten verlangten, um selbst im Mantel der Obrigkeit nach Gutdünken schalten und walten zu können.

Dazu zählten auch die echten Freunde, die nicht an Zurückhaltung dachten. Als Cicero in Kilikien regierte, sollte er einen entlaufenen Sklaven seines Vertrauten Atticus fangen, der sich einer Räuberbande angeschlossen hatte; sein Klient M. Caelius Rufus erbat Geld und die Lieferung von Panthern, um als Ädil bei den Spielen glänzen zu können. Junius Brutus, von späteren Generationen als Freiheitsheld bejubelt, war fraglos der Schamloseste von allen. Er forderte ein militärisches Vorgehen gegen die Stadt Salamis auf Zypern, da sie ihm die geliehenen Gelder nebst Wucherzinsen in Höhe von 48 % nicht termingerecht zahlen konnte.[24] Über Quinctilius Varus, Gouverneur im Osten und an der germanischen Front, machte das Bonmot die Runde, «als armer Mann betrat er das reiche Syrien, und als reicher Mann verließ er das arme Syrien». Es traf wahrscheinlich den Falschen, aber es hätte verdient, als Motto auf vielen Grabsteinen ehemaliger Vizekönige zu stehen.[25]

Aber es waren nicht die Gouverneure allein, die wie die Raubvögel über den Provinzen kreisten. Die schlimmsten Plagen drohten von den Steuereintreibern, die das Steueraufkommen der Provinzen für fünf Jahre gegen Höchstgebot pachteten. Sie kamen zumeist aus dem Ritterstand und mieteten zugleich auch die übrigen öffentlichen Leistungen und Lieferungen des Staates; vielfach taten sie sich zu Gesellschaften zusammen, wenn der Auftrag die Möglichkeiten eines Einzelnen überstieg. Die Pacht wurde sofort bei der Ersteigerung fällig und vom Tag der Ankunft in der Provinz kam es darauf an, aus ihr nun weit mehr als die gezahlte Summe herauszupressen.

Die Monarchen haben manches getan, um den schlimmsten Ausbeutern das Handwerk zu legen. Gänzlich gelungen ist es ihnen nie. Ihre ganze Hilflosigkeit demonstriert die Begründung des Tiberius für seine Entscheidung, Statthalterposten möglichst lange zu besetzen. «Denn der Sinn der meisten Menschen, die ein Amt bekleideten», erklärte er seinen Beratern, «neige zur Habsucht, und wenn jemand ein Amt nicht auf Dauer, sondern nur für kurze Zeit erhalte, so sei seine Sucht zu plündern nur umso größer. Wenn aber jemand längere Zeit im Besitz seines Amtes bleibe, so werde er doch bald, wenn er genug zusammengescharrt habe, der Erpressungen überdrüssig. Trete dagegen ein zu schneller Wechsel ein, so genüge den Beamten nicht einmal das Besitztum ihrer Untertanen, weil bei vorzeitiger Abberufung ihnen nicht so viel Zeit bleibe, um ihre Raubgier zu befriedigen.» Mit einem drastischen Bild unterstrich der Kaiser, was zu verhindern er nicht die Kraft hatte: Ein Wanderer habe einen Verwundeten liegen gesehen, sich zu ihm gebeugt und die Fliegen von seinen Wunden verscheucht; dieser habe ihn jedoch angefleht, es zu lassen, denn die Blutsauger, die ihn plagten, seien weitgehend gesättigt und es wäre töricht, Platz für neue und hungrige zu schaffen. So halte er es, schloss der Kaiser, mit seinen Gouverneuren, Fliegen allesamt und getrieben von der Angst, eine so einfache Art, sich zu bereichern, schnell wieder zu verlieren.[26]

Dabei war eine der immer hungrigen Fliegen der Kaiser selbst. Augustus etwa trieben seine Geldnöte dazu, nicht nur die Schätze Ägyptens, sondern die aller Provinzen zu plündern. Unter seinen Helfern war ein gewisser Licinus besonders erfinderisch und niederträchtig. Einst diensteifriger gallischer Sklave Caesars, dann im Haushalt des Augustus geschäftstüchtiger Freigelassener, stieg er zum Steuereintreiber in der *Gallia Lugdunensis* auf. Dort mauserte er sich zum Finanzgauner großen Stils. Die Steuern erhöhte er nach eigenem Ermessen und machte seinen ehemaligen Landsleuten weis, im Lateinischen bedeute November der neunte und Dezember der zehnte Monat und daher seien Steuern nicht für zwölf, sondern für 14 Monate zu zahlen. Die Geprellten prüften den Kalender und wandten sich an den Kaiser, der ihnen versprach, seinem Knecht auf die Finger zu schauen. Als er es tat, wies dieser stolz auf seine Beute und erklärte wortreich, er habe sie für den Kaiser beiseitegeschafft und um zu verhindern, dass die Gallier, durch ihre Reichtümer verführt, an Aufstand dächten. Augustus nahm sich von dem Diebesgut, was er sah, aber das, was er nicht sah, war immer noch groß genug, um den Reichtum des Licinus sprichwörtlich werden zu lassen.[27]

Mit welchen Methoden Räuber dieses Zuschnitts ihr Unwesen trieben, zeigt auch ein 23 n. Chr. geführter Prozess vor dem Senat. Der Angeklagte, Lucilius Capito, als Manager zuständig für das Privatvermögen des Kaisers in der asiatischen Provinz, hatte sich die Amtsgewalt eines Prätors angemaßt und Truppen eingesetzt, um seine Forderungen durchzusetzen. Als der Senat sogar bei diesem Tatbestand des Hochverrats mit einem Schuldspruch zögerte, verlor Tiberius die Geduld: «Man soll die Provinzialen hören», polterte er und erzwang die Verurteilung des allzu forschen Draufgängers.[28] In überschwänglicher Dankbarkeit beschlossen die Städte der Provinz, einen Tempel für den Kaiser, seine Mutter und den Senat zu bauen – sie wussten, wie wenig selbstverständlich die Bestrafung einer Schmeißfliege in kaiserlichen Diensten war.

Zu den Davongekommenen zählte dagegen ein gewisser Antonius Felix, seit 52 Prokurator in Judäa, «der, eine rechte Sklavenseele, seine königlichen Machtbefugnisse mit aller Grausamkeit und Willkür ausübte». Durch Heirat mit dem Kaiserhaus verbunden und als Bruder des mächtigen Ministers Pallas wähnte er sich unverwundbar – zu Recht. Die nach seiner Amtsenthebung im Jahre 60 erhobene Anklage gegen ihn wurde niedergeschlagen.[29]

Zu den großen Fliegen gesellten sich kleine. Zu ihnen zählten die Soldaten, die auf ihren Märschen durch die Städte und Dörfer Dienste jeder Art erwarteten und notfalls mit der Faust eintrieben. Wer als Zivilist solchen Männern auch nur zufällig begegnete, nahm Reißaus, wenn ihm sein Leben lieb war. Allzu Vertrauensseligen gab der Dichter Apuleius Anschauungsunterricht. In seinen um die Mitte des 2. Jahrhunderts geschriebenen *Metamorphosen* prügelt ein baumlanger Legionär auf der Landstraße einen friedlich seines Wegs ziehenden Gärtner vom Esel, requiriert das Grautier für den Gepäcktransport des Statthalters und lässt den Ärmsten nach einem Gerangel von den Bütteln der nächstgelegenen Stadt ins Gefängnis führen – ein Schicksal, das den Leser schaudern machte.[30] Wer klüger war als der Gärtner, gehorchte ohne Lamentieren: «Wenn ein Soldat dich ergreift», riet der Philosoph Epiktet, «gib nach, leiste keinen Widerstand und murre nicht, sonst bekommst du eins aufs Maul und verlierst deinen Esel dazu.» Die früheste christliche Kirchenordnung gab denselben Rat: «Wenn jemand dir das nimmt, was dir gehört, fordere es nicht zurück, denn du kannst es doch nicht.»[31]

Kriegsgebiete traf es ungleich härter. So entließ Quinctilius Varus, der nach dem Tod des Herodes jüdische Aufständische mit ausgesuchter Grausamkeit verfolgt hatte, seine aufs Plündern spezialisierten arabischen Hilfstruppen, «da sie den Krieg nach eigener Lust und Laune führten und aus Hass gegen Herodes das Land weit über seine Absichten hinaus schädigten».[32] Plutarch konnte einige Jahrzehnte später nicht vergessen, was sein Urgroßvater Nikarchos über die Wochen vor der Schlacht von Aktium erzählt hatte. Als längst jeder Sklave, jeder Wagen und jeder Esel requiriert worden war, trugen er und die Männer seiner Heimatstadt Chaironeia auf ihren Schultern Weizensäcke zum Golf von Korinth; wer zusammenbrach, wurde mit Peitschenhieben wieder auf die Beine gebracht.[33]

Hart traf es auch die Grundbesitzer. Sie konnten sich den Verpflichtungen (*officia* und *munera*) gegenüber dem Imperium und ihren Gemeinden nicht entziehen, da der Census ihre Ländereien Scholle für Scholle erfasst hatte. Besteuert wurde der Vermögenswert und nicht der Ertrag des Landes, was in schweren Zeiten zur Folge hatte, dass Missernten oder Katastrophen die Lasten nicht minderten und den Eigentümern gar der Ruin drohen konnte. Besser erging es dem reichen Händler und Bankier: So weiß Apuleius von einem Geldwechsler namens Chryseros zu berichten, der in Lumpen gehüllt durch die Stadt strich, einsam und bescheiden wohnte, tatsächlich aber «auf seinen Goldsäcken saß» und seinen Reichtum erfolgreich verheimlichte. Er war gewiss nicht der Einzige, der so den Steuerbehörden entging.[34]

Wer zu den Spänen fiel, wenn gehobelt wurde, blickte mit Abscheu auf die ferne Weltstadt Rom. Von dort kamen die Männer, die sich nur selten die Mühe machten, wenigstens die Maske des fürsorglichen Statthalters anzulegen. Einen von ihnen ereilte sein verdientes Schicksal und die tiefe Genugtuung darüber bebte noch Jahrzehnte nach. Es geschah, als im Jahre 88 v. Chr. der römische Gesandte und Kriegstreiber Manius Aquilius in die Hände des Königs Mithradates fiel. Mit einer Kette an einen baumlangen Barbaren gefesselt, schleifte ihn ein Reiter hinter sich her und führte ihn der Provinz vor. Am Ende dieser Tortur sättigten die Rachsüchtigen seine Habgier und die seiner Landsleute: In Pergamon gossen die Henker flüssiges Gold in seine Kehle, während in den anderen Städten königliche Todeskommandos sämtliche Römer und Italiker erschlugen, ohne Unterschied des Geschlechts und des Alters, und ihre Leichen den Vögeln zum Fraß vorwarfen.

Resignation und Widerstand

Die meisten beugten sich und innerhalb des Mittelmeerraumes dachten nur Narren an bewaffneten Widerstand. Kam es dennoch zu Unruhen, so waren die Auslöser meist nicht die Sehnsucht nach Freiheit, sondern das Steigen des Brotpreises oder spontane und meist ziellose Erhebungen, die einzelne Handwerker anzettelten, weil sie um ihre Geschäfte fürchteten. Es gab kein Mittel gegen die Allmacht Roms, selbst dann nicht, wenn seine Kohorten jenseits des Meeres standen.

Plutarch, unter Claudius in der griechischen Kleinstadt Chaironeia geboren, Philosoph, Historiker und Staatsmann, hatte in seinem langen Leben viele Provinzen bereist und Rom auf dem Höhepunkt seiner Macht und seines Wohlstandes gesehen. Er wusste, wovon er sprach, als er einem auf seine neue Würde allzu stolzen städtischen Beamten seiner Heimatstadt die Flügel stutzte: «Sage dir täglich, du bist ein Untertan. Als solcher regierst du eine Stadt, die den Prokonsuln unterstellt und deren Kopfnicken Gesetz ist. Gehabe dich also», so lautete sein dringlicher Rat, «etwas weniger martialisch in deiner Amtstracht, vergiss auf der Rednerbühne nicht, dass über dir der Prätor thront, verlasse dich nicht zu stolz auf deinen Kranz: er schmückt denselben Kopf, über dem du die römischen Stiefel siehst!» Daher, schloss Plutarch, tue jeder frisch Gewählte gut daran, seine Rolle als die eines Schauspielers einzustudieren, der auf der Bühne buchstabengetreu den Text des römischen Souffleurs deklamiert. Wer diesen Rat in den Wind schlage, riskiere mehr als den Unwillen des Publikums: auf ihn warte das Beil des Henkers.[35]

Der griechische Osten war eine zerstreute Welt, in der gerne und viel von Freiheit gesprochen wurde. Niemand hätte jedoch daraus die Konsequenz gezogen, sie mit der Waffe in der Hand und gemeinsam von dem römischen Sieger zu fordern. Anders lagen die Dinge in dem unter Augustus eroberten Balkan- und Donauraum. Dort brach wenige Jahre nach den römischen Eroberungszügen ein Aufstand aus, der vier Jahre lang Rom alles abverlangte. Es fing damit an, dass die neuen Herren nach der Besitzergreifung Dalmatiens und Pannoniens nach Belieben die Jungmannschaften der Stämme als Rekruten pressten, Steuern eintrieben und tatenlos zusahen, wie italische Goldsucher, Händler und Abenteurer über die Wehrlosen herfielen. «Ihr Römer habt als Wächter für eure Herde keine Hunde, sondern Wölfe geschickt», rief Bato, einer der Anführer der Rebellion und gab damit dem wilden Zorn, der die Aufständischen antrieb, das Losungswort.

Vier Jahre dauerte der Krieg und er forderte von Rom den Einsatz aller verfügbaren Reserven. Am Ende war der Sieg vollkommen. Nie wieder sollten sich die Völker des Balkans erheben. Auch das Gebiet der unteren Donau erschien jetzt in einem anderen Licht. Von dort drohte nicht nur, wie bisher, der Provinz Makedonien Gefahr durch Raubzüge von Völkern, die dies- und jenseits der Donau siedelten und in Zeiten der Not nach Süden vordrangen, sondern nun auch dem illyrischen Raum. Wie am Rhein griff man hier zu dem bewährten Mittel der Umsiedlung; so wurden etwa 50 000 Geten gezwungen, sich diesseits der Donau neue Wohnsitze zu bauen und Rom Militärhilfe zu leisten. Auf eine Provinzialisierung verzichtete Augustus und begnügte sich mit der Einrichtung eines Militärbezirkes, der vom Schwarzen Meer bis zur Morava reichte; Thrakien blieb

Klientelstaat, zerrissen von Stammesfehden, aber isoliert ungefährlich. Erst Claudius richtete 46 n. Chr. in Südrumänien und Nordbulgarien die Provinz *Moesia* ein.[36]

Römer wurden die Stämme des illyrischen Binnenlandes nicht. Augustus war nach den gemachten Erfahrungen klug genug, die alten Verfassungen zu belassen und auf die Zeit und die Überlegenheit römischer Lebensweise zu setzen. Und tatsächlich kam der Tag, an dem die Wunden vernarbten und die Häuptlinge der Stämme und die vom Militärdienst in fernen Landen zurückkehrenden Offiziere und Mannschaften ihren Familien das Imperium als unabwendbares Schicksal und zugleich als Tor zu einer besseren Zukunft deuteten.

4. Um den Bestand der Herrschaft: Rom, ein Ort der Hoffnung

Anpassung statt Widerstand

Weltherrschaft im römischen Ausmaß und errichtet über kulturell so unterschiedliche Völker konnte nur dauern, wenn die im Krieg Bezwungenen früher oder später lernten, ihre Zukunft als römische zu verstehen. Denn militärtechnisch hatten die Sieger den Besiegten nichts voraus. Weder waren ihre Waffen noch ihre Schiffe oder ihre Technik besser als die der Griechen, Germanen oder Parther. Die Macht Roms gründete vor allem auf seiner politischen Überlegenheit, d.h., auf seiner Fähigkeit, Bündnisse zu schließen und Herrschaft so zu organisieren, dass Widerstand sinnlos, Zustimmung aber lohnend war.

Bereits die Historiker des 18. Jahrhunderts, Montesquieu und Gibbon, haben nach Gründen für die Stabilität und Konstanz der römischen Herrschaft gesucht. Sie stießen auf den Kaiser Claudius, der die erste Antwort gab, als die Nachfahren der gallischen Häuptlinge, die mit Vercingetorix vergeblich gegen Caesar gekämpft hatten, 47 ihre Aufnahme in den Senat begehrten. «Meine Vorfahren», erläuterte er dem Hohen Haus seine Politik, «mahnen mich, nach den gleichen Grundsätzen wie sie bei der Staatsführung zu verfahren, indem ich nach Rom versetze, was sich irgendwo hervorgetan hat.» Denn die Stadt sei mächtig geworden, weil sie seit den Tagen des ersten Königs Romulus ihre Gegner «am selben Tag als Feinde und dann als Bürger behandelte», und nur diese Politik führe auch jetzt zu dem ersehnten Ziel, «dass nicht nur einzelne von Fall zu Fall, sondern ganze Länder und Völker im römischen Bürgerrecht zu einer Einheit zusammenwüchsen».[37]

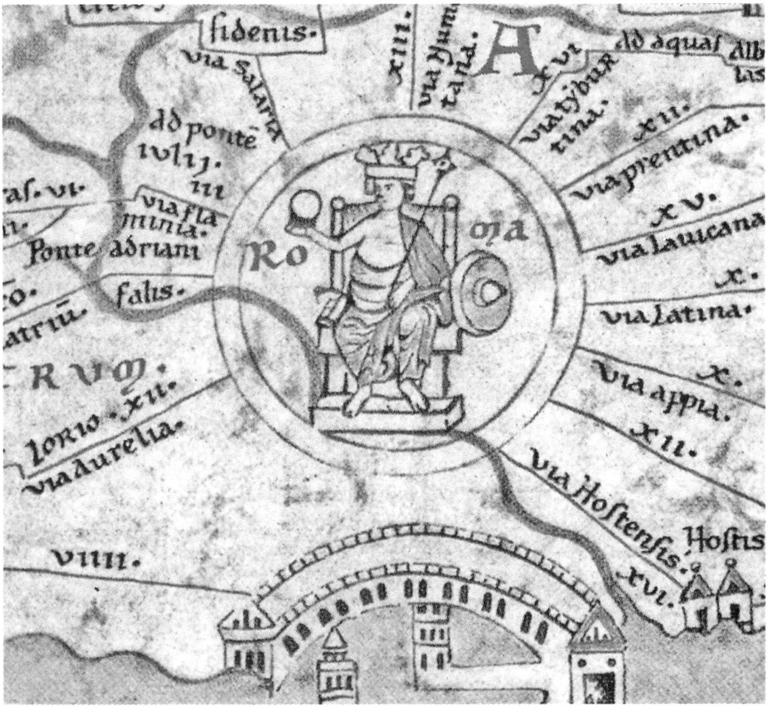

Abb. 19

1508 erbte der Augsburger Ratsschreiber Konrad Peutinger eine im 12. Jahrhundert gefertigte Kopie einer spätantiken Wegekarte, die 1717 in die Hände des Prinzen Eugen geriet. Auf ihr, einem antiken Straßen- und Ortsverzeichnis in grafischer Darstellung, sind drei Städte besonders hervorgehoben: Rom, Konstantinopel und das syrische Antiochia am Orontes. Rom steht im Zentrum, dargestellt als Stadtgöttin, thronend in einem Kreis wie ein mittelalterlicher Kaiser; links davon, auf einem Hügel, erhebt sich die Peterskirche, identifiziert durch die Beischrift *Ad s(an)c(tum) Petrum*. Damit hat der mittelalterliche Kopist ungewollt und ganz naiv zwei Dinge miteinander verbunden, die seit dem 5. Jahrhundert tatsächlich eins wurden: das weltumspannende Rom und das Christentum.

Es ist das Grundgesetz der Herrschaft, das Claudius beschwört und den um ihre Exklusivität bangenden Senatoren vortrug. Dauer konnte dem Imperium nur gegeben sein, wenn die führenden Schichten der Unterworfenen die neue Ordnung anerkannten und allein auf sie ihre zukünftigen Hoffnungen und Energien richteten. Denn nur dann waren die Fliehkräfte zu zügeln, die das Reich von innen heraus bedrohten: das Missverhältnis zwischen Siegern und Besiegten, die Weite des Raumes, die Heterogenität der Beherrschten und die Mängel eines Herrschaftssystems, das über keinen flächendeckenden Beamtenapparat verfügte.

In den Kreis der Auserwählten hatte jedoch nur Zutritt, wer sich um Rom und den Kaiser verdient gemacht hatte, sei es als Soldat des Reiches, sei es als loyaler Untertan. Aber auch nützliche Diener der römischen Großen durften hoffen. So bat Plinius, als Statthalter in Bithynien von diversen Gebrechen heimgesucht, den Kaiser, seinem Masseur Harpocras, einem Freigelassenen, das Bürgerrecht zu gewähren. Trajan kam der Bitte nach – die Dankbarkeit des Bittstellers und des Belohnten waren den Preis wert, da das Bürgerrecht zwar eine Auszeichnung war, zugleich aber in die Pflicht nahm und für immer den Dienst an Rom forderte. Die sich daraus ergebende Konsequenz, die ständige Ausweitung des Kreises der Bürger, hat Rom gutgeheißen – selbst dann, als es die Macht im Senat mit den Familien vormals besiegter Barbaren zu teilen galt.

Die Eliten der Provinzialen haben das Angebot angenommen. Sie taten es auch dort, wo es die Unterdrückung ihrer Sprache und Sitten und die völlige Veränderung ihrer Lebensumstände bedeutete. Denn der römische Weg in die Zukunft öffnete ihrem Ehrgeiz mehr Chancen zu einem hoffnungsvollen politischen und sozialen Leben als er verschloss. Wer noch zweifelte, hielt Umschau. Unter Claudius sah er den für die Getreideversorgung (*annona*) zuständigen Präfekten, einen in Arles geborenen Reeder; sein Vater, berichtet Plinius, der ihn kannte, sei noch mit Tierfellen bekleidet gewesen; seine Tochter heiratete Seneca, den lange Jahre wichtigsten Berater Neros. Gewiss hatten nur wenige das Zeug zu einer solchen Karriere, aber träumen konnte jeder davon, ohne als Narr verlacht zu werden.[38]

Rom hat mit dieser Politik den Gegensatz von Siegern und Besiegten in den sozialen Raum verschoben, wo er wenig Sprengkraft entfalten konnte. *Civis Romanus* bezeichnete einen privilegierten Rechtsstand, der reichsweit zum Kennzeichen der tonangebenden Schichten wurde, die in ihren Heimatstädten alle Ämter beanspruchten und sich in Krisenzeiten der Unterstützung des römischen Statthalters sicher sein konnten. Der Bauer und die städtischen Unterschichten wurden auf ihre Arbeit zurückgedrängt und durch vielerlei Wohltaten zufrieden gestellt. Doch auch ihnen öffnete das Vergabeprinzip der Belohnung den Zugang zum Bürgerrecht. Vor allem der Militärdienst in den Auxilien verschaffte nach rund 20 Jahren das begehrte Privileg. Es zog den gerechten Schlussstrich unter eine harte Schule der Romanisierung und der Loyalität zu Kaiser und Reich. Als

212 Caracalla das Bürgerrecht an die gesamte freie Reichsbevölkerung vergab, bezeugte dies das Ausmaß an Zustimmung, das die Herrschaft Roms in allen Provinzen gefunden hatte.

Verantwortung statt Belieben

Gier und Grausamkeit blieben die ständigen Begleiter der römischen Eliten. Viele, die als Wildhüter kamen, hausten als Wilderer und kehrten reich mit Beute beladen heim. Dass trotzdem am Ende Verantwortung statt Willkür die Zukunft des Imperiums bestimmte, hat vor allem mit den Griechen zu tun. Im Raum von Krieg und Politik zählten sie wenig. Als Scipio, der Bezwinger Hannibals, nach der Rückkehr vom Krieg gegen Antiochos III. in Korinth ankam und die Stadtväter ihn durch die Aufstellung seiner Statue unter anderen griechischen Feldherrn ehren wollten, winkte er ab: «Wenn sie in Haufen kommen, widern sie mich an.»[39] Die Ablehnung war mehr als der übellaunige Ausbruch eines von allzu vielen Schmeichlern geplagten Feldherrn. Sie spiegelt vielmehr die Verachtung, die alle römischen Großen hegten, wenn sie über die militärischen Fähigkeiten der Griechen nachdachten. Sie hatten sie besiegt, gemessen an anderen Gegnern sogar spielend leicht. «Graeculi», Griechlein, spotteten sie. Doch keiner von ihnen hatte es versäumt, Griechisch zu lernen, und keinem wäre es eingefallen, die Überlegenheit des griechischen Geistes anzuzweifeln.

Denn aller Herrendünkel schwand, wenn es um Philosophie, Literatur und Kunst ging. Die Griechen waren das Kulturvolk der damaligen Welt schlechthin und daher anders als alle anderen Untertanen. Das offizielle Rom sprach daher auch dann noch unverdrossen von der Freiheit der Griechen, als sie längst dahin und nur noch tröstliche Reverenz vor einer lieb gewordenen Erinnerung war. Ihr huldigte noch Nero auf eine durchaus anrührende Weise, als er sich an die Freiheitsproklamation des Titus Quinctius Flamininus 196 v. Chr. erinnerte. Im November 67 verkündete er in Korinth, er habe den Göttern Griechenlands für Vieles zu danken und erkläre daher die Provinz für frei, frei auch von Steuern und keinem Statthalter mehr untertan. Den in Massen herbeizitierten Griechen erfüllte er damit einen Herzenswunsch.[40] Für sie war es ein schöner Tag und er hallte noch lange nach.

Wenige Jahre später verschaffte er einem Scharlatan, der in die Maske des toten Kaisers geschlüpft war, großen Zulauf und den griechischen Rhetoren bis hinein ins 3. Jahrhundert willkommenen Stoff für ihre Übungsstücke. Plutarch erzählte etwa die fantastische Geschichte eines

Mannes aus dem kilikischen Soloi, der, aus der Unterwelt zurückgekehrt, berichtete, er habe die Seele Neros gesehen, von Folterknechten gequält und drauf und dran, in eine Natter verwandelt zu werden. Dies aber habe ein göttlicher Befehl verhindert, der eine mildere Strafe für den Kaiser forderte, da die Götter ihm Gutes schuldeten, «weil er den edelsten und gottgeliebtesten der Untertanenvölker die Freiheit geschenkt habe, den Griechen».[41]

Seine Freiheitserklärung aber bestätigte keine Stimme aus dem Himmel. Sie währte nicht lange. Vespasian stellte die alte Ordnung mit der bissigen Begründung wieder her, anders ginge es nicht, die Griechen hätten doch längst verlernt, frei zu sein. Dafür strafte ihn Apollonius von Tyana, der große Weise und Wundertäter; eingeladen, den Kaiser zu begleiten, lehnte er ab, da dieser die Hellenen versklavt hätte, als sie gerade wieder begonnen hätten, ionisch und dorisch zu reden.[42]

Die Entscheidung Neros blieb Episode, belächelt von den späteren Historikern. Sie illustriert jedoch, dass die Zahl der Philhellenen in der Kaiserzeit ebenso groß und einflussreich war wie in der Republik. Im Osten verständigte sich das offizielle Rom auf lateinisch und griechisch, die Kaiser geizten nicht mit Gaben und Bauten, und die römischen Beamten ließen keine Gelegenheit aus, um den griechischen Gemeinden mit ausgesuchter Höflichkeit zu begegnen, auch wenn sie an unzähligen Beschwerden und Eingaben fast erstickten. Vermieden wurde jeder Hinweis auf die faktische Untertänigkeit, obwohl sie, wie Plutarch mahnte, allgegenwärtig war.

Die römischen Eliten suchten die Freundschaft angesehener Griechen und beförderten eine Politik, die das Eigentum und die Führungsrolle des einheimischen Adels vor offenem Aufruhr oder schleichendem Verfall schützte. Sie unterwarfen sich der Kultur der Besiegten – offen und hemmungslos und nicht selten mit der Schamlosigkeit eines Räubers. Der Erste soll M. Claudius Marcellus gewesen sein, der 211 v. Chr. Syrakus ausraubte. «Hier», schrieb Livius, «begann man, für griechische Kunstwerke zu schwärmen, hier begann auch die Willkür, alles Heilige und Unheilige ohne Unterschied zu plündern.» Wer sich dagegen wehrte, berief sich auf den alten Cato, der fürchtete, «dass diese Dinge eher uns zu Gefangenen machen werden, als wir sie zu unseren. Sie sind Gefahren, glaubt mir, diese Statuen, die aus Syrakus in die Stadt gebracht worden sind. Denn ich höre viel zu viele über die aus Terrakotta gemachten Dachziegeln der römischen Götter lachen.»[43] Niemand wollte auf ihn oder andere Warner hören.

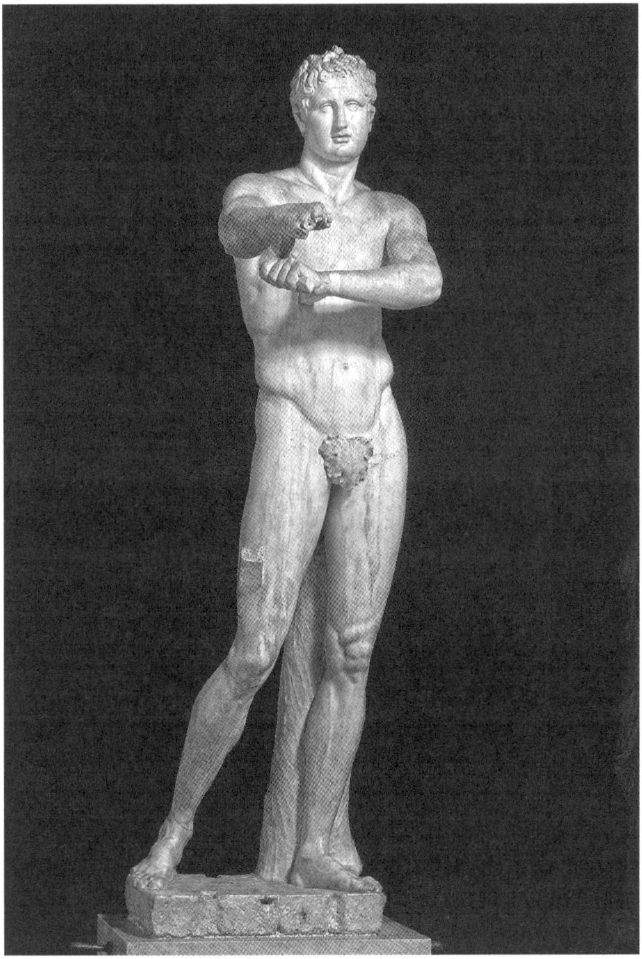

Abb. 20

Lysipp aus Sikyon, Hofbildhauer Alexanders, fertigte um 320 die Bronzestatue eines Athleten, der sich mit einem Schabeisen vom Staub der Palästra reinigt. Agrippa, Reichsfeldherr unter Augustus, schaffte sie nach Rom und schmückte damit den Eingang der von ihm errichteten Thermen auf dem Marsfeld. Tiberius, Kaiser seit 14 n. Chr., sah sie dort, fand sie wunderschön und befahl, sie in seinen Privatgemächern aufzustellen. Das Volk, überzeugt, beraubt worden zu sein, randalierte im Theater und verlangte die Rückkehr des Athleten an seinen gewohnten Platz; der Fürst gehorchte. Die Episode, überliefert in der *Naturgeschichte* des Plinius (34,62), zeigt das Ausmaß der Rezeption griechischer Kunstdenkmäler und der Bewunderung, die sie genossen.

Nach Marcellus gab es kein Halten mehr. Mit Kunstwerken aus dem Osten beladene Schiffe landeten in den Häfen Italiens und versorgten eine nimmersatte Klientel mit Statuen, Vasen, Gemmen, Gemälden, Bibliotheken, alles von erlesener Qualität. Was dem Adel recht war, war den Parvenus billig. Auch sie verwandelten ihre Häuser in Museen griechischer Kunst und schreckten wie die hohen Herren nicht davor zurück, sich notfalls mit Gewalt anzueignen, was für Geld und gute Worte nicht zu bekommen war. Geschäftstüchtige Griechen stellten in eilig gebauten Betrieben Kopien her, und als die Nachfrage stieg, wuchsen auch in Rom und den italischen Städten Produktionsstätten für griechische Kunst aus dem Boden.[44]

Der Widerspruch zwischen Terror und Anbetung, in den dies die römischen Herren stürzte, war auf Dauer unerträglich. Wie sollten sie weiterhin in Griechenland und den Ländern des östlichen Mittelmeeres Griechen exekutieren oder versklaven, wenn sie zugleich vor ihren Künsten knieten? Sie regierten nach den Prinzipien von Gewalt und Herrschaft, aber sie lebten und genossen die griechische Lebensart und stellten dies ungeniert zu Schau – wie lange konnte das gut gehen? Die Heiligtümer und die öffentlichen Plätze Roms füllten sich mit den Meisterwerken griechischer Künstler und ihre Literaten schwelgten in griechischen Vorbildern – musste dies nicht früher oder später die Herrschaftspraxis verändern?

Vergil hat schließlich die zur römischen Herrenattitüde passende Antwort gefunden: Andere mögen die besseren Statuen aus dem Marmor hauen, die Kunst der Rede pflegen oder die Bahnen der Gestirne studieren; die Kunst des Römers sei es, die Welt zu regieren und dem von ihm geschaffenen Frieden Gesetze und Moral zu geben.[45] Noch Rousseau ließ sich von diesem Argument bestechen, als er nach der wahren römischen Tugend suchte: «Überlasst es anderen, sich durch eitle Talente berühmt zu machen, die einzige Kunst der Römer sei, die Welt zu erobern und die Tugend darin auszubreiten.»[46] Horaz tolerierte die selbstgefällige Aufgabenteilung seines Dichterkollegen Vergil, setzte jedoch den Akzent anders und weit überzeugender: Das besiegte Griechenland, gestand er unter dem Beifall vieler, habe mit seinen Künsten den rohen Sieger verzaubert.[47] Augustus machte den Satz zur Grundlage der öffentlichen Zurschaustellung seiner Macht. Sein Programm eines wiedergekehrten Goldenen Zeitalters hüllte er in die zeitlosen Formen der griechischen Klassik, und seine Bildnisse zeigten ihn in altersloser apollinischer Schönheit. Die Entscheidung dazu fiel leicht.

Die republikanische Tradition verbot die Pose des omnipotenten Herrschers, die Erwartungen der Untertanen jedoch forderten den Anblick eines mit göttlicher Macht ausgestatteten Weltherrschers. Auf ihn als den Ersten unter Gleichen zu sehen, hätten die meisten als Sakrileg von sich gewiesen, hatten sie dem Allmächtigen doch Tempel gebaut und Kulte eingerichtet. Die griechische Klassik versöhnte diese Gegensätze. Sie schenkte den Bildnissen des Augustus und seiner Familie, was alle, ob Senator in Rom oder Schuhmacher in Alexandria, erwarteten: alterslose Schönheit und Würde. Wer allen ein friedliches und glückliches Leben versprach, konnte dies nur mit dem Ausdruck überzeitlicher Gültigkeit tun. Nie wieder tat in der Weltgeschichte ein Sieger Vergleichbares, hüllte sich der Herr einer Weltmacht in die Kleider eines besiegten Volkes.

Darin spiegelt sich auch das gewandelte Selbstverständnis des Adels und des Fürstenhofes. Beide wollten nicht mit dem Vorwurf leben, Führer einer barbarischen Erobererhorde zu sein. Stattdessen suchten sie ihren Platz in der Tradition der griechischen Geschichte. Als sie ihn fanden, war der Weg zur Verständigung frei, so mühselig er im Angesicht von Terror und Ausbeutung auch war, für die viele im Übermaß gesorgt hatten: wachsende Scharen von nach Lohn und Beute gierigen Soldaten, habsüchtige, kaum noch gezügelte Steuereintreiber, wuchernde Geldverleiher, überschuldete Statthalter, Beamte, Senatoren und machthungrige Feldherrn – Raubritter ohne Moral und Anstand die meisten.

5. «Rom und der Erdkreis sind eins»

Der Traum von einer besseren Welt

«Ihr habt die Erde vermessen, die Ströme überbrückt, Straßen durch die Berge geschlagen, die Wüsten bewohnbar gemacht und alles durch Ordnung und Zucht veredelt. Ihr habt durch die gegenseitige Verbindung der Völker die Welt gleichsam zu einer Familie gemacht», rief im Frühjahr 143 n. Chr. der griechische Redner Aelius Aristides dem Kaiser und seinem Gefolge zu. Sie lauschten einer eigens bestellten Festrede auf die Hauptstadt des Erdkreises und waren hochgestimmt, denn man schrieb den 21. April, den Geburtstag Roms, und zu seiner Feier hatte schon immer ein Preislied auf die ruhmreichen Taten der Stadt gehört, das ihrer historischen Größe angemessen war. Am Ende hörten alle bewegt das Gebet des Griechen, der aus Kleinasien nach Rom gekommen war und zu den berühmtesten Rednern seiner Zeit zählte: «Zu allen Göttern wollen wir flehen: Sie mögen gnädig gewähren, dass dieses Reich und diese Stadt auf ewig gedeihen und nicht eher vergehen, als glühendes Eisen auf dem Meer schwimmt und die Blätter im Frühling nicht mehr sprießen.»[48]

Was Wunder, dass jedermann hoffte, nein: sicher war, dass ein Imperium, das die Götter so sichtbar ausgezeichnet hatten, und das sich von Sonnenaufgang zu Sonnenuntergang erstreckte, den Unglücksfällen der Zeit entrinnen würde und für die Ewigkeit geschaffen sei. «Andere Völker haben ein Land mit fester Begrenzung; Rom und der Erdkreis jedoch haben dasselbe Gebiet», triumphierte unter Augustus Ovid, gefeierter Dichter und bis 8 n. Chr. Mittelpunkt der Jeunesse dorée Roms, bis ihn eine kaiserliche Kabinettsorder aus der Stadt und ins unwirtliche Tomi, das heutige Konstanza, am Schwarzen Meer, jagte. Dort erfuhr der Unglückliche in den letzten Jahren seines Lebens, dass Rom tatsächlich Herr auch des letzten Winkels der Welt geworden war.

So wollten es die Götter. «Weder in Raum noch Zeit», hatte Jupiter lange vor der Gründung Roms seiner Tochter Venus, der Urmutter des julischen Kaiserhauses, versichert, «setze ich diesen Römern eine Grenze. Ein Reich ohne Ende habe ich ihnen verliehen.»[49] Für die Erfüllung dieser Prophetie beteten selbst die Christen. Denn auch sie fürchteten, dass die Frist, die den Menschen bis zur Ankunft der Reiter der Apokalypse noch gegeben war, mit der Herrschaft der Römer enden würde. Wir wissen, beteuerte der ansonsten so unversöhnliche karthagische Kirchenvater Tertullian, dass das Ende der Welt nur durch die Existenz des Imperiums aufgehalten wird. «Wir wollen dies nicht erleben, und indem wir um Aufschub bitten, tragen wir zum Fortbestand Roms bei.»[50]

Als die Bitten zweihundert Jahre später Gottes Ohr nicht mehr erreichten, bezeugt Augustinus, wie sehr dies auch das christliche Herz traf. Die Plünderung Roms 410 durch die Westgoten beurteilte er als beispiellose Katastrophe. Er konnte und wollte nicht an die Unausweichlichkeit des Todes dieser einzigartigen Weltordnung glauben, obwohl er als Christ doch wusste, dass sie wie jede menschliche Einrichtung sterblich war. Doch ist er ehrlich zu seinen Hörern, die er als Bischof trösten muss, ohne sie zu belügen: «Verliert nicht den Mut, Brüder, jedes irdische Königreich wird ein Ende haben. Gott sieht, ob dies jetzt das Ende ist. Vielleicht ist es noch nicht dazu gekommen. Aus irgendeinem Grunde – nenne es Schwäche oder Erbarmen, oder bloß Erbärmlichkeit – hoffen wir alle, dass es noch nicht gekommen ist.»[51]

Tertullian und Augustinus waren in Gedanken mit vielen Glaubensgenossen den Spuren der Missionare gefolgt und hatten von den Küsten des Atlantiks bis zu den Wüsten Syriens ein Reich entdeckt, das Niegehörtes getan hatte: «An die Stelle berüchtigter Einöden sind lachende Kulturen getreten», lobte Tertullian und beschrieb, was auch der verstockteste Kritiker Roms nur schwer leugnen konnte: «Kornfelder haben die Wälder, Herden die wilden Tiere verdrängt. Sandwüsten werden bepflanzt, Felsen durchbrochen, Sümpfe getrocknet. Schon gibt es so viele Städte, wie einst nicht einmal Hütten. Überall Anbau, Bevölkerung, staatliche Ordnung, Leben.»[52]

Welcher Römer hätte dem widersprochen? Gefragt, hätte er erklärt, Rom habe in der Tat Frieden und Ordnung geschaffen und den Besiegten eine neue, eine bessere Welt gegeben. Nur innerhalb ihrer Grenzen schreite die Rodung voran, werde die Bodenkultur verbessert und der Anbau veredelt, nur in ihr entstünden Städte, Brücken und Straßen, nur sie kenne die umfassende Sicherheit des Rechts, nur sie gewähre den freien Austausch von Gütern und Meinungen. Der griechische Geograf und Weltmann Strabon, der unter Augustus das Mittelmeer von Armenien bis Sardinien bereiste und dabei zum überzeugten Verteidiger der römischen Weltmacht geworden war, verwies seine Leser auf das Schicksal Lusitaniens: Obwohl reich gesegnet mit Getreide, Vieh und Edelmetallen, hätten die dort lebenden Stämme seit Menschengedenken durch Krieg und Raub ihre Lebensgrundlagen zerstört; erst als Rom sie gewaltsam sesshaft machte und italische Kolonisten ins Land strömten, blühten dort Reichtum und Zivilisation.[53] In der Tat: In den Ländern des Westens und Mitteleuropas hat Rom nicht mit Feuer und Schwert die Pforten eines Paradieses gesprengt, sondern war in Räume vorgedrungen, in denen Krieg, Unterdrückung und Hunger das Leben der Menschen seit eh und je bestimmt hatten. Dort war nicht um den Verlust oder die Bewahrung der Freiheit gekämpft worden. Dort war es immer nur darum gegangen, wer wen unterwarf.

Friede auf Erden

Es sind friedliche Jahrzehnte gewesen, in denen solche Gedanken reiften und sich verbreiteten. Sie ließen die Menschen hoffen, im Schutz der römischen Waffen den glücklichen Endpunkt aller Geschichte erreicht zu haben. Die Realität des Krieges, in den Jahren der untergehenden Republik jedem vertraut und von vielen leidvoll erfahren, verschwand aus dem Blickfeld der Menschen in Italien und den Provinzen des Mittelmeerraumes. Die Legionen hatten Festungen an den neuralgischen Punkten der Reichsgrenze bezogen und verließen diese nur noch zu gelegentlichen Offensiven ins Feindesland. Kämpfe und Siege, Niederlagen und Tod rückten im inneren Kreis des weltumspannenden Imperiums an den Rand des öffentlichen Bewusstseins.

Der von Rom geforderte Preis war höher als nur blinder Gehorsam. Mit Liebe und Zuneigung sollte belohnt werden, was doch so außergewöhnlich war. «Schenkt dem Frieden und der Hauptstadt Rom, auf die wir, Sieger und Besiegte, das gleiche Anrecht haben, euer Herz und eure Verehrung», rief der römische Feldherr Cerialis den aufständischen Treverern zu. Der Friede und sein Erhalt, fuhr er fort, rechtfertigten, was Rom fordere, denn Schutz vor Feinden gäbe es nicht ohne Soldaten, Soldaten nicht ohne Lohn, Lohn nicht ohne Steuern. Wem dies nicht einleuchte, der blicke auf die Lehren der Geschichte, vor deren Richterstuhl auch die Taten Roms einst gewogen würden: «Wenn, was die Götter verhüten mögen, die Römer vertrieben werden, was hättet ihr zu erwarten als ewige Kriege unter euch selber? Glück und Leistung haben dieses Reich in achthundert Jahren zusammengebracht; seine Zerstörung könnte nicht geschehen ohne den Ruin auch seiner Zerstörer.»[54] Es ist das einzige Mal, dass Tacitus, der diese Sätze einem General und Kriegshelden in den Mund legt, Partei für das Imperium ergreift. «Laster werden sein, solange es Menschen gibt», tröstet er die, die Grund zur Klage über Willkür und Ausbeutung haben, sie gingen aber doch vorüber und das Bessere überwiege.

Die Überzeugungskraft, die diesen Sätzen innewohnte, zeigte sich, als im 3. Jahrhundert gerade die Grenzprovinzen entschlossen das Imperium verteidigten. Spätestens jetzt, im Angesicht der barbarischen Bedrohung, wogen die Leiden, die Rom einst über die Welt gebracht hatte, nichts mehr – auch wenn sie niemals vergessen wurden. Nun, da Rom wankte und die prophetischen Sätze des Cerialis Wirklichkeit zu werden drohten, waren sie nur noch Geschichte.

So haben nur wenige auf die Gebete für den Sieg der römischen Waffen mit einem Fluch geantwortet. Kaum einer hätte zu entgegnen gewagt, der beschworene Segen habe doch einen Preis, den viele zahlten und jeder kenne: «Hab und Gut werden zu Steuern, der Jahresertrag der Felder zur Getreideabgabe, unsere Leiber aber und Hände beim Bau von Straßen durch Wälder und Sümpfe und unter Schlägen und Beschimpfungen zerschunden.» Es war ein Barbar aus dem fernen Britannien, der so wortgewaltig protestieren konnte, da ihm kein geringerer als Tacitus Stimme und

Feder lieh.[55] Er war nicht allein. Zu denen, die abseits blieben, gehörte auch der Grieche Timagenes, der als Kriegsgefangener aus Alexandrien nach Rom gekommen war, dort für kurze Zeit als Historiker arbeitete und sich der Gunst des Augustus erfreute. Der Gedanke an eine Zerstörung Roms, so schön er sei, schrieb er, stimme ihn nur deswegen traurig, weil die Stadt anschließend umso schöner wieder aufgebaut würde. Andere erinnerten mit galligem Witz an die Anfänge der Tiberstadt, in denen Brudermörder und Frauenräuber ihr Unwesen trieben.

Wer mehr wagte oder gar zum Widerstand aufrief, fand kein Gehör oder wenn, dann erntete er ein Achselzucken. Denn so war es doch immer gewesen, wenn gehobelt wurde, und gleichgültig, wer gerade wem und wann befahl, er dachte an den Nutzen seines Sieges. Im Grunde vergaßen die Griechen nie, wer der Herr und wer der Diener war. Sie pflegten daher umso bewusster die eigene Sprache und die Erinnerung an frühere glanzvolle Tage. Dies und ihre offene Ablehnung der lateinischen Sprache wurden zu eisernen Klammern der griechischen Identität. Sie helfen zu erklären, warum es trotz der langen Dauer des Imperiums nicht zu einer organischen Verbindung von lateinischer und griechischer Kultur und Lebensart kam, sondern bei einem Nebeneinander blieb. Die Folgen erkannte man erst sehr viel später, als am Ende des 4. Jahrhunderts die Teilung des Imperiums in eine Ost- und Westhälfte irreparabel schien.

6. «Auserkoren, den Himmel heller zu machen»

Orte der Armut

Jede Weltmacht erliegt der Versuchung, ihre imperiale Sendung mit den Segnungen zu rechtfertigen, die sie der Welt zu bringen vorgibt. Glück und Frieden sind ihre Werbeformeln und die Beständigkeit ihrer Ordnung unterstützt ihre Legitimation. Was Rom betrifft, ist das Andachtsbild der *Roma Aeterna* besonders eindrucksvoll. Die tatsächliche Macht Roms, die Dauer seiner Herrschaft und ihre räumliche Ausdehnung bekräftigten seine Botschaft. Glanz gaben ihm die römischen Literaten, beginnend mit den augusteischen und endend mit den christlichen Dichtern der Spätantike. Aber auch nüchterne Geister haben das Lied von der römischen Mission gesungen, der Welt ein neues Gesicht zu geben. Zu ihnen zählt der ältere Plinius, der beim Ausbruch des Vesuvs 79 n. Chr. als Flottenkommandant den Tod fand. In seiner Beschreibung Italiens rühmte er das

«Land, das aller Länder Kind und Mutter in einem ist, vom göttlichen Geiste auserkoren, den Himmel selber heller zu machen, die zerstreuten Reiche in eine Hürde heimzuführen, die Sitten zu sänftigen und dem Menschen das Menschsein zu schenken und alleiniges Vaterland für alle Stämme auf dem Erdkreis zu werden.»[56]

Sein Neffe und Adoptivsohn, Plinius der Jüngere, wollte da nicht zurückstehen. «Welch ein Glück für alle Provinzen, dass sie in unsere Obhut, unseren Machtbereich gekommen sind», jubelte er beim Antritt seines Konsulats im Jahre 100. Mehr und mehr, fuhr er fort, begriffen ihre Bewohner, wie nützlich es sei, nicht nach einer Freiheit voller Zwietracht zu streben, «sondern einem einzigen Herren zu dienen.» Er rühmte den wirtschaftlichen Weitblick Trajans, der «den Ertrag der Regionen bald hierhin, bald dorthin schaffen lässt, der ein Volk jenseits des Meeres nährt und schützt, als wäre es ein Teil der Bevölkerung Roms. Nicht einmal der Himmel zeigt je eine solche Güte, dass er allen Ländern gleichermaßen Fruchtbarkeit und Gedeihen schenkt; unser Princeps dagegen hält von ihnen allen, wenn schon nicht die Unfruchtbarkeit, so doch ihre bösen Folgen fern.»[57]

Es ist eine Fata Morgana, die der Redner, mitgerissen vom Schwung der eigenen Worte, dem an derlei gewöhnten Senat vorträgt. Tatsächlich betrieben Wirtschaftspolitik im modernen Sinne weder die Kaiser Roms noch andere antike Machthaber. Ohnehin reizten ökonomische Probleme selten zum eigenständigen Nachdenken und niemandem wäre eingefallen, ihre Gesetzmäßigkeiten zu erkunden. Kaiserliche Eingriffe in das Wirtschaftsleben gab es natürlich; aber sie waren dazu da, akute Nöte und einzelne Missstände zu beheben, nicht, um weltweit das tägliche Wirtschaftsgebaren zu ordnen. Was Plinius zu preisen hatte, war also nicht der ökonomische Sachverstand des Regenten, sondern die Fürsorge des kaiserlichen Patrons und Friedensstifters. Denn wer die Versorgung der Hauptstadt und der Großstädte des Reiches sicherte, von denen nur wenige in der Lage waren, die eigenen Bedürfnisse aus dem Umland zu befriedigen, der gab den Provinzen Ruhe und der kaiserlichen Familie Sicherheit.

Städte prägten das Gesicht des Imperiums. Die meisten von ihnen waren Agrarstädte. Ihre Bürger lebten vornehmlich als Bauern, für die das Land die einzige Quelle ihres Reichtums war, und die alles, was sie an Metallen, Sklaven und Luxusgütern brauchten, mit den Erträgen ihrer Felder bezahlten. Je weiter sie vom Meer oder den großen schiffbaren Flüssen entfernt lebten, umso teurer wurde, was sie ex- oder importierten. «Da unsere Stadt weit entfernt von der Küste liegt», klagte der Bürger einer kleinasiatischen Gemeinde, «kann sie weder ihre überschüssigen Erzeugnisse absetzen noch – in Zeiten des Mangels – das Fehlende einführen.»

Diese dürren Worte, nicht die hymnischen des Plinius beschreiben das erste Grundgesetz antiken Wirtschaftens. Denn nur der Seeweg machte die Beförderung von schweren Lasten und Massengütern bezahlbar. War die Fracht eines Schiffes erst einmal auf Karren oder die Rücken von Lasttieren verladen worden und auf dem Weg ins Landesinnere, so bedeutete das den Übergang von einem schnellen und billigen zu einem langsamen und teuren Transportmittel. Das 301 von Diokletian erlassene Preisedikt nennt die Folgen: Eine Wagenladung Weizen (rd. 550 kg) über Land befördert, verdoppelte ihren Preis bei einer Strecke von etwa 500 Kilometer und war damit dreimal so teuer wie bei einem Schiffstransport von einem Ende des Mittelmeeres zum anderen.

Das vorhandene Straßennetz änderte daran wenig. Es sollte keine Wirtschaftsräume verbinden, sondern es war angelegt worden, um die eroberten Gebiete militärisch zu durchdringen und es den Legionen leichter zu machen, in kürzester Zeit jedes Widerstandsnest und jeden noch so fernen Kriegsschauplatz erreichen zu können. So verliefen diese Straßen zumeist tief im Landesinneren und dort durch Städte, deren Einwohner alles, was sie brauchten, aus ihrem Umland bezogen. Ihre Karren, Ochsen und Maultiere waren teuer genug, gleichgültig ob sie über Feldwege oder große Straßen zogen. Der Fluch eines samnitischen Fuhrknechts beim Anblick der Rechnung seines Gastwirts: «Das verdammte Maultier wird mich ruinieren», zeigt die Grenzen jedes Unternehmergeistes.[58] Für ihn und seinesgleichen waren die Straßen nutzlos und für die Anwohner eine Strafe der Götter obendrein. Sie mussten für ihre Instandhaltung arbeiten und den durchziehenden Kurieren, Funktionären und Truppen Nahrung, Unterkunft, Kleidung, Tiere und ihre eigene Arbeitskraft anbieten. Als Jesus seine Jünger ermahnte: «Wer dich nötigt, eine Meile weit zu gehen, mit dem gehe zwei», hatte der Berichter Matthäus das Bild eines Mannes vor Augen, der einem reisenden Beamten das Gepäck zum nächsten Rastplatz trug.

Nahmen diese Lasten überhand, schnürte der kleine Mann sein Bündel. «Werden uns weitere Verbindlichkeiten aufgeladen, werden wir die gewohnten Wohnsitze aufgeben; die kaiserliche Kasse wird davon den allergrößten Schaden davontragen», drohten die geplagten Bewohner des

Abb. 21
Die Bewohner Hunderter Agrarstädte blieben Gefangene ihrer Weltabgeschiedenheit. Sie bauten an, was schon ihre Eltern und Großeltern angebaut hatten, und verkauften auf den örtlichen Märkten ihren Überschuss. So auch hier ein Bauer, der einen Hasen trägt und sein mit ein paar Schafen behängtes Rind in die Stadt bringt. Er ist ein frommer Mann. Das Relief zeigt über ihm eine Kapelle mit dem Gnadenbild des Priapos. Ihm, dem Gott der Fruchtbarkeit, haben auf einem Pfeiler hinter der zerfallenen Mauer seine Verehrer Weihgaben dargebracht. Das kleine Bild spricht von der Härte des Landlebens, nicht von der Sehnsucht nach dem einfachen Leben auf dem Lande, wie es Vergil oder Horaz besungen haben.

thrakischen Dorfes Skaptopara, und sie fügten hinzu, ohnehin sei von der einst zahlreichen Einwohnerschaft nur noch ein kümmerlicher Rest geblieben. Was sie an den Rand des Abgrundes trieb, schildern sie aufgeregt dem Kaiser: Ihre Ortschaft läge zwischen zwei Heerlagern und habe seit Menschengedenken von zwei warmen Quellen und einem in der Nähe gelegenen Wallfahrtsort profitiert. Nun aber kämen mehr und mehr durchziehende Soldaten und Beamte zu ihnen, forderten unentgeltliches Quartier und Unterhalt und scheuten immer weniger vor Raub und Gewalt zurück. Einzig der Kaiser könne ihnen jetzt noch helfen, und wenn nicht, bliebe ihnen nur die Flucht.[59]

Diese Drohung war nicht aus der Luft gegriffen. Denn es blieb ihnen eine Hoffnung: Der große Herr in der Nachbarschaft und sein Latifundium, auf dem die kaiserliche Gewalt wenig oder nichts bewirken konnte. Davon sprachen ganz offen die Bauern aus Agabeyköy in Lydien in einer Bittschrift an den Kaiser: Steuereintreiber, so klagten sie, hätten neun von ihnen gefangen genommen und Lösegeld erpresst; die um Hilfe angerufenen kaiserlichen Beamten legten die Hände in den Schoß und antworteten nicht, sodass jetzt der Kaiser helfen müsse. Könne auch er nicht, so seien sie gezwungen, die väterlichen Herden und die Gräber der Vorfahren zu verlassen; um gerettet zu werden, begäben sie sich auf das Privatland, «um dort als von den kaiserlichen Ländereien Vertriebene zu leben, auf denen wir zur Welt kamen und groß wurden, seit den Zeiten der Vorfahren arbeiteten und als Bauern dem kaiserlichen Fiskus die Treue hielten».[60]

Was immer in den Weltstädten des Reiches passieren mochte: Die Bewohner der Agrarstädte spürten wenig davon. Dort zogen im ewig gleichen Wechsel der Jahreszeiten die Bauern täglich bei Morgengrauen auf ihre Felder und bauten Oliven an, Kornfrüchte für das Brot oder Wein, der nahezu überall wuchs; die Zucht von Schafen, Rindern und Schweinen ergänzte die schwache Produktivität. Zusätzliche Einkünfte sicherte nur das Recht, regelmäßige Markttage abhalten zu dürfen. Bei diesen Anlässen strömten Käufer und Verkäufer aus der Umgebung zusammen, die meist die angebotenen Waren auch hergestellt hatten. Alle zahlten Marktgebühren, die zusammen mit Pachten und Zöllen den schmalen Säckel der Stadt füllten. Natürlich kamen auch die Wirte, die Schausteller, die Devotionalienhändler, die Huren, die Viehdoktoren und die Transportunternehmer an diesen Tagen nicht zu kurz, an denen religiöse Feiern und Spiele für eine festtägliche Stimmung sorgten. Insgesamt umschlossen diese Städte eine Welt, in der man von guter zu schlechter Ernte fast ganz als Selbstversorger lebte und froh war, wenn man über die eigenen Bedürfnisse hinaus die Rom zu leistenden Tribute aufbringen konnte.

Für diese Menschen schrieb Phädrus, Freigelassener des Augustus und Fabeldichter, seine zeitlose Mär vom Esel und dem alten Hirten: Beide, von fernem Kriegsgeschrei bedroht, denken an Flucht, bis der Esel den Alten fragt, ob der neue Herr ihm wohl die doppelte Last auf den Rücken laden werde. Als der Greis verneint, wendet sich das Grautier wieder dem Gras zu: «Was macht's mir dann aus, wem ich diene, wenn ich doch nur einen Packen trag?» Richtig, kommentiert Phädrus, denn «wenn Herrscher wechseln, ändert sich dem Armen nur der Herr, ansonsten bleibt's, wie es war».[61]

Die Zuwendungen der Großen fielen in diesen Orten eher bescheiden aus. Wer hätte auch Gefallen an einer Stadt wie dem stillen phokischen Panopeis finden sollen. Wie viele Kleinstädte Griechenlands hatte es einst bessere Zeiten gesehen und musste nun zu seiner Armut noch den Spott seiner wenigen Besucher ertragen: «Von Chaironeia aus», notierte mitleidig der gewandte Weltreisende Pausanias, «sind es zwanzig Stadien nach Panopeis, einer phokischen Stadt, wenn man denn einen solchen Ort eine Stadt nennen darf, der weder Amtsgebäude, noch ein Gymnasion, noch ein Theater, noch einen Markt besitzt, nicht einmal Wasser, das in einen Brunnen fließt, sondern wo man in Behausungen etwa wie in den Berghütten an einer Schlucht wohnt.»[62] Solche Gemeinden hatten keine Gönner und Zuwendungen des Kaisers erwartete hier niemand. Dessen Gunstbeweise kamen den Städten zugute, die sein und des Reiches Ansehen mehren konnten.

Die Armut, so lehren die kümmerlichen Hütten von Panopeis, war vielerorts die Kehrseite eines kostspielig zur Schau gestellten Reichtums. Es konnte auch gar nicht anders sein: Das Mittelmeerbecken ist rings von Gebirgszügen umgeben, und seine fruchtbaren Ebenen und Täler bieten den Bauern nur selten die Möglichkeit, Weizen und Gerste über den eigenen Bedarf hinaus anzubauen. Zahlreiche Städte lagen in Sichtweite abweisender Hoch- und Gebirgsländer, in die Hirten ihre Schaf- und Ziegenherden trieben. Dort lebte man am Rande des Hungers und jenseits allen urbanen Glanzes. Noch drei Ortschaften und zwei Flussläufe weiter, schon am Rand der Zivilisation, in den anatolischen oder lykischen Gebirgstälern etwa, finden sich schließlich die Städte, in denen die Menschen zuerst ans Überleben, dann an ihre Familie und an ihre Gemeinschaft, niemals aber an das unendlich ferne Rom dachten. Sie waren in sich geschlossene Lebensbereiche, Domänen von lokalen Herrschern, die über sich keine Macht mehr kannten. Der kaiserliche Beamte, den der Zufall hierhin verschlug, wirkte ebenso wie eine durchziehende römische Kohorte wie eine Macht, die nicht einmal böse, sondern einfach nur fremd war.

Säulen des Reichtums

Plinius und mit ihm die Großen des Reiches hatten nicht diese Welt vor Augen, sondern eine andere, nicht minder reale. Sie war in der Tat reich und sie nährte den Glauben, der Kaiser habe den Wohlstand bis in die letzten Winkel des Reiches gebracht. Wer sich in den ersten beiden Jahrhunderten der Kaiserzeit zum Reisen entschloss und in den Winzerorten an der Mosel, in den Ackerstädten Afrikas oder in den Gemeinden am syrischen Wüstenrand haltmachte, kehrte nicht bei Hilfsbedürftigen ein. Im Gegenteil: Verglichen mit dem, was zurückliegende Zeitläufe gekannt hatten und die Länder jenseits der Grenzen besaßen, spürte er Wohlstand, Sorglosigkeit und ein wirtschaftliches Laisser-faire, über das Rom seine schützende Hand hielt. Die Stadtmauer, deren Tore er durchschritt, schien in dieser Zeit der allgemeinen Sicherheit seltsam fehl am Platz – es sei denn, der Reisende sah sie nicht als ein Symbol der Furcht, sondern als Beweis der Fähigkeit, die Bedeutung der Stadt architektonisch ins rechte Licht zu rücken. Geld jedenfalls schien reichlich vorhanden. Denn im Zentrum wie an der Peripherie investierten die lokalen Eliten große Summen in Nutz- und Prachtbauten, die den Architekten und ihren Künsten reiches Lob und den Spendern standesgemäße Ehren bescherten. Nichts anderes taten der Kaiser und die Großen des Reichsadels. Auch sie setzten ihre auf den Domänen und Latifundien erwirtschafteten Gewinne in den Städten um; Spenden der verschiedensten Art ergossen sich wie aus einem unerschöpflichen Füllhorn über sie.

Reichtum gedieh in den Munizipien und Kolonien der nordafrikanischen Provinzen, die zu den bevölkerungsreichsten und wirtschaftlich stärksten Ländern gehörten, da sie die großen Getreideanbaugebiete des Maghreb ausbeuteten. Er blühte in den bedeutenden Produktionszentren, in denen kaiserliche Manufakturen wie die Webereien und die staatliche Münze oder Waffenschmieden wie im kappadokischen Caesarea den Wohlstand von Arbeitern und Gewerbetreibenden steigerten. Er wuchs in den großen Handelsstädten, die Fluss- oder Seehäfen besaßen. So war es etwa in Lugdunum (Lyon), Schnittpunkt im Straßensystem Galliens, Verwaltungszentrum aller gallischen Provinzen und Mittelpunkt des Kaiserkultes. In dieser Stadt überraschte den Reisenden eine bunt gemischte Bevölkerung aus Beamten, Händlern, Kaufleuten und Schiffern, viele von ihnen orientalische Zuwanderer, Freigelassene, die schnell nach oben wollten, Italiker und Einheimische.

Ein ähnliches Bild bot Arelate (Arles), der wichtigste Hafen im gallischen Süden, in dem die Güter aus den Binnenschiffen der Rhône in die Seeschiffe umgeladen wurden. Der Reichtum vermehrte sich natürlich ebenso in Alexandria, Umschlagplatz für die Erzeugnisse Ägyptens und Schnittpunkt des Seeverkehrs im Mittelmeer, oder in Palmyra, Oase inmitten weiter Wüstengebiete, über die der Karawanenhandel mit den Luxusgütern aus dem Osten führte, oder in Rhodos und Chios, die den Ägäishandel lenkten. Man fand ihn in griechischen Städten wie Athen oder Pergamon, die von ihrer großen Vergangenheit lebten und zu Pilgerstädten für alle Bildungsbeflissenen geworden waren. An der Spitze der Skala aber stand natürlich Rom. Die Hauptstadt führte ein nahezu parasitäres Dasein, das von den Geschenken des Kaisers und seiner Paladine, von Steuern, Pachten und Tributen bestritten wurde.

7. Die Provinzen Afrikas

Städter und Nomaden

Die Natur hat die Länder Nordafrikas nach allen Seiten hin isoliert: Im Westen durch den Atlantik, im Norden durch das Mittelmeer, im Osten durch den Strand der großen Syrte, der Ackerbau unmöglich machte, und im Süden durch die Sahara. Aber auch innerhalb dieses Gebietes gab es schwer überwindbare Grenzen. Das Territorium der Provinz *Africa proconsularis* (später das arabische *Ifriqiya*) ist nach Westen hin durch eine Reihe abweisender Gebirgsreliefs vom römischen Mauretanien (später der arabische *Maghrib*) getrennt, und die Bewohner ihrer sonnenbeschienenen Städte und Landschaften haben durch alle Zeiten ihr Gesicht zum westlichen Mittelmeer und zum Orient gewandt. In Mauretanien hingegen, wo es keine großen Flüsse und reiche Ebenen gab, waren zusammenhängende Siedlungsgebiete selten. Außerdem drangen hier auch immer wieder Nomaden ein, angelockt von bis zu den Küsten reichenden Landschaften, in denen die Sahara das Klima und die Lebensbedingungen diktierte. Allein die Bergmassive und die dort lebenden Berberstämme boten ein gewisses Maß an Stabilität und waren stark genug, den römischen Eroberern ebenso wie den aus dem Süden vorrückenden Nomadenstämmen zu widerstehen.

In dieser zerrissenen Welt kamen alle Veränderungen von außen. Phöniker, Römer, Vandalen und Araber lösten einander in der Herrschaft ab. Die römischen Kolonisatoren ernteten Getreide, förderten die Olivenkultur und bauten ihre Städte in den Ebenen des Sellif und des marok-

Karte 6
Römische Provinzen in Nordafrika

kanischen Sebu, im östlichen Tunesien und in allen Ländern der Dorsale, des Gebirgsrückens, der den mediterranen Norden von den Gebieten des trockenen Steppenklimas im Süden trennt. Caesar und Augustus schickten ihre Veteranen ins Land und schufen Kolonien, die in den fruchtbarsten Landstrichen auf Kosten der alteingesessenen Bauern gegründet wurden; einheimische Siedlungen erhielten, wenn sie ihre Treue hinreichend bewiesen hatten, großzügige Stadtrechte – rund 30 % der in den Westprovinzen gegründeten Städte finden sich in Nordafrika. Flavius Josephus glaubte zu wissen, dass die dortigen Provinzen zwei Drittel des römischen Jahresbedarfs an Getreide lieferten.[63] Die Zahl zeigt, welche Bedeutung den afrikanischen Städten zukam und warum sich der Kaiser zum größten Grundherrn des Landes machte. Es erklärt nicht zuletzt die Entschlossenheit, mit der Rom über Jahrzehnte die Söhne der Wüste zu zähmen versuchte.

Trajan versuchte es gar, die Nomaden des Südens durch Limesanlagen ganz auszusperren.[64]

In den Randzonen hielten sich Klientelstaaten. Einer davon war Mauretanien und seine Geschichte offenbart, dass und in welchem Maße sie alle Hörige des Kaisers waren. Nach dem Tod des Königs Bocchus im Jahre 33 v. Chr. marschierten römische Truppen in das Land ein, um die bereits bestehenden Kolonistenstädte zu schützen. Acht Jahre später setzte dort Augustus den numidischen Königssohn Juba II. auf den Thron, obwohl die Armee und die angesiedelten Veteranen ihm die Provinzialisierung nahelegten. Augustus entschied sich anders. Er tat es zum einen aus Dankbarkeit gegenüber einem Fürsten, der in den Jahren des Bürgerkrieges an seiner Seite gestanden hatte. Zum anderen machten ihm die Berichte seiner dort operierenden Kommandeure wenig Hoffnung, in den endlosen Weiten des dünn besiedelten und von Nomadenstämmen durchzogenen Raumes stabile gesellschaftliche Ordnungen schaffen zu können, die den Gouverneuren das Regieren erleichtert hätten. Vor allem aber wollte der zum Alleinherrscher aufgestiegene Bürgerkriegsgeneral in Afrika jenseits der Provinzgrenzen einen Vasallen haben, der nur auf ihn hörte und der gegen jeden, der den Gehorsam aufkündigte, seine Reiter mobilisieren konnte, bevor die Nachrichten von Unruhen Rom erreichten.

Der Nachfolger Jubas, sein Sohn Ptolemaios und ein Enkel des Triumvirn Marcus Antonius, fiel in Lyon, wohin ihn Caligula 39 beordert hatte, Totschlägern in die Hände, die der Kaiser selbst ausgesandt hatte. Der König hatte seine Schuldigkeit getan und seine Reichtümer flossen in die kaiserliche Schatulle. Als die Mauren darauf mit Krieg unter der Führung eines Vertrauten des Ermordeten antworteten, zog nach langen Kämpfen Kaiser Claudius das Land ein und konstituierte zwei Provinzen, *Mauretania Caesariensis* im Osten mit der Hauptstadt Caesarea (Cherchel) und *Mauretania Tingitana* im Westen mit der Hauptstadt Tingi (Tanger). In den Gefechten der Jahre 42/43 verfolgten römische Truppen unter dem Kommando des Legaten Hosidius Geta die besiegten Stämme und überquerten als erste Römer den Atlas. In der Sahara wären sie elend zugrunde gegangen, wenn sie nicht ein Regenwunder gerettet hätte – so erzählen es unsere antiken Gewährsmänner.[65]

Die Aufstände in den nordafrikanischen Provinzen waren harmlos – von einer Ausnahme abgesehen. Sie aber zeigt, wo die römische Herrschaft verwundbar war. 17 n. Chr. desertierte der zum Waffendienst in eine Auxiliareinheit gepresste Numider Tacfarinas und schwang sich zum

Führer einer ständig wachsenden, nach römischem Muster geordneten Truppe auf, als die Gier nach neuem Land die Ausdehnung des römischen Herkunftsgebietes nach Süden erzwang und die Wanderungen der Halbnomaden eindämmte. Mit verbündeten numidischen und mauretanischen Stämmen hoffte Tacfarinas die Hirten und Bauern aufzurütteln, die römische Siedler von den alten Weidegründen und den Wasserquellen verdrängt und ins Ödland getrieben hatten. Die Rebellion dehnte sich schließlich von Mauretanien im äußersten Westen bis an die Grenzen der Kyrenaika aus und endete erst im Jahre 24, als Tacfarinas in der Nähe des heutigen Algier, verraten von seinen Bundesgenossen, im Kampf fiel; der Kopf des tapferen Mannes wurde in Rom vorgeführt – auch dies ein Zeichen, wie schwer der jahrelange Krieg am römischen Selbstbewusstsein gezehrt hatte.[66]

Von diesem Tag an hatten die italischen Kolonisten und Großinvestoren freie Hand. Wer afrikanisches Neuland kaufte und Weizen anbaute oder Ölbäume pflanzte, hatte sein Glück gemacht und durfte auf kaiserliches Wohlwollen zählen. Denn was er tat, ließ die Produktion von Getreide wachsen, was wiederum den Kornpreis in Rom senkte, die Staatseinkünfte erhöhte und die Getreideversorgung der Hauptstadt sicherte.

Neben den in Mauretanien errichteten Veteranenkolonien wuchsen einheimische Städte und wurden für ihr Wohlverhalten mit dem Status eines Munizipiums belohnt. Ihre Zahl war gering, und ihre römische Lebensart verführte nur wenige Nachbarn. So blieben sie Inseln einer fremden Kultur in einem Land, in dem die Stämme wie ihre Vorfahren in Dörfern oder als Halbnomaden lebten. Berber und Mauren beugten sich zwar der römischen Übermacht, zeigten ihrer Zivilisation aber die kalte Schulter.[67]

Rom nahm es hin. Dem Imperium genügte der Anspruch, Herr des Landes zu sein. Der Unterschied zu den östlichen Provinzen Afrikas konnte nicht größer sein: hier die Standhaftigkeit alter Lebensformen, dort die Verwandlung von Gesellschaft, Wirtschaft und Lebensart; hier ein dünner Firnis römischer Lebensart, dort ihre intensive Aneignung. In den zahlreichen Städten Numidiens und des prokonsularischen Afrika gehorchten die Eliten wie in den Städten Galliens und anderswo dem ersten Gebot der Reichen und Mächtigen: Ehrenwertes Vermögen wird entweder geerbt oder durch politische Tätigkeit oder dauerhafte Investitionen in Land erworben.

Reich durfte sich nennen, wer wie Aemilia Pudentilla, mit dem Dichter und Sophisten Apuleius verheiratete Grundherrin, seinen Kindern große

Herden, fruchtbare Felder und 400 Sklaven schenken konnte.[68] Aber nicht nur große, sondern auch kleine Leute machten mit Mut und Tatkraft ihr Glück. Von ihnen erzählt die Grabinschrift eines unbekannten Schnitters aus Maktar (Tunesien). Er sei, berichtet er stolz, in der ärmlichen Hütte kleiner Leute geboren worden, habe von Kindheit an auf dem Lande geschuftet und sich zeitlebens keine Ruhe gegönnt. Daher habe er es bis zum Vorarbeiter gebracht und so viel verdient, dass er Land kaufen konnte. Am Ende habe ihn seine Vaterstadt durch einen Sitz im Bürgerrat geehrt: «Von den Senatoren erwählt, saß ich im Rathaus: So wurde aus dem Bauern ein Zensor.»[69] Man muss nicht jedes Wort dieses Mannes auf die Goldwaage legen; zu allen Zeiten haben sich Parvenüs mit einer armen Familie und einem Vater gebrüstet, der so wenig besaß, dass er keinen Groschen Steuern bezahlte. Trotzdem belegt die Inschrift die Existenz energiegeladener Unternehmer, die sich im reichen Nordafrika, anders als im ärmlichen Mauretanien, durchsetzen konnten. Ihnen waren die römischen Herren, Kaiser wie Gutsherren, durchaus willkommen, garantierten sie doch dem Glücklichen eine sichere soziale Existenz und einen ehrenvollen Sitz im Rat der Stadt.

«Rom in Afrika»: Die Wiedergeburt Karthagos

In diesem reichen Land wuchs eine Stadt zu neuer Blüte und schwang sich neben Rom zur Weltstadt im westlichen Mittelmeer auf: Karthago (Tunis). «Die Stadt wurde nach Macht und Größe allein von Rom übertroffen», heißt es bei Herodian, der eine *Römische Geschichte* über die Zeit von 180 bis 238 schrieb. 146 v. Chr. hatten römische Legionen die uralte Handelsmetropole eingenommen, niedergebrannt, den Pflug über ihre Reste geführt und ihre Bewohner versklavt oder vertrieben: Nie wieder sollten dort Menschen wohnen. 29 v. Chr. kehrten ihre Nachfahren zurück. Der Fluch, den die Priester einst über die Stadt gesprochen hatten, wurde feierlich aufgehoben und 3000 römische Kolonisten erhielten Land und Wohnsitze.

Karthago wuchs langsam, aber immer gefördert von kaiserlichen Zuwendungen und Privilegien. Ihr Hafen, ein wachsender Zustrom von Siedlern und die Erträge der Landwirtschaft machten sie zu einer Metropole, in der sich das römische Element mit dem der afrikanischen Berber und der phönikischen Punier mischte. Griechische Denk- und Lebensart konnte sich hier, anders als in Rom, nicht durchsetzen; die Afrikaner blickten nach Italien oder nach Spanien, nicht nach Ägypten oder den Metropolen des griechischen Mutterlandes. Als gespalten zwischen Nüchternheit und Überspanntheit, zwischen ausgeklügelter Kultiviertheit und unbeherrschter Leidenschaft beschreibt sie Plutarch.[70]

Afrikanisches Christentum

Diese Wesenszüge beeinflussten auch das afrikanische Christentum und prägten später die großen Kirchenväter Afrikas von Tertullian über Cyprian bis Augustinus. Wann die ersten Missionare, die wahrscheinlich als Kaufleute aus Rom kamen, Karthago betraten, liegt im Dunkel. Die ersten Zeugnisse christlicher Existenz sind Aufzeichnungen über einen Prozess, der um 180 eine Handvoll Christen aus dem kleinen Ort Scili als Beklagte vor den Statthalter führte. Die Sprache des Verhörprotokolls aus christlicher Feder ist wie alle Zeugnisse, die ihm folgten, lateinisch. Sie beglaubigen zusammen mit den Schriften Tertullians bereits Ende des 2. Jahrhunderts das Vorhandensein stattlicher Ortskirchen, in denen die romanisierte Stadtbevölkerung den Ton angab. Selbst die Gegner der Christen, schrieb tief befriedigt Tertullian, hätten gejammert, «die Stadt sei von uns in Besitz genommen; auf dem Land und in den Dörfern, in den Wohnblocks gäbe es Christen; den Übertritt jedes Geschlechts, Alters, Standes und sogar Ranges zu unserem Namen betrauert man wie ein Unglück».[71] In allen Städten Afrikas, Numidiens und Mauretaniens richteten sich Bischöfe ein, die sich bald in Synoden zusammenfanden und für ihre Schützlinge verbindliche Regeln aufstellten. Bereits um 240 trafen sich 90 Bischöfe in Lambaesis, der Hauptstadt der Provinz *Numidia*, um über strittige Glaubensfragen zu entscheiden.

Die Bedeutung der afrikanischen Gemeinden spiegelt sich in der Macht ihrer Bischöfe und der Hartnäckigkeit, mit der sie theologische Streitfragen austrugen und dabei den Konflikt mit dem römischen Bischof nicht scheuten. Fraglos der einflussreichste ihrer Kirchenfürsten war Cyprian. Aus vornehmem Hause stammend wurde er 248 zum Bischof von Karthago gewählt. Drei Jahre später floh er beim Ausbruch der Christenverfolgung unter Decius aufs Land und rettete sein Leben. Er entrichtete dafür einen kaum zu tragenden Preis. Denn für den Rest seiner Tage musste der stolze Hirt mit der Schande leben, seine Schafe, von denen viele ihr Leben verloren hatten, verraten zu haben – seine Beteuerungen, er habe auf göttlichen Befehl die Stadt verlassen, bewahrten ihm sein Amt, befreiten ihn jedoch nicht von seinen Gewissensqualen. Von ihnen gepeinigt drängte er sich regelrecht zum Martyrium, als er 257 seinen Häschern in die Hände fiel, vor den Richter geführt wurde und ihm zurief: «*Christianus sum, et Episkopus* (ich bin Christ und Bischof).» Verurteilt «als ein erklärter Feind der Götter und der Gesetze des römischen Staates» starb er durch das Schwert; die Gläubigen verehrten ihn früh als Heiligen.[72]

Dieser Mann war in Glaubensfragen ein Feuerkopf, der keinem Konflikt aus dem Weg ging. Für die Entwicklung des Christentums wurde er zum Wegbereiter, da er die seit Langem unbeantwortete Frage aufgriff, wie der Einzelne, der allein vor seinen göttlichen Richter treten wird, den rechten Weg dorthin findet. Er kann es, so lautete die Antwort Cyprians, nur in der Kirche und als gehorsamer Diener ihrer Gebote. Es war, als habe sich zwischen Himmel und Erde eine Grenze aufgetan, die nur noch mit Erlaubnis des Wachpersonals durchschritten werden durfte. Anders: Der Einzelne hat, obwohl ihm allein das ewige Leben versprochen wurde, keinen eigenen Weg zu Gott mehr. Mit dieser Lehre trat die Kirche als heilsnotwendige Instanz zwischen Gott und Mensch: *Extra ecclesiam salus non est* (außerhalb der Kirche gibt es kein Heil).

Mit dieser Formel unterwarf sich der Bischof den Gläubigen, der nur als Untertan sein künftiges Heil erwarten konnte. Disziplin und Gehorsam traten gleichgewichtig neben Glaube und Liebe. Dieses Diktat des mächtigen Kirchenfürsten, einmal zur Lehrmeinung geronnen, band für immer die Festlegung der Glaubensinhalte ebenso wie jeden Erlass von Vorschriften des täglichen Lebens und die Ausgestaltung der Liturgie an die Institution Kirche. Ihre höchste Instanz, der Bischof, verwahrte und gebrauchte als Vermittler allein die Heil bringenden Sakramente. Seine Macht über die Seelen kannte nun keine Grenzen mehr: «Gott kann nicht zum Vater haben, wer die Kirche nicht zur Mutter hat», präzisierte Cyprian. Und er fügte hinzu, die Einheit der Kirche sei mit der Eintracht ihrer Bischöfe identisch, denn Gott habe mit der Einsetzung des Petrus die Würde des Bischofsamtes verbindlich für alle Zeiten geschaffen: «Seitdem verläuft im Wechsel der Zeiten und der Nachfolge im Amt die Einsetzung der Bischöfe und die Ordnung der Kirche in der Weise, dass die Kirche auf die Bischöfe gegründet und jede kirchliche Handlung durch sie geleitet wird.»[73]

Das Ende des römischen Nordafrika

Das Ende römischer und christlicher Herrlichkeit in Nordafrika kam spät und nach schweren Kämpfen. In den Jahren der Völkerwanderung war vieles zerstört worden, hatten im Norden germanische Fürsten das Erbe Roms angetreten und im Süden Vandalen und Byzantiner um die Vorherrschaft gerungen. Geblieben war die Einheit des Mittelmeerraumes, getragen durch gemeinsame historische Erinnerungen und gehalten vom christlichen Glauben, so zerstritten sich seine Anhänger auch gebärden mochten. Um 700 gab es diese Welt nicht mehr. Unter der grünen Fahne ihres Propheten Muhammad hatten arabische Stämme Palästina, Syrien, Mesopotamien und den Iran überrannt; im Süden fielen Ägypten und die wichtigsten Häfen der Cyrenaika in ihre Hände. Bis zum Ende des Jahrhunderts brach jeder Widerstand im Maghreb zusammen; 711 schließlich setzte der Berbergeneral Tariq nach Spanien über und öffnete dem Islam das Tor nach Europa.

Römischer Lebensstil und christlicher Glaube waren in Afrika an die Existenz der Städte an der Küste und in den Fruchtebenen gebunden. Als diese fielen, verwehten ihre Spuren schnell. Der Bischof von Karthago, einer der wichtigsten Kirchenfürsten des Imperiums und entschlossener Gegner des absoluten Machtanspruches seines Amtsbruders in Rom, verschwand wie sein Glaube und die römische Zivilisation, die sie getragen hatte, nahezu geräuschlos von der afrikanischen Bühne.

VII

Jenseits des Horizonts

«Ihr habt ja vordem in tiefer Finsternis gelebt, unbekannt mit dem rechten Glauben, Götzendiener ohne Hoffnung auf das Heil, Hörige des Teufels, Diener der Hölle. Jetzt seid ihr Söhne des Lichts, nachdem ihr dank dem Rat des römischen Stuhls das Evangelium angenommen habt.»
Enea Silvio Piccolomini an die Deutschen (Mitte des 15. Jahrhunderts)

«Ich begnügte mich nicht allein damit, den Charakter der Wilden kennenzulernen. Ich habe mich vielmehr bemüht, in ihren Gewohnheiten und Gebräuchen die Spuren des entferntesten Altertums zu suchen; ich habe mit Sorgfalt diejenigen ältesten Schriftsteller gelesen, die von den Sitten, Gesetzen und Bräuchen der ihnen einigermaßen bekannten Völker handelten; zwischen den Sitten der einen und der anderen habe ich Vergleiche angestellt.»
Joseph François Lafitau, Jesuitenpater und Missionar (1724)

1. Am anderen Ufer

Der Barbar

Es waren Griechen, die als Erste die Menschheit in Hellenen und Barbaren teilten. Ihr Urteil, nach einigem Zögern gefällt, enthielt alle Elemente des Bildes, das zum universellen Klischee erstarrte: Unbeherrscht, maßlos, lasterhaft und grausam, aber auch treulos und falsch tritt der Barbar vor seinen griechischen Richter, dessen Spruch die Römer beipflichteten. So stimmten Herodot und Tacitus, über 500 Jahre voneinander getrennt, das gleiche Lied an, der eine über die Thraker, der andere über die Germanen. «Müßiggang gilt für das Schönste, das Feld zu bebauen für das Entehrendste, von Krieg und Raub zu leben für die größte Ehre» – soweit Herodot. «Aber weder die Erde zu pflügen noch den Jahresertrag abzuwarten wird man sie so leicht überreden können wie den Feind herauszufordern. Es gilt als träge und unmännlich, sich mit Schweiß zu verschaffen, was man doch mit Blut erringen kann» – so Tacitus.[1] Mit der Wirklichkeit hat weder das eine noch das andere zu tun.

Gegenstimmen blieben vereinzelt, wurden aber zu keiner Zeit vergessen. Sie lobten die Barbaren als Zeugen eines reinen Urzustandes, geprägt durch moralische Reinheit und Gerechtigkeit. Pomponius Mela, der 43/44 n. Chr. das erste geografische Werk auf Lateinisch schrieb, blickte auf die jenseits des Kaspischen Meeres lebenden Hyperboreer (gr. Hyperboreas: oberhalb des Nordwindes) und sah ein glückliches, Apollo geheiligtes Volk, zu dem sich kein Sterblicher wagen durfte: «Die Einwohner sind äußerst gerecht und leben länger und glücklicher als alle Sterblichen. Sie erfreuen sich stets festlicher Muße und kennen weder Krieg noch Zank. Sie wohnen in Hainen und Feldern, und wenn sie lebenssatt sind, doch bevor sie Ekel am Leben empfinden, stürzen sie sich heiteren Sinnes mit Blumengebinden bekränzt selbst von einem bestimmten Felsen ins Meer.»[2]

Ein halbes Jahrtausend zuvor sang der griechische Dichter Pindar ihr Lied:

> «Krankheiten nicht noch das verfluchte Alter mischt sich
> unter das heilige Volk; der Mühen und Kämpfe ledig,
> wohnen sie entronnen vergeltender Nemesis.»[3]

Es ist das Bild vom edlen Wilden, das hier gemalt und durch wundersame Geschichten ausgeschmückt wird. Es sollte die europäische Wahrnehmung bis ins 18. Jahrhundert hinein prägen.[4]

Die Verklärung der Naturvölker findet sich auch bei römischen Dichtern: Horaz rühmt die Familie der Skythen und Geten, Properz preist die Treue der indischen Frau und Tacitus hält seinen Landsleuten den germanischen Lebensstil als Spiegel vor. Die historische Logik dieser Gedanken ist zwingend: Die Menschheit fiel von ihrer ursprünglichen Höhe der Tugend in immer tieferes Elend, aus dem sie keine Erlösung findet.

Ernst zu nehmender sind nüchterne Analysen – sie sind selten, dafür aber umso auffallender. So jammert Seneca das schauerliche Klima, das die Germanen und Donauvölker heimsuche und wie wilde Tiere zu leben zwinge. Sind sie, fragt er, deswegen unglücklich? Seine Antwort: «Nichts ist Unglück, das Gewohnheit zur zweiten Natur gemacht hat. Denn nach und nach wird zum Vergnügen, was unter dem Zwang der Notwendigkeit begann. Sie haben keine Häuser, keine Wohnungen, außer denen, die Müdigkeit ihnen für einen Tag aufstellt. Dürftig ihr Lebensunterhalt und auch der nur unter Mühen zu beschaffen, schrecklich die Härte des Klimas, unbedeckt ihre Körper! Was dir als Elend erscheint, ist das Leben so vieler Stämme.»[5] Vorherrschend blieb jedoch das Negativbild, das den Norden als unwirtliches, vom Klima geschlagenes Land darstellt, bewohnt von wilden, kriegslüsternen und trinkfesten Barbaren. So liest man etwa bei Vergil von den Skythen, dass sie ganz anders seien als die Nomaden Libyens:

«Anders geht's zu bei der Skythen Volk, am See des Maeotis
Und wo den gelben Sand hinrollt die strudelnde Donau,
Wo bis unter den Pol der Karpaten Kette sich hinzieht.
Dort verschließt man das Vieh in den Ställen. Nicht zeigen sich Kräuter
Irgendwo auf dem Feld oder Blätter sich an den Bäumen,
Sondern es liegt das Land unter Wällen von Schnee, unter dichter
Decke von Eis, die bis zu sieben Ellen emporsteigt,
Stets ist Winter und stets bläst Frost herwehender Nordwest.»

Die grausamen Bedingungen dieser bizarren Welt schaffen verwilderte Horden, fern jeder erträglichen Lebensart:

«Sonst verlebt untätig das Volk in gegrabenen Höhlen
Unter der Erde die Zeit und wälzt gestapelte Klötze,
Ganze Ulmen zum Herd und übergibt sie dem Feuer.
Hier verbringen sie im Spiel die Nacht, und zu fröhlichem Umtrunk
Schaffen sie künstlichen Wein aus Malz und saurem Hopfen.
So lebt unter dem Strahl des hyperboreischen Wagens
Diese verwilderte Horde, gepeitscht vom rhipäischen Ostwind,
Eingehüllt den Leib in das Fell hellhaariger Tiere.»[6]

Die Welt der Ideen ist nicht die Welt der Politik und Wertungen bedingen nicht zwingend Handlungen. Geprägt waren die Anschauungen über die Barbaren, wie immer sie im Einzelnen ausfielen, von dem Bewusstsein, ihnen überlegen zu sein. Die eigene Welt, der griechisch-römische Raum, und in ihm Italien, erscheinen als Zentrum der Welt. «Land, uralt und waffengewaltig, mit fruchtbarer Scholle» besingt Vergil die Heimat.

Was aus dieser Weltsicht folgte, konnte unterschiedlich gesehen werden. Die einen folgerten, die Gegensätze seien unüberwindlich, andere sprachen von der Pflicht, die Segnungen der eigenen Lebensform an die weiterzugeben, die die Natur und die Primitivität ihres sozialen Miteinanders benachteiligt hatten. Die Pflicht zur zivilisatorischen Mission heftete sich an die Erfolge der militärischen Expansion. So pries nach Vergil auch der ältere Plinius Italien «als ein Land, dass die Götter ausersehen haben, Geselligkeit und Humanität unter den Menschen zu verbreiten, kurz, das einzige Vaterland aller Völker zu werden».[7]

Auch Tacitus hat dem zugestimmt. Aber er fügte das Motiv des römischen Vorgehens hinzu: Der römische Statthalter Britanniens in den 70er und 80er Jahren, sein Schwiegervater Agricola, habe alles getan, um die Unterworfenen an städtische Lebensformen heranzuführen und den Fürstensöhnen Latein und die Kunst der Rede beizubringen. Das, so lautete das Fazit, «hieß bei den Unerfahrenen Kultur, während es ein Teil der Knechtschaft war».[8]

Praktische Anliegen und reale Erlebnisse gehorchen eigenen Regeln des Umgangs. Sie haben mit wissenschaftlicher Neugier nichts zu tun. Die Augen eines Siedlers, eines Kaufmanns, eines Sklavenhändlers oder eines Soldaten sahen jenseits der Grenzbäume andere Menschen als die eines auf seine Bildung stolzen Gelehrten oder eines Römers, der Triumphe über fremde Völker bestaunte. Die Politik stützte sich auf die Analyse von Erfahrungen, gespeist von vielfältigen Informationen, von Siegen und Niederlagen. Daraus ergaben sich durchaus unterschiedliche Antworten auf die Frage, wie mit den barbarischen Völkern umzugehen sei. Die Möglichkeiten reichten von der Ausrottung bis zur Romanisierung, von der Verschleppung ganzer Stämme bis zur Eingliederung der Willfährigen. Die Umsetzung hing dabei sowohl von den vorgefundenen Gegebenheiten als auch von den Erfolgsaussichten ab.

Der Fremde

Zu allen Zeiten jedoch war der Fremde eher Feind als Freund. Allzu oft kam er als Eindringling, häufig gar als Räuber. «Fremde, wer seid ihr?», raunzte der einäugige Kyklop Polyphem, als er Odysseus und eine Handvoll Männer in seiner Höhle überraschte. «Woher kommt ihr die feuchten Pfade gefahren? Eines Geschäftes wegen? Oder schweift ihr nur so hin über die Salzflut wie Seeräuber, die da umherziehen und ihr Leben wagen, um Anderen Böses zu bringen?»[9] Odysseus erklärte, flehte schließlich um Gnade: Umsonst, er war mit seinen Gefährten einem Menschenfresser in die Hände gefallen.

Doch selbst wer als Fremder willkommen war, hatte es schwer. Er sprach unverständlich, war Barbar, da die Laute, die er ausstieß, wie das Lallen von Kindern, wie «bar-bar-bar» klang und seine Lebensart der eigenen fernlag. Denn kein Grieche zweifelte, einer einzigartigen Kultur anzugehören; alle verband nach den Worten Herodots «die Gemeinsamkeit der Heiligtümer, der Opferfeste und Lebensweise».[10] Hass oder gar Rassismus folgte daraus zunächst nicht. Selbst dann nicht, als Krieg drohte und fremde Völker Land, Städte und Frauen der Griechen begehrten. So rührte Homer seine Zuhörer noch mit der Einsicht, dass nicht Sieg oder Niederlage, sondern Taten über den Wert eines Menschen entschieden. Er sang mit der gleichen Inbrunst von den Taten der Besiegten wie von den Leiden der Sieger. Hektor galt ihm so groß wie Achill, und die Karer mit der stammelnden Sprache der Barbaren erschienen ihm kühn und gesittet wie alle Helden des Ringens um Troja.

Lange blieb dieser Gedanke, dass dem überwundenen Fremden auch sein Gegner Gerechtigkeit widerfahren lassen muss. Noch Herodot wollte in seiner Geschichte des griechischen Sieges über die Perser «die großen und wunderbaren Taten der Griechen und der Barbaren» schildern, und fünfzig Jahre früher hatte Aischylos die Athener im Theater an den Hof des unterlegenen persischen Großkönigs geführt, um im dortigen Jammer das ganze Ausmaß des griechischen Sieges von Salamis vorzuführen. Beide, Aischylos und Herodot, wussten, dass die Götter den Menschen nach Belieben zum Spielball höherer Fügung machen konnten. Beide kannten die Selbstgefälligkeit des Siegers nicht, beide überfiel selbst im Augenblick des Triumphes nur die Einsicht in die Vergänglichkeit menschlicher Taten: «Ich weiß», schrieb Herodot, «dass Größe und Herrlichkeit nicht beständig sind; so will ich denn der Schicksale beider Völker in gleicher Weise gedenken.»[11]

Jahrzehnte später sah alles ganz anders aus. Die Perserkriege machten einen Gegensatz bewusst, der die Niederlage des scheinbar übermächtigen Weltreiches überzeugend erklären konnte: hier Freiheit, dort Despotie. Mit der Peitsche, erzählten die Athener an den Stammtischen, hätten die persischen Offiziere ihre Soldaten in den Kampf getrieben, und wer das persische Hofzeremoniell studiert hatte, fügte verächtlich hinzu, der Großkönig fordere die Proskynese, einen Fußfall, den doch die Menschen bestenfalls den Göttern schuldeten. Die Erfahrung der Kämpfe und der Vergleich der politischen Ordnung hoben den Gegensatz zwischen Grieche und Barbar in eine neue Dimension. Frei und gleich, triumphierten die Griechen, seien nur sie, denn nur bei ihnen gelten Gesetze, nur sie kennen die Pflicht der Regierenden, Rechenschaft abzulegen über alles, was sie tun. Unterschiede zwischen Perser oder Thraker, zwischen Skythe oder Ägypter wurden jetzt nicht mehr gemacht. Barbaren waren sie alle und alle verhielten sich gleich: «Er ist Sklave, aber wir sind frei!»[12]

Was die Erfahrung lehrte, konnte der Natur nicht widersprechen. Auch nach ihrem Willen, dozierte Platon, Schüler des Sokrates und Lehrer des Aristoteles, seien die Griechen ein eigenes Geschlecht; es entarte, je mehr es sich mit Barbaren mische. Jeder Streit zwischen Griechen sei daher ein unnatürlicher Bruderzwist (*stasis*) und verlange die Schonung der Besiegten. Krieg gegen die Barbaren hingegen sei von Natur aus gerecht und dürfe mit aller Härte geführt werden.

«Mit Barbaren», heißt es später bei Polybios (um 150 v. Chr.), «lägen alle Griechen seit eh und je im Krieg, und so wird es bleiben; denn von der Natur aus, die ewig ist, nicht aufgrund von Anlässen, die sich Tag um Tag ändern können, sind sie Feinde.» Der Gesandte, der mit diesen Worten seine Hörer zu beeindrucken suchte, trommelte gegen Römer.[13] Die Griechen, so die logische Schlussfolgerung, müssten daher ihre Feindschaften wie Krankheiten kurieren und sich gegen die Barbaren wenden. Aus den Sätzen Platons sprach die Vorahnung eines großen Krieges im Osten, der tiefe Schatten warf: «Glaube mir», schrieb der fast hundertjährige Isokrates 338 v. Chr. an den makedonischen König Philipp, «dein Ruhm wird erst dann unübertrefflich sein, wenn du die Barbaren gezwungen hast, den Hellenen als Heloten zu dienen.»[14]

Aristoteles verschärfte den Gedanken noch: Die Natur verdamme die Barbaren nicht nur zur Unvollkommenheit, sondern ebenso zur Sklaverei. Das Warum aufzuspüren, war ihm und anderen unter der Sonne des Mittelmeeres nicht schwergefallen: Die geografische Mittellage, welche die Griechen zwischen den Völkern des kalten Nordens und den Großreichen Asiens beanspruchten, sei dafür verantwortlich. Die einen hätten im Norden wohl den Mut, nicht aber die Fähigkeit zum Denken gelernt, die anderen im Osten wohl das Denken, nicht aber den Mut. Das Geschlecht der Griechen hingegen, in der Mitte zwischen beiden beheimatet, vereinige die Vorzüge beider und sei mutig und zugleich klug. Daher sei es auch allein frei und «würde die Herrschaft über alle Völker zu gewinnen imstande sein, wenn es zu einem einzigen Staat verbunden wäre».[15]

Die Feder des Philosophen führte die Vision von der Einheit der Besten, ausgezeichnet durch Freiheit und staatliche Ordnung, berufen zur Herrschaft und von Natur aus erhoben über alle anderen: «Von Natur aus sind Barbar und Sklave dasselbe», sodass jeder Krieg gerecht sei, da er gegen Menschen geführt werde, «welche durch die Natur zum Regiertwerden bestimmt sind.»[16] Nicht anders sah Caesar auf die Gallier, die er nach achtjährigem gnadenlosem Kampf Rom unterwarf.

Wo die politische Dimension solcher Vorstellungen – Friede den Griechen und Krieg den Barbaren – fehlte, wurde die Sicht der Gelehrten differenzierter. Auch für sie war die Beobachtung schwer zu widerlegen, dass die Natur eine andere Wirklichkeit als die durch Gesetz und Konventionen geregelte zeige. So seien Griechen, Barbaren und Sklaven von Natur aus gleich und nur die von Menschen geschaffene soziale Ordnung trenne zwischen Herr und Sklave.[17] Die antiken Historiker kamen zu demselben Schluss und taten das ihre, um den Glauben an eine naturhafte Teilung der Welt zu erschüttern. In der griechischen Frühgeschichte erkannte Thukydides Sitten und Verhaltensweisen, die seine Zeit als «barbarisch» abtat: «Es ließe sich an vielen Beispielen zeigen, wie das alte Hellenentum nach der gleichen Sitte lebte wie die heutigen Barbaren.»[18] Daher sei es nur der Entwicklung der Stadtkultur zu danken, dass die Griechen einzigartig wurden.

Einig war man sich über die Zeiten hinweg allerdings in einem zentralen Punkt: Dem Barbar fehlte die Bildung, die einen Menschen erst zum Menschen macht. Eine auch in Rom gern gehörte Anekdote erzählte vom Philosophen Aristipp, den das Meer aus einem geborstenen Schiffsrumpf an den Strand von Rhodos warf; dort habe er in den Sand gezeichnete geometrische Figuren entdeckt und ausgerufen, «lasst uns glücklich sein, ich sehe Spuren von Menschen».[19] Für ihn zog die Bildung die Grenze zwischen Mensch und Barbar. Sie aber war überwindbar, gründete sie doch auf einen Defekt, der zu beheben war – vorausgesetzt, die Griechen waren bereit, jedermann an ihren Einsichten teilhaben zu lassen. Grieche konnte dann jeder sein, der die entsprechende Bildung genossen hatte – wo immer er herkam.

2. Der römische Blick

Der Römer als Barbar

Im Raum der Politik schienen die Erfolge Alexanders jeder Position Recht zu geben. Nach zehn Jahren Krieg und Eroberung besaß die griechische Lebensform die erträumte Weltgeltung, wuchs das östliche Mittelmeer mit seinen Randgebieten für tausend Jahre zu einem einheitlichen Kulturraum zusammen. Die Herren dort waren jedoch bald keine Griechen mehr: Seit 200 v. Chr. überquerten die Legionen Roms immer öfter die Adria, drangen nach Osten vor und zerstörten den Wahn, die Natur, die Geschichte, die Bildung oder die Götter hätten allein die Griechen ausgezeichnet. Besiegt und gedemütigt blieb ihnen nur der Stolz: Als Barbaren beschimpften die Nachfahren des Isokrates die, vor denen sie kapitulierten, und das Herrschaftssystem, dem sie sich beugen mussten, nannten sie primitiv. Da half es den römischen Eroberern wenig, dass ihre Söhne die Sprache der Besiegten paukten und vor den Werken der griechischen Gelehrten und Künstler ebenso willig niederfielen wie die Erben Alexanders vor dem Stiefel des Legionärs: Für lange Zeit blieben sie Barbaren, und kein Grieche dachte daran, ihre Sprache zu lernen.

Dabei sollte es nicht bleiben. Denn den Weg zur Verständigung erzwang bereits die Unabwendbarkeit des römischen Machtanspruches, den seit Augustus nur noch Verzweifelte und Narren bekämpften. Trotzdem einigten sich die Kontrahenten erst im 2. Jahrhundert n. Chr.; von jetzt an bildeten im allgemeinen Verständnis Griechen und Römer gemeinsam den kultivierten Teil der Menschheit, dem die Barbaren gegenüberstanden. Auf diese blickten sie nun gemeinsam, erst voller Verachtung, dann mit wachsender Furcht. Als zu Beginn des 5. Jahrhunderts die Germanen im Westen des Reiches die Grenzen durchbrachen und sich zu Herren aufschwangen, nannten sich die Bewohner des Ostreiches «Römer» (*Romaioi*). Sie waren eins geworden mit denen, auf die sie einst als Barbaren herabgeblickt hatten.

«Viele schont das Schicksal, um sie zu strafen»: Die Völker des Nordens

Wenn sich der Blick römischer Gelehrter nach Norden richtete, sah er jenseits von Rhein und Donau ein düsteres und unwegsames Land.[20] «Mustere alle Völker, bei denen Roms Friede endet», schauderte es Seneca, der Land und Leute nur vom Hörensagen kannte, «die Germanen meine ich und was sich an der unteren Donau an Nomadenvölkern herumtreibt; ständiger Winter, trüber Himmel lastet auf ihnen, widerwillig ernährt sie unfruchtbarer Boden, gegen Regen schützen sie sich mit Stroh und Laub.»[21]

Es sind – zumal in dieser Häufung – lieb gewordene Schablonen seiner Zeit, die der römische Stoiker verwendet, und alle, die an sie glaubten, kamen von den Küsten des Lichts oder hatten ihre Städte gesehen. Trotzdem war ihr Urteil nicht falsch. Eine Reise nach Mitteleuropa oder gar ein längerer Aufenthalt in den Garnisonen des Nordens erschien vielen, die an den Rändern des Mittelmeeres zu Hause waren, als Strafe der Götter. So empfand es etwa der Senator und Historiker Cassius Dio aus Bithynien, den der Befehl des Kaisers als Statthalter Oberpannoniens an die Donau verschlagen hatte. Endlich heimgekehrt nannte er ohne Umschweife das

Ausmaß seines Unglücks: Die dortigen Einwohner, schrieb er, «führen von allen Menschen das erbärmlichste Leben. Denn was Boden und Klima angeht, haben sie es schlecht: Sie pflanzen keine Ölbäume und erzeugen auch keinen Wein.»[22]

Solche Menschen glichen eher Löwen und Wölfen, da niemand ihnen trauen konnte. Sie zu bessern bestand wenig Hoffnung. «Denn das Wesen derer, die in den kalten Gegenden wohnen, nach Norden zu», erläuterte Seneca, «ist unzähmbar, ist ihrem Klima sehr ähnlich.» Im Übrigen sei es auch gar nicht wünschenswert, ja gefährlich, sie zu zivilisieren: «Gib ihnen rationales Denken, gib ihnen Disziplin, so werden wir uns schnell auf die alten römischen Sitten besinnen müssen.»[23]

Auch Tacitus blickte in seiner 98 geschriebenen Schrift *Germania* als Erstes in einen von Regenwolken verhangenen Himmel. «Im Ganzen schaurig durch seine Urwälder oder hässlich durch seine Moore und unfreundlich im Anbau und Aussehen», lautete bündig sein Urteil über das Land, von dem schon Caesar gesagt hatte, ein Reisender könne dort sechzig Tage ohne Gepäck ostwärts unterwegs sein, ohne je sein Ende zu sehen.[24]

Aber es war weit mehr als die Lebensfeindlichkeit der Natur, die Tacitus Furcht und Abscheu einflößte. Jeder wisse doch, dass die Völker Germaniens nicht in Städten leben, lehrte er, und dass ihre Häuser nicht aneinander stießen, von einer Anordnung in Straßen und Plätze ganz zu schweigen: «Sie siedeln in einzelnen, voneinander weit abliegenden Gehöften, je nachdem wie ihnen ein Quell, ein Feld oder ein Hain gefällt.»[25] Tacitus bietet seinem Publikum keine exakte, aus eigener Kennerschaft oder gar Anschauung gewonnene Beschreibung germanischer Lebensverhältnisse. Der Leser soll darüber das eine oder andere erfahren, gewiss. Weit wichtiger aber ist, dass er den Unterschied zwischen wild und zivilisiert, zwischen Nordbarbar und mediterranem Bürger begreifen lernt.

Dieser wohnt in Städten, jener kennt keine planmäßig angelegten Siedlungen, keine höhere Baukunst, keine Formen menschenwürdiger Kommunikation. Dieser lebt im Schutz von Recht und Ordnung an einem mit Tempeln, Theatern und Foren geschmückten Ort, jener vegetiert in kümmerlichen Verhältnissen, haust in Hütten oder mit Mist gedeckten Erdlöchern und vagabundiert von hier nach dort. Der weit in der Welt herumgekommene Geograf Strabon sah solche Menschen vor sich, als er auf die Sueben blickte: «Gemeinsam ist diesen Stämmen die Neigung zum Ortswechsel, was sich aus ihrer einfachen Lebensweise erklärt. Sie betreiben weder Ackerbau noch Vorratswirtschaft, sondern wohnen in Hütten und leben von der Hand in den Mund. So können sie es den Nomaden gleichtun, indem sie ihr Hab und Gut auf Karren laden und mit ihren Herden dorthin ziehen, wo es ihnen beliebt.»[26]

Es ist das tiefe Misstrauen des Sesshaften gegen den Nomaden, das Strabon die Feder führt. Doch selbst der Barbar, der einer ungastlichen Natur im Schweiße seines Angesichts Feldfrüchte abrang und feste Wohnsitze baute, durfte nicht hoffen, dass ein Römer diese ihm fremde Lebenswirklichkeit zu würdigen wusste.

Der ältere Plinius, erfahrener Miltär und Teilnehmer an mehreren Kriegen gegen die Germanen, der im Jahre 47 als Offizier im Kampf gegen die chaukischen Friesen gedient hatte, erinnerte sich nach seiner Rückkehr an die armseligen Lebensbedingungen, die er in den dortigen baum- und strauchlosen Seemarschen gesehen hatte. Er rang die Hände über Menschen, die in ihren Pfahlbauten bei Flut wie Segelschiffer, bei Ebbe wie Schiffbrüchige sitzen, weder Vieh halten noch Milch von ihren Nachbarn kaufen können, «ja nicht einmal mit wilden Tieren kämpfen, da weit und breit jedes Strauchwerk fehlt». Wenn diese Stämme, so endet sein Bericht, in dem Glauben lebten, vom römischen Volk beherrscht zu werden, bedeute Sklaverei, so schulde ihnen Rom nichts außer Mitleid.[27] Zur Kultur, so lautet die hochmütige Lehre, zählt eben noch mehr als Sesshaftigkeit; wer dazugehören will, muss auch gelernt haben, zu gehorchen.

Dies allerdings, glaubte Tacitus, wollten die Germanen um keinen Preis. So wie sie lebten, in den Tiefen der Wälder und fern jeder Stadt, hätten sie ihre altehrwürdigen Tugenden bewahren können. Einige dieser Glücklichen fand er als Anwohner der Ostsee und des Nordmeeres am Rand der Welt. Dort lebten in abstoßender Wildheit und Armut von der Jagd, ohne Waffen, ohne Pferde, ohne Häuser die Fennen. Ihre Nahrung bestehe aus Kräutern, die Kleidung aus Tierhäuten, ihr Lager sei der Erdboden. Und doch: «Sie halten dieses Leben für glücklicher, als bei der Feldarbeit zu seufzen, sich mit Häusern zu plagen, in Furcht und Erwartung um eigenes und fremdes Gut besorgt zu sein. Unbekümmert um Menschen, unbekümmert um Götter haben sie das Schwerste erreicht: völlige Wunschlosigkeit.»[28]

Diese Menschen lebten frei. Tacitus meinte nicht die Freiheit wilder Tiere, sondern die naturverbundener Menschen. In ihren Ländern grabe niemand nach Gold oder Silber, sodass ihnen verderblicher Luxus erspart bliebe. Sie würden auch nicht wie im verkommenen Rom durch opulente Gastmähler verdorben oder in der Arena verführt; ihre Nahrung sei ein-

Abb. 22
Karl Friedrich Schinkel, Entwurf zu einem Denkmal für Hermann den Cherusker, Kreidezeichnung (1814/15). Der Künstler, berauscht von den preußischen Heldentaten in den Befreiungskriegen gegen Napoleon, zeigt einen germanischen Krieger, der einen römischen Fahnenträger niederwirft und tötet. Der Held, Arminius, mit dem sich zu identifizieren Mode geworden war, kämpft wie der heilige Georg, der den Drachen als Symbol des Bösen bezwingt. Zugleich erinnert er an Heliodor und seine Darstellung durch Delacroix (S. 37).

fach, sie begnügten sich mit einer Frau, Ehebruch gebe es kaum und die Mütter stillten ihre Kinder selber, anstatt sie Ammen zu überlassen. Es ist die Vitalität der Unschuld, der dieses Preislied gilt. Sie schenkt Nachkommen von ausdauernder Härte mit trotzigen, blauen Augen, rotblondem Haar und hünenhaften Leibern. Im öffentlichen Leben schließlich existieren keine ausgeklügelten Standesunterschiede und es herrschen spontane Formen der Gastlichkeit: «Einem Menschen, gleich welchem, kein Obdach zu bieten, gilt als Unrecht.»[29]

Es ist keine Idylle und schon gar kein romantisches Arkadien, das Tacitus in den Hütten Germaniens entdeckt. Es ist vielmehr eine harte Lebensschule voll instinkthafter Gewohnheiten, die zugleich die Kraftquelle des Widerstandes gegen Rom ist. «Seit etwa 210 Jahren siegen wir über Germanien, und noch in jüngster Zeit haben wir mehr Triumphe über sie gefeiert als sie wirklich besiegt.»[30] Es ist aber auch die in einer Mischung aus Abscheu und Bewunderung beschriebene Welt eines Gegen-Rom. Dort erwürgten Caesaren die Freiheit und Laster erstickten die alten Tugenden; hier, unter der trüben Sonne des Nordens, blühten noch Freiheit und Tapferkeit: Marmor gegen Holz, Gold gegen Eisen.

Tacitus liebte den erhobenen Zeigefinger. Er wollte alles, was er über die Germanen in Erfahrung bringen konnte, nicht zu einer objektiven Beschreibung nutzen. Weit wichtiger war ihm, seinen römischen Zeitgenossen die Germanen als Spiegel ihrer für immer verlorenen Unschuld vor Augen zu halten. Am Ende verwandelte seine Prosa selbst den in Rom meistgehassten Sieger über eine römische Armee, einen meuternden römischen Offizier, der, um König möglichst vieler Germanenstämme zu werden, drei Legionen ins Verderben lockte, in einen Hüter untergegangener Ideale, in einen kühnen und seine Heimat über alles liebenden Helden:

> «Arminius, ohne Zweifel der Befreier Germaniens, der das römische Volk nicht, wie andere Könige und Anführer, in den Frühzeiten, sondern das Imperium auf dem Höhepunkt herausforderte, bei schwankendem Schlachtenglück, im Kriege unbesiegt, seines Alters siebenunddreißig Jahre, von denen er zwölf sich an der Macht hielt, von den Barbaren noch heute in Liedern besungen, unbekannt den griechischen Historikern, die nur das Eigenste bewundern, ohne gerechten Ruhm auch bei den Römern, die wir die alten Zeiten verherrlichen, von den modernen zu wissen unbegierig.»[31]

In einem Land, das solche Helden gebar, musste sich das Schicksal Roms entscheiden. Dies war für Tacitus der Ort, an dem die Römer erfahren würden, aus welchem Holz sie wirklich geschnitzt waren.

Die Lehren historischer Erfahrung

Anders als Tacitus, der an den Zuständen seiner Zeit litt, urteilten nüchterne Kaufleute oder Militärs. Sie hatten die Welt gesehen und gelernt, wie gefährlich es war, Vorgefasstes zum Maßstab des eigenen Handelns zu machen. Ihnen war keineswegs verborgen geblieben, dass West- und Nordeuropa anders waren als Afrika. Hier tauchten an den Grenzen Nomaden auf, unstet wie Staub im Wind, dort wohnten vornehmlich sesshafte Bauern, diesseits wie jenseits der römischen Grenzen redlich bemüht, der schweren Erde Nahrung abzuringen und ihre Viehherden fett zu halten. Als im 4. Jahrhundert die Hunnen über sie herfielen, baten sie um Aufnahme in das Imperium. Sie waren Ackerbauern, die unter ihresgleichen überleben und nicht im Dienste eines Nomadenfürsten einem unbekannten Schicksal entgegenziehen wollten.

Bis es so weit war, kauften die römischen Garnisonen, die an Rhein und Donau in Festungen zusammengepfercht wurden, Vieh und Getreide auch jenseits der Grenzen. Der Kaufmann, der dort Geschäfte machte, handelte alles und jedes mit jedermann, und der römische General schloss Abkommen mit den germanischen Nachbarn, wann immer es zweckmäßig war. Friedenstiftende Diplomatie ist erfinderisch. Die römische lockte mit dem, was die germanischen Stämme aus eigener Kraft nicht schafften: staatliche Festigkeit.

So erbaten im Jahre 47 die Cherusker, deren Adel sich in inneren Kämpfen aufgerieben hatte, von Rom einen König. Sie fanden Gehör und erhielten einen gewissen Italicus, einen Mann adligen Geblüts, der als cheruskische Geisel in Italien aufgewachsen und vorsorglich römisch und germanisch erzogen worden war. Der Kaiser ermahnte den Scheidenden, der reichlich mit Geld und einer Leibwache ausgestattet wurde, «er gehe nicht als Geisel, sondern als römischer Bürger, um einen Thron in fremdem Lande zu besteigen».[32] Beide Seiten sahen ihren Vorteil: Die Cherusker wollten das Ende der mörderischen Fehden, die ihr Volk ins Elend gestürzt hatten, Rom hoffte auf die dauernde Loyalität eines römisch erzogenen und daher beeinflussbaren Häuptlings, der nun von Roms Gnaden das königliche Diadem trug, das Arminius heiß und vergeblich begehrt hatte.

Diese und andere Entscheidungen Roms entsprangen nüchternem Kalkül und der Einsicht, dass dort, wo Waffen nichts ausrichten, die Kunst der Diplomaten noch lange nicht am Ende sein muss. Dabei ließ sich die Weltmacht weder von ihrer eigenen Herrschaftsideologie blenden noch verlor sie angesichts neuer Probleme ihre Handlungsfähigkeit. Die Energien, die ihre Politiker auf eine genaue Erfassung einer ihnen fremden Welt verwandten, wurden durch keine Vorurteile abgelenkt. Die Art und Weise, in der etwa Caesar seine Erkenntnisse über die Sueben – für ihn die Germanen schlechthin – gewann und formulierte, blieb richtungsweisend. Es kam weniger darauf an zu wissen, was sich überhaupt in Erfahrung bringen ließ; vielmehr galt es, alles zu begreifen, was gegenüber einem barbarischen Gegner politisch oder militärisch nützlich war.[33]

Krieg in Germanien

Wer diese Maxime in den Wind schlug, zahlte Lehrgeld. Einer, der es zu entrichten hatte, war der unglückliche Quinctilius Varus, der mit seinen Legionen in den germanischen Wäldern unterging, weil ihn eine Revolte seiner Auxilien überrumpelte. Die römische Tradition hat das Bild dieses Mannes grob verzerrt und ihn zu einem Dummkopf degradiert, der durch eigene Schuld in die Falle tappte: «Menschen, an denen außer der Stimme und den Gliedern nichts Menschliches sei», soll sein Urteil über die Germanen gelautet haben.[34] Wahrscheinlicher als dieser törichte Ausspruch ist, dass Varus zu vertrauensselig mit seinen Auxiliaroffizieren verkehrte und nicht beherzigte, dass das Ende des offenen Widerstandes in Germanien keine Sicherheit vor Überfällen bot – schon gar nicht, wenn das Herz des Aufstands im eigenen Lager schlug.

Rom trauerte, als die Nachricht von der Niederlage im Teutoburger Wald eintraf. Trotzdem verlor der Kaiser darüber weder den Mut noch die Entschlossenheit, das gesteckte Ziel zu erreichen. Fraglos war der Untergang der varianischen Brigaden ein herber Verlust, da aber der Gegner mit seinem Sieg nichts anzufangen wusste, stand einer Wiederaufnahme der Offensive in Germanien nichts im Wege. Bereits ein Jahr später übernahm Tiberius, in Germanenkriegen erfahren wie kein Zweiter, den Oberbefehl am Rhein, verstärkte die Invasionstruppen durch neu ausgehobene Einheiten und drang erneut nach Osten vor. Das Grenzgebiet wurde jetzt in zwei militärische Bezirke neu eingeteilt, um die auf acht Legionen erhöhte Armee effektiver einsetzen zu können. Im Herbst 12 n. Chr. kehrte Tiberius nach Rom zurück und übergab das Kommando an Germanicus, den Sohn des Drusus.

Dieser nutzte seine Chance, als Tiberius, nunmehr Kaiser geworden, befahl, den Vormarsch ins Herz Germaniens fortzusetzen. Noch einmal drang eine große Armee ins Herz der germanischen Wälder vor. Die Niederlage des Varus hatte ihre Aufgabe erschwert, da jetzt die Verteidiger gegen Angreifer kämpften, die sie schon einmal besiegt hatten. Der alte Haudegen Caecina, erfahrenster General der Rheinarmee, wusste, worum es in jeder Minute dieses Krieges ging, und er fand das rechte Bild dazu: Eines Nachts, während er mit seinen Männern im Sumpf steckte und die umliegenden Höhen vom Triumphgeheul seiner Feinde widerhallten, sei ihm Varus erschienen, habe ihn gerufen und seine blutige Hand nach ihm ausgestreckt – ein Traumgesicht, das als Menetekel den ganzen Feldzug begleitete und auch den Kaiser im fernen Rom verfolgt haben muss.

Abb. 23
Relief an der Markussäule in Rom. Im Krieg gefangene Barbaren werden von Auxiliarsoldaten enthauptet. Die Siegessäulen des Trajan und des Mark Aurel illustrieren die Härte der römischen Kriegsführung in den Kämpfen an Rhein und Donau. Nichts in ihren Bildprogrammen spricht von Verteidigung oder gar von Verzicht. Sie waren steingewordene Zeugnisse eines grenzenlosen Willens zur imperialen Macht und Monumente einer kaiserlichen Politik, die in der Behauptung und Erweiterung des Reiches ihre wichtigste Aufgabe gefunden hatte.

Nach zwei Kriegsjahren mit großen aber unter außergewöhnlichen Opfern errungenen Erfolgen gab Tiberius den Befehl zum Abbruch der Invasion. Es sei nun genug der Verluste, mahnte er den widerstrebenden Germanicus. Er selbst, schrieb ihm der Kaiser, habe in Germanien «mehr durch kluges Verhandeln als durch Gewalt erreicht»; nun sei die Zeit gekommen, die Cherusker und alle anderen Rebellen ihren inneren Fehden zu überlassen. Das eigentliche Motiv des Verzichts muss jedoch woanders gesucht werden. Tiberius konnte die Gefahr nicht übersehen, die von der Rheinarmee ausging. Rief sie im Siegestaumel ihren Feldherrn, den Augustus ohnehin als Nachfolger des Tiberius benannt hatte, zum Kaiser aus, kam der Bürgerkrieg nach Rom zurück. Allein der Gedanke daran mag für den Prinzeps schwerer gewogen haben als der Verzicht auf die Erfüllung seines Lebenstraumes.

So zog am 26. Mai 17 n. Chr. Germanicus nicht die Weser aufwärts, sondern als Triumphator zum Kapitol. Über die Cherusker, die Chatten, die Angrivarier und die anderen bis zur Elbe hin siedelnden Stämme habe er gesiegt, lautete die Botschaft, die seine Soldaten auf Bilder gemalt hatten und im Triumphzug mitschleppten.[35] Tatsächlich hat keiner von ihnen je die Elbe gesehen. Sie zu erreichen blieb ein unerfüllbarer Traum für sie und alle, die nach ihnen ihre Waffen nach Germanien trugen. Strabon, der seine Geografie um diese Zeit abgeschlossen hat, ließ an diesem Fluss die Welt enden, die im Westen und Norden von den Römern erschlossen worden war. Allmählich geriet die Elbe ganz in Vergessenheit.[36]

Aber nicht nur für die Römer, sondern auch für die Germanen war der Krieg unerträglich und der Frieden zur letzten Hoffnung geworden. Die Krieger der zum Kampf entschlossenen Häuptlinge, gewohnt nur an kurze Stammesfehden, verzweifelten an einem Kampf, der kein Ende und keine Gnade kannte: «Einen Raum von fünfzig Meilen ließ er mit Feuer und Schwert völlig verwüsten», rühmt Tacitus seinen Helden Germanicus, um fortzufahren: «Nicht Geschlecht, nicht Alter brachte Erbarmen; weltliche Gebäude ebenso wie Heiligtümer wurden dem Erdboden gleichgemacht.»[37] Gefangene nahm er keine. Man brauche keine, rief Germanicus seinen Legionären zu, allein die Vernichtung des ganzen Stammes werde dem Krieg ein Ende machen.[38] Unter diesem Druck sagten sich einige von den Führern des Widerstandes los und machten ihren Frieden mit dem unerbittlichen Gegner, der den Frontwechsel fürstlich zu belohnen versprach. Andere senkten erschöpft die Waffen: Zu oft waren ihre leicht gezimmerten Dörfer erstürmt, ihre Vorräte verbrannt und ihre Familien in die Wildnis gejagt worden, wo sie vor Hunger und den Unbilden der Natur rasch verkamen.

Die Härte des römischen Vorgehens bezeugen große Umsiedlungen in unruhigen Grenzgebieten. Sie trafen insbesondere die Stämme rechts des Rheins. Von dort vertrieb Augustus die Ubier, Nemeter und andere Völker und zwang sie, sich auf dem linken Flussufer anzusiedeln. Ihnen folgten nach den Siegen des Drusus seit dem Jahre 12 v. Chr. große Teile der Sueben und Sugambrer, die nach den Deportationen aufhörten, als eigenständige Verbände zu existieren. Nach den großen Aufständen im Balkanraum 6 bis 9 n. Chr. zwang der Sieger Zehntausende Geten, sich diesseits der Donau neue Wohnsitze zu bauen und Rom Militärhilfe zu leisten. Die

Karte 7
Die Grenzregionen am Rhein

Wehrkraft der Unterworfenen wurde reichlich genutzt; allein die pannonischen Breuker mussten acht Kohorten stellen, die mit dalmatischen Brigaden an den Rhein oder nach Afrika verlegt wurden. Kein Barbar durfte an der Entschlossenheit Roms zweifeln, die Grenzzonen um jeden Preis dauerhaft zu sichern. Dazu genügten keine kurzfristigen Strafexpeditionen, vielmehr sollte dem Widerstand für immer das Rückgrat gebrochen und der politische Zusammenhalt der Stämme zerstört werden. In den verwüsteten Landstrichen hielt der römische Friede Einzug – im nördlichen Spanien, in Gallien, in den Alpenvorländern, in den germanischen Grenzgebieten und an der Donau der Stille eines Friedhofs vergleichbar.

Nach dreißig Kriegsjahren war Rom die Herrin Mitteleuropas. Germanien blieb frei und für viele Jahrhunderte Barbarenland. Denn alle weiteren Versuche Roms, östlich des Rheins Fuß zu fassen, brachten nur Teilerfolge. So gelang Domitian am Ober- und Mittelrhein ein Sieg über die Chatten und die Anlage fester Stützpunkte; in späteren Jahren trennte ein Grenzwall, der Limes, das eroberte und dicht besiedelte Land vom Neuwieder Becken bis in die Schwäbische Alb von den nur dünn besiedelten germanischen Gebieten. Am Ende krönte die Gründung der neuen Provinzen *Germania superior* und *inferior* ein Eroberungswerk, mit dem die römische Propaganda eilfertig den imperialen Herrschaftsanspruch über Germanien erfüllt sah; *Germania capta* hieß die offizielle Lesart. Wer immer dies in Rom geglaubt haben mag: Der Form, in die man den römischen Sendungsauftrag zu hüllen pflegte, war Genüge getan. Für die Zukunft sollte es jedenfalls kein germanisches Problem mehr geben. Wer jetzt nicht dazugehörte, fristete sein Dasein am Rand der Welt.

«Die Völker der Barbaren bewohnen keine Städte»

Als Tacitus diesen Satz schrieb, musste niemand Einfälle der Barbaren fürchten. Rund zweieinhalb Jahrhunderte war Rom stark genug, alle ihre Angriffe abzuwehren. Dies war nicht immer eigenes Verdienst. Es sei gut für die Römer, hatte Tacitus notiert, dass die Briten in so viele Stämme zerfielen, und daraus geschlossen, dass sie sich schon deswegen nie auf eine gemeinsame Strategie hätten einigen können.[39] So war es auch an Rhein und Donau.

Dann aber kam der Tag, an dem Rom mit Völkern zusammenstieß, die sich im heutigen nord- und mitteldeutschen Raum sammelten und benachbarte Stämme gegen die römischen Grenzen drängten. Dabei gruppierten sich die kleinen Stammesverbände zu den Großstämmen der Alemannen, Franken, Markomannen und Quaden um, während neue volkreiche Stämme auf Rhein und Donau zuwanderten: Goten, Vandalen, Heruler und Burgunder, denen sich auf dem Balkan die iranischen Sarmaten zugesellten. Die einen wollten plündern, die anderen boten Waffen für Land. Manche mögen Abenteuerlust und märchenhaft ausgeschmückte Geschichten vom sonnigen und fruchtbaren Süden angetrieben haben. Alle aber kamen, um Teil an einem Glück zu haben, das ihnen doch so fremd war.

Wie fremd, fiel Ende des 4. Jahrhunderts dem verblüfften Historiker Ammianus Marcellinus auf. Als er einen Blick auf die Alemannen warf, die die Städte von Straßburg bis Mainz erobert hatten, aber nur deren Feldmark besiedelten, vermerkte er: «Die Germanen mieden die Städte wie mit Netzen umspannte Gräber.» Das Bild verstand jeder. Denn schon die römischen Kinder sahen auf den Friedhöfen Netze, die um die Gräber von Verbrechern gespannt wurden, um diese daran zu hindern, ihre Gräber zu verlassen.[40] Die Germanen ihrerseits geizten nicht mit Spott und Verachtung für eine Lebensform, die Menschen hinter Mauern einsperrt und sie in Häuser pfercht. Dort müssten sie wie Vögel hausen, die die Erde, «die sie ernährte, verlassen hätten und mehr den leblosen Mauern ihrer Häuser und Städte vertrauten als sich selbst».[41]

So haben sich etwa die fränkischen Sieger, die im Trierer Land ansässig wurden, wenig um die einst prunkvolle Kaiserresidenz gekümmert. Sie siedelten innerhalb ihres Areals ebenso verstreut wie außerhalb der Mauern. Die Stadthäuser verfielen, ihr Schutt lagerte sich mit der Zeit meterhoch und über das Trümmerfeld suchten die Bewohner ihre Wege, ohne das alte römische Straßennetz zu beachten. Nur einige besondere Gebäude boten auch den neuen Herren ihre Dienste an: der kaiserliche Audienzsaal als königliche Pfalz, die Magazine als Klöster, die Thermen als Burgen, die christliche Basilika als Bischofssitz.

Das Schicksal Triers verrät, dass man sich in den mehr als dreihundert Jahren, die seit Augustus vergangen waren, nicht näher gekommen war. Noch immer bedeutete für die römisch gewordene Welt die städtische Ordnung die einzige Lebensform, die politische Gemeinschaft pflegte und Rationalität, Recht und Moral eine Heimstätte bot. Und noch immer hieß jedermann die barbarische eine fremde und abscheuliche Gegenwelt, auf deren Bewohner die alten Schablonen passten: wild, unterwürfig im Unglück, maßlos im Siegesrausch. Es half ihnen nichts, dass sie am Ende die Sieger waren und über die Städter triumphierten. «Römisches Wesen unterscheidet sich vom barbarischen so wie der, der Sprache besitzt, vom sprachlosen.»[42]

3. «In allen ist Christus»: Christen und Barbaren

Die Perspektive des Missionars und Städters

«Wo bleibt das dritte Geschlecht?», schrie das Publikum im Circus, wenn es Christenblut sehen wollte.[43] Die Verfolgten selbst hatten sich so genannt, um die Selbstständigkeit ihres Glaubens gegenüber Juden und Heiden zu betonen. Für die kleinen und die großen Leute, die das Rund der Arena füllten, kam der Begriff gerade recht: Konnten sie damit doch denen ihre Verachtung zeigen, die ein vermeintlich göttliches Gebot aus ihrer Mitte und an den Rand der Gesellschaft geführt hatte.

Wer dort angekommen war, dachte viel über sich und wenig über andere nach. Wer trotzdem über die Grenzen des Reiches hinaus blickte, sah keine Feinde, sondern nur Brüder. Denn die Lehren des Gekreuzigten richteten sich an alle Menschen, und seine Missionare verweigerten niemandem die Heilsbotschaft, mochte er Barbar oder Reichsbewohner sein. Auch am Ende der Welt galt die Mahnung des Kolosserbriefes, «da ist nicht Grieche, nicht Jude, Barbar, Skythe, Knecht oder Freier, sondern alles und in allen ist Christus». Die christlichen Literaten machten diesen Satz zum Leitmotiv, wenn sie die Taten und Leiden der Apostel priesen, die wie der heilige Thomas die Wüsten und Einöden bezwangen, um in den entlegensten Weltgegenden selbst Menschenfressern das Wort Gottes zu predigen. Der Siegeszug des neuen Glaubens, so sollte jedermann daraus lernen, kannte keine Grenzen. Wo immer Menschen lebten, hatten sie die Freiheit, dem Gebot Gottes mehr zu folgen als dem Gesetz der Menschen.

Jetzt endlich schien dem Wort «Fremder» seine verletzende Schärfe genommen. Aber es kam anders. Als der Barbar näher rückte und die Hilferufe des Kaisers drängender wurden, gerieten die Maßstäbe der allumfassenden Nächstenliebe ins Wanken. Ihre kompromisslose Anwendung drohte aufs Spiel zu setzen, was auch die Christen nach Gott am meisten liebten: ein Leben im Frieden der Städte. Die Heilsbotschaft hatte sie gelehrt, dass das Leben des Einzelnen unsterblich und die Welt vergänglich sei, die der irdische Pilger in ständiger Sorge um die Reinheit seiner unsterblichen Seele zu durchwandern habe. Politik, das ergab sich daraus zwingend, versprach dem Individuum nur die Lockungen der Macht und des Reichtums und damit nichts, was Bestand hatte. Aber war es wirklich so? Hatte nicht der Friede des Augustus die Verkündigung des wahren Glaubens erst möglich gemacht? Und wenn dem so war, warum durfte man dann nicht dem Imperium und seinen Kaisern als von Gott geliebten Werkzeugen dienen? Wer so fragte, war bereits römischer geworden, als er sich vielleicht eingestehen mochte. Und er war nur allzu bereit, die Hand zu ergreifen, die ihm der Kaiser entgegenstreckte, als die Barbaren den Rhein und die Donau überschritten.

Die Ankunft des Barbaren

Als der Tag kam und in seiner Folge Jahrzehnt für Jahrzehnt Germanen und Perser die Grenzen überrannten, drohten sie die überkommene Ordnung der Welt aus den Angeln zu heben. Der Kampf, der gegen sie geführt werden musste, nahm im Bewusstsein jedes Reichsbewohners den Charakter eines Glaubenskrieges an. Wehrte man sich doch gegen aggressive Barbaren, die kamen, um den Bewohnern des Imperiums alles zu rauben, was der Friede Roms gebracht hatte: Wohlstand und städtische Lebensordnung. Gekämpft wurde jetzt im Westen, Norden und Osten, Niederlagen folgten auf Siege, Hoffnung schlug um in Verzweiflung, als die an den Rathäusern ausgehängten Verlustlisten immer länger wurden. Mehr und mehr nistete sich in den Glauben an die Unzerstörbarkeit des von den Göttern geliebten Weltreiches der Gedanke ein, doch nur auf einer bedrohten Insel im barbarischen Meer zu wohnen.

Sie zu verteidigen wurde nun auch Christenpflicht. Niemand zweifelte mehr, ob der Krieg gerecht oder ungerecht war. Wer jetzt nicht die Waffe aufnahm und Partei ergriff, der wurde selbst zum Barbar. Das fromme Bekenntnis des Kolosserbriefes erschien nun vielen naiv und gefährlich. Die Kirche, so lautete die neue Lehre, existiere nur innerhalb des römischen Staates: «Nur dort gibt es die heiligen Priester und die Schamhaftigkeit der geweihten Jungfrauen, welche die Barbaren nicht kennen oder die nicht in Sicherheit wären, gäbe es sie dort.»[44]

Dies war zwar Unsinn und ein Verstoß gegen den universalen Herrschaftsanspruch Christi dazu. In Zeiten äußerster Bedrohung zeigte er jedoch Wirkung. Es kam der Tag, am dem auch der Christ nach dem Schwert griff, um gemeinsam mit seinem heidnischen Nachbarn die Barbaren von dem fernzuhalten, was ihnen allen heilig war. Bereits in den Markomannenkriegen, erzählten stolze Christen, hätte Mark Aurel seinem Schreiber diktiert, die Gebete seiner christlichen Soldaten hätten dem vom Verdursten bedrohten Heer Regen und mit ihm den Sieg gebracht.[45] Gott selbst, so lernte man daraus, hatte vor aller Augen Partei ergriffen.

Die Bischöfe zweifelten ohnehin nicht daran. Auch in den Tagen der bittersten Verfolgung stiegen die Gebete ihrer Gemeinden für Kaiser und Reich zum Himmel. Am Ende ritten sogar Priester gegen den Feind, wenn er die Grenzen durchstoßen und die letzten Bastionen gestürmt hatte. Sie vertrauten auf Gott, der die nicht verlässt, die einen gerechten und barmherzigen Krieg führen. So lobte am Ende des 5. Jahrhunderts Eugippius, der Abt von Castellum Lucullanum bei Neapel, die Taten des Mönches Severinus, der in Noricum von Ort zu Ort gehastet war, als dort die Front gegen die eindringenden Germanen zusammenbrach. Durch Gebete, Fasten, prophetische Warnungen und Wunder stärkte er den Widerstand der letzten verbliebenen Grenzer und ließ den übermächtigen Gegnern eine einfache Botschaft zukommen: Sollten sie ihre Angriffe wiederholen, würden sie bestraft, da Gott für seine Diener kämpfe.[46] Weder Gott noch die Barbaren hörten auf ihn.

Doch nicht alle dachten und handelten wie dieser tapfere Mönch. Bei Licht besehen konnten sie es auch gar nicht. Denn die Missionare hatten an den Grenzen des Imperiums nicht haltgemacht und viele Völker jenseits davon bekehrt. Dies allein widerlegte den Gedanken, im Schutz Roms lebe der zivilisierte, außerhalb davon der barbarische Teil der Menschheit. Noch entscheidender aber war, dass im August 410 die Krieger des Gotenkönigs Alarich Rom einnahmen, die Stadt, über die seit hundert Jahren statt Jupiter und die Dioskuren die Apostel Petrus und Paulus und unzählige christliche Märtyrer wachten – vergeblich, wie die zerbrochenen Stadttore bewiesen. Auch dies konnte in den Augen der Frommen nur Gottes Fügung sein: «Was Gott aber einerseits über uns, andererseits über Goten und Vandalen beschlossen hat, das zeigt die Lage. Jene wachsen täglich, wir aber welken.»[47]

Gottes Wille

Warum aber hatte Gott dies gewollt? Warum sah er tatenlos zu, als germanische Scharen Gallien, Spanien und Afrika überrannten und die Völker peinigten? Sie beteten doch fast alle das katholische Glaubensbekenntnis, während ihre Gegner Odin verehrten oder der Irrlehre des Arius anhingen, eines alexandrinischen Priesters, der um 318 die Göttlichkeit des Sohnes in Zweifel gezogen hatte. Wollte Gott die Sünden der Seinen strafen, wie der Herr des Alten Testaments? Oder sprach sein Zorn vom nahen Ende der Welt? Oder zeigte er den Menschen nur seine Entschlossenheit, allen seinen Geschöpfen den Weg in seine Kirche zu öffnen? Um 415 suchte der verstörte Priester Orosius in seiner Schrift gegen die Heiden nach Antworten: «Wenn allein deswegen die Barbaren in das römische Gebiet eindringen konnten, damit im Osten und Westen die Kirchen sich mit Hunnen, Sueben, Vandalen, Burgundern und zahllosen Gläubigen anderer Nationalitäten füllen, dann wäre die Barmherzigkeit Gottes zu loben. Denn nur auf diesem Wege, wenn auch mit Erschütterungen für uns, empfingen so viele Völkerschaften die Erkenntnis der Wahrheit. Worin besteht denn der Schaden für einen Christen, der nach dem ewigen Leben trachtet, wenn er dieser Welt zu jeder Zeit und auf jede nur mögliche Art entrissen wird?»[48]

Jeder Satz kostete Überwindung, war unter Tränen einer Einsicht abgerungen, die Orosius am liebsten niemals ausgesprochen hätte. Nur unwesentlich leichter hatte es, wer die Barbaren als Geißel Gottes erkannte. Denn damit kam er der Erklärung überzeugter Heiden gefährlich nahe, die im Sturz des ewigen Rom das lang erwartete Strafgericht der alten Götter für die verödeten Altäre und Tempel erkannten. Wo aber lag die Schuld, die Gott vergalt? Das Gericht des Gekreuzigten traf nur Strafwürdige und Sünder, und dies nicht erst am Jüngsten Tag, sondern schon auf Erden. Also musste ihre Schuld benannt und die Unschuld der Henker begründet werden.

Es war der in Trier geborene und in Marseille lebende Priester Salvianus, der in seinem um 440 geschriebenen Werk *Vom Regiment Gottes* den verlangten Beweis führte und den bisher gültigen Gegensatz zwischen dem Glanz der römischen Zivilisation und der Armseligkeit der Barbaren auf den Kopf stellte. Diese, so lautete die Quintessenz seines Nachdenkens, seien besser als die christlichen Römer. Zwar seien sie Heiden oder verehrten Gott nur in der abscheulichen Form der arianischen Ketzerei, aber ihre Lebensführung und ihre Sorge um die Armen verdienten Gottes Wohlgefallen. Die Römer hingegen würden ihre moralische Verkommenheit als Lebenskultur und ihre Verachtung der Armen als Gerechtigkeit feiern. Beispiele waren schnell zur Hand: So habe der Trierer Adel nach der Zerstörung der Stadt Circusspiele vom Kaiser erbeten und über den Gräbern der eigenen Bürger getanzt: «Du verlangst also öffentliche Spiele, Trierer? Wo, ich frage dich, sollen sie abgehalten werden? Etwa über dem Grab und der Asche? Etwa über den Gebeinen und dem Blut der Erschlagenen? Vom Brand geschwärzt ist die Stadt, und du willst eine festliche Miene aufsetzen!»[49]

Konnte Gott schon diesem moralischen Elend nicht geduldig zusehen, so erst recht nicht der Bedrängnis der Armen. Sie hatte er seliggesprochen und der Fürsorge und Liebe seiner Kirche ans Herz gelegt. Nichts davon, nur Habgier und Unterdrückung sah Salvian: «Heimgesucht werden die Armen, die Witwen seufzen, die Waisen trampelt man nieder, sodass viele, auch aus gutem Hause Stammende, zu den Feinden fliehen. Sie suchen bei den Barbaren römische Menschlichkeit, weil sie die barbarische Unmenschlichkeit bei den Römern nicht länger ertragen können. Und obwohl sie sich von denen, zu denen sie fliehen, durch die Gebräuche, durch die Sprache, ja durch den Geruch der Körper und Kleider, die bei jenen barbarisch sind, unterscheiden, ziehen sie es vor, unter Barbaren andere Lebensformen hinzunehmen, statt unter Römern dem Wüten der Ungerechtigkeit ausgesetzt zu sein.»[50]

Es ist die Anklage eines Bußpredigers, dem seine Entrüstung eine schneidende Sprachgewalt verlieh. Voll leidenschaftlicher Anteilnahme an der Not der kleinen Leute und durchdrungen von der strafenden Allgegenwart Gottes lässt er seinen Zeitgenossen keine Hoffnung: «Was kann es Verworfeneres und Elenderes geben als uns?» Die Antwort lautet: nichts. Sie musste so lauten, um das Unglück, das den kultivierten Provinzen Roms durch die Randvölker widerfuhr, erklären zu können: «Ich wollte beweisen», schließt Salvian, «dass wir alle unser Unglück nicht wegen der fehlenden Fürsorge und wegen der Nachlässigkeit Gottes erlitten, sondern nach Recht und Billigkeit, nach seinem Richterspruch, als gerechten Ausgleich und gebührende Vergeltung.»[51]

Stimmen wie die des Salvian muss es viele im untergehenden Westen gegeben haben, denn der Zusammenbruch der Zivilisation prägte die Themen der Literatur. Ihre Autoren waren in Gallien vornehmlich Männer des Adels und des Klerus, die sich geistig und wirtschaftlich von Rom lösten. Wer überleben wollte, richtete sich ein, und bestellte unter dem Regiment alanischer, gotischer oder fränkischer Häuptlinge seinen Acker oder ging seinen Geschäften nach, wenn ihm der Sieger nicht alles genommen und nur Hiob als Vorbild gelassen hatte.

Die alte Barbarenverachtung blieb hingegen unausrottbar. Viele Familien des gallischen Adels, die ihre Städte brennen sahen und vor dem burgundischen oder fränkischen Herren zähneknirschend den Rücken krümmten, hielten am alten Lebensstil fest, so gut es eben ging. «Du meidest die Barbaren, weil man sie für schlecht hält», schrieb Sidonius, «ich meide sie auch, wenn sie gut sind.»[52] Dieser Sidonius Apollinaris war ein Mann des Hochadels, hatte als Bischof der Auvergne in Clermont gegen die Westgoten gekämpft und dem Kaiser gedient, solange es Sinn machte.

Niemand hätte ihn von seiner vornehmen Lebensart – «wir speisten kurz, aber reichlich auf Senatorenart» – abbringen können, und nichts vermochte seinen Glauben zu erschüttern, dass Rom allein «Wohnstatt der Gesetze und Schule der Bildung» sein könne.[53]

Sidonius und seinesgleichen gehörte nicht die Zukunft. Unausrottbar aber blieb die Vorstellung, Barbar sei, wer die Städte meide, auf den Feldern hause, keine Gesetze kenne und Äußerlichkeiten für das Wesentliche halte. Als der hl. Bonifatius um 730 die heilige Eiche in Geismar fällte, um aus ihrem Holz eine Kirche zu bauen, erbat er sich aus England prächtige, mit goldenen Lettern geschriebene Bibelhandschriften, «damit dem fleischlichen Sinn der Heiden Verehrung für die Heilige Schrift eingeprägt werden möge». Sie allein konnte den Barbaren den rechten Weg weisen.

4. Unbesiegt und unversöhnlich: Das Partherreich

«Euphrat und Tigris werden unter neuen Gesetzen fließen»

Die Entscheidung, welche die Zukunft des Imperiums und das künftige Schicksal Mitteleuropas für vier Jahrhunderte bestimmen sollte, fiel im Jahr 20 v. Chr. Augustus traf sie an der armenischen und syrischen Grenze. Damals drängte die römische Öffentlichkeit, ihr die schicksalhaften Fragen zu beantworten, ob Rom im Osten zum Angriff auf Mesopotamien antreten und der Sieger im Bürgerkrieg als zweiter Alexander in die Geschichte eingehen wollte. Wann, wenn nicht jetzt, sollte Augustus die Pläne Caesars doch noch in die Tat umsetzen und die Legionen über den Euphrat führen? Oder sollte die Einsicht obsiegen, mit diesem Abenteuer die Kräfte Italiens zu überdehnen? Konnte schon damals gelten, was zweitausend Jahre später der amerikanische Außenminister Kissinger seinem Volk ans Herz legte, als er mahnte: «Erfolg in der Außenpolitik besteht in der Kunst, das Mögliche zu erkennen und zu erreichen.» Was aber war das Mögliche?

Nur auf den ersten Blick schien es klug, die Sache auf sich beruhen zu lassen, da der in Thronstreitigkeiten verstrickte Gegner auf Jahre hinaus gelähmt war. Der zweite Blick lehrte, dass ohne militärische Erfolge die erst wenige Jahre alte Herrschaft des Augustus auf tönernen Füßen stand und ein siegreicher Kriegszug gegen die Parther das beste Mittel war, sie zu festigen. Der dritte Blick schließlich konnte nicht übersehen, dass das römische Selbstbewusstsein die Begleichung der Rechnung verlangte, die seit der Niederlage des Crassus bei Carrhae 53 v. Chr. und dem erfolglosen Feldzug des Antonius 36 v. Chr. offen geblieben war.

Das Problem zu vertagen, kam nicht in Frage. Schon bald nach dem Staatsakt vom Januar 27, der Augustus zum Alleinherrscher machte, riefen stellvertretend für viele und im Einvernehmen mit dem Hof die Dichter zum Rachekrieg auf. «Rache für die Crassi und ihre Niederlage! Geht hin und tut euer Teil für die Geschichte Roms!», forderte Properz und sah Großes voraus: «Gott Caesar plant einen Feldzug nach dem reichen Indien; er will mit seiner Flotte die Fluten des perlenträchtigen Meeres durchpflügen. Groß ist der Lohn, ihr Männer! Der Rand der Welt macht sich zum Triumph bereit, Euphrat und Tigris werden unter neuen Gesetzen fließen. Wenn auch spät, es wird doch eine neue Provinz zu den Rutenbündeln Italiens stoßen, und parthische Trophäen werden sich an den Jupiter von Latium gewöhnen.» Angesichts dieses Pathos nahm sich die Klage des Horaz um die römischen Kriegsgefangenen bescheiden aus, traf aber nicht minder das Herz imperialen Selbstbewusstseins:

> «Wie? Crassus' Krieger lebte, von Schmach bedeckt,
> Als der Barbarin Gatte und ist ergraut
> – Senat und Sitte Roms, wie sankt ihr! –
> In der verschwägerten Feinde Heerdienst?
> Als Mederknecht dient Marser und Apuler,
> Die heilgen Schilde, Namen und Römertracht
> Vergessend und die ewge Vesta,
> Da noch die Stadt und das Kapitol steht?»[54]

Augustus verstand die Botschaft, hatte er sie doch selbst in Auftrag gegeben, und reiste 21 persönlich in den Osten. Dort galt es zunächst, Armenien wieder botmäßig zu machen. Dessen König Artaxias führte sich, des Beifalls aus Parthien sicher, an der Ost- und Westgrenze seines Reiches wie ein Löwe auf, obwohl er doch nur ein Lamm war. Dies offenbarte sich schnell, als Augustus im Frühjahr 20 in Kleinasien eintraf, während sechs Legionen unter der Führung des kaiserlichen Stiefsohns Tiberius die Balkanhalbinsel durchquerten. Ehe sie zum Einsatz kamen, brachten die Armenier ihren törichten König um, der Ende der 30er Jahre alle im Land verbliebenen Römer zu Freiwild erklärt hatte. Der Adel, die Rache Roms fürchtend, beugte sich dem neuen Herrscher Tigranes; dieser, der Bruder des ermordeten Königs, hatte über Jahre hinweg in Rom gelebt und war im Gefolge des Augustus heimgekehrt. Seine feierliche Investitur fand im

Lager des Tiberius statt, der ihm das Diadem aufsetzte – eine sinnfällige Demonstration der neuen Machtverhältnisse. Von ihnen kündeten auch die römischen Münzen; auf ihnen prangte die armenische Tiara mit der Inschrift *Armenia capta*.

Damit war der Weg frei, von Armenien und Syrien aus in Mesopotamien einzufallen. Doch dazu sollte es nicht kommen. Der parthische König Phraates IV. bat um Frieden. Er hatte seinen Vater Orodes und seine Brüder auf dem Gewissen und lebte in steter Furcht vor Attentaten, inszeniert von seinen Söhnen oder dem latent rebellischen Adel, für dessen Loyalität in einem Krieg gegen Rom niemand bürgen wollte. So nahm er die römische Lösung der Armenienfrage hin, hoffend, dass damit das letzte Wort noch nicht gesprochen war. Als Zeichen seines guten Willens händigte er die eroberten Feldzeichen des Crassus und des Antonius aus und erlaubte den römischen Kriegsgefangenen der vergangenen Jahre die Heimkehr. Augustus befahl den Rückzug. Für eine lange Zeit verschwanden die Operationspläne für einen großen Krieg gegen die Parther von den Tischen des römischen Generalstabs.

Der Verzicht auf die Nachfolge Alexanders des Großen

Der Entschluss kann Augustus nicht leicht gefallen sein. Allein die Einsicht, dass jenseits des Euphrat vom Waffenglück mehr zu fürchten als zu erhoffen war, konnte ihn rechtfertigen. In den weiten Räumen des Ostens musste ein Feldzug mit jedem Tag schwieriger, der Ausgang zweifelhafter und der eroberte Besitz ungewisser werden. Die Erinnerung an die gescheiterten Kriegszüge des Crassus und des Antonius verliehen dieser nüchternen Analyse noch größeres Gewicht. Was die Sicherheit der häufig von parthischen Reitern bedrohten syrischen Provinz und die Würde Roms forderten, war getan, und die eindrucksvolle Demonstration der militärischen Stärke des Imperiums konnte ihre Wirkung nicht verfehlt haben. Die Rückkehr der verlorenen Standarten und der letzten Kriegsgefangenen beglaubigten obendrein einen großen Erfolg, der Caesars Vermächtnis erfüllte.

Die offizielle Propaganda verkündete denn auch den abgebrochenen Feldzug als einen glorreichen Sieg. Der Kaiser schrieb ein Menschenalter später triumphierend in seinen Tatenbericht: «Die Parther habe ich gezwungen, die Beute und Feldzeichen dreier römischer Heere zurückzugeben und demütig die Freundschaft des römischen Volkes zu erbitten.» Er lehnte es zwar ab, als Triumphator in Rom einzuziehen, ordnete aber

Abb. 24
Neben den Dichtern und Bildhauern feierten auch die Münzmeister die Rückgabe der Feldzeichen. 19 v. Chr. prägte Petronius Turpilanus einen Denar, auf dessen Rückseite ein kniender Parther eine Standarte mit dem Zeichen X aushändigt; die Umschrift nennt den Anlass («Übergabe der Feldzeichen» (SIG[NA] REC[PTA]) und den Mann, der damit die Ehre der Legionen wiederhergestellt hatte: CAESAR AUGUSTUS.

den Bau eines Triumphbogens auf dem Forum an. Eine in Gold und Silber gearbeitete Panzerstatue – eine Marmorkopie wurde 1863 auf der Gartenterrasse der Villa Livias gefunden – verkündete, dass mit dem glücklichen Ende der Offensive ein neuer Tag der Geschichte begonnen habe: Der Kaiser tritt auf als Imperator, in der Rechten die Lanze, das Zeichen seiner Befehlsgewalt, in der Linken einen Lorbeerzweig, das Zeichen des Sieges. Den Bildschmuck des Brustpanzers beherrscht der Krieg. In der Gestalt des bewaffneten Mars nimmt er die verlorenen Feldzeichen aus der Hand eines parthischen Generals entgegen, während sich links und rechts davon die Provinzen des Westens und des Ostens vor der Macht Roms verneigen. Am Firmament, verkörpert durch den Gott Saturn, führt der Sonnengott seine Quadriga in den Himmel. Er symbolisiert die Rückkehr des Goldenen Zeitalters, das am Anfang der Geschichte war und mit Augustus neu anbricht. Am unteren Rand der Szene sitzt die Erdmutter Tellus (oder Venus), das Füllhorn im Arm, geschmückt mit dem Ährenkranz und von Kindern umarmt – sie verkörpert die Fruchtbarkeit und das Glück der Erde.

All dies verlieh dem Sieger über die Parther das Charisma des Weltherrschers, des unüberwindlichen Helden und des Segen stiftenden Heilsbringers. Horaz nahm die Botschaft auf und verlieh ihr Schwingen: «Auf den Knien nahm Phraates Caesars Gebot und Befehl entgegen. Goldene Fülle hat aus üppigem Horn ihre Früchte ausgeschüttet über Italiens Fluren.» Wunderschön formuliert, meilenweit an der Wahrheit vorbei, aber notwendiger Teil der Agitation. Denn niemand in Rom hätte verstanden, dass der Traum von den Legionsadlern auf der Königsburg in Ktesiphon ausgeträumt war und der Kaiser im Osten nur ein Ziel verfolgt hatte: die Sicherung des Status quo.[55]

Der Partherkönig, froh, den Krieg von seinem Land ferngehalten zu haben, stürzte sich in eine Liebesaffäre mit einer ungewöhnlichen Frau, die ihm am Ende die Krone und das Leben kostete. Sie hätte der Fantasie eines Dichters oder Dramatikers entsprungen sein können, war aber echt und brachte der römischen Politik ungeahnte Vorteile. Im Gefolge des Augustus befand sich ein italisches Sklavenmädchen mit Namen Thermusa, das der Römer beim Friedensschluss Phraates IV. zum Geschenk machte. Der König nahm sie erst als seine Konkubine auf, dann erhob er sie zu seiner Gemahlin, als sie ihm einen Sohn, Phraataces, gebar.

Von diesem Tag an geschah nichts im Reich ohne die Zustimmung der Königin. Dies betraf auch die Regelung der Nachfolge, für die vier legitime Söhne aus erster Ehe bereitstanden. Der König übergab die Prinzen, dem Wunsch seiner Gattin gehorchend, mit ihren Frauen und Kindern als Geiseln dem Erbfeind Rom. Dort blieben sie als Pfänder des parthischen Wohlverhaltens und als Zeugen des Erfolges des neuen Weltherrschers. Der zeigte sie der Bevölkerung der Hauptstadt bei den Spielen und wies ihnen einen Platz in seiner Nähe zu – eine Ehrenbezeugung, die tatsächlich eine Geste des imperialen Triumphes war.[56]

In der parthischen Hauptstadt hob sich derweil der Vorhang zum Schlussakt des königlichen Dramas. Die Königin, deren Furcht von Jahr zu Jahr wuchs, ihr Gemahl könne zur Besinnung kommen und seine Söhne aus Rom zurückrufen, griff 2. v. Chr. zum Giftbecher, verschaffte ihrem Sohn als Phraates V. das Diadem, vermählte sich mit ihm und schwang sich zur Mitregentin auf. Sechs Jahre sollten der fremdländischen Sklavin und ihrem Sohn bleiben, den misstrauischen Adel von ihren Fähigkeiten als Königspaar zu überzeugen.

Abb. 25
Büste der parthischen Königin Musa mit der Krone der Achämeniden. Der Künstler, dem es auf die Lebensnähe seines Porträts ankam, orientierte sich an griechischen Vorbildern. Auf Münzdarstellungen mit ihrem Sohn und Gemahl führte sie den Titel «Königin»; die Münzlegende nennt sie Thea Urania Musa Basilissa, was als Himmelskönigin gelesen werden kann.

Es misslang. Der Versuch, Armenien wieder unter parthische Oberhoheit zu zwingen, schlug fehl, als Augustus 1 n. Chr. die Mobilmachung der Ostarmee befahl und seinem jungen Adoptivsohn Gaius Caesar den Oberbefehl mit dem väterlichen Segen übertrug, die Klugheit des Pompeius, die Unerschrockenheit Alexanders und das Glück, das ihm selbst immer treu geblieben sei, mögen ihn begleiten. In Rom hörte man damals erneut das gewohnte Kriegsgeschrei und Ovid sah den jungen Caesar schon am Werk, «auch die übrige Welt zu bezwingen und den äußersten Orient»; der

Ruf nach Rache für Carrhae begeisterte wieder die Hitzköpfe. Es wurde nichts daraus, da die Diplomaten den Hader begruben.[57] Phraates und seine Mutter hatten ihre Bewährungsprobe nicht bestanden. 4 n. Chr. fielen sie einem Putsch des arsakidischen Adels zum Opfer. Augustus hörte mit Genugtuung zu, als ihn Gesandte baten, den Erstgeborenen Phraates' IV., Vonones, die Rückkehr in die Heimat zu erlauben. Seine Herrschaft währte nicht lange. Als Römerknecht gebrandmarkt, verlor er den Kampf um die Krone.[58]

An der weltpolitischen Bedeutung des Vorgangs ändert das nichts. Mit dem Befehl zum Rückzug waren die Interessensphären im Osten für die kommenden Jahrhunderte mal mehr, mal weniger stabil abgegrenzt, auch wenn Armenien als Zankapfel blieb. Selbst als im 3. Jahrhundert die Dynastie der Sassaniden die Partherkönige vertrieb und wieder mit dem Gedanken einer persischen Weltherrschaft spielte, blieb es bei einer zweigeteilten Welt. Noch um 600 n. Chr. gaben die Perser zu, dass dies immer so war und vor Gott und der Geschichte Bestand hatte: «Gott hat die Verhältnisse so geordnet, dass die ganze Welt von Anbeginn durch zwei Augen erleuchtet wurde: durch die weisen Herrscher des Perserreiches und durch das mächtige Reich der Römer.»[59]

Die zweite, für vier Jahrhunderte gültige Entscheidung bestimmte das Gesicht des Imperiums: Sein Zentrum lag seit dieser Zeit unverrückbar in Italien. Was immer es an Vorstellungen von einem Reich, konzentriert auf das östliche Mittelmeer, gegeben haben mag, sie waren im Jahre 20 dahin. Während die Parther den Iran, Babylonien und Mesopotamien kontrollierten, gehorchten Kleinasien, das Hinterland der levantinischen Küste und Syrien Rom. Dort überließ es der ungefährdete Friede den Griechen, die Anziehungskraft ihrer städtischen Lebensform auf die kleinasiatischen und syrischen Binnenländer wirken zu lassen.

Der Schatten Caesars fiel nun nicht mehr über die römische Ostpolitik. Daran änderten auch neue Konflikte, die meist um die armenische Frage kreisten, nichts mehr.

Wie weit Augustus sich der Tragweite seiner Entscheidung bewusst war, ist eine müßige Frage. Sein Verzicht auf den Ruhm, als zweiter Alexander in der Erinnerung der Menschen fortzuleben, achtete Grenzen, deren Überschreitung den Schwerpunkt des Reiches nach Osten verschoben und den Charakter der noch ungefestigten, aber in der republikanischen Tradition verankerten Alleinherrschaft verändert hätte. Erst die 330 n. Chr. erfolgte Gründung Konstantinopels sollte die Tür zu einem Imperium aufstoßen, das ohne Rom und Italien lebensfähig war und seinen Schwerpunkt im hellenistischen Osten fand.

5. Glücklich und unerreichbar: Arabien

Eine viergeteilte Welt

Der Verständigung mit den Parthern gingen Kriegszüge voraus, die noch dem hemmungslosen Drang der Republik gehorchten, das Reich bis an die Enden der Erde auszudehnen. Sie scheiterten, wurden jedoch wie der parthische Friede als Siege gefeiert. Im Norden betrat kein einziger Legionär britannischen Boden, was Horaz nicht daran hinderte, seinen kaiserlichen Gönner zu feiern: «Dir gehorcht, voll von Ungeheuern, der Ozean, der das ferne Britannien bespült.» Im Süden marschierten zwei Korps, das eine in den Sudan bis zum südlichen Wendekreis, das andere in den Südjemen. Das erste zerstörte 24/22 das über tausend Kilometer vom Mittelmeer entfernte Napata, den alten Vorposten der Äthiopier, das andere kam 25/24 im unwegsamen Arabien, geschunden von Seuchen und Wassermangel, nur mühsam voran; es erreichte sein erstes Angriffsziel Marib, konnte die stark befestigte Stadt indes nicht nehmen und trat den Rückzug an. In Rom musste man lernen, dass Arabien nicht beizukommen und der Leitsatz des Pompeius, im Südosten keine Neuerwerbungen zu versuchen, vernünftig war.[60]

Der Misserfolg machte auch diesmal die kaiserliche Propaganda nicht stumm – im Gegenteil. Das militärische Abenteuer, dessen Begleiter Verrat und Unvermögen waren, wurde als Teil der gelungenen Welteroberung gerühmt. «Auf meinen Befehl und unter meinen Auspizien wurden etwa zur selben Zeit zwei Heere gegen Äthiopien und Arabien geführt, welches ‹das Glückliche› (*Eudaemon*) heißt. Scharen von Feinden wurden unter beiden Völkern erschlagen und viele Städte genommen.»[61] Keine von ihnen konnte gehalten werden.

Aber es war nicht nur der Wille, es den Kriegern der Republik gleichzutun, der den Krieg nach Arabien trug. Den Süden der Halbinsel hatten Handel und Seefahrt seit Jahrhunderten zu einem reichen Land, zu *Arabia felix*, gemacht. Von dort war nach der Legende die Königin von Saba aufgebrochen, um in Jerusalem die Weisheit Salomons zu bewundern und ihn mit unermesslichen Reichtümern zu beschenken. Der nahezu undurchdringliche Riegel der wasserlosen Kub-al-Khali-Wüste schützte das Land

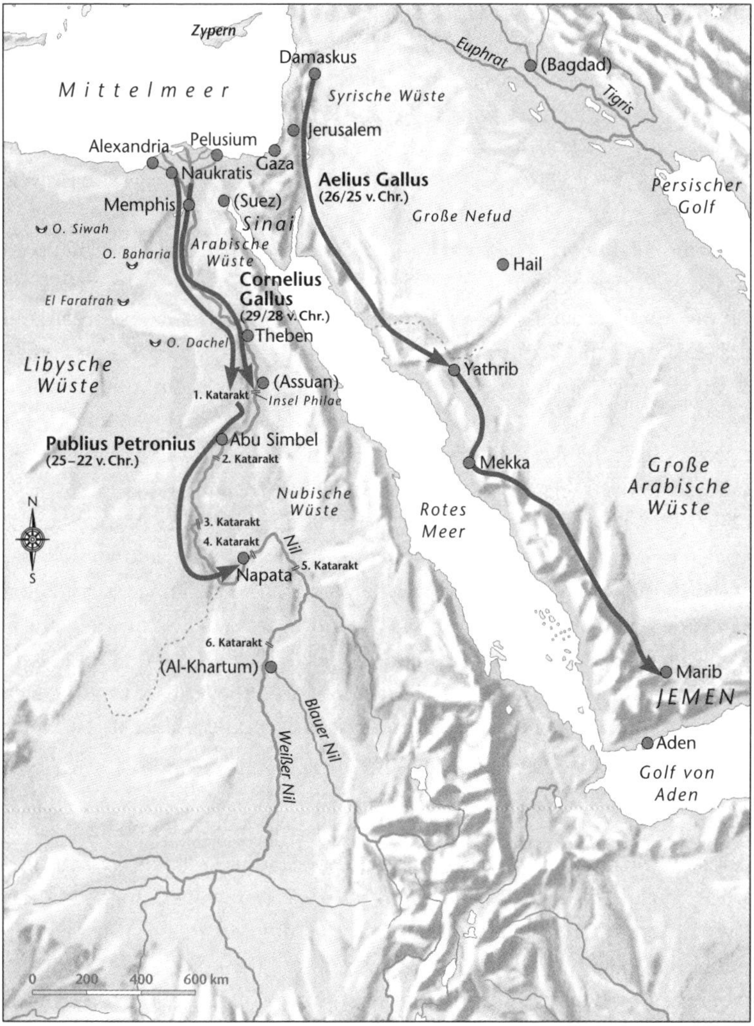

Karte 8
Ägypten und Arabien zur Zeit des Augustus

vor Einfällen aus dem Norden. Im Osten hingegen, am Ausgang des Roten Meeres, entstand der Schnittpunkt der Ost-West-Handelsrouten, die die Schifffahrt im Indischen Ozean mit den Karawanenrouten nach Syrien und Ägypten verbanden. Dorthin wollte Rom, dorthin trieb die Gier, ohne Umwege an den Handel mit Luxusgütern heranzukommen, die in den Großstädten des Reiches für das Hundertfache ihres Wertes verkauft werden konnten.

Marib bildete den Lebensnerv der Weihrauchstraße. Auf ihr schleppten Kamelkarawanen Gewürze, Edelsteine, Seiden, Duftstoffe, exotische Tiere und den für alle religiösen Kulte unersetzlichen Weihrauch aus Indien und Südostasien nach Gaza und Damaskus. Die Oase der Stadt war zudem wegen ihrer Fruchtbarkeit berühmt, die ein bereits im 8. Jahrhundert v. Chr. angelegter 620 Meter langer und 20 Meter hoher Staudamm garantierte. Als er 572 n. Chr. brach, entvölkerten sich die ehemaligen Bewässerungszonen und machten den Weg für einwandernde Beduinenstämme frei.

Die Wüsten und Steppen der übrigen Halbinsel gehörten Nomaden, die sie seit unvordenklichen Zeiten durchwanderten. Ihre Heimat war der Stamm, bestehend aus wenigen Hundert Menschen. Gehorsam schuldeten sie nur dem gewählten Anführer (*sajjid*, «Sprecher»), der Schutz gewährte, Streit unter den Familien schlichtete, sie nach außen vertrat und oft Führer ihrer Raubzüge war. Das Leben bestimmte die Pflicht, Nahrung für sich und die Herden zu finden, und geprägt war es von der Furcht, als Opfer von Dürrekatastrophen zu enden oder nicht rechtzeitig neue Weiden und Wasserplätze zu finden. Fehden Stamm gegen Stamm waren an der Tagesordnung und verhinderten gemeinsame Unternehmen oder übergreifende politische Zusammenschlüsse. Bauern und Städter traf nur Verachtung, und ihnen ihr Eigentum zu rauben und ihre Karawanen zu überfallen, war wohlgetan. Fremde Herrscher über sich anzuerkennen, war niemandem eingefallen. «Wir jedoch weigern uns, uns irgendjemandes Führung zu ergeben, bis wir selbst die Menschen führen ohne Zügel», heißt es noch um 540 bei dem Dichter Abid ibn al-Abras.

Der Norden war anders. Dort siedelten Stämme, die von ihren Nachbarn die Sesshaftigkeit und städtische Lebensart schätzen gelernt hatten. Sie gerieten seit Pompeius unter römische Vorherrschaft. Der ansehnlichste von ihnen waren die Nabatäer, die zwischen der Sinaihalbinsel und Nordarabien heimisch wurden und seit 105 v. Chr. die Herrschaft von Königen ertrugen. Ihre Händler beteiligten sich mit ihren Kamelherden am Handel mit Südarabien, während ihre Bauern sich die Kunst aneigneten, das Land zu bewässern. Die Beziehungen zu Rom belastete der Feldzug des Aelius Gallus; zu dessen Legionen waren 20 000 nabatäische Reiter gestoßen, deren Kommandeur Syllaios erst das Unternehmen sabotierte, dann, als Gallus den Rückzug befahl, mit seinen Truppen das Weite suchte. Die nabatäischen Handelsherren haben das Scheitern der römischen Eroberungspläne begrüßt und keinen Hehl aus ihrer Sympathie für Männer wie Syllaios gemacht. Römische Konkurrenten wollte keiner von ihnen sehen.[62]

Formal blieb das Nabatäerreich bis zum Beginn des 2. Jahrhunderts selbstständig. 106 n. Chr. führte der Tod des Königs Rabilos zu Unruhen, die Trajan, versessen auf militärische Abenteuer, nur allzu gerne nutzte. Der Legat der syrischen Provinz erhielt Order, in das Land einzufallen und es als Provinz *Arabia* einzurichten. Damit verschwand der letzte größere Klientelstaat an der Ostgrenze von der Landkarte. Vom Hauran im Südwesten Syriens bis zum Golf von Akaba im Süden baute Rom Straßen, Garnisonslager und Wachtürme, welche die neue Provinz gegen jede Bedrohung durch die Beduinen der Wüste abriegelten. In der Hauptstadt Bosra zog eine Legion in die Kasernen und sorgte für die Sicherheit der Handelsstraßen, die zum Roten Meer führten. Der wirtschaftlichen Prosperität des Landes und dem Karawanenhandel hat die Okkupation mehr genutzt als geschadet. Die Grabstätten, die in die Felswände um Petra geschlagen wurden, zeugen mit ihren Säulenfassaden und ihrem Reichtum von einem Wohlstand, der selbst den Toten nicht vorenthalten wurde.

Die großen Oasen Arabiens wurden von den Stadtbürgern von Mekka und Yathrib (das spätere Medina) beherrscht. In einem unfruchtbaren Tal und umsäumt von unwirtlichen Bergen lag Mekka an der Kreuzung der Handelsstraßen, die nach Babylon und nach Syrien führten. Die Bevölkerung war bunt gemischt: Araber verschiedener Herkunft, Landfremde aller Art, ausländische Sklaven und Söldner, denen der Schutz der Stadt anvertraut war. Sie alle einte das Interesse am Handel und sie alle profitierten von den Scharen gläubiger und zahlungswilliger Pilger, die im Tempel, der Kaaba (wörtlich: «Würfel»), die Idole verschiedener Stämme verehrten. Der alljährlich für einen Monat verkündete heilige Waffenstillstand führte nicht nur Wallfahrer, sondern auch Handelskarawanen in die Stadt – zum Nutzen aller. Ihr Leben gehorchte einem einfachen Grundsatz und er ließ wenig Raum zu theologischen Spekulationen:

> «Sie sagen: Nichts gibt es als hienieden unser Leben:
> Wir leben und wir sterben, und nichts
> Vermag uns zu vernichten als die Zeit.»[63]

Abb. 26
Blick auf die arabische Wüste mit Beduine. Herren über die Wüsten und Steppen Arabiens und des Maghreb waren Nomadenstämme, von denen keiner mehr als einige Hundert Menschen zu einer dauerhaften Zeltgemeinschaft zusammenführte. Ihr Reittier war das Dromedar und nur dieses Tier, das 250 kg tragen, bis zu 160 Kilometer an einem Tag zurücklegen und bis zu acht Tagen ohne Wasser auskommen kann, hat die Wüste passierbar und den Ausbruch der Stämme aus ihrer kargen Heimat möglich gemacht.

Anerkennung durfte nur beanspruchen, wer Kaufmann war und als solcher Erfolg hatte. Im Jahr stellten die Handelshäuser zwei Karawanen zusammen, eine im Sommer und eine im Winter; beide zogen mit bis zu 2000 Kamelen und schwer bewaffnet nach Norden, beide waren Gemeinschaftsunternehmen, zu denen viele beisteuerten. Unterfangen dieser Größenordnung und ihr Gewinn schweißen zusammen und werden von Eliten geführt, die gelernt haben, die Welt jenseits der Grenzen zu studieren.

In Yathrib, eine 450 Kilometer nördlich von Mekka gelegene Oasenstadt, die nach dem Tod Muhammads den Namen Medina («die Stadt», nämlich des Propheten) erhielt, boten über 50 Quadratkilometer fruchtbares Land Lebensbedingungen für mehrere Stämme. Die aus dem Süden Zugewanderten gehorchten heidnischen Göttern, die anderen, die Gründer Yathribs, betrachteten sich als Abkommen der alten Israeliten und hingen dem jüdischen Glauben an. Beide trugen Mord und Totschlag in die Stadt, beide warteten nach den seit Generationen anhaltenden Kleinkriegen auf einen Vermittler, der ihren Streit beenden und das Leben in der fruchtbaren und wasserreichen Oase wieder erträglich machen würde.

Der lange Weg zu einem Gott

Es gab viele Götter, auf deren Hilfe zu hoffen war. Der Koran nennt einige: «Und sie sagen: verlasst doch nicht eure Götter, verlasst nicht Wadd, noch Suwa, noch Yaghuth, und auch nicht Ya'uq und Nasr.» Es sind die Götter verschiedener Stämme, die aufgezählt werden, und sie haben die Gestalt eines Mannes (Wadd), einer Frau (Suwa), eines Löwen (Yaghuth), einer Stute (Ya'uq) und eines Adlers (Nasr).[64] Ihre Heiligtümer waren häufig seltene Steine unter denen die mekkanische Kaaba einen besonderen Platz einnahm. Ihr Bezirk war Zufluchtsstätte für alle Asylsuchenden und zog Pilger aus ganz Arabien an.

Von der religiösen Entwicklung seiner Nachbarländer war das Land nicht unberührt geblieben. Auch hier traten die Anhänger des iranischen Zarathustraglaubens sowie Juden und Christen als Nebenbuhler der heidnischen Religionen auf. Durchsetzen konnte sich keiner von ihnen. Von Paulus lesen wir in seinem Brief an die Galater, er sei nach seiner Bekehrung in Damaskus nach Arabien gezogen.[65] Gemeint kann damit schwerlich ein langer Aufenthalt in der Wüste sein; der hätte seinem Missionsauftrag widersprochen. Denkbar ist ein Rückzug in das Nabatäerreich Aretas' IV., das im Südosten bis vor die Tore von Damaskus reichte. Selbst dann bleibt die Entscheidung des Neubekehrten rätselhaft. Was ihn in ein Land trieb, dessen arabische Bevölkerung keine Sympathien für die Juden hatte, wie lange er dort blieb – erst drei Jahre später taucht er in Jerusalem auf –, und was er dort tat, verschweigt er.

Es hat nicht an Versuchen gefehlt, das Christentum zu den arabischen Nomaden zu tragen. Sie blieben jedoch nahezu erfolglos; im Hedschas, Muhammads engerer Heimat, hat eine organisierte Missionierung nie stattgefunden. In Mekka und Yathrib arbeiteten christliche Sklaven und Handwerker, lebten christliche Kaufleute, von denen sich etliche entlang der Weihrauchstraße niederließen. Es mag auch Kontakte zu den Gemeinden in Palästina oder Syrien gegeben haben – nennenswerte Bekehrungen folgten daraus nicht. Mönche oder Einsiedler, die sich in die Wüste zurückgezogen haben, gab es sicher, ebenso tauchten Wanderprediger, die ihre eigenen Auftraggeber waren, auf den lokalen Märkten auf. Nirgendwo können jedoch feste Gemeindebildungen nachgewiesen werden.

Dieser Befund gilt mit Einschränkungen ebenso für Äthiopien. Christliche Missionare kamen aus Alexandrien und der Thebais und stießen am Oberlauf des Nil auf eine alte und große jüdische Diaspora, in der die Predigt vom gekreuzigten Gottessohn Zuhörer fand. Erwähnenswerte Gemeinden finden sich erst im 4. Jahrhundert. Daran ändert auch die wundersame Geschichte von der Bekehrung des Kämmerers der Königin Kandake nichts, die in der Apostelgeschichte des Lukas mit viel Liebe zum Detail ausgebreitet wird: Ein Engel erscheint dem Apostel Philippus und schickt ihn an die Straße nach Gaza, auf der sich ein Hofbeamter der äthiopischen Königin auf dem Heimweg befindet. Dieser liest in den Prophezeiungen Jesajas, versteht die Stelle über das zur Schlachtbank geführte Schaf nicht, lädt den am Straßenrand auftauchenden Apostel in seinen Wagen und bittet ihn um Unterweisung. Sie wird ihm ebenso wie die Taufe zuteil, die der tief bewegte Eunuch stehenden Fußes erbittet; als glücklicher Mensch setzt er seinen Weg fort, als der Geist Gottes Philippus nach Aschdod entrückt.[66]

Die Geschichte, instrumentiert von einem begabten Erzähler, verfolgt ein einfach zu verstehendes Ziel: Den Entschluss zur Heidenmission fällt nicht Paulus, sondern Gott. Denn er stellte einen Apostel an die Straße nach Gaza und er sah mit Wohlgefallen der Taufe eines Heiden zu. An das ferne Land der Königin Kandake dachten dabei weder er noch der Apostel.

VIII
Kaiser und Gott

«Stammväter, Vaterlandsgötter! Du Romulus, du, Mutter Vesta,
die du den uralten Tiber und Roms Palatin schirmst,
diesen Herrscher im Jugendglanz, wollt *ihn* doch nicht hindern,
Retter zu sein der zerrütteten Welt».

Vergil über Augustus

«Das Zeitalter des Augustus ist für die Vergangenheit abschließend,
für die folgenden Jahrhunderte grundlegend.»

Victor Gardthausen (1891)

1. Monarch in Rom

Erscheinung und Funktion der römischen Monarchie sind von drei Faktoren bestimmt. Zwei davon begründeten ihre Existenz: Sie wurde auf den Schlachtfeldern der untergehenden Republik geboren und blieb lange Jahrzehnte auf die Hilfe der Senatsaristokratie angewiesen, um das Imperium regieren zu können. Der erste Punkt bewirkte die alleinige und unteilbare kaiserliche Kontrolle über das Heer, der zweite machte das Recht zu einem konstitutiven Element der kaiserlichen Macht. «Der Prinzeps steht nicht über dem Gesetz, sondern die Gesetze über ihm (*leges supra principem*)», rief Plinius seinem Kaiser Trajan zu. Der dritte Faktor war die Dauer der Alleinherrschaft. Sie begründete die Allmacht des Herrschers und machte ihn zum väterlichen Regenten aller Untertanen, die ihm die erwiesenen Wohltaten – Frieden, materielle und rechtliche Sicherheit, ein geordnetes Regiment – mit göttlichen Ehren dankten.

Über den Bestand der neuen Ordnung entschied nur eins: die Zustimmung einer aus den Fugen geratenen und nun wieder geheilten Welt. Sie wurde ihr im Übermaß und von allen sozialen Schichten zuteil. Da waren die Soldaten, die ihrem kaiserlichen Patron Ehre und Vermögen schuldeten, dann die Bevölkerung der Hauptstadt, die mit offenen Armen Brot und Spiele empfing, weiter die italischen Landstädte, die das Ende der Bürgerkriege bejubelten, und schließlich die Provinzen, die den Universalherrscher als Retter und Heiland verehrten, da er sie von der Willkür der republikanischen Barone zu befreien versprach. Sie alle trugen ihm unverhüllt göttliche Ehren an, und selbst in Rom, das einem Sterblichen keinen Tempel weihen und keinen Kult widmen wollte, empfing die übermenschliche Kraft, über die der Monarch zu gebieten schien, kultische Verehrung.

Die Schöpfung des Augustus dauerte als Regierungsform und als Idee fast drei Jahrhunderte und stand bei jeder späteren Ausprägung monarchischer Gewalt in Europa Pate. Sie wankte, als die Invasionen der germanischen Stämme des Nordens die Grenzen des Imperiums zerbrachen, und sie wandelte sich, von Krieg und Usurpationen bedrängt, erst in eine Militärdespotie, dann in eine Monarchie von Gottes Gnaden. Ihr Begründer Konstantin schloss das Bündnis mit den Christen und nahm damit einen Gott und seine Anhänger in die Pflicht, die zu Geburtshelfern einer neuen Zeit wurden. Es war die letzte große Leistung der Römer. Für sie zeugen seitdem ihr Reich und seine Dauer: eine Herrschaft, welche die griechische Zivilisation in sich aufnahm und damit für Europa nutzbar machte, eine Regierung, die ihre Eliten zwang, dem Imperium zu geben, was immer es verlangte, und eine besondere Fähigkeit des Lernens. Sie wies nach langem Widerstand den Weg, den Glauben an den Gekreuzigten als Staatsreligion anzuerkennen und seine Verehrer an der Macht teilhaben zu lassen.

2. Die Institution

Das Erbe der Republik

In den Jahren nach dem ausgebliebenen Partherkrieg veränderte die Ostseite des Forums in Rom ihr Aussehen. Neue Bauten erzählten dort von Augustus und seinen Taten. In der Mitte, an dem Ort, wo eine außer Rand und Band geratene Menge im März 44 den Leichnam Caesars verbrannt hatte, erhob sich nun der Tempel des vergöttlichten Juliers und bezeugte, dass der Sohn seinen Vater gerächt hatte, wie es das adlige Gesetz des Lebens befahl. Ihn flankierten zwei Bögen. Der eine war dem Triumph von Aktium geweiht und stand für das Ende der Bürgerkriege. Der andere feierte den Sieg über die Parther, der dem Land zwischen Euphrat und Tigris eine römische Ordnung gegeben hatte – so der offiziell verordnete Jubel.

Das Schicksal der Welt war entschieden, der Bruderkrieg vorbei und die Weltherrschaft greifbar nahe, bewirkt durch einen Mann: Augustus.

Vielen, die über das Forum wanderten und seine Verwandlung bestaunten, mag das alles wie ein Wunder erschienen sein. Die Republik lebte in ihren Formen weiter, die Beamten taten ihre Pflicht, der Senat tagte wie eh und je. Im Zentrum von Staat und Gesellschaft stand jedoch ein Fürst, der die Hauptstadt wie ein Schaufenster seiner Macht schmückte. In die Bewunderung mischten sich bange Fragen. Wie konnte ein Bürgerkriegsgeneral ein Imperium regieren, das seit dem Ende des 1. Jahrhunderts v. Chr. weite Teile Afrikas, Asiens und Europas umfasste? Wie würde er die in seinen Grenzen lebenden Griechen und Barbaren, alte Kulturvölker und wilde Stämme, zivilisierte Stadtbewohner und einfache Bauern zusammenhalten? Welche Zukunft versprach seine Herrschaft den Untertanen, die unter der Misswirtschaft der Republik gelitten hatten? Wie sollte er der Pflicht genügen, die alten politischen Eliten der Republik an der Macht zu beteiligen, wie die Willkür des in den Jahrzehnten der Bürgerkriege eigenständig gewordenen Militärs zähmen?

Am Ende seines Lebens schrieb Augustus in seinem Tatenbericht, er habe den Krater der Bürgerkriege geschlossen. Reichte dies aus, um eine Monarchie zu begründen? Sicher nicht. Die Wirren der letzten Jahrzehnte der Republik waren Ausdruck ihrer Schwäche, dem wilden Ehrgeiz der Generäle Zügel anzulegen. Und sie offenbarten, dass die Herren der Welt nicht gelernt hatten, ein Imperium zu regieren. Tacitus wusste es. Selbst er, der um die verlorene Republik trauerte, sprach ihre Führer und den Staat schuldig, der sie hatte gewähren lassen: «Verleidet war den Untertanen Senats- und Volksherrschaft wegen der Machtkämpfe der führenden Männer und der Habsucht der Beamten; schwach war der Schutz der Gesetze, die durch Eigenmächtigkeit, politische Umtriebe, zuletzt durch Bestechung unwirksam gemacht wurden.»[1] Bitterer ist über das Herrschaftsvermögen der Republik nie wieder der Stab gebrochen worden. Das Urteil enthält zugleich die Absolution für die Totengräber der alten Ordnung und segnet die neue monarchische und den Mann, der sie begründete. «Unter dem Titel Prinzeps», sagten seine Anhänger, und Tacitus widerspricht ihnen nicht, «habe Augustus den Staat neu gegründet; durch den Ozean oder durch weit entlegene Ströme sei das Reich geschützt; Legionen, Provinzen, Flotten, alles sei untereinander straff verbunden; Recht gelte gegenüber den Bürgern, Recht gegenüber den Provinzialen.»[2]

Der Herrscher

Der so Gepriesene wurde am 23. September 63 v. Chr. am Hang des Palatinischen Hügels in Rom unter dem Sternbild des Steinbocks geboren. Seine Jugend verlebte er dort, auf verschiedenen Landgütern und in Velitrae. Seine Familie war in der beschaulichen Stadt am Südhang der Albanerberge seit Langem ansässig und durch einträgliche Bankgeschäfte zu Vermögen und Ansehen gekommen. Sein späterer Gegner Marcus Antonius höhnte, der Urgroßvater sei ein freigelassener Seiler aus dem Gebiet von Thurii und sein Großvater ein schäbiger Geldwechsler gewesen. Der Vater hingegen hatte den Ausbruch aus der Enge der Provinz gewagt und in Rom die Ämterlaufbahn eingeschlagen, wo er es bis zur Prätur brachte. Er starb 58 v. Chr. kurz nach seiner Rückkehr aus Makedonien, das er als erfolgreicher Statthalter verlassen hatte. Die Mutter Atia war die Tochter des Atius Balbus, eines Senators aus dem benachbarten Aricia, und der Julia, der Schwester des Julius Caesar – dies sollte das künftige Leben des späteren Kaisers bestimmen.[3]

Denn Caesar, den Gepflogenheiten seines Standes folgend, machte seinen Großneffen zum Haupterben und adoptierte ihn testamentarisch. Als der Diktator im März 44 seinen Gegnern erlag, erreichte die Nachricht den jungen Mann in der adriatischen Küstenstadt Apollonia. Nach Italien zurückgekehrt, nahm er das Erbe an, schüttelte den alten Namen Octavius ab und nannte sich fürderhin Julius Caesar. Von diesem Tag an, schrieb sein Biograf Sueton, «stand Augustus an der Spitze großer Heere, zuerst mit Marcus Antonius und Marcus Lepidus, dann zwölf Jahre lang nur noch mit Antonius. Zuletzt herrschte er 44 Jahre lang allein.»[4]

Drei Phasen kennzeichnen seinen Weg zum absoluten Monarchen: In der ersten (44 bis 35) kämpfte er ums Überleben gegen Marcus Antonius, nach Caesars Tod der mächtigste Mann in Rom, dann gegen die Mörder des Vaters, die den griechischen Osten auf ihre Seite gebracht hatten, schließlich gegen Sextus Pompeius, der als Herr der Meere die italischen Küsten verheert und den Hunger nach Rom gebracht hatte. In der zweiten (35 bis 27) führte er Italien in den Krieg um die Einheit des Imperiums, die das Bündnis der ägyptischen Königin Kleopatra mit Antonius aufs Spiel zu setzen schien. Die dritte (27 bis 14 n. Chr.) beherrschten die Weiterführung der imperialen Ziele der Republik, die Neuordnung der Provinzen, und das zähe Ringen um den Bestand der Alleinherrschaft, die es in eine von der Zustimmung der Untertanen getragene absolute Monarchie zu verwandeln galt.

Im Krieg entscheiden nicht nur die Waffen, sondern auch überzeugende politische Ziele. Als Octavian diese fand, entschied er trotz der materiellen Überlegenheit des Ostens den Konflikt mit Antonius für sich, bevor er überhaupt ausbrach. Im Jahre 32 Privatmann und ohne jede rechtliche Legitimation, fand er eine unerhörte moralische. In der Form einer Volksabstimmung bekundeten Hunderttausende in den Städten Italiens und der Westprovinzen ihre Treue und forderten ihren Patron auf, die Legionen nach Osten zu führen. Denn ein Ungeheuer, das alles Römische zu verschlingen drohte, war gefunden: Kleopatra. Sie, die «ägyptische Hure», so tönten die Propagandisten, hätte Antonius verhext, römische Provinzen erschlichen und die Ehre Jupiters beleidigt. Wer römisch fühlte, wusste nun, wofür es unter den Fahnen Octavians zu kämpfen galt: für die von der Geschichte aufgetragene Führungsrolle Italiens, für die Werte der Ahnen, für die Götter Roms.

An der Westküste Griechenlands, im Seekrieg vor Aktium, krönte der Herr des Westens im September 31 seinen politischen mit dem militärischen Sieg. Er war endgültig. Ein Jahr später starben Antonius und Kleopatra von eigener Hand. Ägypten, das reichste Land des Mittelmeers, wurde als Kronland des Siegers eingerichtet. Die dort in Jahrhunderten gesammelten Schätze dienten nun dazu, den Hunger der Gefolgschaft nach Beute und Lohn zu stillen. Jetzt endlich war Zahltag für alle. Eine erschöpfte Welt richtete sich darauf ein, künftig von einem Mann regiert zu werden, dessen Macht schrankenlos geworden war.

Es war alles andere als leicht, die Frage zu beantworten, wie die Zukunft Roms aussehen sollte. Vorbilder gab es nicht. Sicher war nur, die Republik war dahin, die Alleinherrschaft unvermeidlich und das Sichbeugen das neue Lebensideal der alten Eliten.

Was aber bewegte den Sieger? Jetzt, da alle Welt ihm zu Füßen lag, nahm er Abschied von der Anmaßung, mit der ein Sulla, Pompeius und Caesar seinen Standort innerhalb des Staates bestimmt hatte. Im Januar 27 betrat der sehnlichst Erwartete den Sitzungsaal des Senats, begrub mit großer Geste die eigene revolutionäre Vergangenheit und machte den Senat wieder zum Mittelpunkt des staatlichen Lebens. So viel Republik, mochte mancher meinen, war nie. Er wurde schnell eines Besseren belehrt, sah er doch nur den ersten Teil eines sorgfältig inszenierten Schauspiels. Der zweite folgte wenige Tage später und war ein Akt vollendeter politischer Dressur. Der Senat, in euphorischer Stimmung, teilte das Reich. Er behielt die Verfügung über die Provinzen, die als befriedet galten und in denen nur wenige Trup-

Abb. 27
Das Mittelalter bewunderte Augustus als Weltherrscher, der der Welt den Frieden brachte, als der Sohn Gottes geboren wurde. Der *Liber Floridus* (um 1120), eine mittelalterliche Enzyklopädie über die Vielfalt der Schöpfung, zitierte Orosius, der im 5. Jahrhundert Augustus als von Gott gesandte Lichtgestalt feierte und das Bild des ersten Kaisers für die kommenden Jahrhunderte prägte. Die Darstellung zeigt den thronenden Universalherrscher, geschmückt mit der Krone, das Schwert in der Rechten, die Erdkugel in der Linken. Sie entsprach den Formeln, welche die römischen Monarchen über den christlichen Konstantin hinaus heilsgeschichtlich legitimieren sollten und die universale Eintracht beschworen.

pen standen. Der Herr der Legionen bekam alle Grenzprovinzen. Zu ihnen gehörten Syrien, zwei spanische Provinzen und ganz Gallien.

Der Senat segnete mit diesem Beschluss seine eigenhändige Entmachtung. Der Oberbefehl über die Armee und die Befugnis, neue Soldaten zu rekrutieren, gehörten fortan nach Recht und Gesetz dem Prinzeps. Militärisch konnte der Herrscher fortan nur noch von eigenen, aufrührerischen Paladinen angegriffen werden. Sicher, das ausgedehnte Palaver im Senat kreiste um die Phrase von der erneuerten Republik – doch diese war längst dahin. Trotzdem machte die Verneigung vor ihr Sinn. Denn sie diente dazu, dem Hohen Haus die Würde zu lassen, die ihren Mitgliedern die Last des Dienens leichter machte. Nur Laien konnten dies als Betrugsmanöver abzutun, da sie die Macht der Geste nicht verstanden, die politisch nicht minder schwer wog als die getroffene Entscheidung. Denn sie überdeckte die Rohheit der Militärmonarchie durch eine künstliche historische Patina und verlieh ihr damit eine Milde, die sie erträglich machte.

3. Die Helfer

Livia

Was meist wie die Geschichte eines Mannes daherkommt, ist tatsächlich die Geschichte eines Ehepaares und seiner Helfer. An der Seite des Kaisers stand eine Frau aus hochadligem Haus, politisch nicht minderbegabt als er: Livia. Octavian hatte sie zum ersten Mal Ende des Jahres 39 gesehen und sich in ihre Arme geworfen. Ohne zu zögern, schickte er seiner Gattin Scribonia den Scheidebrief und heiratete Livia, «geblendet von ihrer Schönheit», während die Verlassene seine Tochter Julia gebar.[5] Herz und Verstand banden die Eheleute über 50 Jahre lang aneinander, selten gestört von Zerwürfnissen, nach außen unbelastet von der Kinderlosigkeit des Paares. Für den Staat hingegen, schrieb Tacitus, der Livia nicht mochte, sei sie «eine Last als Mutter, eine Last für das Herrscherhaus als Stiefmutter» gewesen. Für ihn war sie einzig besorgt um das Wohlergehen und die Karriere ihrer Söhne Tiberius und Drusus und ohne Liebe für ihre Stiefkinder.

So war es nicht ganz. Sueton kam der Wahrheit näher, als er von der «einzigartigen und beständigen Liebe und Wertschätzung» des Kaisers sprach und seinen Lesern anvertraute, ihr Urenkel, der spätere Kaiser Caligula, habe, schwankend zwischen Spott und Hochachtung, Livias politisches Geschick mit dem Kompliment versehen, sie sei ein «Odysseus im Weiberrock».[6] Ovid traf auf seine Weise das Verhältnis des Kaiserpaares. Die Schönheit der Venus und die Gesittung Junos, schrieb er aus der Verbannung, zeichne Livia aus; sie allein sei würdig gewesen, «Gattin des Gottes zu sein.»[7]

Die Verfassung verweigerte ihr jede politische Mitsprache. Aber das Leben gehorchte noch anderen Regeln. Verschlungene Pfade der Einflussnahme durchzogen es und auf ihnen bewegten sich die großen Damen der Republik ebenso sicher wie die Mütter, Ehefrauen und Geliebten der Caesaren. Wie im Paris des 18. und 19. Jahrhunderts wurde in ihren privaten Salons manche politische Entscheidung vorbereitet und über viele Karrieren entschieden. Ihr Reichtum und weitverzweigte gesellschaftliche Verbindungen förderten den Aufstieg der Ehemänner, Söhne, Liebhaber und Günstlinge verschiedenster Couleur.

Livia war nahezu allgegenwärtig. Sie teilte mit Octavian Leid und Glück der Bürgerkriege, mit Augustus den zähen und jahrzehntelangen Kampf um die Alleinherrschaft, mit dem Gemahl das verzweifelte Ringen um die Nachfolge. Nichts davon passt zu dem Bild der biederen Hausfrau, die im Kreis ihrer Mägde Wolle spinnt. Doch sie gefiel sich in dieser Rolle, weil sie Eindruck machte. Sie passte erst allzu gut in die Propaganda gegen Kleopatra, die Hure Ägyptens, dann in das moralische Programm des Gatten, dessen Ehe- und Sittengesetze den liederlichen Adel in das tugendhafte Elysium der Väter zurückführen sollten. Ihre tatsächliche Macht zeigte sich jedoch etwa, als sie ihrem Gatten auf seiner ausgedehnten Reise in den Orient folgte. Dort, in den Jahren 22 bis 19 v. Chr., trat sie ohne Zögern als Herrscherin auf. Sie empfing Abgesandte aus Indien und den Hauptstädten der abhängigen Königreiche, darunter den jüdischen König Herodes, dessen Bruch mit seiner Schwester Salome sie durch eine klug eingefädelte Heirat verhinderte. Selbst die göttlichen Ehren, mit denen der Osten den Prinzeps überhäufte, schmückten nun auch sie.

Zudem: Livia war die reichste Frau ihrer Zeit. Viele Adelshäuser suchten ihre Gunst durch Geschenke und Erbschaften zu erlangen. Sie hatte das Recht, ihren Besitz selbst zu verwalten und dafür eigene Angestellte zu beschäftigen. Die jüdische Regentin Salome überschrieb ihr im Süden Palästinas die dortigen Seestädte und wertvolle Palmenhaine. Diese Gabe machte sie zur Landesherrin und damit zur Klientelfürstin Roms. Ihr Geld gab sie aus, wie es sich für die Tochter eines großen Geschlechts ziemte: für Bauten, Spiele und soziale Programme.

Ihre besondere Sorge galt der Loyalität der Senatoren. Viele von ihnen, so berichtet Dio, habe sie vor dem Zorn des Kaisers gerettet, ihre Kinder aufgezogen und für die standesgemäße Aussteuer ihrer Töchter gesorgt. So mancher nannte sie die «Mutter des Vaterlandes», auch wenn ihr Sohn

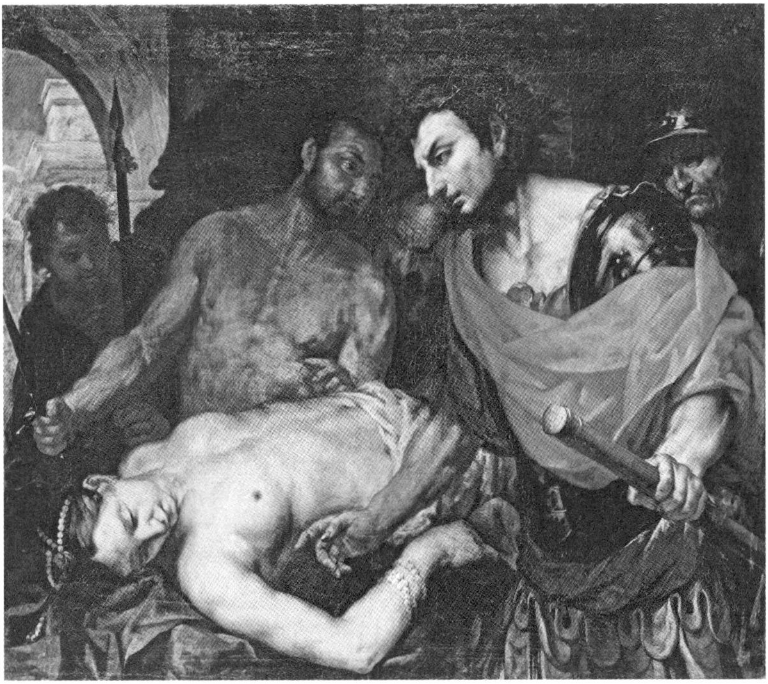

Abb. 28

Einfluss und Tragik der Frauen des julisch-claudischen Kaiserhauses spiegeln sich im Schicksal der jüngeren Agrippina, die ihren Ehemann Claudius vergiftete und Nero zum Kaiser machte. Als sie den Sohn zu deutlich spüren ließ, wem er die Macht verdankte, und ihr Anspruch auf Teilhabe an der kaiserlichen Würde das für den Bestand der Monarchie erträgliche Maß überstieg, befahl Nero ihren Tod. Antike Quellen berichten, er habe lange den Blick von der Ermordeten nicht abwenden können und die Nackte betastet, was die Öffentlichkeit mit lautem Missfallen kommentierte und dem umlaufenden Vorwurf des Inzests neue Nahrung gab (Sueton, Nero 34,4; Tacitus, Annalen 14,9). Der Maler Antonio Zanchi (1631–1722) malte die Szene mit sichtlichem Wohlbehagen an dem schönen Körper der Toten und der Ruchlosigkeit des begangenen Muttermordes. Ihn unterstrich das von Sueton überlieferte Bekenntnis Neros, er würde nächtens vom Geist seiner Mutter heimgesucht und von Furien mit brennenden Fackeln gepeinigt.

Tiberius als Kaiser den Vorschlag des Senates ablehnte, sie *mater patriae* zu nennen. Ob mit oder ohne Titel, ihre Fürsorge verschaffte ihr ein dankbares und ergebenes Heer von Vertrauten, das dem Kaiserpaar durch alle Krisen hindurch die Treue hielt.[8]

Eine öffentliche Stellung erhielt Livia erst nach dem Tod des Augustus. Er adoptierte die 71-jährige testamentarisch, hinterließ ihr ein Drittel seines Vermögens und gab ihr den Augustatitel. Als «Julia Augusta» stand sie jetzt nicht rechtlich, wohl aber in der sozialen Hierarchie gleichberechtigt neben dem Prinzeps Tiberius. Ob ihm dieser Einfall des alten Kaisers genützt oder geschadet hat, ist immer wieder bedacht worden. Wie immer man das sehen mag, Livia verkörperte als Augusta und als Mutter des Tiberius die Kontinuität des Herrscherhauses und gab ihm die Aura der Erbmonarchie. Mit ihr beginnt keineswegs zufällig die lange Reihe einflussreicher Kaiserinnen, die bis Helena, die Mutter Konstantins des Großen, und Theodora, die Frau Justinians, das Gesicht der römischen Monarchie prägten.[9]

Die Männer der zweiten Reihe

Das Testament und der Name Caesars verschafften dem Erben Geld, Waffen und Männer. Die meisten von ihnen gehörten nicht zum alten Adel und gewiss nicht alle hatten ehrenwerte Motive. Aber sie waren unverzichtbar. Der Wichtigste unter ihnen war Vipsanius Agrippa, der Treueste der Treuen. Er war ein Jugendfreund Octavians, an seiner Seite an allen Wegkreuzungen, sein Schwertarm in den Bürgerkriegen, Generalissimus des Reiches und schließlich der Schwiegersohn des Kaisers und Teilhaber der Macht. Gleichrangig war er nie. Es mangelte ihm die *auctoritas*, die Augustus, Träger des Namens Caesar, besaß, und es fehlten ihm die göttlichen Ehren, die dem Wohltäter der Menschen zuerkannt wurden. «Je mehr er», urteilte Cassius Dio über ihn, «die anderen an Tüchtigkeit übertraf, umso ergebener ordnete er sich freiwillig seinem Herrn unter.»

So blieb er ein begnadeter Stratege und Organisator, der ohne Zögern seine Lebenskraft auf fast allen Kriegsschauplätzen des Reiches ruinierte. Nur ein plötzlicher Tod des Augustus hätte ihn veranlassen können, nach den Sternen zu greifen. Dazu kam es nicht. Er starb im Februar 12 v. Chr. im Alter von 53 Jahren in Kampanien, zermürbt von den Strapazen eines winterlichen Feldzuges in Pannonien. Der Fürst hielt die Totenrede und ließ die Asche des Freundes in sein eigenes Mausoleum bringen. Jedermann fühlte, dass der Mann die Welt verlassen hatte, dessen Tapferkeit und Loyalität Augustus zum Kaiser und Gott gemacht hatten. Die kleinen Leute, die jede Veränderung ängstigte, erzählten von Unheil verkündenden Vorzeichen, darunter von einem Kometen, der tagelang über Rom schwebte, bis er brennend vom Himmel stürzte.

Wie Livia für den Einfluss der Frauen steht Agrippa für die Loyalität der Männer in der zweiten Reihe. Sie zu finden, war schwer, besonders unter den Familien des alten Adels. Denn alle Emporkömmlinge, so sehr sie die großen Häuser verachteten und stolz auf ihre Leistung für den Staat pochten, dachten und handelten in den Denkkategorien republikanischer Aristokraten. Sie wollten die Herren des Staates und nicht die Diener eines der ihren sein. Doch es gab sie, unter den Waffenträgern ebenso wie unter der Schar verschwiegener und unauffälliger Männer, die ihren Ehrgeiz zu zügeln wussten und zufrieden waren mit dem Reichtum und dem Ansehen, das ihnen der Herrscher überreichlich versprach. Ihr Glaubensbekenntnis hörte Tiberius mit sichtlichem Wohlgefallen aus dem Munde eines gewissen Terentius; angeklagt, an einem Komplott teilgenommen zu haben, verteidigte er sich mit dem Satz: «Dir haben die Götter die höchste Entscheidung übertragen, für uns ist nur die Ehre des Gehorsams übrig geblieben» – der Mann wurde freigesprochen.[10]

Traf die Wahl des Kaisers jedoch den Falschen, drohten Verschwörung und Aufruhr. Die Geschichte des Aelius Seianus, zweiter Mann unter Tiberius, lässt daran keinen Zweifel. Im Jahre 14 zum Prätorianerpräfekten berufen, begnügte er sich zunächst mit der Rolle eines zweiten Agrippa und genoss seine Stellung als engster Vertrauter und Ratgeber des Kaisers. Dabei aber blieb es nicht. Je mehr sich der alternde Tiberius aus den täglichen Regierungsgeschäften zurückzog, umso entschlossener zog Seianus sie an sich und begann ein mörderisches Spiel um die Macht. Es endete, als Antonia, die Witwe seines Bruders und uneingeschränkt glaubwürdig, dem Kaiser die hochverräterischen Pläne seines Kanzlers enthüllte; im Senat am 18. Oktober 31 verhaftet und verurteilt, starb er mit seiner ganzen Familie noch am selben Tag.

Die drei Nachfolger des Tiberius hatten weniger Glück. Keiner von ihnen starb eines natürlichen Todes. Caligula fiel einem Komplott zum Opfer, das Cassius Chaerea, Tribun einer Prätorianerkohorte, geschmiedet hatte. Sein Nachfolger Claudius lernte daraus, nahm das Murren der mächtigen Familien und Militärs in Kauf und umgab sich mit Freigelassenen, an deren Ergebenheit er nicht zu zweifeln brauchte – vor seiner Frau Agrippina konnten allerdings auch diese ihn nicht retten. Nero, der einer Senatsverschwörung unter dem einflussreichen Senator Piso knapp entronnen war, stürzte nach einem Aufstand, der in Lyon unter dem Statthalter C. Julius Vindex ausbrach und den ganzen Westen erfasste; vom Senat geächtet gab sich der Gejagte am 9. Juni 68 mit eigener, zitternder

Hand in einer schäbigen Vorortwohnung Roms den Tod, als seine Verfolger bereits vom Pferd sprangen. «Die Freude des Volkes», schrieb sein unbarmherziger Biograf Sueton, «war so groß, dass alle mit Freiheitsmützen in der Stadt herumliefen.» Dies aber war nicht die ganze Wahrheit, und es ehrt Sueton, dass er sie nicht verschweigt: «Es fehlte nicht an Menschen, die noch lange Zeit sein Grab im Frühling und Sommer mit Blumen schmückten und mit dem Senatorengewand bekleidete Bilder von ihm aufstellen.»[11]

Das Glück

Wer hoch steigt, braucht als wichtigsten Helfer das Glück, das Nero versagt blieb. Die Großen der späten Republik sahen sich alle mit ihm im Bunde. Der Erste war Sulla, nach seinem eigenen Verständnis aufgestiegen als Günstling der Göttin Aphrodite und des Glücks. So ließ er im Frühjahr 81 v. Chr., als Diktator auf dem Gipfel der Macht, seinem Namen den Beinamen *felix* hinzufügen, den er fortan in allen amtlichen Schriftstücken führte. Ihm folgte Caesar, der seinen guten Stern rühmte und nicht zweifelte, «dass das Glück das meiste vermag in allen Dingen und ganz besonders im Krieg».[12] In der Tat, das Glück hatte ihn in fünfzig Schlachten begleitet und die Hand über ihn gehalten; es verließ ihn erst an den Iden des März.

Augustus blieb es von der frühen Jugend bis ins hohe Alter treu. Tacitus hielt dies voller Bewunderung fest.[13] Tatsächlich hat Fortuna nur für wenige Sterbliche so viel wie für Augustus getan. Sie half ihm in den Schlachten, die gegen die Mörder des Vaters, gegen Sextus Pompeius und gegen Antonius geschlagen wurden, sie gab ihm Agrippa, der alle Talente eines brillanten Kriegers mit der Treue eines selbstlosen Knappen verband, sie sandte ihm Maecenas, der die hohe Schule der Diplomatie mit der Leidenschaft eines Apostels vereinigte, sie schickte ihm Vergil und Horaz, die seine Herrschaft als den von den Göttern vorbestimmten Beginn einer Epoche des Friedens und des Heils verewigten, sie schenkte ihm ein Imperium, das andere geschaffen hatten, und sie gewährte ihm während eines langen Lebens die Zeit, seine historische Mission zu erfüllen.

Die Armee

Zu den Nutznießern des Sieges gehörten Viele: die Soldaten, die Parteigänger, die Überläufer und die Kriegsgewinnler, die immer wussten, «auf welchem Wege selbst Bettler reich werden können» – so Cicero. Sie alle forderten ihren Lohn in der Form von Geld, Land, Ämtern und Senatssitzen, und sie bekamen, was sie verlangten. Denn auch das gehört zu den Grundgesetzen der Macht, denen der Alleinherrscher zu gehorchen hat: Hände, die man zum Regieren braucht, aber zugleich fürchten muss, beschwert man mit Gold und schmückt sie mit allen äußeren Attributen der Macht.

Der stabilste Anker der Alleinherrschaft blieb jedoch immer das Heer. Denn der innere Friede hing von ihm ab. Seine Loyalität war in den Wirren des Bürgerkrieges zu einer Frage des Preises verkommen. Blieb es dabei, war der Staat verloren. So tat Augustus, was ihm und dem Reich diente. Er entließ einen Teil der Revolutionsarmee, entlohnte die Altgedienten und half ihnen, eine neue Existenz als Bauer oder Rentier aufzubauen und Familien zu gründen. Nicht alle schafften es und manche verloren sich in ihren Träumen von der Geborgenheit des Feldlagers und dem Zusammenhalt der Kameraden. Die meisten von ihnen übten sich jedoch künftig in der Rolle braver städtischer Bürger, die an den abendlichen Stammtischen von ihren Heldentaten erzählten.

Viele wanderten als Kolonisten in die Provinzen. Willkommen waren sie selten. Die Eroberung Dakiens durch Trajan zeigt, warum. Als dort 106 n. Chr. der Widerstand endgültig erlosch und der letzte König Decebalus seinem sinnlos gewordenen Leben ein Ende machte, da, berichtet Cassius Dio lapidar, «wurde Dakien den Römern untertan und Trajan begann mit der Anlage von Städten».[14] Die Bedeutendste unter ihnen wurde die Kolonie *Ulpia Traiana Sarmizegetusa* (das heutige Várhely in Siebenbürgen). Sie löste als neuer Mittelpunkt der dakischen Provinz die in den Bergen gelegene und dem Erdboden gleichgemachte Herrscherburg der einheimischen Könige ab und wurde Amtssitz des kaiserlichen Legaten.

Was Dakien widerfuhr, geschah vorher oder nachher am Rhein, an der Donau, in Afrika und anderswo. Im Hinterland der durch feste Legionslager gesicherten Grenze lauerten mit Veteranen besiedelte Städte auf jede Regung der Unterworfenen. Die Provinzialen sahen nicht nur in den Palisaden der Legionslager, sondern auch in den Mauern der Kolonien «Bollwerke der Knechtschaft». Sie hatten allen Grund, eine hochmütige Soldateska zu verabscheuen, der Rom ihre fruchtbarsten Felder auslieferte; wer dort früher als Herr den Pflug geführt hatte, tat es jetzt als Pächter oder Landarbeiter. Tacitus kannte aus den Berichten über den Untergang des von Aufständischen zerstörten Camulodunum (Colchester) den Hass, der den Veteranen entgegenschlug, «denn sie, die jüngst in der Kolonie angesiedelt worden waren, vertrieben die Einwohner aus ihren Häusern und verjagten sie von den Feldern, wobei sie sie als Kriegsgefangene und Sklaven beschimpften». Tacitus fügt hinzu, reguläre Truppen hätten dieses Treiben der Veteranen unterstützt, «da sie ein ähnliches Leben führten und auf die gleiche Ungebundenheit hofften». Wer wollte es den Britanniern verdenken, dass sie die Stadt in Schutt und Asche legten und den in ihrer Mitte zu Ehren des göttlichen Kaisers Claudius errichteten Tempel «gleichsam als Zwingburg ewiger Tyrannei» (*arx aeternae dominationis*) niederrissen?[15]

Die Legionen, die blieben, verwandelten sich in ein stehendes Heer. Stationiert an den Grenzen gehorchten sie allein den Befehlen des Kaisers. Damit schien der Albtraum zu Ende, hilflos den eigenen marodierenden Truppen ausgeliefert zu sein. Dafür nahm man in Kauf, dass die Streitkräfte den Charakter einer persönlichen Armee des Alleinherrschers nicht mehr verloren. Künftig schwor der Rekrut den Diensteid auf den Kaiser, sein Bild trugen die Legionsadler, seine Büste stand zwischen den Göttern, denen der Soldat opferte, und nur er zog noch im Triumph in Rom ein. Trotz aller Sicherungen blieb die Armee ein Wolf, den an den Ohren zu halten unendlich schwer war. Dies zeigte bereits der Thronwechsel im September 14 n. Chr., als die germanischen und pannonischen Legionen meuterten und nach Geld und Lockerung ihrer Dienstpflichten riefen. Ihre Forderungen luden sie mit der Drohung auf, ihren General zum Kaiser ausrufen zu wollen.

Die Abrüstung und die Verwandlung der Streitkräfte in ein Berufsheer hatte ihren Preis, da die neue Armee Beschäftigung forderte. So verließ Augustus bereits wenige Monate nach den Regelungen des Januar 27 Rom, um sich im nordwestlichen Spanien noch einmal in den Krieg zu stürzen. Jedermann in der Heimat sollte sehen, dass sich die Weltmacht wie zu der Väter Zeiten im Krieg befand. Niemand nahm daran Anstoß – im Gegenteil. «Unsere Vorfahren führten Krieg, nicht nur um die Freiheit zu gewinnen, sondern um zu herrschen», hatte Cicero mit geblähter Brust notiert.

Er sprach für ganz Rom. Krieg und Eroberung hatten dort das Dogma gefestigt, nur der dürfe nach der Macht greifen, der das Reich verteidigte und mehrte. Daher führte Augustus Krieg wie niemand vor und niemand nach ihm, und seine Nachfolger taten es ihm nach oder spielten wenigstens Krieg, wenn es ihnen an militärischen Fähigkeiten mangelte. Denn jeder imperiale Siegeszug bewies neben der Sicherung des inneren Friedens, dass seine Herrschaft dem Willen von Göttern und Menschen entsprach.

4. Die Legitimation absoluter Macht

Der Gott

Unsterbliche Götter leiten die Welt. Sie leben in ihrem eigenen Reich, nehmen aber auserwählte Sterbliche in ihre Reihen auf. Es bedürfte daher keiner radikalen Umwälzung religiöser Grundgedanken, um den Kaiser als Gott zu sehen und zu verehren. Ein Zweites kommt hinzu. Rom kannte keine Trennung zwischen Politik und Religion, zwischen Staat und Kirche. Jeder seiner hohen Jahresbeamten besaß das *imperium* und das *auspicium*, die Befehlsgewalt und das Privileg, durch Vogelschau den Willen der Götter zu erkunden. Der römische Kaiser war Priester vieler Kollegien und verkörperte als *Pontifex maximus* die religiöse Zentralgewalt. Als solcher vollzog er alle sakralen Akte, wenn es ihm gefiel. Was dies bedeutet, zeigt ein vergleichender Blick auf die mittelalterlichen Könige. Sie waren zwar mit dem heiligen Öl gesalbt, doch keiner von ihnen hätte es gewagt, die Rechte wahrzunehmen, die nur durch die priesterliche Weihe übertragen wurden. Keiner von ihnen hätte sich für fähig gehalten, das Messopfer darzubringen und durch die Konsekration von Brot und Wein Gott selbst auf den Altar niedersteigen zu lassen. Eine kultische Verehrung ihrer Person war ohnehin undenkbar.

Das alte Rom sah dies anders. So wird verständlich, dass im Januar 27 v. Chr. nicht nur das Verhältnis zwischen dem neuen Machthaber und dem Staat geregelt wurde, sondern die Öffentlichkeit auch erfuhr, welchen Beinamen der mit der Republik versöhnte Bürgerkriegsgeneral führen wollte: *Augustus*. Der Begriff bedeutete so viel wie «erhaben, heilig» und diente als Attribut für Götter und heilige Orte. Übertragen auf einen Menschen bekam er eine ganz neue Qualität. Augustus – dies enthielt die Erinnerung an die Tugenden des ersten römischen Königs Romulus; Augustus – dies verwies auf das heilige Vorzeichen, mit dem die Götter die Gründung Roms begleitet hatten; Augustus – dies verband sich mit der Hoffnung auf die Auferstehung des Kaisers nach dem Tode. Fraglos hob bereits dieser Name den Sohn Caesars in eine sakrale Sphäre, in der irdische Kritik zur Gotteslästerung wurde.

Augustus hat dies gewollt und bereits früh im Schatten des Vaters die Nähe der Götter gesucht. Schon bei seiner ersten Ankunft in Rom, tönten landauf, landab seine Claqueure, habe eine große Menschenmenge über seinem Haupt den Strahlenkranz der Sonne gesehen, und bei den Spielen

Abb. 29

Kaiser Claudius als Jupiter mit der Bürgerkrone aus Eichenlaub (Mitte des 1. Jahrhunderts). Die *Corona civica* wurde dem verliehen, der in der Schlacht einem römischen Bürger das Leben gerettet hatte. Seit Augustus adelte sie den Kaiser als Beschützer Roms.

zu Ehren der Venus habe sieben Tage lang ein Komet am Himmel gestanden, in dem die Gläubigen die zu den Göttern aufgestiegene Seele Caesars erkannten. Von diesem Tag an sah sich Augustus von den Göttern beschützt, war doch nur seinetwegen der Stern des vergöttlichten Caesar erschienen. Dieser habe, so erläuterte später Plinius, der ganzen Erde Rettung und Segen verheißen.

In den östlichen Provinzen gab es nach Aktium ohnehin kein Halten mehr. In den Städten sprachen unzählige Weihinschriften von den Hoffnungen auf eine gerechte Herrschaft. Nach Jahrzehnten des Leids konnte nur der Himmel auf der Erde einen Zustand des Glücks schaffen und ihm Dauer verleihen. Diese Erwartung löste einen Gefühlssturm aus, dem sich Augustus gar nicht entziehen durfte. Warum sollte er es auch, warum sollte er, der durch seinen Sieg mit den Göttern so sichtbar verbündet war, den Glauben von Millionen an den Erlöser von allen Übeln enttäuschen? Warum sollte er die Zuversicht der Massen zerstören, dass seine Herrschaft gottgegeben sei? Die Antwort auf alle Fragen fanden die Untertanen selbst, als sie sich unter seinen Schutz drängten.

Zu ihnen gesellten sich früh die offiziellen Vertreter der Provinzen. Als Octavian im Herbst 30 nach Kleinasien kam, beeilten sie sich, ihm seine Ergebenheit zu bekunden. Auch für sie war der lang ersehnte Heiland und der Bringer des Friedens in die Städte der Provinz gekommen. Man beschloss, dem allmächtigen Römer ein Heiligtum zu bauen und Festspiele zu seinen Ehren einzurichten. Damit aber nicht genug. Derjenige, versprach der Landtag, «der die größte Ehre für den Gott [Octavian] fände», erhalte einen goldenen Kranz. Ihn bekam zwanzig Jahre später ein römischer Beamter für den Vorschlag, den Kalender der Städte Kleinasiens mit dem Geburtstag des Augustus beginnen zu lassen. Denn dieser Tag, so verkündete ein pompöses Edikt, «brachte der Welt den Anfang der durch ihn versprochenen Verheißungen».[16]

Was in Asien geschah, setzte die Richtmaße, an denen sich alle Provinzen des Reiches orientierten. Der Prinzeps wurde schon zu Lebzeiten zum Gott und seine kultische Verehrung Pflicht. Jeder Untertan bewies nun seine Loyalität durch Tieropfer und andächtig gestreute Weihrauchkörner. Der zusätzlich geforderte Eid bekräftigte die unverbrüchliche Treue zum Kaiserhaus: «Ich schwöre bei Zeus, der Erde, der Sonne, allen Göttern und Göttinnen sowie bei Augustus selbst, dass ich ihm, seinen Söhnen und Nachkommen treu bleiben werde, solange ich lebe, in Wort, Tat und Gesinnung.»[17]

In den Westprovinzen gab es die Voraussetzung für eine göttliche Verehrung des Herrschers nicht wie im Osten. Den unterworfenen Völkern war der Gedanke fremd, dass ungewöhnliche Taten eines Menschen von göttlichem Wirken zeugen. Die Himmlischen, die man anrief, waren mit den Gewalten der Natur, nicht mit denen des Menschen verbunden. Trotzdem war es nur eine Frage des rechten Zeitpunktes, um die Anbetung des Herrschers auch im Westen einzuführen. Die Initiative dazu ging, anders als im Osten, von Rom aus. Als in Gallien die ersten Steuereintreibungen Unruhen auslösten, verlangte der Kaiser eindeutige Bekundungen der Loyalität. Das Modell dazu musste nicht erst lange gesucht werden. Es hatte sich im Osten in Gestalt der Provinziallandtage bewährt und wurde erfolgreich auf die gallischen Provinzen übertragen. In Lugdunum (Lyon) versammelten sich im Sommer 12 v. Chr. vor dem neu geweihten Altar der Roma und des Augustus (*ara Romae et Augusti*) die Vornehmsten aller sechzig Stämme. Sie wählten unter sanftem Druck der anwesenden römischen Militärs einen Oberpriester, der künftig regelmäßige Opfer für den Kaiser leiten sollte. Anlass und Form der Einrichtung ließen keinen Zweifel daran, dass diesmal der neue Landtag nicht das Ergebnis dankbarer Wertschätzung war, sondern als Mittel der Befriedung diente.[18] Vor der Opferstätte für den Kaiser sollten die alten Rivalitäten der Stämme verschwinden und an ihre Stelle die geregelte Anerkennung der Oberhoheit Roms und des Kaisers treten.

Der Kaiserkult verband nun alle Menschen zwischen Britannien und Syrien, und seine Liturgie war überall dieselbe. Dies kam einer religiösen Revolution gleich. Denn zum ersten Mal in der Geschichte des Mittelmeerraumes beteten die Menschen zu einem Gott, der ihnen allen gemeinsam war. Er beschützte sie vor den Plagen der Bürgerkriege und versprach ihnen Glück und Wohlstand. «Erhalter der Welt» (*mundi servator*) nannte ihn Properz. Und die Bürger des kleinasiatischen Priene erklärten feierlich, «die Vorsehung, die über allem Leben waltet, schenkte uns Augustus, und sie sandte ihn als Heiland (sotēr), der dem Krieg ein Ende machen und das All ordnen sollte».

Die verordnete Dankbarkeit der Provinzen sprengte bald alle Grenzen des guten Geschmacks. Städte und Provinzen wetteiferten um den Ruhm, den Prinzeps am fußfälligsten zu huldigen. Sie bauten Kultstätten und Kapellen, richteten Festspiele und Prozessionen aus, bestellten Priester und gründeten kultische Vereine. Rom hat diesen Eifer nicht gesteuert, wohl aber dort, wo es an Einfallsreichtum mangelte, behutsam die Spielregeln vorgeben. Ausnahmen durfte es nicht mehr geben. Die öffentlichen Bekundungen der Loyalität verlangten jetzt den sakralen Rahmen. In ihn traten auch die Römer selbst ein; wer wollte es schließlich den in Asien oder sonst wo lebenden Bürgern verbieten, an den Gottesdiensten der Provinzialen teilzunehmen? So standen im Jahre 6 im kleinasiatischen Paphlagonien Provinziale und Römer um den Altar des Augustus und schwuren ihm die Treue – unter den Göttern, die sie gemeinsam anriefen, stand die Statue des Kaisers.[19]

Auch die Hauptstadt konnte und wollte sich am Ende der magischen Kraft, die von dem Gottgeliebten ausging, nicht entziehen. Zwar hatte sich Augustus der offiziellen Vergöttlichung seiner Person in Rom durch Tempel, Standbilder und Kulte widersetzt. In den Wohnquartieren der Armen scherte sich jedoch niemand darum. Sie pflegten seit Menschengedanken den Kompitalkult, ursprünglich ein ländliches Opferfest der Anwohner von Weggabeln (*compita*). Auf ihm feierten die kleinen Leute wie eh und je ausgelassen an den Grenzwegen und umringten die Sakramentshäuschen und Hauskapellen der Laren, den Schutzgeistern des Grundbesitzes. In ihre Fürbitten schlossen sie nun den *Genius Augusti* ein, die göttliche Kraft des Prinzeps, der auf den Altären als Opfernder vor ihnen stand, umringt von zwei Laren, dargestellt in der Gestalt tanzender Jünglinge.[20]

Augustus hat diese Gottesdienste der Mühseligen und Beladenen hoch geschätzt und ihren Vorstehern Geld und Larenstatuen geschenkt – er wusste, was er tat, waren doch an den Kreuzungen und den Imbissständen der Vorstädte immer wieder Pläne zu Aufruhr und Krawall geschmiedet worden. Der Kult war ob seiner Fröhlichkeit beliebt und verbreitete sich schnell in den Städten Italiens und der Provinzen. Er blieb ein Fest der Namenlosen, der Freigelassenen und Sklaven. Ihre Dankbarkeit für das Ende der römischen Bruderkriege war nicht minder ehrlich als die der Besitzenden, und wenn auch sie zeigten, dass sie der neuen Staatsordnung zustimmten, so war dies ganz im Sinne des Kaisers. Die Worte und Gebete, die sie fanden, sind vergessen. Aber ihre Hoffnungen spiegeln sich in dem Vers des Vergil, «der hier ist der Held, der oft und oft dir verheißen».

Die welthistorische Einordnung dieses reichsweit gefeierten Kultes drängt sich geradezu auf: Als Augustus im ganzen Reich verehrt wurde, kam der Glaube an einen in Bethlehem geborenen neuen Heiland in die Welt. Sie lehnte dieses Bekenntnis als ihrem Lebensstil wesensfremd zunächst ab, zugleich aber schien sie für ihre Aufnahme wie geschaffen.

Der Herrscher der Welt und der Bringer des Friedens

Es war kein offizieller Titel, den der Monarch führte, aber gewiss sein wichtigster: Hüter der «unermesslichen Majestät des römischen Friedens», nannte ihn der ältere Plinius und sprach damit einer ganzen Welt aus dem Herzen.[21] Denn alle Hoffnungen, die sie hegte, gipfelten in diesem Gedanken, versprach er doch den Besiegten, die Trauer um ihre verlorene Freiheit zu lindern. Den Siegern brachte er die frohe Botschaft von der Wiederherstellung ihrer Eintracht (*concordia*); in den Bildern der Zeit tauchen immer wieder verschlungene Hände auf, Symbole einer Harmonie, die schon für immer verloren schien. Sie sprachen vom Frieden der Bürger, von der Einigung mit dem Senat, von der Bändigung des Militärs, von der Sicherheit vor Umsturz, Enteignung und politischem Terror. Alles dies überwölbte *Pax*, die Göttin des Friedens. Der nüchterne Sinn der Römer hatte sie, die doch ein irdisches Paradies regieren sollte, mit dem Gedanken imperialer Herrschaft verbunden. *Parta victoriis pax*, durch Siege errungener Friede, lautete die von Augustus selbst geprägte Formel.

Die Überzeugungskraft dieses Gedankens leitete auch die Dichter der Zeit. Beflügelt durch das kaiserliche Wohlwollen berauschten sie sich an den Kriegszügen bis an die Grenzen der Erde und besangen zugleich den Frieden, der die Erfüllung eines Menschheitstraums versprach. «Der, ja der ist der Mann», jubelt der vergilsche Anchises, der Vater des Äneas, als sein Blick in der Unterwelt auf den letzten in der langen Reihe der künftigen Helden Roms fiel, «er, der dir so häufig verheißen, Caesar Augustus, des Göttlichen Sohn; die goldenen Zeiten bringt er nach Latium wieder, wo einst Saturnus regierte.»[22] Horaz wollte da nicht zurückstehen und kleidete in die Form eines Kultliedes, was die Zeit bewegte und was der Kaiser als die dichterische Überhöhung seiner politischen Ziele verbreitet sehen wollte: das Ende des Sittenverfalls, der Zwietracht und Bürgerkrieg heraufbeschworen hatte, die imperiale Ausdehnung des Friedens bis an die Grenzen der Erde und die sakrale Überhöhung des Fürsten, dem alles zu danken war:

> «Nunmehr zieht seines Wegs sicher der Stier dahin,
> Ceres segnet die Flur wieder mit reicher Saat,
> Friedlich schaukelt das Schiff durch die versöhnte Flut,
> Treu und Glauben sind neu erwacht.»[23]

Beides, Krieger und Friedensbringer, bleibt der römische Monarch für immer. Beides hatte ihm die Geschichte Roms auferlegt und aus ihr gab es kein Entkommen. Die Leidenschaft, mit der sich die militärischen Führer der auseinanderbrechenden Republik um die Rolle eines imperialen Kriegsfürsten geschlagen hatten, hatte im öffentlichen Bewusstsein den Weg beschrieben, auf dem allein Macht und Prestige zu erringen war. Dies war keine Laune einer zufälligen historischen Konstellation. In einem Volk, das während seiner langen Geschichte militärische Tugenden in den Himmel hob, wurden am Ende des Weges zur Weltherrschaft die großen Militärführer jeder Kritik entzogen.

Die Existenz des Reiches hat diese Tradition stets lebendig gehalten und jeden Kaiser dazu gezwungen, als Kriegsherr den Anspruch auf die alleinige Macht zu begründen. Viele Unzulänglichkeiten der Amtsführung waren verzeihlich, kriegerische Unfähigkeit war es nicht. Wer immer nach dem Diadem griff, war den Beweis militärischer Tüchtigkeit schuldig; hatte er sie nicht, so war dies sorgfältig zu verbergen, und wer kein Feldherr war, musste doch als solcher gelten.

So erging es auch dem Kaiser Caligula. Seine hochfliegenden Pläne, wie Caesar nach Britannien überzusetzen, musste er aufgeben, als eine Verschwörung hoher Offiziere des obergermanischen Heeres ans Licht kam. Von der Rheinfront nach Italien zurückgekehrt, holte er im Sommer 40 am Golf von Baiae die triumphale Überquerung des Meeres nach. Auf einer Länge von fünf Kilometern zimmerten die Baumeister aus eilends herbeigeholten Langschiffen eine Schiffsbrücke von Puteoli nach Bauli, die der Kaiser im Brustpanzer Alexanders, gefolgt von der Garde und dem Hof, zu Pferd überquerte. Zurück ging es am folgenden Tag mit einem Zweispänner, gezogen von ausgewählten Rennpferden, begleitet von einem parthischen Prinzen, den Freunden, den Prätorianern und ausgewählten Soldaten, alle festlich gekleidet. Ein langer Zug von Beutestücken vollendete das Bild eines Herrschers, der selbst das Meer bezwungen hatte.[24]

Die Dimension, in der die Rolle des großen Kriegers auf dem Thron ausgefüllt werden konnte, steckten die Taten eines Pompeius oder Caesar ab. Die Aussicht, Krieg wie diese zu führen, war jedoch gering. Allzu großen Tatendrang verhinderten die Sorge um die innere Stabilität, die der Übermut einer siegreichen Kriegsmaschine bedrohte, und die mangelnde Kapazität Roms, die Expansion in Räume fortzuführen, die weit vom Mittelmeer und von Italien entfernt lagen. Von der Eroberung Indiens durften die Dichter träumen, nicht der römische Generalstab. Selbst Vorstöße in die Gebiete jenseits des Euphrat, einem alten römischen Traum geschuldet, brachten keinen dauernden Gewinn. Augustus wusste es und Trajan musste es erfahren; seine in Rom hymnisch gefeierten Kriegserfolge gegen die Parther kassierte, kaum im Amt, sein Nachfolger Hadrian. Auch die Armee meldete sich zu Wort, wenn ihr die zugestellten Angriffsbefehle zu gefährlich schienen. So meuterten die Legionen, die Claudius im Frühjahr 43 zur Eroberung Britanniens zusammengezogen hatte; ihre Begründung, die Insel läge doch außerhalb der zivilisierten Oikumene, spiegelte die Angst vor dem gänzlich Unbekannten. Erst ein Zeichen vom Himmel ließ sie die Fahrt in eine andere Welt wagen.[25]

Pompeius hatte den Himmel nicht gebraucht. Als er nach seinen Siegen im Osten gehüllt in den Mantel Alexanders in Rom einzog und in seinem Tatenbericht davon sprach, er habe «die Grenzen des Reiches bis an die Enden der Erde vorgeschoben», verkörperte er für lange Zeit ein imperiales Denken, das den eigenen Führungsanspruch mit den Taten des Eroberers legitimierte. Der Gedanke der Ewigkeit des Reiches kam hinzu und mit ihm die Gewissheit, dass der Wille der Götter all dies geschaffen habe, hatte doch Jupiter so entschieden: «Weder in Raum noch Zeit setzte ich diesen (Römern) eine Grenze. Ein Reich ohne Ende habe ich verliehen.»[26]

Im Licht dieses göttlichen Urteils wurde Augustus zum größten Imperialisten Roms. Kriege führte er in alle Himmelsrichtungen: «Das Gebiet aller Provinzen des römischen Volkes, denen Völker benachbart waren, die unserem Befehl nicht gehorchten, habe ich vergrößert.»[27] Diese schlichten Worte rechtfertigten alles und verlangten Einzelheiten. Daher nennt Augustus, geografisch geordnet, alle Stämme und Königreiche, die von ihm niedergerungen oder zur Unterwerfung gezwungen wurden. Der Bogen reicht von Britannien bis nach Indien, von Gades bis zum Kaukasus, von den Wüsten Arabiens bis zu den Mündungen von Elbe und Donau. Niemand wollte genau wissen, wie die Beziehungen der stolz aufgezählten Völker und Länder zu Rom tatsächlich waren, hatte doch Jupiter selbst sie alle dem Imperium unterworfen und seinen Herrscher zum «Hüter des römischen Reiches und Lenker des gesamten Erdkreises» gemacht.[28]

Niemand fragte auch nach den Gründen eines Kriegszuges. Auf dem Balkan etwa brach Augustus den Krieg gegen die Pannonier regelrecht vom Zaun. Die antiken Historiker mögen nicht alle Motive dieses Feldzuges durchschaut haben, aber sehr wohl seinen Kerngedanken: «Zwar hatte Augustus», schrieb Cassius Dio, «keine Beschwerde gegen sie vorzubringen, da sie ihm ja in keiner Weise etwas zuleide getan hatten, doch tat er den Schritt, um seine Soldaten zu üben und sie gleichzeitig auf Kosten eines fremden Volkes zu unterhalten; denn er hielt jedes Vorgehen gegen Schwächere für berechtigt.»[29]

Die Erben hatten es nicht leicht, nach den imperialen Explosionen unter Augustus dem römischen Sendungsbewusstsein zu dienen. Pflicht blieb dies für alle, gleichgültig ob sie mit der Leidenschaft eines Trajan zu Werke gingen oder wie Tiberius mit dem Vorwurf leben mussten, auf eine Erweiterung des Reiches nicht bedacht zu sein. Selbst die Jahre des Friedens von Hadrian bis Mark Aurel konnten nicht verdecken, dass den Fürsten die Aufgabe, das Reich zu mehren, mit in das Amt gegeben war.

In diesem Jahrhundert sprach die gebildete griechische Oberschicht, vertreten durch Appian, Aelius Aristides und Cassius Dio, häufiger als je zuvor vom Frieden und riet zum Verzicht auf weitere Expansionen. Ihr Rat zählte nicht. Was Rom dachte und was die Monarchen zum Handeln trieb, offenbaren noch heute die Siegessäulen des Trajan und des Mark Aurel. Nichts in ihren Bildprogrammen spricht von Verteidigung oder Verzicht, alles aber von Angriff und Aneignung. Als steingewordene Demonstrationen eines grenzenlosen Willens zur imperialen Macht versinnbildlichen diese Kolosse den eisernen Willen, die Herrschaft eines von den Göttern auserwählten Volkes auszuweiten.

Selbst die bescheidenen Versuche des Antoninus Pius, den Hadrianswall in Britannien zu überschreiten und statt seiner eine neue Grenze, den Antoninuswall, zu setzen, folgten diesem Gesetz. Ihm gehorchte noch einmal mit großer Geste Septimius Severus. Nach eindrucksvollen Siegen über die Parther 197/98 richtete er eine neue Provinz Mesopotamien ein und ließ sich auf seinem Triumphbogen als Retter des Staates und Mehrer des Reiches bejubeln.[30] Die Zusammenstellung sagt alles: Der nach schweren Bürgerkriegen an die Macht gekommene General bewies durch seine Kriegstaten, dass seine Wahl zum Nachfolger des Augustus richtig gewesen war, denn er erfüllte den Willen Jupiters.

Das Reich war und blieb der Sphäre des Alltäglichen entrückt und erhob seine monarchischen Hüter zu den Sternen. Der Idee nach blieb es immer universal. Selbst als es im 3. Jahrhundert ein Leichtes geworden war, auf der Landkarte die Kluft zwischen Vorstellung und Wirklichkeit zu erkennen, änderte sich daran nichts. Der Gedanke, von den Göttern geliebt zu werden, hatte jeden Zweifel ausgelöscht, Rom könne eines Tages seiner Sendung nicht mehr gerecht werden, der Erde die Segnungen des «durch Siege errungenen» Friedens zu bringen.

5. Die Herrscherpflichten

Die Anliegen des Kaisers

Die höchsten Tugenden des Monarchen sind Gerechtigkeit und Milde. Um sie ausüben zu können, muss er die Nöte seiner Untertanen kennen und bemüht sein, sie zu lindern. Plinius verlieh diesem Gedanken in seinem Preislied auf Trajan Flügel: «So sorgt ein Princeps, ja ein Gott für die Seinen: er schafft Versöhnung zwischen zerstrittenen Städten, er bändigt aufgebrachte Völker weniger durch sein strenges Gebot als durch vernünftige Argumente, er schreitet ein bei Rechtsbrüchen der Behörden und hebt Maßnahmen auf, die nicht hätten getroffen werden dürfen; schließlich, wie das rascheste der Gestirne, die Sonne, sieht er alles, hört er alles, und wo immer man ihn anruft, ist er alsbald, wie eine Gottheit, hilfreich zur Stelle.»[31]

Sätze wie diese sind eines glücklichen Zeitalters würdig. Sie beschwören, was des Kaisers ist: die Pflicht des Anhörens. Gehör fanden zunächst die Fragen seiner Beamten zu Einzelfällen, mit denen sie nicht zurechtkamen. Gehör fanden auch die Klagen und Bitten der Provinzialen um Beistand. «Denn es ist gerecht», mahnte Kaiser Domitian (81 bis 96), «den erschöpften Provinzen zu helfen, die kaum in der Lage sind, den dringendsten Bedürfnissen zu genügen.»[32] Der Satz war seit Augustus Regierungsprogramm. Dem Monarchen legte er die Pflicht auf, die Sache der Untertanen zu seiner zu machen. Die Folge war eine wachsende Kontrolle des Kaisers über seine Gouverneure und die wachsende Zustimmung der Provinzialen zur Monarchie. Dass damit eine neue politische Ordnung begründet wurde, begriffen in Rom konservative Senatskreise als Erste. Sie beklagten «den unerhörten Übermut der Provinzialen» und beschworen die alten Zeiten, in denen die Untertanen noch vor den Berichten heimkehrender römischer Gesandter gezittert hatten.[33]

Damit war es nun vorbei. Auch die Kritiker der neuen Ordnung konnten nicht bestreiten, dass der Kaiser die öffentliche Wohlfahrt und Sicherheit zu pflegen begann, denn der Monarch war notwendig Monarch für alle. Diesem Gesetz folgend richtete sich sein Augenmerk auf alle sozialen Schichten und auf alle Untertanen. Seine Sorge galt der Ernährung der großstädtischen Bevölkerung, der Ausrichtung von Spielen, der Wasserversorgung der Städte, dem Ausbau des Straßennetzes, der Bautätigkeit insgesamt, der Versorgung der Veteranen durch die Einrichtung von Pen-

Abb. 30
Eugène Delacroix, Die Gerechtigkeit des Trajan (1840). Die höchsten Tugenden des Monarchen sind Milde und Gerechtigkeit. Der römische Kaiser Trajan wurde für viele Jahrhunderte zum Vorbild für alle Herrscher, die dem Volk ihr Ohr liehen. Nach einer alten Legende verschob er seinen Aufbruch in den Krieg, als ihm eine unglückliche Witwe, die den Mord an ihrem Kind gerächt sehen wollte, in die Zügel fiel, um ein gerechtes Urteil bat und es erhielt (Dante, Fegefeuer 10,77–94). Papst Gregor der Große, so erzählt eine zweite Geschichte, sei darüber zu Tränen gerührt gewesen und habe Gott gebeten, den Kaiser aus der Vorhölle zu entlassen. Seine Bitte wurde erhört.

sionskassen, der Unterstützung bedürftiger Kinder (*alimentatio*), dem Aufbau von Polizei und Feuerwehr, der Hilfe bei Naturkatastrophen und Hungersnöten – alles Pflichten eines patronalen Herrschers, der in seinem Titel «Vater des Vaterlandes» die soziale Fürsorge zu einem der Leitgedanken seiner Regierung erhoben hatte.

Die Erwartungen der Untertanen

Patronale Pflichten, so nützlich sie sind und obwohl sie den Herrscher zum Heiland machen, verwandeln sich schnell in schwere Lasten. Meist trieb die Not Gesandte von nah und fern in das Quartier des Gouverneurs oder vor die Tore des kaiserlichen Hofes. Dort wurden sie selten freudig begrüßt, widersprach ihre Anwesenheit doch der römischen Doktrin, die Städte ihre Probleme selbst lösen zu lassen. Aber es half natürlich nichts; der Monarch konnte nicht gleichzeitig Herr und Zuschauer sein. So begann die kaiserliche Bürokratie zu arbeiten und Dinge zu regeln, die sie immer tiefer in das Innenleben der Beherrschten verstrickten. «Tausende Menschen musst du anhören, zahllose Bittschriften erledigen», bewunderte Seneca den Leiter der zuständigen Kanzlei am Hofe des Claudius, und er fügte hinzu, alle Entscheidungen müssten so vorbereitet werden, dass der Kaiser das letzte Wort habe, so banal das Problem auch sei.[34] «Herr (*domine*)», schrieb etwa der eifrige Plinius aus der bithynischen Provinz an Trajan, «die Menschen in Prusa haben ein Bad, schmutzig und unmodern. Deshalb legen sie Wert darauf, ein neues zu bauen, und ich möchte meinen, Du könntest ihrem Wunsch entgegenkommen.» Der nur mäßig überraschte Kaiser antwortete, er habe nichts gegen den Neubau, allerdings dürfe die Stadt die anfallenden Kosten nicht über eine Sondersteuer eintreiben.[35]

Anfragen wie diese, so trivial sie waren, landeten nicht im kaiserlichen Papierkorb. Offenkundig nahmen die Monarchen ihre Pflicht des Zuhörens ernst, auch wenn sie damit ungewollt die Eigenständigkeit und den Stolz der städtischen Notabeln brachen. Deren Bittprozessionen zu den Mächtigen Roms ließen sie den Rat vergessen, der ihnen von Plutarch ans Herz gelegt worden war: Bei allen Mühen, den Gehorsam gegenüber Kaiser und Reich immer neu zu unterstreichen, dürfe doch niemand die Würde seiner Heimatstadt verletzen, und niemand müsse sich, wenn das Bein schon gefesselt sei, freiwillig die Kette auch noch um den Hals legen. Genau dies täte aber jeder Bürgermeister, der für alle Amtsgeschäfte, wie belanglos sie sein mögen, vorher das zustimmende Nicken des Statthalters erbitte. Denn sein gekrümmter Rücken verdeutliche seinen Mitbürgern ihre Sklaverei über Gebühr und richte «die Selbstverwaltung durch Kleinmut, Furcht und Ohnmacht» zugrunde.[36] Mutige Worte. Der Wunsch, Rom zu gefallen, übertönte sie.

Die Linderung der Not

Meist kannten die Bitten, die das kaiserliche Ohr erreichten, nur ein Thema: Durch Schuld oder Unglück zerrüttete Finanzkassen sollte der Kaiser sanieren. So stürzten sich Beamte des Statthalters auf die städtischen Rechnungsbücher, ahndeten die Veruntreuung von Tempelschätzen und versuchten, die Schuldenaufnahme der Städte in Grenzen zu halten. Der Kaiser wiederum sah sich einer Flut von Anträgen ausgesetzt, die um Zahlungsaufschub oder Schuldenstreichung baten. «Ich belohne Euren Gehorsam und Eure Treue», schrieb im Jahre 216 Caracalla an die mauretanische Stadt Banasa, «und erlasse Euch alle Schulden, die Ihr noch immer dem Fiskus in Geld oder Getreidelieferungen in den noch anhängigen Fällen schuldet.» Die überglücklichen Stadtväter ordneten an, den Beschluss in Bronze zu gravieren, aber sie wussten natürlich, dass es ihr kaiserlicher Gönner bitter ernst meinte, als er im selben Brief «besonderen Diensteifer» verlangte und präzisierte, was er in Zukunft erwarte: peinlich genaue Steuerleistungen, Männer und Waffen für die Saharafront und die Lieferung von Elefanten.[37]

Irgendwann, spätestens gegen Ende des 1. Jahrhunderts, war es dann so weit. Die erste Stadt meldete Bankrott an und bat den Kaiser um die Entsendung eines vertrauenswürdigen Mannes, der alles wieder ins Lot bringen sollte. Es wurde die Geburtsstunde eines neuen Beamten, des Kurators. Seine heiklen Aufgaben vertraute der Kaiser Senatoren oder Rittern an, die die besondere Situation der betroffenen Stadt kannten oder von ihr vorgeschlagen wurden; nur Männer dieses Zuschnitts brachten die nötige Autorität mit, um ohne zeitliche Beschränkung zu arbeiten und notfalls mit harter Hand die Finanzen zu ordnen. Sie scheuten sich nicht, die Siegel aller städtischen Archive aufzubrechen, um Misswirtschaft, Betrug und Unfähigkeit aufzuspüren. Einer von ihnen war Apuleius Eurycles, der unter Trajan im kleinasiatischen Aphrodisias die Finanzierung der Spiele überprüfte und in Ephesos den Fragen nachging, ob die Stadt beschädigte Kaiserstatuen aufbewahren müsse oder ein Staatssklave Steuerschulden eintreiben dürfe. Seine Tätigkeit zeigt, wohin die Reise ging: Was als außerordentliche Maßnahme gedacht war, entwickelte sich bald zur Institution; seit Diokletian hatte wohl jede Stadt einen Kurator, der die Rechnungsbücher durchsuchte und Rom von ihrem Inhalt berichtete.

Nach dem Geldmangel kam das nackte Elend, das den Kaiser zum Handeln zwang. So war es in den Monaten nach dem Ausbruch des Vesuv, der am 24./25. August 79 Feuer spie und vielen Bewohnern der Städte Pompeji und Herculaneum den Tod brachte. Die zentrale Staatskasse versorgte die Überlebenden mit dem Nötigsten, und der Kaiser Titus selbst tat alles, um den Wiederaufbau der unter der Lava begrabenen Städte zu ermöglichen – vergeblich, aber mit der Beharrlichkeit, die «nicht nur die bange Sorge eines Kaisers, sondern auch die einzigartige Liebe eines Vaters» bezeugte.[38]

Alle Mühen waren umsonst und das Schicksal Pompejis und Herculaneums endgültig besiegelt; Gras und Weinreben wuchsen auf der Lava, während einige Jahre noch Räuber und verzweifelte Angehörige auf der Suche nach den Ihren oder der verlorenen Habe über dem riesigen Grab streiften, wo einst ihre Städte gestanden hatten. Zu guter Letzt schwand die Erinnerung, und der Ort, vom dem sich das Leben abgewandt hatte, antwortete auf keinen Namen mehr. «Werden die künftigen Jahrhunderte glauben können», fragte der Dichter Statius, «dass Städte und Bewohner unter ihren Füßen begraben liegen und dass die Felder ihrer Ahnen in einem Meer von Feuer untergegangen sind, wenn erst einmal die Ernten wieder heranreifen und die Wüste wieder grünt?»[39]

Die Katastrophe erschütterte ganz Italien. Andere Krisen folgten. Missernten, Erdbeben und Kriege verwandelten selbst wohlhabende Städte schnell in Bittsteller, die in Rom auf Hilfe drängten und in der Not forderten, den freien Lebensmittelhandel zu beschränken – mit Erfolg. In Athen etwa verbot Hadrian die Ausfuhr von Öl und den ausgedehnten Zwischenhandel mit Fischen, um beide Grundnahrungsmittel billig zu halten: «Der gesamte Ertrag des Fischfangs ist entweder durch den Fischer selbst oder durch diejenigen zu verkaufen, die den Fisch unmittelbar von ihm erwerben. Der Ankauf durch dritte Personen zum Zwecke des Wiederverkaufs treibt nur den Preis in die Höhe.»[40]

Diese Verfügung steht beispielhaft für die kaiserliche Fürsorge. Sie versucht nicht nur alles, um die Misswirtschaft und die Übergriffe der Mächtigen einzudämmen, sondern ist auch bemüht, die unteren Schichten vor ungehemmter Habgier oder blanker Räuberei zu schützen. «Wenn sich irgendein Soldat oder Zivilist als Durchreisender bei euch gewalttätig aufführt», schreibt der kaiserliche Legat Saturninus um 185 an die Bewohner eines kümmerlichen syrischen Landstädtchens, «so lasst es mich wissen, damit euch zu eurem Recht verholfen wird», und er fügt hinzu, die Bewohner sollten sein Schreiben möglichst gut sichtbar in ihrem Ort anschlagen.[41] Dekrete dieser Art zeugen von einem Amtsverständnis, das den Monarchen in das helle Licht eines um das Wohl seiner Kinder besorgten Vaters tauchen will. Die Untertanen haben es dankbar aufgenommen. Gefragt, hätten sie einem ihrer Außenseiter, dem Apostel Paulus, zugestimmt, als er der Gemeinde in Rom die Obrigkeit als Gottes Dienerin vorstellte: «Darum ist es notwendig, untertan zu sein, nicht allein um der Strafe, sondern auch um des Gewissens willen.»[42]

Die kaiserliche Allmacht, paart sie sich mit Großmut, macht begehrlich. Daher bestürmten auch Vereine und Privatleute den Kaiser und bettelten um Vergünstigungen oder wenigstens um Brosamen seiner Huld. Dabei ging es nicht immer ohne Lug und Trug ab, denen kaiserliche Prüfungskommissionen ab und an auf die Spur kamen. Sie wurden etwa bei den Ärzten von Pergamon fündig, die Vespasian von Einquartierungen und Abgaben freigestellt hatte. Das Privileg hatte sie nicht zu lauteren Bürgern gemacht: «Aus Habsucht», wetterte Jahre später Domitian in einem Reskript an die Stadt, «hätten sie ihre Kunst an viele Sklaven, die als persönliche Bedienstete zur Ausbildung geschickt werden, gewissenlos verschachert; dies nicht aus Gründen der Menschlichkeit, sondern um den Verdienst zu steigern»; die Folgen müssten sie nun tragen, den Verlust aller Vergünstigungen.[43]

Ein Weltherrscher ist wie Gott. Ist er zu fern, suchen Untertanen wie Gläubige nach Ersatz. Im Himmel führt das zum Aufstieg neuer Götter und auf Erden zu Usurpationen und Kriegen. Wer die Macht behalten will, muss sie sichtbar machen und die Nähe zu den Menschen suchen. Daher war der Kaiser genötigt, sich seinen Untergebenen zu zeigen, sei es in Bildern, sei es von Angesicht zu Angesicht. So reiste bereits Augustus von Provinz zu Provinz, getrieben von dem Bemühen, die vom Bürgerkrieg zerrütteten Regionen des Reiches neu zu ordnen. Er weilte in den ersten 14 Jahren seines Prinzipats die meiste Zeit außerhalb Italiens: 27 bis 24 in Gallien und Spanien, 22 bis 19 im Osten, 16 bis 13 in Spanien und Gallien – nur sein späterer Nachfolger Hadrian ist noch öfter gereist als er.[44] Nimmt man die Kriegszüge der Jahre 44 bis 30 hinzu, hat Augustus bis auf Afrika jede Provinz gesehen.

Reisen und die Rituale, die dazugehörten, waren Teil des Herrscheramtes. Wann und wohin sie führten, wurde genauestens bedacht. Mal folgte der Kaiser den Bitten der Untertanen, mal reagierte er auf besondere Ereig-

Abb. 31
Was dem Fürsten recht, war den im Kampf gefallenen Soldaten Christi billig. Ihre Gebeine zogen in die Kirchen des Reiches so triumphal wie der Kaiser in seine Städte ein. Auf einer Elfenbeinplatte (um 550), bewahrt im Domschatz zu Trier, halten zwei Bischöfe auf einem Wagen ein Kästchen mit Reliquien in den Händen und überführen sie in eine dreischiffige Basilika, auf der Dachdecker letzte Hand am Satteldach des Hauptschiffes anlegen. Vor der Eingangspforte steht die Kaiserin, ein Stabkreuz in der Linken, und empfängt den Zug. Der Kaiser selbst führt ihn in die Stadt, umgeben von Hofbeamten und wie diese eine Kerze tragend. Geistliche und Bürger bejubeln den Einzug, bieten ihnen doch die Reliquien, aufbewahrt im Altar der Kirche, künftig Schutz. «Eine Handvoll Staub hat eine solche Menge zusammengeführt», staunt Augustinus bei der Ankunft der Reliquien des heiligen Stephanus. Kein Wunder, waren sie doch auf Erden so mächtig wie der Kaiser und im Himmel Fürsprecher vor Gottes Thron.

nisse, mal entschied er aus eigenem Antrieb. Immer gleich blieb der Empfang des Fürsten, vereinte doch die Art und Weise der Begrüßung Herr und Untertan wie selten sonst. Ein stimmungsvolles Zeremoniell musste dem gerecht werden, und es lief in jeder Provinzstadt nach dem gleichen Muster wie in der Hauptstadt ab. War es so weit, zog die gesamte Bevölkerung nach Rang und Stand geordnet vor die Stadt, begrüßte den Kaiser mit Sprechchören und begleitete ihn in feierlicher Prozession. Innerhalb der Mauern war alles festlich geschmückt: Lichter erleuchteten die Straßen, das Volk drängte sich in den Gassen, viele winkten von den Dächern und Weihrauchduft verbreitete sich, wenn der Kaiser den Haupttempel betrat, um seine glückliche Ankunft durch ein Opfer zu feiern. Den Höhepunkt bildeten Spiele, die entweder schon am Tag der Ankunft oder am folgenden Tag stattfanden.

Die religiöse Dimension des Empfangsrituals unterstrich die Erwartung, in der Ankunft des Herrschers die Ankunft des Erlösers zu erleben. An ihn – wie sollte es anders sein – richteten sich tausend Wünsche und sie durften nicht enttäuscht werden. So folgten dem kaiserlichen Besuch meist Bauprogramme, Geschenke, Lebensmittelspenden und die Verleihung von Privilegien. Als Gegenleistung verlangte die spendable Hand des Fürsten das offen zur Schau gestellte Einverständnis mit seiner Herrschaft.[45] Denn der Grundsatz der Wechselseitigkeit durchzog das soziale Leben ebenso wie die Herrschaftspraxis. Die kaiserliche Großmut erzwang die Loyalität der Nutznießer, auf seine Noblesse antworteten demütig gefaltete Hände.

Die Grenzen kaiserlicher Fürsorge

Der karthagische Bischof Cyprian führte in der Mitte des 3. Jahrhunderts bittere Klage über einige seiner Amtskollegen, die im Dienst privater Mächtiger «durch verschlagene Betrugsmanöver Ländereien räuberisch in ihren Besitz bringen».[46] Was hier die Sünder in der Kirche der Heiligen trieben, enthüllt Praktiken, die so alt waren wie Rom. Das Gleichgewicht zwischen dem ökonomischen und politischen Eigennutz der Großen und der Macht des Staates war immer prekär gewesen. Zu allen Zeiten und in allen Provinzen hatten sich die Mittel der Erpressung, des gerichtlichen Drucks und der offenen Gewaltanwendung bewährt, um den Besitz der Mächtigen zu mehren.

So schilderte Cicero seinen Erbfeind Clodius als einen Mann, «der kein Gesetz, kein bürgerliches Recht, keine Eigentumsschranken mehr kannte, der gegen fremden Landbesitz schon nicht mehr mit schikanösen Prozessen, mit rechtswidrigen Beschlagnahmen und Kautionen, sondern mit Feldlagern, Truppen und militärischen Unternehmungen vorging, der mit Architekten und Messlatten zahlreiche Villen und Gärten durchstreifte, der seine Hoffnungen auf Landbesitz vom Janiculus bis zu den Alpen ausdehnte».[47] Übertreibungen eines Anklägers – gewiss. Aber sie lassen erkennen, wie die Jagd nach fremdem Gut vor sich ging, und wo die Macht von Staat und Gesetz endete. Als der Philosoph Seneca die drei Übel aufzählte, die das soziale Leben belasteten, nannte er mit gutem Grund die Furcht vor dem Mächtigen das schlimmste.[48]

Die Habgier als Richtschnur des sozialen Lebens konnte die kaiserliche Fürsorge nur eindämmen, niemals aber außer Kraft setzen. Ohnedies kam der Regierung eine Veränderung der überkommenen Spielregeln des sozialen Mit- und Gegeneinander nicht in den Sinn. Ihre Pflicht war nicht, das Neue zu finden, sondern zu bewahren, was alt und wohlvertraut war und die Tradition legitimierte. Ihre Hauptaufgaben lagen vornehmlich in der Verwaltung, der Militär- und Außenpolitik mit allem was dazugehörte, Heer, Steuern, Veteranenversorgung, Bürgerrecht und Religion. Das Zusammenleben der Menschen regelten die Familie, die Patrone und die städtischen Behörden. Der Monarch war als Friedensstifter gefordert, ansonsten handelte er nur auf Zuruf oder in Notzeiten. Zusammengenommen war dies schon unendlich viel. Auch wenn der Kaiser nur reagierte, legten seine Entscheidungen doch Leitlinien fest, die jedem Bittsteller gleiche Antworten auf gleiche Tatbestände versprachen.

Im 3. Jahrhundert stieß die kaiserliche Zentrale an die Grenzen des überhaupt Machbaren. Zu groß war der Privatbesitz an Grund und Boden geworden, zu mächtig seine Eigentümer, zu schwach das auf das Wohl des Staates bezogene Ethos der politischen Eliten, sodass im Konfliktfall die staatliche Autorität nicht mehr von vornherein als Sieger feststand. Mehr und mehr begannen Teile des Reichsadels und der städtischen Notabeln die Mehrung ihres privaten Besitzes und des eigenen Einflussbereiches wichtiger zu nehmen als die Interessen des Imperiums und seiner Städte. Der Bauer, soweit er nicht schon Pächter geworden war, erfuhr als Erster, was dies bedeutete. Das Bauernlegen mit allen Mitteln bis hin zur nackten Gewalt nahm zu und beschleunigte die Ausdehnung des Großgrundbesitzes, auf dem sich an langfristige Pachtverträge gebundene Kolonen plagten. Ihre Hoffnungen auf ein erträgliches Dasein konnte allein der übermächtig gewordene Patron erfüllen.

Dieser konnte nun auch der Bischof sein, der sich schützend vor seine bedrohte Herde stellte – die Reaktion Cyprians auf die christlichen Raubtiere in fremden Diensten lässt nicht daran zweifeln. Er wiederum war es, der die Pflicht, den Armen mit Almosen zu helfen, theologisch verschärfte: «Wie durch das Bad des heilsamen Wassers [die Taufe] das Feuer der Hölle gelöscht wird, so lässt sich auch durch Almosen und gerechte Werke die Flamme der [nach der Taufe begangenen] Verfehlungen ersticken.» Das Tor zur Hölle, so konnte man die Mahnung auch lesen, stand weit offen für jeden, der seine Hilfe den Bedrängten versagte.[49]

Der Bischof tat als guter Hirte, was er von den Grundbesitzern und ihren Handlangern meist vergeblich forderte. Doch selbst die Hartleibigen unter den Großen trieb der schiere Eigennutz, die Pächter ihrer Güter und den kleinen Bauern vor dem Schritt in die Mittellosigkeit zu bewahren – selbst wenn sie sich damit gegen den Staat stellten. Sie halfen gegen die Steuereintreiber der Städte, bewahrten vor unbilligen Forderungen durchziehender Truppen und nahmen die Last kaiserlicher Sondersteuern von den Schultern der Wehrlosen. Diese verloren nie die tief verwurzelte Furcht vor der Allmacht der Mächtigen (*potentiores*), aber sie waren sich immer bewusst, dass nur der Grundherr sie vor dem Marsch ins offene Elend bewahren konnte – so launisch er auch sein und entscheiden mochte.

6. Die Gesichter der Macht

Rom, das Herz der Welt

Es galt vieles verständlich zu machen, was neu in die Welt gekommen war. Die einen taten es mit der Feder; zu ihr griff Augustus selbst, als er am Ende seines Lebens seinen Tatenbericht schrieb. In ihm sprach er von den Ehren, die ihm gewährt worden waren, von seinen Aufwendungen für das Volk, von den Kriegstaten für Rom und am Ende von einer Macht, die sich verhüllte: «Ich habe alle meine Bürger durch meine persönliche Autorität überragt, an Rechtsmacht jedoch nicht mehr besessen als meine jeweiligen magistratischen Kollegen.»[50] Andere schlugen in Stein, woran sich alle Zeiten erinnern sollten, und ihnen war die Aufmerksamkeit aller sicher. «Bei dem einfachen Volk dringen die Dinge wirksamer über die Augen als über die Ohren ein», beschwor der Ratgeber der englischen Krone König Heinrich VIII., als er dem Volk den Abfall von der römischen Kirche begreiflich machen musste. «Denn das Volk verinnerlicht besser das, was es sieht, als das, was es hört.»[51] Verinnerlichen hieß: sehen, glauben und gehorchen. Diese Einsicht galt ebenso in Rom und die Kaiser gehorchten ihr wie alle Mächtigen.

Augustus hatte ihnen den Weg gewiesen. Begonnen hatte er sein Bauprogramm mit der Errichtung eines Mausoleums auf dem Marsfeld 30/29 v. Chr.; es sollte die Verbindung des Herrscherhauses mit der Stadt Rom für alle Zeiten sichtbar machen und den Anspruch des julischen Hauses unterstreichen, auf Generationen hinaus die Herren des Imperiums bleiben zu wollen. Wenig später setzten die Umbauten des Forum Romanum ein, des alten Versammlungsplatzes der Republik, der fünfhundert Jahre lang der Mittelpunkt des politischen Lebens und symbolischer Ort der Freiheit gewesen war. Dort galt es nun die alten republikanischen

Geister auszutreiben, ohne allzu aufdringlich den neuen monarchischen zu huldigen. Der restaurierte Sitzungssaal des Senats durfte denn auch nicht die Macht des Einen zeigen, sondern er sollte das Bündnis dokumentieren, das die alte Elite der Republik mit dem Bürgerkriegsgeneral geschlossen hatte.

Offen huldigte ihm ein zweites Forum. Auf ihm warf der Prinzeps die Maske des Erneuerers der Republik ab und verkündete die Vollendung der alten und den Anbruch der neuen Zeit. Der Platz war, anders als das alte Forum, auf einen Tempel ausgerichtet. Dieser war dem rächenden Kriegsgott (*Mars Ultor*) schon im Jahre 42 v. Chr., vor dem Kampf gegen die Mörder des Vaters, gelobt, aber erst vierzig Jahre später fertig geworden. Dort verhandelte künftig der Senat über Krieg und Frieden, dorthin pilgerten auswärtige Herrscher und dort legten siegreiche Feldherrn nach ihrer Heimkehr die Insignien ihrer Triumphe nieder. Die Monarchie bekam auf diesem Platz eigene Konturen und schlich sich vorsichtig aus der Tradition, der sie sich doch offiziell unterwarf. Die Mitte des Forums beanspruchte die Statue des Kaisers als Vater des Vaterlandes. Jedermann sollte erkennen, dass er über das Wohl aller, Römer und Untertanen, wachte.

Dabei blieb es allerdings nicht. Vom ersten Tag an forderte der Monarch göttliche Ehren. In dieser Rolle benötigte er früher oder später einen Wohnsitz, der ihn weit über den gemeinen Mann hinaushob. Nero baute ihn. Als im Jahre 64 ein Brand weite Teile Roms in Asche legte, nutzte er die Katastrophe, um sich als erster römischer Kaiser einen eigenen Palast zu bauen, dem die Zeitgenossen in Anspielung auf ein neues Goldenes Zeitalter den Namen «Goldenes Haus» (*Domus Aurea*) gaben. Es war kein Ort des Regierens, sondern das Paradies eines Gottes. Darin war der Herrscher in der Gestalt einer kolossalen Statue des Sonnengottes allgegenwärtig, die seine Gesichtszüge trug.

Die Größe der neuen Residenz verwandelte alle anderen Bauten der Hauptstadt in Hütten und zerstörte das alte Gefüge des römischen Stadtkerns. Im Palast bewirtete Nero ausgewählte Gäste in einem Saal, dessen Kuppel «sich Tag und Nacht wie das Weltall drehte» – die kaiserliche Majestät war im Himmel angekommen und thronte inmitten des Firmaments. Die Bürger mochten sehen, wo sie blieben. Während der Kaiser beim Betreten seiner neuen Residenz rief: «Endlich beginne ich, wie ein Mensch zu leben», schabten seine Untertanen ihre Wut in die Hauswände: «Rom wird zu einem Palast: Wandert nach Veji aus, ihr Bürger – falls der verfluchte Palast nicht auch Veji besetzt.»[52]

Nero überspannte den Bogen auf seinem Weg in den Götterhimmel. Die Statthalter in Gallien, Spanien und Germanien putschten und trieben ihn aus dem Amt. Der Tyrann und Gott war tot, der neue vierschrötige Herrscher Vespasian, der aus dem italischen Munizipaladel stammte und seine Konkurrenten in den Staub geworfen hatte, nutzte die Chance, sich als Freund und Wohltäter des Volkes vorzustellen. Auf seinen Befehl hin verfiel das Goldene Haus der Spitzhacke und dem Volk und seinem Vergnügen dienende Gebäude nahmen seine Stelle ein. So baute der wegen seines Geizes belächelte Kaiser in der Senke zwischen Palatin, Esquilin, Caelius und Velia das Kolosseum. Im Kampfgeschrei der Gladiatoren und in den Begeisterungsrufen einer vieltausendköpfigen Menge hörte Vespasian die Zustimmung aller zu seiner Herrschaft. Rom, notierte überglücklich der Dichter Martial, sei sich selbst zurückgegeben worden: «Caesar, unter deinem Schutz dient das dem Volk zur Freude, was früher einst nur des Kaisers Freude war.» Die Botschaft war deutlich: Auf dem Thron eines fernen Gottes saß nun ein Freund des Volkes.[53]

Rom, die Stadt des Kaisers

Seine Nachfolger hatten andere Vorbilder. Ihnen hatten bereits Augustus und sein Paladin Agrippa den Weg gewiesen, als sie im Jahre 25 v. Chr. das Pantheon, den «Tempel aller Götter», weihten. Es zeigt sich heute in der Gestalt, die ihm Hadrian gab, ein Rundbau mit einer gewaltigen, von außen mit Gold überzogenen Kuppel, die das Himmelsgewölbe nachahmte. Durch ihre neun Meter große Öffnung fiel damals wie heute eine Lichtsäule. Tagsüber wandert sie, während die Sonne ihre Bahn zieht, vom Rand der Kuppel hinunter zum Fußboden und wieder den Zylinder hinauf; nachts führen leuchtende Sterne sie denselben Weg. Sie erhellte damals den Schrein der zwölf olympischen Götter, die in gegenseitiger Harmonie das Imperium schützten und bereit waren, den Herrscher als Mitbewohner in ihrer Mitte aufzunehmen und sich mit ihm die kultischen Ehren der Gläubigen zu teilen. So, im Kreis der Götter, hatten sich die hellenistischen Könige ihren Untertanen vorgestellt, so sollte es auch in Rom sein.

Neben den Monarchen trat das Imperium und forderte ebenfalls, in Denkmälern und öffentlichen Werken sichtbar zu werden. «Es ist nötig, dass wir, die Herren über zahlreiche Völker, alle Menschen in allen Dingen übertreffen; Prunk solcher Art trägt dazu bei, unsere Untertanen mit Ehrfurcht, die Feinde aber mit Schrecken zu erfüllen.»[54] Cassius Dio zog mit diesem Rat die Summe aller Anstrengungen, der Weltstadt ein neues, ihrer Bedeutung gemäßes Kleid zu weben. Wenig durfte bleiben, was noch an das Alte erinnerte: «Rohe Einfachheit herrschte früher, jetzt ist die Stadt voller Gold», triumphierte Ovid, und fügte stolz hinzu, warum: «denn sie besitzt die riesigen Schätze der unterworfenen Welt.» Der Architekt Vitruv erklärte, er habe zehn Bücher über Architektur verfasst, als ihm bewusst wurde, dass Augustus die Hauptstadt mit öffentlichen Bauten zu schmücken gedachte, die die Würde des Reiches (*maiestas imperii*) unterstrichen. Am Ende spiegelten sich der Umsturz der politischen Ordnung und der Herrschaftswille einer Weltmacht in den abgeräumten Lehmziegeln der republikanischen und im Marmor der kaiserlichen Bauten.[55]

Rivalen bei der Ausschmückung der Hauptstadt duldeten Augustus und seine Nachfolger nicht. Rom war die Stadt des Kaisers und in ihr durfte niemand sonst als Herr auftreten. So hielt sich der Adel in den Städten Italiens und der Provinzen schadlos und baute dort, was immer nützlich und für Dank und Ehren gut war. In Rom hingegen bezeugte jedes Haus die Großmut des einen, des Kaisers, allen voran die Thermen: «Gibt es was Schlimmeres als Nero tat?», fragte der Volksmund, um im nächsten Atemzug hinzuzufügen: «Gibt es was Besseres als Neros Bad?»[56] Ja, befand Trajan, ließ es zuschütten und darüber binnen fünf Jahren ein neues bauen – eine von allen verstandene Geste, versprach sie doch ein noch besseres, um die Untertanen fürsorglich bemühtes Regiment. «Als Trajan zu seinen Thermen den Grundstein legte», dichtete Juvenal, «befand sich das Reich in fast jeder Hinsicht auf dem Gipfel des Ruhms.» Was beim ersten Hören wie eine willkürliche Verknüpfung zweier ganz unterschiedlicher Dinge klingt, wird beim zweiten schlüssig: Der universalen Macht des Kaisers entsprach die Dimension seiner Bautätigkeit – weithin sichtbar und für jeden Gast der Bäder täglich neu erfahrbar.

Der heutige Besucher Roms sieht nur noch wenig davon, da die meisten Bäder vielfach überbaut oder zerstört wurden. Am Rand der antiken Stadt jedoch, seitwärts der Via Appia, liegen noch die mächtigen Ruinen der Thermen Caracallas und lassen die imperiale Wucht mit Händen greifen, mit der die Kaiser den Untertanen einst zwei Prinzipien ihrer Herrschaft einprägten: Den Anspruch auf universale Macht und den Willen zur umfassenden Fürsorge. Davon behütet und im Hochgefühl über die allmähliche Ausdehnung des Wohlstands – freilich nicht für alle, aber für immer mehr –, sollte der Bürger des Weltreiches in der Gewissheit ewigen Glücks leben.

Wohlstand und Glück vernichteten die Zeit und die Barbaren. Die von Krieg und Not heimgesuchten Generationen des 4. und 5. Jahrhunderts, die das Glück verlassen hatte, rangen zuweilen nach Fassung, wenn sie die Herrlichkeit des ewigen Rom blendete, das sie selbst nur noch verteidigen, nicht aber weiter vergolden konnten. So erging es dem Kaiser Julian (gest. 363), als er in Rom einzog und sich umsah: «Der Tempel des Jupiter Tarpeius, so erhaben, wie das Göttliche hoch über den Menschen steht; die Bäder, so groß wie ganze Provinzen, der gewaltige Bau des Amphitheaters, das Pantheon, wie eine abgerundete Stadtgegend, gewölbt in hoher Schönheit, das Forum des Friedens, das Theater des Pompeius, das Odeon, das Stadion sowie alles andere.» Nichts von alledem könne er bauen, gestand er erschüttert seinen Begleitern, nur das Pferd Trajans, das den Kaiser trägt, wolle er nachbilden – ein Wunsch, der nicht in Erfüllung ging, aber den Wandel der Zeit auf anrührende Weise spürbar macht.[57]

Die Städte des Reiches

Rom war der Nabel, nicht aber die ganze Welt. Doch auch dort galt nun das Gesetz, das Rom verwandelt hatte: Die Macht des Reiches und des Kaisers hatte sich im monumentalen Prunk der Städte zu spiegeln. «Wenn ich die Größe Deiner Stellung und Deines Geistes betrachte», verneigte sich Plinius vor seinem Kaiser Trajan, «so scheint es mir angemessen, dir Bauten in den Provinzen vorzuschlagen, die deiner Unsterblichkeit und deines Ruhmes würdig sind und ebenso schön wie nützlich sein werden.» Der Gedanke war neu. Die Großen der Republik waren außerhalb Italiens nur selten als Bauherrn aufgetreten und hatten mit großem Misstrauen jene verfolgt, die wie Caesar «die mächtigsten Städte Italiens, der beiden Gallien und Spanien, auch die Asiens und Griechenlands mit prächtigen Bauwerken» ausstatteten. Sueton fügte hinzu, «man fragte sich, worauf dies alles abziele». Seit Augustus fragte niemand mehr. Denn der «Bewahrer des Menschengeschlechts» (*conservator generis humani*) und der «Vater des Erdkreises» (*pater orbis*) tat, was ihm beliebte, und seine Günstlinge waren ihm dankbar. Geld im großen Stile auszugeben, gestatteten über Jahre hinaus die Goldminen Spaniens und die Schatzkammern Ägyptens, das Augustus nach der Eroberung dem kaiserlichen Privatbesitz zugeschlagen hatte.[58]

Natürlich bekam nicht jeder den gleichen Anteil. Die Monarchen maßen ihre Gunst nach Verdienst zu und legten ihre strafende Hand schwer auf die Städte, die es an Bekundungen ihrer Loyalität fehlen ließen. Alle bekannten sich aber zu der Pflicht, ihre Legitimation und die des Reiches in immer kühneren Konstruktionen Stein werden zu lassen. Sie versicherten den Untertanen, dass das Wohl der Städte das ihre sei. Ein barockes Zeitalter mit gleichförmigen Kolonnadenfluchten, mächtigen Torbauten, öffentlichen Plätzen und gewagten Bögen begann und sprach von der Zuversicht, dass die Götter mit Rom waren. «Ich sehe», freute sich ein Lobredner über die Wiedergeburt Triers noch zu Beginn des 4. Jahrhunderts, «einen Circus Maximus, der mit dem römischen wettzueifern scheint, ich sehe Basiliken und ein Forum, königliche Bauwerke, und den Sitz der Gerechtigkeit. Sie erheben sich zu solcher Höhe, dass sie schier den Sternen und dem Himmel nahe und ihrer würdig zu sein verheißen.»[59]

Bereits der Ton dieses Hymnus bezeugt, dass sich zwischen Monarch und Untertan eine Distanz aufgetan hatte, die unter der Kuppel des Pantheons zum ersten Mal ausgemessen wurde und schließlich im Kniefall vor dem Thron ihren endgültigen symbolischen Ausdruck fand. Der Himmel wollte es so, erklärten die Kaiser des 3. Jahrhunderts, die ihren Machtanspruch in ein neues religiöses Weltbild einbetteten. Der auserwählte Gott, auf den sie sich beriefen – mochte er zunächst der unbesiegbare Sonnengott oder später der am Kreuz gestorbene Jude sein –, beanspruchte innerhalb des Kosmos wie sie auf Erden die alleinige Herrschaft und legitimierte die parallele Ordnung der irdischen Welt. Es sei ein Irrtum zu glauben, rief Kaiser Aurelian (270 bis 275) meuternden Truppen zu, sein Schicksal liege in ihren Händen; der Gott, der ihm den Purpur verliehen habe, bestimme ganz allein über die Dauer seiner Herrschaft. Dieses Verfügungsrecht über den Thron nahm sich nicht minder entschlossen der Gott der Christen: Auch er verdammte den Aufruhr gegen seine Kaiserwahl als Sünde.

Damit war der absolute Herrscher endgültig zum gottgewollten Mittelpunkt des Staates geworden, der sich mit seinem Hofstaat von der übrigen Welt abschloss. So baute Diokletian seinen Palast an der Küste Dalmatiens als unzugängliche Festung (das heutige Split). Den Kern bildeten die Räume, in denen der Kaiser offiziell auftrat. In ihrer Flucht betrat der Besucher einen großen, von Säulen gesäumten Hof, der in einem Ziergiebel endete. Unter ihm, errichtet nur zu seiner Glorifizierung, erschien der Kaiser vor den versammelten Gästen. Sie erwarteten im Thronzimmer schweigend den Augenblick, in dem sich die Vorhänge, «Wolken, die das Licht des Himmels verbergen», teilten und die Sonne aufging. Der Kaiser, thronend auf einem Säulenbaldachin, erschien umgeben vom Licht der

Fackeln, glänzend im Schmuck der Juwelen, umtost vom Beifall der auf den Knien liegenden Untertanen, weit entrückt von den Sterblichen – ein Andachtsbild im Allerheiligsten.

Niemand konnte diese Botschaft einer neuen, absoluten Macht überhören. Auch nicht der Gott der Christen. Wenige Jahre nach Diokletians Thronverzicht verschmolz der am Kreuz verstorbene Sohn mit dem Vater und dem Heiligen Geist zu einem Gott und nahm in seinen Palästen die Apsis in Besitz. Dort nahten ihm seine Gläubigen auf den Knien.

IX

Die Welt ist eine Wohltat: Die Lebensformen

«Wer reich ist, macht sich darum nicht weniger aus dem Reichtum, und wer Überflüssiges besitzt, verzichtet keineswegs darauf. Von welchem Übel also befreit der Reichtum, wenn nicht einmal vom Hang zum Reichtum? Den Drang nach Geld stillen weder Silber noch Gold, und das Mehrhabenwollen hört mit dem Mehrerwerb nicht auf. Zum Reichtum kann man sagen, was der Patient in der Komödie zu dem Arzt mit dem Wunderrezept sagte: ‹Dein Mittel macht nur, dass mein Leiden schlimmer wird.›»

Plutarch

«Jeder soll sich seinem Nächsten unterordnen entsprechend und auf Grund der ihm verliehenen Gabe. Der Starke soll für den Schwachen sorgen, der Schwache soll den Starken achten; der Reiche soll den Armen unterstützen, der Arme aber soll Gott dafür danken, dass er jenem gab, wodurch seinem Mangel abgeholfen wurde.»

Clemens von Rom, Brief an die Korinther

1. Privates und öffentliches Leben

Die Familie

Das Zentrum der antiken Gesellschaften bildete die Kleinfamilie. Sie bestand aus dem Familienoberhaupt, seiner Frau, den Kindern, den Freigelassenen und den Sklaven. Bei ihrer Gründung war für die romantische Liebe, für Gefühlsstürme, für das Recht auf individuelle Entscheidungen selten Platz. Die Frage: «Warum diese und keine andere?», beantworteten religiöse, ständische, wirtschaftliche und politische Verbindungen, die sorgsam gepflegt wurden. Den Haushalt schützten die Laren und Penaten; deren kultische Verehrung machte die Familie zur sakralen Einheit. Die Riten und Bräuche, die den Göttern des Hauses gewidmet waren, griffen tiefer in das Leben der Menschen ein als die Feierlichkeiten der offiziellen Staatskulte.

Außerhalb der Familie war eine sinnvolle Existenz kaum denkbar. Wer keiner angehörte, war ausgeschlossen und lebte unglücklich und meist kurz. Natürlich gab es solche Menschen, aber sie bestätigten der Allgemeinheit nur, dass das Leben ohne Bindung an Haus und Familie keinen Sinn machte: «Der Ehe entspringen Väter, Mütter, Kinder und Familien. Städte, Dörfer und Landwirtschaft sind durch sie. Ackerbau und Seefahrt und alle Fertigkeiten des Staates – Gericht, das Heer, das Kommando, Philosophie – beruhen auf ihr. Mehr noch, aus der Ehe gehen die Tempel und Heiligtümer unseres Landes hervor.»[1] Eine andere Anschauung war in einer Welt nicht denkbar, in welcher es angesichts der Kürze des Lebens ganz selbstverständlich war, eheliche Kinder zu zeugen und aufzuziehen, um die Reihen zu füllen, die der Tod so rasch lichtete.

Anders als in den späteren europäischen und atlantischen Staaten war die Ehe in Rom kein Rechtsverhältnis, sondern eine soziale Einrichtung. Keine öffentliche Gewalt sanktionierte die Heirat, kein Priester flehte den Segen des Himmels auf das Brautpaar herab. Wurde ein Vertrag geschlossen, regelte er nicht die Ehe, sondern die Mitgift und den Umgang mit ihr. Zustande kam die Ehe durch das tatsächliche Zusammenleben und die erklärte Absicht, monogam zu sein und legitime, d. h. erbberechtigte und mit dem Bürgerrecht ausgestattete Kinder zu haben. Die Scheidung stand rechtlich jedem Partner frei und war nicht an Gründe oder Formalitäten gebunden. Es genügte, wenn der Mann oder die Frau aus dem gemeinsamen Haus auszog und niemand daran zweifeln konnte, dass damit die dauernde Trennung der Ehegatten beabsichtigt war: «Denn was in der Hitze des Zorns geschieht oder gesagt wird, ist nicht eher gültig, als bis sich auf dem Beharren darauf gezeigt hat, dass es die wirkliche Absicht gewesen ist.»[2] So lässt auch ihre Auflösung keinen Zweifel: Der Stand der Ehe ruhte allein auf sittlichen und sozialen Bindungen.

Was wie ein Scheidungsparadies aussieht, war alles andere als dies. Die Familie und die Zusammengehörigkeit der Eheleute bildeten den Mittelpunkt des Lebens. Der Dichter Lukrez (97 bis 55 v. Chr.) gab auf die Frage, was er nach dem Tode am meisten vermissen werde, zur Antwort: Meine Familie, meine Frau und meine Kinder, die mir zur Begrüßung entgegenlaufen. Hundertfünfzig Jahre später versicherte der Stoiker Musonius Rufus (gest. um 100 n. Chr.), es ließe sich wohl schwerlich eine Gemeinschaft finden, die liebevoller als die Ehe sei. «Denn welcher Freund ist dem

Freunde so zugetan wie dem Gatten die Frau, oder welcher Bruder dem Bruder, welcher Sohn den Eltern? Wer wird, wenn er fern ist, so ersehnt wie der Mann von seiner Gattin oder diese von ihrem Mann? Wessen Gegenwart könnte wohl besser den Schmerz lindern, die Freude erhöhen oder über ein Unglück trösten?»[3]

Der Dichter und der Philosoph mögen bei ihren Lobgesängen dem Idealbild der Ehe gehuldigt haben. Der Glasbläser Julius Alexander aus Karthago, der in Lyon arbeitete und dort im hohen Alter starb, beschrieb in einfachen Worten die Wirklichkeit. Auf seinem Grabstein tröstet er seine zahlreiche Nachkommenschaft: «Mit meiner Gattin Virginia lebte ich ohne irgendeine Verletzung der Seele 48 Jahre und zeugte mit ihr drei Söhne und eine Tochter.»[4] Der Glasbläser war gewiss kein Poet. Doch auch diese gab es und sie finden bis heute Gehör.

Was für den kleinen, galt auch für den großen Mann. Selbst in den Jahren des Bürgerkrieges, in denen niemand seines Lebens sicher sein konnte, finden sich bewegende Beispiele von Mut, List und trotzigem Widerstand von Ehepaaren. Die Rede, die ein unbekannter Aristokrat in die Marmorplatten zu schlagen befahl, die das Familiengrab hüteten, erzählt von dem Schicksal eines zum Tode verurteilten Mannes, der sein Leben seiner Frau zu danken hatte. Sie hatte seine Flucht vorbereitet, ihn in der Verbannung mit dem Nötigsten versehen und in Rom alles versucht, um sein Leben und seine Stellung zu retten: «Damals wandtest du dich», bekundete der dankbare Gatte, «um die Wiedererrichtung meiner Rechte zu erreichen, an Marcus Lepidus [Triumvir 43 bis 36 v. Chr.]. Als du dich ihm zu Füßen warfst, hat man dich wie eine Sklavin weggezerrt, geschlagen und über und über mit blauen Flecken bedeckt; doch dein Mut blieb unerschüttert und du erinnertest ihn an Caesars Edikt mit dem Glückwunsch zur Erneuerung meiner Rechte. Als du auch dann noch Schmähungen hören und grausame Verwundungen erdulden musstest, zeigtest du sie öffentlich, damit der Urheber meiner Prüfungen bekannt werde.»[5] Es rettete dem Todgeweihten das Leben.

Diese Ehe hielt auch einer Belastung stand, die üblicherweise ihr Ende bedeutet hätte: Kinderlosigkeit. «Unser Wunsch», schrieb der Ehemann, «waren Kinder. Wenn das Schicksal seine Erfüllung gestattet hätte, was hätte uns beiden da noch gefehlt?» Als die Kinder ausblieben, sprach die Ehefrau von Scheidung, «um das Haus einer anderen, fruchtbaren Frau zu überlassen». Es kam nicht dazu. Die Liebe der Eheleute verhinderte, was der gesellschaftlichen Logik entsprochen hätte. Ebenso war es auch im

Abb. 32
Der Zusammenhalt der Familie prägte das Leben aller sozialen Schichten. So gruppierten sich um Christi Geburt auf dem Grabrelief eines Freigelassenen die Angehörigen um den Sohn, der beim Militär Karriere gemacht hatte. Er zeigt sich bis auf den Zipfel des militärischen Mantels in idealer Nacktheit; in der Linken hält er in Paradehaltung das Schwert. Links und rechts von ihm drängen sich die Eltern und Großeltern in Tunika und Mantel (die Frauen) und in der Toga (die Männer) um ihn und betonen damit ihren Status als freie Bürger. Die Botschaft berührt: Eine anständige Bürgerfamilie stellt sich stolz und selbstbewusst vor, ihr Auftreten orientiert sich am Stil der Oberschichten.

Palast des Kaisers gewesen, wo Augustus vergeblich auf den Sohn gewartet hatte.

Die Frau in Rom lebte ungleich freier als in den griechischen Städten, in Judäa oder im neuzeitlichen Europa. So mancher englische Gentleman hatte gute Gründe, seine im viktorianischen Geist erzogenen Töchter vor allzu intensiver Lektüre römischer Texte zu warnen.[6] Denn dort traten Frauen auf, die über ihr Schicksal selbst entschieden und ihren Ehemännern den Laufpass gaben, wenn es ihnen richtig schien. Im Haus wurden sie als Herrin respektiert, sie zeigten sich in der Öffentlichkeit und gingen ins Theater, in den Circus, zu den Gastmählern und in die Bäder. Sie gehörten zum Bürgerverband und lebten unter römischem Recht.

Die direkte politische Mitsprache verweigerte ihnen die Verfassung. Nicht aber die indirekte. Ihre Auftritte in den Provinzen wurden beklatscht und die Inschriften der Provinzialen sprachen beredt von römischen Stifterinnen, feierten «Schirmherrinnen» und «Mütter» von Kollegien. Die Statistik kennt etwa neunzig Frauen, die ihre Männer in die Provinz begleiteten und sie dort unterstützten – offenbar so energisch, dass der Senat unter

Abb. 33

Das verfeinerte Lebensgefühl der Oberschicht drückte sich im Kunstgeschmack und in der Mode aus. Die Frisuren der vornehmen Frauen der Gesellschaft türmten sich zu prachtvollen Gebilden und wechselten von Saison zu Saison. Noch nie hatte man so freche Kreationen gesehen, noch nie so viele Düfte der betörenden Parfüms aus Arabien eingeatmet. Häufig ließ sich die große Dame nur glatzköpfig in Marmor porträtieren, um die jeweils moderne Frisur – auch sie in Marmor – tragen zu können. Die Verfasser eines Frauenlobs priesen zwar die unbescholtene Ehefrau und Mutter, die reale Welt spiegelte sich jedoch in ihren Gesängen nur selten. Ein bunter Reigen von Ehen und Scheidungen zog durch die Villen der Reichen. Kaiserliche Zornesausbrüche, seit Augustus üblich, haben daran nichts geändert.

Tiberius die Gouverneure daran erinnerte, dass sie für die Verfehlungen ihrer Ehefrauen haftbar gemacht würden.[7]

Es waren Frauen großer Familien, die so agierten, und weitverzweigte gesellschaftliche Verbindungen pflegten. Richtig genutzt verurteilten sie den einen zu einem Himmelfahrtskommando und öffneten dem anderen eine glanzvolle Karriere. Auf den Höfen der Bauern sah es nicht viel anders aus. Auch hier hatte die Bäuerin gelernt, mit dem wenigen, was zum Leben blieb, nach Gutdünken zu wirtschaften – vornehmlich dann, wenn der Mann in einen Krieg zog, über dessen Ziele vielleicht im privaten Salon einer großen Dame entschieden worden war. Beide, ob wohl oder niedrig geboren, waren ihren Männern rechtlich nicht gleichgestellt, beide mussten mit der Einsicht leben, dass im Augenblick der Geburt ihre Männer das bessere Los gezogen hatten.

So wuchs mancher selbstbewusste Adam in dem Wahn auf, dass Frauen, Sklaven und Barbaren anders waren als er und unter ihm standen. Die Mediziner des 2. Jahrhunderts bestärkten seine Einfalt: Die Natur selbst, erklärten sie ihm, habe seine Überlegenheit gewollt, da sie nur einen Teil der Föten in der Gebärmutter mit einem bestimmten Überschuss an Hitze und damit an Lebensgeist ausgestattet habe. Männer, schrieb der Arzt Galen, dürften daher in dem Bewusstsein leben, dass «der Schöpfer absichtlich die eine Hälfte des ganzen Geschlechts unvollkommen und sozusagen verstümmelt gemacht» habe und Männer zu den Erwählten zählten.[8] Der eine oder andere mag aus seiner Lebenserfahrung einen anderen Schluss gezogen haben.

Stadt und Land

Die wirtschaftliche Produktion war in den antiken wie nahezu in allen vorindustriellen Gesellschaften im Wesentlichen agrarisch. Die politische, religiöse und soziale Ordnung hingegen war städtisch, und der Einzelne bestimmte seinen Status als Bürger. In der Stadt ballte sich die politische und soziale Macht, da dort die tonangebenden Schichten zumeist als Grundrentner lebten. Ohne Bedeutung war die Größe des städtischen Territoriums, unwichtig, ob die Stadt eine Mauer umschloss, gleichgültig, ob ein Hafen den Weg aufs Meer wies oder Spielpläne für Theateraufführungen aushingen. Alles dies konnte, musste aber nicht sein. Unverzichtbar hingegen war der innere Zusammenhalt der Bürger, ihr fester Wille, in ihrer Gemeinde den Mittelpunkt des Lebens zu sehen. Rechtliche Unterschiede zwischen denen, die in der Stadt und denen, die in der näheren

Umgebung oder auf dem Lande lebten, gab es nicht, da die Stadt das städtische Siedlungszentrum ebenso wie das dazugehörige Land ausmachten. Athener zum Beispiel war in den Jahrhunderten vor wie nach Christus der Bauer im südlichen Attika genauso wie der Bewohner der Stadtviertel unterhalb des Burgberges.

Über dem Bürger stand das Gesetz. Alle in Staat und Gesellschaft auftretenden Probleme, so lautete der lange vor der Weltherrschaft Roms gefundene kleinste gemeinsame Nenner, müssen einem geschriebenen und für jedermann gültigen Gesetz unterworfen werden; es ist interpretier- und korrigierbar, wenn die Vernunft oder die gesellschaftlichen Konflikte dies fordern. Seine Herrschaft ergänzten drei erstaunlich konstante Grundregeln, denen das Leben gehorchte: Die öffentliche Gemeinschaft war unendlich wichtiger als die private Existenz, allein der Besitz qualifizierte für die Ämter und der Reichtum schuf durch die noble Art, ihn auszugeben, gesellschaftliche Macht und Anerkennung. Die Kehrseite dieser Regeln war nicht minder klar; der Vornehme achtete auf Exklusivität und soziale Distanz, er mehrte seinen Besitz mit allen Mitteln, und seine väterliche Fürsorge bedeutete zugleich Befehl und Gehorsam.

In Italien und den Provinzen übernahmen die Grundherren alle Pflichten und bildeten den Dekurionenstand (*ordo decurionum*). Ihre soziale Herkunft konnte verschieden sein. In den großen Städten waren es zumeist Senatoren und Ritter. Sie hatten sich im Dienst des Kaisers bewährt und waren in ihre Heimatstädte zurückgekehrt, um dort als Bürgermeister oder Stadtrat für ihre Bürger zu sorgen und sich von ihnen ehren zu lassen. Ihre Lebensläufe sind sich alle ähnlich: Militärdienst, Kommandostellen an wechselnden Fronten, Leiter der Finanzverwaltungen verschiedener Provinzen, Kommandeur einer Legion, zivile Ämter in Rom und schließlich die Heimkehr als ergraute und hochdekorierte Offiziere oder Beamte.

Ansonsten regelte das Geld den Zugang zum Stand der Honoratioren. In den großen Gemeinden musste es natürlich mehr sein als in den Kleinstädten. Im italischen Como öffneten sich die Türen zum Sitzungssaal des Stadtrates erst einem Mann, der hunderttausend Sesterzen nachweisen konnte; in den nordafrikanischen Städten unweit der Küste taten es auch zwanzigtausend. Beide Summen nehmen sich bescheiden aus im Vergleich zu den großen Vermögen, die der Reichsadel anhäufte. Bescheiden auch im Vergleich zu den Schätzen, die geschäftstüchtige Aufsteiger horteten.

Der ältere Plinius beklagt die Habsucht unersättlicher Freigelassener und spottet über einen ehemaligen Sklaven Isidorus, der in sein Testament schrieb, er habe zwar im Bürgerkrieg ein Vermögen verloren, hinterlasse aber trotzdem den glücklichen Erben 3600 Paar Ochsen und 4116 Sklaven, mit denen sich weit über hunderttausend Morgen Land bewirtschaften ließen; dazu vererbe er ein Barvermögen von sechzig Millionen Sesterzen. Dies waren Reichtümer, die nur ein Weltreich gewähren konnte; sie überstiegen die größten privaten Vermögen, die etwa englische Familien im 17. / 18. Jahrhundert häufen konnten, um das 30- bis 40-fache.[9]

Schirmherrn und Mäzene

Schätze dieser Größenordnung verlangten ein offenes Herz und spendable Hände. Ein Mann von Ehre war «vornehm von Geburt, reich an Vermögen und ausgezeichnet durch Freigebigkeit».[10] Vor allem der Staatsmann, mahnte Plutarch, «darf bei den herkömmlichen Spenden nicht kleinlich sein. Das Volk hasst den Reichen, der nichts gibt, mehr als den Armen, der öffentliche Gelder entwendet. Denn es spürt bei dem einen Stolz und Verachtung, doch bei dem anderen dringende Not.»[11] Wer von solchen Lehren nichts hielt, verfiel der gesellschaftlichen Ächtung. Sie traf den alten Geizhals, dessen Leichnam das Volk mit dem Strick um den Hals durch die Gassen Roms schleifte, oder den ehemaligen Offizier, der in seiner Heimatstadt Pollentia erst bestattet werden konnte, als seine sparfreudige Familie den herbeigelaufenen Plebejern, die den Zugang zum Scheiterhaufen versperrten, ein feierliches Leichenspektakel gelobt hatte. Der Kaiser allerdings, von den Nachrichten aus Pollentia alarmiert, fürchtete um das Ansehen seiner Soldaten und schickte Truppen in die Stadt.[12]

Solche drastischen Belehrungen schärften die Einsicht, dass das soziale Prestige eines Vornehmen von noblen Gesten abhing. Die Gemeinde Como etwa konnte mit der Großzügigkeit ihres Bürgers Plinius (der Jüngere) zufrieden sein. Er hatte Thermen und eine Bibliothek gestiftet und für ihre Folgekosten gesorgt, er hatte außerdem die Speisung der Armen gesichert und 500 000 Sesterzen für den Unterhalt von Jungen und Mädchen hinterlegt.[13] Er hatte damit genau erfüllt, was das uralte Rollenspiel von Geben und Nehmen forderte: Wohltaten, welche die Not der Bevölkerung linderten, und Spenden, die den Glanz der Stadt mehrten. Denn sie und ihre öffentlichen Gebäude sollten eine Oase des Entzückens in dem Meer ländlicher Trostlosigkeit sein und den Ruhm ihrer Großen zu den Sternen tragen.

Im Grunde war es ein simples System – solange es funktionierte. Die auf dem Land erwirtschafteten Überschüsse wurden in den Städten umgesetzt. Bauten, Spiele und Gelder ergossen sich wie aus einem unerschöpflichen Füllhorn über ihre Bürger. Den Profit hatten vom Baumeister bis zum Bäcker, der den Kuchen für die Festlichkeiten der Notabeln lieferte, alle, die mehr oder anderes taten, als nur ihr Land zu bestellen. Auch die sozial Schwachen in den Städten lebten davon; Arbeiten als Tagelöhner waren allemal zu haben und im Übrigen fristete man sein Dasein von den Spenden der Mächtigen.

Bewunderung und Anerkennung waren der Dank. Danach gierten alle, auch wenn so mancher der Wohltäter im Vergleich zu Plinius und den Mächtigen des senatorischen Reichsadels nur ein kümmerlicher Zwerg war. Einer von ihnen, ein gewisser Magerius, verewigte sich in seinem Haus im tunesischen Smirat, nahe des antiken Thysdros. Auf einem Bodenmosaik, das eine Tierhetze zeigte und die Beifallsrufe des Publikums, sah und las jeder Besucher, was Größe am Rand der Welt ausmachte. «Magerius, Magerius! Dein Beispiel möge Schule machen!», jubelte die Menge im Circus, als vier enorm teure Gladiatoren gegen vier Leoparden antraten und die Begeisterung kein Ende nehmen wollte: «Die alten Wohltäter sollen sich schämen! Wann und wo hat es so etwas gegeben? Dein Schauspiel ist würdig der Hauptstadt Rom! Du spendest aus eigener Tasche! Dieser Tag ist dein großer Tag! Magerius heißt der edle Spender! Das ist wahrer Reichtum! Das ist wahre Macht!»[14] In diesen Stunden verziehen sie ihm alles, seinen Hochmut, seine Raffgier und selbst – was schwerer als alles andere fiel – seine Verbeugungen vor Rom.

Es war ein Tag nach dem Herzen des Magerius. Hatte er doch bewiesen, dass er seiner Vorfahren würdig war und seinen Reichtum zu Recht besaß. Denn er hatte ihn für das allgemeine Wohl genutzt und das Seinige getan, damit seine Stadt von allen anderen beneidet wurde. Für Tage wie diesen hatte er gelebt wie alle seine Standesgenossen, die im Jubelsturm der Menge auf dem Gipfel ihres persönlichen Glücks angekommen waren: «Als der Wohltäter, der sie alle zusammengebracht hatte, vor die Menge hintritt, erheben sich alle von ihren Plätzen und begrüßen ihn mit lautem Jubel. Wie aus einem Munde lassen sie ihn als Schutzherrn und Herrscher ihrer Vaterstadt hochleben und strecken den Arm zum Gruße aus. Sie nennen ihn den Nil der Wohltätigkeiten und sagen, dass er mit seinen großzügigen Geschenken wie der Ozean unter den Gewässern sei.» Zu danken ist diese Schilderung dem Kirchenvater Johannes Chrysostomos, der noch Ende des 4. Jahrhunderts eine soziale Welt wie zu den Tagen des Augustus sah. Er geißelte als Anwalt der Armen den Auftritt des Wohltäters als Hof-

Abb. 34
«Das bedeutet es, reich zu sein.» Das Magerius-Mosaik aus dem tunesischen Smirat wird zur Bühne, um die Verdienste eines reichen Mannes für seine Heimatstadt angemessen darzustellen. Die stolz dokumentierten Beifallsrufe des Publikums untermalen die gezeigten Tierhetzen; der Diener im Zentrum, der auf einem Tablett den Lohn der Kämpfer, vier Geldbeutel mit je 1000 Denaren, vorzeigt, unterstreicht das Vermögen des großzügigen Gönners.

fart, obgleich er wusste, dass diese Sünde unausrottbar war. So fügte er zornig hinzu, dass alle Standesgenossen des so Geehrten, ob getauft oder nicht, heimlich beteten, einst möge auch für sie der Tag dämmern, an dem Tausende im Theater von ihren Sitzen aufsprangen, um sie jubelnd als Wohltäter und Väter der Stadt zu begrüßen.[15]

War dieser Tag gekommen, mussten die Nachgeborenen von ihm erfahren. Magerius überdauerte auf seinem Mosaik, andere schlugen ihr Glück in Stein, verkündeten es auf den großen Plätzen der Stadt oder auf ihrem Grab. Im lykischen Kyaneai ließ Iason, der stolze Sohn des Nicostratus, gar eine Felswand glätten, um dort eine lange Liste von Ehrungen zu verewigen, die ihm dankbare lykische Städte zugesprochen hatten. In der Nachbarschaft, in Rhodiapolis, huldigte ein gewisser Opramoas seiner Sucht nach zeitloser Anerkennung mit dem bizarren Einfall, sein Mausoleum mit den Dankesbriefen von Kaisern und Statthaltern zu schmücken;

so konnten die Besucher zwölf Briefe von Antoninus Pius und weitere siebzehn von römischen Amtsträgern auf dem Grab eines nun sehr stillen Mannes laut vorlesen.[16]

Alle Aufwendungen waren immer auch Teil des Ringens der Städte um das größte Prestige. Die eine Tagesreise entfernt liegende Stadt war nicht der Nachbar, sondern der Konkurrent. «Papa, haben die anderen Städte auch so einen großen Mond wie wir?», konnte ein Kind seinen Vater fragen und enthüllte mit kindlicher Unschuld, dass seine Eltern in ihrer Heimatstadt einen eigenen Kosmos sahen.[17] Ihn galt es zu schmücken und sein Lob zu singen. «Im Verhältnis zu Alexandria aber sind alle Städte nur Dörfer, denn Alexandria ist die Stadt der ganzen zivilisierten Welt», heißt es stolz in einem Papyrus, und Aelius Aristides, gefeierter Redner seiner Zeit, nennt sie die zweitgrößte Stadt des Erdkreises, die «durch Schätze erstrahlte wie das Diadem am Hals einer reichen Frau».[18]

Dem Wetteifer der Städte um die prächtigste Ausstattung, die aufregendsten Spiele und die glanzvollsten Feste setzte sich innerhalb der Stadtmauern fort. Dort rangen die Vornehmen um ihren Platz in der adligen Hierarchie und ihr Einsatz war der Reichtum. Dies war nicht immer so gewesen. Bevor sich die schwere Hand Roms auf die Städte legte, band den großen Herrn an seine Bürgerschaft, dass er ihr als Offizier und Feldherr gedient hatte. Doch dies war nur noch Erinnerung: «Wenn für die Städte das größte Glück in Frieden und Freiheit, in Ernteglück und Kindersegen und in Eintracht begründet liegt», dozierte gerne Plutarch, «dann benötigen die Staaten für die Erhaltung des Friedens in der heutigen Zeit keine kriegerischen Führer mehr, da jeder Gedanke an Krieg unter den Griechen oder mit auswärtigen Völkern dahin ist.»[19]

Nun bedurfte es anderer Tugenden, nun entschied die Art und Weise, in der der Reichtum für das öffentliche Wohl eingesetzt wurde, über die Geltung in der Gesellschaft. Unter dem römischen Schutzschirm ersetzte Geld das Blut und an die Stelle erfolgreicher Kriegszüge traten die noble Geste, große Erbschaften, glänzende Heiraten und das kaiserliche Lob.

Der Lohn des Verzichts auf große Taten wog schwer. «Ein Leben in Frieden und Eintracht» habe man geschenkt bekommen, urteilte am Ende des 1. Jahrhunderts Plutarch. Es ist keine frohe und schon gar keine dankbare Stimme, die wir hören. Denn sie fährt fort: «Einen anderen Kampfpreis hat uns das Schicksal nicht mehr vergönnt.» Das Urteil teilte die Mehrheit der griechischen Intelligenz. Im Ton deutlich schärfer als Plutarch urteilte Dion Chrysostomos, Freund des Trajan und weithin bekannter Redner aus dem bithynischen Prusa: «Den Vorfahren war es noch möglich, ihre Tüchtigkeit auf vielen Gebieten zu beweisen: Sie konnten eine führende Stellung einnehmen, den Bedrängten helfen, Bundesgenossen anwerben, Städte gründen, Kriege gewinnen. Ihr aber könnt nichts mehr von alldem tun. Es bleibt euch nur übrig, euch selbst zu leiten, eure Stadt zu verwalten, diesen oder jenen zu ehren, ihm Beifall zu klatschen, im Rat zu sitzen, das Recht zu pflegen, den Göttern zu opfern und Feste zu feiern.» Der Streit der Städte, in dem es früher um die Macht in Griechenland ging, sei nun zum grotesken Spiel um große Theater und schöne Springbrunnen verkommen: «Wer heutzutage den Zank und die Anlässe zur Feindschaft sieht, wird sich schämen, sind es doch Streitereien von Sklaven, die sich mit ihresgleichen um Ansehen und erste Plätze balgen.» Dieser Ausbruch von Wut und Resignation kam aus dem Mund eines Mannes, der zu den Ersten des Weltreiches zählte und all die Ehrungen und Reichtümer genoss, die es ihm mit vollen Händen reichte.[20]

Das tägliche Brot

Die Nutznießer aristokratischer Noblesse waren nicht generell die Bedürftigen, sondern allein die Bürger der Stadt, gleichgültig ob reich oder arm. Sie wachten eifersüchtig über ihre Privilegien und protestierten lautstark, wenn sich ein Unbefugter bei der Verteilung von Lebensmittelspenden zwischen sie drängte. Die Bauern hatten von alledem die Last, waren es die von ihnen erwirtschafteten Überschüsse, von denen die Städte lebten. Es blieb ihnen nur, die Faust in der Tasche zu ballen, wenn kaiserliche Beamte, durchziehende Truppen und die Städter an sich rissen, was immer sie brauchen konnten.

Galen, Leibarzt des Mark Aurel, sah die Bauern hungern, nachdem ihre Erträge gleich nach der Ernte hinter den Stadtmauern verschwunden waren: «Die Stadtbewohner schleppten, wie es bei ihnen üblich war, allen Weizen, die gesamte Gerste, die Bohnen und Linsen davon und ließen den Bauern nur verschiedene Hülsenfrüchte übrig.» Hatten die Bauern diese und das Wenige, was ihnen geblieben war, verzehrt, schließt Galen seinen traurigen Bericht, aßen sie im Frühjahr Zweige, Baumwurzeln und Zwiebeln und kochten frisches Gras.[21] So war es gewiss nicht jedes Jahr. Denn die Bauern beherrschten die Kunst des Überlebens gewiss besser, als sich es Galen in seiner Arztpraxis träumen ließ. Wer von ihnen Bürger war, ging ohnehin in die Stadt und gesellte sich zu denen, die in den Genuss kostenloser oder verbilligter Lebensmittel kamen.

Nicht alle waren noch Eigentümer ihres Hofes; viele verkauften ihn und bestellten das Land als Pächter. Der erste Aufkäufer war der Kaiser, dem darüber hinaus der von seinen Gegnern konfiszierte Grundbesitz sowie testamentarisch vermachte Ländereien zufielen; im 2. Jahrhundert nahmen die kaiserlichen Güter in Italien, Nordafrika und den Ländern des Westens bereits den Umfang ganzer Provinzen ein. Dem Vorbild des Kaisers folgte der Senator, der reich gewordene Ritter, der fleißige Freigelassene, ja selbst der erfolgreiche Handwerksmeister oder Kaufmann; sie alle steckten ihr Kapital nicht in Betriebe, sondern kauften Land. Das Leben selbst eines kleinen Grundherrn schien begehrenswerter als die Existenz eines noch so gewichtigen Bauunternehmers oder Fabrikanten. Nur der Eigentümer von Land galt etwas und nur er konnte hoffen, eines Tages selbst zur Elite seiner Stadt gezählt zu werden. «Von allen Erwerbsarten ist die Landwirtschaft die beste, die ergiebigste und angenehmste, die des freien Mannes würdigste», hatte Cicero doziert; wenige Lehren sind so eisern befolgt worden wie diese.[22]

Großgrundbesitz bedeutete nicht zwingend einheitliche Kultivierung. Der plantagenartig wirtschaftende Großbetrieb der späten Republik, der für einen größeren Markt als den einheimischen produzierte, blieb in der Regel Episode. Seine Rentabilität, ohnehin nur bei bestimmten Anbauarten oder bei der Viehwirtschaft gegeben, stand und fiel mit der billigen Arbeitskraft von Sklaven. Ihr Preis stieg, als nach Augustus die großen Kriege endeten und die Zahl der Kriegsgefangenen abnahm. So wurde der Kleinbetrieb wieder die rentabelste Form des Wirtschaftens und das ökonomische Leitbild blieb der Hof, den eine bäuerliche Familie bestellte. An sie verpachtete der um seinen Gewinn besorgte Grundherr sein Land. Die kleine, aber sichere Rendite des Pachtzinses oder der Naturallieferungen schienen ihm allemal besser als kostspielige Experimente mit teuren Sklaven oder neuen Anbauprodukten. Die Großgüter zerfielen in eine Vielzahl kleiner Höfe, auf denen der Bauer – in welcher Rechtsstellung auch immer – wie eh und je seinen Pflug führte.

Sein Gebet um das tägliche Brot erhörten die Götter nicht immer. Im griechischen Platää, berichtet der Romancier Apuleius, hätten sich die Armen der Stadt den Bauch mit den Kadavern verendeter Tiere füllen müssen. In seiner Heimatstadt Antiochia, erzählt der Redner Libanios (331–395), sei, als der Regen ausblieb und die Ernte vertrocknete, der Brotpreis so schnell gestiegen, dass Unruhen ausbrachen; daraufhin habe der Statthalter zur Beruhigung der aufgebrachten Menge die Bäcker auspeitschen lassen –

was die Regale der Backstuben am nächsten Morgen auch nicht füllte. In der Hauptstadt Rom, die wie später Konstantinopel auf die pünktliche Ankunft der Getreideschiffe aus Übersee angewiesen war, brachen häufiger Hungerrevolten aus. Als im harten Winter 23/22 v. Chr. in Italien die Flüsse über die Ufer traten und Epidemien das Land überzogen, schlich sich der Hunger in die Stadt und trieb die Massen auf die Straße. Dort schrien sie nach Mehl, belagerten die Kurie und verlangten, Augustus müsse sie retten. Auf ihre Rufe erschien der Kaiser, kniete vor seinem Volk nieder und rief, er werde seine Bürger nicht im Stich lassen und ihnen Brot verschaffen. Er erfüllte sein gegebenes Wort mit der ihm eigenen Entschlossenheit, schonte seine private Schatulle nicht und schaffte das nötige Getreide in die Hauptstadt.

So zu handeln hieß herrschen. Daher war es Augustus weit wichtiger, dass die Welt von solchen Taten und nicht von den taktischen Winkelzügen erfuhr, mit denen er seinen Machtanspruch festigte. In seinem Tatenbericht räumte er dementsprechend der Hungersnot und ihrer Bewältigung breiten Raum ein: «Ich habe es nicht abgelehnt, als großer Mangel an Getreide herrschte, den Auftrag zu übernehmen, Nahrungsmittel zu beschaffen. Ich tat es so, dass ich binnen weniger Tage durch meine Aufwendungen und meine Fürsorge die Bürger von der Furcht und der drohenden Gefahr befreien konnte.»[23] Die Furcht jedoch blieb. Vierhundert Jahre später war die Not nicht minder groß als zu Zeiten des Augustus. Von dem damals zuständigen Stadtpräfekten Tertullus erzählt der Historiker Ammianus Marcellinus (330–395), er habe einer tobenden Volksmenge seine kleinen Söhne entgegengestreckt und unter Tränen gerufen: «Seht eure Mitbürger, die dasselbe Schicksal erdulden wie ihr.»[24]

Nachrichten wie diese ließen sich beliebig mehren. Sie berichten nicht nur von anhaltenden Versorgungsproblemen, sondern auch von der Reizbarkeit des Proletariats in den Großstädten, das von Kaiser, Senatoren und Notabeln erwartete, ihnen das Leben angenehm, unterhaltsam und sorgenfrei zu machen. Dies empörte sich schon bei den kleinsten Verzögerungen der Versorgung, zumal die Kaiser sich an die Stadträte hielten und ihnen das Ansteigen des Brotpreises anlasteten. Taten es nicht die Kaiser, so reichten in Windeseile verbreitete Gerüchte, um die Menge in Wallung und auf die Straße zu bringen. 375 steckte der römische Mob, als der Weinpreis in die Höhe schnellte, in Trastevere das Stadtpalais des Senators Symmachus in Brand, weil er nach der Aussage eines Plebejers gesagt haben soll, «er wolle seinen Wein lieber zum Kalklöschen gebrauchen, als ihn zu dem vom Volk erhofften Preis zu verkaufen.»[25] Dies war des Guten zu viel, und der hochwohlgeborene Herr begab sich in geziemender Eile auf seine Landgüter. Von dort aber holten ihn schon bald der Senat und das reuige Volk wieder zurück – ohne ihn, den väterlichen Patron, und seine Reichtümer ging es eben auch nicht.

2. Die Freuden des kleinen Mannes

Das Vereinsleben

Jenseits aller Institutionen blieb unverändert ein Ort, an dem der kleine Mann den Mächtigen zustimmen oder ihnen die Faust zeigen konnte: das Theater und das Stadion. Reihe für Reihe saßen dort alle sozialen Schichten und die Inschriften, die sie in die Bänke ritzten, sprechen von Ordnung und Privilegien: So waren im Amphitheater von Nîmes 40 Ehrensitze für die Vereinigung der Rhône- und Saôneschiffer reserviert, die auch den Öl- und Weinhandel kontrollierten, während im Theater des karischen Aphrodisias neben den Anhängern der Blauen und der Grünen Circuspartei die Metzger, Gerber, Goldschmiede und Gärtner eigene Sitze beanspruchten.[26] Brüllten oder schwiegen sie gemeinsam, verwandelten sich vermeintlich brave Bürger in ernste Gegner. Hüllten sie sich in Schweigen, wenn der Statthalter das Theater betrat, war dies peinlich und gefährlich dazu, denn in den Augen des fernen aber wachsamen Rom hatte der Gouverneur seine Untertanen nicht glücklich, sondern aufsässig gemacht und damit seine Aufgabe, die Provinz ruhig zu halten, verfehlt.

Waren Hunger und Not fern, sah der kleine dem politischen Treiben des großen Mannes gelassen zu. Er zog sich dorthin zurück, wo er eigene soziale Bindungen pflegen konnte und niemand seine private Geselligkeit störte: in die Vereine (*collegia*). Ihre Gründung allerdings war nicht einfach. Die Nutznießer nicht genehmigter Verbindungen riskierten Kopf und Kragen, da der Senat oder der Kaiser ihren Plänen zustimmen mussten. Erwünscht waren sie dort, wo ihre Satzungen Bedürfnisse benannten, die der Staat selbst nicht befriedigen konnte. Dazu zählten etwa die Aufgaben der Feuerwehr oder die Unterstützung von Handel und Transport. Solche Vereine sorgten für die Sicherheit und die Versorgung der Städte und taten damit das ihre, um die Bevölkerung der latent unruhigen Ballungszentren bei Laune zu halten.

Neben diesen der Stadt und dem Kaiser nützlichen Zünften blühte eine Vielzahl von Verbindungen, die den kleinen Leuten nützten (*collegia tenuiorum*). Ihre Gründung gestattete ein um 50 ergangener Senatsbeschluss, falls als Ziel die Sicherung eines angemessenen Begräbnisses der Mitglieder eingetragen wurde.[27] Dahinter ließ sich natürlich viel verbergen. Letztlich ging es um die Schaffung eines gesellschaftlichen Mittelpunktes, eines Ortes also, an dem man sich unbeschwert amüsieren, über Seligkeit und Not des Alltags palavern konnte, die Kinder unter die Haube brachte, die Toten auf ihrem letzten Gang vor die Tore der Stadt begleitete und an ihrem Grab den Göttern opferte. Da keine der vorhandenen Religionsgemeinschaften sich um die Bestattung der Toten kümmerte, blieb sie ebenso wie die Sorge um das Andenken der Verstorbenen der privaten Initiative überlassen.

Die Vereine blieben immer freiwillige und private Körperschaften. Sie gaben sich ihre Satzungen auch dann selbst, wenn ihre Gründung auf die Initiative des Senates oder des Kaisers zurückging. Sie besaßen Rechtsfähigkeit, d. h. sie konnten wie die Gemeinden Vermögen erwerben und besitzen, Verträge abschließen, klagen und verklagt werden. Beiträge, Spenden reicher Bürger oder Erbschaften ermöglichten die Unterstützung der in Not geratenen Mitglieder. Den Umtriebigen gewährte die aktive Teilnahme am Vereinsleben zudem die Chance, im kleinen Rahmen das Spiel der Mächtigen zu spielen und wie sie Ansehen zu gewinnen. Wer unterhalb der Notabeln sein Sozialprestige mehren wollte, wurde Vereinsvorsitzender.

Organisation und Hierarchie folgten bewährten Vorbildern und richteten das Vereinsleben an der Tätigkeit städtischer Würdenträger aus. In der Rangordnung der Gesellschaft nahmen die Vereine nach den Dekurionen und den Priestern des Kaiserkults den dritten Platz ein und genossen das Wohlwollen der kaiserlichen Administration, wenn sie ihre politische Harmlosigkeit glaubhaft gemacht hatten. Strafbar blieben alle Vereinigungen, deren Ziele Rom nicht kontrollieren konnte oder die antirömischer Umtriebe verdächtigt wurden. So verbot Trajan die Gründung einer Handwerkergilde im bithynischen Nikomedia, obwohl diese die städtische Feuerwehr unterstützen wollte. Der erste Lehrsatz römischer Herrschaftspolitik sei es, versicherte der Kaiser seinem besorgten Statthalter, in den Provinzen den inneren Frieden zu wahren, und dies verbiete jedes Experiment. Daher sei es besser, im Ernstfall die Grundbesitzer und herbeiströmendes Volk beim Löschen anpacken zu lassen.[28]

Wer anerkannt wird, schwimmt nicht gegen den Strom. Kontrollierbare Loyalität hieß das Zauberwort, mit dem Rom in den Provinzen regierte. Die Gouverneure wussten sehr genau, wie wichtig den Untertanen ein vertrautes Miteinander war. Als die Politik die Städte verließ, blieben die Kollegien der wichtigste Zufluchtsort privater Initiativen. Religiöse Fürsorge, materielle Vorteile und gesteigertes Sozialprestige waren Anreiz genug, um sie zu gründen. Man war stolz auf seinen Verein und präsentierte sich bei allen öffentlichen Anlässen.

Trotzdem: Die Sehnsucht nach neuen sozialen Bindungen, die Herz und Verstand rührten und jede Regung des Lebens von der Wiege bis zur Bahre erfassten, konnte das Vereinsleben nicht erfüllen. Dies gelang erst den christlichen Gemeinden, als sie aus dem selbstgewählten Gefängnis apokalyptischer Naherwartung ausbrachen und den Widerwillen ihrer ersten Generationen gegen den Staat, unbeirrt von Not und Verfolgung, überwanden. Jetzt führte sie ihr Weg über die Mühseligen und Beladenen hinaus und öffnete dem Ehrgeiz der Reichen und Mächtigen die Tore zu einer Zukunft, in der die alte Welt der Agora, des Forums und der Kurie gleichwertig ersetzt wurde durch die Gemeinde, den Klerus und den Thron des Bischofs. Die Welt der Stadt mit ihren Aufgaben trat gegenüber dem Dienst an einem Gott zurück, der eine eigene Form des Ruhms und der Unsterblichkeit verhieß.

«Bäder, Wein und die Liebe»

Eine Welt, die so ungeniert stolz auf ihre Zivilisation war, verlangte viel von ihren Technikern. «Ihr habt den ganzen Erdkreis vermessen», staunte Aelius Aristides, «Flüsse überspannt mit Brücken verschiedener Art, Berge durchstochen, um Fahrwege anzulegen, in menschenleeren Gegenden Poststationen eingerichtet und überall eine kultivierte und geordnete Lebensweise eingeführt.» Zu ihr gehörte Wasser in Hülle und Fülle. Wasser, das zahllose Brunnen entlang der Straßen füllte, die jedermann mit dem nötigen Trinkwasser versorgten. Wasser, das unterirdisch durch gemauerte Kanäle floss, die das anfallende Abwasser abführten und die Kloaken reinigten. Wasser schließlich, das in die heißen und kalten Bassins klimatisierter Thermen schoss, die bis dahin nie gekannte Genüsse versprachen.[29]

Wer wollte ernsthaft an der Überlegenheit römischer Kultur zweifeln, da die Künste römischer Techniker Wasser in Hülle und Fülle in die Städte führten und dort an Arm und Reich verteilten. Barbaren konnten Quellen und Flüsse nicht zähmen, wohl aber die, die Teil der römischen Welt waren. Nur sie waren kultiviert – auch dann, wenn sie fern der großen Städte lebten. So ließ unweit von Rom ein reicher Bauer in Stein schlagen, sein Gut Aurelia Faustiniana beherberge eine Anlage, in der nach städtischer Lebensart (*more urbico*) gebadet werden könne und alle Genüsse eines menschenwürdigen Lebens bereitstünden. Der Stolz des Besitzers ist verständlich. Hatte er doch, was sich alle Landbewohner sehnlichst wünschten: Anteil am zivilisatorischen Fortschritt der Städte.

Von ihm waren auch die Besiegten nicht ausgeschlossen. Die Menschen des griechischen Ostens kannten ihn lange vor Rom, und die des barbarischen Westens übernahmen ihn, nachdem die römischen Herren ihre Burgen geschleift und die Überlebenden in neu gegründete Städte angesiedelt hatten. Am Ende eines langen Weges der Anpassung warteten die Enkel der alten Stammeshäuptlinge wie die Bürger Roms auf das Zeichen, das ihnen jeden Tag die Öffnung des Bades bekannt gab. Der Gong, der dabei geschlagen wurde, mokierte sich Cicero, klang in ihren Ohren lieblicher als das Stimmengewirr der Philosophen in der Schule. Die Einsicht, dass alle Säulenhallen, Bäder und erlesene Gelage doch Ausdruck der auferlegten Knechtschaft waren, trübte niemandem das Vergnügen, wenn er voller Erwartung auf vielfältige Wonnen zu den Toren der Thermen eilte.

Ihre Botschaft schrieb Weltgeschichte. Denn die Verführung städtischer Lebensart heilte viele Wunden, die das römische Schwert geschlagen hatte. Jetzt wies es jedermann den Weg in die heißen und kalten Bassins klimatisierter Thermen, die als Kathedralen des Fleisches alles beherbergten, was das Leben für wenige Stunden verschönte. Dorthin gehört auch das letzte Wort eines alten, ohne Reue gestorbenen Sünders; sein Grabstein verrät es stellvertretend für den stummen Mann zwei Meter unter ihm: «Bäder, Wein und die Liebe zerstören unsere Körper – aber sie machen das Leben aus: Bäder, Wein und die Liebe.»[30]

Es waren weniger der Wille des römischen Herrschers als die Verlockungen seiner Lebensart, die den Bau von Einrichtungen zur Herleitung, Verteilung und Nutzung des Wassers vorantrieben. So umgaben die Bauten des öffentlichen Lebens Gemeinschaftsbäder, steinerne Wasserverteiler und Zisternen. In Rom hatte unter Augustus sein Paladin Agrippa allein 700 Schöpfbrunnen und 500 Laufbrunnen anlegen lassen. Unterirdisch verliefen gemauerte Kanäle, die das anfallende Abwasser abführten und die Kloaken reinigten. Außerhalb der mit Türmen bewehrten Stadtmauern schlängelten sich über viele Kilometer Aquädukte in die nächstgelegenen Berge, die Wasser für den privaten wie für den gewerblichen Gebrauch lieferten. Nach Rom führten elf Wasserleitungen, zwischen 17 und 90 Kilometer lang; aus der Eifel floss das Wasser nach Köln über 73 Kilometer und in Nordafrika brauchte es über den Zaghouan-Aquädukt 132 Kilometer, um in Karthago anzukommen. Dort und anderswo waren Wassermangel ein Wort aus ferner Vergangenheit: Das kleinasiatische Pergamon bot jedermann 160 Liter pro Tag, während es im moselländischen Trier bis zu 1000 Liter waren.

Der Grieche Strabon, Weltreisender und Geograf unter Augustus, pries die Rationalität und Effektivität der Römer immer dann besonders inbrünstig, wenn er ihre Aquädukte und Abwasseranlagen besichtigte: «Ihre unterirdischen Kanäle, aus ineinanderpassenden Steinen gewölbt, geben an manchen Stellen ganzen Heuwagen die Möglichkeit, durchzufahren. Die Wassermengen, die durch die Aquädukte in die Stadt geführt werden, sind so groß, dass ganze Flüsse durch die Stadt und die unterirdischen Kanäle strömen, dass nahezu jedes Haus Wasserbehälter und Wasserleitungen hat und reichlich sprudelnde Brunnen besitzt.»

Alles dies kostete Geld – weit mehr, als die öffentlichen Haushalte hergaben. Was fehlte, steuerten Patrone bei und erhielten als Gegenleistung Ehre und Ansehen. Beides spiegelte sich in den Wassermassen, die in die Straßenbrunnen flossen, die Bäder der Thermen füllten, aus den Löwenköpfen der Wasserspiele sprudelten oder unauffällig die Stadt reinigten. Verdankten so die meisten Städte ihr Frischwasser spendablen Gesten Einzelner, galt in der Hauptstadt eine andere Regel. Zu viele Menschen auf zu engem Raum forderten früh die Initiative des Staates, wollte er Unruhen oder Aufstände vermeiden. So galt schon Ende des 4. Jahrhunderts v. Chr. die Wasserversorgung Roms als vornehmlich staatliche Aufgabe, für die seit Augustus der Kaiser verantwortlich war. Rivalen bei der Ausschmückung der Hauptstadt konnte er nicht dulden: Dies war seine Stadt und in ihr durfte niemand sonst als Herr auftreten. Er verfügte und finanzierte den Bau neuer Leitungen, er bezahlte die Reparatur alter Anlagen und Hunderte von Arbeitssklaven, die sie überwachten. Und er entschied über die Lizenzen, Wasser in private Haushalte zu leiten. Gab er sie, so lohnte er öffentlich die Treue für Kaiser und Reich, verweigerte er sie, brandmarkte er den Mangel an Loyalität.

Thermen und Aquädukte brachten die Macht Roms zum Leuchten. Sie müssten daher, schrieb der von der Allmacht der ewigen Stadt tief geprägte Frontin, sorgfältig gepflegt werden, seien sie doch «ein besonderes Zeichen für die Größe des römischen Imperiums.» Frontin wusste, wovon er sprach. Er zählte zum engsten Kreis der politischen Führung des Imperiums, war seit 97 n. Chr. Kurator für die Wasserversorgung der Hauptstadt und hatte die damit verbundenen Aufgaben in einer eigenen Schrift, *De aquaeductu urbis Romae*, penibel genau aufgelistet. Das Amtsverständnis, das ihm die Feder führte, unterstrich, was herrschende Lehre seit Augustus und die Triebfeder der römischen Baukunst war: Universale Macht verlangt nach monumentaler Repräsentation und dem Monarchen oblag es, Rom und die Städte des Reiches so mit öffentlichen Bauten zu schmücken, dass die Würde des Reiches (*maiestas imperii*) zu leuchten begann. So spiegelte sich der Herrschaftswille einer Weltmacht im Marmor der kaiserlichen Hauptstadt ebenso wie in den gewaltigen Bögen der Wasserleitungen oder den riesigen Hallen der Thermen.

Wäre von der fernen Welt Roms jede andere Kunde verschollen, so zeugten doch die Ruinen seiner Bauten und ihre Rolle als Vorbilder für die Architekten und Städteplaner vieler Jahrhunderte von seiner einstigen Pracht. Wenn heute ein nachdenklicher Rompilger die Kirche Santa Maria degli Angeli betritt und staunend unter ihren mächtigen Gewölben wandert, belehrt ihn der Führer, die Kirche habe 1563 ihre jetzige Gestalt von Michelangelo erhalten, der ihre antiken Reste sorgsam bewahrt habe; am Ende begreift er, dass er im Raum der Kaltwasserbassins steht, die einst den prunkvollsten Teil der Thermen des Kaisers Diokletian bildeten.

Solchen Erfahrungen entgeht man selbst in der Einöde nicht. Durch die zerborstenen Tore viele antiker Städte ziehen heute Hirten mit ihren Schafen oder Ziegen. Aber auch dort füllt sich der Satz des Plinius mit Leben, die Herrschaft über das Wasser habe die Kultur Roms begründet, auch dort kann man den Satz des Frontin hören, Wasserleitungen sprächen von der Macht des Weltreiches. Nordöstlich von Nîmes steht einsam, umzingelt von Park- und Campingplätzen, ein monumentaler Aquädukt, der in 54 Meter Höhe den Fluss Gardon überquert und einst pro Tag 20 000 Kubikmeter Wasser in die Stadt leitete, Wasser, das über 50 Kilometer mit einem Gefälle von 17 Meter aus den Bergen um Uzés herangeführt wurde. Beim Anblick seiner drei Arkadengeschosse, die den Wasserkanal 275 Meter über das Felstal trugen, schlagen viele Besucher die *Confessions* Rousseaus auf. Er hatte 1763 den Bau gesehen und 1781 seinen damaligen Kniefall vor Rom geschildert:

> «Es war das erste Werk der Römer, das ich zu sehen bekam. Ich war darauf gefasst, ein Monument zu sehen, das der Hände würdig war, die es erbaut hatten: Aber dann überstieg der Anblick dieses Bauwerkes meine

Abb. 35
Piranesi, Aquädukt des Nero (1775). Alle Städte des Imperiums verlangten nach Wasser, und je mehr sie bekamen, umso stolzer waren ihre Bewohner. «Bedenkt man die Menge an Wasser für den öffentlichen Bedarf», schrieb Plinius zur Zeit Neros, «für Bäder, künstliche Teiche und Wassergräben, für Wohnhäuser, Gärten und Villen, bedenkt man die Entfernung von den Quellen, die errichteten Bogenstellungen, die durchbrochenen Berge und Überbrückung von Tälern, so wird man zugestehen, dass es auf dem ganzen Erdkreis nichts gegeben hat, was der Bewunderung mehr wert gewesen wäre.» Keiner seiner Zeitgenossen hätte widersprochen.

> Vorstellungskraft; und das war das einzige Mal in meinem Leben. Der Anblick dieses einfachen und edlen Werkes erstaunte mich umso mehr, als es inmitten einer Wüste stand, in der die Stille und die Einsamkeit das Objekt erstaunlicher und die Bewunderung lebhafter machten, denn diese sogenannte Brücke war nur ein Aquädukt ... Ich durchstieg die drei Stockwerke dieses großartigen Bauwerkes, und der Respekt hinderte mich dabei, fest mit meinen Füßen aufzutreten. Der Widerhall meiner Schritte unter diesen gewaltigen Gewölben ließ mich glauben, die Stimme derer zu hören, die sie gebaut hatten.»[31]

Die Herrlichkeit währte, solange der Friede Roms die Vermögen der Eliten mehrte und den Kaiser als sozialen Wohltäter gewähren ließ. Sie bröckelte, als die Kosten ins Unermessliche stiegen und seit der Mitte des 2. Jahrhunderts Baugenehmigungen für Großbauten nur noch erteilt wurden, wenn der Kaiser oder zumindest der Statthalter zugestimmt hatten. Sie zerbrach, als die Krieger Germaniens und Arabiens die Grenzen überrannten und die Waffenschmieden des bedrohten Imperiums das Geld verschlangen, das in glücklichen Jahrzehnten Freien, Sklaven, Frauen, Kindern und Fremden die Segnungen des Wassers beschert hatten.

3. Die Zensur der öffentlichen Meinung

Die meisten Städte des Imperiums nahmen nur den Umfang einer heutigen Dorfmark ein, bei der die Felder in Reichweite der Siedlung liegen; dort lebten zwischen 4000 und 7000 Menschen. Dort verbanden kleine und überschaubare Lebensformen die Bürger. Politik und Privatleben durchdrangen einander, Freund- und Feindschaften äußerten und entluden sich im alltäglichen Miteinander auf beiden Ebenen. Private Händel der großen Familien verglich Plutarch dank leidvoller Erfahrung mit Feuersbrünsten, die in Privathäusern entstanden und ganze Städte zugrunde richten konnten: «Es sind nicht immer Streitigkeiten über öffentliche Angelegenheiten, die den Aufruhr in den Städten entzünden, sondern oft verbreiten sich private Zänkereien und Beleidigungen im Volk und erschüttern eine ganze Stadt.»[32]

Plutarch nennt Beispiele für seine Furcht. Sie klingen manchmal wie die Geschichte Shakespeares vom Streit der Montagues und Capulets in Verona. Da ist etwa der Bräutigam, der seine Braut am Hochzeitstag wegen eines bösen Omens verlässt und vom tief gekränkten Vater der Verschmähten als vermeintlicher Dieb vom Felsen gestürzt wird; die daraufhin ausbrechende blutige Familienfehde endet erst, als die Stadtväter von Delphi den rasenden Schwiegervater und seine Anhänger töten und ihr Vermögen einziehen. Und da sind zwei Freunde. Sie werden zu Todfeinden, als der eine das Vertrauen des anderen missbraucht und dessen Lieblingsknaben notzüchtigt, worauf dieser die Frau seines Freundes zum Ehebruch verführt; Mord und Totschlag folgen und bringen die Stadt an den Rand des Bürgerkrieges.

Und immer wieder gibt es sinnlos scheinende Feindschaften: Im Januar 5 musste Augustus selbst auf Drängen der kleinasiatischen Stadt Knidos einen Kriminalfall regeln, den die städtischen Gerichte nicht zu klären vermochten. Zwei Familien waren aufeinander losgegangen und hatten sich drei Tage lang geprügelt, bis einer von ihnen, von einem Mistkübel tödlich getroffen, zu Boden sank. Augustus wies den Prokonsul an, den Fall vor Ort und nach den ihm mitgeteilten Verfahrensregeln zu Ende zu bringen.

«Solche privaten Fehden», klagte Plutarch, «verbreiten sich wie Krankheiten; der Staatsmann darf sie also nicht leichtnehmen, sondern muss beizeiten zugreifen und das Übel auf jede erdenkliche Weise unterdrücken.» Diese Sorgen beweisen, dass die antiken Notabeln ihren mittelalterlichen Nachfahren weit mehr als den Staatsbeamten der Neuzeit glichen. Wie jene waren auch sie latent bereit, ihre Städte zu Turnierfeldern der Macht und der Rache zu machen, von denen in späteren Jahrhunderten in Genua, Siena, Regensburg und anderswo die Geschlechtertürme zeugen; dass es diese in den Städten des Imperiums nicht gab, lag allein an der starken Hand des römischen Herren, der private Händel nicht duldete und jeden aus der Stadt warf, der sich wie die Montagues und Capulets schlagen wollte.

Solche Geschichten zeigen noch eine andere Wahrheit. Das ganze politische und gesellschaftliche Leben war in den Städten viel intensiver als in den frühen Dorf- oder Stammesgemeinschaften. In den engen Gassen einer Stadt wurde ständig über alles und jedes, vor allem aber über Politik, Gott und den Nachbarn räsoniert und palavert. So war es im demokratischen Athen, so war es im republikanischen Rom, so war es Hunderte Jahre später in Konstantinopel.

Dieser Ort, jammerte im Juni 383 der verärgerte Bischof Gregor von Nyssa, sei voll von Banausen, Händlern, Kleinkrämern, Hausdienern und entlaufenen Sklaven, die an jeder Hausecke theologische Lehren vortrügen: «Gehe ich in einen Laden und frage, wie viel ich zu zahlen habe, dann bekomme ich zur Antwort einen philosophischen Vortrag über den gezeugten oder nicht gezeugten Sohn des Vaters. Erkundige ich mich in einer Bäckerei nach dem Brotpreis, so antwortet mir der Bäcker: Der Vater ist ohne Zweifel größer als der Sohn. Und frage ich in den Thermen, ob ich ein Bad bekommen kann, dann versucht mir der Bademeister zu beweisen, dass der Sohn ohne Zweifel aus dem Nichts hervorgegangen sei.»[33]

Jeder, der sich in diese oder andere Kontroversen stürzte, verglich unwillkürlich die eigenen Fähigkeiten mit denen der anderen. So lernte man und nahm die Grenzen wahr, die die eigene von anderen Lebensformen trennte. Denn auf der Welt, so weit man sie erforscht hatte, waren es nur die Bewohner des Imperiums, die in Städten lebten – selbst dort, wo sich seit Augustus die Herrschaft Roms gefährlich weit über das Mittelmeerbecken hinaus ausgedehnt hatte.

Für die Eliten, die unter ständiger Beobachtung standen, bedeutete dies viel. Ihre Pflichten verlangten nicht nur in ihrer öffentlichen, sondern auch in jeder Sekunde ihrer privaten Existenz, bestimmte Verhaltensmuster zu beachten. Ihre Macht, sollte sie Bestand haben, musste täglich neu erworben und zur Schau gestellt werden. Wer sich in die Politik stürzte, tat es ganz und gar. In den Augen des kleinen hatte der große Mann einem bestimmten Bild von Rechtschaffenheit zu entsprechen.

Plutarch hat es seinen jungen Schülern, die als Politiker groß werden wollten, unverblümt in ihre Merkhefte diktiert und ihnen eingehämmert, dass sie sich als Erstes daran gewöhnen müssten, wie auf einer offenen Bühne zu leben; dort werde künftig jedermann ihr Leben mit misstrauischen Augen betrachten: «Bei Staatsmännern wird nicht bloß das öffentliche Wort und die Tat zur Rechenschaft gezogen, sondern ihre Tafel, ihr Bett, ihr Ehestand, ihre Freuden und Geschäfte sind der Neugierde des Volkes ausgesetzt. Pompeius Magnus wurde von seinen Feinden so scharf beobachtet, dass man über ihn lachte, nur weil er sich den Kopf mit einem Finger kratzte.» Am besten schreibe sich jeder, endet Plutarch, die Geschichte vom braven Volkstribunen Livius Drusus ins Stammbuch; dieser hätte einem Baumeister, der sich erboten habe, für fünf Talente sein nach allen Seiten hin offenes Haus in ein geschlossenes umzubauen, milde erklärt: «Ich will Dir zehn Talente geben, wenn Du mein ganzes Haus so durchsichtig machst, dass alle Bürger sehen können, wie ich lebe.»[34]

Drusus kannte seine Nachbarn. Er wusste, dass sie Tag und Nacht ihre neugierigen Nasen an seine und die Fenster seiner Standesgenossen pressten und sich zum Richter seines privaten Verhaltens machten. Also galt es, eine Disziplin des Benehmens und des Sprechens einzustudieren und jede Geste, jeden Blick, ja jeden Atemzug sorgfältig zu kontrollieren. Jede übermäßige Beschäftigung mit dem eigenen Körper war zu vermeiden. Wer dessen Wünschen nachgab, zu viel aß und trank oder häufig flüchtige Liebesaffären suchte, war zügellos wie das gemeine Volk und damit zur Leitung der Stadt unfähig.

Jedermann schuldete Rechenschaft und alle gaben sie – selbst der Kaiser. Augustus, gerade als «Vater des Vaterlandes» geehrt, verurteilte im Jahre 2 v. Chr. den anstößigen Lebenswandel seines einzigen Kindes Julia, schickte sie in die Verbannung, machte ihre Liebschaften öffentlich und unterrichtete den Senat brieflich darüber.[35] Hundert Jahre später bekannte der Senator Arruntius Stella, Suffektkonsul 101/2, im öffentlich vorgetragenen Hochzeitsgedicht, dass seine zügellose Liebe zu seiner langjährigen Geliebten Violentilla sich nun endlich «den Gesetzen gefügt habe» – er hätte hinzufügen können, ohne diesen Schritt wäre ich nicht Konsul geworden.[36]

Die Lehre ist unüberhörbar. Für den Vornehmen, wer immer er sein mochte, gab es kein Privatleben. Die Zensur der öffentlichen Meinung war rau und unerbittlich und keineswegs nur eine Sache von Spaßvögeln, die ihrem Ruf alle Ehre machen wollten. In jedem Augenblick ging es um die Wahrung des Führungsanspruches einer Elite, die auf die Loyalität der breiten Volksmassen und auf ihre Hochrufe angewiesen war. Was Wunder, dass auf die sexuelle und eheliche Moral das scharfe Licht des öffentlichen Interesses fiel. Zur aristokratischen Exklusivität etwa gehörte die rechte Einstellung zur Sexualität. Würdevolles Benehmen hörte im Bett nicht auf und das Ehegemach musste eine Schule des gesitteten Verhaltens sein, kein Spielplatz erotischer Passion. Bestimmte Positionen einzunehmen zum Beispiel bedeutete, sich aus Übermut, Zügellosigkeit und Unbeherrschtheit an der Natur zu vergehen.

4. Die christliche Definition des Öffentlichen

«Seid barmherzig, damit ihr Barmherzigkeit findet»: Arm und Reich

In den frühen christlichen Gemeinden wurde das Verhältnis zwischen dem privaten und dem öffentlichen Raum neu geschrieben. Gefangen in einer Gesellschaft, die sie nicht mochte, peinigten sie die Sorge um das Überleben und die Angst vor Spaltungen. Beides verlangte die vollständige Offenheit des Individuums vor Gott und dem Bischof und rechtfertigte sie als den natürlichen Zustand des Christen. So war es nicht der Staat, sondern die religiöse Gemeinschaft, die sich des Privaten ganz und gar bemächtigte; als Gegenleistung bot sie eine eigene Festkultur, ein intensives Gemeindeleben und die Erfüllung des leuchtenden Wunschbildes von der Solidarität aller – ob arm oder reich, König oder Bettler, Bürger oder Fremder. Den Weg dorthin wies die Praxis des Almosenspendens. Mit ihr bekamen die heidnischen Eliten, deren Fürsorge ihr Prestige begründete, einen Rivalen, der auf Dauer stärker war als sie.

Der Mailänder Bischof Ambrosius (339–397) wusste sehr genau, worauf es in diesem Ringen um die Gunst der städtischen Bevölkerung ging und wie hoch in diesem Spiel der Einsatz war: «Das Eigentum der Kirche dient der Unterstützung der Armen. Sollen doch die Heiden einmal sagen, wie viel Gefangene die Tempel freigekauft haben, wie viel Lebensmittelspenden sie unter die Armen verteilt haben, wie vielen Flüchtlingen sie Unterhalt gewährt haben.»[37]

Jetzt traten die Armen, wo immer sie herkamen, in das warme Licht des öffentlichen Wohlwollens. Jedermann sollte es sehen: An allen großen Festtagen zogen sie zusammen mit dem Bischof, den Mönchen und den geweihten Jungfrauen durch die Stadt und in die Kathedralen ein. Sie waren die besonderen Schutzbefohlenen des Gekreuzigten, hatte er doch sie und nicht die Reichen dieser Welt seliggesprochen, obwohl beide in dasselbe Taufbecken stiegen. «Das Geld in der Schüssel des Armen bewirkt mehr als im Säckel des Reichen», ermunterte Ambrosius die mit der Armenfürsorge befassten Kleriker. Schlechte Erfahrungen verschonten allerdings auch ihn nicht. Er fügte mahnend hinzu, Schnorrer und Betrüger seien sorgfältig von der Krippe fernzuhalten, denn «nirgends sonst gebärdet sich ja der Bettel zudringlicher».[38]

Die Wurzeln des Preisliedes auf die Mühseligen und Beladenen finden sich unschwer in der sozialen Zusammensetzung der frühen Gemeinden. Viele Christen waren mittellos und auf die Unterstützung der Wenigen angewiesen, die Arbeit gefunden hatten oder bereit waren, ihr kleines Vermögen mit den Bedürftigen zu teilen.[39] Sie taten es geleitet von der Überzeugung, dass Armut nicht anstößig war, sondern als ein Zeichen der Erwählung galt. Denn, so hatten die ersten Christen als fromme Juden gelernt, «der Herr macht arm und macht reich, er erniedrigt und er erhöht. Er richtet den Dürftigen auf aus dem Staube, aus dem Dreck erhebt er den Armen, dass er sie setze neben die Fürsten und ihnen den Ehrenthron gebe.»[40] Es ist jedoch nicht nur der Gott Israels, der die Hohen erniedrigt und die Niedrigen erhöht, sondern auch der Gott der Griechen:

> «Leicht lässt schwinden den Hochansehnlichen, wachsen den Niedren,
> Leicht streckt grade den Krummen und lässt verdorren den Stolzen
> Zeus, der Donnerer droben, der wohnt in erhabensten Häusern.»[41]

Im lukanischen Magnificat der Maria erhält der Gedanke wundersame Flügel und gerinnt zur reinen Poesie:

«Gott hat Macht geübt mit seinem Arm;
er hat zerstreut, die hochmütig sind
in ihres Herzens Sinn;
er hat Gewaltige
von den Thronen gestoßen
und Niedrige erhöht.»[42]

«Kein Sklave kann zwei Herren dienen»

Zur Verfluchung des Reichtums und der Reichen hat dies nicht geführt. Ansätze dazu gab es allerdings: «Kein Sklave kann zwei Herren dienen. Ihr könnt nicht Gott gehorchen und dem Mammon», beschwört Lukas seine Leser, und in der Geschichte vom armen Lazarus hüllt er in eindringliche Bilder, dass der Himmel auf den Armen, die Hölle aber auf den Reichen wartet. Unversöhnlich blieben Prediger, die in der Tradition des palästinensischen Judenchristentums lebten, dessen soziale Basis das einfache Landvolk war. Der Jakobusbrief, verfasst um 100, ruft das große «Wehe!» über die Besitzenden, da Gott nur die Notleidenden als Erben der Gottesherrschaft auserwählt habe; «Wohlan jetzt ihr Reiche! Klagt und heult über das Elend, das euch bevorsteht.»

In den Städten wurden solche Stimmen jedoch immer leiser. Dort öffneten sich die Tore des Himmels auch für die Reichen und niemand verlangte von ihnen, ihr Vermögen an die Gemeinde zu übergeben. Wie sollte es anders sein. Die Pflicht der Gemeinden zur Armenpflege forderte die Wertschätzung von Reichtum und Arbeit und goss über beide den milden Schein sozialer Fürsorge: «Der Starke soll für den Schwachen sorgen, der Schwache soll den Starken achten; der Reiche soll den Armen unterstützen, der Arme aber soll Gott dafür danken, dass er jenem gab, wodurch seinem Mangel abgeholfen wurde.»[43] Trotzdem blieb der Gedanke lebendig, nichts könne die vollkommene christliche Gesinnung besser unterstreichen als der Verzicht auf Besitz und Eigentum. «Lösegeld für die Sünden» nannte Ende des 1. Jahrhunderts die Kirchenordnung «Lehre der zwölf Apostel» die Almosen, und Tertullian sprach von den «Darlehen der Frömmigkeit». Hinter solchen scharfzüngigen Lebensweisheiten verbirgt sich nur notdürftig die Drohung der Höllenstrafe für jeden, der die Lehre des erhobenen Zeigefingers vergaß, «du sollst alles teilen mit deinem Bruder».[44]

Die Vermögenden hat dies nicht abschrecken können. Ihre Zahl in den Gemeinden wuchs kontinuierlich, obwohl sie sich dem Schein nach einer

Disziplin fügen mussten, die nicht den Verhaltensmustern ihres Standes, sondern der Moral der sozial Gefährdeten gehorchte. Die Verfügung des Christenverfolgers Valerian Mitte des 3. Jahrhunderts, allen überführten Personen von Stand ihr Vermögen zu nehmen, beweist, dass das Christentum ungeachtet seiner gesellschaftlichen Außenseiterrolle längst in den Spitzen von Hof und Gesellschaft Fuß gefasst hatte. Die Briefe Cyprians aus derselben Zeit belegen darüber hinaus, dass Valerians Edikt viele Christen traf und die Reichen häufiger als andere vom Glauben abfielen, um ihren Besitz zu retten.[45]

Der offenen Hand der Reichen fiel Einfluss und Ansehen in ihren Gemeinden von selbst zu. Gleichzeitig wuchs mit der Zahl der Christen die Autorität des Bischofs, der seit dem Beginn des 2. Jahrhunderts an der Spitze fast jeder Gemeinde zu finden war. Ihn wählten die Gläubigen, ihm legten nach der Wahl die Bischöfe der benachbarten Gemeinden die Hand auf, auf ihn riefen sie den Geist Gottes herab: «Lass, Vater, der du die Herzen kennst, deinen Diener, den du zum Bischofsamt erwählt hast, deine heilige Herde weiden und als Hohepriester dir ohne Tadel Tag und Nacht dienen.»[46]

Beide, der Bischof und der Reiche, durften ihre Macht nicht gegeneinander kehren, doch der Bischof musste darüber hinaus seine Unabhängigkeit wahren. Hier standen die unersetzlichen Patrone der Gemeinde, dort der nach monarchischen Vollmachten strebende Bischof – in dieser Konstellation lauerte latent ein Konflikt, der in den Jahren der Not die Existenz der Gemeinde gefährden konnte. Dauerhaft zu verhindern war er nur, wenn die Mäzene das geistliche Amt als ihnen gemäße Stellung begriffen. Gelingen konnte dies, wenn die Bischofswürde den Kirchenführern eine Macht verlieh, die der der alten städtischen Patrone ebenbürtig war.

Dorthin kam es, als die Kirche als Institut organisierter Armenpflege die staatliche Wohlfahrt überflügelte und die praktische Umsetzung des leuchtenden Ideals der Solidarität innerhalb der Gemeinde in die ringbeschwerten Hände der Bischöfe fiel. Dies gab ihnen, was wirklich zählte: Prestige und Bewunderung in dem Maße, wie es die traditionellen Eliten der städtischen Notabeln schon immer beansprucht hatten.[47]

X

Die Welt der Wunder, der Magie, der Märchen

«Wir müssen Götter-, Orakel-, Wunder-, Magie- und Geisterglauben als konstituierende Elemente von Wahrnehmung und Analyse der Welt in der Bevölkerung der Kaiserzeit betrachten, die auch vom Christentum keineswegs zurückgedrängt wurden.»
Jacob Burckhardt

«Diese Kräuter voll Zauber und Gifte in Kolchis gesammelt
Moeris [der Zauberer] selber mir gab.
Oft schon ward Moeris durch sie zum Wolf und verbarg sich im Walde,
Rief aus Tiefen der Gräber herauf die Seelen Verstorbener,
Hexte die Ernte verheißende Saat in anderen Boden.»
Vergil, 8. Ekloge

«Zu einem unfähigen Wahrsager kam jemand auf der Rückkehr von einer Reise und fragte nach seinen Angehörigen. Der Wahrsager versicherte: ‹Sie sind alle gesund, auch dein Vater.› Als jener antwortete: ‹Mein Vater ist seit zehn Jahren tot›, versetzt der Wahrsager: ‹Du hast ja keine Ahnung, wer in Wahrheit dein Vater ist.›»
«Der Freund des Lachens» (Philogelos)

1. Magier, Zauberer und Träumer

In der realen Welt

Zum Bild des Menschen gehören immer auch seine Hoffnungen, seine Verzweiflung, seine Fantasien, seine Träume, sein Verständnis von Gott und der Welt. Aberglaube, Wahrsagerei, Wunder, Magie und Hexerei halfen den einen, die Welt zu verstehen, andere sahen darin Teufelswerk. «Es gibt keine Krankheit», eiferte der Aufklärer Plutarch, «die so voller Irrtümer und Leidenschaften steckt, in der sich solche widersprüchliche, ja einander aufhebende Meinungen vermischen, wie die Krankheit des Aberglaubens. Deshalb muss man ihm entfliehen.»[1] Das Urteil Plutarchs wurde in der Berufung verworfen. Allein die Vielzahl erhaltener Nachrichten lässt die Leidenschaft erkennen, mit der sich große und kleine Leute mit Zauberern und magischen Praktiken einließen und den erhobenen Zeigefinger Plutarchs missachteten.[2] Literarische Texte, Weihinschriften, Fluchtafeln, Gelübde, Weihgaben, Figuren von Menschen und Göttern, Miniaturen von Tieren sprechen beredt davon, wie gefragt die Dienste von Hexenmeistern in der alten Welt waren.

Alle Belege bezeugen einen tiefen Glauben an die Möglichkeit, mit dem Übernatürlichen Kontakt aufnehmen und Wege finden zu können, die das harte Geschäft des Lebens erträglicher machen. Niemand war vor dieser Versuchung gefeit – selbst ein Totenkopf kann davon erzählen. Ihn schleppte ein römischer General in den Jahren des letzten Bürgerkrieges als Talisman mit sich herum – dies sagt sehr viel über die neue soziale Zusammensetzung, den neuen Geist der Truppen und die Probleme aus, die etwa ein Augustus hatte, als er die Armee zu reformieren begann. Auch eine Schakalpfote kann in den Zeugenstand gerufen werden. Sie band sich auf Anraten eines «sehr berühmten Mönches» ein christlicher Gouverneur an die rechte Zehe, um die Gicht zu vertreiben. Auch dies ist nur ein Beispiel von vielen, an dem die Schwierigkeiten sichtbar werden, mit denen sich die Kirchenführer des 4. Jahrhunderts herumschlugen. Mit dem Triumph unter Konstantin war es eben nicht getan; die Ausbreitung der Lehren des Gekreuzigten war ein zähes Ringen gegen alte, lieb gewonnene Gewohnheiten, die viel schwerer auszutreiben waren als die heidnischen Götter. Sie hockten meist wehrlos in ihren Tempeln, als die christlichen Eiferer anrückten und ihre Abbilder zerschlugen.

Es waren Angehörige aller Stände, die sich um Wundertäter und Wahrsager drängten. Die meisten Nachrichten sprechen jedoch von kleinen Leuten, von täglicher Not und Krankheit, von Hass und Missgunst, von Hoffnung und Dankbarkeit, kurz: von einem Leben im Schatten des großen Weltgeschehens und des offiziellen Staatstheaters. Dort konnte man an seinen Feinden nicht aus eigener Kraft Rache nehmen. Dort war Genugtuung für erlittene Unbill nur mithilfe der Götter und rächender Geister zu bekommen.[3]

Die Gerichte taten viel, um die Bürger vor unheilvollen Nachstellungen zu schützen. Jeder, der glaubte, seine Feinde versuchten ihn und seine Familie durch Hexerei ins Unglück zu stürzen, konnte nach dem Richter rufen. Nahm der die Klage an, fiel es dem Beschuldigten im Zweifelsfall nicht leicht, mit heiler Haut davonzukommen. Plinius der Ältere berichtet von einem tüchtigen Freigelassenen, der auf seinem kleinen Gut Jahr für Jahr den Ernteertrag steigerte. Für seine weit weniger erfolgreichen Nachbarn ging dies nicht mit rechten Dingen zu. Erst plagte sie der Neid, dann der Hass, schließlich klagten sie vor Gericht. Hier sollte der Beklagte beweisen, dass es nicht Hexenkünste waren, die auf seinem Acker die Frucht sprießen ließen, sondern ehrlicher Hände Arbeit. Der Richter lud den ehemaligen Sklaven vor und sah erst mit Erstaunen, dann mit wachsender Bewunderung, was der Beschuldigte mitbrachte: Ackerbaugeräte, fette Ochsen und eine wohlanständige Familie. Dies, Mitbürger, rief er auf dem Forum, «sind meine Zaubergeräte. Meine durchgearbeiteten Nächte, meine frühmorgendlichen Arbeitsstunden und meinen Schweiß kann ich ja nicht vorzeigen.» Der Freispruch war nur noch eine Formsache.[4]

Dieser Mann geriet in die Mühlen der Justiz, weil er ein sozialer Außenseiter war und sein Fleiß ihn hoch hatte steigen lassen – zu hoch in den Augen seiner alteingesessenen Anrainer. Sie reagierten auf die Verkehrung von oben und unten mit einer anderen Verkehrung und machten aus dem hart arbeitenden Freigelassenen einen erfolgreichen Zauberer. Zu seinem Glück fand er einen einsichtigen Richter.

Nicht so leicht hatte es der Dichter Apuleius. Er war 158/59 im nordafrikanischen Sabratha beschuldigt worden, er habe als mittelloser und ortsfremder Literat eine ältere, ungemein vermögende Witwe, die einstige Schwägerin des Anklägers, durch Zauberei gefügig gemacht und zur Hochzeit gezwungen. «Ich bin verhext von ihm und liebe ihn», schrieb sie am Tag der Verlobung ihrem Sohn, der den Brief dem Richter als Beweis für die Richtigkeit der Klage vorlegte. Er sei, verteidigte sich Apuleius, kein hergelaufener Bettelphilosoph, vielmehr stamme er aus vermögendem Hause, lebe als ernst zu nehmender Denker und Lehrer und liebe seine Frau wie sie ihn. Zudem sei das Motiv seiner Ankläger allzu durchsichtig, neideten sie ihm doch die gute Partie und hofften, nach seiner Verurteilung ein Millionenvermögen in ihre Scheuer fahren zu können. Dies war sicherlich so. Auch hier, wie im Falle des aufstrebenden Freigelassenen und Bauern, stehen sich die Vertreter einer etablierten Oberschicht und ein Fremdling gegenüber, der die alten gesellschaftlichen Gleichgewichte stört, als er durch seine Frau ein ansehnliches Vermögen erlangt – wie sollte dies anders zu erklären sein als durch Zauberei?

Den Vorwurf des Liebeszaubers ergänzten die Kläger durch einen weit

Historiker, Dichter, Philosophen

25 n. Chr. | 50 n. Chr. | 75 n. Chr. | 100 n. Chr.

Tacitus (58–120) Historiker

Sueton (70–122) Historiker

Flavius Josephus (37–100) Historiker

Velleius (20 v. Chr.–30) Historiker

Plinius der Ältere (23–79) Naturforscher

Plinius der Jüngere (62–115) Briefschreiber

Seneca (1–65) Philosoph und Dramatiker

Plutarch (45–125) Historiker und Philosoph

Petronius (14–66) Satiriker

Statius (40–96) Dichter

Martial (40–104) Dichter

Apuleius (123–170) Redner und Romancier

Lukian (120–180) Satiriker und Romancier

Aelius Aristides (117–181) Redner

Philo von Alexandria (20 v. Chr.–50)
jüdischer Philosoph

Gamaliel (gest. um 115) jüdischer Schriftgelehrter

gefährlicheren: Apuleius habe Verbindung mit der Welt der Toten und verfüge damit über eine unheimliche und gewaltige Macht. Zugang zu ihr habe er durch ein aus erlesenen Hölzern hergestelltes Skelett, das er mit aufwendigen Riten als königlichen Dämon verehre, der ihm übermenschliche Kräfte verleihe. Bei näherer Prüfung verwandelte sich das Skelett allerdings in eine Hermesstatue, gefertigt von einem einheimischen Schnitzer und dem Beklagten als Geschenk überreicht.

Apuleius wurde freigesprochen; seine Verteidigungsrede zählt zu den wichtigsten Quellen über ein solches Prozessverfahren.[5] Sie verdeutlicht, dass Zauberei und Wahrsagerei als schwere, todeswürdige Verbrechen galten. Zu dieser Einschätzung trugen die Zaubermittel und Zauberpraktiken bei, die zu Angriff und Abwehr taugten, von Alchemisten zusammengerührt wurden oder wie bestimmte Steine, Ringe, Tiere oder Pflanzen übermenschliche Kräfte verleihen sollten. Sie dienten jedermann und versprachen zusammen mit geheimnisvollen Riten den Gläubigen nie erlebte Schrecken und Wonnen. Was dabei genau geschah, war nicht immer sagbar, sondern nur erlebbar. Das Ziel allerdings blieb stets dasselbe: Die Befreiung von allen Übeln, vergleichbar der Erlösung, von der die Mysterienkulte sprachen, begleitet von der Offenbarung einer Gottheit, der Begegnung mit dem Heiligen.[6]

Der Blick in das Dunkel der Zukunft

Es geht in der Welt nicht immer mit rechten Dingen zu. Zufall, das Schicksal oder die Verquickung von Ereignissen, die man nicht in der Hand hat, verwerfen jede Planung von einem auf den anderen Tag. Gegen diese geheimen Kräfte und Gegenkräfte halfen im Verständnis der antiken Menschen die Götter – wenn ihnen der Sinn danach stand. In jedem Fall verlangten sie als Gegenleistung ständige Anbetung, gierten nach Opfern und mussten immer wieder neu verlockt oder versöhnt werden. Ihren Willen zu durchschauen, war schwer. Daher fiel jeder, der sich nicht mit den alten und gewiss nicht immer bewährten Mitteln der Erkundung göttlicher Ratschlüsse zufriedengeben wollte, schnell in die Hände von selbst ernannten Weisen.

Es war die Angst vor dem Unerklärlichen, aber auch der Wille, das Unberechenbare irgendwie doch kontrollieren zu können, welche die Zauberer und Magier, die Wahrsager und Astrologen, die Traumdeuter und Orakelinterpreten unter Augustus wie unter Konstantin reich an Geld und Einfluss machten.[7] Tacitus verachtete von ihnen am meisten die Astrologen, «eine Menschenart, den Herrschenden treulos, den Hoffenden trügerisch, in unserem Staat immer verboten und immer gebraucht». Überzeugend fanden das nur wenige. Die römische Gesellschaft war so abergläubisch wie jede andere und die meisten dachten wie der große Augustus, der den Tag verfluchte, an dem er morgens den linken für den rechten Schuh anzog, und der sich im Keller versteckte, wenn ein Gewitter heraufzog.

Der Staat hat sich gegen Magie und Zauberei nur zur Wehr gesetzt, wenn er sich bedroht sah. So verfing sich in den Maschen der Gesetze, wer durch magische Praktiken den Lauf der Welt verständlich machen oder gar beeinflussen wollte. Besonders anstößig war der Blick in die Zukunft. Als die alten Orakelstätten ihren guten Ruf verloren, fiel ihr Geschäft in andere, häufig das öffentliche Licht scheuende Hände. Der Kaiser fürchtete sie und drohte allen Sehern, die nach der Zukunft und dem Schicksal des regierenden Kaiserhauses zu fragen wagten, den Tod an. Am Ende vieler gesetzgeberischer Akte, die dem Elend der Zukunftsdeuterei abhelfen sollten, dekretierte 357 Kaiser Constantius: «Die Neugier all dieser Menschen auf die Wahrsagung soll endgültig schweigen!» Damit erklärte er unterschiedslos alle zu Kriminellen, die Kontakte mit dem Übernatürlichen unterhielten.[8]

Welches Orakel aber war staatsgefährdend und welches nur eine harmlose, von den Wundergläubigen gleichwohl geliebte Narretei, die achselzuckend toleriert werden konnte? Als die Macht der althergebrachten Gottheiten schwand, nahm der Glaube an Wunder und Zauberei zu, befördert von einer wachsenden Schar von Wahrsagern und Propheten. Ihre bunte Welt beschrieb Juvenal in seinen Satiren:

> «Der Chaldäer genießt großes Vertrauen: den Worten
> des Astrologen schenkt man Glauben, als flössen sie her aus
> Ammons Orakel; denn verstummt ist das delphische, und es
> liegt wie ein Bann auf dem Menschengeschlecht das Dunkel
> der Zukunft.
> Reiche lassen vom Seher aus Phrygien sich prophezeien,
> den sie dort gemietet als Kenner von Sternen und Weltall,
> oder vom greisen Etrusker, bewährt in der Sühnung der Blitze.
> Einfaches Volk sucht den Wahrsager auf beim Circus und
> Stadtwall.
> Die um die nackte Schulter die lange Goldkette trägt
> – ihr halbes Vermögen –, geht um Rat zu den Säulen der
> Rennbahn,
> ob sie, den Wirt verlassend, den Trödler zum Manne bekomme.»[9]

Abb. 36
Marmorstatue der Schlange Glykon, gefunden am Schwarzen Meer, in der Hafenstadt Tomi (heute: Konstanza).

Das ging den Kaiser gewiss nichts an. Auch neu auftauchende Götter mussten nicht zum Verhör. Einer von ihnen kam aus dem paphlagonischen Abonuteichos und sein Aufstieg zeigt, was alles möglich war. In dieser wenig bedeutenden Stadt, an der kleinasiatischen Küste gelegen, wurde der Kult des Glykon geboren. Er trat in Schlangengestalt auf und seine Verehrer sahen in ihm die Reinkarnation des Asklepios und baten um Heilung und Weissagung. Als Schöpfer von Kult und Orakel galt ein Priester namens Alexander, dem Lukian (s. u.) eine eigene Schrift widmete, um ihn als Scharlatan zu entlarven.[10] Dieser habe aus Makedonien eine gezähmte Schlange eingeführt, ihr einen menschlichen Kopf, eine Attrappe aus Stoff und Pferdehaar, aufgesetzt und eigene Mysterien erfunden. Seine Anbeter scherten sich nicht um den aufgeklärten Spott, der sich über sie ergoss. Sie trugen ihren Glauben in die Welt und ihr Kult breitete sich seit der Mitte des 2. Jahrhunderts in Kleinasien, Thrakien, Dakien, ja selbst in Rom aus.

Zum Zauberer wurde niemand geboren. Erst eine lange Schulung machte den Meister. Das Land, in dem die besten Schulen Eleven aus aller Herren Länder anlockten, war Ägypten. So beginnt auch die Geschichte vom Zauberer, der unter seinem missratenen Lehrling litt, dort: «Als wir nilaufwärts fuhren, war unter uns ein Mann aus Memphis, einer der heiligen Schreiber, außerordentlich belesen in allem, was Ägypten lehren kann. Er erzählte uns, dass er 23 Jahre in den geheimen unterirdischen Gemächern verbracht habe, wo Isis ihn unterwiesen habe, Magier zu werden.» Seine Geschichte ließe sich durch weitere untermauern. Sie alle vermitteln die Einsicht, dass übermenschliches Wissen nur der erhält, der in der Tiefe der Erde einer Gottheit begegnet und sich einem Initiationsritual unterzieht.

Die Macht der Träume

Für Aristoteles und Cicero waren Träume Begleiterscheinungen der Verdauung. Anklang fand diese biologische Erklärung allerdings nur bei wenigen. Denn Träume ängstigten oder beglückten jedermann – ob Kaiser oder Sklave, ob Heide oder Christ. Sie konnten heilen oder töten, sie konnten trivial sein oder Licht in das Dunkel der Zukunft bringen. In jedem Fall waren sie ein göttliches Zeichen und als solches ernst zu nehmen. Von Augustus wusste man, dass er Träumen eine große Bedeutung beimaß, «und zwar sowohl seinen eigenen als auch denen anderer, wenn er in ihnen vorkam».[11] Was dem Kaiser recht war, erschien den Christen billig: «Die meisten Menschen erlangen Kenntnis von Gott durch Träume», erklärte Tertullian, ohne daran Anstoß zu nehmen.

Erklären durften sie jedoch nur Experten, nur sie konnten ihnen Botschaften für das rechte Tun entlocken. Einer der Kundigen war Artemidor aus dem kleinasiatischen Daldis. Er war hauptberuflich Traumdeuter und verbrachte sein Leben damit, Träume und ihre Interpretationen zu klassifizieren. Sein um 150 erschienenes Traumbuch (*Oneirocriticon*) ist das einzig erhaltene Exemplar einer einst blühenden Gattung; es verlor erst in den Jahrzehnten der europäischen Aufklärung seine Faszination. Es lehrte die Technik der Traumdeutung und sammelte Berichte über in Erfüllung gegangene Träume. Zu den bekanntesten Träumern der Antike zählen der Hypochonder Aelius Aristides, der von Krankheit und Heilung träumte, und die christliche Märtyrerin Perpetua, die in den angstvollen Wochen vor ihrem Tod vom Kampf mit dem Teufel träumte und wundersamen Trost erhielt.[12]

Im Reich der Literatur

Was in der realen Welt die Menschen bewegte, tat es in der fiktiven der Literaten erst recht. Viele wurden mit ihren Geschichten berühmt, einer von ihnen überdauerte die Zeiten. Er mag stellvertretend für alle stehen, die der Magie mit ihrer Feder huldigten. Im 2. Jahrhundert n. Chr. zog er als Vortragskünstler durch die Länder des Mittelmeeres. Das Griechische sprach er nicht ohne Akzent, was seinem Erfolg keinen Abbruch tat. Nebenher schrieb er rund 80 Abhandlungen über dieses und jenes – von satirischer Buntschriftstellerei sprechen moderne Philologen. In den letzten Jahren seines Lebens diente er als römischer Beamter in Ägypten; die Existenz, die er in jungen Jahren so eifrig verspottet hatte, war ihm nun teuer geworden, und er genoss, was sie gewährte: Sesshaftigkeit und sichere Pfründe. Der Name des Mannes: Lukian, seine Heimat: Samosata am oberen Euphrat, sein Nachleben: neben Plutarch der meistgelesene griechische Autor der römischen Kaiserzeit.[13]

In einer seiner Geschichten, *Die Lügenfreunde* betitelt, versammelt sich ein Kreis ernsthafter Männer um das Krankenlager ihres Freundes Eukrates. Dem war die Gicht in beide Füße gefahren, sodass er, danieder gestreckt in seinem Wohnzimmer, Trost und Zuspruch bitter nötig hatte. Ein zufälliger Besucher namens Tychiades – was so viel heißt wie «Herr X» – kommt hinzu, gebildet und stolz auf die Einsicht, gründlich erworbenes Wissen jenseits allen Hokuspokus helfe aus jeder Not. Stunden später hat er seinen so emsig einstudierten Glauben an die Kraft der Wissenschaft verloren und umklammert, nach Hause zurückgekehrt, seinen Freund Philokles: «Kannst du mir, lieber Philokles, erklären, warum so viele die Lust am Lügen umtreibt, obwohl sie gar keinen Nutzen davon haben?» Philokles kann es nicht. Aber er will erfahren, was geschah.

Ich traf, seufzte Herr X, im Hause des Eukrates Menschen, «die sich von Säuglingen allein durch das graue Haar unterscheiden, sonst aber noch leichter zur Lüge zu verführen sind als jene». Und er berichtet, was er hörte. Bald wimmelt es im Raum von Geistern, Spukgestalten und Gespenstern; am Ende schwindelt es beiden und der Freund bekennt, seine Seele sei «ganz von Dämonen angefüllt».

Kein Wunder. Hörte er doch von Dingen, die jedes aufgeklärte Herz erschauern lassen. Der Kranke selbst ging mit schlechtem Beispiel voran. In seinem Garten, belehrt er seine Gäste, stehe die Statue des korinthischen Feldherrn Pellichos. Diese habe er mit vorstehendem Bauch und Glatze prachtvoll ausstaffieren lassen; auch an Gold habe er nicht gespart, habe ihn doch das Standbild binnen drei Tagen vom Schüttelfrost geheilt. Zudem zierten sie nur liebenswürdige Eigenschaften: Sie steige, sobald es Nacht werde, von ihrem Sockel, ginge im Kreis um das Haus herum, singe manchmal, bade oft mit lautem Geplätscher im Pool und tue keiner Seele ein Leid an – ausgenommen, heiliger Zorn schüttele sie. Dahin sei es gekommen, als ein missgünstiger Hausknecht die Obolen stahl, die Verehrer mit Wachs an ihre Schenkel klebten, wenn sie Dank schuldeten. Diesen Halunken habe die Statue ungeachtet ihrer barocken Leibesfülle Nacht für Nacht um den Hof gejagt, ihm das Fell gegerbt und ihm schließlich die schwarze Seele aus dem Leib geprügelt.

Der Beifall der Zuhörer war gewaltig. Er schwoll an, als ein Besucher seine Begegnung mit der Totengöttin Hekate zum Besten gab. Sie war ihm während der Weinlese als schlangenfüßige Riesin erschienen, ein halbes Stadion groß, mit Hunden im Gefolge, die gewaltiger als indische Elefanten einhertrabten. Als nächster Erzähler bekannte schluchzend ein Dritter, er erinnere sich an die nächtlichen Erscheinungen seiner toten Frau. Die habe ihre goldene Sandale gesucht, die der Hund vor Jahr und Tag unter der Kommode versteckt hatte – weiter kam er nicht, denn der aufgeklärte Gast, Herr X, rief, mit solch einer goldenen Sandale verdienten alle Schläge, «die sich so unverschämt gegenüber der Wahrheit verhalten».

Die Gäste fanden den Einwand dumm und geschmacklos und wandten ihre ganze Aufmerksamkeit dem letzten Poeten zu. Dieser hatte sich als junger Mann in den Dienst eines großen Zauberers aus Memphis begeben, den Isis selbst in der Magie unterwiesen hatte, und der seitdem stolz auf Krokodilen zu reiten pflegte. Er war ein grämlicher Kauz, traute keinem, wusste sich aber zu helfen. Denn in jeder neuen Unterkunft behängte er einen Besen mit Kleidern und verwandelte ihn mit einem schnell gemurmelten Zauberspruch in einen willfährigen Diener, der die Einkäufe erledigte, kochte und bei Tisch bediente. Stand ein Umzug ins Haus genügte eine zweite Zauberformel, um die Welt wieder ins Lot zu bringen und den Diener wieder in einen Besen zu verwandeln. Was der Meister konnte, gefiel dem Schüler und reizte ihn zur Nachahmung. So verzauberte auch er einen Besen, ließ ihn Wasser holen, aber ach, am Ende fehlte die zweite Formel und der Besen setzte das Haus vom Keller bis zum Dach unter Wasser. Verzweifelt rief nun der Lehrling nach dem Meister:

«Herr, die Not ist groß!
Die ich rief, die Geister
Werd ich nun nicht los.»

Die Verse sind die Goethes, die Geschichte aber gehört Lukian.[14] Er liebte die alten Männer nicht, die am Schmerzenslager ihres Freundes Eukrates so wundersam aufregend über Magier und Zauberer palaverten. Er kannte sie im wirklichen Leben als gefährliche Scharlatane, «die millionenschwere Erbschaften, hohe Regierungsposten und massive Reichtümer versprachen» oder sich als Wahrsager, Giftmischer und Meister erotischer Verführung andienten.[15] Liebeszauber zählten zu den begehrtesten Künsten, die feilgeboten wurden. Apuleius, beschuldigt, sie angewandt zu haben, um ein großes Vermögen zu gewinnen, gehört zum wirklichen Leben. Im literarischen des Lukian erlebt der Leser die Gefahr des Liebeszaubers als Novelle. In ihr tritt ein junger Mann, ein gewisser Glaukias, auf, dem seine schöne Nachbarin Chrysis die Sinne berauscht und den Verstand benebelt hatte. Ein für schweres Geld angeworbener Magier holt um Mitternacht den verstorbenen Vater aus der Unterwelt, bittet um sein Einverständnis zur ersehnten Liebschaft des Sohnes, beschwört die Mondgöttin und formt einen kleinen Eros, der Chryseis in das Bett des heillos Verliebten führt – erst im Morgengrauen trennen sich beide.

Alle diese Geschichten sind weit mehr als ein gekonntes literarisches Feuerwerk, aufgeführt zum eigenen Vergnügen. Sie sind Parodie und Aufklärung zugleich und fanden ihre zahlreichen Leser in all den Häusern, in denen magische Praktiken zum Alltag gehörten. Zu ihnen mag auch ein unglücklich Verliebter aus dem nordafrikanischen Hadrumetum gezählt werden. Er beschwor auf einem Bleitäfelchen rasend vor Liebe die Dämonen, sie mögen seine Angebetete keinen Schlaf finden lassen, bis sie ihn erhöre. Den lästigen Nebenbuhler, einen Wagenlenker, sollen sie von seinem Gespann stürzen lassen, «damit er nicht vor mir ans Ziel komme». Flüche dieser Art zierten unendlich viele Amulette und Papyri, und ihr Anlass konnten Mord und Tod oder banale Konflikte in der Nachbarschaft sein. So flehte ein betrogener Römer, ein Dämon möge den Praesetius zerquetschen, «Besitzer der Stampfmühle, der im 9. Stadtbezirk wohnt, wo er, wie man sehen kann, seinem Beruf nachgeht».[16]

2. Das andere Christentum: Die Christen und das Übernatürliche

Das Bild von Jesus als Magier und Scharlatan

Das Kreuzzeichen – da waren und sind sich alle Christen einig – vertreibt Dämonen und Teufel. Tertullian schlug es bei «jedem Schritt und Tritt», vom Anlegen der Kleidung bis zum Schlafengehen. Die Kirchenordnung Hippolyts ermahnt im frühen 3. Jahrhundert die Gläubigen, so häufig wie möglich das Kreuz zu schlagen, «denn das Zeichen des Leidens Christi ist wirksam gegen den Teufel, wenn jemand es gläubig schlägt, nicht um bei den Menschen aufzufallen, sondern um es bewusst wie einen Schild vor sich zu halten».[17] Was Wunder, dass schon früh gegnerische Zeitgenossen behaupteten, Jesus sei ein Magier gewesen, habe mit Satan im Bunde gestanden und sei als Betrüger mit zwielichtigen Gestalten durch die Lande gezogen. Sein unstetes Wanderleben ohne Familie, seine Heilungen, Exorzismen und Prophezeiungen passten zu genau in das Bild eines Magiers.

Seit der Mitte des 2. Jahrhunderts tönten solche Stimmen lauter und die jüdischen und heidnischen Gegner der Christen waren sich sicher, der Galiläer habe seine Wunder mithilfe geheimer magischer Techniken bewirkt. Wie viele seines Metiers habe er in den unzugänglichen Gemächern Ägyptens die Namen mächtiger Engel erfahren und sei in Geheimlehren unterwiesen worden.[18] Dies sei leicht zu beweisen, da doch die Christen selbst erzählten, Jesus habe in seiner frühen Jugend in Ägypten gelebt. Seine Wunder bis hin zur Totenerweckung, von den Evangelisten mit glühenden Farben ausgemalt, seien Beweis genug und sprächen für die Qualität der besuchten Zauberschule und der Gelehrigkeit des Schülers; sein Meisterwerk sei die Auferstehung gewesen, eine geschickte Täuschung und nichts als sorgfältig vorbereitete schwarze Kunst.[19] «Jesus hat seine scheinbaren Wundertaten durch Zauberei vollbracht», bemerkte lapidar Kelsos, der streitbarste unter den Verächtern des Christentums (S. 373 f.).

Die christliche Intelligenz hat die Gefahr, die von solchen Polemiken ausging, ernst genommen und noch im 4. Jahrhundert dagegen gekämpft. Ihre Aufgabe war schwer genug, da niemand leugnen konnte, dass Leben und Taten Jesu auffallend denen eines heidnischen Zauberers glichen. Für seine Gegner, erklärte Tertullian, lag es nahe, «dass sie ihn wegen seiner Macht für einen Hexenmeister hielten, da er mit seinem Wort Dämonen austrieb, Blinde sehend machte, Aussätzige reinigte, Gelähmten ihre Glieder wieder straffte, schließlich Tote mit seinem Wort dem Leben wiedergab und sogar über die Naturgewalten gebot».[20] Wie also sollte der Gläubige unterscheiden zwischen dämonischer Magie und göttlicher Kraft, warum sollten die Wunder Jesu etwas anderes sein als die Wunder eines heidnischen Konkurrenten? Die Kirchenväter haben lange mit dieser Frage gerungen und viele Argumente gesucht und gefunden. Eines schlug am Ende durch, da es unwiderlegbar war: Der Gekreuzigte hatte über eine ganze Welt von Feinden gesiegt, da seine, und nur seine Kräfte gottgegeben waren.

Anmaßung und Autorität: Die Apostel als Zauberer

Die Anschuldigung, ein Magier und Betrüger zu sein, zielte nicht nur auf Jesus. Neben ihm traf es Paulus, den noch Kaiser Julian (360–363) den «größten Magier und Scharlatan aller Zeiten und aller Gegenden» nannte. Aus der Luft gegriffen war der Angriff nicht und Julian mochte sich an den Auftritt des Paulus auf Zypern erinnert haben. Dort hatte nach der Apostelgeschichte der vom Heiligen Geist erfüllte Apostel vor den Augen des römischen Landpflegers einen jüdischen Widersacher verflucht und ihn im Namen Gottes mit Blindheit geschlagen.[21]

Sie sollten segnen, die sie verfluchen, hatte Jesus seinen Jüngern zugerufen. Diese Mahnung, von den Kirchenvätern eingeschärft, fiel auf wenig fruchtbaren Boden. Denn was Paulus tat, taten andere Christen auch. In allen frühchristlichen Quellen des 1. Jahrhunderts traten die Apostel und viele Gemeindevorsteher als Wundertäter und Exorzisten auf. Im 2. Jahrhundert rühmten sie sich gar, magische Fähigkeiten zu besitzen – allerdings nur zum Segen aller Menschen, wie Irenäus, Bischof von Lyon, betont: «Die einen treiben Dämonen aus, woraufhin die von den bösen Geistern Gereinigten oft den Glauben annehmen und nun in der Kirche sind; andere wissen die Zukunft voraus und haben Gesichte und Weissagungen; andere heilen durch Handauflegung die Kranken und machen sie wieder gesund. Auch Tote sind schon erweckt worden und haben noch eine beträchtliche Zahl von Jahren unter uns gelebt.»[22]

Wunder der erstaunlichsten Art vollbrachten die Jünger Jesu in den Apostelakten (S. 309 f.). Dort sind sie allwissend, besiegen Dämonen, heilen Wunden, zähmen wilde Tiere; sogar die Wanzen im Bett des Johannes weichen ihren Flüchen. Es geht dabei um die Demonstration der Macht Gottes und seiner Helfer. Je schwieriger die Aufgaben, umso größer der Sieg und umso erfolgreicher ihre Predigt. Nichts aber kam einem bestandenen

Zweikampf um alles oder nichts gleich. Zu ihm forderte der Apostel Petrus Simon Magus in den Straßen Roms, und es ging um das Höchste, was ein Zauberer vollbringen kann: den Tod des Feindes und die Erweckung Unschuldiger zum Leben.

Den Lesern der Geschichte vom Hochmut und Fall des Simon war dieser Mann kein Unbekannter. Die Apostelgeschichte kennt ihn als erfolgreichen Magier, der sich den höheren Künsten des Apostel Philippus beugt und sich taufen lässt. Als er aber sieht, wie Petrus und Johannes Neugetauften die Hand auflegen und den Heiligen Geist auf sie herabrufen, will auch er diese Vollmacht erhalten und bietet dafür Geld. Petrus dankt für das Angebot mit einer Strafpredigt, nimmt aber die Reue des Zerknirschten an.[23]

Jahre später taucht er als Freund Neros in Rom auf, diesmal ganz selbstbewusster Scharlatan, der sein Unwesen in der jungen christlichen Gemeinde treibt und viele zum Abfall nötigt. Christus, voll Sorge um seine hilflosen römischen Schafe, greift ein, erscheint Petrus im Traum und befiehlt ihm, sich nach Italien einzuschiffen und das verhängnisvolle Treiben des Gauklers zu beenden. In Rom angekommen schickt Petrus einen Hund ins Haus des Simon. «Komm hervor in die Öffentlichkeit», ruft dieser mit der Stimme des Petrus, «deinetwegen bin ich nach Rom gekommen, du Gottloser und Aufwiegler einfältiger Seelen.» Die Menge, tief beeindruckt ob des gezeigten Kunststücks, rief nach mehr und bekam, was sie erhoffte: Petrus nahm einen geräucherten Thunfisch, der am nächsten Fensterrahmen hing, hauchte ihm Leben ein und setzte ihn in einem Teich aus.[24]

Dies war jedoch erst der Auftakt zu einem Kräftemessen, an dem ganz Rom teilnimmt, ja teilnehmen muss, da dem Sieger und seinem Gott die Stadt für alle Zukunft gehören soll. Simon beginnt den Kampf und ruft den Römern zu: «Wird ein Gott geboren? Wird er gekreuzigt? Wer einen Herrn hat, ist selbst nicht Gott.» Gewiss kein neues, aber doch ein zugkräftiges Argument, dem Petrus mit der Forderung begegnet, der Zauberer möge ein Wunder tun, das er, Petrus, zunichtemachen wolle. Der anwesende römische Präfekt übergibt daraufhin beiden einen Sklaven und verlangt, Simon solle ihn töten und Petrus ihn wieder zum Leben erwecken. Das Volk möge anschließend entscheiden, «wer von jenen Gott wohlgefällig ist, der tötet oder der lebendig macht». Tatsächlich stirbt der Sklave, muss allerdings zunächst auf seine Auferstehung warten, da Petrus erst zwei weitere jüngst Verstorbene retten muss. Als es ihm ge-

Abb. 37
In der Kathedrale Saint-Lazare im burgundischen Autun erzählen zwei Kapitelle vom Zweikampf zwischen Simon Petrus und Simon Magus. Das erste zeigt den Flug, das zweite die Niederlage des Zauberers (1130–1145). Rechts vom abstürzenden Simon wartet der Teufel auf sein Opfer, links sehen die Apostel Petrus und Paulus zu, deren Beschwörungen Simon zum Opfer fällt. Die im Mittelalter weitverbreiteten Darstellungen dieser apokryphen Geschichte beweisen ihre Beliebtheit, füllt sie doch wie wenige Geschichten sonst die Lehre mit Leben, dass kein Zauber stärker sein kann als die Anrufung Gottes durch seine Diener.

lingt, rufen die Zuschauer: «Es gibt nur einen Gott, nur den einen Gott des Petrus!» Massenbekehrungen folgen, die Reichen bringen ihre Schätze den Witwen und Waisen, Kranke werden Petrus vor die Füße gelegt und er selbst «wie ein Gott» verehrt.

Simon scheint besiegt. Aber er ist es nicht. Gedemütigt und verlacht rüstet er sich zum größten aller Wunder, der Himmelfahrt. Tatsächlich steigt er in die Höhe und fliegt über Rom, noch ein letztes Mal bejubelt von den Massen. Petrus, bedrängt von den erstarrten Gläubigen, schreit zu Christus, umsonst seien alle bisherigen Wunder gewesen, alle Neubekehrten stünden zum Abfall bereit, wenn er dem Spuk kein Ende bereite. Christus hört auf seinen Knecht, Simon stürzt auf die Erde und bricht sich die Beine. Die ihm noch kurz zuvor zujauchzten, bewerfen ihn nun mit Steinen, während einige wenige Getreue ihn ins benachbarte Aricia schaffen, wo er auf dem Operationstisch stirbt. In Rom aber geriet die Gemeinde in neue Gefahren, diesmal hausgemachte. Denn Petrus, im Überschwang seines Triumphes, predigte den Frauen die Keuschheit, woraufhin die erbosten Männer nach Rache riefen – dies ist jedoch eine andere Geschichte.

Das andere Christentum

Magie und Religion waren für viele Menschen unzertrennliche Geschwister. Der Glaube an die Kraft des Übernatürlichen beseelte auch die Anhänger des Gekreuzigten.[25] Das Christentum, das uns hier begegnet, ist ein anderes als das, was in kirchengeschichtlichen Handbüchern verbreitet wird. Da ist nichts von philosophischer Reflexion zu finden, da sind keine Gottsucher am Werk und keine Theologen unterscheiden zwischen kanonischen und apokryphen Texten. Stattdessen wird der Leser in eine Welt der Wunder geführt, in der alles möglich ist. In ihr herrscht Krieg zwischen den Guten und Bösen, zwischen Gott und dem Satan, und niemand braucht zu zweifeln, wer wohin gehört. In ihr werden Kranke geheilt, Tote erweckt, Dämonen ausgetrieben und die Natur in Aufruhr versetzt, und immer sind es viele, die dabei sind und sich bekehren lassen. In ihr tragen die Gläubigen Anhänger, die sie schützen, sprechen Zauberformeln, um ihre Feinde zu vernichten, und sind sich sicher, dass ihr Glaube Berge versetzen kann.

Das alles war auch Teil der heidnischen Welt. Sich von ihr möglichst fernzuhalten war christliche Doktrin. Jedoch: Es ist eine Sache, schädliche heidnische Einflüsse zu vermeiden, und eine andere, sich dem Göttlichen auf vertraute Weise zu nähern. So schlug das Kreuz, wen ein Skorpion gebissen hatte, «spricht eine Beschwörung und gibt der Bestie einen Fußtritt». So trug, wer sich nach der Taufe wirksam vor Fieber oder Zahnschmerzen schützen wollte, weiterhin Schutz bringende Bleiamulette. Geschmückt waren sie jetzt allerdings mit dem Bild der Maria und dem Kind an ihrer Brust und die Aufschrift verkündete: «Die Gottesmutter hilft.»[26] Auch die Schriften der Bibel halfen, wo es nottat. Selbst Augustinus empfahl, sie bei Kopfschmerzen unter das Haupt zu legen, was allemal besser sei als das Tragen eines Talismans. Julius Africanus (160/70–240), christlicher Chronograf und Militärtheoretiker, dachte gar über magische Kriegstechniken nach. Er empfahl, auf dem Schlachtfeld zwei Schlangen in einen Topf zu stecken, auf ihren Tod zu warten, anschließend die entstandenen Dämpfe in die Reihe der Gegner treiben zu lassen und so die Luft zu vergiften.[27]

Doch auch die Gegner der Christen kämpften nicht allein, sie hatten viele Simons in ihren Reihen. So fand die Nachricht Glauben, Kaiser Valerians Verfolgungsedikte (257/58) seien nicht rationalen Erwägungen, sondern den Einflüsterungen eines ägyptischen Zauberers geschuldet.[28] Das Bild von einem Kaiser, verführt und besessen von Mächten, die dem Satan und seinen Dämonen dienen, erschien in christlichen Augen weit glaubwürdiger als der Gedanke an einen Fürst, dessen herrscherliche Güte in Hass umschlägt. Nicht er und nicht Rom sind die Gegenspieler der Kinder Gottes, sondern der Teufel. So reihten die Christen nur die Kaiser unter ihre Feinde ein, deren Regentschaft im allgemeinen Verständnis durch Willkür geprägt und von der Nachwelt mit dem ewigen Vergessen, der *damnatio memoriae*, bestraft worden war. Das schaffte Ordnung in der christlichen Weltsicht, die sich unbeirrt von allen Verfolgungen zu Rom bekannte.

Nichts sollte in den späteren Jahrhunderten den christlichen Glauben an Wunder verändern, nichts oder nur wenig halfen etwa die Bußpredigten der Bischöfe. Selbst die rührende Geschichte des Johannes Chrysostomos von der Mutter, die ihr Kind lieber tot sehen wollte als mit einem Amulett zu versuchen, sein Leben durch «heidnischen Götzendienst» zu retten, stieß auf taube Ohren. Nicht zufällig. Denn immer wieder demonstrierten Heilige und Mönche die Wirksamkeit magischer Praktiken. Einer von ihnen mag für sie alle zeugen: Ein christlicher Asket, der mit dem Bürgermeister eines heidnischen Dorfes aneinandergeriet, verwünschte seinen Gegner, hexte ihm den Tod an den Hals und ein Grab in den Mägen hungriger Geier – «und während er noch redete, geschah es so».[29] Gesetze halfen dagegen nicht. Das erste des Kaisers Konstantin unterschied ohnehin nur zwischen Künsten, die Menschen schadeten, und denen, die ihnen nützten; dazu gehörten Heilungen und die Begabung, Regen oder Hagel von der Weinlese abzuwenden.[30]

Eine besondere Rolle kam den Exorzismen zu. Jesus und die Apostel hatten im Übermaß Dämonen vertrieben, sodass es niemandem einfiel, solche Praktiken in Bausch und Bogen zu verdammen. In den Synoden des 4. Jahrhunderts werden Exorzisten als kirchliche Amtsträger aufgeführt – der Bischof von Rom zählte Mitte des 3. Jahrhunderts 46 Priester und 52 Exorzisten in einer Gemeinde. Dazu passt, dass Johannes Chrysostomos, obgleich ein konsequenter Gegner aller Spielarten der Magie, einen Gebetstext entwarf, der als Muster für alle Teufelsaustreibungen genutzt werden konnte: «Gott, reiße diesen deinen Knecht aus der Wirkmacht unreiner Geister, befehle den bösartigen und unreinen Geistern und Dämonen abzulassen von der Seele und dem Leib dieses deines Knechtes. Sie sollen verjagt werden von dem Geschöpf deiner Hände in deinem heiligen Namen und dem deines eingeborenen Sohnes und des lebenspendenden Geistes.»[31] Anrufungen wie diese führten die Überlegenheit christlicher Magie vor Augen, verwarfen sie aber nicht.

Alle Männer und Frauen, die wie Petrus auftraten, glaubten sich vom Heiligen Geist beseelt und waren überzeugt, dass der Himmel mit ihnen sei. Sie traten nicht in Sack und Asche, sondern selbstbewusst, ja anmaßend auf. Ihre Predigten ebenso wie ihre magischen Fähigkeiten dienten dem Anspruch, Christus die Welt zu Füßen zu legen. Kämpfe mit feindlichen Scharlatanen gehörten zu ihrem Leben ganz selbstverständlich dazu. Die Mittel, die sie gebrauchten, «sind mit den Werken der Zauberer gleichzusetzen», schimpfte der Heide Kelsos. Der Kirchenvater Origenes wollte dies 80 Jahre später nicht bestreiten, betonte jedoch, anders als die heidnischen dienten die christlichen Künste dazu, die Menschen besser zu machen. «Wunder zum Segen der übrigen Menschen» seien sie, liest man bei Irenäus, denn sie dienten der Bekehrung. In der Tat: Krankenheilungen, Dämonenaustreibungen und Weissagungen haben bis in die Spätantike hinein zum Erfolg der christlichen Mission entschieden beigetragen. Nur wenige Intellektuelle – das beweist die Zeitlosigkeit der Geschichten – nahmen Anstoß an den überbordenden Einfällen, mit denen die christlichen Erzähler Wunder auf Wunder häuften, geräucherte Fische wieder lebensfroh im Teich schwimmen ließen, Heilige unsichtbar machten, sie mit wilden Tieren speisen oder Berge übereinander türmen ließen.

Apollonius von Tyana

Der berühmteste Heiland der Heiden war Apollonius aus dem kleinasiatischen Tyana (4–96). Er war als Wanderprediger, Wundertäter und «göttlicher Mensch» (*Theios anēr*) durch Italien und die Provinzen gezogen und hatte in den Palästen ebenso wie in den Hütten gelehrt. Lukian nannte ihn einen Schwindler, der Rhetor Flavius Philostratos (um 170 bis 245) hingegen widmete ihm auf Verlangen der Kaiserin Julia Domna um 222 eine eigene romanhafte Biografie; spätere, die sie lasen, hielten ihn für einen zweiten Jesus. Daher sind die Berichte, die ihm den Ruf eines exzellenten Magiers eintrugen, immer wieder parallel zu den Erzählungen der Evangelisten über die Wundertaten Jesu oder der Apostel gelesen und mit ihnen verglichen worden.

Apollonius weilte wie Petrus in Rom, war wie dieser ein Feind Neros und erweckte wie dieser Tote zum Leben: Ein junges Mädchen, so erzählt sein Biograf, stirbt am Tag ihrer Hochzeit und der Bräutigam und ganz Rom folgen ihr bereits weinend auf ihrem letzten Weg, als Apollonius den Trauerzug anhalten lässt. Er fragt nach dem Namen des Mädchens, rezitiert unverständliche magische Formeln, legt die Hand auf die Tote und erweckt sie zum Leben. Den klingenden Lohn, den ihm die Verwandten überreichen wollen, stiftet er als Mitgift.

Philostratos nutzt die Geschichte, um seine Leser an Herakles zu erinnern. Dieser weilte einst als Gast am Hofe des Königs Admetos, der um seine Gattin Alkestis trauerte. Sie hatte den Weg in den Hades einem Leben ohne den dem Tod geweihten Admetos vorgezogen, als sich niemand bereitfand, sich für den König zu opfern. Herakles, unendlich berührt von diesem Akt der Selbstaufgabe, dringt in die Welt der Toten ein und bringt Alkestis den Lebenden zurück – es ist in der griechischen Mythologie die einzige Geschichte, in der der Tod mit leeren Händen zurückbleibt.[32]

Über die Frage, ob die Wunder im Namen Jesu göttliche und die des Apollonius dämonische Zauberkunststücke waren, entschieden erst spätere Jahrhunderte. Niemand weiß, wo und wie der Wundermann aus Tyana starb. Ein Grab ist nirgends belegt, kein Schüler predigte seine Lehren.

3. Fantastische Welten

Der Gesellschaftsroman

Romane kamen spät in Mode. Erst seit dem frühen 2. Jahrhundert fanden sie begeisterte Leser, obwohl es sie längst gab. Es war die Zeit, in der die Menschen auf dem Forum viel von kaiserlichen Untaten und großen Siegen in fernen Ländern hörten, aber mit weit größerer Anteilnahme den Geschichten von Liebe und Tod lauschen wollten. Diese lieferten die Romanciers, die ihr Publikum in andere Welten mit exotischen Landschaften, wundersamen Wesen und fremden Lebensweisen entführten. Dort fanden sie große Abenteuer und ewige Liebe, denn das Grundmuster der Romane blieb sich gleich: Zwei Liebende, getrennt durch gewaltsame Zufälle und in ferne Länder verschlagen, trotzen allen Gefahren und Versuchungen, halten sich wechselseitig für tot oder untreu, sinken sich am Ende jedoch glücklich vereint in die Arme. In der Fremde hörten sie von neuen sozialen Rangordnungen, denn da galt nur der Unterschied zwischen Gut und Böse, zwischen den Reinen und den Verdorbenen. Weder Stand noch Geburt noch Reichtum oder Armut hinderten, das eine oder andere frei zu wählen. Sittliche Vollkommenheit – so lautet die verkündete Lehre – ist nicht vom sozialen Status abhängig.[33]

Eine besondere Stellung unter den Romanciers kommt Petronius zu, Schiedsrichter des feinen Geschmacks (*Arbiter elegantiae*) am Hofe Neros und von diesem 66 in den Tod getrieben. In einer Mischung aus Reise- und Sittenroman lässt er ein Zerrbild des Odysseus durch die Lande geistern. Aber nicht dieses machte ihn unsterblich, sondern die Erzählung vom Gastmahl des Freigelassenen Trimalchio, dem er ein unerwünschtes Denkmal als großmäuligem Emporkömmling setzte, über den sich die Leute damals wie heute ausschütten konnten vor Lachen. Als seinem Herren treu ergebener Diener hatte er dessen Vermögen geerbt, es erfolgreich im Weinhandel und in Spekulationen aller Art investiert, um schließlich von dem Gewinn Land zu kaufen. Seinen Lebensabend genoss er in einer kampanischen Stadt, wo er eine Bruchbude in ein großes Haus mit vier Ess- und zwanzig Schlafzimmern umbaute. Dort verzehrte er die Einkünfte seiner Güter und die Zinsen der verliehenen Gelder, ahmte den Luxus der Großen nach und hielt Hof unter seinesgleichen: «So ist euer Freund», prahlte er, «der ein Frosch war, jetzt ein König.» Vom Nutzen einfacher Lebensweisheiten sprach er gerne, und eine hatte es ihm besonders angetan: «Hast du einen Heller, giltst du einen Heller, hast du was, so bist du was.»

Angefangen hatte alles auf einem italischen Sklavenmarkt. Auf ihm tauchte ein Kind auf, das seine ins Elend geratenen Eltern verkauft hatten. Um den Hals trug es ein Schild, auf dem sein Schicksal vermerkt war. «Ich bin», erzählt Trimalchio seinen Gästen, «aus Asien gekommen, als ich nicht größer war als dieser Leuchter. Doch von Anfang an habe ich nach Großem gestrebt.» Was dazu nötig war, wussten seine Zuhörer, denn auch sie hatten sich zeit ihres Lebens nach der Decke strecken müssen: «Als Junge mit langen Haaren bin ich in dieses Nest gekommen; das Rathaus war noch nicht gebaut», rühmte sich ein ehemaliger Mitsklave, «und ich habe mich bemüht, es meinem Herrn recht zu machen. Das war ein vornehmer und geachteter Mann. Na, es gab Leute im Haus, die mir ein Bein stellten, mal hier, mal da; trotzdem, dem Genius dieses Mannes sei es gedankt, ich kriegte Boden unter die Füße.»

So ergeht es auch Trimalchio. Der ehrgeizige Knabe macht sich nützlich, wo immer er kann, lernt lesen, schreiben und vor allem rechnen. Herangewachsen wird er der Liebhaber der Ehefrau und der Bettgenosse des Herrn. Älter geworden steigt er zum Schatzmeister der Familiengüter auf. Jetzt fehlte nur die Freiheit. Sie kam, als der Patron, der keine Kinder hatte, auf dem Totenbett lag: «Er machte mich zum Miterben des Kaisers, ich erhielt das Vermögen eines Fürsten.»

Von Stund an verwandelte sich der ehemals geschmeidige Sklave in einen harten Geschäftsmann, der einem einfachen Gesetz gehorchte: «Gut kaufen und gut verkaufen, darauf kommt es an.» Geboren war er wie jeder anständige Kaufmann im Zeichen des Krebses: «Daher stehe ich auf vielen Füßen und habe zu Wasser und zu Lande viele Besitzungen; denn der Krebs passt hierhin wie dorthin.» Sein Gott wurde Merkur und seine häuslichen Schutzpatrone hörten auf die Namen Glück, Gewinn und Profit. Auf seinen Grabstein sollte einst stehen: «Er hat klein angefangen, hinterließ 30 Millionen Sesterze und hörte nie einen Philosophen.»

Ein bewundernswerter Mann. Doch seine Tugenden zählten nichts in einer Gesellschaft, die soziale Geltung nach Herkunft und nach Grundstücken zumaß. Wer seinen Besitz nicht in dieser Form vorwies, wer nicht von Geburt an frei war, der blieb zeit seines Lebens an seinen Stand gefesselt und den traf die gesellschaftliche Missachtung – zu Neros ebenso wie zu Odysseus' Zeiten. Es half Trimalchio nicht, dass er den Lebensstil der

Großen nachahmte und sich räusperte und spuckte wie sie. Der ebenso klarsichtige wie abschätzige Blick, den der amüsierte Petronius, selbst ein großer Herr, auf diesen ehemaligen Sklaven warf, sagt bereits alles.[34]

Helden und Liebende

Ganz anders schrieb Longos, ein nahezu unbekannter Autor aus Lesbos, der um 200 lebte. Sein Hirtenroman *Daphnis und Chloë,* der nach Goethe alle Jahre wieder gelesen werden muss, erzählt die Geschichte zweier Findelkinder. Sie wachsen auf dem Lande auf und müssen das Geheimnis und die Künste der Liebe erst lernen. Besucher aus der Stadt sind nicht willkommen. Wo sie auftauchen und ihren Reichtum zur Schau stellen, bringen sie Unruhe in die Dörfer. Die besseren Menschen sind die Bauern und Hirten, selbst dort, wo sie als Leibeigene auftreten. Anders als bei Petronius unterscheidet der Roman nicht zwischen Hoch und Niedrig, sondern zwischen dem Adel der Guten und Reinen, dem anzugehören weder Stand noch Geburt noch Reichtum oder Armut hindern. Die Christen hörten diese Botschaft sehr wohl, auch wenn sie den Rahmen, die Suche nach Lust und Liebe, nur im stillen Kämmerlein genießen durften; ihre Priester werden es wohl wie der Philologe Helm empfunden haben, der sich Jahrhunderte später von der «niederen, ans pornografische grenzenden Sphäre» des Romans abwandte.[35]

Zu den Liebenden gesellten sich die Abenteurer. Anders als Daphnis und Chloë, die durch ihre Empfindungen, nicht aber in die Ferne reisen, fahren sie in die weite Welt und lassen ihre Muskeln spielen – und sei es nur, damit sie oder andere davon erzählen können. In der Mitte des 3. Jahrhunderts führte der Philosoph Heliodor die äthiopische Königstochter Charikleia und ihren Geliebten Theagenes durch exotische Länder, weihte sie als Priester und Priesterin des äthiopischen Sonnengottes und vereinte sie auf immer.[36]

Zu dieser Zeit war Alexander der Große längst zum Symbol unbegrenzter Macht geworden. Nur er verkörperte die Möglichkeit, durch die individuelle Tat alles auf Erden erreichen und damit Unsterblichkeit erlangen zu können. Bald hüllten ihn Legenden ein und verliehen ihm ein neues, von Wundern erfülltes Leben. Am Anfang standen gewiss ernsthafte biografische Versuche, aber sie blieben offen für allerlei Geschichten. Sie täuschten den amüsierten Lesern vor, auf neu gefundenem Urkundenmaterial zu beruhen. So tauchten Briefwechsel zwischen Alexander und dem von ihm besiegten König Dareios, dem indischen Fürsten Poros und den Amazonen

Abb. 38
Jean-Pierre Cortot, Daphnis et Chloé (1827), schlug in Marmor, was der Dichter Longos über die ersten Zärtlichkeiten der Liebenden erzählte: «Daphnis lehrte sie auch die Syrinx blasen, aber wenn sie anfing, in das Rohr zu hauchen, riss er ihr es weg und ließ selber die Lippen über die Halme laufen; und scheinbar zeigte er ihr, was sie falsch gemacht hatte, in Wirklichkeit aber küsste er Chloë mithilfe der Syrinx» (1,24).

auf. Briefe des Eroberers an seine Mutter Olympias und seinen Lehrer Aristoteles erzählten von den Wundern Indiens und Protokolle erschienen, die vorgaben, Gespräche mit Brahmanen und Gymnosophisten authentisch zu überliefern.

Schließlich bemächtigte sich die Sage des Königs. Sie verlieh ihm das Weltreich, das er zu Lebzeiten nur zu Teilen hatte gewinnen können. In den Himmel fuhr er auf einem Wagen, den Greifen zogen, und die Tiefe des Meeres erkundete er in einem Fass aus Glas, das seine Soldaten an Eisenketten geschmiedet dem Meer übergaben. Mehr als achtzig Versionen des Alexanderromans, der im 3. Jahrhundert entstandenen Zusammenfassung aller Legenden um den großen König, kursierten in 24 Sprachen. Keine andere Geschichte ist so weit verbreitet worden: Sie drang bis nach Indien und Java, in die Mongolei und bis nach Island vor und erschloss sich auf ihrem Wege immer fantasievollere Welten.

So wusste die griechisch-ägyptische Fassung von siegreichen Kriegszügen gegen Karthago und Rom, in der jüdischen kündigte der Hohepriester Alexander als Herrscher eines vierten Weltreiches an. Nach persischen Erzählungen unterwarf er Indien, China und Russland, bis er das Land der Finsternis erreichte. Alle Wunder des Orients breiteten sich vor dem Publikum aus: Fabeltiere und Pflanzen, geheimnisvolle Menschen oder die Völker Gog und Magog forderten immer von neuem den Einfallsreichtum heraus. Mit einem Wort: Es war eine Welt voller Mirakel, von der die ferne Stimme des Königs sprach, und sein Leben erschien wie ein wunderbares Schicksal, über das es mit Ergriffenheit zu lesen galt.

Für die Christen bewiesen die Abenteuer des Alexander die Eitelkeit (*vanitas*) des menschlichen Strebens, und das Unmaß an Tatendurst und Wissbegier, von dem sie sprachen, erschien ihnen als warnendes Beispiel irdischer Unrast und Vergänglichkeit.[37] Bis weit ins Mittelalter hinein änderte sich daran nichts. Ein namentlich nicht bekannter Fortsetzer des Alexanderliedes aus der Feder des Pfaffen Lamprecht (um 1150) fand für diese Sünde des Hochmuts das passende Bild. Als der Krieger, schreibt er, über die Grenzen der Welt hinausdrang und sich auch des Paradieses bemächtigen wollte, habe ihn Gott als «tobenden Wüterich» in die Schranken gewiesen. Am Paradiestor habe ein alter Mann dem Übermütigen einen Stein gegeben, der in seiner Hand schwerer als Gold und leichter als Staub wog.

Großmeister und Vorbild aller Glücksritter blieb jedoch immer Odysseus. Der, so weiß es Lukian, tischte «dem Alkinoos und seinen einfältigen Phäaken eine lange Erzählung vom König Äolos und den Winden auf, die seine Sklaven sind, von einäugigen Menschenfressern und anderen dergleichen Wilden, von vielköpfigen Tieren, von der Verwandlung seiner Gefährten in Tiergestalten und eine Menge anderer Albernheiten dieses Schlages».

Diese «Albernheiten» verwandelte auch Lukian in wundersame Berichte über Liebe und Bewährung, Raub und Intrigen, Not und Erlösung. Er bekenne frank und frei, beichtete er, dass er von Dingen erzähle, «die mir nicht begegnet sind, Dinge, die ich weder selbst gesehen noch von anderen gehört habe, ja, was noch mehr ist, die nicht nur nicht sind, sondern auch nie sein werden».

Wahre Geschichten nannte er daraufhin, was ihm auf seinen Reisen widerfuhr: «Ich schiffte mich einstmals zu Cadiz ein», beginnt er. Von den Säulen des Herakles westwärts segelnd sei sein Schiff von einem Wirbelsturm erfasst und auf den Mond geschleudert worden. Dort kapitulierte gerade Endymion, einst im Schlaf von der Erde entführt, vor den Bewohnern der Sonne, als diese eine Mauer aus Wolken bauen und den Mond in tiefe Finsternis tauchen. Der unfreiwillige Beobachter des ungleichen Kampfes entkommt ungeschoren. Wieder auf der Erde währt sein Glück jedoch nicht lange. Denn sein Schiff wird mit Mast und Segel, mit Mann und Maus von einem Wal, einem wahren Leviathan, verschlungen. In dessen Bauch wohnen Siedler, von denen die einen statt Händen Krebsscheren, die anderen einen Thunfischkopf, und alle den Hang zu Zank und Streit haben. Sie galt es zu unterwerfen, bevor ein Ausbruch gewagt werden konnte. Er glückte mit List und Tatkraft achtzehn lange Monate später.[38]

Die Heimat aber blieb weiterhin unerreichbar. Statt ihrer warteten auf den Kapitän und seine Mannen die Insel der Seligen, das Land der Träume, forderten Ochsenköpfler und Eselsfüßlerinnen den Kampf auf Leben und Tod. Am Ende strandeten sie in einer anderen Welt. Von dort aber befahren sie seit Jahrhunderten immer wieder die Ozeane und die Himmel. Nur ihre Chronisten tragen andere Namen: statt Lukian nun Ariost, Rabelais, Montesquieu, Swift, Münchhausen, Daudet, Tolkien oder George Lucas.

Am berühmtesten wurden die *Metamorphosen* des Nordafrikaners Apuleius (S. 285 f.). Sie erzählen von Verwandlung und Erlösung. Ein wohlhabender Jüngling, der im Zauberland Thessalien wilde Spukgeschichten hört, sucht und findet eine Hexe; sie verwandelt ihn gegen seinen Wunsch nicht in einen Vogel, sondern in einen Esel. Nun irrt der Arme als Grautier umher, verfolgt von Räubern, gequält als Arbeitssklave, betrogen von geilen Priestern und getreten von römischen Besatzungssoldaten, bis er am Ende mit gnädiger Hilfe der Göttin Isis doch noch entzaubert wird und seine menschliche Gestalt zurückgewinnt. Die Welt, durch die er wandert, ist geprägt durch den Alltag der kleinen Leute. Ihre Nöte sieht er, ihre Bedrängnis durch Soldaten und noble Herren beklagt er und wie sie ackert er in der Stampfmühle des Lebens, häufig von Räubern verfolgt.[39]

Dem Roman liegt Gesellschaftskritik im Blut. Kaum eine andere literarische Gattung bietet so viele Möglichkeiten, durch die Art und Weise der Charakterdarstellung den Menschen ihrer Zeit ins Gesicht zu sehen, ihnen zuzuhören und sie von der Wiege bis zur Bahre zu begleiten. Petronius und Apuleius taten es, Heliodor nicht. Apuleius zeigt Ausschnitte einer Wirklichkeit, die man bei den auf Rom, den Kaiser und die großen Staatsaktionen konzentrierten Historikern wie Tacitus vergeblich suchen wird.

Viele Menschen auf dem Lande, das Longos als Idylle präsentiert, lebten in ständigem Misstrauen vor Fremden, die an ihren Gehöften vorbeizogen und in denen sie Räuber vermuteten, gegen die sie sich mit ihren Hunden zur Wehr setzten. So schildert Apuleius die Prügel, die eine harmlose Schar Fremder erhielt, als sie durch ein Dorf zogen und sich als Plünderer verdächtig machten. Auf ihr Wehgeschrei, man tue ihnen Unrecht, zuckten die Bauern, nachdem sie sich von der Unschuld der Wanderer überzeugt hatten, mit den Achseln: «Wir treiben ja nicht Raub voller Gier, euch Beute abzunehmen, sondern wollten gerade dies Unglück von eurer Seite von uns fernhalten.»[40]

Daraus wird man nicht den Schluss ziehen, Romane gäben ein ungetrübtes Bild der sozialen Wirklichkeit wieder. Das von Longos gemalte Bild von den schlechten, aber reichen Städtern und den rechtschaffenen, aber armen Bauern und Hirten hat mit der Realität wenig zu tun. Wohl aber spiegelt sich darin die Lust der griechischen Eliten, auf dem Land ein schöneres und ehrlicheres Leben zu entdecken.

Der Zustand der Gesellschaft ist eine Sache. Die andere ist der Blick, mit sie gesehen wird, sind die Hoffnungen, die sich an sie richten, ist die Einordnung von dem, was wichtig ist – eben dies zeigen die Romane. Die Menschen des 2. Jahrhunderts, die an den Kaiser wie an einen fürsorglichen Gott glauben sollten, der alle Weltgegenden kennt und die Ungerechtigkeit besiegt, trauten der Zukunft nicht. Also flüchteten sie sich in Mysterien, hörten auf Schwarmgeister, befragten ängstlich Orakel und lasen Romane, die sie in andere Welten führten. Sie alle staunten über die wachsende Zahl der Christen, die immer lauter ihre Stimme erhoben, um dem Kaiser und jedermann ihren absurden Glauben an einen gekreuzigten Gott zu erklären.

Die Welt des Märchens: Amor und Psyche

Im Roman des Apuleius über einen Pechvogel, der auf der Suche nach Erlösung durch eine ebenso fantastische wie reale Welt zieht, findet man die Geschichte von Amor und Psyche. Gefangen in einer Höhle hört sie der Esel aus dem Mund einer alten Wirtschafterin, die ein weinendes Mädchen aus vornehmer Familie trösten will, das Räuber verschleppt hatten. «Es waren einmal in einer Stadt ein König und eine Königin», beginnt die Fabel von einer Fürstentochter, die so schön ist, «dass die menschliche Sprache zu arm war, um sie genügend zu rühmen.» Daher verfällt sie dem Zorn der Venus, die sie zur Heirat mit einem Unhold verurteilt. Ihr Sohn

Amor jedoch verliebt sich in das Mädchen, kommt dem Ungeheuer zuvor und entführt sie in sein geheimnisvolles Reich. Dort naht er ihr, sobald die Nacht einbricht und gebietet ihr, niemals zu fragen, wer er sei. Psyche, dem Laster der Neugier verfallen, übertritt das Verbot, sieht beim Schein einer Lampe den Gott, und verliert ihn. Suchend irrt sie umher und beugt sich schließlich vor der zürnenden Venus, der eine geschwätzige Möwe die Liebschaft des Sohnes offenbart hatte.

Vier Prüfungen gilt es nun für die arme Psyche zu bestehen. Sie meistert die ersten drei mithilfe von Ameisen, sprechendem Schilf und dem Adler des Jupiter. An der letzten aber scheitert sie. Sie verlangt den Gang in die Unterwelt, um von dort die Schönheitssalbe der Proserpina, versiegelt in einer Büchse, zu holen. Dies allerdings misslingt, da Psyche ein zweites Mal ihrer Neugierde erliegt, die Kapsel öffnet und in einen todesähnlichen Schlaf fällt. Jetzt endlich naht sich Amor, rettet die Geliebte und feiert mit ihr im Kreise der Götter Hochzeit: «Vulkan kochte das Mahl. Die Horen bestreuten alles bunt mit Rosen und sonstigen Blüten, die Grazien streuten Balsam, auch die Musen ließen klangvolle Lieder erschallen. Nach dem Essen sang Apoll zur Zither, Venus tanzte voller Anmut.»[41]

Dieses Märchen, das die Hoffnungen und Sorgen der eigenen in eine zeitlose Welt überträgt, hat die Fantasie der Dichter und Maler immer wieder zur Nachdichtung angeregt. Am bekanntesten sind der Zyklus Raffaels in der Farnesina in Rom und die Deckengemälde des Giulio Romano im Palazzo Tè in Mantua. 1798 malte François Gérard das Paar und ihren ersten Kuss – das Bild erschien den Franzosen wie die Vision eines neuen Lebens und der Abschied, den sie damit von den düsteren Heroengestalten der Revolution nahmen, fiel ihnen leicht. Auch die Christen liebten diese Szene, gaben Psyche Blumen in die Hand als Zeichen der Hinfälligkeit des Lebens, und sahen im Kuss Amors die Geste der Unsterblichkeit.

4. Der christliche Roman

Die Apostelakten

Die Christen wollten ebenfalls von Helden, Abenteuern und fernen Ländern hören. Ihre Erfindungsgabe beflügelten die Nachrichten, die die Missionare von ihren Reisen in immer fernere Länder mitbrachten. Diese auszumalen, war niemand gehindert. So erzählten unbekannte Autoren von außergewöhnlichen Taten und Leiden der ersten Glaubensboten, jagten sie in die entlegensten Weltgegenden, schickten sie durch Wüsten und Einöden und führten sie zu Menschenfressern und Hundskopfmenschen.[42]

Alles, was die Reise- und Abenteuerromane und die legendäre Alexandertradition bereits ausgemalt hatten, dekorierte nun auch die gefahrvollen Expeditionen der Missionare. Auf ihnen erfüllte sich die Mahnung des Kolosserbriefes: «Da ist nicht Grieche, nicht Jude, Barbar, Skythe, Knecht oder Freier, sondern alles und in allen ist Christus.» Diese Vision wurde für die christlichen Literaten zum Leitmotiv, wenn sie sich über die Taten und Leiden der Apostel beugten. Der Siegeszug des neuen Glaubens, so sollte jedermann lernen, kannte keine Grenzen. Wo immer Menschen lebten, hatten sie die Freiheit, dem Gebot Gottes mehr zu folgen als dem Gesetz der Menschen.

Einer mag für sie alle stehen, Thomas, viel gescholten wegen seines Unglaubens, viel geliebt wegen seiner Missionsreisen nach Indien. Von einem Kaufmann geladen, im Land des Königs Gundafor einen Palast zu bauen, besteigt er das Schiff, das ihn ins ferne Indien bringt. Dort, gerade angekommen, wird er zur Hochzeit der Königstochter geladen und an die Tafel gebeten. Ein Weinschenk ohrfeigt den Reisenden und gibt ihm damit einen willkommenen Anlass, eines seiner vielen Wunder zu vollbringen: Kaum trat der Täter aus dem Haus, riss ihn ein Löwe in Stücke und überließ diese den Hunden. Einer von ihnen apportierte vor der staunenden Festgesellschaft die Hand, die Thomas geschlagen hatte.

Indien wird im Folgenden der Schauplatz unzähliger Heldentaten. Dämonen werden ausgetrieben, Esel zum Sprechen gebracht, Drachen erschlagen, Kerkertore gesprengt, Toten wird Leben eingehaucht, Massentaufen veranstaltet und allenthalben, wie es schon Petrus in Rom getan hatte (S. 298), das hohe Lied der Keuschheit gesungen. Der König Gundafor, tief beeindruckt von alldem, bittet den Wundertäter, ihm ein prächtiges Schloss zu bauen. Dieser nimmt das Baugeld und die Löhne und verteilt sie unter den Armen mit dem frohgemuten Bekenntnis, «der König weiß königlichen Ersatz zu erlangen, Arme aber müssen, wie es die jeweilige Lage erfordert, erquickt werden».

Entdeckt, wartet auf ihn das Gefängnis. Ihm entkommt er, indem er dem leichtgläubigen Gundafor ein Palais vorgaukelt, den er für ihn mithilfe der den Armen gegebenen Almosen im Himmel gebaut hat. Seinem Ende geht er als Märtyrer entgegen. Die Henker, die ihn erschlagen, bekehren sich, der Tote erscheint seiner Gemeinde und predigt den Frauen zum letzten Mal Enthaltsamkeit. Sehr viel später heilt eine Handvoll Staub

Abb. 39
Das Leben des hl. Thomas auf der Porte des Bleds der Kathedrale im burgundischen Semur-en-Auxois (Mitte des 13. Jh.s). Im **oberen Feld:** Gottvater, flankiert von zwei Engeln; im **mittleren** legt Thomas seine Hand auf die Seitenwunde Christi und wird an den Hof des indischen Königs Gundafor geladen; es folgt die Überfahrt nach Indien. Im **unteren Feld**: Hochzeitsbankett mit der Bestrafung des Weinschenks; seine Hand trägt ein Hund an den Tisch der Gäste, vor denen ein Gaukler seine Kunststücke zeigt. Es folgt die Verteilung der Baugelder an die Armen und Thomas' Aufenthalt im Gefängnis. Schließlich: Der König bekehrt sich, als ihm der Eingekerkerte seinen neuen himmlischen Palast zeigt.

aus seinem Grab den besessenen Sohn des Königs, woraufhin auch dieser sich taufen lässt.

Diese und andere Apostelgeschichten verraten vieles über die Entwicklung der frühen Gemeinden. Die Gläubigen des ersten Jahrhunderts haben sich mit der Apostelgeschichte des Lukas begnügt und ihre Blicke auf Jesus gerichtet. Im 2. und 3. Jahrhundert weitet sich ihr Interesse und richtet sich auf die Apostel. Diese erhalten nun ein aufregendes Leben, das sie, wenn die Anker gelichtet und die Taue gekappt sind, wie Odysseus an die Grenzen der Erde und darüber hinaus führt. Dort wirken sie die erstaunlichsten Wunder, bekehren viele und gehen für ihren himmlischen Herrn freudig in den Tod. Lange standen sie im Schatten Jesu. Jetzt aber treten sie als Männer auf, die Könige auf die Knie zwingen, die Arme nähren und Unzähligen den rechten Weg zum Heil weisen. Sie wachsen zu Helden, die Taten vollbringen, die denen der Heroen der heidnischen Romane in nichts nachstehen.

Die Darstellungsweise der Geschichten befriedigte das elementare Bedürfnis nach Erzählungen. Sie entführten ihre Leser in ferne Räume und Zeiten und jagten ihnen mal sentimentale, mal furchtsame Schauer über den Rücken, kurz: sie schufen eine Atmosphäre, in der sich Erbauung mit Unterhaltung mischte und sich der Wunderglaube der Zeit nie gekannte Ausschweifungen gestattete. Historische Genauigkeit war nicht gefragt, ebenso wenig theologische Exkurse oder erhobene Zeigefinger. So brauchte etwa der Autor der Thomasgeschichte seiner Vorliebe für ein keusches Leben in der Ehe keine Zügel anzulegen, obwohl dies eine Position war, die die Großkirche längst als häretisch abgetan hatte.

«Neu geschaffen durch seinen eigenen Tod»: Der Vogel Phönix

Viele Angaben über ihn seien ungewiss und märchenhaft ausgeschmückt, notiert Tacitus, fügte indes hinzu, «dass manchmal in Ägypten dieser Vogel zu sehen ist, wird nicht bestritten». Die Rede ist vom Vogel Phönix. Es gibt ihn nur einmal und kaum jemand bekommt ihn zu sehen, aber seine Geschichte wurde seit Herodot immer wieder und immer neu erzählt. Die irdischen Machthaber suchten seine Nähe: Unter Tiberius soll er in Rom erschienen sein und römische Münzmeister stellten ihn neben den Kaiser und prägten *aeternitas*, Ewigkeit, oder *saeculum*, Zeitalter, in die Umschrift. Jahrhunderte später, 1570–1580, zeigt ein Juwel auf der Vorderseite Elisabeth I., Königin von England, und auf der Rückseite steigt aus den Flammen Phönix mit dem Monogramm der Königin (ER) und einer Krone mit himmlischen Strahlen – Symbol der Erneuerung von Krone und Land.

Unter christlichem Vorzeichen stieg er höher und höher. Als Ende des 1. Jahrhunderts die Gemeinde in Korinth auseinanderbrach, intervenierte die römische brieflich (93–97). Sie verwies auf die baldige Auferstehung und erklärte die sicheren Anzeichen, die es dafür gäbe. Darunter ist folgende Geschichte:

> «Es gibt einen Vogel, der Phönix heißt. Dieser ist nur in einem einzigen Exemplar vorhanden und lebt fünfhundert Jahre. Wenn er bereits seiner Auflösung im Tode nahe ist, baut er sich ein Nest aus Weihrauch und Myrrhe und den übrigen Spezereien. Ist die Zeit dann erfüllt, sucht er es

> auf und stirbt. Während aber das Fleisch in Fäulnis übergeht, entsteht ein Wurm. Wenn er dann kräftig geworden ist, hebt er jenes Nest auf, in dem sich die Knochen des früheren Vogels befinden, und fliegt mit diesem von Arabien bis nach Ägypten in die Stadt, die Heliopolis heißt. Und bei Tage, wenn alle es sehen, fliegt er zum Altar des Helios, legt sie dort nieder und kehrt wieder zurück. Die Priester schauen nun in den Zeittafeln nach und finden, dass er nach Vollendung des fünfhundertsten Jahres gekommen ist.»[43]

Zum Symbol für die Ewigkeit war der Phönix längst geworden, sei es für die Dauer des Imperiums, sei es für die Unsterblichkeit der Seele. Für die Christen untermauerte seine Existenz die Hoffnung auf die Auferstehung Christi und jedes Gläubigen. So konnte der römische Briefschreiber seine Geschichte mit einer klaren Botschaft enden lassen: «Halten wir es nun für groß und erstaunlich, wenn der Schöpfer die Auferstehung aller, die ihm in der Zuversicht rechtschaffenen Glaubens fromm gedient haben, bewirken wird, wo er uns sogar durch einen Vogel seine erhabene Verheißung veranschaulicht?»

Den Ort der Wiedergeburt machten die heidnischen Erzähler in Heliopolis, der Stadt des Sonnengottes ausfindig, nordöstlich des heutigen Kairo. Die Christen fanden die Heimat des Phönix an «einem gesegneten Ort, weit weg im fernen Osten, wo die große Pforte des ewigen Himmels sich öffnet». Fern sind dort Leid, Armut und Sorgen.[44] Es ist ein Märchenland, das Laktanz (gest. um 320), den Pico della Mirandola den «christlichen Cicero» nannte, beschreibt. In einem langen, der klassischen lateinischen Elegie huldigenden Gedicht vermischen sich die alten Vorstellungen von der Insel der Seligen mit denen des Paradieses. Dort überdauert der Phönix, «neu erschaffen durch seinen eigenen Tod», und begrüßt jeden Morgen das Erscheinen des Sonnenwagens mit wunderbarem Gesang. Der Tod, den er auf einer Palme in Syrien erwartet, ist ihm eine Wohltat, durch die er das ewige Leben erlangt.

Der uralte Vogel, der über Ägypten in die Welt der Griechen und Römer gelangte, flog lange für den neuen Gott. Im Apsismosaik der den Heiligen Cosmas und Damian in Rom errichteten Kirche, 527 von Papst Felix geweiht, schwebt auf den apokalyptischen Wolken, die den Anbruch des Jüngsten Tages ankündigen, Christus als Weltherrscher und Lehrer herab. Auf einer Palme zu seiner Rechten steht der Phönix und sein Strahlennimbus erhellt wie ein heller Stern den Himmel. Der Physiologus, eine frühchristliche und in viele Sprachen übersetzte Naturlehre, besang die dazugehörige Botschaft: «Wenn nun dieser Vogel Macht hat sich selbst zu töten und lebendig zu machen – wie nur sind die unverständigen Menschen unwillig darüber, dass unser Herr Jesus Christus spricht: ‹Ich habe Macht, mein Leben niederzulegen, und ich habe Macht, es wieder aufzunehmen?›»[45]

XI

Die Götter der Welt

«Eins ist das Geschlecht der Götter und der Menschen,
Von einer Mutter haben beide ihren Atem.
Doch ganz und gar ist ihre Macht verschieden;
Wir sind nichts, doch für sie bleibt der eherne
Himmel für immer die sichere Wohnstatt.»
Pindar

«Unser Land ist so voll von Gottheiten, dass man leichter einen Gott als einen Menschen findet.»
Petronius

«Es ist gut, den Unsterblichen Gaben zu geben.»
Priamos, König von Troja

1. Macht und Ohnmacht der Götter

Die Geschichte der Götter

Es gibt keine antike Stadt ohne Gotteshäuser. In diesem Punkt unterscheiden sich die antiken am wenigsten von den Städten des europäischen Mittelalters und der Neuzeit. Nur Glocken läuteten damals nicht; sie rufen erst seit dem 7. Jahrhundert in Westeuropa die Gläubigen zu Vesper und Gebet.

Der antike Mensch war fromm. Seine Zuneigung galt vielen Gottheiten und ihre Gesamtheit erst machte für ihn die göttliche Welt aus. Und da es viele waren, bekam jeder von ihnen eine eigene Geschichte und eine Familie. Die erste Ordnung des Himmels schufen nach Auffassung der Griechen Homer und Hesiod. Sie waren es, «die den Griechen eine Genealogie der Götter geschaffen haben, den Göttern ihre Beinamen gegeben, ihre Ehren und Zuständigkeiten eingeteilt und ihre Gestalt geprägt haben».[1] Es folgten die homerischen Hymnen (seit um 700), die je einen Gott anriefen und seine Geschichte von der Geburt bis zur göttlichen Erscheinung erzählten. Apoll,

Demeter, Aphrodite und Dionysos waren ihre Hauptthelden. Spätere Mythen folgten, ergänzten das Vorhandene und erfanden Neues hinzu.

Am Ende webten sie ein dichtes Netz von Geschichten, die Dichtung und Bildkunst, Religion und Philosophie, Politik und Geschichte inspirierten. Liebevoll ausgeschmückte Legenden prägten Gestalt und Vorlieben der Götter Mal für Mal genauer und gaben ihnen viele Leben – keineswegs immer vorbildliche. Der einfallsreiche Ehebrecher Zeus, seine eifersüchtige Gattin Hera, der gehörnte Hephaistos, die mütterliche Demeter, die lebensfrohe Aphrodite, der dem Trunk ergebene Dionysos oder Hades, der düstere Herr der Unterwelt und seine Gattin Persephone verkörperten eine Lebensart, vor denen die Mütter ihre Kinder zu allen Zeiten warnten.

Die Bedrängnisse der Mädchen, die Götter aus der Geborgenheit der Familie herausrissen und in vielen Gestalten verführten oder vergewaltigten, lieferten den nötigen Anschauungsunterricht: Leda begegnet einem Schwan, Europa einem Stier, die in eine Stute verwandelte Demeter vereinigt sich mit dem stiergestaltigen Poseidon. Danaë wird von Zeus in Gestalt eines goldenen Regens geschwängert, zusammen mit ihrem neugeborenen Sohn Perseus in eine Truhe gesperrt und ins Meer geworfen, das sie erst auf der Kykladeninsel Serifos wieder frei gibt. Die unglückliche thebanische Königstochter Antiope, von Zeus in Satyrgestalt überfallen, gebiert Zwillinge und arbeitet viele Jahre als Sklavin, bis ihre herangewachsenen Söhne ihre Peinigerin Dirke an die Hörner eines wilden Stiers binden und die Mutter befreien.

Die Kritik an diesem Götterbild verbreitete sich in den folgenden Jahrhunderten. Hesiod und Homer, schimpfte der Philosoph Xenophanes von Kolophon (gest. um 470 v. Chr.), hätten die Götter nach menschlichem Vorbild geschaffen und ihnen angedichtet, «was bei den Menschen als Schimpf und Schande gilt: Stehlen, Ehebrechen und sich gegenseitig betrügen».[2] So war es wohl. Aber was zählte dies gegen die Gewissheit, dass die Götter die Städte schützten oder sie ins Unglück stürzten, wenn sie fehlten? Athenische Richter verurteilten 399 v. Chr. den Bürger Sokrates, da sie überzeugt waren, dieser «Lehrer der Weisheit» habe die Jugend zur Missachtung von Herkommen und Gottesverehrung verführt. Eine von 30 Jahren Krieg geschlagene Bürgerschaft sah in ihrer Niederlage gegen Sparta das Wirken rächender Götter. Deren Zorn musste gestillt werden, um weiterleben zu können.

Die Welt, in der die Götter lebten, hatten sie nicht selbst geschaffen. Sie wurden geboren und ihr Überleben war ganz und gar nicht sicher. Ihre

Abb. 40

Die Götter Griechenlands sind in der europäischen Dichtung und Kunst zu allen Zeiten hofiert worden. Zu den beliebtesten Themen der Maler zählten die fantasievollen Verwandlungskünste des Zeus. So verführte er Danaë in Gestalt eines Goldregens, hier inszeniert von dem niederländischen Maler Jan Gossaert (1527). Danaë war die Tochter des Akrisios, des Königs von Argos, dem eine Weissagung den Tod von der Hand seines Enkels prophezeit hatte. Unerreichbar für jeden Sterblichen, lebte sie in einem Turm, als Zeus in ihr Leben einbrach. Der Sohn dieser Verbindung, der Held Perseus, tötete später seinen Großvater, den er nie kennengelernt hatte.

Mütter brachten sie zumeist versteckt in Höhlen zur Welt, voller Furcht vor dem Wahn des Vaters, dem seine Nachkommen oft genug nach dem Leben trachteten. So hielt die älteste aller Mütter, Gaia, die Göttin Erde, ihre Kinder vor den Augen des Vaters Uranos verborgen, bis ihr Sohn Kronos mit der von ihr geschmiedeten Sichel dem Vater das Gemächt und die Macht raubte. Doch die neue Generation war nicht besser als der entmannte Unterdrücker. Auch Kronos stellte seinen Kindern nach und verschlang sie aus Furcht vor dem möglichen Aufrührer. Ihn, Zeus, gebar die Göttin Rhea in einer Höhle auf Kreta und schob dem Vater statt des Kindes einen Stein unter, den dieser hastig herunterwürgte. Den Neugeborenen versteckten Hirten, bei denen er genährt von einer Ziege aufwuchs, bis seine Stunde schlug.

Alle diese Mythen von einer verborgenen Geburt und bedrohten Kindheit folgten einem weitverbreiteten Muster, das eine einfache Lehre enthielt: Das Kind, das auf unerhörte Weise alle Gefahren überlebt, ist zu Ungewöhnlichem berufen. Die Juden erzählten von der wunderbaren Rettung des in einem Korb auf dem Nil treibenden Moses, die Römer dichteten von den Zwillingen Romulus und Remus, die eine Wölfin rettete, die Griechen wiesen auf den persischen Großkönig Kyros, der, ausgesetzt von seinem Großvater, heimlich von einer Hündin großgezogen wurde. Die Christen hörten mit ehrfürchtigem Staunen die Geschichte vom im Stall geborenen Gottessohn, vergeblich gejagt von den Schergen des um seine Macht fürchtenden König Herodes. Die Heiden verstanden sie.

Das Wesen der Götter

Die Götter waren unsterblich. Doch sie waren weder allmächtig, noch allwissend, noch barmherzig. Sie lebten in ihrem Reich wie die Menschen, anders als diese jedoch in ewiger Jugend und frei vom Alter und den Plagen schwindender Kraft. Sie trugen keine Verantwortung, kannten keine Pflichten und folgten keiner erkennbaren Moral. Sie waren jedem Menschen überlegen, aber ihre Körper waren wie die der Menschen. Sie schrien vor Schmerz, sie bluteten, wenn sie kämpften, sie wanden sich in Fesseln, sie aßen und tranken. Ihre Gefühle und Leidenschaften teilten sie mit den Menschen. Ihr sexuelles Begehren war schier unersättlich, ihre Eifersucht nicht minder. Schadenfreude genossen sie in vollen Zügen – so als Aphrodite sich dem Kriegsgott Ares in die Arme warf. Ihr gehörnter Gatte Hephaistos, wenig attraktiv aber nicht dumm, hatte beide in flagranti ertappt und mit einem feinen Netz ans Bett gefesselt;

das Gelächter der herbeigerufenen Götter hallte lange durch die europäische Kulturgeschichte.

Auf Erden waren sie allgegenwärtig. Sie reisten gerne incognito – in diesem Punkt Jahwe ähnlich (S. 368) –, redeten mit den Menschen – so Athena mit ihrem Schützling Odysseus und Jahwe mit Abraham oder Hiob –, griffen nach den Töchtern der Sterblichen – so der unersättliche Zeus – und prüften ihre Gesinnung – so beim Besuch Jupiters bei Philemon und Baucis. Sie bekämpften sich aus nichtigen Gründen und taten Gutes und Böses nach Belieben. Der Hades war ihnen verhasst und nichts fürchteten sie mehr, als dass die Erde aufbrach und das Grauen, das sie verbarg, sichtbar wurde.

Die Entscheidungen der Götter waren undurchschaubar. Es schmeichelte ihnen, dass Priester ihre Absichten in den Eingeweiden der Opfertiere oder in Naturerscheinungen zu erkunden suchten. Es beeindruckte sie jedoch nicht. Manche Menschen liebten und begünstigten sie, so wie Athena den Odysseus, und manche hassten sie und stellten ihnen nach, so wie Poseidon dem König von Ithaka und seinen Gefährten. Scheelsüchtig blickten sie auf die Sterblichen, die das Glück oder die eigene Tüchtigkeit hoch, sehr hoch, getragen hatte.

Polykrates steht für alle diese Unglücklichen. Er, der große und mächtige Tyrann von Samos (538–522 v. Chr.), hatte seinen kostbarsten Ring ins Meer geworfen, um mit diesem Opfer den Neid der Götter auf sein übergroßes Glück zu versöhnen – umsonst: Ein Fisch verschlang, was vernichtet bleiben sollte, ein Fischer überbrachte dem König den gefangenen Fisch als Geschenk, die Köche stürzten mit dem im Fischbauch gefundenen Ring herbei und der erbleichende König musste erkennen, dass es vor dem Zorn der Götter kein Entrinnen gab. Wenig später lief er in die schlau gestellte Falle eines persischen Satrapen, der ihn auf das kleinasiatische Festland lockte. Dort starb der einst mächtige Mann auf elende Weise und sein triumphierender Gegner schlug den Leichnam ans Kreuz.[3]

Eine rational durchdachte Vorstellung vom Wesen der Götter, vergleichbar etwa den theologischen Gedankengängen der christlichen Kirchenväter, hat es nie gegeben. Es gab keine verbindliche Offenbarung in der Gestalt eines heiligen Buches, wie es später die Christen oder die Anhänger des Propheten Muhammad besitzen sollten. Es gab auch keine Priester, die den christlichen vergleichbar wären. Priester waren bei Griechen und Römern für den ordnungsgemäßen Vollzug des Kultes verantwortlich. Eigens ausgebildet wurden sie dafür nicht, und Vorschriften, wie sie zu leben hatten, gab es selten. Sie waren Beamte, so wie andere Generäle oder Schatzmeister, und die Regeln, denen sie gehorchten, stellte der Gesetzgeber auf.

Wer liebt und hasst, streitet und sich fürchtet wie die Sterblichen wird auch wie diese dargestellt. Körperbau, Haltung und Gesichter wurden menschlich vorgestellt und gezeigt, und die Künstler gaben den Göttern bestimmte Attribute in die Hand, um sie zu identifizieren. Die Himmlischen konnten viele Gestalten annehmen, aber die des Menschen passte am besten zu ihnen. Zeus erscheint Alkmene als ihr Ehemann Amphitryon, Aphrodite kommt zu Anchises, dem Vater des Äneas, in der Gestalt einer phrygischen Hirtin. Athena, vom Himmel herabstürzend wie ein Stern, taucht vor der schlafenden Nausikaa als Tochter eines Kapitäns auf, ihrem Schützling Odysseus begegnet sie als Königssohn, der sich in eine schöne Frau verwandelt, und zu Telemach, dem Sohn des Odysseus, gesellt sie sich als greiser Mentor.[4] Die Vorstellung, dass die Götter in Menschengestalt sichtbar werden konnten, mochte in den Häusern der Gebildeten belächelt werden, in den Hütten der einfachen Leute fand sie zahlreiche Anhänger. Wer in den Göttern selige Menschen von ewiger Dauer sieht, findet nichts Anstößiges an göttlichen Auftritten in seiner Welt.

Die körperliche Nähe von Gott und Mensch legte wiederum nahe, einen mit Schönheit oder außergewöhnlichen Kräften und Fähigkeiten begnadeten Irdischen für einen Gott zu halten. «Von seiner Geburt an muss eine neue Zeitrechnung beginnen», erklärten 9 v. Chr. die Bürger von Priene und verneigten sich tief vor der Statue des Augustus. Selbst bei den keltischen Boiern trat ein selbsternannter Gott auf, ein gewisser Mariccus, der als *adsertor Galliarum ac deus* Tausende Männer in den Aufstand gegen Rom führte. Auch Christen traf der Ruf: Die Götter sind unter uns! Die Bürger von Lystra feierten mit ihm die Wundertäter Paulus und Barnabas und nach dem Märtyrertod des Bischofs Polykarp fürchteten die Smyrnäer, dass seine Gemeinde nun ihn statt Christus verehren würde.[5]

Der Kult: Riten, Tempel und Priester

Es gab viele Gründe, um das Wohlwollen der Götter und ihre helfende Hand zu beten. Die Form aber, in der man es tat, war nicht beliebig. So hob der Priester die Hände zum Gebet unter freiem Himmel, während er dem Tempel und dem Standbild des Gottes den Rücken und den Menschen sein Gesicht zukehrte. Auf Altären, die die Bürger umstanden, schlachteten seine Helfer die Opfertiere und verbrannten Gekröse und Häute als dampfende Mahlzeit der Götter. Das Übrige verzehrte die Festgemeinde: Im Zentrum die kleine privilegierte Runde derjenigen, die von den Eingeweiden kosten durften, dann der weitere Kreis derer, die zum Essen geladen waren und je nach Würde bedient wurden, und schließlich jenseits davon die lärmende Masse des Volkes.

In den Tempeln hingegen blieb es still. Sterbliche wurden dort nicht empfangen. Nur selten öffneten sich die Tempeltüren und gestatteten den Gläubigen, die Statuen der Gottheiten im Halbdunkel zu bestaunen. Und nur ab und an verließen sie ihr Podest und zogen auf schwankenden Tragaltären in feierlicher Prozession über die Felder und durch die Straßen der Stadt. Zurückgekehrt wollten sie wieder allein bleiben, verschont von Neugierigen und jammernden Unglücklichen, unbehelligt von der Not der Sterbenden.

Das selbst gewählte Alleinsein der Götter machte es den Architekten zur Pflicht, sich beim Bau der Tempel ganz auf die äußere Erscheinung zu konzentrieren. Sie wurde beherrscht durch die Säulenhalle (*Peripteros*), die um den Wohnraum des Gottes (*Cella*) gelegt eine rein ästhetische Funktion hatte. Losgelöst von praktischen Zwängen verwandelte sie das Gotteshaus in einen allseitig plastischen Körper, der die zentralen Plätze der Stadt beanspruchte. Hier wurde der Glaube an die beschützende Nähe der Überirdischen handgreifliche Gewissheit und bot zugleich der Stadt die Möglichkeit, all ihren Reichtum, ihre bauliche Kultur und ihre Macht zu entfalten. So schmückte schon das herrschsüchtige Athen im 5. Jahrhundert, kaum hatte es die ersten Schritte zur Weltmacht getan, seine Akropolis mit Tempeln, die für immer Menschen in ihren Bann schlagen sollten: «Was aber Athen am meisten zum Schmuck und zur Zierde gereichte», schrieb Jahrhunderte später Plutarch, «was den anderen Völkern die größte Bewunderung abnötigte und heute allein noch dafür Zeugnis ablegt, dass Griechenlands einstiges Glück, dass der Ruhm seiner früheren Größe nicht leeres Gerede sei, das waren seine prachtvollen Tempel und öffentlichen Bauten.»[6]

Nichts anderes galt für Rom. «Zweiundachtzig Heiligtümer verschiedener Götter habe ich in der Stadt während meines sechsten Konsulats [28 v. Chr.], ermächtigt vom Senat, wiederhergestellt, und ich habe keines übersehen», rühmte sich Augustus – die Mischung aus tiefer Religiosität und Geltungssucht ist unüberhörbar und Teil des kaiserlichen Selbstverständnisses. Beides zählte in einer Welt, die ihre Tempel wie in Heliopolis, dem heutigen libanesischen Baalbek, aus schierer Lust an der Monumentalität bis in den Himmel türmte und zugleich demütig bekannte, bis ins letzte Glied alles den Göttern zu schulden. «Du wirst», erklärte Horaz den Römern die Plagen seiner Zeit, «wenn auch schuldlos, die Vergehen deiner Vorfahren büßen, Römer, bis du die Tempel und verfallenden Heiligtümer der Götter wiederaufgerichtet hast und die vom schwarzen Rauch entstellten Bilder.»[7] Augustus tat, was Rom von ihm verlangte.

Wo solche Dienste nicht reichten und alle Gebete und Opfer unerhört blieben, tröstete nur noch die Existenz der Götter. Denn nicht ein Naturereignis hatte Leid und Tod über die Menschen gebracht, sondern ein vorstellbares göttliches Wesen mit menschlichen Zügen. Dies konnte man benennen, mit ihm konnte man hadern. Von ihm wusste man, dass seine Freundschaft flüchtig blieb und Mitleid und Barmherzigkeit ihm fremd waren. Aber es war menschlicher als die Willkür der Natur.

Die Verehrung der Götterstatuen verspotteten erst die Philosophen, dann die jüdischen Verfasser der Bibel und schließlich die Kirchenväter. Sie verdammten jeden Heiden als Götzenanbeter. Erfolg war ihnen erst beschieden, als im 4. Jahrhundert der Sturm der vom Staat hofierten Kirche auf alles Heidnische begann und kaiserliche Edikte die Zerstörung von Bildern und Tempeln anordneten. Im Frühsommer des Jahres 391 brannte auf Befehl des Kaisers Theodosius das Heiligtum des Sarapis in Alexandria. Soldaten, umjubelt von tobenden Mönchshorden und beflügelt von frommen Gesängen, zerschlugen die Statue des Gottes, schleiften den gespalteten Kopf durch die Straßen der Stadt und warfen ihn auf einem Scheiterhaufen. Auf den Trümmern des zerstörten Tempels befahl der Bischof eine Kirche zu errichten. Wo 700 Jahre lang ein heidnischer Dämon über das Steigen und Fallen des Nils gewacht hatte, tat es nun der in Bethlehem Geborene, der als Kind vor den Häschern des Herodes Zuflucht in Ägypten gefunden hatte. «Nichts Prunkvolleres, abgesehen vom Kapitol in Rom», habe es auf der Welt gegeben, schrieb Ammianus Marcellinus, der letzte bedeutende lateinische Historiker (gest. um 390) über das zerstörte Bauwerk. Mit Sarapis starb ein Gott, dessen Macht in den vergangenen Jahrhunderten allumfassend geworden war. Seine Geschichte begann einst im ägyptischen Memphis, wo Apis in Gestalt eines lebenden heiligen Stiers verehrt wurde (S. 333). Sie endete in den rauchgeschwärzten Ruinen seines Hauses.[8]

2. Gott und Mensch

Geben und Nehmen

Hunderte Fabeln, in denen sich immer neu die Wege der Götter, Menschen, Fabelwesen und Tiere kreuzten, überdauerten in den klassischen Texten der Griechen ebenso wie in den Dichtungen der hellenistischen Jahrhunderte und selbst in den frommen Schriften der frühchristlichen Kirchenväter.[9] Sie dienten dazu, fremdartige Erscheinungen und Vorgänge zu erklären. Verstand, Fantasie und Gefühl nahmen dramatische Ereignisse auf, die Schrecken und Freude wachriefen. Überall waren Götter und Heroen, Geister und Fabelwesen am Werk, während immer neue Erfindungen die Zuhörer in die dunklen Gefilde der Vorzeit, in die goldenen Paläste der Götter, in die Welt der Toten und in die Abgründe der menschlichen Seele führten.

Dies bedeutete unendlich viel. Denn die allzu häufig mit dem Verstand nicht zu durchschauenden Bedingungen des Lebens begannen sich zu ordnen und erhielten ihren tieferen Sinn. Die Mythen erläuterten den Ursprung der Welt und die Erschaffung von Göttern und Menschen. Sie machten verständlich, warum Heiligtümer und Gräber an einem ganz bestimmten Ort heimisch waren und Feste und Rituale alten Bräuchen gehorchten. Sie begründeten Familienansprüche, legitimierten Herrschaft, erklärten die Gründung und den Untergang von Städten und Reichen. Mit einem Wort: Sie verknüpften die Gegenwart mit der Vergangenheit, banden das Unbekannte an das Bekannte, gaben der Furcht eine Gestalt und fassten in Worte und Geschichten, was der Deutung bedurfte.[10]

Die Götter, zu denen die Menschen riefen, waren nicht eifersüchtig wie der Gott der Juden und Christen, der niemanden neben sich duldete. Sie nahmen und gaben, wie es ihnen gefiel. Nichts taten sie umsonst. Sie forderten gebeugte Knie, die Anerkennung ihrer Macht und prächtige Wohnsitze. Vor allem erwarteten sie Opfer und Gaben und dies bei jeder Gelegenheit. Da wir alles von ihnen haben, schrieb der spätantike Philosoph Sallustios in seinem Werk *Über die Götter und die Welt*, sei es gerecht, ihnen als Gegengabe Weihgeschenke zu machen. Ein sinnvoller Kreislauf des gegenseitigen Gebens und Nehmens ist die logische Konsequenz: Der Mensch gibt Gott, weil er Gutes tut, damit er es auch weiterhin tue. Dies galt für den Bauern, der sein Getreide als Gabe der Demeter entgegennahm und ein Teil der Ernte der Göttin zum Geschenk machte. Dies galt für die Herrschenden, die wie König Ptolemaios III. und seine Gattin Berenike den Göttern «bedeutende Wohltaten» erwiesen; dafür, so deuteten die ägyptischen Priester, «haben die Götter ihnen den Bestand ihrer Herrschaft geschenkt; sie werden ihnen allen weiteren Segen auf alle Zeit schenken».[11]

Die Christen haben dieses Geschäft auf Gegenseitigkeit genau beobachtet und als Waffe gegen seine Betreiber genutzt. «Die göttliche Hoheit», höhnte Tertullian, «wird zur feilen Dirne; bettelnd läuft die Religion von Kneipe zu Kneipe; ihr Heiden verlangt einen Preis für den Grund und Boden des Tempels, für das Betreten des Heiligtums. Man darf die Götter nicht umsonst kennen – sie sind käuflich.»[12] Was er dagegen setzte – die Beiträge der Schwachen zur Gemeindekasse –, war allerdings so neu nicht. Der Arme durfte schon immer erwarten, dass sein bescheidenes Scherflein dem Himmel so willkommen war wie die königliche Gabe des Reichen.

Wer gibt, verpflichtet den Empfänger und erzeugt Abhängigkeiten: «Wenn uns die Götter weder helfen können noch wollen, sich um uns überhaupt nicht kümmern, unser Tun nicht beachten und von ihnen her nichts auf das Leben einwirkt», so bilanzierte nüchtern Cicero das Verhältnis zwischen Gott und Mensch, «warum sollen wir dann den Unsterblichen irgendwelche Kulte einrichten?» Doch wehe dem Menschen, der den Göttern vorenthielt, was ihnen zustand; denn sie sahen jede Schuld und verlangten Sühne. Wehe aber auch dem Gott, der gleichgültig auf die Qual der Menschen blickte, denn sie kehrten ihm den Rücken.[13]

Es waren nicht nur die Olympier, die mit diesem Problem rangen. Das Alte Testament erzählt eine Geschichte, in der es um die Frage geht, ob Gott noch Gott sein kann, wenn er seine Diener fallen lässt. «Es war ein Mann im Lande Uz», beginnt sie, «der hieß Hiob. Der war fromm und rechtschaffen, gottesfürchtig und mied das Böse. Und er war reicher als alle, die im Osten wohnen.» Der Zuhörer erfährt von einem Mann, der mit Wohlstand, Familie, Gesundheit und Glück reich gesegnet ist. In seinem Leben hat sich alles erfüllt, was in Israel und anderswo seit alters erhofft wird, und es geht ihm so prächtig, wie es seinen guten Taten und seinem Gehorsam gegenüber den göttlichen Geboten entspricht.

Über diesen Mann kommt es zum Streit zwischen Gott und dem Satan. Denn Hiobs sattes Leben fordert die Frage geradezu heraus, ob er auch im Unglück noch fromm und gottesfürchtig bliebe. Als sich die Kontrahenten nicht einigen können, wetten sie, ob Hiob auch ohne Lohn an Gott festhalten werde. Um dies herauszufinden, stürzt Jahwe Hiob ins Elend, vernichtet seine Habe, tötet seine Kinder. Hiob wehrt sich und dies mit wachsender Erbitterung. In all seinem Schmerz und Kummer beharrt er auf seinen untadeligen Lebenswandel: «Gerechtigkeit war mein Kleid, das ich anzog, und ich erfreute das Herz der Witwe. Ich war des Blinden Auge und des Lahmen Fuß. Ich war ein Vater der Armen, und der Sache des Fremden nahm ich mich an.» Also fordert er Aufklärung von Gott: «Meine Schuld und Sühne lass mich wissen.» Als die Antwort ausbleibt, kommt die Anklage: Gott, der ihn schlug, handle ungerecht:

«Erkennet doch,
dass Gott mein Recht gebeugt
und mich mit seinem Netz
umfangen hat.
Seht, ich schreie: Gewalt!
und bekomme nicht Antwort,
ich rufe um Hilfe und bekomme kein Recht.»

Gott muss sich erklären, muss begründen, warum es gerecht ist, einen unschuldigen Menschen in unverdiente Qualen zu stürzen. Ausweichen kann er nicht. Der Gegenstand der Wette mit Satan stellt seine Existenz infrage. Hiobs Schrei, er möge ihm sagen, weshalb sein gerechter Knecht leide, verlangt nach Antwort, will Gott auch künftig auf seine menschlichen Diener zählen. Die Erwiderung kommt – allerdings anders, als der Gepeinigte erwartet. In einer Rede voller Zorn beruft sich Jahwe auf seine Allmacht, die es keinem Sterblichen gestatte, von ihm, dem Schöpfer des Alls, Rechenschaft zu fordern. Erst, tönt es aus dem Himmel, wenn Hiob, der sich vor ihm mit einer Tonscherbe die Geschwüre schabe, eine Macht, ähnlich der seinen, besäße, seien seine Einwände ernst zu nehmen: «Schmücke dich doch mit Erhabenheit und Hoheit, in Majestät und Pracht kleide dich! Dann werde auch ich dich preisen, weil deine Rechte dir zur Hilfe kommt.»

Gott weicht aus und beruft sich allein auf seine Macht. Die aber hatte Hiob nie infrage gestellt. Die Gerechtigkeit Gottes ist es, über die er Rechenschaft verlangt. Für Hiob und die Tradition, für die er einsteht, ist es die Gleichzeitigkeit von Gabe und Gegengabe, von Gerechtigkeit und Macht, welche Gott zu Gott macht. Trotzdem unterwirft er sich am Ende, gesteht die Sünde des Hochmuts. Er wird für seinen Kniefall reich belohnt. Er lebt noch 140 Jahre und stirbt satt an Leben. Seine Frage aber bleibt unbeantwortet.[14]

Gestellt wurde sie auch von den Griechen. Der lydische König Kroisos, der «mehr als andere Sterbliche den unsterblichen Göttern» gegeben hatte, verlor sein Reich an den Perserkönig Kyros. Er überlebte die Katastrophe, geriet in ehrenvolle Gefangenschaft und bat den Sieger, eine Gesandtschaft zum delphischen Apoll zu schicken und diesen zu fragen, «ob es bei ihm Brauch sei, seine Wohltäter zu betrügen». Auf die erstaunte Nachfrage des Kyros, worüber er denn zu klagen gedenke, antwortete der Gefangene, er habe die Götter über Gebühr mit Geschenken überschüttet und sei zum Dank von Apoll in einen Krieg gehetzt worden, in dem er alles verloren habe. In Delphi angekommen, legte die Gesandtschaft weisungsgemäß die Ketten, mit denen der Besiegte gefesselt worden war, auf der Schwelle des Tempels nieder und fragte den Gott, ob er sich nicht schäme, Kroisos durch einen Orakelspruch zum Krieg gegen das übermächtige Persien verleitet zu haben, indem er ihn glauben machte, das Reich des Kyros zerstören zu können. Ein sichtlich verlegener Apoll verwies in seiner Antwort auf die Sünden der Vorfahren des Klägers, um dann zu erklären: «Dem Schicksal kann niemand entgehen, auch ein Gott nicht.»[15]

Von einem vergleichbaren Unheil, wie es Kroisos widerfuhr, hörten die Athener im Theater. Dort führte ihnen Sophokles in den Jahren vor Ausbruch des Peloponnesischen Krieges, zwischen 436 bis 433, das Schicksal des Oidipus vor Augen. Diesem thebanischen König war es bestimmt, seinen Vater zu beseitigen und seine Mutter zu heiraten, um mit ihr im blutschänderischen Ehebett Kinder zu zeugen, denen er am Ende kein liebevoller Vater sein durfte. Oidipus tat beides, ohne zu wissen und zu wollen, was er tat. Die Tötung des Vaters, den er nicht kannte, war kein Mord, sondern Notwehr, und die Hand der verwitweten Königin nahm der Unwissende als Lohn für die Befreiung von der Sphinx; sie hatte von den Thebanern Menschenopfer verlangt, bis einer ihr Rätsel löste. Als die Götter wegen des befleckten neuen Königs die Stadt mit der Pest schlugen, fragte Oidipus den delphischen Apoll um Rat und machte sich in dessen Auftrag daran, den verborgenen Schuldigen zu finden. Auf der Suche musste er, Retter und Herrscher seiner Stadt, erkennen, dass er selbst der Übeltäter und von den Göttern Verwünschte war. Von eigener Hand geblendet und vom eigenen Fluch aus der Stadt getrieben, ging er ins Exil.

Die Athener und unzählige spätere Zuschauer des Dramas sahen keine Geschichte von Schuld und Sühne. Denn der Mann, der hier ins Unglück stürzte, hatte gewiss allzu eigensinnig die Spuren einer verborgenen Bluttat verfolgt. Aber ein Verbrecher war er nicht. Sein Weg führte ihn erst dann ins Unglück, als er dem Befehl des Apoll nachkam und einem unentdeckten Verbrechen nachging. Warum musste er als Blinder Theben verlassen, obwohl er nur tat, was er tun musste? Auch diesmal hätte Apoll wohl, befragt, warum er einen Unschuldigen ins Unglück stieß, auf das Schicksal verwiesen, das mächtiger als er ist. Überzeugen konnte er so niemanden.

Solche Heimsuchungen haben den Glauben an die Fürsorge der Götter lange Zeit nicht erschüttern können. In der realen Welt war es ohnehin leichter, die Himmlischen von jeder Schuld freizusprechen. So war es, als im Herbst 165 n. Chr. im Osten die Pest ausbrach und eine aus Syrien heimkehrende römische Armee die Seuche nach Kleinasien, Griechenland und Italien brachte. Die Ärzte waren ratlos und die befragten Orakel sprachen davon, die Götter hätten Rom geschlagen, da seine Soldaten die parthischen Heiligtümer geplündert und die Königsgräber geschändet hätten. Das Argument überzeugte und ermöglichte erst Sühnemaßnahmen und dann Dankgottesdienste, als alles vorbei war.

Diesmal waren die Götter wie so oft freigesprochen worden. Wie stark sie allerdings wirklich waren, sollte sich erst herausstellen, als sie ein weit mächtigerer Gott, Schöpfer von Himmel und Erde, Herr des Schicksals, Gebieter über den Tod und Quell der Barmherzigkeit herausforderte.

«Von langer Freundschaft lösest du dich leicht»: Die Götter und der Tod

Die Götter, dem Schicksal unterworfen, waren keine Herren über den Tod. Wer sich anmaßte, es zu sein, starb wie der Heilgott Asklepios. Er hatte einem Toten das Leben wiedergegeben und damit Hades, den Herrscher der Unterwelt, herausgefordert. Zeus, von seinem Bruder unterrichtet, erschlug den Frevler mit einem Blitz.

Mit dem Tod endete auch die Herrschaft der Götter über die Menschen. So gerne sie sich in deren Leben einmischten, so entschieden kehrten sie sich von ihnen ab, wenn es ans Sterben ging. So verließ Apoll Hektor, als dieser dem Achill unterlag, und Thetis trennte sich von ihrem Sohn, als ihn der Pfeil des Trojaners Paris traf. Artemis wandte sich von dem sterbenden Hippolyt ab, obwohl er ihr so nah wie niemand sonst gestanden hatte. Verleumdet von seiner Stiefmutter Phädra, verflucht von seinem leichtgläubigen Vater Theseus schleift ihn sein Pferdegespann zu Tode. Euripides führt Artemis zu ihm, und die Klage des Sterbenden macht die Trennungslinie zwischen Mensch und Gott wie kein anderer antiker Text deutlich:

Hippolyt: Siehst du, o Herrin, wie es um mich Armen steht?
Artemis: Ich seh's, doch Tränen sind mir nicht erlaubt. Leb' wohl. Ich darf Verblichene nicht seh'n, das Aug' nicht trüben mit dem Aushauch Sterbender, und diesem bösen Ausgang seh ich jetzt dich nah.
Hippolyt: Du gehst. Leb' wohl auch du, Glückselige. Von langer Freundschaft lösest du dich leicht.

Wo beide – der Gott und der Sterbende – nichts miteinander zu schaffen haben, kann es keine überzeugende Vorstellung vom Leben nach dem Tode geben. Die Kriterien der Zumessung von Lohn und Strafe – anwendbar etwa in einem Gerichtsverfahren –, Nutzen und Dauer von Bußen, die Beschaffenheit der Seele (kann sie überhaupt gezüchtigt werden?) und ihre Unsterblichkeit bedürfen für ihre genaue Bestimmung der göttlichen Autorität. Da sie fehlte, blieb das Land ohne Wiederkehr für lange Zeit und viele Generationen ein Reich trostloser Schatten.

Erleichterung spendete nur der Gedanke, der Tod kenne keine Zukunft. Nichts gäbe es nach dem Tod, erklärte Caesar, selbst *Pontifex maximus*.[16] Ein Segen sei der Tod für die Menschen, äußerte sich der ältere Plinius. Es sei doch unsinnig, schrieb er, zu glauben, mit dem Tod beginne ein neues Leben. «Dieser Wahn zerstört die vorzüglichste Wohltat der Natur, den Tod, und verdoppelt den Schmerz des zum Sterben Verurteilten durch den Gedanken an sein Dasein auch noch in der Zukunft. Denn, wenn es schön ist, zu leben, wem kann es dann schön sein, gelebt zu haben?»[17] Die Antwort kam aus Jerusalem und war schon in der Welt, als Plinius schrieb.

3. Die Verwandlung der Götter

Die Gottheiten des Orients

Die Kriegszüge Alexanders des Großen veränderten die politische Welt. Der gesamte Vordere Orient und Ägypten wurden hellenisiert. Die griechische Kultur erhielt Weltgeltung und das Mittelmeer wuchs mit allen seinen Randgebieten für tausend Jahre zu einem einheitlichen Kulturraum zusammen. Dort gründeten Alexander und seine Nachfolger Hunderte Städte, die nach griechischem Recht eingerichtet die typischen Erscheinungsformen einer Polis übernahmen. Einige von ihnen entwickelten sich zu Weltstädten, wie Alexandria in Ägypten, Antiochia in Syrien und

Seleukeia am Tigris. Ihre Bürger waren frei und das Territorium ihr Eigentum. Sie unterschieden sich in nichts von den Städten im Mutterland, auch wenn sie von königlichen Landesherren abhängig waren, deren militärischen Schutz sie bedurften. In die Heiligtümer waren die alten Götter eingezogen und beharrten auf ihrer Verehrung. Ihr Kult verbreitete sich mehr als je zuvor und ihre Bilder finden sich noch heute im südlichen Ägypten ebenso wie in den Tälern Zentralasiens.

Was beide, Stadt und König, verband, war der Gegensatz zur orientalischen Bevölkerung. Diese waren vom Bürgerrecht ausgeschlossen und nur ihre sprachlich und kulturell angepasste Oberschicht konnte sozial aufsteigen. So rückten die Neuankömmlinge zusammen. Hatte sie früher die Politik zusammengeschweißt, waren es jetzt die mitgebrachten Kulte, die Opfer, die Feste, die Wettkämpfe und das Theater.

Viele der neuen Gottheiten, die sie vorfanden, vereinnahmten sie, mochten sie bedeutend sein oder nur lokale Größen. In Ägypten etwa verband sich Zeus mit Amun, einem alten Fruchtbarkeitsgott, Apoll nahm Horus, einen Himmelsgott, in sich auf, und Dionysos wurde mit Osiris, dem Herrn des Totenreiches, gleichgesetzt. Die Götter der Fremde, obgleich mit eigenen Namen und eigenen Gestalten versehen, glichen den eigenen und konnten mühelos mit ihnen verschmolzen werden.

Aber es gab natürlich auch Neues, und vieles Alte verschwand oder erhielt eine bis dahin nicht gekannte Bedeutung. Auch wenn dramatische Umbrüche ausblieben, wuchsen in einer sich verändernden Welt doch andersartige religiöse Bedürfnisse. Viele ersehnten sich eine engere Verbindung zum Göttlichen und hofften auf ein besseres Jenseits, als es der Hades des Homer versprach. Gegen ihn hatten sich bereits die Orphiker und Pythagoräer gestemmt. Die einen beriefen sich auf den thrakischen Heros Orpheus, die anderen auf Pythagoras, der im 6. Jahrhundert in Unteritalien gelebt und in Kroton eine religiöse Gemeinschaft gegründet hatte. Beide erklärten ihren Anhängern, dass Körper und Seele verschieden seien und allein die Seele unsterblich.

Dies war auf verschiedene Weise zu deuten. Entweder stammte die Seele von den Göttern und kehrte nach mehrfacher Bewährung in verschiedenen Leben zu diesen zurück. Oder sie war lichte Himmelssubstanz und, obwohl abgestürzt in die Sphäre irdischer Vergänglichkeit, Teil des ewigen Kosmos und durchlief alle seine Bereiche; über die jeweilige neue Körperlichkeit entschieden der Zufall oder ein Totengericht. Einen Platz im Himmel erhielt, wer ein moralisch untadeliges Leben vorwies oder

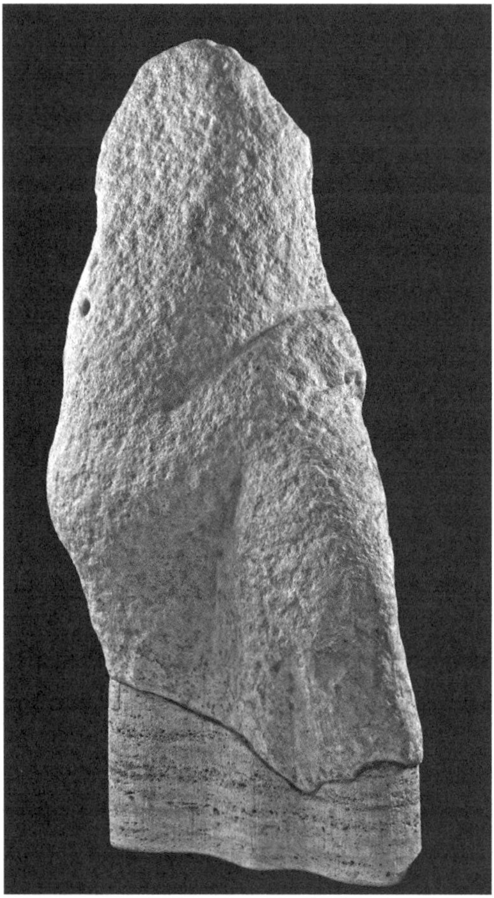

Abb. 41

Die Christen hatten die alten Götter in Dämonen verwandelt, die Erinnerung an sie jedoch nicht auslöschen können. So residierte Venus noch lange im Krater des Ätna oder in Hunderten Felsenhöhlen, wo ihrem Liebeswerben der Ritter Tannhäuser und unzählige Namenlose erlagen. Der Besucher des Trierer Landesmuseums entdeckt dort eine geschundene Statue von ihr, deren einstige Schönheit er nur noch ahnen kann. Als Zeitreisender hätte er sie im 12. Jahrhundert vor der Kathedrale des heiligen Matthias an Ketten aufgehängt gesehen wie eine Hexe. Die an ihr vorübergingen, bewarfen sie mit Steinen, und die Inschrift unter ihr lautete: «Ich ward geehrt als ein Gott. Jetzt steh ich hier der Welt zum Spott.» Es war Leben von ihrem Leben, das die Trierer Bürger zu den Steinen greifen ließ und dessen Lehre ihnen Angst einjagte. Was heute ein Museumsstück ist, war für sie immer noch lebendige Wirklichkeit.

durch eine Mysterienweihe von aller Schuld befreit worden war. Platons Lehre, jenseits der fassbaren Realität gebe es eine unkörperliche, unveränderbare Überwelt und die Seele trage ein Wissen in sich, dass sie nicht auf Erden gewonnen habe, vertiefte den Gedanken an die Unsterblichkeit der Seele. Der himmlische Kosmos und die Hoffnung des Menschen auf Erlösung begegneten sich und begannen ihren Siegeszug durch die Zeit.[18]

Wie die Götter konnte der Mensch allerdings niemals sein. Doch er war, gemessen an seinem homerischen Ausgangspunkt, weit gekommen. Zusammengesetzt aus Unendlichem und Vergänglichem, strebte jetzt ein Teil von ihm danach, sich vom Sterblichen zu lösen, was durch eigene Kraft oder mithilfe der Götter möglich war. Der Sprung zur christlichen Sicht auf die Welt war kleiner geworden: Auch für die Christen war der Mensch in dieser Welt nicht zuhause, vielmehr führte ihn sein göttlich bestimmter Weg über das Irdische hinaus und am Ende aller Tage zu Gott. Dies aber bedurfte der göttlichen Initiative, zwang den Allmächtigen, seinen Sohn auf die Erde zu senden und zum Tod am Kreuz zu verurteilen.

«In Freuden leben und mit besserer Hoffnung sterben»: Die Mysterien

Wo aber war das Heil der Seele zu finden? Die alten Götter verstanden diese Frage nicht. Sie aber schwärte wie eine Wunde, die nicht heilen wollte. So kam es zu einer Renaissance der Mysterienreligionen, die es längst gab, jedoch wenigen Auserwählten vorbehalten waren. Zu den bekanntesten zählten die Mysterien von Eleusis, ein Ort vor den Toren Athens. Sie erinnerten an das Schicksal Persephones, meist einfach «das Mädchen», *Kore*, genannt. In dem homerischen Hymnus an Demeter, geschrieben im späten 7. Jahrhundert, wird sie, die Tochter der Göttin, von Hades, dem einsamen Herrscher der Unterwelt, geraubt. Die tief gekränkte Mutter eilt von Land zu Land, um ihre Tochter zu finden:

> «Brennende Fackeln trug sie in Händen, in leidvoller Stimmung
> Wies sie ambrosische Speise zurück, verschmähte des Nektars
> Honigsüßes Getränk und badete niemals den Körper.»

Die Ernten verkamen, die Aussaat fiel nutzlos in die Erde und das Geschlecht der Menschen wäre umgekommen, hätte Zeus nicht einen Kompromiss gefunden: Den Winter sollte Persephone unter der Erde, den Sommer dagegen bei ihrer Mutter verbringen. Der alljährliche Wachstumszyklus war damit hinreichend erklärt. Persephone ist das Korn, das unter die Erde gebracht werden muss, damit aus dem scheinbaren Tod neue Frucht keimen kann; das Aufsprießen des Getreides ist die Rückkehr, ist die Wiederkehr des Lebens. Der Jubel der Mutter, wenn sie ihre der Unterwelt entsteigende Tochter jährlich neu umarmt, entspricht der Freude der Menschen über das Frühjahr und die erhofften großen Ernten. Zugleich mahnte der Ratschluss des Zeus, Persephone habe ihr Leben zwischen dem Gatten und der Mutter zu teilen, an das Wechselspiel von Leben und Tod, dem kein Sterblicher entrinnen kann. Auch dies prägte die Vorstellung von Demeter und ihrer Tochter, die das Leben geben und denen die Toten gehören. Sie nannten die Athener «Demetreioi» und bestreuten ihre Gräber mit Getreide.

Beide Göttinnen erfahren Leid und Tod, beide überwinden sie, beide durchbrechen die Schranken zwischen Leben und Tod. In Eleusis vollziehen die Eingeweihten ihr Los nach. Sie tragen wie Demeter Fackeln in den Händen, fasten in ihrer Trauer, suchen, was verloren ist, und erleben schließlich die Freude der Wiedervereinigung. Sie gehen mit der Hoffnung, dass auch ihre Sehnsucht nach Leben jenseits der Schwelle des Todes erfüllt wird. Seid guten Mutes, rief Firmicus Maternus, spätantiker Astrologe, den Mysten zu: «Da der Gott gerettet ist, werdet auch ihr von euren Plagen erlöst.» Vierhundert Jahre früher äußerte sich Cicero fast andächtig: Die Mysterien von Eleusis hätten den Weg gewiesen, «sowohl in Freude zu leben als auch mit besserer Hoffnung zu sterben».[19]

Im Zentrum aller Mysterien stand eine Darbietung. Szene für Szene wurde eine Geschichte erzählt, deren Glaubwürdigkeit sich ganz aus der Stimmigkeit ihrer Schilderung und der Kraft der sakralen Weihe ergab. Daraus entstand wie bei der Aufführung eines Dramas eine gespannte Erwartung, auf deren Höhepunkt, der erlösenden Wiedergeburt, alle Beteiligten sich von ihrer Hinfälligkeit befreit fühlten. Schuld und Sühne, Suchen und Finden, Leben und Tod verschmolzen in einem emotionalen Rausch, an den sich zu erinnern oder ihn zu wiederholen, Glück und Seligkeit bedeutete.

Die Mysterienkulte verbreiteten sich mit der Ausdehnung des römischen Imperiums. Unter ihnen ragten nach Eleusis die dem Dionysos, der Isis, der Kybele und dem Mithras gewidmeten heraus. Keiner konkurrierte mit den olympischen Göttern und den bestehenden Kulten. Wer tagsüber Jupiter verehrte, konnte abends seine Gebete an Dionysos richten und sich als Myste weihen lassen. Dort begegnete er Bürgern und Fremden, dort betreuten ihn Priester, die ihren Dienst hauptberuflich versahen, dort suchte er als Individuum im Kreis der Eingeweihten die Nähe zum Göttlichen. Er erfuhr sie in der Trauer um göttliches Leid und im Triumph über den Tod, gemeinsam vollzogen in rituellen Akten, Vorführungen, Tänzen und Gesängen, mal herzbewegend traurig, mal unendlich tröstlich. Missionar wurde keiner, anders als jeder Christ. «Der Gläubige soll das Licht der Welt sein und das Salz der Erde», mahnte der Kirchenvater Johannes Chrysostomos und klagte über die Säumigen, die «statt in der Kirche im Circus, im Theater zu finden sind und mit sonstigen unerlaubten Dingen den Tag verbringen.» Kein Myste brauchte eine solche Predigt zu hören.[20]

«Du bewegst den Erdkreis, erleuchtest die Sonne»: Isis

Die Götter des Olymp liebten und schlugen sich. Ihre Aufgabenfelder waren abgesteckt und konnten nicht straflos überschritten werden. Unterworfen waren sie dem Schicksal, aber sonst niemandem. Selbst Zeus, der gelegentlich mit seiner Macht prahlte, regierte den Himmel nicht als absoluter Herrscher. Die Götter wandelten sich nicht und die Modalitäten ihrer Verehrung blieben die gleichen. Wohl aber veränderten sich ihre menschlichen Untertanen. Sie hörten von den Ritualen in den Mysterien und lauschten Lehren, die aus dem Orient kamen und sich verbreiteten. Sie verbanden mehr und mehr Religion mit Moral, mit Fragen nach den rechten Lebensweisen, mit innerer Gesinnung und individueller Tugend. Gedanken zu Schuld und Sühne, zur Heilung von Körper und Geist, zur Befreiung von Leid und Tod begannen zu wuchern. Sehnsüchte nach einem Erlöser brachen auf und die Hoffnung auf einen Gott, der zugleich ein Heiland war, drang bis in den Raum der Politik.

In dieser Zeit beginnt der Siegeszug neuer Götter mit ungewohnten Ansprüchen. Sie verlangten keine Exklusivität wie der jüdische Gott und keiner forderte den Rückzug aus der Welt. Aber sie wollten für alles zuständig sein und weltweit geachtet werden. Zu ihnen zählte der ägyptische Gott Apis. Seine Geschichte begann im ägyptischen Memphis, wo er in Gestalt eines heiligen Stiers verehrt wurde. Seinen Kult übernahm Ptolemaios I. (gest. 283/82 v. Chr.) unter dem Namen Sarapis und baute ihm in Alexandria ein großes Heiligtum. Dort wurde er als Fruchtbarkeits- und Heilsgott verehrt und seine Anbetung breitete sich schnell im östlichen Mittelmeerraum aus.

Ihm zur Seite trat Isis, auch sie eine ägyptische Göttin. Der Mythos, der ihre Geschicke verbreitete, erzählt die alte Geschichte von Suchen und Finden, von Tod und Auferweckung. Isis fahndet nach ihren ermordeten Bruder und Gatten Osiris, den Vater ihres Sohnes Horus. Sie findet ihn, zerstückelt von seinem Gegner Seth, sammelt die Körperteile und bestattet sie; der Wiedererstandene erhält seine Lebenskraft zurück und wird zum Gott der Unterwelt. Diese mit vielen abenteuerlichen Varianten angereicherte Geschichte wird zum Ausgangspunkt einer Mysterienreligion, die von Ägypten bis nach Britannien und in die Donauländer vordringt. Sie wird in Rom mit ihren geheimnisvollen Zeremonien populär und in den Augen des Staates gar gefährlich. Erst als Caligula im Jahre 38 einen Isistempel auf dem Marsfeld bauen lässt, wird der Kult salonfähig und findet Anhänger bis in die höchsten Kreise. Vespasian und sein Sohn Titus verbrachten die letzte Nacht vor ihrem großen Triumphzug in diesem Tempel, während ihre Truppen in Palästina die letzten jüdischen Widerstandsnester zerstörten.[21]

Ihren Ruhm begründete Isis durch ihre Heilkunst. Ihre größte Freude sei es, Menschen zu helfen, rühmt in augusteischer Zeit der Historiker Diodor, und fügt hinzu, fast die ganze Welt wetteifere, «Isis wegen ihrer Heil bringenden Erscheinungen zu verehren».[22] Dies aber war nur der Anfang. Zunehmend nahm sie andere Göttinnen in sich auf und beanspruchte die Rolle einer Allgöttin. Sie konnte als Beherrscherin des Himmels und der Sterne unter vielen Namen angerufen werden und war für alles zuständig, was im Himmel und auf Erden geschah: «Ich bin Isis, ich bin das All, das Vergangene, Gegenwärtige und Zukünftige», rezitierten die ägyptischen Priester. Sie übernahm zuletzt auch die Rolle der Herrin über das Schicksal, eine Macht, die den Tod aufhalten und neues Leben gewähren konnte. Lucius, der in den Metamorphosen des Apuleius als Esel durch die Lande zieht und am Ende von Isis erlöst wird, preist sein geschenktes Leben und die Himmelskönigin, die es ihm gab:

> «Du heilige, ständige Retterin des Menschengeschlechts, die du immer mildtätig bist, die Sterblichen zu erquicken, die süße Zärtlichkeit einer Mutter zeigst du den Armen in ihrem Leid. Kein Tag und keine Nachtruhe, nicht einmal ein kurzer Augenblick vergeht ohne deine Wohltaten, ohne dass du zu Wasser und zu Lande die Menschen beschirmst, die Stürme des Lebens verscheuchst und deine hilfreiche Hand reichst, mit der du die unentwirrbar gedrehten Fäden des Verhängnisses wieder aufdrehst, die Unwetter des Schicksals beschwichtigst und den schädlichen Lauf der Gestirne hemmst. Dich ehren die Himmlischen, achten die Unterirdischen, du lässest das Himmelsgewölbe kreisen, die Sonne leuchten, lenkst die Welt und trittst den Tartarus unter deine Füße. Dir antworten die Gestirne, kehren die Jahreszeiten wieder, jubeln die Göt-

ter, dienen die Elemente. Zu Land und Meer schützest du die Menschen, und die segnende Rechte streckst du den in den Nöten des Lebens Irrenden hin. Auch des Schicksals verworrene Irrwege bringst du in Ordnung und die Stürme des Geschicks linderst du, und die schädlichen Sterne hinderst du.»[23]

Tiefe Demut prägt diese Sätze. Es fällt nicht schwer, in ihnen die christlichen Marienhymnen des 4. und aller späteren Jahrhunderte wiederzufinden.

Götter im Dienst der Herrschenden

Die hellenistischen Fürsten des Ostens konnten an alte Traditionen anknüpfen, die ihnen eine besondere Nähe zu den Göttern zuschrieben. So herrschten die Seleukiden als Schutzbefohlene des babylonischen Gottes Marduk, und die Ptolemäer traten in der Nachfolge der Pharaonen als Söhne des ägyptischen Gottes Amun-Re auf. Ihre Verehrung war zunächst nur eine Verneigung vor der Tradition, ein Kniefall vor der weltlichen Macht und zugleich ein Akt der Loyalitätsbekundung. Beides gegenüber Zeus zu begründen, fiel nicht schwer. Die Athener feierten den Makedonen Demetrios, als er 291/90 v. Chr. in ihre Stadt einzog, mit einem Hymnus, dem ein Funken Spott beigemischt war: «Andere Götter sind in weiter Ferne oder haben keine Ohren oder existieren nicht oder kümmern sich nicht um uns. Dich aber sehen wir vor uns, nicht aus Holz oder aus Stein, sondern wahr und wirklich.»[24]

Die Ägypter hielten sich an Isis. Sie verehrten die Königin Kleopatra (gest. 30 v. Chr.) als auf die Erde niedergestiegene Isis, als Gesetzgeberin und Erlöserin. Ab 34 führte die Fürstin den Titel *Nea Isis* (Neue Isis) oder «Jüngere Göttin» und trat bei offiziellen Anlässen im Gewand der Isis auf.[25] Schon bei ihrer ersten Begegnung mit Marcus Antonius, dem römischen Herrn des Ostens und später ihr Gemahl, zeigte sie sich als Aphrodite-Isis, als Mitregentin des Dionysos. In dieser Rolle war sie mehr als eine Klientin Roms. Sie existierte als gleichberechtigte Herrscherin und eines Tages vielleicht mit ihrem und Caesars Sohn Kaisarion als Erbin Alexanders – hochfliegende Gedanken, in denen Rom nur als vorübergehendes Schicksal des griechischen Ostens vorkam.[26]

Antonius wusste wie Kleopatra um die Macht religiöser Symbolik. So zog er als «Neuer Dionysos» in viele Städte des Ostens ein, begleitet von jauchzenden Bacchantinnen, umjubelt auf rauschenden Festen, Mittelpunkt großer Umzüge. Ganz Asien war von Opferrauch und Heilsgesängen erfüllt, berichtet Plutarch und übertrieb nur wenig. Denn Dionysos hatte wie Isis viele Götter in sich aufgenommen: «Es gibt nur einen Gott», bekannten seine Anhänger. Er war längst weit mehr als der Gott der rauschhaften Ekstase, als der er einst in den Olymp kam. Jetzt war er der am meisten verehrte Gott des gesamten hellenistischen Raumes und kein Mythos war so lebendig wie der seine. Seine Anhänger beteten zu ihm als Helfer und Tröster, Wundertäter und Heiland. Zudem wollte eine frühe Überlieferung wissen, dass Dionysos als Eroberer weit in Asien eingedrungen war und Indien erreicht habe, auf seine Weise ein Vorläufer Alexanders und nun auch des Antonius.[27]

In Rom hatte die Lehre von der göttlichen Legitimation der Macht mit Caesar Einzug gehalten. Anfang 44 hatte ihn ein Senatsbeschluss zum *Divus Julius* erhoben. Diesem Vorbild folgte sein Adoptivsohn Octavian, und er tat es in der Erwartung, die Spannungen zwischen Alt und Neu, zwischen Einst und Jetzt auflösen zu können, wenn die Götter seine dem Schwert geschuldete Macht legitimierten. Nach Jahrzehnten von Krieg und Not, von denen niemand wusste, ob sie für immer vorbei waren, sehnte sich die ganze römisch gewordene Welt nach dem Einen, der die Trennwand zwischen Himmel und Erde niederreißen konnte. Wer schon an Caesar als «leibhaftig erschienenen Gott» geglaubt hatte, hoffte weiter auf einen universellen Wohltäter.

Octavian wollte sich der sakralen Feierlichkeit, die diesen Sehnsüchten innewohnte, gar nicht entziehen. Als der Senat 39/38 offiziell die Vergottung Caesars vollzog, begann der Adoptivsohn als *Divi filius* aufzutreten. An seiner Seite stand Apoll, der in den Kämpfen um die Macht seine Hand stets fürsorglich über ihn gehalten hatte. Die Kapitäne, die 36 in dem Seegefecht bei Naulochos Sextus Pompeius schlugen, hatten erfolgreich seine Hilfe erbeten, und vier Jahre später siegten sie bei Aktium mit dem Schlachtruf «Apollo». Auf dem aktischen Vorgebirge, auf dem am Tag des Kampfes das Feldlager des Siegers stand, erhob sich wenig später sein Heiligtum. In Rom hatte er im Jahre 36 den Ort seiner künftigen Verehrung durch einen Blitz bestimmt, der auf dem Palatin neben dem Wohnhaus seines Schützlings einschlug. Nach kurzer Bauzeit bildeten Tempel und Wohnsitz des neuen Caesar einen Gebäudekomplex, der, verbunden durch einen Privatzugang, den Herrschersitz heiligte.[28]

Die Verbindung der göttlichen mit der irdischen Macht prägte die Monarchie Roms. Sie war unauflösbar, solange die Götter von allen unbedingte

Staatstreue forderten und die Kaiser die Altäre mit Opfergaben füllten. Als es damit vorbei war und der auf Golgotha Gekreuzigte gesiegt hatte, wurde das Bündnis mit neuen Regeln fortgeschrieben.

4. Rom: Die Eintracht zwischen Himmel und Erde

«Alle Völker», rühmte Cicero, «übertreffen wir an Religiosität und durch die Einsicht, dass alles dem Regiment und der Lenkung der Götter anheimgestellt ist.» Nicht anders, wohl aber mit erstauntem Kopfschütteln, hatte hundert Jahre früher der griechische Historiker Polybios das große Theater der römischen Religion gesehen. Die Grundlage des römischen Staates, vermerkte er verwundert, sei eine beinahe abergläubische Gottesfurcht. Wo immer man hinschaue, dominiere sie das private und öffentliche Leben. Die einzige Erklärung, die er dafür finden könne, sei das Interesse der Herrschenden, die von Natur aus aufsässigen Massen durch die Furcht vor dem Zorn der Götter zu zähmen.[29]

Der Grieche beobachtete richtig und begründete falsch. Nur wenige auf ihre Aufgeklärtheit stolze Römer waren gewillt, den Götterhimmel als Erfindung der Mächtigen abzutun; wer es tat, sprach es nicht offen aus. Vielmehr waren die Römer fromm, auch wenn sie nicht so gefühlvoll beteten wie ihre mittelalterlichen Nachfahren. Sie glaubten an die Macht der Himmlischen und die sanfte Ironie des aufgeklärten Ovid: «Sie sind nützlich, und weil sie nützlich sind, lasst uns an sie glauben», lag ihnen fern. Für sie geruhten die Götter «aufgrund ihrer Vorsehung festzulegen und anzuordnen, was gut und wahr ist». Wer sich an diesem Dogma versündigte, verfiel der Ächtung. Alle Bewohner des Imperiums waren daher aufgefordert, unter der Führung des Kaisers jeder verkehrten Gesinnung abzuschwören: «Ist es doch das größte Verbrechen, zu widerrufen, was einmal von den Alten festgesetzt und bestimmt worden ist und bis jetzt seinen alten Stand und sein Wesen bewahrt. Darum sind wir [der Kaiser] eifrigst darauf bedacht, die unsinnige Hartnäckigkeit (*pertinacia*) jener nichtswürdigen Menschen zu bestrafen, die den alten Religionen neue, bisher nicht bekannte religiöse Sekten entgegenstellen, um uns zum Lohn für ihre verderbliche Willkür von dem abzuschneiden, was uns die Götter einst gewährten.»[30]

Viele, auch fremde Gottheiten, zählten zu den Himmlischen, die ein Römer anrief. Wo immer sich die Legionen Roms zum Angriff auf feindliche Städte rüsteten, bestürmten ihre Feldherrn die heimischen Götter, ihre bisherigen Wohnsitze zu verlassen und nach Rom überzusiedeln, wo ihnen alle Ehren zuteilwürden.[31] Im Jahre 205 v. Chr. etwa beschloss der Senat, die kleinasiatische Göttermutter Kybele (*Magna Mater*) aus Pessinus zu holen. Damals erschütterte während des Krieges gegen Karthago die Angst vor der Niederlage die Moral der Bevölkerung. Die Priester befragten daraufhin die Sibyllinischen Bücher und fanden die Prophezeiung, dieser Gegner könne nur mithilfe der fernen Muttergottheit besiegt werden. Sie wurde in Rom nach einer langen Reise empfangen, wie es ihrem Rang gebührte.

Die Bürgerkriege, die sich durch Caesar zu Weltkriegen steigerten, lehrten beten – nicht, um den Unsterblichen zu gefallen, sondern um ihren Zorn zu besänftigen und die Eintracht zwischen Himmel und Erde neu zu begründen. Das Bild der rächenden Götter war nicht nur im Alten Testament, es war auch in der römischen Vorstellung allgegenwärtig. Wer ihnen rauchende Altäre und tägliche Gebete verweigerte, hatte Grund zur Furcht: «Nie ist durch schrecklichere Leiden des römischen Volkes, nie durch gewaltigere, gerechtere Anzeichen deutlich geworden, dass den Göttern nicht unsere Sicherheit am Herzen liege, sondern die Rache.» Tacitus schrieb diesen Satz, als er mit der Geschichte des Vierkaiserjahres 68/69 n. Chr. begann, in dem nach Neros Tod die Grenztruppen vom Rhein, von der Donau und vom Euphrat in Italien einfielen und erbitterte Schlachten gegeneinander schlugen.

Seine Worte fassten eine überzeitliche Wahrheit zusammen, deren Gültigkeit Rom in den Jahren der Bruderkriege erfahren hatte.[32] Wer dies vergaß, spielte mit dem Feuer: «Was für ein Wahn hat dich gepackt», rief Cicero 54 dem als Zeugen geladenen Vatinius zu, «dass du als Beamter die Auspizien missachtest hast, unter deren Schutz diese Stadt gegründet wurde und auf denen unser ganzer Staat und seine Macht ruht?»[33] Das war dick aufgetragen, aber nicht falsch.

Das Imperium war die größte Leistung Roms. Ein Römer hätte hinzugefügt: und der Götter. «Dein ist, so du den Göttern dich beugst, das Reich», schrieb Horaz, und niemand zweifelte, das es so war.[34] Die Herrschaft über die Welt war der verdiente Lohn für die strikte Befolgung göttlichen Gebots. Nahezu gleichzeitig mit Horaz bewies Livius seinen Lesern, die ihn auf seinem langen Gang durch die Geschichte begleiteten, das dem so war: «Ihr werdet finden, dass denen, die den Göttern gehorchten, alles glückte, die aber, die ihnen respektlos begegneten, ins Elend fielen.»[35] Diese Zuversicht, ein von den Göttern auserwähltes Volk zu sein, lebte selbst dann noch, als Jahrhunderte nach Horaz und Livius die Macht Roms wankte. Der heidnische Senator Symmachus lieh 384 n. Chr. der göttlichen Roma seine Stimme. Auf die Missachtung der alten Religion, rief er für sie, könne nur Unheil, Hunger und Not folgen. Denn «der Dienst an den Göttern hat den Erdkreis unter meine Gesetze gebracht, er hat Hannibal von den Mauern, vom Kapitol die Senonen zurückgeworfen».[36]

Dreißig Jahre später oblag es dem wirkungsmächtigsten Diener Christi, dem Satz einen neuen Sinn zu geben. Augustinus erläuterte, Rom sei zwar als die Tochter des verfluchten Babylon gegründet worden. Aber «Gott gefiel es, durch Rom den Erdkreis zu unterwerfen, ihn in eine einzige Staats- und Gesetzesgemeinschaft zu überführen und weit und breit zu befrieden».[37]

Vergil hatte noch von einem «Reich ohne Ende» geträumt. Damit war es vorbei, als Rom die Waffen streckte. Jetzt galt die Vision des Augustinus: «Himmel und Erde werden vergehen. Vergehen wird, was Gott selbst gemacht hat, um wie viel schneller, was Romulus begründet hat.»[38]

XII

Das Land ohne Wiederkehr

«Seele, Du, schweifende, zärtliche,
Leibes Gefährtin und Gast,
Nun führt ins düstere Reich
Fröstelnder Schatten dein Weg,
Und nie scherzest du fürder wie einst.»

Das letzte Gedicht des Kaisers Hadrian (Übers.: F. Jaffé)

«Wir haben zu bedenken, dass wir der Welt entsagt haben und nur als Gäste und Fremdlinge hier leben. Mit Freuden wollen wir den Tag begrüßen, der jedem seine Heimat zuweist, der uns von hinnen nimmt, der uns von den Fallstricken der Welt befreit und dafür dem Paradies und dem Himmelreich zurückgibt. Wer würde, wenn er in der Fremde weilt, sich nicht beeilen, in die Heimat zurückzukehren?»

Cyprian, Bischof von Karthago

1. «Der Tod ist nicht vergleichbar mit dem Leben. Er ist ein Nichts.»

Die Würde des Lebens

Mit dem Wachsen der christlichen Gemeinden veränderte sich vieles, was unverrückbar schien: Die Toten drangen in die Städte ein – nicht von heute auf morgen, schon gar nicht triumphierend, aber zäh und unaufhaltsam. Sie stürzten, nein, sie höhlten einen der ältesten Grundsätze städtischen Lebens aus und ihre stille Gegenwart innerhalb der Stadtmauern bezeugte den Anbruch einer neuen Zeit.

Griechen und Römer hatten vom ersten Tag ihrer Geschichte an die Toten aus ihrer Mitte verbannt und sie hinausgetragen vor die Tore der Stadt. Dort bestattete man die Armen und Sklaven in Massengräbern, später, seit dem 3. Jahrhundert n. Chr., pochten auch sie auf eigens angelegte

Friedhöfe. Die Gräber der Mächtigen und Reichen hob man auf beiden Seiten längs der großen Ausfallstraßen aus – zwei schmale Grabkordons, die sich quer durchs Land zogen und zusammen mit den Statuen und Ehreninschriften noch lange von Noblesse und großen Taten erzählten. An alle, Arme und Reiche, und an die Seligkeit des Lebens erinnerten sich die Angehörigen an den Tagen, an denen die Stadt alljährlich ihre Toten ehrte. Dann schmückten die Familien die Gräber, brachten Opfer dar, richteten ein Festmahl aus und sprachen davon, dass an diesem Tag die Toten heraufkommen und in der Stadt umhergingen.

Über den Gräbern erhoben sich Grabsteine und ihre Inschriften bedrängten jeden, der des Weges kam. «Halt an», forderte eine den Wanderer vor den Toren Roms auf, denn über das Leben einer vorbildlichen Frau gilt es zu berichten:

> «Es deckt der schlechte Grabstein eine schöne Frau.
> Mit Namen nannten Claudia die Eltern sie;
> Mit eigner Liebe liebte sie den eignen Mann;
> Zwei Söhne gebar sie; einen ließ auf Erden sie
> Zurück, den anderen barg sie in der Erde Schoß.
> Sie war von artiger Rede und von edlem Gang,
> Versah das Haus und spann.»[1]

Es war ihr Leben, das wichtig war, nicht ihre Hoffnungen auf Kommendes. Und es war ihre soziale Rolle und nicht die Trauer der Hinterbliebenen, von der sie dem Wanderer erzählte. Sie tat es mit großer Meisterschaft, nur übertroffen von Vergil, der in einem Grabhügel an der Straße von Neapel nach Puteoli liegt: «Mantua gab mir das Leben, Kalabrien nahm es, Neapel birgt mich; Weiden besang, Felder und Fürsten mein Lied.» Auch die Großen sprachen von ihrem diesseitigen, nicht vom jenseitigen Leben. Seines Vaters Wunsch sei gewesen, rühmte ein Meteller, «als Kämpfer der erste zu sein, bester Redner, bester Feldherr». Andere, weniger Erfolgreiche, hatten Belehrendes im Sinn und hoben den Zeigefinger: «Ich habe armselig gelebt», jammerte der eine, um mit der unbeholfenen Lebensweisheit fortzufahren, «darum rate ich euch: genießt das Leben mehr als ich es getan habe.» Der andere sagte es eleganter, meinte aber dasselbe: «Schönen Frauen versagt nicht die Wonnen der Liebe: Was noch bleibt nach dem Tod, verzehren Feuer und Erde.» Das letzte Wort eines alten, ohne Reue gestorbenen Sünders fasst alles zusammen: «Bäder, Wein und Frauen zerstören unsere Körper – aber sie machen das Leben aus.»[2]

Es sind über hunderttausend Grabinschriften erhalten geblieben. Sie gestalten einen vielstimmigen Chor, enthalten aber eine Grundmelodie: Sie nennt den Namen, das Alter (nicht immer das richtige) und das Todesdatum, spricht über Familie, soziale Stellung, Taten und Kinder. Auch Verwünschungen gegen Feinde, derer man im Leben nicht habhaft werden konnte, werden angestimmt. Sein Freigelassener sei ein Wegelagerer, flucht ein Patron, und eine Mutter jammert, ihr Kind sei das Opfer von Giftmischern geworden. Kurz: Es wird über alles, was das Leben ausmacht, unverblümt geredet, doch es wird nichts gesagt über das, was das Jenseits bereithält.

Dieses Land ohne Wiederkehr blieb für die Mehrzahl der Menschen ein Reich trostloser Schatten. Es besaß nichts, was hoffen ließ. Selbst sein Herrscher Hades lebte in der ständigen Furcht, die Erde könnte aufbrechen und sichtbar werden, was grässlich und Göttern und Menschen verhasst war. Seine Bewohner waren ungreifbare Schatten, «Häupter ohne Lebenskraft», von ihren Stimmen war nur ein Fledermausschrei zu hören und von ihrem Geist ein wirres Murmeln. Gab ihnen einer der seltenen Besucher aus der Welt des Lichts für kurze Zeit die Erinnerung und den Geist wieder, so sprachen sie von dem, was sie einst auf Erden waren, und was sie wieder werden wollten – um jeden nur denkbaren Preis: «Lieber wäre ich auf der Erde ein Tagelöhner bei einem anderen, einem Armen, der nicht viel zum Leben hat, als Herrscher über alle dahingeschwundenen Toten», rief der Schatten des Achill, als sein irdischer Besucher Odysseus ihn als den ersten aller Helden preisen will.[3]

Sein Wunsch blieb ungehört, denn die Götter wollten mit dem Tod nichts zu schaffen haben (S. 327 f.). Dies gab dem Erdenleben einen besonderen Reiz und verlieh ihm einen ungeheuren Wert – selbst dann noch, wenn Leid und Not es zu übermannen drohten. Das nicht zu vergessen, beschwor Hekuba ihre Schwiegertochter Andromache, als diese sich beim Anblick ihres und ihrer Heimat Unglück den Tod wünscht: «Mein Kind, der Tod ist nicht vergleichbar mit dem Leben. Er ist ein Nichts. Doch diesem bleibt vergönnt die Hoffnung.»[4]

Hoffnung auf mehr, auf das Weiterleben jenseits der Schwelle des Todes, wies nur ein Weg: Die Erinnerung der Menschen an ruhmreiche oder wenigstens erzählenswerte Taten, auf welchem Feld sie auch immer begangen wurden. Dieses Bewusstsein leitete bereits die Helden Homers, deren heroisches Leben nach einem dramatischen Finale drängte, das ihre Größe ein letztes Mal bestätigen sollte. Es beherrschte die Athener im 5. Jahrhundert, wenn sie mit Thukydides den Hass ihrer Unterworfenen mit ihrem Nutzen verglichen: «Hass währt nicht lange, aber der Glanz von heute ist der Ruhm von morgen, für immer im Gedächtnis der Menschen bewahrt.»[5]

Den römischen Adel trieb es in den Staatsdienst. Nur er versprach die «Ewigkeit der Zeiten» (*in aeternitate temporum*), nur er rückte die großen Kriegshelden in die Nähe der Götter. Militärische Taten wurden nicht nur zur Eignungsprüfung für jeden, der nach Ämtern und Ansehen strebte. Sie gewährten auch das Maß an Ruhm, nach dem Unsterblichkeit zugemessen wird. «Wenn einem das Recht zusteht, hinaufzusteigen in die Gefilde der Himmelsbewohner, so steht nur mir das große Himmelstor offen», prahlte Scipio Africanus, der den Karthager Hannibal besiegt hatte. Sein Lied sangen in der Folgezeit viele und es klang in den Ohren der Mächtigen lange überzeugend. «Der Ruhm allein», versicherte ihnen Cicero, «tröstet uns durch das Andenken der Nachwelt über die Kürze des Lebens hinweg; er allein hat die Wirkung, dass wir als Abwesende anwesend, als Tote lebendig sind; endlich erlaubt er allein den Menschen, sich wie auf Stufen bis in den Himmel zu erheben.»[6] Seit Augustus zweifelten auch die Dichter nicht daran, dass sie zu diesen Auserwählten gehörten. Ovid sprach für sie alle:

«Aber durch dieses Werk
werde ich fortdauern und mich
hoch über die Sterne emporschwingen
und mein Name wird unzerstörbar sein.»[7]

Die Wandlungen des Totenreiches

Das Reich der Toten, von Homer als Ort des Schreckens beschrieben, veränderte sich. Die Spannung zwischen der Kürze eines von Freud und Leid geprägten Lebens und der Dauer der jenseitigen Trostlosigkeit entlud sich in neuen Bildern. Den ersten Einspruch gegen die alten forderte die erschreckende Erkenntnis heraus, dass nach dem Tod jedermann, ob hoch oder niedrig, ob gut oder böse, das gleiche Schicksal zugeteilt bekam. Bereits Homer und Hesiod hatten sich dagegen gewehrt und bauten im Hades einen furchtbaren Abgrund, den Tartarus, «so weit unter der Erde, wie der Himmel über der Erde ist».[8] An jenen Ort stürzten die Götter ihre Feinde, die Titanen, dort ließen sie die Frevler büßen: Tantalos, der nach den Früchten greift, ohne sie je zu erreichen, Sisyphos, der den zurückrollenden Fels wieder und wieder und immer vergeblich nach oben zu stemmen versucht, Ixion, für immer aufs Rad geflochten. Von ihrer Schuld ist nicht die Rede. Aber die Folter, unter der sie litten, bewies, dass es für schlimme Vergehen unerhörte und ewige Strafen im Jenseits geben konnte.

Der Hölle des Tartarus entgegengesetzt lag das Elysium. Dorthin, wo kein Schnee oder Regen fällt, wollten die Götter Menelaos führen, den König von Sparta – nicht aufgrund seiner Verdienste, sondern weil er Helena geheiratet hatte und damit der Schwiegersohn des Zeus war. Der Äneas des Vergil sah jenen Ort und beschrieb ihn:

> «[Wir] kamen zum Orte der Freude, zu lieblich-leuchtender Grünung
> glückgesegneter Haine, zu der Seligen Wohnsitz.
> Fülle des Äthers umwebt das Gefild mit pupurnem Lichte,
> eigene Sonne kennen sie hier und eigene Sterne.»[9]

Zunächst waren es nur die Helden, die von einem solchen Ort träumen durften. Aber allein seine Existenz enthielt das Versprechen, dass der Gute und Gerechte, wer immer er sei, die Seligkeit schaut und der Böse seine Strafe findet. Da niemand an eine willkürliche Verteilung von ewigem Glück und ewigem Unglück glauben mochte, betraten Totenrichter die Bühne. Sie hatten über die Frage, wer «gut» und wer «böse» war zu entscheiden, wenn sie den einen in den Tartarus verbannten und den anderen ins Elysium führten.

Die frühen Christen haben diese Topografie des Jenseits übernommen. Vor die Wahl gestellt, zwischen einer einförmigen Totenwelt – etwa dem jüdischen Scheol – und einer zweigeteilten Welt – Hades und Elysium – entscheiden zu müssen, stimmten sie für Letzteres. Die Kriterien allerdings, nach denen Lohn und Strafe in einem himmlischen Urteil zugemessen wurden, entwickelten sie neu. Nichts von dem, was die heidnische Vorstellung prägte, hatte Gewicht vor dem Richterstuhl des auf Erden Gekreuzigten. Dort zählte nur die Einhaltung der Gebote, dort versprach nur ein sündenfreies Leben den Verstorbenen, «dass sie der Ruhe und der ewigen Glorie teilhaftig werden, und in diesem süßen Trost wird auch der Leib im Grabe unter den Schutz der heiligen Engel im tiefsten Frieden ruhen».[10]

2. «Mit den Sternen vereint»: Das Versprechen des Gekreuzigten

Die Ansprüche der Toten

Der von den Toten auferstandene Sohn Gottes, so hatte Paulus den Gläubigen versichert, wird noch einmal wiederkehren und «er wird unseren nichtigen Leib verwandeln, dass er gleich werde seinem verherrlichten Leibe».[11] Ohne diese Gewissheit war alles nichts. «Durch den Tod hat der Herr seinen Zögling wieder zu sich genommen», versicherte denn auch das Grabgedicht des Diakons Auspicius aus Trier seinen Besuchern. Und was Gott mit ihm vorhatte, wusste es ebenfalls: «Indem er Auspicius von der Erde nahm, hat er ihn mit den Sternen vereint.»[12] Die Inschrift endet mit dem Bild eines von zwei Tauben flankierten Christogramms. Es ist das Zeichen der Erlösung: «Ich glaube nämlich», erklärte der Kirchenvater Origenes die symbolische Bedeutung der Tauben, «dass die, welche die Kraft des Heiligen Geistes empfangen haben, gleich ihm, der in Taubengestalt erschien, taubengleich werden. So können sie aus dem Reich des Irdischen zum Himmel auffliegen, getragen von den Flügeln des Heiligen Geistes.»[13]

Dort empfingen sie die Märtyrer. Sie hatten sich als Erste das Recht erstritten, nicht auf den Jüngsten Tag warten zu müssen, sondern in ihrer Todesstunde unmittelbar vor Gottes Richterstuhl treten zu dürfen. Justin, zeitlebens ein Mann der Feder und beredter Apologet seines Glaubens, um 165 von seinem römischen Richter gefragt, ob er vermute, in den Himmel aufgenommen zu werden, um dort göttlichen Lohn zu empfangen, antwortete: «Ich vermute es nicht, ich weiß es.»[14] An den himmlischen Freuden wollten alle teilhaben, selbst wenn sie, anders als die Glaubenszeugen, statt Lohn nur Gnade erbitten konnten.

Im Licht dieser Überzeugung gerieten die überkommenen Bestattungsrituale ins Kreuzverhör der Theologen. Wer mit dem heiligen Hieronymus die Welt als «Todeszelt» verstand, das früh zu verlassen ein Geschenk Gottes sei, wer gar hoffte, in der Stunde des Todes von Engeln in die Arme Christi oder in Abrahams Schoß getragen zu werden, der konnte sich schwerlich am Grabe seiner Angehörigen Asche aufs Haupt streuen. Als Erstes lehnte er die Verbrennung des Leichnams ab, da das, was am Menschen aus Erde gemacht war, wieder zu Erde werden muss. Dann erregte die allzu laute Klage um den Toten den Verdacht, hier liege einer, der wohl vergeblich auf Vergebung seiner Sünden hoffe, obwohl man auch auf sei-

Abb. 42

Himmel und Hölle der frühen Christen hatten viele Gesichter. Eines malte bereits der Evangelist Lukas, als er das Gleichnis vom armen Lazarus und dem begüterten Mann (16,19 ff.) vortrug. Der eine lebt in Saus und Braus, der andere, hungrig und mit Geschwüren übersät, hascht nach den Brosamen vom Tisch des Reichen. Beide sterben in einer Nacht. Den einen tragen die Engel in den Himmel, der andere erwacht in der Hölle. Von dort sieht er Lazarus in Abrahams Schoß und fleht um Wasser, um seine Qualen zu lindern – vergeblich. Denn die Kluft, ruft ihm Abraham zu, die Himmel und Hölle trennt, ist unüberbrückbar. Zudem habe er im Leben Gutes, Lazarus jedoch nur Böses empfangen, nun würde er gepeinigt, der Arme aber getröstet. Das lukanische Gleichnis hat bis weit ins Mittelalter hinein die Vorstellung von Himmel und Unterwelt bestimmt; die Bernwardsäule im Dom zu Hildesheim (um 1020) zeugt davon.

nen Grabstein schrieb, «mögest Du leben in Gott (*vivas in Deo*)». Weit sinnvoller war es doch, die Todestage von Vater und Mutter als ihre Geburtstage in die Familienchronik einzutragen und mit dem karthagischen Bischof Cyprian zu erklären, «um Verstorbene klagen nur solche, die keine Hoffnung haben».[15] Selbst das Bekränzen der Gräber kam in Verruf, da das dafür aufgewandte Geld guten Werken zukommen müsse, nicht aber den Toten, die nichts mehr davon hätten.

Wie so oft erwies sich die Tradition als stärker denn die radikale Auslegung christlicher Hoffnungen, triumphierte das Leben über das Jenseits, auch wenn vieles anders wurde. So trauerten die Christen in Ost und West wie ihre heidnischen Nachbarn an den Tagen der Totenfeste und ließen es sich von keinem eifrigen Kleriker nehmen, an den Gräbern ihrer Verstorbenen, die man in Gott geborgen wusste, Liebesmahle zu feiern. An ihnen nahm der Tote auf einem leeren, mit Blumen geschmückten Ehrenplatz teil. Nicht selten ging es dabei fröhlich zu: «Es gibt viele», tadelte Augustinus, «die aufs schwelgerischste bei den Toten trinken und essen und sich betrinken.»[16] Wie immer bei solchen Anlässen lud der große den kleinen Mann ein und bewies – ganz wie Caesar, der beim Tode seiner Tochter Rom zum Leichenschmaus geladen hatte – Großmut und spendable Laune.

Paulinus etwa, um 410 zum Bischof von Nola gewählt, berichtet, der Senator Pammachius habe zum Gedächtnis seiner Frau Paolina ein großes Mahl in der Peterskirche gegeben, bei dem die Volksmenge nicht nur die Schiffe der Basilika füllte, sondern auch das Atrium.[17] Nur mächtige Kirchenfürsten wagten, dagegen einzuschreiten. Einer von ihnen war Ambrosius von Mailand, der solche Gelage in den Märtyrerkirchen seiner Diözese verbot – woraufhin Monika, die Mutter des Augustinus und nach ihrem Tod als Heilige verehrt, vor den Toren der Kathedrale zurückgewiesen wurde, als sie dort arglos und wie in ihrer nordafrikanischen Heimat mit einem Essenskorb erschien.

Die Kirche bemächtigt sich der Toten

Die Episode beweist, dass die offizielle Kirche nicht bereit war, den Umgang mit den Toten den Gläubigen zu überlassen. Die Lehre von der ewigen Seligkeit nach dem Tode hatte dem Leben einen völlig neuen Sinn gegeben und über ihn wachten die Bischöfe allein. Sie legten ihre Hände auf die Toten und drängten sich zwischen den Einzelnen, die Familie und die Stadt; am Ende beanspruchten sie die alleinige Zuständigkeit für Begräbnis und Totengedenken. Widerstand ahndeten sie mit dem Ausschluss aus der Gemeinde, deren Herren sie geworden waren: «Der Bischof ist in der Kirche, und die Kirche ist im Bischof», schrieb Cyprian Mitte des 3. Jahrhunderts an seine Gemeinden und fügte streng hinzu: «Wenn einer nicht mit dem Bischof ist, so ist er auch nicht in der Kirche.» Die Anmaßung, die in diesen Worten steckte, störte niemanden mehr.

So gab es auch keine Widerreden, als die Bischöfe über den Ort der Grablegen entschieden und das Gesicht der Städte veränderten. Als Erstes trennten sie die Gläubigen nach dem Tod von den Heiden und legten außerhalb der Städte eigene Friedhöfe an, die der Klerus verwaltete. Seiner patronalen Fürsorge oblag es nun, Arme wie Reiche zu bestatten, diese in Mausoleen, jene in den unterirdischen Gängen der Katakomben oder auf eigenen Friedhöfen, die früh zu Begegnungsstätten der Gemeinden wurden. Wie wichtig diese waren, zeigen die Verfolgungsedikte seit der Mitte des 3. Jahrhunderts, die den Christen das Betreten ihrer Friedhöfe verboten.

Die Entscheidung über den Ort des Begräbnisses ergänzten Erlasse über das Beisetzungsritual. Zum Vorbild erklärten die Bischöfe die Bestattungen von Klerikern und verlegten den Abschied jedes Christen von der Welt in den sakralen Raum des Gotteshauses. Gleichzeitig erlaubten sie den Toten, ihr Grab in der Nähe der Märtyrergräber zu suchen. Bald drängten sich auf den Friedhöfen die Särge der Frommen um Märtyrerkapellen oder Kirchen, die Reliquien aufbewahrten. Am Jüngsten Tag, so hofften sie, wenn Rechenschaft vor Gottes Richterstuhl gefordert werde, könnten sie gemeinsam mit den Heiligen in den Himmel aufsteigen. Dort sollten diese als Anwälte für die armen Seelen sprechen, Fürbitte tun für alle armen Sünder und ihnen den Weg ins Paradies bahnen. Der Spott des heidnischen Philosophen Eunapios (347–414) traf ihre Rolle schon richtig: Sie handelten wie «Minister und Botschafter bei den Göttern, um die Gebete der Menschen zu überbringen».[18]

Diese Funktion übten sie lange aus. Ihr Ruhm als Anwälte vor Gottes Thron war auf vielen Portalen und Bildern zu bestaunen. Einem durfte der Londoner Bauer Thurkill bei seiner himmlischen Arbeit zusehen, als ihn im Jahre 1206 eine Vision des Jüngsten Gerichts überfiel und er beklommenen Herzens beobachtete, wie der Apostel Paulus und der Teufel an der Seelenwaage saßen. «Bei dieser Wägung der Seelen, oder besser: Wägung der Verdienste, ging es sehr unterschiedlich zu. Mitunter legte der Apostel nur das kleinere seiner beiden Gewichte auf die Waagschale, und sie war doch schwerer als die beiden Gewichte des Teufels.»[19]

Kaum verwunderlich, dass nur wenige guten Mutes waren, wenn sie an diese Prüfung dachten. Zu ihnen zählte sich Ursinianus, Subdiakon aus Trier. Ihm hatte seine Frau Ludula den Grabstein setzen und darauf meißeln lassen, unter diesem Hügel ruhten die Gebeine eines Mannes, «der es verdient hat, den Gräbern der Heiligen beigesellt zu werden, und dem weder der wütende Tartarus noch strenge Strafe schaden werden».[20] Es waren die Verdienste eines Klerikers, von denen die Ehefrau sprach. Er ruhte mit Zustimmung des Bischofs nahe den Gebeinen des heiligen Paulinus, zusammen mit den Jungfrauen, den Mönchen und seinen Amtsbrüdern, vor den einfachen Laien. Nur die Mächtigsten unter ihnen konnten diese Hierarchie durchbrechen, die so gar keine Rücksicht auf Taten im Dienst des Staates nahm.

Ausnahmen gab es auch hier. Zu ihnen gehörte Probus Petronius, Konsul des Jahres 371, Günstling des kaiserlichen Hofes und so berühmt, dass zwei vornehme Perser 389 nur deshalb nach Italien gereist sein sollen, um ihn und den Ambrosius zu sehen. Bald darauf starb er, nachdem er sich hatte taufen lassen. Von den Großen des Reiches öffentlich betrauert, senkte man seinen Leichnam in einem prachtvollen Marmorsarkophag in die Grabstätte des Apostels Petrus. Dort fand ihn das 16. Jahrhundert, bedeckt mit schweren Goldfäden, die einst sein längst zerfallenes Totengewand durchwirkt hatten. Umgeben war er von einfachen frühchristlichen Gräbern. Auf ihnen riefen in rührend hilflosen Inschriften die Toten Christus, Petrus und Maria an. Ihnen beigesellt waren Grablegen fränkischer, angelsächsischer und langobardischer Krieger, die nach ihrer Bekehrung ebenfalls den Schutz des mächtigen Kanzlers gesucht hatten, der die Schlüssel zum Himmel in Händen hielt.

Kaum einer mochte so selbstbewusst von seinen Verdiensten überzeugt sein wie dieser Petronius oder der Diakon aus Trier. Aber alle hofften, mit Unterstützung der Heiligen das Leben besser bewältigen zu können und danach einen gnädigen Richter und das Himmelreich zu finden. Beides versprachen die sterblichen Gebeine der Heiligen und der fromme Umgang mit ihnen. «Sie beschirmen uns», versicherte Maximus, im frühen 5. Jahrhundert Bischof von Turin, seinen Zuhörern. Sie tun es, «solange wir in unserem Körper leben, und sie nehmen uns auf, wenn wir von unserem Körper scheiden, hier, damit uns kein Sündenmakel verderbe, dort, damit uns nicht der Schrecken der Hölle befalle. Denn deshalb haben die Vorfahren dafür Sorge getragen, dass wir unsere Körper den Gebeinen der Heiligen beigesellen, damit, während der Tartarus die Heiligen fürchtet, uns keine Strafe treffe, und, während Christus die Heiligen umstrahlt, das Dunkel der Finsternis vor uns zurückweiche!»[21]

Der Einzug der Toten in die Städte

Noch lagen die Friedhöfe außerhalb der Stadtmauer, im Umkreis einer Märtyrerkirche. Einige waren inzwischen weit über die Stadtgrenzen hinaus berühmt geworden und zogen die Toten von nah und fern in ihren Bann. In den Chroniken von Arles wird berichtet, dass die Menschen am Oberlauf der Rhône die Särge ihrer Verstorbenen dem Fluss übergaben und Geld in die Schiffe legten, damit die Bürger von Arles die Toten bargen und auf dem Friedhof Alichamps begruben, dort, wo die Nähe zum Grab des heiligen Honoratus schnelle Hilfe am Jüngsten Tag versprach. In Rom drängten sich die Gräber und Mausoleen der Vornehmen nicht nur an die Kirchen der großen Märtyrer, sondern ebenso an die Petrus und Paulus geweihte Basilika (heute *San Sebastiano*); dorthin sollen in den Jahren der Verfolgungen des Decius und Valerian (249–260) die Leiber der Apostel in Sicherheit gebracht worden sein. Der Ort blieb nach der Rückkehr der Reliquien an ihren angestammten Ort heilig.[22] Wie immer es tatsächlich gewesen sein mag: Alle bedeutenden Märtyrerkirchen wuchsen zu Zentren großer Nekropolen und Sitzen mächtiger Abteien wie Saint-Germain in Paris, Saint-Seurin in Bordeaux oder Saint-Sernin in Toulouse; sie alle bildeten die Kernzellen neuer Vorstädte.

Am Ende kapitulierten die Städte, brachen mit ihrem ersten Gründungsgesetz und öffneten den Toten ihre Tore. Wenig später kam der Tag, als ein zweites, ebenso ernstes und heiliges Tabu der antiken Gesellschaft zerbrach: Das Grab verlor sein wesentliches Merkmal, unzerstörbarer Besitz des Toten zu sein. Wer sich an ihm vergriff, wer gar die sterblichen Überreste teilte, auf dem lastete tausend Jahre lang der schwere Fluch der Götter. Ihn hob der neue Gott nun auf und gestattete seinen Dienern, die Gräber der Heiligen zu öffnen und ihre Überreste ganz oder in Teilen in die Gemeinden zu schaffen. Dort sollten sie den Lebenden beistehen und den Toten Fürsprache vor Gott gewähren. So senkten sich die Reliquien der Heiligen in die Altäre auch der innerstädtischen Kirchen, als die Eroberungen der Barbaren zwangen, die großen Friedhofskirchen in den Schutz der Stadtmauern zu verlegen.

Es wurde die Geburtsstunde der städtischen Friedhöfe. Für lange Jahrhunderte ruhten nun die Toten nicht am Stadtrand, fern von den Lebenden, sondern rund um die Pfarrkirche, wo die Gemeinde jeden Sonntag zusammenkam, die Verstorbenen aufgebahrt wurden und ihren letzten, nunmehr sehr kurzen Gang antraten. Die Gemeinschaft der Lebenden und der Toten war fester als je zuvor geworden. Nicht jedoch die der Stadtbürger: In dem Maße, in dem die Kirche die Sorge um die Toten an sich zog, wandte sich die christliche Familie an sie und nicht mehr an die Nachbarn, um mit ihnen der Toten zu gedenken. Der Abschied von der Antike war gründlich und unumkehrbar.

XIII

Der Kampf um den Glauben im Schatten des Allmächtigen

«Ich hielt es für richtig, zwei Sklavinnen der Folter zu unterwerfen, um die Wahrheit zu erfahren. Ich fand nichts als einen minderwertigen, maßlosen Aberglauben.»
Plinius an Trajan

«Im Sturm der Geschichte haben immer wieder nur die Gesellschaftsorganisationen sich schließlich behaupten können, die religiös begründet waren. Vom Römerreich blieb die römische Kirche. Auch in ihr blieb im Zentrum das unerhörte, einmalige, freiwillige Opfer, in dem der Wille des Vaters mit dem des Sohnes eins wird, wiederholt im heiligen Mahl, das durch Anerkenntnis der Schuld Erlösung wirkt. Dauerhafte Ordnung ist so zustande gekommen, Fortschritt der Kultur, in dem doch die Gewalttätigkeit des Menschen konserviert geblieben ist.»
Walter Burkert

1. Der Glaube an den Mensch gewordenen Gott

Es käme einer Todsünde gleich, die Anfänge des Christentums als Sozialgeschichte zu beschreiben. Hätte sich der Glaube allein durch seinen sozialen Nutzen definiert, also mit einer diesseitigen Funktion, wären seine Tage schnell gezählt gewesen. Dies ist die eine Seite der Wahrheit. Die andere besagt, dass sich eine Religion nicht völlig ins Jenseitige flüchten kann. Denn die Welt ist erfüllt von Niedertracht und der Mensch ist keineswegs von Natur aus gut. Er ist vielmehr auf seinen Nutzen bedacht, von hohen Idealen selten angetrieben und am scharfsinnigsten dann, wenn es darum geht, sich von moralischen Verpflichtungen freizusprechen. Dies mussten auch die christlichen Lehrer lernen und der Pflicht genügen, den Gläubigen einen Verhaltenskodex für das Leben hier und jetzt an die Hand zu geben, den jeder, Städter oder Bauer, Armer oder Reicher, einhalten konnte.

Ein weiterer Grundgedanke prägt die christliche Geschichte.

Im Zentrum des Glaubens stand Jesus. Er war nicht der erste Christ, setzt doch das Christentum seinen Tod und seine Auferstehung voraus. Beides versprach, was die Hoffnung aller Gläubigen ausmachte: Die Erlösung und das ewige Leben für alle, wie unbedeutend sie auch sein mochten. Vergleicht man die heidnischen und die großen monotheistischen Religionen miteinander, so entdeckt man, dass ihr zentraler Streitpunkt Gottes Anwesenheit ist. Im Gegensatz zu allen heidnischen Göttern der Zeit und im Gegensatz zur älteren Offenbarung des Moses und der späteren Muhammads weilte mit Jesus Gott persönlich unter den Menschen. «Und sie gebar ihren ersten Sohn und wickelte ihn in Windeln und legte ihn in eine Krippe.» Diese poetische Geschichte von der Geburt des Gottessohnes im Winkel eines Stalls vermittelte auf anrührende Weise eine revolutionäre Botschaft: Die Menschwerdung Gottes fand nicht außerhalb der Zeit, sondern in der Geschichte statt. So begleiteten die Evangelisten Jesus von seiner Geburt bis zum bitteren Ende. Der Zwölfjährige belehrte im Tempel die Schriftgelehrten, der Erwachsene predigte in den Dörfern an den Ufern des Sees Genezareth und wirkte dort Wunder. Als König zog er auf einem Esel in die Stadt Davids ein, in ihr wurde er verraten, verurteilt, gekreuzigt und begraben. Am dritten Tag stand er von den Toten auf, blieb 40 Tage unter seinen Jüngern und fuhr in den Himmel auf.

Das heißt: Kein Mythos, keine Sage, keine vermittelte Offenbarung umgibt den Sohn Gottes. Er kam nicht auf den Wolken des Himmels, er erschien nicht in einem brennenden Dornbusch, er kam als und wie jeder Mensch in diese Welt. Die ersten Christen erlebten den unsichtbaren Gott, so unverfügbar er ihnen auch blieb, in der Begegnung mit einem Menschen in menschlicher Gestalt. Damit hatten die Christen den langen Erfahrungen, die Israel mit Jahwe gemacht hatte, die irdische Existenz des Allmächtigen hinzugefügt und als Höhepunkt der Heilsgeschichte gedeutet. Auch dies, oder vielleicht gerade dies, erklärt ihren Siegeszug.

Ein Viertes kommt hinzu. Der Streit um den rechten Glauben brach bereits unter den ersten Christen aus (S. 92 f.). Er endete nie, aber die immer neu gefundenen Lösungen waren für das Überleben der christlichen Gemeinden weit wichtiger als das Bestehen der staatlichen Verfolgungen. Wie hätte eine Glaubensgemeinschaft auch ohne Auseinandersetzungen leben können, deren Lehrer keine Zeile hinterlassen hatte und in der jeder von der Unsterblichkeit träumte. Von ihr wusste man nur, dass sie allein dem Individuum versprochen war und dass am Eingangstor zur Ewigkeit

Christus als Richter wartete. Keiner konnte genau beschreiben, welche Freuden Gott im Paradies bereithielt. Der Evangelist Matthäus hatte versprochen, es werde ein Reich sein, in dem die Seligen Gott schauen, und Tertullian sah einen Ort voll göttlicher Anmut, «der zur Aufnahme der Geister der Heiligen bestimmt ist».[1]

Zurück ins Leben. Jeder, der sich als Christ für die irdische Pilgerfahrt rüstete, wollte die Fallstricke, die jeder Tag bereithielt, zweifelsfrei erkennen können. Wer sündigte, wollte wissen, ob es noch Buße und Gnade für ihn gab, und wer seiner Arbeit nachging oder im öffentlichen Raum auftrat, wollte vor den Versuchungen des Bösen sicher sein. Es gab nur einen richtigen Weg, und um ihn zu finden, halfen ungefähre Hinweise nicht. Also stritt man hartnäckig um den Bau eines Lehrgebäudes, das über der christlichen Grundoffenbarung errichtet werden musste, um alle ihre Geheimnisse zu entschlüsseln. Denn selbst das unscheinbarste Wort konnte einen unverzichtbaren Aspekt des Glaubens aufklären oder verdunkeln.

Nach Klarheit verlangten auch die Missionare. Wer das Ohr der Heiden erreichen wollte, kam nicht umhin, die im Judentum wurzelnden Lehren des Evangeliums in das griechische Weltbild einzuordnen. Dies zwang, selbst die zentralen Glaubensinhalte immer wieder neu zu durchdenken. Es schlug damit früher oder später die Stunde des Theologen, des Lehrers, «der mit der Gnade der Wissenschaft begabt ist» – so Tertullian. Der Begriff *Theologie*, den neutestamentlichen Schriften und den apostolischen Vätern noch unbekannt, wurde mit Beginn des 3. Jahrhunderts als die «wahre Theologie des ewig seienden Logos» zur Bezeichnung der Ausbildung der christlichen Lehre.[2]

2. Die Suche nach der Wahrheit

Der griechische Nachbar

Das frühe, von Paulus zitierte Bekenntnis von Tod und Auferstehung ordnete Jesus in den Heilsplan Jahwes ein und richtete auf ihn die alttestamentliche Prophetie aus. Es enthielt bereits den Kern der christlichen Botschaft, die das einmalige, freiwillige Opfer erklären musste, in dem der Wille des göttlichen Vaters mit dem des Sohnes eins wurde, um die Menschen zu erlösen. In diesem ersten Credo steckte noch nichts von den Problemen, die in den kommenden Jahrhunderten die Theologen umtreiben sollten. Der Erfolg der Missionare der ersten Stunde hing nicht von widerspruchsfreien Glaubensregeln ab. Der Nachbar, der viel von den Wundern der Apostel und Missionare hörte, wollte zunächst nur wissen, wer der neue Gott war, warum er jeden Konkurrenten unnachsichtig verfolgte, was er verlangte und was er als Gegenleistung versprach.

Dieser Nachbar war meist Grieche, Bürger oder Untertan des Imperiums. Das Evangelium, das ihm verkündet wurde, wirkte auf den ersten Blick anstößig. Denn er hörte von einem galiläischen Handwerker, der der Sohn des jüdischen Gottes Jahwe gewesen sein sollte; unter Tiberius sei er als Aufrührer gekreuzigt worden, weil ihm sein himmlischer Vater den Tod für die Sünden der Menschen befohlen hatte; von den Toten auferstanden beanspruche er jetzt die alleinige Verehrung als König und Herr. Wer bis hierhin zugehört hatte, begriff, dass ihm der neue Glaube Unerhörtes zumutete: Um das ewige Leben zu finden, musste er das irdische verlieren; um im Himmel neugeboren zu werden, musste er auf Erden sterben; um erlöst zu werden, musste er das Kreuz tragen. Am Ende erfuhr er von einem wundersamen Kult, in dessen Zentrum ein Ritual stand, bei dem die Gläubigen den Leib und das Blut des gestorbenen und wiederauferstandenen Gottessohnes in der Form von Brot und Wein verspeisten.

Die Mehrheit der Zuhörer waren einfache Menschen, keineswegs alle gleich fähig oder gewillt, sich mit dem verkündeten Reich Gottes zu beschäftigen. «Nehmt euch der Schwachen an», hatte Paulus gefordert, und das hieß, die große Schar der Ungebildeten zu belehren, auch wenn dies die Bekehrung der Gebildeten erschwerte. Früher oder später sollte daraus der Konflikt zwischen Theologie und dem Glauben der einfachen Laien werden. Diese lasen nicht die Briefe des Paulus, sondern die apokryphen Apostelgeschichten und Evangelien und hielten sich an die Heilslehre. Jene suchten den Anschluss an die zeitgenössische Philosophie und begannen, sich den Kopf über das Problem der Trinität zu zerbrechen.[3]

Der Ostertraum der kleinen Leute war einfach. Sie hofften auf einen Himmel, in dem sie glücklich sein werden und in dem alle schönen Augenblicke des Erdenlebens wiederkehren. Dort wollten sie alle, die sie geliebt haben, wiedersehen, dort wollten sie allem, was ihnen auf Erden ans Herz gewachsen war, begegnen, dort wollten sie die Güter, die sie entbehrt hatten, mit ihresgleichen teilen. Dort wollten sie schließlich den Gott schauen, dem sie tapfer die Treue gehalten hatten, obgleich er auf Erden nur wenige ihrer Wünsche erfüllt und sie in ihrem Elend meist allein gelassen hatte. Wer davon träumte, lebte leichter als der Nachbar, auf den der Hades oder das Nichts wartete.

Die Intellektuellen dachten schärfer über den Himmel nach. Sie waren überzeugt, dass vor dem Angesicht Gottes, vor dem sich jeder beugen wird, die diesseitige Welt nichts mehr gilt. Von dort hatte noch niemand berichtet – einen christlichen Odysseus oder Äneas konnte es nicht geben. Es machte wenig Sinn, auf Fantasten zu hören, die Wundersames über die Welt jenseits des Todes berichteten. Selbst Gott vermochte nur zu sagen, dass kein Ohr es je gehört hat.

Das Christentum begann als jüdisch-messianische Sekte. Die Welt aber, in der es wachsen wollte, beherrschten der griechische Geist und die griechische Sprache. Wie tief sie das Christentum geprägt haben, lässt sich an einfachen Tatbeständen ablesen: Das Alte Testament kannten die Christen nur in der griechischen Übersetzung, der Septuaginta, griechisch schrieben die Evangelisten, die Briefschreiber und alle anderen Autoren in den ersten zwei Jahrhunderten, griechisch dachten seine geistigen Führer und in griechische oder stark hellenisierte Metropolen – auch Rom und viele Städte Italiens, Spaniens und Südfrankreichs gehörten dazu – lenkten die Missionare ihre Schritte; dort fiel die Entscheidung über das Weiterbestehen des neuen Glaubens.

Gepredigt wurde in griechischer Sprache. Dies machte es unvermeidlich, die Begrifflichkeit neu zu fassen, die in der Form der jüdischen Messiastitulatur den Griechen nichts sagte. An ihre Stelle traten die Titel «Herr» (*Kyrios*) und «Gottessohn», die beide den Kerngedanken von einem göttlichen Wesen in Menschengestalt fassbar machten. Auf die eine oder andere Weise war diese Vorstellung vielen Griechen bereits begegnet, da sie in den Mysterien gegenwärtig war. Sie hörten von einem göttlichen Wesen, das als Mensch aufgetreten und gestorben und wieder in die göttliche Welt aufgestiegen war. Seine Nähe zu den Menschen lehrte die Predigt von der Auferstehung der Toten und dem bevorstehenden Weltgericht, dem der in den Himmel Aufgefahrene als Richter vorstehen wird. Der elementare Unterschied zu den Mysterien war für jedermann in der Menschwerdung Jesu spürbar. So sehr sich die Evangelisten mühten, Jesus in die Atmosphäre des Glaubens zu tauchen, so wenig wollten sie die unmittelbare Wirksamkeit verdecken, die von der historischen Realität ausging und ein weit engeres Band menschlicher Solidarität knüpfte, als dies eine mythische Gestalt je vermochte.

Der griechische Einfluss blieb. Die Auseinandersetzungen um die zentralen Fragen des Glaubens führten die Kirchenväter seit dem Beginn des 3. Jahrhunderts, angeführt von Clemens von Alexandrien und Origenes, mit der Methodik der griechischen Philosophie. Den Gebrauch der griechischen Begriffe und Deutungsmuster erklärte Origenes als unverzichtbar für die Erkenntnis der göttlichen Weisheit. Clemens sprach gar von «Samenkörnern» des Christentums, die der göttliche Logos unter das Unkraut der griechischen Philosophie ausgestreut habe.[4]

Was gut und böse ist: Der Irrlehrer

Doch selbst mithilfe griechischer Begrifflichkeiten war es außerordentlich schwer, die christliche Offenbarung in eine jeden überzeugende Sprache zu bringen; der Raum für Irrtümer war groß. Mehr noch als der Ungläubige war es daher der Falschgläubige, der Irrlehrer, kurz: der Häretiker, der die Missionare und Gemeindevorsteher herausforderte. Denn er glaubte an den Grundartikel der christlichen Lehre, den Erlösungstod Jesu, aber er interpretierte ihn in den Augen der Mehrheit der Gläubigen falsch. «Wenn euch jemand ein Evangelium bringt, entgegen dem, was ihr empfangen habt, der sei verflucht», eiferte bereits Paulus.[5] Wie hätte man auch Spaltungen vermeiden sollen in einer Glaubensgemeinschaft, die sich auf Evangelien und Briefe berief, deren Aussagen nicht eindeutig waren und zu unterschiedlicher Auslegung geradezu reizten?

Als die Hoffnung der ersten Generation auf die baldige Wiederkunft Christi schwand, kam die Einsicht, sich auf Erden einrichten zu müssen. Nun drängte die Aufgabe, den Bau eines Lehrgebäudes anzupacken. Es musste über dem elementaren Grundgedanken der Auferstehung errichtet werden, für jedermann verständlich sein und sämtliche Schwarmgeister und Irrlehrer widerlegen. Diese waren ernst zu nehmen. Denn auch sie trieb das Bemühen, das Wort Gottes richtig zu verstehen, um es zur Richtschnur des Lebens machen zu können. Nur wem dies gelang, durfte am Tag des Gerichts unter den Auserwählten stehen.

Der Gehorsam gegenüber den weltlichen Herren und die sorgsame Erfüllung der alltäglichen Pflichten halfen dabei nicht. So lobenswert das alles sein mochte, es bot doch keine Sicherheit, damit den Lohn der ewigen Seligkeit zu verdienen. Es galt mehr zu tun, es galt herauszutreten aus der grauen Schar der Gläubigen, um von Gott wahrgenommen zu werden. Ein erster Schritt dazu war der Verzicht auf Ehe, Familie und Beruf, ein zweiter die Abkehr von Gemeinde und Bischof. War dies erst einmal getan, galt es Gleichgesinnte zu suchen, um eine neue, vor Gott und den Menschen durch ihre ungewöhnliche Lebensweise ausgezeichnete Gemeinde zu gründen.

Viele, die sich dazu entschieden, trieb die Furcht, vor Gott nicht bestehen zu können. «Wehe über meine Sünden! Wenn du dich erhebst, die Erde zu erschüttern, in welcher Felsenkluft soll ich mich dann verbergen vor deiner Macht?», klagte ein einfacher Mann in seinem Gebet.[6] Wer so bangte, scheute weder den Kampf mit der etablierten Kirche noch den Streit mit Konkurrenten, die wie er auf der Suche waren. «Keine Bestien sind den Menschen so gefährliche Feinde wie die Christen in ihrem gegenseitigen Hass», erklärte Kaiser Julian, bevor er 361 den vergeblichen und letzten Versuch wagte, den Himmel wieder mit den heidnischen Göttern zu füllen und den auf seine Einzigartigkeit pochenden Christengott zu entthronen.[7] Der Kaiser übertrieb, falsch war sein Urteil nicht. Schon gegen Mitte des 2. Jahrhunderts klagte der Autor des 2. Petrusbriefes: «Es gibt auch falsche Propheten im Volk, und sie werden verderbliche Irrlehren verbreiten.»[8]

Welche Sünden vergab Gott, und welche nicht – dies war die Frage aller Fragen. Sie quälte jeden, der an seine letzte Stunde dachte. Aber die Sünde hielt noch weitere, nicht minder verstörende Probleme bereit. Wie und warum waren sie und das Böse in die Welt gekommen? Wenn Gott allmächtig und zugleich gut ist, wie konnte er sie in seine eigene Schöpfung pflanzen? «Woher kam das Böse und worin besteht es?», fragten in den Zeiten Tertullians die um ihr Heil Besorgten und verfingen sich, kaum dass sie darüber nachzudenken begannen, in einem zweiten Problem: «Woher kam der Mensch und wie, und woher kam Gott?»[9]

Wer nach Antworten suchte, sah verschlungene und gefährliche Pfade der Argumentation vor sich. Nicht jeder wollte sie kennenlernen, ja viele waren überzeugt, dies alles sei Teufelswerk. Denn der Glaube an Christus war es doch, der die Einfalt des Herzens (*simplicitas*) geadelt hatte. Von ihr hatte so mancher Gemeindevorsteher gesagt, dass gerade sie ein untrüglicher Beweis für die Richtigkeit des Glaubens sei.[10] Und sie hatten lange unwidersprochen hinzugefügt, dass diejenigen in der Gemeinde, die zu viel oder gar mithilfe philosophischer Traktate über die Wahrheiten des Glaubens nachdachten, im Grunde bereits dem Irrtum verfallen waren und das persönliche Heil der Erlösung verspielten. Einige waren sich ihrer Sache so sicher, dass sie jede intellektuelle Beschäftigung mit dem Glauben verwarfen und sich nur noch auf ihre Inspiration verließen.

Der kleine Mann hatte dafür gute Gründe. Er wollte nicht darüber nachzudenken, was die Welt zusammenhält. Er brauchte Gott, um ein ganz anderes Verlangen zu stillen: das nach Bedeutsamkeit. Dies gehörte zu seinen Grundbedürfnissen. Die Theologen mochten noch so viele und geistreiche Theorien über Gott und das Verhältnis zu seinem Sohn aufstellen, das Ohr und schon gar nicht das Herz des kleinen Mannes erreichten sie nicht. «Gerade die Häresien sind es, die ihre Ausrüstung von der Philosophie empfangen» wetterte Tertullian, und mahnte, den dreisten Deutern der Natur Gottes und seiner Ratschlüsse den Rücken zu kehren. «Denn das ist unser oberster Glaubensartikel, dass da nichts sei, was wir über den Glauben hinaus noch zu glauben hätten.»[11]

Nicht alle hörten auf ihn und folgten lieber fantasievollen Spekulationen. Einer ihrer Lehrer wurde ein gewisser Montanus. Er stammte aus dem abgelegenen phrygischen Dorf Ardabau und war nach späterer christlicher Polemik ein Beschnittener der Kybele. Er hatte im Evangelium des Johannes die Botschaft Christi von einem *Paraklet* (einem, der beisteht), gehört, «den der Vater in meinem Namen senden wird; er wird euch alles lehren und euch an alles erinnern, was ich euch gesagt habe.» Montanus zweifelte nicht: Er war dieser Paraklet. So schrie er seit 156/57 in ekstatischer Verzückung landauf, landab, dass die Ankunft Jesu, auf die man so lange gewartet habe, nun nahe sei.

Ihm zur Seite predigten zwei Prophetinnen, wie ihr Meister von Visionen heimgesucht: «Christus kam zu mir in Gestalt einer Frau und in leuchtendem Gewand und legte in mich seine Weisheit und offenbarte mir, dass dieser Ort [das phrygische Pepuza] heilig sei und hier das himmlische Jerusalem herabkommen werde.» Die Lehren dieser Enthusiasten, so närrisch sie den Kirchenvätern vorkamen, verbreiteten sich in Kleinasien, Rom, Gallien und Nordafrika und veranschaulichen die Not der Kirche, ihr Schiff auf Kurs zu halten.[12]

Kein Zweifel: Die nie ganz aufgegebenen Träume, das Himmelreich sei nahe, flammten immer neu auf. Sie verzauberten mit ihren apokalyptischen Bildern alle des Lebens Überdrüssigen, die sehnsüchtig auf ein Zeichen des Himmels warteten und an der eingespielten Frömmigkeit in ihren Gemeinden litten. Willig unterwarfen sie sich den asketischen Forderungen, fasteten und priesen die Jungfräulichen und drängten sich zum Martyrium, um für das Kommen Christi über den Wolken gerüstet zu sein. Zu ihnen gesellte sich schließlich auch der große Tertullian. Müde des Kampfes um eine Wahrheit, die sich immer weiter entfernte, je mutiger er sie suchte, hoffte er am Ende seines Lebens nur noch auf die Führung des Heiligen Geistes hin zum Neuen Jerusalem, das in Phrygien erscheinen würde, dem Zentrum des kommenden tausendjährigen Friedensreiches.

Der Gnostiker

Die Glaubenszweifel blieben, die Schar der Suchenden nach der absoluten Gewissheit nahm zu. Gott hasste die Sünde, schön und gut, aber wer anders als er, der Allmächtige, konnte sie in die Welt gebracht haben? Auf der Suche nach Antworten taten sich die Gnostiker besonders hervor. Ihr Name sagt zunächst nicht viel: *Gnosis* heißt Erkenntnis und diejenigen, die im Reich der Gottesvorstellungen forschten, taten dies in allen Religionen auf vielfältige und manchmal sehr wunderliche Weise. Ihr Kernthema war jedoch überall gleich und es traf sich mit der christlichen Frage nach dem Ursprung des Bösen und der Suche nach dem Weg, ihm zu entkommen. Ihre Spekulationen hüllten sie in immer neue Abenteuer, die den Leser in ferne Äonen entführten, ohne dabei das eigentliche Ziel aus dem Auge zu verlieren. So nahmen sie in einem ersten Schritt Gott die Verantwortung für die Erschaffung der Welt ab, um seine Allmacht zu retten. Die einen sprachen von einer zweiten Urmacht, von zwei widerstreitenden Mächten, dem Prinzip des Guten und des Lichts auf der einen und dem Prinzip des Bösen und der Finsternis auf der anderen Seite, die sich vom Anfang aller Zeit an bekämpft hätten.

Andere wiederum erzählten von vielen Himmeln und vielen halbgöttlichen ewigen Wesen, den Äonen. Diese hätten die Zeit zwischen Gottvater und der Schöpfung der sichtbaren Erde gefüllt und ihrer Neugier, ihrem Fehler oder ihrer Begierde, jedenfalls nicht dem Willen des Allmächtigen, verdanke die Welt ihren Anfang. In diesen Spekulationen gewann der Äon Gestalt und bekam eine Geschichte, in der er sich von Gott entfernte und schuldig wurde. Aber irgendwie – absichtlich oder zufällig – fiel in diese so geschaffene Welt und in ihre stolzeste Schöpfung, den Menschen, ein göttlicher Funke. Um ihn zurückzuholen, musste Gott den Menschen den Weg der Erlösung zeigen, den sie allein nicht finden konnten. Also sandte er Jesus in die Welt, als Teil seiner selbst.

Seit der Mitte des 2. Jahrhunderts breiteten sich diese gnostischen Spekulationen in vielen Modifikationen über alle Provinzen aus. Von ihnen wurde Marcion inspiriert, ein Reeder aus dem pontischen Sinope (85–160); er war im Schwarzmeerhandel zu Reichtum gekommen und hatte sich in Rom niedergelassen. Dort überließ er der Gemeinde sein Vermögen für die Armenpflege, bevor er sich 144 mit dem Klerus überwarf und einen eigenen Weg zum Heil einschlug. Er beanspruchte, wie Paulus der wahre Verfechter der christlichen Botschaft zu sein und gründete eine selbstständige Kirche. Sie sollte Jahrhunderte Bestand haben und zum ersten, wirklich gefährlichen Gegner des orthodoxen Glaubens heranwachsen. Vor allem in Kleinasien und Syrien wetteiferte sie mit den christlichen Gemeinden. Jenseits der römischen Grenzen, im Zweistromland und in den Vorbergen des Iran, behauptete sie sich bis an das Ende des 6. Jahrhunderts.

Marcion bündelte die umlaufenden gnostischen Mythen zu einem klaren Bild des Universums. Die sichtbare Welt war grausam und vom alttestamentlichen Prinzip der Vergeltung beherrscht. Ihr Herr war der finstere Jehova, durch einen Abgrund getrennt vom Himmel, in dem der Gott der Güte und Barmherzigkeit regierte und aus dem Christus kam, um die Menschen zu erlösen: «Zwei Götter bringt der Mann aus Pontos bei», polterte der aufgebrachte Tertullian, «gleichsam als die beiden Symplegaden [die zusammenklappenden Felsen aus der Argonautensage], an denen er Schiffbruch erlitten: der eine, den er nicht wegleugnen konnte, ist der Schöpfer, also unser Gott; der andere, den er schwerlich hat beweisen können, ist sein eigener.»[13]

Dieses Hirngespinst – so Tertullian –, dieser fremde Gott der Güte – so Marcion –, offenbarte sich den Menschen erst, als er Jesus zur Erde sandte und ihm befahl, das Evangelium der Liebe zu predigen und durch seinen Tod am Kreuz Jehova zu entmachten. An die Stelle von Gut und Böse, von Geist und Materie tritt jetzt ein sozialer Gegensatz: Grausamkeit gegen Liebe, der in der jüdischen Tradition versprochene Messias der gewalttätigen Befreiung gegen den Verkünder der Liebe. Er allein wies den Weg in die gütigen Arme eines anderen Gottes als den, von dem das Alte Testament gesprochen hatte.

Mit ihm, mit Jehova, durfte der Fromme nichts mehr zu tun haben. Es hieß Abschied zu nehmen von den Verlockungen der materiellen Welt, es hieß alle irdischen Loyalitäten und die Familienbande zu lösen. Das Miteinander der Christen wurde neuen Regeln unterworfen: radikaler Abschied von der jüdischen Tradition, Verwerfung der Sexualität und Zerstörung der Familie. Der Gedanke der völligen Askese feierte seinen ersten Triumph in der christlichen Kirche. Noch einmal warnte Tertullian: Die Lehre Marcions entreißt die Söhne ihren Vätern, die Schüler ihren Lehrern, die Sklaven ihren Herren.

Für die städtischen Gemeinden trug Marcions Botschaft selbstmörderische Züge, zerstörte sie doch ihre sozialen Grundlagen. Der radikale Bruch mit der jüdischen Tradition zerfraß zudem die Wurzeln des Glaubens, da die christliche Heilsgewissheit fest in die Lehren des Alten Testaments eingebunden war. Die Preisgabe der Ehe bedeutete die Auflösung der Haushalte und den Sturz ihrer Vorstände. Sie aber trugen mit ihren Familien die Organisation der Gemeinden und sie wehrten sich. Als ihre Fürsprecher wählten sie die Bischöfe. Diese sahen sich ohnehin als Bewahrer des Glaubens und Nachfolger der Apostel auf Tod und Leben herausgefordert.

Jetzt traten sie an und verteidigten die Richtigkeit der kirchlichen Lehre und Ethik, um die ihnen Anvertrauten vor jeder Versuchung zu bewahren und ihren Führungsanspruch zu retten. Ihr Vorkämpfer wurde Irenäus, Bischof von Lyon (um 177–200). Seine *Darstellung der apostolischen Verkündigung* ebenso wie seine fünf Bücher *Entlarvung und Widerlegung der fälschlich sogenannten Gnosis* sollten das «schlecht gebaute Körperchen» dieses «Füchsleins» bloßstellen und aus seinem Bau treiben. Die Jagd setzte Tertullian mit seinen fünf Büchern *Wider Markion* und seinen *Prozesseinreden gegen die Häretiker* fort; dort tröstete er seine in diesem Kampf verunsicherten Leser mit dem Einfall, Häresien seien in der Welt, «um den Glauben zu versuchen und ihn eben dadurch seine Bewährung finden zu lassen».[14]

3. Der Ertrag der Suche

Das Alte Testament als Wort Gottes

Für alles Weitere maßgeblich wurde die Abwehr des Angriffs auf die jüdische Tradition. Bereits die ersten Christen hatten das Alte Testament anerkannt und das Neue ihres Glaubens mit ihm verbunden.[15] Was der Clemensbrief im ausgehenden 1. Jahrhundert eindringlich bestätigt hatte, wurde zur unumstößlichen Wahrheit erklärt. Das Alte Testament war göttliches Wort, Propheten übergeben und bestimmt für eine Schar Auserwählter, deren Zahl durch die zur Kirche Gehörigen wuchs. Es enthielt die Selbstoffenbarung Gottes und seine Forderungen an den Menschen, niedergelegt in Rechtssatzungen; es ist, mit einem Wort, das erste Fundament der Kirche Gottes. Im Lichte dieser Tradition deuteten die Christen die Botschaft Jesu und seine heilsgeschichtliche Aufgabe. Denn es war der Schöpfergott Israels, der bei allem, was er in der Geschichte tat, den Auftritt seines Sohnes in der irdischen Welt mitbedacht hatte.

So machten sich die Interpreten auf, das ganze Neue Testament in das Alte hineinzulesen. Der Paradiesbaum wird dabei ebenso zum Kreuz wie die Himmelsleiter Jakobs, Joseph im Gefängnis ebenso zum leidenden Christus wie Hiob. Adam und Eva werden zu Christus und der Kirche,

Abel ist der getötete Jesus, Lamech der Hohepriester Kaiphas; Noah ist der Kirchengründer Christus, die Aussendung der Taube meint die Aussendung der Jünger Christi. Die Folgen waren weitreichend. Was immer die späteren Kirchenväter diskutierten, sie zogen das Alte wie das Neue Testament zur Begründung ihrer Position heran. Klar zu erkennen und gravierend dazu ist dies in der augustinischen Gnadenlehre, die sich auf die Geschichte von Jakob und Esau und die Interpretation des Paulus berief.[16]

Das Ringen um den verbindlichen Text

Mit der Klarheit über die Rolle des Alten Testaments war der erste Schritt hin zu einem für alle verbindlichen Text getan. Die Folgenden fielen ungleich schwerer. Sie begannen im 2. Jahrhundert und fanden um 400 ein Ende; 367 nannte der 39. Osterbrief des Athanasius die in seiner Zeit anerkannten Schriften erstmalig *Kanon* («Maßstab»).[17] Auch hierzu hatte Marcion ungewollt beigetragen, als er von den apostolischen Schriften nur das Evangelium des Lukas und zehn von jüdischen Zusätzen gereinigte Briefe des Paulus gelten ließ. Dagegen verwies die Großkirche auf die Tradition. In der Vorlesepraxis ihres Gottesdienstes hatten alle vier Evangelien und weitere Schriften und Briefe ihren festen Platz.

Marcion scheiterte, aber sein Anliegen blieb, da angesichts des unkontrolliert wuchernden Schrifttums der Glaube verbindliche Textgrundlagen forderte. Die am Ende des 2. Jahrhunderts anerkannten nennt Tertullian: vier Evangelien, dreizehn Briefe des Paulus, die Apostelgeschichte, die Offenbarung und jeweils ein Brief von Johannes, Petrus und Judas. Wenig später erschien eine Aufzählung sämtlicher in der «katholischen Kirche» als gültig anerkannte Schriften, der sogenannte *Canon Muratori*. Um 400 waren es 27 kleine Schriften, darunter 21 Briefe, alle in einem Zeitraum von ca. 60 Jahren geschrieben (etwa zwischen 50 und 110 n. Chr.), die das Neue Testament ausmachten.[18]

Niemand berichtet Einzelheiten über diese Festlegung. Trotzdem zählt sie zu den grundlegenden Entscheidungen in der Geschichte des frühen Christentums. Sie reifte in von Streit und Abspaltung geprägten Jahrzehnten und offenbart wie weniges sonst die Fähigkeit und den Willen der christlichen Führer, eine möglichst alle Gläubigen umfassende Identität herzustellen. Resolut schoben sie die gnostischen Spekulationen beiseite, tolerierten aber die Vielfalt des Urchristentums und ließen trotz aller Wiederholungen und Unstimmigkeiten vier Evangelien zu. Diesen gebührte von nun an der Vorrang vor jeder anderen Überlieferung.

Es war eine revolutionäre Entscheidung. Sie verlieh der Biografie des Mensch gewordenen Gottessohnes eine höhere Wichtigkeit als der Lehrtätigkeit des Paulus. An der Erzählung vom Schicksal des Gekreuzigten und an seine Worte waren von nun an Glaube und Lehre der Christen unauflöslich gebunden.

Die Besinnung der Kirche auf ihre frühen Schriften führte sie zu ihren Wurzeln. Die eine machte das «Der Herr hat gesagt», die zweite das «Apostolische» zur Richtschnur jedes Urteils. Nur was sich auf die Apostel, zu denen die Evangelisten gezählt wurden, zurückführen ließ, durfte Anerkennung beanspruchen. Diese hatten mit der Kraft des Heiligen Geistes die vollkommene Erkenntnis empfangen und Gottes Heilsplan weitergegeben. Irenäus erinnerte fast beschwörend daran und verwies auf die Konsequenz: «Was die Apostel zuerst gepredigt und dann nach dem Willen Gottes uns schriftlich überliefert haben, das sollte das Fundament und die erste Säule unseres Glaubens sein.» Sie seien bis an die Enden der Erde erst gezogen, als «sie alle vom Himmel die Kraft des Heiligen Geistes empfangen hatten, der über sie kam».[19]

Greifbar war die Autorität des Apostolischen im jeweiligen Bischof. Konnte er auf eine ununterbrochene Amtsfolge verweisen, hielt er den Schlüssel zur richtigen Lehre in den Händen. Nach dieser Logik verlangte Tertullian, die Häretiker sollten die Ursprünge ihrer Kirche darlegen, denn der erste Bischof einer Gemeinde müsse von einem Apostel geweiht worden sein: «Das ist die Weise, wie die apostolischen Kirchen ihren Ursprung nachweisen.» Es war die Einzige, die die Mehrheit der Gläubigen von der Richtigkeit der Glaubensregeln überzeugte, konnte doch keine Institution und keine Person auf ein vergleichbares Ansehen pochen.

Die Gefahr des Zerfalls des Christentums in mehrere, regional und inhaltlich unterschiedliche Christentümer schien am Ende des 3. Jahrhunderts vorbei. Die Festlegung auf einen biblischen Kanon und auf identische Glaubensregeln hatte sie zwar nicht beseitigt, wohl aber beherrschbar gemacht. Gebannt hatte sie auch die Einigung über die Modalitäten von Sündenbekenntnis, Buße und Vergebung. Erreicht hatte beides eine hierarchisch gegliederte Organisation, die überregionale Kommunikationsnetze entwickelte und seit Cyprian als juristisch organisierte Heilsanstalt auftrat (S. 174 f.). Was immer das kommende 4. Jahrhundert bringen mochte – am Ende des 3. waren die Christen gerüstet, ihren Weg in die Zukunft als eine das ganze Imperium umspannende Religion zu gehen.

4. Die Vergöttlichung Jesu

«Nicht geschaffen, eines Wesens mit dem Vater»

Fragen nach der Wesenseinheit von Gottvater, Sohn und Heiligem Geist, nach dem Verhältnis der göttlichen zur menschlichen Natur Jesu, nach der heilsgeschichtlichen Rolle Mariens oder der Wirksamkeit der göttlichen Gnade bedrängten die frühen Christen nicht. Diese Fragen kamen später und sie entsprangen keineswegs den Launen übermütig gewordener Intellektueller. Denn ein Kernproblem des Glaubens hatte Paulus nicht gelöst und angesichts seiner Erwartung der raschen Wiederkehr Christi auch nicht lösen müssen: Mit welcher Macht war der Auferstandene ausgestattet, um das ungeheuerliche Versprechen des ewigen Lebens zu erfüllen?

Athanasius, Bischof von Alexandrien (298–373), sprach aus, worum es ging. Der Mensch, schrieb er, wäre nicht vergöttlicht worden, wenn Christus nicht seiner Natur nach aus dem Vater stammte und sein eigenes und wahres Wort wäre. Daher, von den Toten auferstanden, fürchten die Gläubigen den Tod nicht länger, «sondern werden in Christus auf immer im Himmel herrschen». Der Satz fasst das Ergebnis eines langen und angestrengten Nachdenkens über die Vergebung der Sünden und das ewige Leben zusammen: Nur ein Gott kann das Versprechen einlösen, der Mensch sei unsterblich.

Wie aber sollte dieser Gott geschaffen, wie Jesus vergöttlicht werden? «Höre, Israel! Jahwe, unser Gott, Jahwe ist einzig!» – in diesen Ruf hatten auch die frühen Christen eingestimmt, die den strengen jüdischen Monotheismus teilten und das Alte Testament zur Grundlage auch ihres Glaubens erhoben hatten.[20] Dreihundert Jahre später jedoch forderten die Theologen das Bekenntnis zur Dreiheit von Vater, Sohn und Heiligem Geist und nannten neben dem biblischen Schöpfer noch einen anderen Gott: Jesus von Nazareth. Wie und mit welchen Argumenten war es möglich, den Begriff Gott (*theós*) als Mehrzahl zu interpretieren und dennoch an der Überzeugung festzuhalten, der Fromme gehorche nur einem Gott?[21]

Jeder Christ lernte formelhafte Bekenntnisse seines Glaubens; seit dem 5. Jahrhundert wurden sie *symbolon*, «Erkennungszeichen», genannt. In knappen Merksätzen enthielten sie die Hauptlehren des Christentums. Sie standen im Zentrum des Taufrituals, dem Initiationsakt in ein neues Leben. In den ersten drei Jahrhunderten kannten die Gemeinden ganz unterschiedliche Versionen, die zudem öfter geändert wurden, um die wahre

Lehre immer schärfer gegen Irrlehrer abzugrenzen. Eine dogmatische Festlegung jedoch, ein unverrückbarer Glaubenssatz, formuliert mit einer der griechischen Philosophie entlehnten Terminologie, war ihnen noch unendlich fremd. Nichts davon hatte Jesus selbst gelehrt. Dass es trotzdem dahin kam, dass die geistige Substanz der christlichen Botschaft auf diese besondere Weise verdichtet werden konnte, hatte nur eine Ursache: Die Angst, die Tore des Paradieses blieben verschlossen, wenn sie nicht ein Gott öffnete.

Das Brüten über die Frage, wie dieser Gott zu definieren sei, beschränkte sich lange auf einzelne Gemeinden oder Provinzen, zumal es vor dem Konzil von Nizäa eine allen Bischofssitzen übergeordnete Instanz nicht gegeben hat. Sie zu schaffen war nicht vordringlich in Zeiten, in denen man eine verfolgte Minderheit war. In vielen Fällen hatte es sich sogar als ratsam erwiesen, eine endgültige Auslegung zu vermeiden, um Spaltungen nicht zu provozieren. Je mehr jedoch der einst überwältigende Gedanke von der unmittelbaren Wiederkehr Christi seine Kraft verlor, bekamen Zerwürfnisse in der Lehre eine tiefere Bedeutung als in den Tagen der Hoffnung auf ein schnelles Ende. Daher lernte man, dass in den Kernfragen des Glaubens dogmatische Eindeutigkeit unerlässlich und diese nur durch die ständige Kommunikation der Gemeindevorsteher zu bewahren war.

Im Zentrum aller Überlegungen stand Jesus, gestorben und von den Toten auferweckt. Welche Natur kam ihm zu? Viele machten sich auf die Suche, einer schrieb Geschichte: Arius, Presbyter an der Baukaliskirche in Alexandria. Im Jahre 318 legte er eine Trinitätslehre von präzise gefügter Logik vor: «Wir bekennen einen Gott, der allein ungezeugt, allein ewig, allein ohne Anfang, allein wahr, allein unsterblich, allein weise, allein gut, allein Herrscher, allein Richter über alles ist.»[22] Diese Definition machte den Sohn zum Geschöpf, das der Vater aus dem Nichts geschaffen hatte: «Es gab eine Zeit, da er noch nicht war.» Die göttliche Dreiheit bestand demnach aus drei Personen, drei völlig verschiedenen Wesen. Nur der Vater war wahrer Gott, der seine Substanz keinem anderen Wesen mitteilen konnte; täte er es, wäre er teilbar und der Veränderung unterworfen und damit nicht jenseits der Zeit.

Die Folgen wogen schwer. Denn wer an der Göttlichkeit des Sohnes zweifelte, sah auch das Werk der Erlösung anders. Der Einspruch kam schnell und heftig, ja der alexandrinische Bischof Alexander beschwor nach der Lektüre der Ariusthesen bereits das Nahen des Antichristen. Bin-

Abb. 43

Ein Mosaik der Kirche Santa Maria Maggiore in Rom (um 340) veranschaulicht den Besuch Gottes bei Abraham (1. Buch Mose 18,1–12). Der Bericht spricht mal von einem, mal von drei Gästen. Die Kirchenväter haben ihn als alttestamentlichen Beweis der Trinitätslehre gesehen: «et ipse Abraham tres vidit, unum adoravit» (Augustinus). Die Nähe des Mosaiks zum Altar und die Gleichartigkeit der Engel bezeugen die theologische Intention, die in den kommenden Jahrhunderten auf vielfältige Weise bildlich verdeutlicht wurde.

nen weniger Monate beherrschte das Ringen um die Trinität die theologische Diskussion, in die sich die Bischöfe des Ostens mit wilder Leidenschaft stürzten. Zum zweiten Mal nach dem Streit um die Heidenmission drohte die Einheit der Lehre und mit ihr die Kirche zu zerbrechen.

Dahin kam es nicht. Der christliche Kaiser Konstantin handelte entschlossen, getrieben von der Furcht, Gott werde ihm die bisher gnädig gewährte Hilfe versagen, wenn er seine reichsweite Verehrung nicht sichern konnte. 324 lud er alle Bischöfe in das bithynische Nizäa zum Konzil. Dort einigten sich die Versammelten auf eine Formel, die das Dogma von der Wesenseinheit des Sohnes mit dem Vater beschloss: «Gott von Gott», hieß es dort über Jesus, «Licht von Licht, wahrhaftiger Gott aus wahrhaftigem Gott, geboren, nicht geschaffen, eines Wesens mit dem Vater, durch welchen alles geworden ist.»[23] Ein kaiserliches Gesetz verlieh dem Bekenntnis reichsweite Geltung und die wenigen Standhaften, die ihre Unterschrift unter das Einigungsdokument verweigerten, traf der Zorn des Kaisers. Sie wurden nach Gallien, fernab von ihrer alten Heimat, verbannt.

Das Konzil hat mit dem neuen Glaubensbekenntnis versucht, möglichst viele zu überzeugen. Was dabei herauskam, war eine Zauberformel: *homooúsios* (wesenseins) lautete sie und sie schien vieldeutig genug, den ersehnten Konsens herzustellen. Zum ersten Mal stand damit im Zentrum des christlichen Bekenntnisses nicht mehr ein Satz der Bibel, sondern eine Formel, die der Sprache und der Begrifflichkeit griechischer Philosophen entlehnt war. Das musste selbst die schärfsten Gegner des Arius bestürzen, da sie nun mit einem unbiblischen Begriff leben mussten. Er erinnerte zudem fatal an eine Theologie, die schon immer mehr in den Schriften Platons und anderer Philosophen und nicht in den Texten, welche die Heilsbotschaft verkündeten, die Wahrheit des Glaubens gesucht hatte.

Zufrieden war im Grunde niemand. Man habe dem «wesenseins mit dem Vater», schrieb Eusebius von Caesarea an seine Diözesanen, zugestimmt, «da wir das hohe Ziel des Friedens vor Augen hatten» und das «aus dem Wesen» nicht leugne, dass der Sohn sein Sein vom Vater habe, ohne ein Teil von ihm zu sein.[24] Am wenigsten aufgeregt verabschiedete sich in Nizäa die kleine Schar der Kirchenführer aus dem Westen, die den Streit ohnehin nicht verstanden hatten. Sie konnten nach der Heimreise ihren Gläubigen verkünden, dass sich auch fürderhin niemand um seine Erlösung Sorgen zu machen brauche, wenn er nur sorgsam auf seinen Bischof höre. Wahrscheinlich lagen überhaupt erst im Jahre 355 die ersten lateinischen Übersetzungen der wichtigsten Dokumente des Streits vor. So durfte Hilarius, Bischof im gallischen Poitiers und Ende der fünfziger Jahre im Streit mit den Arianern verbannt, freimütig eingestehen: «Obwohl ich schon längst getauft und auch schon Bischof war, hörte ich vom Nizänischen Bekenntnis erst, als ich im Begriff stand, mich ins Exil zu begeben.»[25]

Weitere Konzilien folgten, um die Zweifler von der Göttlichkeit Christi zu überzeugen. Das von Konstantinopel (381) bekräftigte das Dogma von der göttlichen Trinität und setzte sie in Ost und West durch. Wie in Nizäa und später in Chalkedon (451) wurden ihre dogmatischen Festlegungen mit griechischen Begriffen wie *homooúsios* (weseneins), *ousía* (Sein, Wesen), *phýsis* (Natur), *hypóstasis* (Person, Substanz) *und prósopon* (Person) ausgestattet. Mancher zeitgenössische Bischof hatte den Eindruck, es sei auf den Konzilien nicht «nach Art der Fischer» (*piscatorie*), sondern nach der «des Aristoteles» (*aristotelice*) zugegangen.[26]

Von der Magd des Herrn zur Himmelskönigin: Der Aufstieg der Muttergottes

Bereits im 2. Jahrhundert war ein neues Problem aufgetaucht. Die Gestalten des Neuen Testaments, die nur im Lichte Jesu die Aufmerksamkeit der Gläubigen beanspruchen durften, forderten ihr eigenes Leben (S. 408 f.). Vor allem Maria tritt jetzt aus dem Schatten ihres Sohnes und der fromme Glaube beginnt, ihr Leben von der Geburt bis zum Tode liebevoll auszumalen. Ihr wichtigster Chronist stellt sich als Jakobus, der Bruder Jesu, vor. Er beschreibt eine schon vor ihrer Empfängnis von Gott auserwählte Frau: Geboren im Hause der bis dahin kinderlosen Eltern Joachim und Anna wächst sie in klösterlicher Abgeschiedenheit auf und wird als Zwölfjährige in den Tempel gebracht; sie heiratet Joseph, einen alt gewordenen Witwer, führt eine Ehe, die keine ist, und gebiert Jesus in Anwesenheit zweier Ammen. Diese prüfen und bezeugen den Hergang der jungfräulichen Geburt peinlich genau. Denn es ist dies die zentrale Botschaft des Evangeliums: Die als Jungfrau empfing, gebiert auch als Jungfrau.

Dies gab Maria einen eigenen Platz in der Heilsgeschichte. Er wurde theologisch untermauert durch einen Blick auf eine andere Frau: Eva. Sie verband mit Maria ungewollt Paulus. Durch Adam, schrieb er an die Korinther, kam der Tod, durch Christus die Auferstehung. Jetzt, im 2. Jahrhundert, traten neben die beiden Männer die Frauen. Irenäus stellte sie um 180 in ihrer neuen Rolle vor: «Wie Eva durch ihren Ungehorsam für sich

Abb. 44

Andrea Mantegna, Maria mit Kind (um 1485). «Selig seid ihr», rief der lukanische Jesus den Armen zu und nahm sie in die Schar der von Gott Auserwählten auf. Wie sollte es auch angesichts eines Messias anders sein, der in einem Stall geboren wurde und zeitlebens die Mühseligen liebte. Ihnen gab er eine zuvor nie gekannte Würde und versprach, dass ihnen der Himmel näher sei als den Reichen. Die Maria Mantegnas kauert mit ihrem Kind auf dem Boden, der Unterschicht zugehörig und für sie Mitleid und Hilfe fordernd. In ihr hatten die Schwachen die Zuhörerin ihrer Gebete gefunden.

und das ganze Menschengeschlecht den Tod verschuldet hat, so wurde Maria durch ihren Gehorsam für sich und das ganze Menschengeschlecht die Ursache des Heils.»[27]

Augustinus formulierte um 400 unübertrefflich: «*Per feminam mors, per feminam vita.*» Am schönsten liest man die neue Lehre jedoch bei Ephraem dem Syrer (gest. 373): «Siehe die Welt! Zwei Augen sind ihr eingefügt: Eva war das blinde, linke Auge. Das rechte, leuchtende Auge ist Maria.» Das Bild überzeugte. Es entsprach der neuen Überzeugung, das Heilswerk Jesu habe bereits mit seiner Menschwerdung und nicht erst mit Tod und Auferstehung begonnen.

Seit dem Erscheinen des Jakobusevangeliums machte sich die Jungfrau und Mutter Maria gegen alle theologischen Widerstände auf den Weg in den Himmel.[28] Dies war an sich ein unmögliches Vorhaben. Denn der Glaube an den auferstandenen Christus ließ keine Verehrung einer Göttin zu. Daran hätte auch die Anziehungskraft der heidnischen Muttergottheiten allein nichts ändern können: Zu unmissverständlich hatten Paulus und die Evangelisten die Erlösung von allen Übeln an die Tat des männlichen Gottessohnes gebunden, zu klar hatte Jahwe, der in der Gestalt Gottvaters unangefochten Himmel und Erde regierte, die Verehrung anderer, gar weiblicher Gottheiten verboten.

So sollte es Jahrhunderte dauern, bis Maria ihr Ziel erreichen konnte und wie ihr Sohn in den Himmel auffuhr, um dort den Platz der Königin an der Seite des Sohnes einzunehmen. Dann erst schlug sich in der offiziellen Liturgie nieder, was in den Herzen der Frommen längst Gewissheit geworden war. Die Kirchenväter haben dazu auf ihre Weise beigetragen. Je eifriger sie sich in die Frage nach der göttlichen Natur Jesu verbissen, umso ferner rückte der Gekreuzigte dem einfachen Gläubigen. Der wandte sich nun der Mutter zu und erbat von ihr, was er einst Isis ans Herz gelegt hatte: Trost für die Trauernden, Heilung für die Kranken und Gnade für die Sünder.[29] Nach langem Kampf applaudierten schließlich auch die Theologen dem Siegeszug Mariens in den Himmel und in die Herzen der Gläubigen. Auf dem Konzil von Ephesos (431) verliehen sie ihr den Ehrentitel «Gottesgebärerin» und erkannten ihre Rolle als Mittlerin zwischen Gott und den Menschen an.

5. Der Abfall «von der Väter Sitten»: Der Blick der heidnischen Gegner

Die heidnischen Autoren haben sich für die christlichen Minderheiten in ihren Städten nicht interessiert. Was wir von ihnen über Jesus erfahren, ist fast nichts und trotzdem unendlich wichtig und folgenreich. Denn die Römer Sueton, Tacitus und Plinius bezeugen die Existenz Jesu.[30] Alle drei hielten die Anhänger dieses Staatsfeindes für Narren, nannten sie Feinde des Menschengeschlechts und unterstellten ihnen haarsträubende Verbrechen. Hundertfünfzig Jahre später, in der Zeit der Severer, war dies nicht anders. Weder die Historiker Cassius Dio und Herodian noch der Rhetor Flavius Philostratos verlieren ein Wort über die Christen. Lukian (S. 291 f.) erwähnt sie nur beiläufig und kennt ihre Schriften nur aus zweiter Hand. Aber seine Satire «Über den Tod des Peregrinus», eines Mannes, der eine Zeit lang als zerlumpter christlicher Wanderprediger durch die Lande gezogen war, stellt die Christen als leichtgläubige Tölpel vor, hilflose Objekte von Gaunern: «Kommt bei ihnen ein Schwindler und Betrüger vorbei, der weiß, wie's gemacht wird, so wird er alsbald in kurzer Zeit reich und lacht über die Einfältigen.»

Dass dies nicht aus der Luft gegriffen war, bestätigten die Christen selbst. Die 96 geschriebenen *Didache* (S. 383) rät den Gemeinden, reisende Prediger wie den Herrn aufzunehmen und zu verköstigen – allerdings nur für einen Tag. Will einer länger bleiben und verlange er für seine Reden gar Geld, soll man ihm als falschen Propheten die Tür weisen. «Hütet Euch vor solchen!» mahnt der Autor. Nicht immer mit Erfolg, wie Lukians Geschichte beweist.[31]

Die intellektuellen Kritiker der Christen treten seit der Mitte des 2. Jahrhunderts auf. Der zornigste und gründlichste von ihnen, der Platoniker Kelsos, schrieb unter Mark Aurel. Er hatte die alt- und neutestamentlichen Schriften und die jüdische Polemik gegen die Christen studiert, sich in der Geschichte ihrer Gemeinden umgetan und ihre Lebenspraxis beobachtet. Seine unter dem Titel *Wahre Lehre* erschienene Attacke überlebte den Sieg seiner Feinde nicht. Wie sehr sie schmerzte, bezeugt jedoch die rund achtzig Jahre später erschienene Gegenschrift des Origenes, aus der sich die Grundgedanken der Anklage rekonstruieren lassen.[32]

Sie enthält drei Vorwürfe und alle drei hatten Gewicht. Der erste traf den Glauben: Er nötige, dem Sohn einer verstoßenen Ehebrecherin zu huldigen, obwohl er als Räuber und Zauberer, verlassen von seinen ehrlosen Jüngern, sein verdientes Ende gefunden habe. Der zweite beklagte die niedere soziale Herkunft der Christen. Schon ein Blick auf die Gefolgsleute Jesu und ihren Lebensstil sage alles: «Zöllner und Matrosen der übelsten Sorte, nicht einmal imstande zu lesen oder zu schreiben; mit ihnen lief Jesus als Flüchtling von einem Ort zum anderen und verdiente sich seinen Lebensunterhalt schimpflich als Bettler.» So sei es nur logisch, dass der abstruse Glaube einfältige Wollarbeiter, Schuster und Walker angezogen habe, und die christlichen Werber vor Armen, Frauen, Unmündigen und Sklaven predigten: «Diese, in eitlen Vorurteilen befangen, seien nicht imstande, einen wahrhaft hohen und guten Gedanken zu fassen und zu verwirklichen; nur sie allein wüssten es, wie man leben müsse.» Allen Vernunftbegabten könne man nur empfehlen, vor diesen «Betrügern, Gauklern und Gespensterbeschwörern» zu fliehen, um sich nicht gänzlich lächerlich zu machen.

Wer die Geschichten der christlichen Heiler, Exorzisten und Totenerwecker in den Apostelakten liest (S. 409 ff.) und die Hymne des Irenäus auf die Männer und Frauen bestaunt (S. 295), die in Jesu Namen «Wunder zum Segen der übrigen Menschen» wirkten, wird Kelsos verstehen.

Sein dritter Vorwurf tadelte den von der übrigen Gesellschaft abgeschotteten Lebensstil der Christen. Sie gehorchten einer eigenen Soziallehre und verweigerten die Übernahme zentraler staatlicher Aufgaben, wie die Aufwendungen für die Städte und den Dienst im Heer. Die Bilanz war bitter und voller Hass: «Wenn alle ebenso handelten wie ihr, dann könnte den Kaiser nichts vor völliger Vereinsamung und Verlassenheit bewahren, und die Herrschaft über das Reich fiele in die Hände der wildesten und gesetzlosesten Barbaren.» Dies traf den Kern des Problems, auf das die Christen eine Antwort finden mussten – spätestens, als die ersten Grenzfesten fielen und die Verlustlisten an den Rathäusern länger wurden.[33]

Hundert Jahre nach Kelsos, zwischen 268 und 279, präsentierte der Plotinschüler Porphyrios seine Schrift *Wider die Christen*, «unstreitig das umfangreichste und gelehrteste Werk, welches im Altertum gegen das Christentum verfasst worden ist». Auch diese von dem «größten Gelehrten unter den Philosophen» (Augustinus) verfasste Kritik eines Gebildeten, der die Bibel so gut wie seine Gegner kannte, fiel unter den christlichen Kaisern ins Feuer, sodass nur der Zufall einige Passagen dem Vergessen entriss. Sie illustrieren, dass der Autor dem christlichen Glauben seine Irrationalität vorwarf, das logische Durcheinander der Fischern und Handwerkern geschuldeten Evangelien geißelte, die Göttlichkeit Jesu bestritt und den Glauben als Abfall «von der Väter Sitten» und als Gefährdung des Staates definierte; daher müsse seine weitere Verbreitung in den Kreisen der Eliten bekämpft werden.[34]

Was Kelsos und Porphyrios vortrugen, war nicht für die breiten Massen geschrieben. Deren Verachtung schürten Gerüchte, der christliche Nachbar schließe aus guten Gründen seine Tür, mache er sich doch ritueller Verbrechen (*flagitia*) und der Zauberei schuldig. Die erste lateinische Polemik, die solche Vorwürfe zusammenfasst, nahm Anfang des 3. Jahrhunderts der Christ Minucius Felix in sein Streitgespräch zwischen zwei Freunden auf – Christ der eine, Heide der andere. Dieser zählt peinlich genau alles auf, was an Verleumdungen über die Christen im Umlauf war, und schließt mit dem Vorwurf der Verschwörung gegen Staat und Gesellschaft.[35]

Alles dies sind Zeugnisse eines sich verschärfenden geistigen Ringens, in dem die Christen nach einigem Zögern den Fehdehandschuh aufnahmen. Sie prangerten ihrerseits die lasterhafte Moral ihrer Verfolger an, die sich an blutigen Spielen, obszönen Theaterstücken und exzessiven Opfern für unmoralische Götter ablesen lasse. Das aber war eine eher dürftige Replik. Ins Herz traf der Vorwurf des selbst gewählten sozialen Exils und gegen ihn wehrten sich die Christen mit fast verzweifelter Intensität.

In dem fiktiven Brief eines unbekannten Apologeten an den heidnischen Gelehrten Diognet wird beschworen, was für das Überleben so wichtig war: «Weder durch Heimat noch durch Sprache und Sitten sind die Christen von den übrigen Menschen verschieden. Sie bewohnen nirgendwo eigene Städte, bedienen sich keiner abweichenden Sprache und führen auch kein absonderliches Leben. Sie fügen sich der Landessitte in Kleidung und Nahrung und in der sonstigen Lebensart, legen aber einen wunderbaren und anerkanntermaßen überraschenden Wandel in ihrem bürgerlichen Leben an den Tag.»[36] Dieser Wandel überzeugte am Ende, zumal die hohe Moral des christlichen Lebensstils nicht zu bestreiten war. Dies wog letztendlich schwerer als alle Einwände des Kelsos.

XIV
Der Sieg des Gekreuzigten

«Ehrwürdiger Gast, tritt ein in das flavische Amphitheater, berühmt nicht so sehr wegen der Masse und Kunstfertigkeit seines Baus und der Erinnerung an die Spiele der Alten, als wegen des heiligen Blutes zahlloser Märtyrer, und in diesem verehrten Denkmal römischer Größe verfluche die Grausamkeit der Kaiser, schaue auf zu den Helden christlicher Tapferkeit und bete. Im Jubiläumsjahr 1675.»

Inschrift am Kolosseum in Rom

«Der römische Staat beherbergte im gewaltigen Körper des Römischen Reiches das Christentum, und dieses wurde schließlich nur durch den Genuss der ihm gegönnten Freiheit zu einem Machtfaktor, so sehr, dass es sich schließlich der Staatsspitze aufpropfte, d. h. den Herrschern, die es zuerst geduldet und dann bekämpft hatten, als es zu spät war.»

Alfred Heuss

1. «Unser Staat ist im Himmel»

Wenn die Christen ihre Nachbarn einluden, sprachen sie zuerst von ihrem Glauben. Denn von seiner Überzeugungskraft und nicht von sozialen Wohltaten hing es ab, ob sie Gehör fanden. Zwei Erwartungen rückten sie in den Vordergrund: Die Hoffnung auf Erlösung für jeden, ob arm oder reich, und das Versprechen, Vergebung für die in einem harten Leben gehäufte Schuld zu finden. Beides waren eingängige Lehren, beide sprachen zu den Geschundenen dieser Welt. Sie verlangten weder Bildung noch makellose Verhaltensweisen oder besondere Rituale. Zum ersten Mal betrat der einfache Mensch ein Land, in dem er gleich war.

Die durch den Glauben an die Auferstehung gespeiste Hoffnung, in der jenseitigen Welt eine bessere Zukunft vor sich zu haben, gab allen bisher anerkannten Werten des menschlichen Zusammenlebens einen neuen Sinn. Im Gegensatz zu der Überzeugung, die Welt und nicht der Einzelne habe Bestand, verhieß die «frohe Botschaft», die Welt sei dem Untergang geweiht und das Individuum unsterblich. Die Konsequenz war einschneidend. Der einzelne Mensch trat als eigenständige Größe auf und seine irdische Existenz wog wenig, da sie nur in Hinblick auf das jenseitige Heil bedeutsam war. Alle Erscheinungsformen der Welt erschienen nun in einem neuen Licht: das Verhältnis zu Staat, Politik und Gesellschaft ebenso wie das Verständnis von Moral und Ethik. «Die jetzige und die zukünftige Welt sind zwei Feinde. Die jetzige predigt Ehebruch, Verderben, Geldgier und Betrug, die andere widersagt all dem. Wir können nicht beider Freund sein, also müssen wir dieser Welt entsagen und uns der anderen anschließen.»[1]

2. Das Volk Gottes in der Fremde

Das Leben in den Städten

Am Anfang standen Klein- und Kleinstgruppen. Bisweilen wurden sie von charismatischen Radikalen hierhin und dorthin getrieben, meist aber anerkannten sie die Autorität ihrer Missionare und Lehrer. Sie mieden die Wüste und blieben in den Städten. Dort wuchsen sie zu festen Ortsgemeinden, die alle wesentlichen Organisationsformen ihrer Umwelt übernahmen. Damit schlug ihre soziale Entwicklung eine Richtung ein, die mit der nicht christlichen Umwelt übereinstimmte.

In den städtischen Wohnvierteln mussten die Missionare vieles von der reinen Lehre des Nazareners neu formulieren, interpretieren oder schlicht missachten. Bereits das «Gehet hin in alle Welt», von Anfang an praktiziert als «Gehet hin in alle Städte des Imperiums», verurteilte viele Forderungen Jesu als lebensfern, ja als verwerflich. Denn sein besitz- und familienloses Leben war so ganz anders als das seiner in den Städten heimisch werdenden Anhänger verlaufen. Ihnen galten die verkündeten Regeln der offenen Straße nichts; sie dienten nicht ihren, sondern den Bedürfnissen von Wanderpredigern, die den Bruch mit den Mustern sesshaften Lebens bewusst vollzogen hatten. Wer sich in der Stadt durchs Leben schlug, konnte nicht mit Petrus sagen: «Siehe, wir haben, was wir hatten, verlassen und sind dir nachgefolgt.» Er blieb in einer fest gefügten Umgebung, sorgte sich um Frau und Kinder, hatte einen Beruf und Nachbarn und die Pflicht, das versprochene Reich Gottes mit seiner Familie zu erwarten.[2]

So predigte niemand den sozialen Umsturz, niemand wollte den Satz, «eher geht ein Kamel durchs Nadelöhr als ein Reicher in das Himmelreich», zum Grundgesetz des christlichen Zusammenlebens machen, und keiner richtete sein Leben an der wirklichkeitsfremden Vorstellung aus, es gelte die rechte Wange hinzuhalten, wenn die linke geschlagen wird. Schon die Ende des 1. Jahrhunderts kursierenden Pastoralbriefe und der Kolosserbrief betonten die Familie als Sozialmodell der Gemeinden, sprachen die überkommenen Hierarchien selig und verteidigten die Sklaverei. Sie stützen, ganz im Sinne der paulinischen Lehre, «jeder bleibe in seinem Stand», die bestehende soziale Ordnung.[3]

Sehr bald traten ortsansässige Priester und zu Beginn des 2. Jahrhunderts Bischöfe an die Stelle wandernder Lehrer und Propheten. Die Gemeinden erscheinen nun als Einheiten, deren soziale Zusammensetzung keine Unterschiede zur heidnischen Umwelt erkennen lässt. Sie zogen – das sahen die heidnischen Kritiker durchaus richtig (S. 374) – vornehmlich die «Mühseligen und Beladenen» an sich, räumten ihnen aber keinen führenden Platz ein.

Den Missionsauftrag übernahmen jetzt mehr und mehr die Ortsgemeinden. Sie setzten auf die Kontakte des Alltags, ihre Familien lebten christliche Tugenden vor, und gaben, wenn auch zögerlich und häufig angefeindet, Heiraten ihrer Söhne und Töchter mit Heiden ihren Segen. Über solche Ehen wurde erregt diskutiert, da niemand verbindlich zu sagen wusste, ob Engel oder Teufel sie gestiftet hatten. Feuerköpfe wie Tertullian, der von Hurerei sprach und den Ausschluss aus der Gemeinde forderte, belegen nur, wie weitverbreitet solche Ehen gewesen sein müssen. So schwer das Herz der Mutter wurde, wenn eine Christin dem Sohn des heidnischen Nachbarn das Jawort gab, so leicht wurde es, wenn die Kinder die Taufe empfingen – letztendlich die entscheidende Rechtfertigung solcher Verbindungen, die die offizielle Kirche nicht offen dulden mochte. Der behutsame Paulus sprach für die Romeos und Julias dieser Welt, als er an die Korinther schrieb: «Der ungläubige Mann ist geheiligt durch die Frau, und die ungläubige Frau ist geheiligt durch den Bruder. Sonst wären ja eure Kinder unrein, nun aber sind sie heilig.»[4]

Besondere Aufmerksamkeit fand der Christ in seinem Stadtviertel, wenn er von seiner Hingabe an den Nächsten berichtete. Viele, zu denen er sprach, kamen aus einer Welt, in der der Hungrige nicht satt wurde, und in der viele statt in Häusern in Hütten lebten, in die der Wind den Dreck der Straße wehte. Wer so aufwuchs, hatte nicht viel Hoffnung auf Besserung, und schon gar nicht glaubte er an einen Gott, der seine armselige Existenz zur Kenntis nahm und ein Ohr für seine Nöte hatte. Eines Tages aber hörte er einen Prediger, der von einem Gott sprach, der Mensch geworden, auch für ihn gestorben war und seine Tränen zu trocknen versprach – wenn nicht in dieser, so doch in der Welt jenseits des Todes. Und er hörte von Menschen, die sich versammelten, gemeinsam beteten und gemeinsam aßen. Und er spürte, dieser Missionar war aufrichtig, wenn er von der Sorge seiner Glaubensbrüder um die Armen, Witwen und Waisen, Kranken und Verstorbenen erzählte, wenn er Mittel gegen Krankheiten, Ängste, soziale Not und Einsamkeit nannte oder gelungene Wundertaten und Dämonenaustreibungen schilderte: «Ohne Lohn und ohne Entgelt», rief Tertullian stolz seinen Gegnern zu, «treiben wir die Dämonen aus», und er hat damit gewiss mehr Ohren für die frohe Botschaft geöffnet als manche wohlgesetzte Predigt oder Schrift. «Ansteckend» sei dieser Aberglaube, schrieb Plinius hellsichtig seinem Kaiser. Denn die christliche Lehre drang in die sozialen Netzwerke ein und verbreitete sich durch ein Geflecht von direkten persönlichen Berührungen.[5]

Dies brachte den Erfolg. Denn bei der Schlussabrechnung der Missionare zählten nur die, die für immer blieben, ihre Familien und ihr Gesinde auf Dauer bekehrten, ihre Kinder den neuen Glauben lehrten und auf das Wort der Bischöfe hörten. So war es vornehmlich den Künsten der Vorsteher der Ortsgemeinden zu danken, jedem, der erst einmal in eine christliche Gemeinde eingetreten war, seine Entscheidung notfalls im Nachhinein plausibel zu machen.

Der Preis der Konversion

Die Wandlung eines Menschen, die einer Bekehrung vorangegangen sein muss, und die Art des neuen Lebens, das er annahm, waren von höchstem Interesse für jeden, der diesen Schritt vollzogen oder ihn vor sich hatte. Aber nur wenige Gebildete schauten zurück in ihre Vergangenheit und legten in privaten Zeugnissen die Gründe dar, die sie zur Taufe bewogen hatten. Zu ihnen gehörten der Apologet Tatian (um 150), der sich selbst einen «Barbarenphilosophen aus dem Assyrerland» nannte und in Rom Schüler des Justin war, oder Cyprian, Bischof in Karthago, der seinem Freund Donatus die Geschichte seiner Bekehrung schilderte. Diese und andere Berichte sind wie die späteren *Bekenntnisse* des Augustinus allesamt stilisiert und berichten vom Überdruss an den Grausamkeiten dieser Welt und der Sehnsucht nach Erlösung, die das Taufwasser endlich erfüllt habe.[6] Solche Nachrichten reichen nicht aus, um die Überzeugungskraft der christlichen Lehre spürbar zu machen, zumal der kleine Mann auch diesmal stumm bleibt.

Leicht jedenfalls kann der Weg zum Taufbecken selbst ihm nicht gefallen sein. Konversionen galten in der Antike generell als anstößig. Wer gar Christ wurde, schwor den alten Göttern ab, warf sein altes Leben von sich, verließ die Sitten der Väter und setzte alle seine Hoffnungen auf ein glückliches Leben im Reich ohne Wiederkehr. Damit trennte er sich von seiner Familie und seiner Nachbarschaft, gab – wie der Schulmeister oder Soldat – seinen Beruf auf, nahm die Existenz eines gesellschaftlichen Außenseiters auf sich und setzte als Mitglied einer eingetragenen Verbrecherorganisation sein Leben aufs Spiel. Wer sich trotz allem für den Gekreuzigten entschied, musste gute Gründe haben.[7]

Zu den Protagonisten der Mission in den Städten zählten die Frauen. Sie spielten bereits in der Jesusbewegung eine wichtige Rolle und in der Darstellung der Apostelgeschichte bilden sie den Kern der Gemeinden. Die Gründe dafür sind leicht auszumachen: Vor Gott waren Mann und Frau gleich, beide wurden nach demselben Ritual und mit demselben Wasser getauft, beide übernahmen weitreichende Verantwortungen im Dienst am Nächsten. Der römische Staat hat daraus die logische Konsequenz gezogen und in den Tagen der Verfolgung christliche Männer und Frauen gleichermaßen zu Tod und Circus verurteilt: Im Jahre 177 starben in Lyon 24 Männer und 23 Frauen für ihren Glauben.[8]

Die Zahl der Frauen – auch in den oberen Ständen – war in den folgenden drei Jahrhunderten größer als die der Männer. Der heidnischen Polemik ist dies nicht entgangen: Die Christen hätten sich über das Frauengemach und die leicht verführbare Jugend Zugang in das Haus ihres Nachbarn verschafft, liest man bei Kelsos und Porphyrios (S. 374). Der gehässige Zungenschlag ändert nichts an der Diagnose.

Gründe für die leichtere Bekehrbarkeit der Frauen finden sich etwa in der unterschiedlichen Ausbildung von Knaben und Mädchen, ihrem geringeren Bildungsstand und der daraus resultierenden Empfänglichkeit für jede Art von Aberglauben. Am wichtigsten waren jedoch die ihnen allein im Raum der Religion eingeräumten Möglichkeiten des gesellschaftlichen Engagements und des Gemeindedienstes. Er schloss seelsorgerische Aufgaben ein: Gebet für die Gemeinde, Taufe, Unterweisungen der jüngeren Frauen. Witwen hatten diese Pflichten in Zeiten übernommen, in denen Bischöfe, Presbyter und Diakone für den Unterhalt ihrer Familie arbeiteten und daher den Gemeinden nur einen Bruchteil ihrer Zeit widmen konnten.[9] Das änderte sich mit der allmählichen Professionalisierung des Klerus. Anfang des 3. Jahrhunderts kam es zum Konflikt, in dem sich die männlichen Kleriker durchsetzten. Sie wurden nun von ihren Gemeinden unterhalten, konnten sich ganz der Seelsorge widmen und zogen die zuvor den Witwen überlassenen Aufgaben an sich.[10]

Das Bild der frühchristlichen Gemeinden erhält jetzt erste Konturen. Ihre Organisation ebenso wie ihre Moral unterschieden sich nicht wesentlich von denen ihrer Nachbarn. Gleichwohl: Mit ihnen gemeinsam zu lachen oder zu weinen fiel in der Erwartung des Letzten Gerichts und angesichts der Angst, das Heil zu verlieren, schwer. Es war jedoch nicht unmöglich. Die Christen, klagte noch der Kaiser Galerius in seinem Toleranzedikt 311, lebten nach eigenen Gesetzen. Richtig. Aber diese Gesetze zogen keine unüberschreitbare Grenze zum Lebensstil ihrer heidnischen Umgebung. Anders: Die Christen sahen sich als Fremde in der Welt, doch weder ihr Glaube noch ihre Moral zwangen sie, es auf Dauer zu bleiben.

3. Die Entstehung der Amtskirche

Ende des 1. Jahrhunderts übernahm die Leitung der Gemeinde und des Gottesdienstes ein auf Lebenszeit bestellter Vorsteher. Im 2. Jahrhundert führte er die Bezeichnung «Bischof» (gr. *episkopos*, Vorsteher). Seine Macht wuchs ständig und trug schließlich monarchische Züge.

Der Weg dorthin war weit, aber er wurde, einmal eingeschlagen, konsequent verfolgt. Der erste Schritt war getan, als die organisierte Armenpflege der Gemeinden die staatliche Wohlfahrt überflügelte und den Bischöfen zufiel. Dies gab ihnen, was wirklich zählte, Prestige und Bewunderung. Die dankbar erhobenen Hände der Armen beim Empfang des täglichen Brotes und ihr Hosianna ersetzten den Applaus der begeisterten Volksmenge, die früher im Circus ihre spendablen Gönner hochleben ließ. Als 260 mit dem Ende der Verfolgungen unter Valerian eine vierzigjährige Friedenszeit begann, sahen die Kaiser mit Wohlgefallen auf die bischöfliche Sorge um die Armen. Denn sie versprach ihnen die Loyalität der Städte bis in die Elendsquartiere der Armen.

Der zweite Schritt folgte aus dem Ausbau einer Ordnung, die in ihrer endgültigen Gestalt die des Staates nachahmte. So unterschied sich der Bischof immer weniger von einem römischen Staatsbeamten. Wie dieser war er für bestimmte Gegenstände und Sprengel zuständig und besaß damit nach römischer Tradition umfassende Befehlsgewalt (*imperium*), wie dieser beanspruchte er gegenüber seiner Gemeinde das Recht auf Einspruch (*intercessio*) und die Strafgewalt (*coercitio*) und wie dieser forderte er die volle Integrität während seiner Amtszeit. «Solange wir Bischöfe auf diesem Stuhl sitzen», erklärte der Patriarch von Konstantinopel stolz seinem Kaiser, «solange wir die oberhirtliche Stellung einnehmen, solange haben wir sowohl die Würde als auch die Gewalt, selbst wenn wir dessen ganz unwürdig sind.»[11]

Das war ein Amtsverständnis, das jedem Römer einleuchtete. Die Kirche übte sich darin und lernte, es auch theologisch zu untermauern. Die Macht auf Lebenszeit gaben dem Bischof Christus und die Apostel, deren Nachfolger er war, seine Aufgaben legten der Kampf um die rechte Lehre, die Sorge um die Armen und seine Leitungsfunktionen fest, seine ökonomische Sicherheit gewährte ihm sein von der Gemeinde gezahltes Gehalt und seine geistliche Autorität floss aus der alleinigen Bußgewalt. Ein professioneller Klerus, Presbyter und Diakone (*diakonia*, die Bereitschaft zum Dienst), kamen hinzu, die der Bischof weihte und die ihm zum Gehorsam verpflichtet waren. Niemand zweifelte, dass diese Ordnung dem Willen Gottes und dem Modell der Apostel entsprach, obwohl kein Evangelist von Ämtern gesprochen hatte. Das Notwendige war zu tun, die Legitimation konnte warten. «Wählt euch Bischöfe und Diakone», riet die *Didache*, «würdig des Herrn, Männer voll Milde und frei von Geldgier, voll Wahrheitsliebe, erprobte, denn sie sind es, die für euch den heiligen Dienst der Propheten und Lehrer versehen.»[12]

Was das Wachstum der Kirche verlangte, bekam sie. Das ermöglichte ihr, einen institutionellen Rahmen zu finden, mit dem es keine der konkurrierenden Religionen aufnehmen konnte. Als Diokletian noch glaubte, durch seine seit 303 verordneten Verfolgungen das Rad der Geschichte zurückdrehen zu können, überzog alle Provinzen des Imperiums bereits ein Netz von Gemeinden mit einem hierarchisch gegliederten Klerus, der die Leitung, die Finanzen, die Armenversorgung und die religiöse Unterweisung fest in seinen Händen hielt.[13]

Das Muster für das bischöfliche Amtsverständnis bot das Konsulat. Dies hatte zwei Folgen und beide bestimmten für lange Zeit die europäische Geschichte. Zum einen gewöhnte sich die christliche Elite an das Regieren. Zum anderen lernte die heidnische, die ihren Ehrgeiz bisher ausschließlich im Staatsdienst befriedigt hatte, dass sie ihr Streben nach

Abb. 45

Bischof von Rom, Miniaturmalerei von 983. Ein früher Zeuge des bischöflichen Machtanspruches wurde Ignatius von Antiochien (gest. 117): «Seid bestrebt, alles in Gottes Eintracht zu tun, wobei der Bischof an Gottes Stelle und die Presbyter anstelle der Ratsversammlung der Apostel den Vorsitz führen.» Rund 150 Jahre später erklärte 250 Cyprian von Karthago, «der Bischof ist in der Kirche und die Kirche in dem Bischof». Der monarchische Machtanspruch des Bischofs, der an Gottes Stelle der Gemeinde vorsteht, war damit richtungsweisend festgelegt worden. So zeigt denn auch die Miniaturmalerei Gregor den Großen, Papst von 590 bis 604, als Bischof mit allen äußeren Attributen der Macht, inspiriert bei seinen Studien vom Heiligen Geist und ehrfürchtig belauscht von seinem Diener.

Ruhm und Ehre genauso gut auf dem Stuhl des Bischofs verwirklichen konnte. Der Satz Cyprians, «wer nicht mit dem Bischof ist, der ist auch nicht in der Kirche», klang wie in Stein geschlagen. Seit dem 4. Jahrhundert wurde er zum Leitstrahl für große Karrieren jenseits des Dienstes für Kaiser und Imperium. Der letzte Damm brach, als Konstantin die christlichen Führer durch Gesetze und Gnadenerweise öffentlich heraushob. Seit 318 entfaltet sich die bischöfliche Gerichtsbarkeit, die sich unter Christen längst als Schlichtungsverfahren eingebürgert hatte, auch als zivilrechtliche; 321 wird die Freilassung von Sklaven in Gegenwart des Bischofs als rechtskräftig anerkannt.

In der Konsequenz dieser und anderer Entscheidungen des Kaisers wandte sich die Kirche der Heiligen nun für immer den weltlichen Belangen zu. Der Schlachtruf Tertullians, «keine Angelegenheit ist uns fremder als eine öffentliche», bewegte niemanden mehr. Vielerorts hüllten sich die Bischöfe in die Toga und trugen die Tracht des Bischofs mit demselben Stolz wie der Senator die roten Schuhe und den breiten Purpurstreifen an der Tunika. Die Geschichte, wer wollte daran noch zweifeln, war auf ihrer Seite, und es galt, ihre Gunst zu nutzen.

Das allerdings beschreibt nur eine Seite in der Geschichte des Aufstiegs des Christentums, geprägt von einer hoch entwickelten hierarchischen Bürokratie. Eine ganz andere erzählt von der verwirrenden Vielfalt von Glauben und Ethik und von einem fast hemmungslos wuchernden theologischen Reichtum: drei Götter, die einer sind, eine jungfräuliche Muttergottes dazu, Hunderte von Märtyrern, die einen besonderen Platz im Himmel wie auf Erden beanspruchen, wundertätige Reliquien, zu denen eine wachsende Schar von Gläubigen pilgerte, eine subtile Dogmatik, die in den Schulen des griechischen Osten gepflegt und im Westen kaum noch verstanden wurde, und alles dies weiter wachsend, obwohl die Offenbarung doch eigentlich beendet war.

Und immer wieder gab es Streit. Immer neu und immer heftiger rangen die geistigen Eliten um den rechten Glauben und kämpften gegen Abweichler und Ketzer; von ihnen zählte Augustinus 88 Gruppierungen, als er sich 428 niedersetzte, um sie alle in einem Katalog zu erfassen. Die Zeitgenossen konnten daraus nur einen Schluss ziehen: Friede und Versöhnung waren in der streitenden Kirche ferner denn je und die Eintracht der Untertanen im Glauben, auf die seit Konstantin alle Kaiser gehofft hatten, blieb ein unerfüllbarer Traum.

Es sollte noch schlimmer kommen: Als sich der Orient vom Okzident zu trennen begann, Byzanz und das Abendland eigene Wege gingen, taten die Bischöfe das ihre, um den sich auftuenden Graben zu vertiefen. Ihr unversöhnliches Zerwürfnis um die Frage, ob der göttliche Sohn seinem Vater wesensgleich sei, nahm einen Frontverlauf, der der späteren Grenze zwischen West und Ost folgte. Die Streitenden erhielten Namen, die schon lange zur Bezeichnung zweier unterschiedlicher Welten gedient hatten: hier *orientales*, dort *occidentales*.

4. Der Konflikt mit Staat und Gesellschaft

«Wir müssen dieser Welt entsagen»

Der römische Staat war an dem religiösen Denken seiner Untertanen wenig interessiert und weder er noch die ihm unterwürfige Kirche suchten den Konflikt. Vermeiden konnten sie ihn trotzdem nicht. Denn sie hatten nur eine sehr begrenzte Verfügungsgewalt über die Wurzel des Übels.

In den ersten beiden Jahrhunderten nahm das offizielle Rom nur sporadisch Notiz von den Christen. Mit Toleranz hatte dies nichts zu tun. Die Gemeinschaft der Bürger war immer eine politische und kultische zugleich und verpflichtete alle, die Götter zu verehren, die den Staat schützten. Trotzdem waren Konflikte selten. Wer zu vielen Göttern betet, kennt keine religiöse Exklusivität, und niemand musste darüber nachdenken, ob und wie Andersgläubige zu bekehren oder zu bekämpfen waren. Die Obrigkeit schärfte nur dann ihre Waffen, wenn fremde Götter den Verdacht nährten, ihre Gläubigen von den Bürgerpflichten fernzuhalten, oder ihr Kult die allgemeine Moral gefährdete.[14] Beides taten die Christen nicht. Ihr Leben vollzog sich in den Bahnen sorgfältig gehüteter Wohlanständigkeit und ihre Gebete stiegen auch in den Jahren der Not für Staat und Kaiser zum Himmel. Selbst das Blut der Glaubenszeugen konnte daran nichts ändern. Es war zu Ehren des einen Gottes geflossen und nicht zur Verdammnis des einen Kaisers.

Der christliche Kniefall vor dem imperialen Staat entsprang nicht opportunistischen, sondern wohlerwogenen theologischen Gründen. Die römische Staatsgewalt, hatte Paulus der Gemeinde in Rom ans Herz gelegt, stamme unmittelbar von Gott, und sich ihr in Wort und Tat zu unterwerfen, sei christliches Gebot. «Darum beten wir zwar Gott allein an», schrieb Justin, um 175 gestorben als Märtyrer, «in allem anderen aber leisten wir euch freudigen Gehorsam, indem wir euch als Kaiser und Herrscher der

Menschen anerkennen.» Ein Christ, bekräftigte wenige Jahrzehnte später Tertullian, «ist niemandes Feind, am wenigsten des Kaisers. Da er weiß, dass derselbe von Gott eingesetzt wurde, muss er ihn notwendig lieben, fürchten, ehren und seine Erhaltung wünschen.»[15]

Jedoch: «Mein Reich ist nicht von dieser Welt», hatte Jesus erklärt, und alle, die ihm folgten, sahen sich auf Erden als Pilger in einem fremden Land. Das beherbergte allerdings Menschen, die darin (und nur darin) leben wollten. Wer sich von ihnen fernhielt, Freud und Leid mit dem Nachbarn nicht teilen wollte, wer gar mit dem penetranten Anspruch, Wahrheit und Heil allein zu besitzen, durch die Gassen lief, überschritt die Grenze, die eine ganz anders denkende und handelnde Gesellschaft hinzunehmen bereit war.

Dies lag am wenigsten an der Lehre. Die Predigt von einem politischen Verbrecher, der von den Toten auferstanden war und am Ende aller Tage als Gott der Vergeltung zurückkehren wollte, erregte Kopfschütteln, aber keinen Hass. Diesen nährte die Außenseiterrolle, in der sich die Anhänger des Gekreuzigten gefielen – Menschen, die sich von der Welt lossagten, die sich eng aneinanderpressten und als «Brüder und Schwestern» ihren Kult pflegten. «Wir sind Diener Gottes in der Fremde», verkündete mit spürbarem Stolz der sogenannte Hirt des Hermas (S. 413). «Wir können auf keine Weise zu Schaden kommen», ergänzte Tertullian im Namen vieler Frommer, «weil wir in dieser Welt schlechthin kein anderes Interesse haben, als sie so schnell wie möglich zu verlassen.»[16]

Wer so dachte und lebte, stiftete allein durch seine Existenz Unfrieden. Dagegen half nicht die betont zur Schau getragene Ehrbarkeit. Sie ging allzu oft Hand in Hand mit der Verachtung für den heidnischen Sünder, den Gott am Ende aller Tage seines verderbten Lebenswandels wegen ins Feuer warf. «Die Tempel verachten sie als Grabmäler», entrüstete sich ein heidnischer Widersacher, und fügte hinzu: «die Götter machen sie lächerlich, über die Opfer spotten sie.» So hatte der wahre Christ wohlgetan, wenn er vor den Tempeln ausspuckte – ein Gestus der Verachtung, der angesichts der Kusshand, die der heidnische Nachbar seinen Göttern zuwarf, besonders auffiel.[17]

Cicero war lange tot, als der erste Christ die Erde betrat. Aber er kannte Menschen dieser Art, die niemandem ein Leid zufügen und trotzdem gefährlich sind, «denn sie sondern sich von dem Leben in der Gemeinschaft ab, weil sie nichts dazu beitragen an Arbeitseifer, an Mühe und an Fähigkeiten».[18] Wie schnell die selbst gewählte Isolation der Christen Pogromstimmung und Gewalt provozierte, enthüllt der 1. Petrusbrief. Geschrieben unter Domitian, tröstet der Autor die bedrängten Christen in «Pontus, Galatia, Kappadokia, Asia und Bithynia» und hält Gericht über die heidnischen Mitbürger, die «in Ausschweifungen, Leidenschaften, Weingelagen, Schwelgereien, Zechereien und frevelhaftem Götzendienst» lebten.[19] Nicht jeder, der dies hörte, wandte sich mit Schaudern ab, wenn die Geschmähten die Fäuste schwangen.

«Es lässt sich nichts Allgemeingültiges verfügen»: Die Reaktion des Staates

Vor allem in den Jahren von Not und Unglück schlug das friedliche Nebeneinander in Gewalt um. Wenn der Tiber über die Ufer tritt, klagte Tertullian, schreit die Stadt: «Die Christen vor die Löwen!» War es so weit, blieb dem Kaiser nur ein schmaler Pfad, eine religiöse Minderheit zu disziplinieren, die für ihn betete, ihre Nachbarn aber aufs Blut reizte. So rief er seine Richter, wenn der Konflikt ausartete, und trat beiseite, wenn er zu Ende war. «Tötet euch doch selbst allesamt, geht schon jetzt zu Gott und macht uns keine Scherereien», riefen Justin zufolge aufgebrachte Heiden den Christen zu. Die römischen Behörden sahen es nicht anders und waren meist bemüht, es gar nicht zu Prozessen gegen die Christen kommen zu lassen. Trotzdem gab es sie, trotzdem steigerten sie sich zu systematischen Verfolgungen, als im 3. Jahrhundert die Barbaren einfielen und die Suche nach den Schuldigen auf die Leugner der alten Götter stieß, die doch so lange die römischen Waffen gesegnet hatten.

Wir wissen wenig über die Verfolgungen. Der Staat erläuterte sein Vorgehen nicht und die Historiker fanden an den Christenprozessen nichts, was des Berichtens wert gewesen wäre. Der Ort, wo die Christen öffentlich auffielen, waren zudem die Stadtgemeinden, nicht die Amtssitze der Reichsverwaltung. So spielten im Bewusstsein des Kaisers und der römischen Eliten die Christen erst dann eine Rolle, als die ersten bekehrten Senatoren und Ritter für Aufsehen sorgten.[20]

Auch die christlichen Literaten berichten wenig Verlässliches. Sie stürzten sich auf die Blutzeugen und machten deren Kampf zum Stoff von Legenden und Heldengeschichten, die in den Gemeinden zur Erbauung vorgelesen wurden. Bereits die Apostelgeschichte kennt vielfältige Martyrien. Paulus etwa wird an allen wichtigen Orten seiner Reisen ins Gefängnis geworfen, gegeißelt, geschlagen und gesteinigt. Das kann so nicht gewesen sein. Trotzdem vermitteln die im dramatischen Episodenstil erzählten Konflikte ein einheitliches Bild, das jenseits des Einzelfalls ernst zu nehmen ist: Die Missionare haben Erfolg, verursachen Unruhen und werden wegen Störung der öffentlichen Ordnung angeklagt und verfolgt.[21]

Das Urteil der Eliten Roms konzentrierte sich bis zum Toleranzedikt des Kaisers Galerius (311) auf einen Punkt: schuldig eines abscheulichen Aberglaubens und der Menschenverachtung (*odium humani generis*). Dies traf Christen wie Juden. Zwei wesentliche Unterschiede aber gab es: Die christliche war anders als die jüdische eine junge Religion und Jesus hatte wie seine Anhänger gegen die nationale und religiöse Tradition verstoßen: «Man wird, ist nicht von Geburt an Christ», hatte Tertullian gesagt, und das war in römischen Augen die Abkehr vom Erbe der Väter.[22] Stets und unter allen Umständen, mahnte der Historiker Cassius Dio Anfang des 3. Jahrhunderts, seien die Götter «nach Väterart zu verehren», und er fügte den Rat hinzu, die Verächter der alten Ordnung im Interesse des Staatswohls zu verfolgen. Was die Juden schützte – ihre ethnische Identität und das Alter ihrer Religion –, fehlte den Christen, sodass sie in den Augen der römischen Führungsschicht keine Schonung beanspruchen konnten, auch wenn Misanthropie kein kapitaler Straftatbestand war.

Das Urteil der breiten Menge lautete für lange Zeit: schuldig abscheulicher Verbrechen (*flagitia*). Gemeint waren damit der rituelle Verzehr von Menschenfleisch, schrankenlose Unzucht und Zauberei.[23] Die Anklage war unsinnig, aber in einer Welt nachvollziehbar, der Menschenopfer nicht unbekannt waren. Die hinter verschlossenen Türen vollzogenen Kultpraktiken der Christen bis hin zur Eucharistie reizten die Fantasie der Übelmeinenden. Plinius erläutert Trajan, Amtskollegen hätten nach derartigen Verbrechen geforscht und seien unsicher geworden, wenn sie solche nicht finden konnten. Der Kaiser ließ sich darauf nicht ein und klammerte in der Antwort an den ratsuchenden Statthalter die Frage der *flagitia* als bedeutungslos aus – seine Berater wussten offenbar sehr genau zwischen Gerücht und Beweis zu unterscheiden.

Trotzdem lautete das Urteil: schuldig, schuldig des Christseins. Trajan, der diese reichsweit gültige Regelung verfügte, führte damit eine neue Verbrechenskategorie in das römische Strafrecht ein: *nomen Christianum*. Dies wurde künftig Inhalt der Anklage, Gegenstand der Verhandlung und Grund der Verurteilung. Warum aber reichte das öffentliche Geständnis «Ich bin Christ» aus, um als todeswürdiger Verbrecher dem Henker ausgeliefert zu werden? Wie wurde der strafbare Tatbestand gegen eine Religionsgemeinschaft begründet, die den Staat als gottgegeben verehrte, für ihn betete, ihm Steuern zahlte und seine Gesetze beachtete?

Die Entscheidung der römischen Juristen beruhte auf zwei Grundgedanken. Sie beharrten auf der Strafwürdigkeit des Christseins, verboten aber die staatliche Fahndung und verlangten das persönliche Erscheinen des Beklagten vor dem Richter. Sie ließen zu, dass ein Christ das Gericht als freier Mann verließ, wenn er in letzter Sekunde den Göttern opferte – so eindeutig die Beweise und Zeugenaussagen den Angeklagten auch als Christen auswiesen. Seine tätige Reue sprach ihn frei. Anders: Ein einziger Akt der Loyalität, vollzogen in aller Öffentlichkeit vor den Statuen der Götter und des Kaisers, genügte, um Klarheit zu schaffen. Wer dies tat, kehrte in die römische Gesellschaft zurück. In den Augen der Christen jedoch hatte er einen Verrat begangen, für den es keine Verzeihung, keine Gnade geben konnte. Der Kläger, so handfeste Beweise er auch vorgelegt haben mochte, war blamiert, ja er riskierte, seinerseits wegen böswilliger Verleumdung belangt und verurteilt zu werden.[24]

Die Regelung Trajans folgte keiner modernen Rechtslogik, sondern dem Grundsatz der politischen Opportunität. Weder dem Kaiser noch seinen Juristen wäre es in den Sinn gekommen, Aufgabe des Rechts müsse es sein, das Individuum gegen eine willkürliche Anwendung des staatlichen Gewaltmonopols zu schützen. Für sie galt es, einer anderen, vorrangigen Pflicht zu gehorchen: unter allen Umständen Ruhe und Ordnung in den Provinzen aufrechtzuerhalten. Rom zog aus einer einfachen Beobachtung eine ebenso einfache Schlussfolgerung: Da der Christ die Lebensart seiner städtischen Nachbarn ablehnte und sie zu Tumult und Aufruhr reizte, störte er die öffentliche Ordnung und gefährdete am Ende den Frieden der Provinz – Grund genug, ihn als Feind von Kaiser und Staat zu verfolgen.

Auf den Christen lastete zusätzlich zu dem Vorwurf, Feinde des friedlichen Miteinanders in den Städten zu sein, der Verdacht politischer Illoyalität, verweigerten sie doch den Kaiserkult, der die enge Bindung des Untertanen an Monarch und Imperium sichtbar machte. So laut sie auch den Himmel anflehten, er möge ihrem kaiserlichen Herrn gnädig sein, so wenig nützte es ihnen, wenn sie sich weigerten, eine Handvoll Weihrauchkörner zu streuen. Auswege gab es keine. In den Augen Roms mündete Loyalität in Religiosität.[25] In den Augen des christlichen Gottes jedoch besagte das Kaiseropfer den Abfall vom Glauben. Denn er war ein eifersüchtiger Gott und duldete weder auf Erden noch im Himmel Rivalen. «Die Götter der Völker sind Götzen, der Herr aber hat den Himmel gemacht», lautete sein Credo.[26]

Abb. 46

Das Martyrium des heiligen Laurentius, verewigt in Ravenna im Mausoleum der Galla Placidia. Das Mosaik zeigt, was der verklärte Blick der Christen auf ihre Märtyrer sehen wollte: «Soldaten Christi». Die Tugenden von Tapferkeit und Furchtlosigkeit fanden im Widerstand der Märtyrer ihre christliche Ausprägung. So schreitet Laurentius, verurteilt zum Tod auf dem Rost, das Kreuz geschultert wie ein Feldzeichen, zum Martyrium. «Wir sind zum Kriegsdienst (*ad militiam*) des lebendigen Gottes berufen, wenn wir die Worte des Fahneneides (*sacramenti verba*) nachsprechen», spendete Tertullian den Märtyrern, die in den Gefängnissen auf ihr Urteil warteten, markigen Trost.

Hienieden kam dies einer Kriegserklärung an die alten Götter gleich. Vor ihren Altären durfte kein Opfer gebracht werden, selbst wenn es nur dem Beweis unverbrüchlicher Treue zu Kaiser und Reich diente.

Da half es nicht, dass so mancher verzweifelte Christ den Befehl Jesu, «gebt denn dem Kaiser, was des Kaisers ist», auch auf den Kult ausdehnte und ohne innere Anteilnahme und mit einem «Vaterunser» im Herzen opferte. Die Verlockung, dies zu tun, war groß, verstand doch der römische Herr den religiösen Akt als formalen, bei dessen Vollzug niemand wissen wollte, was im Kopf des Opfernden vorging und welches Gebet zu welchem Gott er dabei sprach.

In friedlichen Jahrzehnten hat die Obrigkeit nicht jede Verweigerung als rebellischen Akt geahndet. Die Annäherung von monarchischer und göttlicher Macht und die Entrückung der kaiserlichen Person in die Sphäre des Überirdischen wurden erst im 3. Jahrhundert vom Kaiser immer energischer betrieben.[27] Bis es so weit war, standen die Christen an einer Kreuzung, von der drei Wege führten: Der Erste gewährte das Leben dem, der sich zu drehen und zu wenden verstand, die beiden anderen wiesen nur den Tod als Märtyrer. Die beiden Letzteren beschreibt die Märtyrerakte von Scili (S. 173). Beim Verhör antwortet der Angeklagte Speratus auf den Befehl, beim Genius des Kaisers zu schwören, «ich kenne kein Reich von dieser Welt, vielmehr diene ich jenem Gott, den kein Mensch sieht». Dieser Mann geht den Weg des auf seinen Status stolzen gesellschaftlichen Außenseiters. Auch die nach ihm vorgeführte Beklagte Donata lehnt den Eid ab, jedoch mit einem ganz anderen Zungenschlag: «Ehre dem Kaiser als Kaiser, doch Gott allein ist es, dem Furcht gebührt.» Die Frau wählt den Weg des Kompromisses. Er rettete ihr nicht das Leben, aber ihrer Haltung gehörte die Zukunft.[28]

5. Der Weg in die Zukunft

«Gott kann nicht zum Vater haben, wer die Kirche nicht zur Mutter hat»

Auch im 3. Jahrhundert blieben die Christen trotz aller Bekundungen der Staatstreue verfemt und verfolgt. Doch ihre Mission hatte Erfolg und ihre Zahl wuchs. Die Stunde ihrer Bewährung schlug, als das Imperium wankte und die Götter sich von Rom abwandten. Die Schuldigen waren schnell unter denen gefunden, die die Götter vernachlässigten und Verrat am Brauch der Vorfahren übten – wen hätte diese Anklage schärfer treffen können als die Christen? Wer sonst mied das Kaiseropfer, wer hielt sich vom Krieg fern, wer sonst lehnte es ab, staatliche Ämter zu übernehmen?

Ende 249 erließ der Kaiser Decius ein Edikt, das alle Bewohner des Reiches verpflichtete, den römischen Staatsgöttern zu opfern. Jeder, einschließlich der Frauen und Kinder, musste nun seine feste Verbundenheit mit dem Schicksal Roms bekunden. Auf jeden, der sich weigerte, wartete der Henker. Im Juni 251 starb der Kaiser. Die Verfolgungen hörten auf, bis sein Nachfolger Valerian sie im Sommer 257 wieder aufnahm. Er konzentrierte sich gleich auf die Christen, die als die eigentlichen Unruhestifter längst identifiziert waren. Auch er forderte nicht den Abfall vom christlichen Glauben, sondern nur die Beteiligung am Staatskult. Auch diese Prüfung christlicher Standfestigkeit währte nur kurz, da im Juni 260 Valerian in persische Gefangenschaft geriet und sein Nachfolger den Versuch beendete, den Himmel mit reichsweiten Opfern nachsichtig zu stimmen.

Die Gemeinden trafen die Verfolgungen nicht völlig unerwartet, da das Opfer vor den Bildern des Kaisers und der Staatsgötter schon lange als Zeichen politischer Ergebenheit gewertet und gefordert wurde. Trotzdem veränderten sie alles. Die meisten Christen, unter ihnen viele Bischöfe, gepeinigt vom Geheul der aufgehetzten Massen und in Sorge um ihre bedrohten Familien, kamen der Forderung der Kaiser nach oder erschlichen sich eine Opferbescheinigung (*libellus*). Die offizielle Kirche, vertreten durch die standhaft gebliebenen Bischöfe, ließ sich durch die Abfallbewegung, die ihre Kirchensprengel vernichtete oder spaltete, nicht beirren. Jeder Kompromiss wurde abgelehnt. Kulthandlungen vor Götzen durften nicht vollzogen werden, auch wenn ihre Verweigerung ganze Familien auslöschte.

Dies alles war nach wenigen Jahren vorbei. Die Verfolgungen hatten keines ihrer Ziele erreicht – dafür waren sie zu kurz und zu unentschlossen. Innerhalb der Kirche jedoch brachen Konflikte aus, die ihr Selbstverständnis bis ins Mark erschütterten und ihre Einheit gefährdeten. Jetzt wurden ihr Entscheidungen abverlangt, die ihr Gesicht von Grund auf veränderten. Wie sollte man mit den Abgefallenen umgehen, die, als der Druck des Staates nachließ, zu Tausenden in den Schoß der Kirche zurückdrängten? Was durfte der Priester einem Sterbenden sagen, der seinen Abfall im Angesicht des Henkers längst bereut hatte, und nun um das Sterbesakrament bat?

Sie haben das Heil verspielt, riefen die Rigoristen. Sie können gerettet werden, schrien nicht minder erregt die Bekenner (*confessores*), die Gefängnis und Folter überlebt hatten und als Märtyrer darauf pochten, von ihren weniger tapferen Brüdern und Schwestern gehört zu werden. Der Heilige Geist, so begründeten sie ihren Anspruch, habe sie standhaft ihren Glauben bekennen lassen und habe sie berufen, aus eigener Vollmacht den Reumütigen die Rückkehr in die Kirche zu erlauben. Ihre charismatisch begründete Schlüsselgewalt spiegelte sich in Friedensbriefen, in denen sie den Sündern Vergebung versprachen. Damit stellte sich noch einmal (und nicht zum letzten Mal), die alte, unmittelbar durch göttliche Eingebung legitimierte Autorität gegen die amtliche des Bischofs.

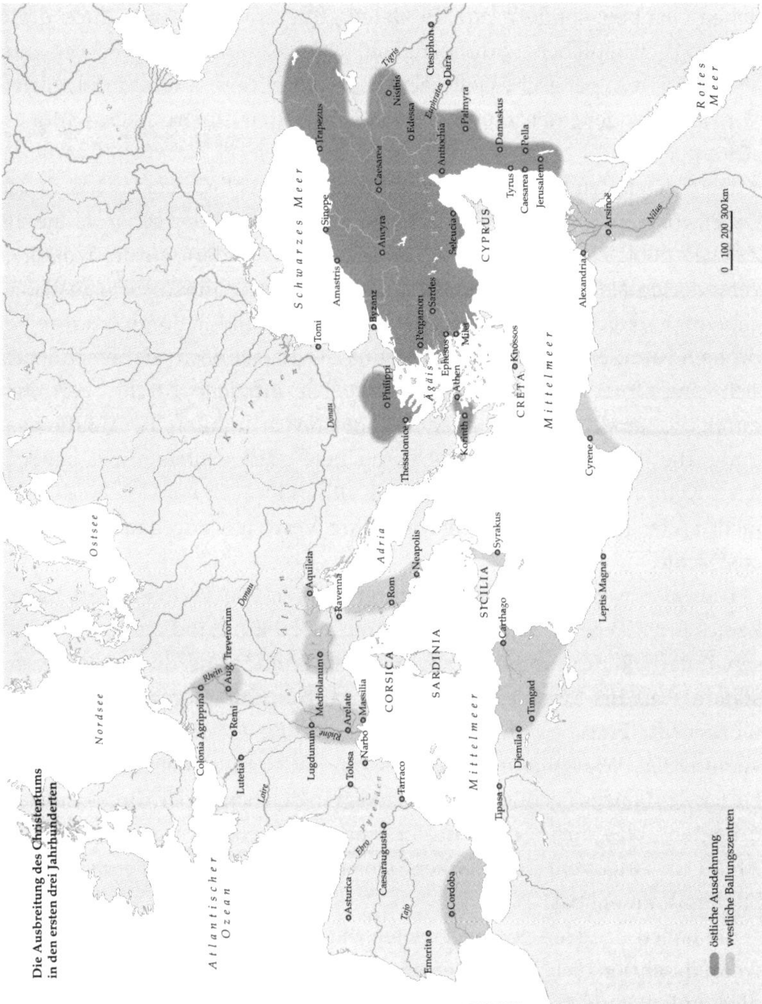

Karte 9
Die Ausbreitung des Christentums bis zum Ende des 3. Jahrhunderts

Auf ihn kam es jetzt an. Und da ein Machtwort zugunsten der Unversöhnlichen die zerrütteten Gemeinden endgültig gespalten hätte, musste er einen Kompromiss finden. Er fand ihn zusammen mit vielen seiner Amtskollegen, die auf Synoden gemeinsam nach Lösungen suchten. Abgefallene, schuldig der schlimmsten Sünde, so dekretierten sie, können trotzdem Gnade finden, wenn sie sich einem geregelten Verfahren unterwerfen und aus der Hand des Bischofs die Verzeihung entgegennehmen; nur so würde anerkannt, dass allein dem Bischof die Vollmacht zu Buße und Sündenvergebung zukomme. Es war eine Entscheidung, die den bis dahin unerschütterten Grundsatz verwarf, der Abfall vom Glauben sei eine nicht vergebbare Schuld. Darüber gab es Streit. Er schwelte lange und brach offen aus, als die Verfolgung Diokletians am Anfang des 4. Jahrhunderts erneut die Böcke von den Schafen trennte. Diesmal spaltete er die Kirche in Nordafrika.

Im Konflikt mit den Bekennern setzte sich der Bischof durch. Den Preis der Vergebung, festgelegt in der Buße, bestimmte er allein. Damit gehorchte die Kirche von nun an einem neuen Selbstverständnis: Sie war keine Versammlung der Heiligen mehr, sondern eine Bußanstalt für Sünder.[29]

Ein neuer öffentlicher Raum

In der Logik dieser Entwicklung lag es auch, dass in den Gemeinden alle Schranken zwischen dem privaten und dem öffentlichen Raum fielen. Die Sorgen um den Bestand der Kirche, bedroht weniger durch Verfolgungen als durch immer neu aufflammende Häresien, verlangten die vollständige Offenheit des Individuums vor Gott und dem Bischof und definierten sie als den natürlichen Zustand des Menschen. Dazu zählte auch, dass Hoch und Niedrig nach neuen Kriterien eingeteilt wurden: Mit dem Leben davongekommene Märtyrer, heilige Männer oder Frauen, Bischöfe und Priester und ehelose Frauen rangierten vor den verheirateten Laien. Dazu zählte schließlich, dass nicht mehr das Bürgerrecht, sondern die Armut die Tür zu den Wohltaten der Mächtigen öffnete. Einen von ihnen rühmen die Ende des 2. Jahrhunderts verfassten Petrusakten. Sie erzählen von einem Senator namens Marcellus, der als fürsorglicher Leuchtturm der römischen Gemeinde auftrat: «Alle, die auf Christus hofften, fanden bei ihm Zuflucht; alle Waisen wurden von ihm ernährt. Alle Armen nannten Marcellus ihren Schutzherrn, und sein Haus trug den Namen der Pilger und Armen.»[30]

Genau dies verschaffte Beachtung und Hochrufe. Sie tönten unterschiedslos von diesseits und jenseits der Stadtgrenzen und kamen aus dem Mund von Bürgern und Fremden. In den Jahren des 4. Jahrhunderts kam eine ständig wachsende Schar von Mönchen hinzu, die aus der Wüste in die Städte einfielen, wenn der Bischof sie rief. Gemeinsam mit dem anonymen Heer der Armen bildeten sie eine neue, universale Klasse, die in der Stadt ebenso wie auf dem Dorf zu Hause war und hier wie dort auf die Barmherzigkeit Gottes und der Menschen pochte.

Kult und Liturgie

Der Kult bekam nur sehr langsam ein markantes Gesicht – nicht von ungefähr. Frömmigkeit ist weder messbar noch exakt festzulegen. Sie kann im Stillen blühen oder im öffentlichen Raum, sie kann demütig sein oder kämpferisch, gehärtet in den Auseinandersetzungen mit den Verfolgern. Sie wird immer getragen von dem Willen, Gott wohlgefällig zu sein, seine Hilfe herbeizurufen oder seinen Zorn zu besänftigen. Früher oder später aber verlangt sie nach Regeln und einer Instanz, die sie festlegt und Auswüchse beschneidet.

Zentral ist in jeder Religion die ständige und feierliche Vergegenwärtigung des Göttlichen in der Mitte der Gläubigen. Der jüdische Tempel in Jerusalem und die Tempel der Griechen und Römer dienten als Wohnungen des Gottes und die Mysterienkulte holten ihn durch Bild und Handlung in den Kreis der Eingeweihten. Alles dies durfte den Christen nicht als Vorbild dienen. Denn sie, die Gläubigen, waren das Haus Gottes, nicht von Menschenhand erbaute Tempel.[31] Es reichte ein profanes Gebäude, um den Glauben an den Sohn Gottes gemeinsam wachzuhalten. Geeignet war jeder Ort, der die Gemeindemitglieder fassen konnte.

Sie versammelten sich in geschlossenen Räumen, meist geheim und mit einer Sitzordnung, die den Glaubensstarken den ersten Platz zuwies. So begann die christliche Pilgerfahrt durch die europäische Geschichte in den Hinterzimmern von Privathäusern. Dort teilte eine Handvoll Gläubiger gemeinsam das Mahl, betete für die Lebenden und die Toten, las Briefe der Missionare und Nachbargemeinden, hörte Nachrichten von anderen Gläubigen, lauschte ergriffen Märtyrergeschichten, tauschte Erfahrungen aus und feierte das Ritual der Eucharistie. Es waren die Reichen unter den Christen, die über große Räume verfügten und ihre Häuser öffneten. Sie gewährten in einer feindlichen Umgebung den besten Schutz und ließen den Gastgebern – ohnehin dank ihrer sozialen Stellung dazu angehalten – die ihr Seelenheil fördernde Möglichkeit, das gemeinsame Mahl für die Versammelten auszurichten.

Monumentale Bauten blieben lange suspekt. In ihnen residierten die Götter oder die Beamten des Staates. Christus aber lebte in den Herzen der Frommen: «Wo zwei oder drei in meinem Namen versammelt sind, bin ich mitten unter ihnen», lautete seine Verheißung.[32] Paulus hatte daraus die praktische Nutzanwendung gezogen: «Wisst ihr nicht, dass ihr Gottes Tempel seid und der Geist Gottes in euch wohnt?» rief er der korinthischen Gemeinde zu.[33] Das Argument verfing nicht mehr, als die Schar der Bekehrten größer wurde und schon aus praktischen Gründen eigene Kultbauten wünschte. Porphyrios sah sie wachsen und spottete, die Christen wollten die Tempel nachahmen, indem sie gewaltige Häuser errichteten. Auf eines blickte Diokletian von seinem Palast in Nikomedien, als er sich zur Verfolgung der Erbauer entschloss – seine Büttel rissen es als Erstes nieder.

Zwanzig Jahre später traten mit Konstantin die Bauherren in den Dienst der Kirche – überall, aber zuerst in Rom, der Hauptstadt des Imperiums. Auf dem Grundstück der Familie der Laterani, wo einst die Kasernen der Gardetruppen standen, begannen um 315 die Bauarbeiten an der Basilika des römischen Bischofs (S. Giovanni in Laterano). Wenig später erhob sich vor den Toren der Stadt der Bau der Märtyrerbasilika SS. Pietro e Marcellino. Der Kaiser bekannte sich durch diese Stiftung öffentlich zu den Blutzeugen der so lange missachteten Religion. 329 übergab er in einem dort angebauten Mausoleum den Leichnam seiner Mutter Helena der Obhut des nun endgültig siegreichen Gottes – ebenso ein Zeichen der Liebe zu seiner als Christin gestorbenen Mutter wie ein Akt des endgültigen Abschieds von der heidnischen Tradition. Nun war die Zeit auch reif, über den Gräbern der Apostel Petrus und Paulus Kirchen zu errichten.

In den Provinzen setzte sich – wie zu den Zeiten des Augustus – fort, was in Rom begonnen hatte. Im 4. Jahrhundert entstand in den großen Städten ein christlicher Prachtbau nach dem anderen, vornehmlich Versammlungshallen, in denen Tausende von Gläubigen, geschart um ihren Bischof, die Wiederkehr ihres Heilands in der Eucharistie feiern konnten. Am Ende sprachen die Gotteshäuser als steinerne Zeugen weit beredter als jedes kaiserliche Edikt oder jede fromme Predigt von der Unterwerfung des Imperiums unter die Befehle des unduldsamen Christengottes.

Lange fehlte eine feste Liturgie. Sie zu finden, konnte jedoch nicht warten. Bereits Paulus, erschrocken über die Nachrichten aus Korinth, drängte darauf. In der dortigen Gemeinde hatte es sich eingebürgert, das Herrenmahl in private Einzelmahlzeiten aufzuspalten. «Der eine hungert, der andere ist betrunken», klagte der Apostel, und empfahl den Reichen, sich vor der Zusammenkunft zu sättigen.[34]

Schneller verfestigte sich die religiöse Formensprache, bestehend aus Gebeten und Riten. Wie ihre heidnischen Nachbarn beteten auch die

Christen, riefen Gott an (*Kyrie eleison*), legten Gelübde ab, wallfahrteten und übten bestimmte Gesten und symbolische Akte wie den Friedenskuss oder die Fußwaschung. Die Durchsetzung von Regeln, die die Gemeindegrenzen überstiegen, benötigte jedoch in den Gemeinden Amtsträger, die mächtig genug waren, um die freie Auslegung der Lehre und des Kultes durch jedermann zu beenden. Anfang des 2. Jahrhunderts berichtet Plinius seinem Kaiser, dass die Christen «an einem bestimmten Tag vor Tagesanbruch zusammenkamen, um Christus, als sei er ihr Gott (*Christo quasi deo*), im Wechselgesang einen Hymnus zu singen»; später seien sie «wieder zusammengekommen, um eine Mahlzeit einzunehmen, jedoch eine gewöhnliche und unschuldige.»

Der Umriss einer festen Ordnung wird damit erkennbar. Neben die morgendliche Zusammenkunft zu Gebet und Belehrung trat die zu einer anderen Zeit und an einem anderen Ort begangene gemeinsame Mahlzeit, mit der die Eucharistie noch verbunden war. Bereits wenige Jahrzehnte später wurden beide voneinander getrennt und zur Eucharistie nur noch die Getauften zugelassen.[35] Die heidnischen Beobachter konnten nun an der äußeren Form ablesen, dass der Kerngedanke des neuen Glaubens die Verehrung des Gekreuzigten war, dessen Heilsfunktion im hymnischen Bekenntnis entfaltet wurde.[36] Der unbefangene Zuschauer, der von den Gräuelgeschichten über kultische Exzesse nichts hören wollte, sah den ihm vertrauten kultischen Rahmen denn auch nicht gänzlich verlassen: Die Christen praktizierten das Opfer und hatten eine symbolische Mahlgemeinschaft zu ihrem wichtigsten Sakrament erhoben, dessen theologische Umhüllung Opfermahl und Sühneopfer miteinander zu verbinden begann.

XV

Literatur im Licht des Heils: Vom Missionsprediger zum Historiker

«Die Geschichte Christi ist ebenso gewiss ein *Gedicht* wie eine Geschichte, und überhaupt ist nur *die* Geschichte Geschichte, die auch Fabel sein kann.»
Novalis

«Wenn du die Bücher des Neuen Testaments ganz und gar verstehen willst, versetze dich in die Person derer, denen sie zuerst von den Aposteln zum Lesen gegeben worden sind. Versetze dich im Geiste in jene Zeit und jene Gegend, wo sie zuerst gelesen wurden. Sorge, soweit es möglich ist, dafür, dass du die Sitten, Gebräuche, Gewohnheiten, Meinungen, überkommene Vorstellungen, Sprichwörter, Bildersprache, tägliche Ausdrucksweisen jener Menschen erkennst und die Art und Weise, wie sie andere zu überzeugen versuchen oder Begründungen Glauben verschaffen.»
Der Schweizer Theologe Johann Jakob Wettstein, 1752

1. Lehrer des Glaubens: Missionsprediger und Briefschreiber

Alles begann in der Stille. Jesus und seine Jünger haben wie Sokrates und ihr ungefährer Zeitgenosse Epiktet, der um 100 eine Philosophenschule im epirotischen Nikopolis leitete, oder wie später Muhammad keine Zeile hinterlassen. Trotzdem haben die frühen Christen sehr genau gewusst, was sie von jeder anderen Religion unterschied: Ihr Glaube an die Menschwerdung Gottes entsprang nicht prophetischen Hoffnungen oder erzählten Mythen, sondern gründete auf historischer Gewissheit. Bereits daraus folgte die Pflicht, das Leben Jesu von der Wiege bis zur Bahre aufzuschreiben. Denn so hoch er in den Augen der Gläubigen als Gottessohn über allem Irdischen stand, er hatte doch als Mensch gelebt und musste daher als Mensch beschrieben werden. Dies war die Aufgabe von Biografen. Sie jedoch ließen auf sich warten, obwohl Lebensbeschreibungen seit Jahrhunderten populär waren. Erst in den Jahren 70 bis 100 traten sie auf, Männer ohne Namen; spätere nannten sie dann Markus, Matthäus, Lukas und Johannes, um ihnen die Autorität von Aposteln zu verleihen. Was zuvor mündliche Überlieferung war, erschien nun in Gestalt von Büchern. Und als die Neugier der Bekehrten im 2. Jahrhundert auch das wissen wollte, was in ihnen nicht zu finden war, kamen weit mehr hinzu.

Warum aber geschah dies erst so spät? Und warum schwieg Paulus in seinen Briefen über das Leben Jesu, obwohl er dessen jüngerer Zeitgenosse war, seine frühen Wegbegleiter und Jünger persönlich kannte und in Jerusalem, wo er anfangs als Verfolger der kleinen Schar von Jesusanhängern auftrat, alles Wesentliche erfahren haben muss? Zudem: Wir kennen zwar seine Predigten nicht, mit denen er seine Missionstätigkeit in den Städten Syriens und Kleinasiens begann. Aber sie müssen viel über den Menschen Jesus gesagt haben, denn die jüdischen und heidnischen Zuhörer werden Paulus wie alle Verkünder des neuen Glaubens mit ihren Fragen geradezu überfallen haben, wer denn dieser Messias aus dem entlegenen Galiläa war, was er zu Lebzeiten tat und warum ihn ein römischer Statthalter kreuzigen ließ.

Nichts davon lasen die Empfänger der paulinischen Briefe. Hätten wir nur sie, fänden wir dort nur historische Splitter: Ein Nachkomme Davids habe über die Ehe gesprochen, Verhaltensregeln für Missionare formuliert, kurz vor seinem Tod die Feier des Abendmahls als Gedächtnismahl eingerichtet («sooft ihr von diesem Brot esst und aus dem Kelch trinkt, verkündet ihr den Tod des Herrn, bis er kommt»), sei am Kreuz gestorben, nach dem Tod jedoch seinen Jüngern lebend erschienen.[1] Nichts hören wir von Jesu Verkündigung der Gottesherrschaft, nichts über seine Wundertaten, nichts von Dämonenaustreibungen, nichts wird gesagt über Streitgespräche, kein Gleichnis wird erzählt, verschwiegen wird der Umgang mit Sündern und Zöllnern. Stattdessen verkündet jeder Satz der Briefe die Lehre vom gekreuzigten und auferstandenen Christus, predigt den Glauben an die Heilstat Gottes. Er allein war es, der Jesus auf die Erde gesandt hat, er allein hat ihn von den Toten auferweckt, er allein verbürgt dem Gläubigen, dass er wie Jesus den Tod nicht mehr fürchten muss. Demgegenüber sind die Worte und Taten des irdischen Sohnes ohne Bedeutung, verdankt er doch seinen erhöhten Status allein Gott. Wozu sollte also eine Erzählung von Jesu Leben in Briefen gut sein, die den Glauben festigen und Zweifler in den eigenen Reihen in Schranken halten sollte?

So standen nicht Biografien, sondern Briefe am Anfang der christlichen Literatur, da sie, und nicht Lebensbeschreibungen Jesu den Bedürfnissen der ersten Christen entsprachen. Geprägt wurden sie von denen, die sich berufen fühlten, den universalen Auftrag zu erfüllen: «Gehet hin in alle Welt und macht alle Völker zu Jüngern.» Angetrieben von eschatologischen Visionen hatten sie von Palästina über Syrien, Kleinasien und Griechenland in knapp drei Jahrzehnten Rom erreicht und vielerorts Gemeinden gegründet. Diese verlangten weitere Belehrung über das neue Leben, auf das sie sich mit der Taufe eingelassen hatten, und zwangen ihre weitergewanderten Gründer, nun schriftlich zu tun, was von Angesicht zu Angesicht nicht mehr möglich war. Der Brief übernahm die Rolle des abwesenden Lehrers und Trösters. Nun predigte die Feder Glaube und Moral, rechnete mit den Gegnern und Konkurrenten ab, gab Ratschläge für den Umgang mit dem feindlichen Nachbarn und schlichtete Streit in den Häusern, die Eiferer und Missgünstige erschütterten.

Die ersten Briefe wurden in den folgenden Jahrzehnten zum Vorbild für zahlreiche weitere, deren Verfasser ihre Lehren mit der Autorität des Paulus, des Petrus oder anderer Apostel verbanden[2]; viele wurden später in den Kanon des Neuen Testaments aufgenommen. Zusammen mit den Briefen der sogenannten Apostolischen Väter, die nicht kanonisiert wurden, und den ersten Kirchenordnungen (S. 413 f.) bezeugen sie die täglichen Nöte der ersten Bekehrten in einer Weise, wie dies in den folgenden zwei Jahrhunderten nicht mehr der Fall sein sollte. Noch schauten die Christen nur auf ihre Sorgen, richteten sich die Briefe nur an Glaubensbrüder. «Die jetzige und die zukünftige Welt sind zwei Feinde», dieser Satz bestimmte für viele Jahre die Weltsicht und das praktische Handeln.[3] So richtete sich keine einzige Schrift an den jüdischen oder heidnischen Nachbarn, obwohl doch gerade er das Objekt angestrengter Missionstätigkeit war.

2. Botschafter des Glaubens: Die Evangelisten

Die Entstehung der Evangelien

So ging den Evangelien eine jahrzehntelange Überlieferung voraus, in der die Sorge der Bekehrten um ihren Glauben und ihr neues Leben die Nachrichten über den historischen Jesus überlagerten. Ihm widmeten sich Spruchsammlungen und Erbauungsgeschichten, in denen sich Legendäres und Biografisches zu einem schier unentwirrbaren Knäuel verdichteten.

Dies, zumeist mündlich weitergereicht, beanspruchte gerade deswegen einen besonderen Stellenwert: «Denn ich war der Ansicht», schrieb um 130 der kleinasiatische Bischof Papias, «dass aus Büchern geschöpfte Berichte für mich nicht denselben Wert haben können wie das lebendige und beständige mündliche Zeugnis.» Papias hatte Nachrichten verschiedenster Herkunft über Worte und Taten Jesu gesammelt, in fünf Büchern *Auslegung der Herrenworte* erklärt und sich auf die Autorität der Apostel berufen, obwohl er das Markus- und Matthäusevangelium (wenn nicht alle vier) gekannt hat.[4]

Dieses Misstrauen gegen die schriftliche Überlieferung kam nicht von ungefähr. Denn das Christentum entstand in einer sozialen Welt, in der die mündliche Tradition dominierte und literarische Werke eher ein Nebenprodukt waren oder aus einer gewissen Notsituation heraus geboren wurden. Das mündliche Wort hatte zudem die Autorität großer Namen hinter sich. Für Papias und die Christen der ersten zwei Jahrhunderte war es die der Apostel, allen voran die des Petrus. Nur sie waren über alle Zweifel erhaben, sie allein konnten wissen, was Jesus während seines Lebens getan und gesagt hatte, nur sie predigten geleitet von der Kraft des Heiligen Geistes.

Der Wunsch, auf sie zu hören, wurde umso wichtiger, je mehr Streit es um den rechten Weg gab. Sehr schnell erfuhr jeder Fromme am eigenen Leibe, dass der Mangel an schriftlicher Überlieferung der Fantasie unzulässige Türen öffnete. Immer neue Geschichten und Lehren liefen über Jesus um und gefährdeten mit dem Glauben auch den inneren Frieden der Gemeinden. Auf wen sollte man hören? Doch nur auf allen bekannte Autoritäten. Paulus zählte sie auf, als er von Petrus, Jakobus, Barnabas, den «Aposteln vor mir» oder den «Brüdern des Herrn» sprach.[5] Nur auf ihr Wort sei zu achten, beschwört auch der Evangelist Lukas einleitend seine Leser, da es schon viele unternommen hätten, «eine Darstellung der Ereignisse abzufassen, die sich unter uns zugetragen haben». Das 2. Jahrhundert hat denn auch die Biografien Jesu entweder einem der Jünger (Matthäus, Johannes) oder einem Begleiter der Apostel (Markus, Lukas) zugeschrieben und alle verdammt, die an deren Ansehen zweifelten: «Frevel ist die Behauptung», bekundete Irenäus, «sie hätten gepredigt, bevor sie selbst die vollkommene Kenntnis besessen hätten, wie jene zu sagen wagen, die sich rühmen, die Apostel verbessern zu können.»[6]

Die Evangelien sind nur ungefähr zu datieren und die Identität ihrer Autoren ist nur zu erahnen. Bestenfalls Markus schrieb vor 70; die genaue

Abb. 47

Caravaggio, Der heilige Matthäus (1599). Ein Engel führt die Hand des Evangelisten, dessen Kopf den Büsten des Sokrates nachgebildet ist und dessen nackte Füße das christliche Armutsideal wirkungsvoll betonen. Die Legenden erzählen, dass himmlische Eingebung allen Evangelisten half, Leben, Sterben und Auferstehung Jesu ohne Fehler niederzuschreiben.

Datierung hängt von der Antwort auf die Frage ab, ob das 13. Kapitel die Zerstörung des Tempels im Jahre 70 bereits voraussetzt oder nicht. Zwei bis drei Jahrzehnte nach Markus schrieben Lukas und Matthäus ihre erweiterte Version des Lebens Jesu; von den dreien weicht das vierte, dem Johannes zugeschriebene und um 100 entstandene Evangelium, stark ab.[7]

Markus nannte seine Darstellung «Evangelium» (gr.: *euaggélion*, frohe Botschaft). Damit erfasste er wie vor ihm Paulus die Heilsbotschaft mit einem Begriff, der ein wichtiger sakraler Terminus des römischen Kaiserkultes war und die Thronbesteigung eines «Heilandes» ankündigte. «Die Vorsehung, die über allem Leben waltet, schenkte uns Augustus», erklärten feierlich die Bürger des kleinasiatischen Priene 9 v. Chr., «und sie sandte ihn als Heiland (*sotēr*), der dem Krieg ein Ende machen und das All ordnen sollte.»[8]

Als sich die Evangelisten zum Schreiben entschlossen, hatte sich das jüdische Palästina gründlich verändert. Seine Hauptstadt und der Tempel lagen in Trümmern, das Land war verwüstet und die kleine Schar der Christen, die dort gelebt hatte, in alle Winde zerstreut. Die Bindung an Jerusalem, dem Ort der Passion Jesu, löste sich. Von jetzt an gehörte die Zukunft den christlichen Gemeinden in den Städten des griechischen Ostens. Für sie schrieben Markus und seine Nachfolger nicht als Chronisten vergangener Taten, sondern als Botschafter des Glaubens. Als solche wollten sie das schlechthin Unfassbare, das Erscheinen des von Gott gesandten Sohnes und den Sinn seines Opfers erklären. Sie gaben Antwort auf die Frage aller Fragen: Was geschah genau, als mit Jesus das Göttliche in die Geschichte einbrach? Sie taten es in der Form einer Lebensbeschreibung, in der von Heilungen und Wundertaten erzählt wird, der Held in Sprüchen und Gleichnissen redet, mit seinen jüdischen Gegnern disputiert, den Weg zum Kreuz geht und nach dem Tod von Gott auferweckt wird. Damit wird der Grundgedanke des Glaubens vom Erlösungstod des Gottessohnes, den Paulus in seinen Briefen behauptet, aber nicht dargestellt hatte, zum wichtigsten Gegenstand des historischen Ablaufs: In der Passion finden Gottes Ratschluss und Wille ihre Erfüllung.

Unter diesem Vorzeichen konnten die Evangelisten nicht einfach eine Biografie wie jede andere auch im Ablauf von Zeit und Raum schreiben. Ihr Held war Gegenstand der Anbetung und damit jedem rein profanhistorischen Zugriff entrückt. Sie erzählten vom Sohn Gottes, wunderbar geboren von einer Jungfrau, als Erwachsener ausgezeichnet durch Wundertaten, die seine Göttlichkeit bewiesen, Künder der nahen Königsherrschaft Gottes, gekreuzigt, auferstanden und am Ende in den Himmel, seine Heimat, zurückgekehrt. Nichts berichten sie über sein Aussehen, wenig über das soziale und familiäre Milieu, aus dem er stammte, nichts über seine Jugend und Ausbildung. Dabei müssen die Geschichten darüber reich geflossen sein: «Es ist uns unmöglich, von dem, was wir gesehen und gehört haben, nicht zu reden», hatten Petrus und Johannes Gläubigen und Ungläubigen zugerufen, und wir glauben ihnen.[9] Erhalten blieb nur, was den ersten Zeugen wichtig war und ihrem sozialen Umfeld entsprach. Die Einflussreichsten unter ihnen hatten den Lebensstil ihres Meisters, die offene Straße, gewählt. So hielten sie aus schierem Eigennutz an den radikalen Geboten Jesu fest, rechtfertigten diese doch ihr Leben als familienlose Wanderprediger.

Am Anfang der christlichen Überlieferung standen also vom Geist beseelte Vagabunden und nicht historisch Gebildete oder gar eine Institution. Daher war der Inhalt des Überlieferten nicht durchgängig an Entscheidungen städtischer Gemeinden gebunden und vieles nicht auf deren Bedürfnisse ausgerichtet.[10] Dies zwingt jeden Interpreten als Erstes die mündliche Tradition, die den Evangelisten bekannt sein konnte, und ihre Gesetze zu entschlüsseln. Dann wird er die Berichte nach schriftlichen (heute verlorenen) Vorlagen und der Art ihrer Benutzung befragen. Weiter hat er mit Partien zu rechnen, die im Leben der Gemeinden wurzeln, also Antworten auf Fragen geben, die die Christen der Jahre nach 70 bedrängten, nicht aber in die Zeit Jesu passen. Ferner muss er die literarische Eigenart und die besonderen Interessen und Motive der einzelnen Evangelien würdigen. Kann man sie der antiken Gattung Biografie zuordnen und mit ihr vergleichen?[11] Schließlich bleibt die Pflicht, die zeitgeschichtlichen Bezüge zu prüfen. Zu ihnen gehören die Welt Jesu und die so ganz andere der Evangelisten ebenso wie die geistigen und religiösen Strömungen der jüdischen und der griechischen Tradition und die politischen und sozialen Nöte der Zeit.

Fraglos, es ist ein schweres Bündel, dass Theologen und Historiker zu tragen haben. Vielen erscheint es zu schwer. Für sie steht Rudolf Bultmann, der in den zwanziger Jahren, gebeugt über die sich türmenden methodischen Probleme, räsonierte, «dass wir vom Leben und der Persönlichkeit Jesu so gut wie nichts mehr wissen können, da die christlichen Quellen sich dafür nicht interessiert haben, außerdem sehr fragmentarisch und von der Legende überwuchert sind». Man müsse sich daher darauf beschränken, in den Evangelien lediglich das Bild des

«Christus des Glaubens» (auch: des «kerygmatischen Jesus») zu suchen; mit einer glaubwürdigen historischen Erinnerung hingegen sei nicht zu rechnen.[12]

Die Evangelien und die Welt der Gemeinden

Keiner der Evangelisten kannte Jesus, keiner kannte die an seinem Prozess Beteiligten, keiner hat in das leere Grab geblickt. Alle aber prägte der Glaube an den von Gott gesandten Erlöser. So drängt sich unausweichlich die Frage in den Vordergrund, inwieweit sich in den Evangelien direkt oder indirekt die spannungsvolle Welt der Gemeinden spiegelt. Denn dort entstanden sie und in diesem historischen Zusammenhang müssen sie gelesen werden – eine Einsicht, die schon Erasmus und Lorenzo Valla mit Melanchthon und Luther teilten. Den sich daraus ergebenden methodischen Grundsatz der Quellenanalyse formulierte bereits der protestantische Pfarrer Wettstein Mitte des 18. Jahrhunderts (s. o.).[13] Sein Vorgehen, legte der gelehrte Pfarrer dar, sei dort zwingend vorgeschrieben, wo der Blick auf Textstellen stoße, für die sich keine Erklärung finden lasse, die der eigenen Erfahrung zugängig wäre.

Die Evangelien des Markus, Matthäus und Lukas sind eng verwandt; ihre Berichte gehen vielfach parallel und ihre Übereinstimmungen und Unterschiede können schnell überblickt werden. Literarisch sind sie voneinander abhängig: Das Markusevangelium liegt als Hauptquelle Matthäus und Lukas zugrunde, beide verwenden darüber hinaus eine Reihe von Jesusworten, die auffällig übereinstimmen. Sie entstammen wahrscheinlich einer früh entstandenen Sammlung von Jesusworten und wurde als «Logienquelle» rekonstruiert.[14] Die Interpretation von Matthäus und Lukas hat also zwei voneinander unabhängige Quellen (Markus und Q) und dazu größere Partien zu berücksichtigen, die jeweils einer unabhängigen (mündlichen oder schriftlichen) Tradition geschuldet werden.[15]

Der Inhalt der Logienquelle und ihre Komposition werfen jedoch kaum lösbare Fragen auf. Sie enthält außer der Geschichte vom Hauptmann von Kapernaum fast ausnahmslos Herrenworte. Sie verzichtet auf Wundergeschichten und Streitgespräche – beides in den Evangelien von großer Bedeutung –, sagt nichts über Tod und Auferweckung und vermeidet jede biografische Ordnung des Stoffes. Ein solches Schriftstück ist in der antiken Literatur beispiellos und für das Verständnis der ersten Christen von unschätzbarer Bedeutung – wenn es denn je existiert hat.

3. Erzählte Geschichte als Heilsgeschichte: Die Apostelgeschichte

Die Apostelgeschichte (*Acta Apostolorum*) erhielt ihren Namen Ende des 2. Jahrhunderts. Das Werk nennt keinen Autor, er ist jedoch identisch mit dem Verfasser des Lukasevangeliums. Er schrieb sein Doppelwerk ohne die paulinischen Briefe einzuarbeiten, die wahrscheinlich erst später gesammelt und verbreitet wurden. Trotzdem soll er Paulus nahegestanden und ihn auf seinen letzten Reisen begleitet haben. Wäre es so, dann enthielte die Apostelgeschichte ab Kapitel 16 einen Augenzeugenbericht für die Spätzeit des Paulus.[16] Wahrscheinlicher jedoch ist, dass die kirchliche Tradition auch hier nach Augenzeugen Ausschau hielt und in «Lukas, dem geliebten Arzt» aus dem Kolosserbrief einen geeigneten fand.

Es ist eine farbige und dramatisch aufbereitete Erzählung, in der Lukas den Spuren der ersten Missionare folgt. Er beginnt mit der Prophezeiung Jesu am Himmelfahrtstag an seine Jünger: «Ihr werdet die Kraft des Heiligen Geistes empfangen, der auf euch herabkommen wird, und ihr werdet meine Zeugen sein in Jerusalem und ganz Judäa und in Samarien und bis an die Grenzen der Erde.» Dies ist die Leitidee. Sie versetzt die Christen nach Jahren der Hoffnung auf die Parusie wieder in die Geschichte. Dort ziehen sie siegreich von Jerusalem nach Rom, dem Zentrum des Weltreiches, in dem Paulus zwei Jahre lang ungehindert habe lehren können. So endet das Werk, ohne ein Wort über den Märtyrertod des Paulus zu verlieren. Das macht durchaus Sinn, denn der Auftrag des Auferstandenen ist erfüllt; demgegenüber ist das persönliche Schicksal des Apostels ohne Bedeutung.

Lukas wollte nicht als Historiker gerühmt werden. Sein Gegenstand war nicht die Geschichte, sondern die Predigt des Evangeliums. Parallelquellen, geeignet, seinen Bericht zu überprüfen, fehlen. Die Glaubwürdigkeit seiner Darstellung bleibt umstritten, sie ist sogar angesichts ihrer ausufernden Fabulierkunst häufig als hellenistische Wundererzählung beiseitegeschoben worden – zu Unrecht.[17] Ihr Held ist Paulus, und er ist dies so unbedingt, dass bis auf Petrus die vielen anderen, die neben ihm die Mission vorantrieben, in Vergessenheit gerieten. Dies allerdings legte dem Autor die Pflicht auf, die schweren Konflikte nicht zu unterschlagen, die den Weg des Paulus zu den Heiden begleiteten. Sie mussten allerdings geglättet werden. Denn der Gedanke, der Heilige Geist habe die Verkündigung des Evangeliums begleitet, schloss Hader und Streit zwischen den Aposteln aus; ihre Autorität konnte nur im Lichte völliger Eintracht glänzen.

Dass die Wirklichkeit anders aussah, lehren die Briefe des Paulus. Erst sie, gelesen mit der Apostelgeschichte, öffnen die Tür zur Geschichte der frühen Christen. Waren die Briefe situationsgebunden, so entwarf die Apostelgeschichte ein Gesamtbild der Entwicklung bis zum Jahr 64 – wie verzerrt es auch immer sein mag. Beide spiegeln ungewollt den Kampf um die rechte Lehre, die Konkurrenz der Missionare, die Zwietracht innerhalb der Gemeinden und das Ringen um die Legitimation des Paulus, der sich von Gott selbst zum Apostel für alle Völker berufen sah. Beide bezeugen zudem die Lebensbedingungen der ersten Christen und die Sorgen des täglichen Lebens in einer Umwelt, die ihnen nicht wohlgesonnen war.[18]

Den Wert der Apostelgeschichte bestimmt daher nicht ihre historische Verlässlichkeit, sondern ihr Verständnis von der Welt, in der sich die Christen zurechtfinden mussten.[19] Lukas verkündet eine Lehre, die schon seine Darstellung der Geburt Jesu mit Leben füllte, und die bis an die Grenze christlichen Selbstverständnisses ging: Die Gemeinschaft der Heiligen kündet die Solidarität mit Rom und seinen Kaisern nicht auf, das Evangelium kann in allen Provinzen des Imperiums öffentlich verkündet werden, christliche Mission und weltliche Ordnung sind miteinander vereinbar. Und weiter: Lukas ist der erste gebildete Vertreter eines kulturellen Milieus, das sich der heidnischen Gesellschaft immer wieder als gedanklicher Vermittler anbot. Es war dies eine der Voraussetzungen für die gesellschaftliche und kulturelle Angleichung zweier tief geschiedener Welten. Allein sie führte den Glauben an den Gekreuzigten schließlich bis aufs Kapitol.

4. Der Aufstand der Erzähler: Die apokryphen Evangelien und Apostelgeschichten

Das Bild der Evangelien von Jesus verhalf allen Christen zu der Gewissheit, der Sohn Gottes habe selbst alles über sich und seine Lehren gesagt. Dies aber reichte den Gläubigen nicht. Nur wenig lasen sie über Kindheit und Jugend Jesu, nichts über die Herkunft und das Leben der Apostel. Denn der Blick ihrer Gewährsmänner war so ausschließlich auf Jesus als Lehrer, Wundertäter und Erlöser gerichtet, dass alle anderen Personen kein eigenes Profil gewannen. Erkennbar wurde nur so viel: Wohlgeborene und Wohlgeratene erscheinen nur selten. Die Hauptrollen spielen kleine Leute: Jesus, ein umherziehender Prediger, der in Nazareth wie sein Vater das Bauhandwerk gelernt hatte, seine engsten Anhänger, die am See Genezareth als Fischer oder Händler arbeiteten, Kranke und Besessene, Zöllner und Bauern. Es konnte nur eine Frage der Zeit sein, bis die Herzensreinen darauf drängten, die offenen Lücken zu schließen. Vor allem forderten sie Berichte über die Apostel, die bisher nur im Lichte Jesu ihre Andacht beanspruchen durften.

Seit der Mitte des 2. Jahrhunderts erschienen zunächst neue Evangelien. Sie wussten jetzt Genaues über Geburt, Flucht und Kindheit Jesu zu berichten.[20] Ihre Erzählungen verwandelten den sanften Mann, der seinen Anhängern verbot, die Waffe zu ziehen, in einen mächtigen Herren, der schon als Fünfjähriger nach Gutdünken strafte, um seine gottgewollte Macht jedermann zu beweisen. Dazu gaben eigene Geschichten den Aposteln ein eigenes Leben. Wer bisher meist nur ein Name war, verwandelte sich in einen erfolgreichen Missionar, gründete große Gemeinden in aller Welt, vollbachte gewaltige Wunder, lebte asketisch und starb als Märtyrer. Fünf große Apostelakten entstanden im 2. und 3. Jahrhundert und wurden zur Erbauung wie zur Unterhaltung gelesen: Die Johannes-, Petrus-, Paulus-, Andreas- und Thomasakten.[21]

Diese Evangelien und Apostelakten versahen die späteren Kirchenväter seit Hieronymus (340–420) mit dem griechischen Adjektiv *apókryphos* (verborgen) im Sinne von «ketzerisch» und «verfälscht». Es hat ihnen nicht geschadet. Denn fast alle genossen für viele Jahrhunderte großes Ansehen – allen voran das Evangelium des Jakobus. Er stellt sich als Bruder Jesu vor und beschreibt die Geschichte der Muter Maria, eine schon vor ihrer Empfängnis von Gott auserwählte Frau (S. 370 f.). Jakobus wurde in den Kirchen des Ostens im Gottesdienst gelesen und inspirierte die spätere christliche Literatur und Kunst tausendfach.[22]

Viele Texte gingen verloren oder verfielen dem Bannstrahl der Amtskirche; trotzdem sind rund siebzig bekannt – häufig als eine Art Negativabdruck in den Schriften ihrer Verfolger. Ihre Existenz bezeugt auch die muslimische Tradition, die Jesusworte aus Evangelien zitiert, die in der christlichen Tradition verloren sind.[23]

Für die Rekonstruktion des Lebens Jesu oder seiner Jünger sind die meisten dieser Schriften wertlos. Historisch unendlich wichtig sind die Apokryphen indessen für das Ringen der frühen Gemeinden um den rechten Glauben, die rechte Moral und die Abwehr von Randgruppen. Vor allem aber bezeugen sie mit ihren teils rührenden, teils haarsträubenden Geschichten die unersättliche Neugier der kleinen Leute. Sie wollten jeden Tag des Kindes Jesus verfolgen, sich mit seiner Familie an den Tisch setzen, möglichst viel über die Verwandtschaft erfahren, mit Joseph, dem Zimmermann, dulden, und mit Maria über das Schicksal des Sohnes bangen. Sie wollten hören, was die Apostel taten, als sie in die Welt zogen, welche Wunder sie vollbrachten, welche geheimnisvollen Länder sie betraten, und wie sie als Blutzeugen ihres Glaubens starben. So legen die Apokryphen wie Perlen einer zerrissenen Kette Zeugnis ab von der fast hektischen Aktivität, mit der sich die Christen nach und nach alle Gattungen der Literatur aneigneten und ihren Zielen nutzbar machten (S. 309 ff.).

5. «Kehrt um, tut Buße!»: Die Lehren der Apokalyptiker

In den Kanon des Neuen Testaments wurde die johanneische Apokalypse aufgenommen. Sie hat wie kaum ein zweites Buch die abendländische Geschichte beeinflusst, für viele Jahrhunderte Angst und Hoffnung erweckt, Tod und Schrecken geweissagt, aber auch ewiges Leben und höchste Seligkeit versprochen. Sie enthält eine wahrscheinlich in den 90er Jahren aufgezeichnete judenchristliche Vision von Weltende und Weltgericht. Aufgeschrieben wurde sie für die bedrängten Gemeinden in der Provinz *Asia* und verlangte Leser, die die Bildsprache und Deutungsmuster des Alten Testaments kannten.[24] Gerichtet war sie ausschließlich an Gläubige, denen die letzten Geheimnisse enthüllt werden sollten. Sie betrafen das Ende der Zeit, offenbarten die Rolle Christi als Richter und prophezeiten das weitere Schicksal der Menschen danach. Ihr Autor beschreibt in glühenden Bildern den Untergang der Welt «im feurigen Pfuhl», schildert das Gericht am Jüngsten Tag, spricht von «einem neuen Himmel und einer neuen Erde», beschwört endlose Qual für die Verworfenen und ewige Seligkeit für die Auserwählten: «Siehe, ich mache alles neu», spricht Gott am Ende, und verheißt den Guten, er werde immer bei ihnen sein, «und jede Träne von ihren Augen wischen, und der Tod wird nicht mehr sein.»

Berufen sah sich der Autor durch Jesus selbst, der, so berichten die Synoptiker, mehrfach über das bevorstehende Ende der Welt gesprochen hatte.[25] Solche Predigten waren nicht ungewöhnlich, sondern knüpften an die jüdische Apokalyptik an, eine Spätform der alttestamentlichen Prophetie. Deren Ziel war es, dem Widerstand der Gerechten gegen ihre welt-

Abb. 48

Das Hauptportal der Abteikirche in Conques (11./12. Jhdt.) führt den reuigen Pilgern den Schrecken und die Seligkeit des Jüngsten Gerichts vor. Im Zentrum thront Christus in der Mandorla, im Hintergrund – wie von Matthäus in seiner Darstellung des Weltgerichtes beschrieben (Mt 25,31 ff.) – Sterne und Wolken. Die Rechte des königlichen Weltenrichters weist nach oben, zum Platz der Freigesprochenen, die Linke deutet nach unten, den Ort der Verdammten. Die Furcht, am Tag des Gerichts zu versagen, durchzog das Leben der Frommen über viele Jahrhunderte und trieb viele seit dem 4. Jahrhundert auf Wanderschaft zu den großen Pilgerstätten, zu denen in Südfrankreich die Kathedrale der heiligen Fides (Ste-Foy) gehörte.

lichen Unterdrücker Worte zu verleihen, Worte, die diesen den Untergang und jenen das künftige Gottesreich prophezeiten. Mit dem Buch Daniel fand diese Literatur Eingang in die Septuaginta.[26]

Die frühen Christen, wie viele ihrer jüdischen Nachbarn von eschatologischen Ängsten, Hoffnungen und Stimmungen gequält, verschlangen dieses Buch und übersetzten weitere jüdische Apokalypsen, bevor sie die ganze Literaturgattung übernahmen und zahlreiche Werke dieses Genres selbst schufen.[27] Sie alle sprechen von der Zuversicht, dass die Zeit für eine durch und durch verkommene Welt abgelaufen sei. Sie flammte in schweren Zeiten immer neu auf, hüllte sich in gespenstische Bilder vom Untergang der alten Welt, vom Gottesgericht und einer anbrechenden paradiesischen Zeit, und verzauberte viele Gläubige. Die einen, weil sie eine verdorbene Gesellschaft fürchteten, in der «alle Normen der Moral, alles im Verschwinden begriffen ist»,[28] die anderen, weil sie schon lange auf ein Zeichen des Himmels warteten, und schließlich alle, die unter den erstarrten Formen der Frömmigkeit in ihren Gemeinden litten und hofften, dass Gottes Gerechtigkeit endlich das Böse vernichten werde: «Wie lange zögerst du noch, Herr, Gericht zu halten und unser Blut an den Bewohnern der Erde zu rächen?»[29]

Gott zögerte – mit guten Gründen. Denn es kam die Zeit, in der ihn die Gebete seiner Anhänger anflehten, den Tag des Schreckens aufzuschieben. Das Imperium gab den Menschen Wohlstand und Sicherheit, erstreckte sich von Sonnenaufgang zu Sonnenuntergang und schien den Unglücksfällen der Zeit entronnen. So hatten es die Götter der Heiden gewollt – warum nicht auch der Gott der Christen? «Ein Reich ohne Ende habe ich den Römern verliehen,» hatte Jupiter lange vor der Gründung Roms seiner Tochter Venus, der Urmutter des julischen Kaiserhauses, versprochen. Mehr und mehr Christen glaubten daran und beteten mit ihren heidnischen Nachbarn, die Prophetie möge sich erfüllen. Sie zweifelten nicht, dass die Frist, die den Menschen bis zur Ankunft der Reiter der Apokalypse noch gegeben war, mit der Herrschaft der Römer enden würde: «Wir wissen», beteuerte Tertullian seinen Zuhörern, «dass die gewaltige Katastrophe, die dem Erdkreis droht, ja dass das Ende der Welt, das entsetzliche Leiden heraufbeschwört, nur durch die dem römischen Reich gewährte Frist aufgehalten wird. Daher wollen wir dies nicht erleben, und indem wir um Aufschub bitten, tragen wir zum Fortbestand Roms bei.»[30]

6. Das Ringen um Einheit und Behauptung: Die Literatur des 2. Jahrhunderts

Kirchenordnungen als Regelwerk des Zusammenlebens

Apokalyptische Visionen bedrängten auch den *Hirt des Hermas* (zwischen 90 und 150 geschrieben). Der Autor lebte als freigelassener Handwerker oder erfolgreicher Sklave in Rom in einer Gemeinde, die Verfolgungen erlitten und sich als «Volk Gottes» in der Gesellschaft eingerichtet hatte. Sein Thema sind himmlische Offenbarungen, nicht aber Enthüllungen über den letzten Tag und die jenseitige Welt. Die diesseitige sieht er gebeugt unter der Last ihrer Verfehlungen und im Umgang mit ihnen ungeübt. Ihr will er helfen, den vor Gott schuldig Gewordenen zu vergeben, wenn sie zur Umkehr und zur Buße bereit sind. So führt der *Hirt* in eine Welt des Umbruchs. In ihr werden die Werte des sozialen Miteinanders neu durchdacht und der Zusammenhalt der Gemeinde höher gewichtet als die radikalen Forderungen der ersten Generation.

In diese Jahrzehnte des Wandels gehören ebenso der Hebräerbrief, die «Katholischen Briefe» sowie die Schriften der «Apostolischen Väter».[31] Ihre Verfasser richteten Mahnschreiben an die Gemeinden und wollten helfen, theologische und organisatorische Probleme zu lösen. Für sie war die Naherwartung zur Konvention erstarrt, die es zu achten, doch nicht mehr zu beachten galt. Jetzt forderten der Alltag und das Miteinander nach Regeln. Dazu gehörten Ratschläge zum Umgang mit Wanderaposteln, die ungebeten ins Haus fielen, zum Verhalten in den Monaten der Verfolgungen, zum inneren Frieden in der Gemeinde, zur Liturgie, zu Ehefragen, zur Würde des Bischofs und zur Abwehr von Häresien.[32] Die häuslichen Sorgen brannten auf den Nägeln, nicht das Ende der Welt oder das weite Feld der Politik. Der Kaiser war fern und für ihn und den Erhalt seiner Macht den Himmel anzuflehen, machte keine Umstände. Niemand sah sich berufen, die politische und soziale Ordnung infrage zu stellen – trotz staatlicher Verfolgung, trotz gesellschaftlicher Bedrängnis.

Wo Briefe nicht ausreichten, halfen Kirchenordnungen. Sie richteten sich ebenfalls nach innen, an «den Verband der Heiligen, die in der Wahrheit wandeln».[33] Keine von ihnen maßte sich an, das Gemeindeleben von Grund auf zu reformieren, auch sie suchten nach Antworten auf dringliche Fragen oder drängten darauf, Missstände zu beseitigen. Davon gab es genug, insbesondere in der Armenfürsorge, die immer zu den wichtigsten

Aufgaben der Gemeinden gehörte. Sie strapazierte angesichts aufdringlicher Schmarotzer und listiger Betrüger allzu häufig die Geduld der Gebenden und heischte nach klaren Leitlinien. Doch vieles von dem, was da an wohlmeinenden Ratschlägen erteilt wurde, ist nie Realität, sondern Opfer des Widerstandes einflussreicher Gruppierungen geworden.

Im 3. Jahrhundert jedoch protokollieren sie einen dramatischen Umbruch in der Gemeindeorganisation: Die Trennung von Klerus und Laien ist jetzt nahezu vollzogen; alle wichtigen Aufgaben unterliegen der Kontrolle hauptamtlicher und von der Gemeinde bezahlter Amtsträger, während die Ämter selbst mit sakraler Weihe umgeben und damit unangreifbar gemacht werden.[34] Hundert Jahre zuvor gab es noch drei Formen des Gemeinderegiments: Das Miteinander von Episkopen und Wandercharismatikern (Propheten und Lehrer), die kollegiale Führung durch Bischöfe und Diakone, und die Alleinherrschaft des Bischofs als Stellvertreter Gottes. Jetzt zeigt sich nahezu unverhüllt der monarchisch regierende Bischof, der in der Lehre und im Kultvollzug mit herrscherlicher Attitüde auftritt und in seiner Machtfülle dem alttestamentlichen Hohepriester gleichkommt; alle anderen Ämter und Dienste sind ihm nachgeordnet und auf ihn zugeschnitten. Dies hat ihn nicht vor Hader und Streit bewahren können: Die Reichen, als Großspender in den Kirchsprengeln längst unverzichtbar, forderten – darin ihren heidnischen Standesgenossen gleich – als Gegengabe für ihre stets offene Hand Einfluss und Ehren.

Alle Kirchenordnungen beriefen sich, um Gehör und Gehorsam zu finden, direkt oder indirekt auf die Apostel. Denn sie allein waren als Autoritäten über jeden Zweifel erhaben. Dies konnte nicht so bleiben, als die Gemeinden wuchsen und mit ihnen die Macht ihrer Führer. Jetzt übernahmen die auf Synoden versammelten Bischöfe die Aufgabe der Apostel. Sie sprachen mit eigener Autorität und in dem Bewusstsein, auch aus ihnen spreche der Heilige Geist. Sie setzten sich durch. Man ist versucht zu sagen: zwangsläufig, da die Einheit der Kirche von ihrer Glaubwürdigkeit abhing. Im Lichte dieser Entwicklung sind die überlieferten Kirchenordnungen ein Übergangsphänomen.[35]

«Wir sind doch keine Waldbewohner»: Der Ruf nach Anerkennung

«Wir sind Menschen, die mit euch zusammenleben», rief Tertullian den Verächtern seiner Glaubensgenossen zu, «wir bedienen uns derselben Nahrung, Kleidung, Wohnung, haben dieselben Lebensbedürfnisse. Wir sind ja doch nicht Brahmanen oder indische Gymnosophisten, nicht Waldbewohner oder lebensflüchtig. Wir denken daran, dass wir Gott, unserm Herrn und Schöpfer, Dank schulden; den Gebrauch keiner seiner Gaben lehnen wir ab, üben allerdings Mäßigung, um uns nicht über Gebühr oder in verkehrter Weise zu bedienen. So kommt es, dass wir nicht ohne euer Forum, nicht ohne euren Markt, nicht ohne eure Badestuben, Basare, Werkstätten, Gasthäuser, Messen und sonstigen Handelsplätze mit euch zusammen in dieser Welt leben. Auch fahren wir mit euch zusammen zur See, sind wie ihr Soldaten und Bauern, und ebenso treiben wir mit euch Handel; unser Können, unsere Erzeugnisse stellen wir euch allen zur Verfügung.»[36]

Das klang nun nicht mehr nach «Mein Reich ist nicht von dieser Welt». Stattdessen gelobte ein christlicher Pilger in einem fremden Land, hier und jetzt Freud und Leid des Lebens mit seinen Nachbarn teilen zu wollen. Aber nicht nur das. Im Grunde, versicherte Athenagoras, christlicher Lehrer in Athen, erfülle die christliche Lebenspraxis und ihre strenge Moral alle Ideale, die auch das Leben der Andersgläubigen leiteten. Ebenso ergeben wie diese würden sich die Christen dem Machtspruch des Kaisers und seiner Beamten beugen: «Denn welche Eurer Untertanen verdienen es mehr, dass ihre Bitten erhört werden, als wir, die wir für Eure Herrschaft beten, damit Euer Reich wachse und gedeihe, indem die ganze Welt Euch untertan wird? Dies liegt auch in unserem Interesse, damit unser Leben ruhig und ungestört verlaufe.»[37]

Solche Sätze waren eher Beschwörungsformeln als treffende Beschreibungen der sozialen und politischen Realität. Sie prägte die Furcht vor gesellschaftlicher Ausgrenzung und staatlicher Verfolgung. Trotzdem blickten in den Jahrzehnten des 2. Jahrhunderts die Christen erst zögernd, dann aber immer entschlossener über den Rand ihrer eigenen Probleme auf ihre heidnische Umwelt. Die einst mit der Predigt vom nahen Ende der Welt die Gläubigen begeistern konnten, wurden beiseitegedrängt oder überlebten in esoterischen Zirkeln. Nur noch wenige wollten den Ruf Jesu wörtlich nehmen: «Selig seid ihr, wenn euch die Menschen hassen um des Menschensohnes willen.»[38] Die Mehrheit war willens, selig auch in dieser Welt zu werden – trotz aller Fallstricke, die dort drohten, trotz des Hasses ihrer Verächter und Verfolger.

Diese blieben nicht untätig. Der Staat drohte mit Verfolgung und der heidnische Nachbar schrie: «die Christen vor den Löwen», wenn Hunger oder Seuchen ihm das Leben schwer und die Suche nach Schuldigen leicht machten.[39] Dies bürdete neue Pflichten auf, zwang, seine Gegner so ernst zu nehmen, wie sie es verdienten. Es schlug die Stunde der Anwälte, die für ihre Glaubensbrüder auf das Recht pochten, leben zu dürfen wie jedermann. Selbstbewusst, beredt, häufig unduldsam traten sie in die Schranken und kämpften mit Reden, Dialogen, philosophischen Traktaten oder Briefen. Damit beendeten sie endgültig die christliche Nabelschau, zeigten ihren Gegnern die Zähne und wiesen ihren Brüdern und Schwestern den Weg in die Welt. Sie plädierten ohne kirchliche Legitimation, nicht selten als umherziehende Prediger, aber getragen von dem Zuspruch der Gemeinden.[40] Ihre Forderung, Toleranz für ihren Glauben und ihren Lebensstil, klang gut. Vor dem Thron des einen Gottes, der jeden Nebenbuhler unnachsichtig verfolgte, konnte sie am Ende nicht bestehen.[41]

Erhalten geblieben sind Texte und Fragmente von gut einem Dutzend Autoren.[42] Die Wichtigsten von ihnen waren der aus Nablus stammende Grieche Justin, 165 gestorben als Märtyrer in Rom, der römische Rechtsanwalt Minucius Felix, der in Dialogform die gesellschaftlichen Vorurteile gegen seine Glaubensbrüder bekämpfte, und der Nordafrikaner Tertullian, dessen Verteidigung des Christentums (*Apologeticum*) zur Teilnahme an einem fiktiven Gerichtsverfahren gegen geständige Glaubensbrüder einlud (s. u).

Sie alle richteten ihre Eingaben an den Kaiser und seine Statthalter. Sie betonten die christliche Loyalität zu Staat und Reich, verwiesen darauf, dass die Verfolgungen das römische Rechtsempfinden verletze, und lobten die philosophischen Höhen des christlichen Gedankengebäudes.[43] Und sie suchten nach einer überzeugenden Antwort auf die peinigende Frage, warum Gott nach dem Sündenfall und der Vertreibung aus dem Paradies endlose Jahre verstreichen ließ, bevor er Fleisch wurde und um der Erlösung der Menschen willen litt und starb. Der Alte und der Neue Bund, so lautete ihre Lösung dieses Rätsels, seien eins und der Abstieg des Gottessohnes in die Unterwelt habe die sonst vom Heilswerk übergangenen Gerechten der Vorzeit gerettet wie alle noch Lebenden.[44] Alles in allem waren dies respektable Argumente, darauf angelegt, den Christen einen Platz in der Welt zu sichern. Dazu allerdings hätte der Standpunkt des Gegners berücksichtigt werden müssen – dies aber blieb weitgehend aus.[45]

Die Apologeten machten sich vermutlich keine Illusionen über den Erfolg ihrer Mühen. Ob jemals eine ihrer Schriften das kaiserliche Kabinett erreicht hat oder gar in die Hände des Monarchen gelangte, ist mehr als fraglich. Römische Beamte begnügten sich, wenn sie mit Anklagen gegen Christen konfrontiert wurden, mit mündlichen Nachfragen und zeigten keine Neigung, sich näher mit der Sache zu befassen. Es mag Versuche gegeben haben, apologetische Schriften in den Kreisen der Gebildeten zu verbreiten – auch da ist der Erfolg doch augenscheinlich ausgeblieben. Tertullian und seine Mitstreiter werden dies gewusst haben. Aber sie schrieben unermüdlich weiter, geleitet von der Hoffnung, dass ihre Schriften im eigenen Haus wirkten und der Stärkung des kirchlichen Selbstbewusstseins dienten.

So betrachtet ist ihr Wert als Quelle für die Entwicklung des christlichen Denkens groß. Denn zum ersten Mal nahmen die Christen ihre Umwelt wahr, zum ersten Mal versuchte ihre Intelligenz einem allgemein gebildeten, überregionalen Publikum christliche Lebensart näherzubringen. Für eine soziale Bestandsaufnahme der Gemeinden des 2. und 3. Jahrhunderts hingegen ist ihre Aussagekraft geringer.[46]

Eiferer des Glaubens: Die Afrikaner Tertullian und Cyprian

Der berühmteste der Apologeten ist bis heute der lateinisch schreibende Karthager Tertullian (um 150 bis 230). Er war hochgebildet, machte Karriere als Rechtsanwalt in Rom und fand erst spät zum Christentum. Von Tag seiner Taufe an widmete er, nach Karthago zurückgekehrt, seine Feder und seine ganze Leidenschaft dem Gekreuzigten, obwohl er wohl niemals eine offizielle Position in seiner Heimatgemeinde eingenommen hat.

Wenige seines Standes und seiner Überzeugung waren so voller Widersprüche wie dieser Mann. Er war alles andere als eine in sich ruhende Persönlichkeit. Stets mit geballten Fäusten argumentierend verkündete er nicht selten Wahrheiten, die er wenige Jahre später wieder verwarf. Immer zu neuen Ufern unterwegs hatte er ein waches Verständnis für seine Zeit, in der das Wort eines Monarchen mit universalem Machtanspruch Gesetz war. Er litt an den Nöten der Bischöfe, die sich mit Schwarmgeistern, Propheten und eigenwilligen Interpreten der doch einzigen Wahrheit herumschlugen – seine polemischen Angriffe auf die Häretiker und Juden zeugen davon. Zugleich aber trieb ihn, maßlos bis hinein in den Stil, die Rücksichtslosigkeit des Fanatikers – ihr sind die Schriften geschuldet, die seine christlichen Nachbarn mit schier übermenschlichen Ansprüchen an Zucht und Ordnung peinigten und das Los der Märtyrer als einzig würdiges Lebensziel priesen.[47]

Er starb im Zorn über die Verweltlichung des christlichen Lebens und die wachsende Macht der Bischöfe, die bußfertigen Sündern selbst Ehebruch und Unzucht vergaben. Am Ende nahm er die Hoffnung mit ins

Grab, die Christen könnten nur als Gemeinschaft der Heiligen überleben. Denn was er täglich sah und hörte, lehrte ihn, dass die überwältigende Mehrheit seiner Brüder und Schwestern einen anderen Weg als er eingeschlagen und sich aufgemacht hatte, die alte Heilsgemeinschaft zur Heilsanstalt umzubilden. Dazu gehörte die Anerkennung des Anspruches der institutionalisierten Kirche, dass niemand Gott zum Vater haben könne, «der die Kirche nicht zur Mutter hat».[48] Dieser Satz wurde für Jahrhunderte zum unumstößlichen Credo, gegen das Tertullian auf verlorenem Posten kämpfte: «Recht und Entscheidung liegen beim Herrn, nicht beim Diener, bei Gott selbst, nicht beim Priester», rief er, und bestand auf dem alten Grundsatz: «Wo drei versammelt sind, ist es eine Gemeinde, auch wenn es nur Laien sind.»[49]

Auch der letzte große Apologet, Cyprian, kam aus Karthago. Er verteidigte 252 die Christen gegen den Vorwurf, ihre Verachtung der Götter fördere das politische und soziale Elend.[50] Die Beobachtung der wachsenden Not sei richtig, schrieb er, die Analyse hingegen falsch. Der erbarmungswürdige Zustand der Welt sei zum einem eine Begleiterscheinung ihres Alterns, zum anderen die Strafe für die Gottlosigkeit. Geduldig mache die Christen die Gewissheit der göttlichen Sühne, wüssten sie doch, «dass die Rache für unsere Verfolgung umso gerechter und schwerer ausfällt, je größer das Unrecht der Verfolgung war». Die Gegner hat dies nicht beeindruckt. Die mit Decius einsetzenden reichsweiten Verfolgungen, deren Ziel die Sammlung aller Reichsbewohner unter dem Schutz der Götter war, machten ohnehin alle Argumente zur Makulatur. Jetzt zählten nur noch der praktische Verstand der Bischöfe und das Vorbild der Märtyrer (S. 392 f.).

7. Der Beginn christlicher Geschichtsschreibung: Eusebius

Für Lukas, den Autor der Apostelgeschichte, beherrschte der Heilige Geist, nicht menschliche Taten, geboren aus freiem Willen oder eigennützigen Interessen, den Lauf der Geschichte. Der Erste, der diesen Satz neu interpretierte, war Eusebius (ca. 264 bis 339). Für ihn enthüllte sich das Wirken Gottes in der Geschichte in den Bahnen innerweltlicher Kausalität. So begann mit der Kirchengeschichte des Eusebius die eigentliche historiografische Tradition der Christen.

313 zum Bischof des palästinischen Caesarea gewählt, schildert er nach dem Ende der Verfolgungen den Aufstieg der christlichen Kirchen von

den Anfängen bis 323. Diese Arbeit, erklärt er einleitend, müsse er auf sich nehmen, «da ich bisher noch keinen kirchlichen Schriftsteller kennengelernt habe, der sich auf diesem Gebiet betätigt hätte. Auch hoffe ich, dass diese Arbeit Historikern sehr nützlich sein wird.»[51] Sie wurde es, denn sie ist eine unverzichtbare Quelle zur Geschichte des frühen Christentums. Denn sie enthält Akten und Exzerpte, die trotz vieler fantasievoller Ausschmückungen von großem Wert sind. Obgleich chronologisch den Regierungszeiten der Kaiser folgend, gehorcht sie thematischen Leitlinien: die Nachfolge der Apostel und die großen Bischofssitze, die Verfolgungen und ihre Märtyrer, die Häresien, das Schicksal des jüdischen Volkes.

Aber es ist auch hier weit mehr als der Quellenwert, der die Bedeutung dieser Kirchengeschichte ausmacht. Geschrieben wurde sie in dem stolzen Wissen, dass die Geschichte auf der Seite der Christen und Gott immer mit ihnen war. Was auch geschehen war in den drei Jahrhunderten, in denen Leid und Verfolgungen, innerer Zwist und häretischer Übermut nicht selten waren, Eusebius fügte alles in einen gottgewollten Zusammenhang und beschrieb das Geschehene als Triumphzug des auf Golgotha ans Kreuz Geschlagenen.[52]

XVI

Die Kunst der Verführung: Die heidnische Literatur

«Hat Gott nicht die Weisheit dieser Welt zur Torheit gemacht?»
Tertullian

«Heil, wahrer Apollo, erhabener Paian [Heilgott],
Töter des Unterweltdrachens!
Der Köcher deines süßen Evangeliums,
Der auf den vier Evangelisten ruht,
Der Pfeil, getaucht in prophetische Süße,
Gefiedert mit der Väter Orakeln,
Der Bogen, tönend von väterlicher Tugend,
Die Sehne mächtig durch Wunder,
Haben die alte Schlange getötet.»
Christushymnus des Paulinus von Nola

1. Die Kleinode der Heiden

Das 2. Buch Mose erzählt vom Auszug der Juden aus Ägypten. Damals taten sie, was ihnen Moses befohlen hatte. Sie nahmen ihren Peinigern die Schätze und führten sie als Beute mit sich in die neue Heimat. Gott, so weiß jeder fromme Jude, hat seinem Volk «Gnade gegeben vor den Ägyptern, dass sie ihnen willfährig waren». Als Origenes im ägyptischen Alexandria die Geschichte las, deutete er sie allegorisch: So wie den Juden die Götterbilder ihrer Unterdrücker, nicht aber die von ihnen genommenen Kostbarkeiten zuwider waren, so möge der Christ sich vom Götzendienst der Heiden fern halten, aber die Schätze ihrer Kultur bewahren und für seinen Glauben nutzen.[1]

Augustinus hat rund 150 Jahre später die Deutung des Origenes übernommen und auf eine lange Reihe von Kirchenlehrern verwiesen, die mit den Waffen der Heiden, sprich mit Philosophie, Philologie und Rhetorik gerüstet, ausgezogen waren, um die Lehre von dem einen Gott zu verkünden. Denn «nicht alle Wissenschaften der Heiden bestehen aus vorgetäuschten und abergläubischen Dichtungen und schweren Bürden von überflüssiger Mühe, die jeder Einzelne unter uns unter der Führung Christi bei seinem Auszug aus der Gemeinschaft der Heiden verwünschen und meiden muss». Vielmehr gelte es sie zu studieren, denn ihre Künste, richtig angewendet, wiesen den Weg zur Wahrheit, seien für das tägliche Leben behilflich, ja «selbst über die Verehrung des einzigen Gottes findet sich bei ihnen einiges Wahre» – gedacht war damit vor allem an Platon.[2] Die alten Ägypter, deren Schätze das auserwählte Volk mit sich schleppte, verwandelten sich in griechische und römische Denker: Auch sie gaben ungewollt, was künftig dem einen Gott und seiner Wahrheit dienen sollte.

Der Rat des Origenes, gegeben um 230, war längst auf fruchtbaren Boden gefallen. Schon ein flüchtiger Blick auf die Anfänge der christlichen Literatur bemerkt Außergewöhnliches. In allen Gemeinden, in den griechischen schneller, in den lateinischen langsamer, lernten die Christen, die vorgefundenen literarischen Gattungen zu nutzen und neue zu erfinden. Zwischen 80 und 150 schrieben sie Evangelien, Apostelgeschichten, Apokalypsen und Lehrbriefe. Dabei konzentrierten sie sich auf Jesus, ihren Glauben und das Leben in der Gemeinde. Zwischen 130 und 200 bekämpften sie ihre Gegner mit Verteidigungsschriften und hielten in Märtyrerakten die Geschichte der Helden fest, die für ihren Glauben das Leben gelassen hatten. Im 3. Jahrhundert fanden sie den Weg zur griechischen Philosophie und deren Methodik; seitdem hüllten sie ihre Vorstellung von Gott und ihre Hoffnung auf Erlösung in Theologie. Exegetische Abhandlungen, Bibelkommentare und Predigten widmeten sich den zentralen Fragen des Glaubens und der Moral. Am Anfang des 4. Jahrhunderts stand die Entdeckung der Kirchengeschichte und der Weltchronik; beide deuteten Welt- als Heilsgeschichte, beide schrieben Geschichte nicht mehr allein als Geschichte des Heiligen Geistes, sondern als Folge menschlicher Taten.

2. Verworfene Schätze: «Du bist ein Jünger Ciceros, nicht ein Anhänger Christi»

Origenes las nicht zufällig den Exodus aus Ägypten und zog daraus Lehren. Er litt unter dem schweren Konflikt zwischen heidnischer Literatur und christlichem Glauben, zwischen heidnischer Kunst und christlicher

Abb. 49

Gott, versicherten die Christen, habe nicht nur zu den jüdischen Propheten und zu Vergil, dem größten Dichter Roms, gesprochen, sondern auch zu den weissagenden Sibyllen der Heiden. In der Antike kaum dargestellt, wetteiferten die Künstler der Renaissance um die schönsten Illustrationen. Marsilio Ficino beschrieb sie 1475 in *De Christina Religione* und Domenico Ghirlandaio malte sie 1483/86 in Florenz in der Capella Sassetti der vom Orden der Vallombrosaner gegründeten Kirche Santa Trinita. In ihren Händen halten die Sibyllen Banderolen, die ihre prophetische Rolle betonen (zu Vergil S. 427).

Weltabgewandtheit, der von Beginn an die Christen spaltete. Wer alles hat, riefen die Eiferer, braucht nicht, was andere schreiben – schon gar nicht die Bücher seiner Feinde. Waren die Werke der heidnischen Philosophen, Dichter und Historiker denn nicht ein das Seelenheil gefährdendes Teufelszeug? «Was», fragte der meist zornige Tertullian um 200, «haben gemeinsam der Philosoph und der Christ, der Schüler Griechenlands und der des Himmels, der Freund und der Feind des Irrtums, der Verfälscher der Wahrheit und ihr Erneuerer und Dolmetscher, ihr Dieb und ihr Wächter?»[3]

Wie sehr diese Frage ins Herz traf, zeigt das Schicksal des heiligen Hieronymus. 374 war er, so erinnert er sich zehn Jahre später, nach Jerusalem gezogen, um allen weltlichen Verführungen zu entfliehen. Mitgenommen habe er aber seine geliebten Bücher, und sie hätten ihn zu sündigem Tun verführt: «Ich Elender fastete also, während ich den Cicero las. Nachdem ich manche Nacht durchwacht und viele Tränen vergossen hatte, voll Reue über meine früheren Sünden, nahm ich den Plautus zur Hand.»

Beide Römer waren Heiden, der eine ein religiöser Skeptiker, der andere ein frivoler Komödiant, doch die Schönheit und Eleganz ihrer Sprache übertönten die warnenden Stimmen des christlichen Gewissens. Gerettet habe ihn, so fährt Hieronymus fort, erst das Eingreifen Gottes. Nach einem Tag, an dem er allzu emsig die klassischen Texte studiert hatte, sei er im Traum vor den Richterstuhl Gottes geschleppt und angeklagt worden, ein «Jünger Ciceros, nicht ein Anhänger Christi (*Ciceronianus es, non Christianus*)» zu sein. Den Schmerz der verhängten Strafe der Auspeitschung habe er noch am nächsten Morgen gespürt und inbrünstig seinen von Gott geforderten Schwur wiederholt: «Herr, wenn ich je wieder weltliche Handschriften besitze oder aus ihnen lese, dann will ich dich verleugnet haben.»

Die anstößige Liebe, von der er befallen und nun geheilt war, quälte auch andere. Sie stammten wie er aus einem sozialen Milieu, in dem gesellschaftliche Geltung und literarische Bildung miteinander eins waren. Sie mussten nun zur Umkehr und Buße angehalten werden, dasselbe Opfer wie Hieronymus bringen und die richtige Antwort auf die Frage finden: «Was hat Horaz mit dem Psalterium zu tun, was Vergil mit den Evangelien, was Cicero mit den Aposteln? Wird Dein Bruder nicht Ärgernis nehmen, wenn er Dich an einem Götzenaltar trifft?»[4]

Die Entgegnung konnte nur lauten: Er wird. Dies traf besonders hart Frauen und Männer, die ihr Leben für immer Gott weihen wollten und als Einsiedler und Asketen in die Wüste zogen oder mit Gleichgesinnten hinter Klostermauern verschwanden. Dort wollten sie büßen für ihre eigenen und die Sünden anderer, dort wollten sie sich, fern von den Genüssen der Welt, die ewige Seligkeit sichern. Wenn sie mit ihrem alten Leben die Schriften von Cicero und Horaz ins Feuer warfen, wurden sie als Helden verehrt: «Er stammte aus einem vornehmen Geschlecht aus Nursia und wurde nach Rom geschickt, um dort zu studieren», erzählte man sich über den heiligen Benedikt. Jedoch ergriff er angesichts des Abgrunds, in die ihn die Wissenschaft zu stürzen drohte, die Flucht, verließ Studium und Elternhaus, um künftig nur noch Gott allein zu gefallen: «So zog er sich zurück, mit Wissen unwissend und in Weisheit ungelehrt.»[5] Man schrieb das Jahr 529, als Benedikt auf dem Monte Cassino ankam und das erste Benediktinerkloster gründete. Im selben Jahr schloss in Athen auf kaiserlichen Befehl die Akademie, die Schule Platons, ihre Pforten. Diese hatten fast tausend Jahre offen gestanden.[6]

Solche Taten fanden den Beifall auch der ungebildeten Massen, die – häufig aufgehetzt von in die Städte strömenden Mönchshorden –, die alten Bibliotheken verwüsteten und ihre Lehrer verfolgten. In einem heiligen Krieg gegen die alten Götter schlugen sie den antiken Götterstatuen den Kopf ab, um ihren Geist auszutreiben, und stürmten ihre Tempel, wo immer sie die Macht dazu hatten.

Am Ende ging es den heidnischen Bauten wie der Philosophin Hypatia aus Alexandria. Geboren um 355 im Haus eines großen Gelehrten begann sie bald selbst zu lehren; Hunderte Studenten kamen von weit her, um sie zu hören, und machten ihre Meisterin zu einer Gestalt des öffentlichen Lebens in der Stadt. Ihre Kenntnisse der Astronomie, Mathematik und Philosophie brachten sie jedoch in Verruf: Eine Hexe sei sie, der schwarzen Magie ergeben, schrie der christliche Pöbel. Im März 415 zerrte er sie aus ihrem Wagen, steinigte sie, hackte ihren Körper in Stücke und verbrannte sie öffentlich. Die Flammen des Scheiterhaufens sollten die Stadt für immer von der Verführung des Bösen reinigen.

Was Wunder, dass so mancher Liebhaber der alten Poeten und Literaten sein Gewissen prüfte, wenn er zu hingerissen der heidnischen Sprachgewalt lauschte: «Es sei euch genug mit den heiligen Dichtern, ihr habt es nicht nötig, euch anzustecken mit der üppigen Sprachkunst des vergilischen Stils», ermahnte barsch Alkuin, Abt von St. Martin in Tours, seine Mönche, die ihre Leidenschaft zu Vergil nicht hatten zügeln können. Die Warnung war unüberhörbar: Die Alten durften nicht um ihrer selbst willen studiert werden; nur dort, wo sie für die Verkündigung der christlichen Botschaft nützlich sein konnten, war ihr Rat gefragt. Noch der Vergil Dantes musste beweisen, dass er seinen Platz in der Heilsgeschichte verdient hatte: Im Fegefeuer stand ihm der Dichter Statius (um 40 bis 95) bei, indem er auf die Frage Vergils, wer ihm den Weg zum christlichen Glauben gezeigt habe, antwortete: Du.

«Du schrittest wie der Wanderer durch die Nacht
mit seinem Licht im Rücken, das nicht *ihm*,
doch hinter ihm den Menschen Klarheit spendet.
Von dir der Spruch: ‹Die Welt wird neugeboren,
Astraea kehrt, es kehrt die Urzeit wieder
vom hohen Himmel steigt ein neu Geschlecht.›
Durch dich ward ich Poet, durch dich ein Christ.»[7]

3. Heilsame Ratschläge: Heidnische Weisheit und christliche Lehre

Überkommene Wahrheiten

So schwer es den Christen auch fiel, sich der alten Kultur zu nähern, sie taten es, langsam zwar und begleitet von immer neu aufflammenden Widerständen. Wie hätte es anders sein können? Denn mit der Übernahme der griechischen und lateinischen Sprache zog auch die Literatur in die Denkerklausen der kirchlichen Schriftsteller ein – häufig unerwünscht, manchmal sogar verhasst, aber jedes Mal unentbehrlich. Gewiss, jeder Christ schwor, seine Weisheit stünde turmhoch über der heidnischen. Doch wie sollte er schreiben, ohne den Stil ihrer Großen zu kopieren, wie reden, ohne die Gesetze ihrer Rhetorik zu beachten? Wie gar dichten, ohne sich an ihren Meistern zu schulen? Es sagte sich leicht, dass die himmlische Wahrheit den Regeln der heidnischen Grammatiker nicht unterworfen werden dürfe und die Evangelisten ungebildete Fischer gewesen seien, deren einfache Sprache (*sermo rudis, humilis*) für immer vorbildlich bleiben müsse. Es war jedoch unendlich schwer, ja unmöglich, den heidnischen Literaten und Poeten ebenbürtig zu werden, ja sie zu überbieten, ohne sie vorher genauestens studiert zu haben.

Eben dies taten die Besten unter den Kirchenvätern. So war es etwa bei Ambrosius, Bischof in Mailand. Als er sich 386 entschloss, drei Bücher *de officiis ministrorum*, die erste christliche Ethik, zu schreiben, übernahm er Titel und Aufbau von Cicero. Es war, als hätte er Form und Inhalt eines heidnischen Werkes heimlich getauft. Aber es war noch weit mehr. Er und viele andere wollten ihren heidnischen Vorgängern nicht nur gleichrangig sein.

Missionarischer Eifer wies ihnen den Weg, die Wahrheit ihres Glaubens mit den Instrumenten ihrer Gegner leuchten zu lassen. Dem Mailänder Bischof folgte sein Schüler Augustinus. Er rechnete in seinem *Gottesstaat* mit Roms angemaßter Größe ab und erklärte, nur in dem Gemeinwesen, «dessen Gründer und Herrscher Christus ist», könne es die höchste Gerechtigkeit geben, ohne die kein Staat regiert werden könne.[8] In den Zeugenstand rief er Cicero und Sallust ebenso wie die Bibel und die Schriften der Kirchenväter. So konnte ein tiefer Bewunderer des Augustinus schreiben, «ich bin in Verlegenheit, was ich am meisten bewundern soll: das vollkommene religiöse Wissen eines Priesters, die Spannweite philosophischer Ansichten, die Fülle historischer Kenntnisse oder den Reiz eines großartigen Stils».[9]

Die Heiligsprechung Vergils passt in diesen Rahmen. Der Augustäer hatte nach christlicher Lesart mit seiner 4. Ekloge ein Gedicht verfasst, das die Ankunft Christi auf Erden ankündigte. Den Gebildeten galt daher ihr Verfasser als eine wesenseigen christliche Seele (*anima naturaliter christiana*). So fehlten in keiner mittelalterlichen Klosterbibliothek Abschriften des Vergil. An seinem Grab in Neapel ist noch heute in Versen zu lesen, der Apostel Paulus sei dort gewesen und habe unter Tränen dem Toten zugerufen, «hätte ich dich doch nur lebend angetroffen. Ich hätte dich bekehrt, du größter aller Poeten.»[10]

Entstanden ist die Ekloge im Herbst 40 v. Chr., als die letzte Entscheidung im Bürgerkrieg um Caesars Erbe noch einmal verschoben worden war. In ihr sang Vergil von einem neuen Morgen und einem göttlichen Wunder: Das Eiserne Zeitalter und seine Schrecken gingen zu Ende, der König, auf den die Welt seit den Pharaonen gewartet habe, werde auf Erden geboren. Die Frevel der Vergangenheit lösche er aus und die Länder der Erde befreie er von unaufhörlicher Furcht. Ein weltumspannendes Friedensreich werde er gründen und das Goldene Zeitalter heraufführen. Selbst die Natur werde ihr Gesicht verändern: Schlangen und giftige Kräuter verschwinden, Rind und Löwe hausen friedlich zusammen und die Wildnis verwandelt sich in einen Paradiesgarten:

> «Endzeit ist nun da, wie cumaeisches Lied sie verkündet,
> und von neuem geboren wird der große Lauf der Zeiten.
> Schon kehrt die Jungfrau zurück, kehrt wieder saturnische Herrschaft,
> nun wird ein neues Geschlecht vom hohen Himmel entsandt.
> Sei der Geburt nur des Knaben, mit dem das eiserne Geschlecht gleich

Abb. 50

Die Frauen am Grabe und Christi Himmelfahrt (Elfenbeintafel, um 400). Die Romanisierung des Christentums ist in Sprache, Liturgie und Organisation offenkundig. Ihr folgte auch die Formensprache der christlichen Kunst. So zeigt die Elfenbeintafel aus der Zeit um 400 ein Szenario der Auferstehung, das jeder Römer sofort verstand: Als Grab Jesu ein heidnisches Mausoleum, die drei Marien als würdige römische Matronen, und der Auferweckte, der die Hand seines Vaters ergreift, als junger Lehrer.

sich endet und auf der ganzen Welt sich ein goldenes
erhebt,
günstig, keusche Lucina, schon jetzt regiert dein Apollo!».[11]

Die Verse wurden als Ruf nach Erlösung begriffen, nach der sich die von Bürgerkriegen erschütterte Welt sehnte. Die Christen haben sich diese Deutung zu eigen gemacht und auf die Ankunft des Gottessohnes übertragen. Damit machten sie Vergil zu einem prophetischen Vorläufer Jesu, Johannes dem Täufer vergleichbar. Denn das Gedicht enthielt Bilder, welche die Auslegung geradezu aufdrängte, der Heide habe die Ankunft des Messias vorausgesehen. Der Bogen reicht von der Jungfrauengeburt bis hin zur Erscheinung des göttlichen Knaben, den die Sterne ankündigen und der ein Zeitalter des Friedens bringen wird. In ihm wird die Erde Früchte im Überfluss tragen und die Natur zur paradiesischen Unschuld zurückfinden. Dann schwinden auch die Spuren menschlicher Verbrechen und die Schlange wird sterben – unschwer zu interpretieren als das Ende des Teufels und seiner verführerischen Macht.

Damit nicht genug. Vergil schien zudem die messianische Weissagung des Propheten Jesaja zu bestätigen: «Ein Kind ist uns geboren, ein Sohn wird uns geschenkt, auf seinen Schultern ruht die Weltherrschaft und sein Name wird sein: Friedensfürst. Dann wohnt der Wolf bei dem Lamm, der Panther lagert bei dem Böcklein. Kalb und Löwe weiden gemeinsam.» Es bedurfte keiner angestrengten Interpretationskünste, um den gefeierten Knaben mit dem in Bethlehem geborenen Heiland gleichzusetzen. Der Dichter, eingeordnet in die jüdische Tradition, wurde damit noch glaubwürdiger. Selbst Konstantin, der erste christliche Nachfolger des Augustus, zitierte vor den 325 in Nizäa versammelten Bischöfen das Gedicht Vergils, um die Göttlichkeit des Gottessohnes zu beweisen. Die Mehrzahl der Versammelten hätte die Verse mitsprechen können.

Die Überzeugungskraft der Dichter

In dieser Zeit rief der auf seine stilistische Begabung stolze Laktanz, Lehrer des Kaisersohnes Crispus, seine Glaubensbrüder auf, sich auch der Dichtung zuzuwenden.[12] Sie taten es im Osten seit Gregor von Nazianz, einer der vier großen griechischen Kirchenväter, gestorben 391, und im Westen seit Hilarius, der als Erster lateinische Kirchenlieder schrieb, und seit Ambrosius, der wundervolle Hymnen dichtete. Von ihnen geführt hielten die Christen Einzug in das Haus der großen epischen und lyrischen Poesie und fanden in Jamben und Hexametern, in Hymnen und Liedern neue Formen der dogmatischen und emotionalen Verehrung. Am Ende des 4. Jahrhunderts schrieben sie vom Gedicht bis zum Bibelkommentar alles, was für Verstand und Herz der Frommen nützlich war. Nichts, was einst als heidnisch verworfen wurde, musste geopfert, wohl aber musste es neu gedeutet werden.

Alles dies legt weit mehr als die Verbeugung intellektueller Eliten Zeugnis von der Übermacht einer alten Kultur ab. Sie war auch für die Christen das Ergebnis der einzigen Lebensform, die politische und soziale Gemeinschaft pflegte und Rationalität, Recht und Moral eine Heimstätte bot. So übertrug der spanische Dichter Prudentius (348 bis 405), hoher Staatsbeamter, Dichter und Christ, die vergilische Verheißung vom ewigen Rom auf das christliche, stiftete es doch Recht und Gesetz wie das alte heidnische. Die barbarische Gegenwelt hieß er unter dem Beifall der meisten seiner Glaubensbrüder eine fremde und abscheuliche, auf deren Bewohner die alten Schablonen passten: wild, unterwürfig im Unglück, maßlos im Siegesrausch und treulos in der Niederlage.

Es half ihnen nichts, dass sie am Ende die Sieger waren, und die christlichen Missionare, getreu dem Wahlspruch des Paulus, «Da ist nicht Barbar oder Skythe», auch in ihre Länder eilten. Ihm zollt Prudentius zunächst auch Tribut: «Römer, Daker, Sarmate, Vandale, Hunne, alle wandeln auf ein und derselben Erde, über allen wölbt sich ein einziger Himmel», begann er sanft eine seiner Reden. Dann aber, für einen Moment, verlor er doch die Beherrschung und hieb mit der Faust auf den Tisch: «Römisches Wesen unterscheidet sich vom barbarischen so, wie ein zweifüßiges Wesen von einem vierfüßigen geschieden ist.»[13]

Die Barbaren zu verachten und sich ihrer mit Feuer und Schwert zu erwehren, war die eine, sich mit ihnen zu verständigen, die andere Seite des Umgangs. Sie bezeugt der Dichter Ausonius (310 bis 394), Erzieher und Berater des Kaisers Gratian (367–383). Als ihm aus der Kriegsbeute eines erfolgreichen Alemannenfeldzuges ein Suebenmädchen namens Bissula geschenkt wurde, gab er ihr die Freiheit und machte sie zu seiner Geliebten. In einem Liederzyklus pries er nicht nur ihre Schönheit, sondern auch ihre lateinische Bildung:

«So hat das freie Kind der Berge
Die Schmach der Knechtschaft nie gefühlt.
Sie wurde römisch. Doch die Stärke
Germaniens zeigt sich unverhüllt.

Betrachte nur das Blau der Augen,
Dazu ihr goldgelocktes Haar.
Hörst du sie aber reden, tauchen
Dir Zweifel auf; 's ist sonderbar.

Von ihrem schönen Rosenmunde
Vernimmst du fließendes Latein.
Und doch – ihr Wuchs gibt Kunde,
Dass sie geboren ist am Rhein.»[14]

Der Einspruch gegen derartige elegante Spielereien im Stile eines Horaz blieb nicht aus. Man hört ihn noch heute in den herzzerreißenden Briefen des Paulinus, Bischof von Nola, Schüler und Freund des Ausonius. Als dieser fleht, der Freund aus glücklichen Tagen möge doch die auferlegten asketischen Übungen lassen und wieder wie einst Gedichte schreiben, antwortet der strenge Christ unversöhnlich: «Warum lieber Vater, schreibst du vor, ich sollte die Musen, die ich schon verstoßen habe, wieder verehren? Die Herzen, die Christus geweiht sind, versagen sich den Musen und öffnen sich nicht dem Apollo». Ein größerer Gott verbiete ihm, an das Hier und Jetzt zu denken und seine Zeit mit heidnischer Bildung zu verschwenden: «Mit den Musen rufst du taube, leere Namen ohne göttliche Kraft an. Wirbelstürme reißen diese Gebete fort, sie bleiben, da sie nicht an Gott gerichtet sind, in den leeren Wolken hängen und dringen nicht in den sternenbesäten Palast des höchsten Königs».[15] Die Freundschaft beider Männer zerbrach an diesem Konflikt. Er sollte bestehen bleiben und auf seine Weise die Christenheit spalten.

Das heißt: Zu keiner Zeit obsiegte die Gewissheit, dass die christlichen Erben Roms die Schätze des Imperiums und Griechenlands nutzen würden, wie einst die Juden beim Auszug aus Ägypten die Reichtümer des Pharao. Immer stand es auf Messers Schneide, ob das Alte zu bewahren oder zu vernichten war. Vieles rettete der Zufall oder die Neugier einiger weniger, die der kirchliche Bannstrahl nicht schreckte und die auf eigene Faust stöberten. So fanden viele antike Autoren Unterschlupf hinter Klostermauern und in bischöflichen Bibliotheken, wo sie gesammelt und von den vergänglichen Papyrusrollen auf Pergamentkodizes umgeschrieben wurden. Nicht wenige verdankten ihr Überleben dem Glück oder der persönlichen Leidenschaft einzelner Gelehrter. Die *Germania* des Tacitus etwa wanderte aus einem irischen Kloster in das fränkische Fulda und dem

Catull gewährte der Bischof von Verona Asyl, weil dieser dort einst Stadtbürger war. Zufall und bewusste Überlieferung wechselten sich ab und stießen den einen in die Vergessenheit, den anderen in die Unsterblichkeit. Was schließlich blieb, ist – gemessen an dem, was einst war – erschütternd wenig, aber – gewogen an seiner Bedeutung – weit mehr als noch in den Jahrhunderten des Untergangs und des christlichen Verdikts zu hoffen war.

4. Die Herrschaft der griechischen und lateinischen Sprache

Alle Schriften der frühen Christen wurden griechisch geschrieben. Griechisch sprachen und lasen die Gemeinden in den Ostprovinzen, aber auch die Elite in den Westprovinzen und in Rom. Erst als das 2. Jahrhundert zu Ende ging, wurde dies anders, verlangten die Missionare nach Übersetzern, um im Westen den Neubekehrten die Bücher des Alten und Neuen Testaments auch lateinisch vortragen zu können. Es waren viele, die sich an die Arbeit machten, und so bescheiden ihre Fähigkeiten zunächst auch gewesen sein mochten, sodass noch Augustinus die Nase über sie rümpfte, so erfolgreich waren ihre Nutzer.[16]

So schlüpften Verkündigung und Theologie in das Gewand der lateinischen Sprache. Der Erste, der sie meisterhaft handhabte, war der Nordafrikaner Tertullian (S. 417). Die Predigt des neuen Gottes und seiner Lehren nötigte ihn, die Sprache der Dichter und der Juristen zu nutzen und neue Begriffe zu kreieren. So erweiterte er den lateinischen Wortbestand um nahezu tausend Wörter. Für die theologische Debatte fand er zentrale Begriffe, darunter *trinitas, substantia, tres unum sunt*; *semen est sanguis christianorum* (ein Samen ist das Blut der Christen).

Griechisch blieb jedoch noch lange die Liturgie. Sie gehorchte der eisernen Regel jeder Religion, dass der Umgang mit dem Göttlichen nicht ins Belieben eifriger Reformer gestellt sein dürfe. Erst im späten 4. Jahrhundert befahl der Papst Damasus I. (gest. 384) den Bischöfen des Westens bei der liturgischen Feier die lateinische Sprache zuzulassen. Von Hieronymus verlangte er einen einheitlichen lateinischen Text der Bibel, später als *Vulgata* bezeichnet.[17] Der gelehrte Priester, der griechisch und hebräisch konnte, machte sich schweren Herzens an die Arbeit, ahnte er doch, was auf ihn zukommen würde: «Der Erste beste, ob gelehrt oder ungelehrt, der dieses Buch in die Hand nimmt und merkt, dass das Gelesene von dem ihm geläufigen Text abweicht, wird sofort schreien, ich sei ein Fälscher und ein Gotteslästerer» (Einleitung).

Das Griechische verschwand im Westen, als dieser sich von Byzanz trennte. Im Jahre 524 trat Boëthius, römischer Senator und Gelehrter, auf Befehl des Gotenkönigs Theoderich den Weg zum Schafott an. Mit ihm starb der letzte Große des alten Reiches, der noch selbst die griechischen Klassiker zu lesen vermochte und gerade dabei war, das Gesamtwerk des Platon und des Aristoteles ins Lateinische zu übertragen. Es gelang ihm nicht mehr. So wusste man im Westen bis zum 12. Jahrhundert von beiden so gut wie nichts. Sie und mit ihnen Homer, von dem man nur den Namen kannte, die griechischen Tragiker Aischylos, Sophokles, Euripides, die Historiker Herodot, Thukydides, Xenophon und viele andere gingen ins Exil. Sie warteten auf ihre Stunde in Byzanz, das sie sorgsam abschrieb und studierte, und sie dienten in den Schulen arabischer Gelehrter, die zwischen Bagdad und Toledo darangingen, die meisten von ihnen in ihre Sprache zu übertragen und an ihre Schüler weiterzugeben. Von dort her und auf seltsamen Umwegen kam denn auch die erste Kunde von ihnen wieder in das Abendland.[18]

Was in der neuen Welt des Mittelalters von Anfang an bleiben durfte, war demgemäß lateinisch geschrieben. Es wuchs zur Universalsprache des Mittelalters, das sich mit Leidenschaft für römisch und nicht barbarisch hielt. Der Grund ist leicht zu verstehen: Gott sprach ausschließlich lateinisch. Seine Worte waren nur in der Sprache Ciceros zu lesen, seit Hieronymus die Bibel ins Lateinische übertragen und die Kirche Übersetzungen in die Volkssprachen verboten hatte. Das Gleiche traf für den Kult zu: Während Byzanz die Dialekte der slawischen Völker, die seine Prediger bekehrt hatten, in die Liturgie seiner Kirche aufnahm, beharrte Rom auf dem Lateinischen. Der kleine Mann in England, Skandinavien oder Deutschland, der diese ihm ganz fremde Sprache nicht verstand, nahm es, wie es kam, konnte er doch ohnehin weder lesen noch schreiben. Dies war eine Kunst, die noch lange Zeit den Klerikern und einem kleinen Teil der Herrschenden vorbehalten blieb; für sie spiegelte sich der universale Herrschaftsanspruch Christi in der Universalität des Lateinischen.

Anders als in Byzanz, wo es stets auch eine weltliche Beschäftigung mit der antiken Tradition gab, nahm im Abendland die Kirche allein das antike Erbe an. Über vieles brach sie den Stab, weil es heidnisch war, und manches zerstörten Eiferer, wenn es als sicht- und hörbarer Beweis der heidnischen Verderbtheit die Augen und Ohren der Frommen beleidigte. Das meiste vernichtete die Zeit. Denn die Jahrhunderte saugten das Blut selbst aus den Erinnerungen, die niemand vergessen wollte.

XVII
Anhang

Anmerkungen

I
Zeit und Raum

1 Seneca, Medea 5,375–380.
2 Tacitus, Historien 4,73 f.
3 Augustinus, Predigten 105,8,11; P. Brown, Augustinus, 1967, S. 258.
4 Gregor, Achtzehnte Homilie, in: F. Gregorovius, Geschichte der Stadt Rom im Mittelalter, Drittes Buch, 1859–1872 (Nachdruck 1988).
5 Bardesanes, Buch der Gesetze der Länder 17 (Übers. A. Merx); H. J. Drijvers, The book of the laws of countries, 1965; P. Brown, Die Entstehung des christlichen Europa, 1996, S. 16 ff.
6 W. Dahlheim, Augustus, 2010, S. 286 ff.
7 D. Timpe, Der Mythos vom Mittelmeerraum: Über die Grenzen der alten Welt, in: Chiron 34, 2004, S. 1–23.
8 Odyssee 8,137 ff.
9 2 Kor 11,25.
10 Seneca der Ältere, Suasoriae 15.
11 So der Bericht des Karthagers Himilko bei Avienus, einem Zeitgenossen Kaiser Julians. Zu den Entdeckungsfahrten die Übersicht in: Historischer Atlas der antiken Welt, Hgg. A.-M. Wittke / E. Olshausen / R. Szydlak, 2012, S. 6 ff. (mit Quellenübersicht). Zu den Mythen über die Welt jenseits von Gibraltar: Dokumente zur Geschichte der europäischen Expansion, Bd. 1, Hg. E. Schmitt, 1986, S. 1 ff. Grundlegend: D. Timpe, Entdeckungsgeschichte, in: RGA 7, 1989, S. 307 ff.
12 Seneca, Medea 301–308.
13 Pytheas, Fragmente 9a / b.
14 Strabon 1,64 f.
15 Strabon 2,162.
16 Seneca, Naturwissenschaftliche Untersuchungen, Einleitung 13 (Hg. M. Brok, 1995).
17 Die in der Forschung kursierenden Zahlen schwanken. Grundlegend bleiben K. J. Beloch, Die Bevölkerung der griechisch-römischen Welt, 1886 und F. G. Maier, Römische Bevölkerungsgeschichte und Inschriftenstatistik, in: Historia 2, 1953, S. 318–351. O. A. W. Dilke, The Ancient Romans, 1975, S. 29 f., schätzt die Reichsbevölkerung auf 61 Millionen. B. W. Frier, Demography, in: CAH XI, S. 787–816, orientiert sich an drei «major demographic components»: Sterblichkeit, Fruchtbarkeit und Wanderungsbewegungen, und errechnet eine Gesamtzahl von 45,5 Millionen (20,4 für den Osten, 7 für Italien, 18,1 für den Westen des Reiches). G. Alföldy,

Römische Sozialgeschichte, 4. Aufl. 2011, S. 122 ff., geht von 80 Millionen aus. Zur Einwohnerzahl einzelner Städte W. Eck, in: Die Verwaltung des Römischen Reiches I, 1995, S. 183 ff.

18 A. von Harnack, Die Mission und Ausbreitung des Christentums, 4. Aufl. 1924, S. 948 ff.; einen geografisch geordneten Überblick über alle Provinzen bietet Die Geschichte des Christentums, dt. Ausgabe, Hg. N. Brox, Bd. 2, 1996, S. 55–155.

19 Antworten auf die Frage nach dem Warum und Wer bei W. Wischmeyer, Von Golgotha zum Ponte Molle. Studien zur Sozialgeschichte der Kirche im dritten Jahrhundert, 1992.

20 Plinius, Briefe 10,96,9. W. Reinbold, Propaganda und Mission im ältesten Christentum, 2000, S. 351.

21 Varro, Res rusticae 3,1,4.

22 Ovid, Liebeskunst 3,121 ff.

23 Aelius Aristides, Romrede 93.

24 Offenbarung 21.

25 Apuleius, Metamorphosen 4,13,2.

26 Dante, Die Göttliche Komödie III 16,78.

II
Der Horizont

1 1. Makkabäerbuch 1,44–57 (Übers.: Schäfer). Zu den Ereignissen: E. Bickermann, Der Gott der Makkabäer, 1937; P. Schäfer, Geschichte der Juden in der Antike, 1983; K. Bringmann, Hellenistische Reform und Religionsverfolgung in Judäa, 1983.

2 1. Makkabäerbuch 8,32.

3 Diodor 40,4.

4 Die Psalmen Salomons 2,26 ff. (Kautzsch, Die Apokryphen II, 1900, S. 133).

5 Vgl. K. Bringmann, Geschichte der Juden im Altertum, 2005, S. 165 f.; E. Baltrusch, Die Juden und das römische Reich, 2002, S. 125 ff. (zur Neuordnung).

6 Schäfer, aaO., S. 98 ff.; K. Bringmann, aaO, S. 161 ff.; Herodes-Biografien: L.-M. Günther, Herodes der Große, 2005; E. Baltrusch, Herodes. König im Heiligen Land, 2012.

7 Zur Ordnung des Ostens Dio 51–56 und Strabon 8–17. D. Magie, Roman Rule in Asia Minor I, 1950, S. 442 ff.; CAH X, 1996, S. 647 ff.

8 Josephus, Jüdische Altertümer 14,272 ff.

9 Josephus, Der jüdische Krieg 1,407.

10 Josephus, Jüdische Altertümer 16,291.

11 Josephus, Jüdische Altertümer 15,383.

12 Josephus, Jüdische Altertümer 8,258 ff.

13 Philo, Legatio 295; vgl. Plinius, Naturgeschichte 5,70 über Jerusalem: *longe clarissima urbs Orientis non Iudaeae modo.* Zum Tempel Th. Busink, Der Tempel von Jerusalem, 2 Bde., 1970 f.; zur Geschichte Jerusalems von Alexander bis zum Jahr 66 grundlegend: M. Hengel, Jerusalem als jüdische *und* hellenistische Stadt, in: Hellenismus, Hg. B. Funk, 1995, S. 269–306.

14 Günther, Herodes, S. 209 ff., Bringmann, aaO., S. 192 ff. (beide generell zur Bau- und Spendentätigkeit).
15 Josephus, Der jüdische Krieg 1,665.
16 Macrobius, Saturnalia 2,4,11.
17 Aeneis 6,847 ff.
18 Jüdische Altertümer 17,285; Bringmann, aaO., S. 199 ff.
19 Velleius Paterculus 2,117,2.
20 Josephus, Der jüdische Krieg 2,91. Hierzu und zu den Vorstellungen der jüdischen Verhandlungsführer E. Baltrusch, *Pax Augusta* versus *bellum Iudaicum*. Rom und Judäa im frühen Prinzipat, in: Althistorisches Kolloquium aus Anlaß des 70. Geburtstages von J. Bleicken, Hg. Th. Hantos, 1998, S. 213 ff.
21 Josephus, Jüdische Altertümer, 18,1–6.
22 Josephus, Der jüdische Krieg, 2,8,1 f.
23 Josephus, Jüdische Altertümer 18,4 ff.; Leviticus 25,23.
24 Psalmen Salomons 17,21–26, geschrieben nach der Eroberung Jerusalems durch Pompeius.
25 1. König 4,20 ff.
26 Josephus, Jüdische Altertümer 19,356–366.
27 Esther 3,8.

III
Jesus von Nazareth

1 Zum Folgenden eingehend G. Vermes, Die Geburt Jesu. Geschichte und Legende, 2007 (engl. Orginal 2006); Benedikt XVI., Jesus von Nazareth – Prolog, 2012.
2 Micha 5,1 ff.; K. Bringmann, Geschichte der Juden, S. 203 f.
3 Bereits die Genesis (6,1–4) erzählt von Engeln, die den Reizen der «Menschentöchter» erliegen und ihren himmlischen Wohnsitz verlassen.
4 4. Mose 24,17.
5 Sueton 94,1 ff.
6 Mk 1,10 f. parr.
7 Maleachi 4,1.
8 Justin, Dialog mit Tryphon 100; Jesaja 53,2. Ebenso wie Justin Tertullian und Clemens von Alexandria (Stromata 6,17,151).
9 Die gründlichste Diskussion des Möglichen bei G. Theißen / A. Merz, Der historische Jesus, 1996.
10 Joh 1,33. Die Korrektur der Aussage 4,1–3.
11 Lk 3,1.
12 Im Einzelnen E. P. Sanders, Sohn Gottes, 1996, S. 183 ff.
13 Lk 14,26; Mt 10,34–36; weitere Quellen bei D. Flusser, Jesus 1971, S. 22 f.
14 Mk 4,35 ff.; 6,32 ff.; Joh 2,1 ff.; Totenerweckung: Die Tochter des Jairus: Mk 5,21–43, der Jüngling von Nain: Lk 7,11–17, Lazarus: Joh 11,17–44.
15 2. Könige 2,23 f.; Apg 5,1.

16 M. Smith, Jesus der Magier, 1978; G. Theißen, Urchristliche Wundergeschichten, 5. Aufl. 1987, spricht von einer «Renaissance des Wunderglaubens» im 1. Jahrhundert. Dazu R. Zimmermann (Hg.), Die Wunder Jesu, in: Kompendium der frühen Wundererzählungen Bd. 1, 2013.
17 Tacitus, Historien 4,81; vgl. Mk 7,31–37.
18 Zu vergleichen sind Josephus, Jüdische Altertümer 8, 46–48 und Markus 5,1–20.
19 Mt 12,22 ff.; Mk 3,22 ff.
20 Apg 14,11.
21 Demonstratio Evangelica 3,6.
22 Lk 11,20; Mk 1,15 u. ö.
23 Jesaja 27,12 f.; vgl. Daniel 7,9 ff.
24 Mt 8,21 f. parr.
25 Mk 4,30–32.
26 *Ut pacata atque quieta provincia sit quam regit*: Digesten 1,18,13.
27 J.-P. Lémonon, Pilate et le gouvernement de la Judée. Textes et Monuments, 1981 (erschöpfende Übersicht über die Quellen); A. Demandt, Hände in Unschuld. 1999; Ders., Pontius Pilatus, 2012 (mit weiterer Literatur).
28 Joh 11,48.
29 Tacitus, Historien 5,9,2.
30 Josephus, Der jüdische Krieg (zweisprachige Ausgabe von Michel / Bauernfeind).
31 Josephus, Der jüdische Krieg 5,412.
32 Josephus, Jüdischen Altertümer. Zu Josephus: K.-S. Krieger, Geschichtsschreibung als Apologetik. Flavius Josephus' Darstellung römischer Machtausübung und jüdischer Reaktionen in Palästina 6–70 n. Chr., 1993.
33 Philo, Legatio ad Gaium 302; Eusebius, Demonstratio evangelica 8,121 ff.
34 Josephus, Der jüdische Krieg 2,169 ff.
35 Die Historizität der Ereignisse ist umstritten. Wenn sie stattfanden, dann gewiss nicht so spektakulär, wie es die Evangelisten glauben machen.
36 Mk 15,2 f.; Plinius, Briefe 10,96.
37 Die Forschung zu diesem Prozess ist seiner welthistorischen Bedeutung gemäß uferlos: A. Schweitzer, Geschichte der Leben-Jesu-Forschung, 1913 (UTB 1302); W. G. Kümmel, Vierzig Jahre Jesusforschung (1950–1990), 2. Aufl. 1994; Theißen / Merz, Jesus, S. 388 ff.; R. E. Brown, The Death of the Messiah, 2 Bde. 1993 / 94; überzeugend zur Bedeutung der jüdischen Anklage: K. Müller, in: H. Kertelge (Hg.), Der Prozess gegen Jesus, 2. Aufl. 1989, S. 41–83; nicht überzeugend Ch. Cohn, Der Prozess und Tod Jesu aus jüdischer Sicht, 1997, der die jüdischen Behörden rühmt, sie hätten Jesus als Juden vor dem Zugriff der Besatzungsmacht retten wollen. Die Annahme, dass überhaupt ein Prozess stattfand, verwerfen Demandt u. a.; sie gehen davon aus, Pilatus habe nach Kriegsrecht (*coercitio*) gehandelt und ohne weiteres die Exekution verfügt. Ausführlich, aber unkritisch gegenüber den Quellen: A. Puig i Tàrrech, Jesus. Eine Biografie, 2011; zum Tod am Kreuz H. Zilling, Jesus als Held, 2011.

38 Zur Herkunft der Evangelisten G. Theißen, Lokalkolorit und Zeitgeschichte in den Evangelien, 2. Aufl 1992, S. 244 ff.
39 Mk 15,39.
40 5. Mose 21,6 f.
41 Petrusevangelium 11,46; Hennecke/Schneemelcher I, S. 180 ff.
42 Apg 3,13.
43 Anatole France, Le Procurateur de Judée, 1891 (dt. von H. Mittler).
44 Dekrete der ökumenischen Konzilien I, 1973, S. 24; A. M Ritter, Alte Kirche, 6. Aufl. 1994, S. 180.
45 Eusebius, Kirchengeschichte 1,9,2 ff., 9,51; 71.
46 Zur Legendenbildung zuletzt A. Demandt, Pontius Pilatus, 2012, S. 92 ff.
47 Justin, Apologie 1,2; 35 und 48.
48 Tertullian, Apologie 5 und 21; der Brief an den Kaiser: W. Michaelis, Die Apokryphen Schriften zum Neuen Testament, 1956, S. 446 ff.; F. Scheidweiler, in: Hennecke/Schneemelcher I, S. 399 ff.
49 Joh 3,1 ff.; 7,50; 19,30.
50 Nikodemus-Ev. 1,6 (Michalis, aaO. S. 132 ff.).
51 Scheidweiler, aaO. S. 423.
52 Eusebius, Kirchengeschichte 2,7.
53 Mors Pilati (Tischendorf, S. 456 ff.), Legenda aurea, Hg. R. Benz, S. 267 ff.

IV
Der erste Schritt in die Welt

1 Mk 15,28 ff. parr., formuliert im Licht des Osterglaubens.
2 Jakob von Batnä, Gedicht über den rechten Räuber, in: Heilmann/Kraft II, S. 192 f.
3 Contra Celsum 8,41; 2,34.
4 Makarios Magnes, Apokritikos, Hg. und übers. von U. Volp, 2013; M. Theres Fögen, Die Enteignung der Wahrsager, 1993, S. 208 f.; U. Volp, in: RAC 23, 2010, Sp. 1223 ff. Das Urteil Nietzsches über Jesus fällt nicht anders aus: «Er widersteht nicht, er verteidigt nicht sein Recht, er tut keinen Schritt, der das Äußerste von ihm abwehrt, mehr noch, er fordert es geradezu heraus»: Der Antichrist 35.
5 Davon berichtet Irenäus, Wider die Häresien; die Texte bei A. Ritter, Alte Kirche, S. 49 f. Moderne Spekulationen folgen noch ganz anderen Pfaden: Jesus habe sich auf langen Wanderungen in Ägypten und Indien esoterisches Geheimwissen angeeignet, Maria Magdalena geheiratet, als Lehrer und Priesterkönig gelebt und sei mit seinem Sohn nach Südfrankreich oder Indien oder Kaschmir geflohen.
6 R. B. Bultmann, Jesus, 1926.
7 Dazu ausführlich Tàrrech, Jesus, 2011, S. 619 ff.; zu den Widersprüchen Theissen/Merz, Jesus, S. 430 ff.; zur theologischen Bedeutung M. Hengel/A. M. Schwemer, Jesus und das Judentum, 2007, S. 625 ff.
8 1 Kor 15,17;19.
9 Lk 24,50–53; Apg 1,9–11.

10 1 Kor 15,42 ff.; P. Sanders, Sohn Gottes, 1996, S. 401 ff.
11 Mk 16,19; Psalm 110,1.
12 Apg 2,1–41.
13 Mk 3,13 ff.
14 Lk 18,28. Grundlegend G. Theißen, Studien zur Soziologie des Urchristentums, 2. Aufl. 1983, S. 79–141; zum Begriff des Wandercharismatikers M. Weber, Wirtschaft und Gesellschaft, 1972, S. 654 ff.
15 Apg 2,44 f.; 4,32–35.
16 Lk 12,51; Mt 10,34.
17 Apg 7,40–43; K. Berger, Theologiegeschichte des Urchristentums, 1994, S. 142 f.
18 Eusebius, Kirchengeschichte 2,23,5.
19 Josephus, Jüdische Altertümer 20,200 ff.
20 Apg 10,22; die früher umstrittene Existenz der *Theosebeis*, der «Gottesfürchtigen», ist inschriftlich gesichert: J. Reynolds / R. Tannenbaum, Jews and Godfeares at Aphrodisias, 1987; B. Wander, Trennungsprozesse zwischen frühem Christentum und Judentum im 1. Jahrhundert n. Chr., 1994, S. 173 ff.
21 Mt 10,5 f.; 10,23. M. Hengel / A. Schwemmer, Paulus zwischen Damaskus und Antiochien, 1998.
22 Kol 3,8; U. Luz, Der Brief an die Kolosser, in: NTD 8 / 1, 1998, S. 226 ff.
23 Apg 10,1–11,18. Zur vorangegangenen Bekehrung des Kämmerers der äthiopischen Königin Kandake durch den Apostel Philippus, der zu den Hellenisten gezählt werden muss, Apg 8,26–40.
24 Apg 15,7–11.
25 Apg 11,26.
26 Apg 21,27–28,31.
27 Apg 16,37 ff.
28 Er gesteht dies selbst in seinen Briefen: Gal 1,13,23; 1 Kor 15,9; Phil 3,6. Details nennt er nicht; die in der Apostelgeschichte genannten sind wenig wahrscheinlich.
29 1 Kor 9,1. Zur (kaum noch zu überblickenden) Paulus-Literatur: J. Gnilka, Paulus von Tarsus. Zeuge und Apostel, 1996; E. Lohse, Paulus, 1996; M. Hengel / A. M. Schwemer, Paulus zwischen Damaskus und Antiochien. Die unbekannten Jahre des Apostels, Tübingen 1998 (zur religiösen, sozialen und geographischen Kulisse des frühen Paulus). Die genannten Autoren folgen der allgemeinen Tendenz der jüngeren Forschung, die jüdischen Wurzeln stärker als die hellenistischen zu betonen und die Anfänge des Christentums als die einer jüdische Sekte zu lesen, über die der tiefe Schatten des Zweiten Tempels fiel; vgl. Theißen, Die Religion der ersten Christen, S. 227: «Das Urchristentum ist in seinen besten Teilen nichts anderes als universalisiertes Judentum.» Diese Sicht wird von der angelsächsischen Exegese vorangetrieben; so hatte bereits E. P. Sanders, Paulus und das palästinensische Judentum, 1985, die älteste rabbinische Überlieferung und die Qumrantexte geprüft und das Bild einer Gesetzesreligion, vor deren düsterem Hintergrund das christliche Evangelium besonders strahle, zu revidieren versucht.

30 Die Einzelheiten bei Gnilka, aaO. S. 40 ff.

31 2. Makkabäerbuch 3,1–3,40; Text: Chr. Habicht, 2. Makkabäerbuch, in: Jüdische Schriften aus hellenistisch-römischer Zeit I 3, 1979.

32 Gal 2,11 ff.

33 Umfassend M. Theobald, Der Römerbrief, 2000.

34 Harnack, Mission, S. 50.

V
Getrennte Wege: Christen und Juden

1 Esra 1,2–3; M. Clauss, Geschichte des alten Israel, 2009, (OGG 37) mit der einschlägigen Literatur.

2 Jesaja 43,10–11 (Mitte des 6. Jh.s.).

3 Zur Verschärfung des Monotheismus: Theißen, Die Religion der ersten Christen, S. 73 ff.; 225 ff.; K. Bringmann, Geschichte der Juden, 2005, S. 19 ff.

4 Jesaia 60,4–14.

5 Zitiert bei Josephus, Jüdische Altertümer 14,115.

6 Josephus, Jüdische Altertümer 12, 147 ff.; Bringmann, S. 92 f.

7 Nach Philo (Gegen Flaccus 43) lebten in Ägypten und in Alexandria eine Million Juden (vgl. die Rede Agrippas I. bei Philo, Legatio ad Gaium, 281 ff.). Nach Josephus, Der jüdische Krieg 7,43, war die syrische Diaspora die bevölkerungsreichste. Die Annahme, in den Grenzen des Imperiums lebten im 1. Jahrhundert etwa fünf Millionen Juden, ist so spekulativ wie alle Zahlenangaben antiker Autoren.

8 Smallwood, The Jews, S. 133 ff.

9 Juvenal, 14. Satire, 101 ff. (Übers.: J. Adamietz).

10 Zum Trennungsprozess H. Conzelmann, Heiden – Juden – Christen, 1981; B. Wander, Trennungsprozesse zwischen frühem Christentum und Judentum im 1. Jh. n. Chr., 1994.

11 1. Mose 17.

12 Eusebius, Kirchengeschichte 3,5,3.

13 Hebräerbrief 13,14.

14 Tertullian, Gegen die Juden 8.

15 Frühchristliche Apologeten II, BKV I 13, 1913; Eusebius, Kirchengeschichte 4,15,47.

16 Grundlegend Conzelmann, aaO. S. 219–322; J. Maier, Jüdische Auseinandersetzung mit dem Christentum in der Antike, 1982; kurz: Studer, in: Hdb. der Literaturwiss. 4, S. 160 f.

17 De spectaculis 30,6; zu beachten ist der Bezug auf Mt 28,13: «Sagt: seine Jünger kamen nachts und stahlen ihn, während wir [die Wächter] schliefen.»

18 Kelsos 1,28; 38.

19 Lk 19,43; Dessau 264 (Übers.: Mommsen, RG V, VIII 9). Der Krieg ist von Josephus ausführlich beschrieben worden. Die Ereignisse sind nicht strittig, vgl. Schürer I, S. 600 ff.; H. Schwier, Tempel und Tempelzerstörung. Untersuchungen zu den theologischen und ideologischen Faktoren im ersten jüdisch-römischen Krieg

(66–74 n. Chr.), 1989; J. J. Price, Jerusalem under Siege. The Collapse of the Jewish State, 1992. Zur Vorgeschichte E. Baltrusch, *Pax Augusta* versus *bellum Iudaicum*: Rom und Judäa im frühen Prinzipat, in: Festschrift J. Bleicken (Hg. Th. Hantos), 1998, S. 213–224.

20 W. Bergmann / Ch. Hoffmann, Kalkül oder «Massenwahn»? Eine soziologische Interpretation der antijüdischen Unruhen in Alexandria 38 n. Chr., in: Festschrift H. A. Strauß, 1987, S. 15–46; K. Bringmann, aaO. S. 229 ff.

21 Das kaiserliche Schreiben ist in griechischer Übersetzung erhalten geblieben: Papyrus Londinensis 1912; Übers.: Barrett / Thornton, Texte zur Umwelt des Neuen Testaments, 1991, nr. 52; Bringmann, aaO. S. 230 ff.

22 Tacitus, Historien 5,13,2.

23 Sueton, Vespasian 4,5; Tacitus, Historien 1,10,3; 5,10,1; Josephus, Der jüdische Krieg 3,1,2 f. Zu den Rüstungen M. Heil, Die orientalische Außenpolitik des Kaisers Nero, 1992, S. 189 ff.

24 Die Erörterung der Zeugnisse bei E. M. Smallwood, The Jews under Roman Rule from Pompey to Diocletian, 2. Aufl. 1981.

25 Cassius Dio 69,12–14. W. Eck, in: JRS 89, 1999, S. 76–89; P. Schäfer (Hg.), The Bar Kokhba War Reconsidered. New Perspectives on the Second Jewish Revolt against Rome, 2003.

26 4. Esra 4,23 f. (um 100 n. Chr.).

27 Sacharja 1,12 ff.

28 Josephus, Der jüdische Krieg 5,412; 2. Baruch 85,3; die beste zusammenfassende Darstellung der Ereignisse und ihrer Motive: K. Bringmann, aaO.

29 Zitiert nach H. Conzelmann, Geschichte des Urchristentums, 1976, S. 152. Die Fluchformel gegen die Nazarener wurde später (Ende des 1. Jahrhunderts?) eingefügt.

30 Dialog mit Tryphon 16,4.

31 Justin, aaO. 80; Ignatius, Brief an die Magnesier 10,3; Irenäus, Wider die Häresien 1,26,2; Ritter, Alte Kirche, S. 51 f.; G. Strecker, in: RAC IV, Sp. 487 ff.

32 Hippolyt, Widerlegung aller Häresien 9,13–17; Eusebius, Kirchengeschichte 6,38. W. Brandt, Elchasai, ein Religionsstifter und sein Werk, 1912; H. Lietzmann, Geschichte der Alten Kirche, 4. / 5. Aufl. 1999, S. 193 ff.; G. Strecker, in: RAC V, Sp. 1171 ff.; Hennecke / Schneemelcher II, S. 619 ff. Zu den Streitschriften der Kirchenväter Ch. Markschies, Die Gnosis, 2001, S. 35 ff.

VI

Die Ordnung der Welt: Das Imperium Roms

1 Livius 7,6,1–6.

2 Livius, Vorrede 8 f.

3 Dionysios von Halikarnaß 1,3,4.

4 Gottesstaat 4,4–5; 5,12,15–19.

5 R. Till, Res publica, 1976, S. 159.

6 Augustinus, Gottesstaat 2,21.

7 Sallust, 2. Brief an Caesar 13, 1–2; die Echtheitsfrage der sallustischen Briefe spielt hier keine Rolle.

8 Polybios 6,54; R. Till, aaO. S. 36 ff.

9 Cicero, An seine Freunde 4,9,3; 9,21,3.

10 An Atticus 13,40,1 (August 45 v. Chr.).

11 Tacitus, Annalen 3,55.

12 Zur Prachtentfaltung in den römischen Häusern Martial 12,57,18 ff.; Vitruv 6,5,2. Zu den festlichen Gastmählern und ihrer politischen Bedeutung A. Winterling, Aula Caesaris, 1999, S. 145 ff.; E. Stein-Hölkeskamp, Das römische Gastmahl, 2005.

13 L. Schuhmacher, Römische Inschriften, 1988, nr. 170; zu Munatius Plancus S. 135.

14 Cicero, Für Cluentius 154.

15 Dessau, ILS 5946.

16 Plutarch, Moralia 814c.

17 Plinius, Briefe 3,4.

18 Tacitus, Annalen 1,2.

19 Plinius, Briefe 10,21 f.

20 Apg 19,23–40.

21 Sueton, Tiberius 37,3.

22 Plutarch, Cato 6,2.

23 Nach Gellius 11,18,18.

24 Cicero, An Atticus 5,15,3; 21,10; 6,1,3 ff.; An seine Freunde 8,2. Die ganze Bandbreite der Ansinnen, denen der Statthalter ausgesetzt war, bei R. Schulz, Herrschaft und Regierung. Roms Regiment in den Provinzen in der Zeit der Republik, 1997.

25 Velleius 117,2.

26 Josephus, Jüdische Altertümer 18,5.

27 Dio 54,21.

28 Tacitus, Annalen 4,15.

29 Tacitus, Historien 5,9,3; Annalen 12,54,1; zur Misswirtschaft der Prokuratoren Judäas S. 121.

30 Ovid, Metamorphosen 9,39.

31 Epiktet, Encheiridion 4,1,79; Didache 1,4; vgl. Matthäus 5,41.

32 Josephus, Der jüdische Krieg 2,5,76.

33 Plutarch, Antonius 68.

34 Ovid, Metamorphosen 4,9,3.

35 Plutarch, Moralia 813C-F; 824E.

36 Zum Krieg und seinen Folgen W. Dahlheim, Augustus, 2010, S. 305 ff.

37 Tacitus, Annalen 11,24; Dessau, ILS 212; Übers.: H. Freis, Historische Inschriften zur römischen Kaiserzeit, 1984, nr.34.

38 Plinius, Naturgeschichte 33,143.

39 Cicero, de oratore 2,262.

40 Dessau, ILS 8794; Sueton, Nero 24,2; Pausanias 7,17,3 f.

41 Plutarch, Über die späte Strafe der Gottheit 32, Übers. H. Görgemanns; Mommsen, RG V, S. 240.

42 Philostratos, Vita Apollonii 5,41.
43 Livius 25,40,2; 34,4,1 ff.; Plutarch, Marcellus 21.
44 Die Gewalttätigkeit, mit der sich die römische Oberschicht die griechische Kultur aneignete, zeigt T. Hölscher, Hellenistische Kunst und römische Aristokratie, in: Das Wrack, Hg. G. Hellenkemper Salies u. a., Bd. 2, 1994, S. 875–888.
45 Vergil, Aeneis 6,847 ff.
46 Preisschrift von Dijon, in: Jean-Jacques Rousseau, Schriften I, Hg. H. Ritter, 1978, S. 43 in einer fiktiven Ansprache an Fabricius, der als Gesandter Roms die Geschenke des Königs Pyrrhos zurückgewiesen hatte.
47 Horaz, Briefe 2,1,156.
48 Aelius Aristides, Romrede 101; 109.
49 Vergil, Aeneis 1,278 f.
50 Tertullian, Apologie 32,1.
51 Augustinus, Predigten 105,8,11; P. Brown, Augustinus von Hippo, 1967, S. 258.
52 Tertullian, de anima 20.
53 Strabon 3,3,5.
54 Tacitus, Historien 4,73,3, Übers.: Golo Mann, in: Latein und Europa, Hg. K. Büchner, 1978, S. 193. Derselbe Gedanke findet sich bereits bei Cicero, An Bruder Quintus 1,34.
55 Tacitus, Agricola 31,1.
56 Plinius, Naturgeschichte 3,5 und 3,39; O. Seel, Weltdichtung Roms, 1965, S. 65.
57 Plinius, Panegyricus 32.
58 Dessau, ILS 7478.
59 P. Herrmann, Hilferufe aus römischen Provinzen, 1990, S. 18 ff.
60 Herrmann, aaO. S. 34 ff.
61 H. C. Schnurr, Fabeln der Antike, 1985, S. 179 f.
62 Pausanias, Reisen in Griechenland 10,4,1.
63 Josephus, Der jüdische Krieg 2,16,4.
64 Zur Geschichte des römischen Nordafrika M. Rostowzew, Gesellschaft und Wirtschaft im römischen Kaiserreich, 1931, S. 41 ff.; CAH X, 2. Auflage 1996, S. 586 ff.; C. Lepelley, Rom und das Reich, 2001, S. 79 ff. Zu den geographischen Grundlagen der Geschichte X. De Planhol, Kulturgeographische Grundlagen der islamischen Geschichte, 1975, S. 143 ff.
65 Cassius Dio 60,9,1 ff.
66 Tacitus, Annalen 2,52; 4,23–26.
67 Zur römischen Kolonisation F. Vittinghoff, Römische Kolonisation und Bürgerrechtspolitik unter Caesar und Augustus, 1951, S. 81 ff,; 110 ff.
68 Apuleius, Apologie 93.
69 Dessau, ILS 7457.
70 Plutarch, Quomodo res publica gerenda sit 3; zu Karthago und der Entwicklung des Christentums Harnack, Mission, S. 887 ff.; G. Schöllgen, Ecclesia sordida? Zur Frage der sozialen Schichtung frühchristlicher Gemeinden am Beispiel Karthagos zur Zeit Tertullians, 1984; H. Zilling, Tertullian, 2004, S. 64 ff.

71 Apologie 1,7; zu Tertullian S. 417.
72 Acta proconsularia Cypriani 4.
73 Cyprian, Über die Einheit der Kirche 6; Über die Gefallenen 1. Die wichtigste Quelle zu Cyprian sind seine Briefe; dazu der Kommentar von G. M. Clarke, The Letters of St. Cyprian of Carthage, 4 Bde., 1984–89.

VII
Jenseits des Horizonts

1 J. Herrmann, Griechische und Lateinische Quellen zur Frühgeschichte Mitteleuropas I, 1988, S. 14.
2 Pomponius Mela, Kreuzfahrt durch die alte Welt 3,37 (Hg. und übers. von K. Brodersen).
3 Pindar, 10. Pythische Ode 40 ff.
4 A. Dihle, Die Griechen und die Fremden, 1994; W. Nippel, Die «Barbaren» aus der Sicht der Griechen, in: Fremdes in fremden Sprachen, Hg. B. Jostes / J. Trabant, 2001, S. 43 ff. (mit weiterer Literatur).
5 Seneca, Über die Vorsehung 4,13–15; Herrmann, aaO. S. 305.
6 Vergil, Georgica 3,349 ff. (Übers.: H. Naumann); der «See des Maiotis» ist das Asowsche Meer. Vgl. K. E. Müller, Geschichte der antiken Ethnographie II, 1980, S. 15 f.
7 Plinius, Naturgeschichte 1,3,39.
8 Tacitus, Agricola 21.
9 Homer, Odyssee 9,251–254.
10 Herodot 8,144,2.
11 Herodot, Einleitung; vgl. Aischylos, Die Perser 181 ff.
12 Euripides, Iphigenie in Aulis 1401.
13 Platon, Menexenos 245c; 242g; Livius (nach Polybios) 31,29,15 (Übers.: H. J. Hillen).
14 Isokrates, 3. Brief 5.
15 Aristoteles, Politik 1252b; 1327b.
16 Politik 1254aff.
17 Antiphon 12, in: W. Capelle, Die Vorsokratiker, 1968, S. 377.
18 Thukydides 1,6.
19 Vitruv, Über Architektur 6,1.
20 Naturgeschichte 16,2–4.
21 Seneca, Über die Vorsehung 4,14.
22 Cassius Dio 49,36,4.
23 Seneca, Über den Zorn 2,15,5 und 1,11,4.
24 Tacitus, Germania 2,1; Caesar, Der Gallische Krieg 6,25. Grundlegend zur Germania des Tacitus sind die Arbeiten von D. Timpe (z. B.: Romano-Germanica, Gesammelte Studien zur Germania des Tacitus, 1995); zur Rezeptionsgeschichte S. Shama, Der Traum von der Wildnis, 1995 und Ch. B. Krebs, Ein gefährliches Buch. Die Germania des Tacitus und die Erfindung der Deutschen, 2012.

25 Germania 16,1 f. (Übers.: A. Mauersberger).
26 Strabon 7,1,3.
27 Plinius, Naturgeschichte 16,2–4.
28 Tacitus, Germania 46 (Übers.: E. Fehrle).
29 Germania 4.
30 Germania 37.
31 Tacitus, Annalen 2,88 (Übers.: Golo Mann).
32 Tacitus, Annalen 11,16 f.; auch zur römischen Politik in Germanien sind die Arbeiten Timpes grundlegend. Jetzt zusammenfassend: D. Timpe, Germanen, in: RGA 11, 1998, Sp. 181–245.
33 Caesar, Der Gallische Krieg 4,1 ff.
34 Velleius, Römische Geschichte 2,117.
35 Tacitus, Annalen 1,65,2 f.; 2,26,3; D. Timpe, Der Triumph des Germanicus, 1968.
36 Tacitus, Annalen 2,41; J. Deininger, Flumen Albis, 1997; Ders., Germaniam pacare, in: Chiron 30, 2000, S. 750–773.
37 Tacitus, Annalen 1,51.
38 Tacitus, Annalen 2,21.
39 Tacitus, Agricola 12.
40 Ammianus Marcellinus 16,2,12.
41 Anonymes Exzerpt des Petrus Patricius.
42 Prudentius, Gegen Symmachus 2,808 ff.
43 Tertullian, Scorpiace 10.
44 Optatus von Milive, Über das donatistische Schisma 2,3.
45 Tertullian, Apologeticum 5,6.
46 Eugippius, Vita Severini 4,4.
47 Salvian, Vom Regiment Gottes 7,49.
48 Orosius, Gegen die Heiden 7,41,8 f.
49 Salvian, Vom Regiment Gottes 6,16,89.
50 Salvian 5,5,21 (Übers.: M. Fuhrmann).
51 Salvian 6,16,90.
52 Sidonius, Briefe 7,14,10.
53 Sidonius, Briefe 2,9,6.
54 Properz 3,4,1 ff. (Übers.: G. Luck); Horaz, Ode 3,5,5 ff. (Übers.: Kayser/Nordenflycht/Burger).
55 Tatenbericht 29; Horaz, Briefe 1,12,25. Zur Statue von Primaporta P. Zanker, Augustus und die Macht der Bilder, 4. Aufl. 2003, S. 192 ff.; K. Galinsky, Augustan Culture, 1996, S. 24 ff.; 156 ff.
56 Zu Musa Josephus, Jüdische Altertümer 18,2,4; L. Schuhmacher, Sklaverei in der Antike, 2001, S. 301 f.; E. Strugnel, Thea Musa. Roman Queen of Parthia, in: Iranica Antiqua 43, 2008, S. 275–298. Zu den Vorgängen V. Gardthausen, Augustus und seine Zeit I 3, 1904, S. 1128 ff. (mit umfassendem Quellenüberblick).
57 Ovid, Liebeskunst 1,177 ff.
58 Tacitus, Annalen 2,2–4.

59 So der letzte antike Historiker Theophylaktos, Historien 4,2,2; M. Meier, in: HZ 278, 2004, S. 304 ff.

60 Strabon 16,4,780 ff.; C. Marek, Die Expedition des Aelius Gallus nach Arabien im Jahre 25 v. Chr., in: Chiron 23, 1993, S. 121–156.

61 Augustus, Tatenbericht 26; Cassius Dio 53,29,3 ff.

62 U. Hackl / H. Jennis / Ch. Schneider, Quellen zur Geschichte der Nabatäer, 2003.

63 Koran, Sure 45,24 (Übers.: H. Bobzin).

64 Koran, Sure 71,23; J. Wellhausen, Reste arabischen Heidentums, 1927, S. 13 ff.; A. Th. Khoury, Der Koran, erschlossen und kommentiert, 2. Aufl. 2006, S. 63 ff.

65 Brief an die Galater 1,17. Die Apostelgeschichte, deren Autor den Brief offensichtlich nicht kennt, erzählt ihre eigene Geschichte (E. Lohse, Paulus, 1996, S. 72 f.).

66 Apg 8,26–40.

VIII
Kaiser und Gott

1 Tacitus, Annalen 1,2.

2 Tacitus, Annalen 1,9,5.

3 Grundlegend zu Augustus V. Gardthausen, Augustus und seine Zeit, 3 Teile in 6 Bänden, 1891–1904; Forschungsüberblick bei U. Walter, Der Princeps als Produkt und Gestalter. Augustus, Tiberius und ihre neueren Biographien, in: A. Winterling (Hg.), Zwischen Strukturgeschichte und Biographie, 2011, S. 235–252; zu den Quellen: K. Bringmann / Th. Schäfer, Augustus und die Begründung des römischen Kaisertums, 2002.

4 Sueton, Augustus 8.

5 Tacitus, Annalen 5,1,2; 1,10,5; Sueton, Augustus 62,2.

6 Sueton, Augustus 62,2; Sueton, Caligula 23,2.

7 Ovid, Briefe vom Schwarzen Meer 3,1,116 ff.; Cassius Dio 58,2,4. Ch. Kunst, Die soziale Funktion der Domus, in: Imperium Romanum, Hg. Kneissl / Losemann, 1998, S. 450 ff.

8 Cassius Dio 58,2,3. C.-M. Perkouning, Livia Drusilla – Iulia Augusta. Das politische Porträt der ersten Kaiserin Roms, 1995.

9 H. Temporini-Gräfin Vitzthum (Hg.), Die Kaiserinnen Roms. Von Livia bis Theodora, 2002.

10 Tacitus, Annalen 6,8.

11 Sueton, Nero 57; zur pisonischen Verschwörung Tacitus, Annalen 15,48 ff.

12 Plutarch, Caesar 58; Velleius 2,57,1.

13 *Valida divo Augusto in rem publicam fortuna*: Tacitus, Annalen 3,24.

14 Cassius Dio 68,14,3.

15 Tacitus, Agricola 16,1; Annalen 14,31.

16 Bringmann / Schäfer, aaO. S. 334 ff.

17 Bringmann / Schäfer, aaO. S. 345 f.; grundlegend M. Clauss, Kaiser als Gott. Herrscherkult im römischen Reich, 1999.

18 J. Deininger, Die Provinziallandtage der römischen Kaiserzeit von Augustus bis zum Ende des dritten Jahrhunderts n. Chr., 1965, S. 21 ff.
19 Kienast, Augustus, S. 249.
20 T. Hölscher, Staatsdenkmal und Publikum, 1984, S. 26 ff.
21 Plinius, Naturgeschichte 27,3
22 Vergil, Aeneis 6, 790 ff.
23 Horaz, Carmina 4,5,17–42 (Übers. nach Kayser, Nordenflycht und Burger, Hg. H. Färber).
24 Sueton, Caligula 19; A. Winterling, Caligula, 2003, S. 120 ff.
25 Cassius Dio 60,19,1 ff.
26 *His ego nec metas verum nec tempora pono. imperium sine fine dedi*: Vergil, Aeneis, 1, 278 f.
27 Augustus, Tatenbericht 26: *Omnium provinciarum populi Romani, quibus finitimae fuerunt gentes, quae non parerent imperio nostro fines auxi.*
28 *Custos imperi Romani totiusque orbis terrarum praesides* nannten die Bürger von Pisa Augustus (CIL XI,1421,Z.8 f.).
29 Die Einzelheiten bei Dahlheim, Augustus, S. 305 ff.
30 Dessau, ILS 425: *ob rem publicam restitutam imperiumque populi Romani propagatum.*
31 Plinius, Panegyricus 80 (Übers.: W. Kühn).
32 Schreiben an den Prokurator Claudius Athenodorus: H. Freis, Historische Inschriften zur römischen Kaiserzeit, 1984, nr. 66.
33 Tacitus, Annalen 15,20 f.
34 Seneca, Ad Polybium de consolatione 6,5.
35 Plinius, Briefe 10,23–24.
36 Plutarch, aaO. 18 (Moralia 815C).
37 Steuererlass für die Stadt Banasa 215 / 16: Freis, aaO. nr. 134.
38 Sueton, Titus 8,3 f.
39 Statius, Silvae 4,4,79 ff.
40 M. Rostowzew, Gesellschaft und Wirtschaft im römischen Kaiserreich II, 1931, S. 83 f.; 322.
41 OGIS 609; P. Herrmann, Hilferufe aus römischen Provinzen, 1990, S. 60 f.
42 Paulus, Römerbrief 13.
43 L. Schuhmacher, Römische Inschriften, 1988, nr. 23.
44 Die Reisen des Augustus bei Gardthausen, aaO. II, S. 267 ff.; 644 ff.; 905 ff.; Übersichtskarte bei J. Buchan, Augustus, 1988 (Umschlagseite).
45 H. Halfmann, Itinera principum. Geschichte und Typologie der Kaiserreisen im Römischen Reich, 1986; J. Lehnen, Adventus principis: Untersuchungen zu Sinngehalt und Zeremoniell der Kaiserankunft in den Städten des Imperium Romanum, 1997.
46 *Fundos insidiosis fraudibus rapere*: Cyprian, de lapsis 6.
47 Cicero, Für Milo 74 f.
48 *Quae per vim potioris eveniunt*: Briefe 2(14),3,4.
49 Cyprian, Über gute Werke und Almosen (zitiert nach A. Ritter, Alte Kirche, 1994, S. 96 f.).

50 Augustus, Tatenbericht 34 (Übers.: J. Bleicken).
51 M. Warncke, Politische Ikonographie, in: Die Lesbarkeit der Kunst, Berlin 1992, S. 23.
52 Sueton, Nero 31;39,2.
53 Martial, Epigramme, Proömium 2.
54 Cassius Dio 52,30,1.
55 Ovid, Liebeskunst 3,113 f.; Vitruv, de architectura, Vorrede 2; Sueton, Augustus 28,3.
56 Martial 7,34 (Übers.: W. Hofmann).
57 Ammianus Marcellinus 16,10,13–17.
58 Plinius, Briefe 10,41; Sueton, Caesar 2. Zu den Tugenden des Kaisers M. P. Charlesworth, in: H. Kloft (Hg.), Ideologie und Herrschaft in der Antike, 1979, S. 361–387.
59 Panegyrici latini 6,22.

IX
Die Welt ist eine Wohltat: Die Lebensformen

1 Leben und Wunder der heiligen Thekla 16 (Mitte des 5. Jhdts.). Zu den sozialen und ideellen Grundlagen der Gesellschaft G. Alföldy, Römische Sozialgeschichte, 4. Aufl. 2011 (mit ausführlicher Bibliografie).
2 Der Jurist Paulus in: Digesten 24,2.
3 Musonius, Lehrgespräche 14 (Übers.: R. Nickel). Weitere Beispiele bei E. Stein-Hölkeskamp, Das römische Gastmahl, 2005, S. 80 ff.; R. Patzek, Quellen zur Geschichte der Frauen I: Die Antike, 2000, S. 255 ff.
4 G. Walser, Römische Inschrift-Kunst, 1988, S. 158.
5 D. Flach, Die sogenannte Laudatio Turiae, 1991.
6 Zitiert nach J. Gardner, Frauen im antiken Rom, 1995.
7 Tacitus, Annalen 4,20,6.
8 Galen, de usu partium 14,6. P. Brown, Die Keuschheit der Engel, 1991, S. 22 ff. Zur Forschungsdiskussion W. Dahlheim, Geschichte der römischen Kaiserzeit, 3. Aufl. 2003, S. 220 ff.
9 Plinius, Naturgeschichte 33,134 ff.; zum Reichtum des Freigelassenen Trimalchio siehe S. 302 f.
10 Apuleius, Metamorphosen 4,13,2.
11 Plutarch, Moralia 822A.
12 Sueton, Tiberius 37,3.
13 Dessau, ILS 2927.
14 L'Année épigraphique 1967, 549. R. Lane Fox, Die Klassische Welt, 2010, S. 702.
15 Johannes Chrysostomos, Über Hoffart und Kindererziehung 4 f.
16 IGR III, 739.
17 Philogelos («Der Freund des Lachens») 49.
18 Reden 26,95 (Keil).
19 Moralia 824E.

20 Dion Chrysostomos, Reden 31,161 f.; 34,51. Zum ungebrochenen Selbstbewusstsein der Griechen S. Swain, Hellenism and Empire. Language, Classicism, and Power in the Greek World, AD 50–250, 1996.
21 Galen, Über die gesunden und ungesunden Eigenschaften von Nahrungsmitteln 6,749 ff.
22 Über die Pflichten 1,150.
23 Tatenbericht 5; Sueton 52; weitere Belege bei H. Volkmann, Res gestae divi Augusti 1957 zur Stelle.
24 Apuleius, Metamorphosen 4,14,2; Libanios, Reden 1,205 ff.; Ammianus Marcellinus 19,10,2 f.
25 Ammianus 27,3,4.
26 Ch. Rouché, Aphrodisias in Late Antiquity, 1989, S. 218 ff.
27 Digesten 47,22,1–4; Dessau, ILS 7212.
28 Plinius, Briefe 10,33 f.
29 H. Schneider, Die Gaben des Prometheus, in: Propyläen Technikgeschichte, Hg. W. König, 1991; erschöpfend: W. Eck, Die Wasserversorgung im römischen Reich, in: Ders.: Die Verwaltung des römischen Reiches I, 1995, S. 161–252.
30 CIL VI 15258.
31 Les Confessions, erschienen posthum 1782/89.
32 Plutarch, Moralia 826F. (Übers.: R. Helm).
33 Gregor von Nyssa, Über die Gottheit des Sohnes und des heiligen Geistes (A. Ritter, Alte Kirche, 1994, nr. 83).
34 Plutarch, Moralia 800E.
35 Sueton, Augustus 65,2.
36 Statius, Silvae 1,2,26.
37 Ambrosius, Briefe 18,17.
38 Ambrosius, Über die Pflichten 2,76 ff. (Texte der Kirchenväter, Hg. A, Heilmann/ H. Kraft Bd. III, 1964, S. 469 ff.)
39 Apg 4,36 f.; 5,1–11. Nach Tertullian (Apologie 39,5) füllten die Gemeindekasse viele kleine, aber regelmäßig entrichtete Beiträge.
40 1 Samuel 2,7–8.
41 Hesiod, Werke und Tage 6 f.
42 Lukas 1,51 ff.; dazu gehören die Seligpreisungen 1,46–55 und 6,20 ff. Zu den Parallellen in der griechischen Literatur H. Kelsen, Vergeltung und Kausalität, 1941, S. 177 ff.
43 Clemens von Rom, An die Korinther 38,1 f. (G. Schneider). Zu diesem unendlich oft diskutierten Problem mit eingehender Berücksichtigung der jüdischen Tradition M. Hengel, Eigentum und Reichtum in der frühen Kirche, 1973; die wichtigsten Quellen bei Heilmann/Kraft, aaO. III, S. 371–413.
44 Didache 4,8 (G. Schöllgen).
45 G. Schöllgen, Die Anfänge der Professionalisierung des Klerus, 1998, S. 172–194.
46 Traditio Apostolica 3 (W. Geerlings); Cyprian, Briefe 55,8. Vgl. E. Dassman, Ämter und Dienst in den frühchristlichen Gemeinden, 1994, S. 190 f.

47 W. Wischmeyer, Von Golgotha zum Ponte Molle, 1997, S. 163–203; P. Brown, Macht und Rhetorik in der Spätantike, 1995, S. 95–152.

X

Die Welt der Wunder, der Magie, der Märchen

1 Plutarch, Über den Aberglauben 14 (Übers.: B. Snell); die lange Geschichte der Magier und Philosophen erzählt Diogenes Laertios, Leben und Lehre der Philosophen, im Prolog. F. Graf, Gottesnähe und Schadenzauber. Die Magie in der griechisch-römischen Antike, 1996.

2 Einen Überblick über die Quellen bietet H.-J. Klauck, Die religiöse Umwelt des Urchristentums I, 1995, S. 129–197.

3 J. Rüpke, Die Religion der Römer, 2001, S. 154 ff.; K. Brodersen (Hg.), Gebet und Fluch, Zeichen und Traum, 2001.

4 Plinius, Naturgeschichte 18,41–43.

5 Apuleius, Über die Magie, in: Sapere Bd. V, Hg. H.-G. Nesselrath, 2002; Graf, aaO. S. 61–82, und die Aufsätze von U. Schindel und D. Liebe in: Literatur und Recht, Hg. U. Mölk, 1996.

6 H.-W. Schütt, Auf der Suche nach dem Stein der Weisen: Die Geschichte der Alchemie, 2000, S. 111–148.

7 Grundlegend M. Th. Fögen, Die Enteignung der Wahrsager, 1997.

8 Fögen, aaO. S. 48 ff.; zum Niedergang der alten Orakel T. S. Scheer, in: K. Brodersen (Hg.), Prognosis. Studien zur Funktion von Zukunftsvorhersagen in Literatur und Geschichte seit der Antike, 2001, S. 73–95.

9 Juvenal, Satiren 6,549 ff. (Übers.: O. Weinreich).

10 Lukian, Alexander Pseudomantis.

11 Sueton, Augustus 91,1; erschöpfend zu den kaiserlichen Träumern G. Weber, Kaiser, Träume und Visionen in Prinzipat und Spätantike, 2000.

12 P. Habermehl, Perpetua und der Ägypter oder Bilder des Bösen im frühen afrikanischen Christentum, 1992.

13 Lukian, Die Lügenfreunde oder: Der Ungläubige, eingel. / übers. M. Ebner u. a., 2001; J. P. Jones, Culture and Society in Lucian, 1986.

14 Wieland hat ihn übersetzt und seine Erzählungen zum allgemeinen Bildungsgut gemacht (Sämtliche Werke, übers. und erläutert, 6. Bde., 1788/89; die wichtigsten Texte in: Lukian, Der Lügenfreund, Hg. W. Ritschel, 1998). Goethe machte den Zauberlehrling zu einer Gestalt der Weltliteratur; zur Rezeptionsgeschichte E. Ribbat, in: Lukian oder: Der Ungläubige, aaO. S. 183 ff.

15 Lukian, Über die, die für Lohn Unterricht geben 27; 40 (Nesselrath, in: Lukian, aaO. S. 153 ff.).

16 Antike Zaubersprüche, hg. A. Önnerfors, 1991, nr. 12 und 18.

17 Tertullian, Vom Kranz des Soldaten (de corona militis) 3; Traditio apostolica 42.

18 Arnobius, Adversus nationes 1,43.

19 Diesem Bild, das allen voran der Philosoph Kelsos im 2. Jahrhundert wirkungsvoll verbreitete, schloss sich im 20. Jahrhundert der Religionshistoriker Smith, Jesus the Magican, 1978 ausdrücklich an; auch für ihn waren die Erscheinungen des Begrabenen das Ergebnis magischer Suggestion, von Jesus noch zu Lebzeiten bewusst initiiert. C. Schneider, Geistesgeschichte des antiken Christentums I, 1954, S. 531ff,; G. Schöllgen, Magier, Gaukler, Scharlatane, in: Volksglaube im antiken Christentum, Hg. H. Grieser / A. Merkt, 2009, S. 28 ff.

20 Apologie 21,22 (Übers.: C. Becker). Zum Gedankengang Fögen, aaO. S. 189 ff.

21 Apg 13,6–12.

22 Irenäus, Gegen die Häresien 2,32,4 (Übers.: N. Brox, FChr 8,2); B. Kollmann, Jesus und die Christen als Wundertäter, 1996.

23 Apg 8,1–24.

24 Die Quellen: Petrusakten (entstanden um 180–190), Ambrosius; Hegesippus 3,2 (um 370), die Pseudoclementinen (um 220–300). Die Texte bei W. Schneemelcher, Neutestamentliche Apokryphen in deutscher Übersetzung II, 5. Auflage 1989, S. 243 ff.; 439 ff. Dazu O. Zwierlein, Petrus in Rom, 2. Aufl. 2010 (grundlegend); H.-J. Klauck, Simon Petrus und Simon Magus: Ihr Zweikampf in den Pseudoclementinen, in: Die apokryphe Bibel, 2008, S. 229–266.

25 O. Betz, Hellenismus und Urchristentum, 1990, S. 241.

26 Tertullian, Scorpiace 1,3; C. Schneider, aaO. S. 304–311; B. Lang, Heiliges Spiel, 1998, S. 311–391.

27 Diese und weitere Beispiele bei Ch. Markschies, Das antike Christentum, 2006, S. 65; 100 f. Vgl. C. Andresen, Die Kirchen der alten Christenheit, 1971, S. 227 ff. (zum Sakrament der Eucharistie und ihrer Zauberkraft).

28 Eusebius, Kirchengeschichte 7,10,4.

29 Markschies, aaO. S. 125; P. Brown, Autorität und Heiligkeit, 1998, S. 32 ff.

30 Codex Theodosianus IX 16,3.

31 Markschies, aaO. S. 127.

32 Philostratos 4,45; Euripides, Alkestis 1008–1152. H.-J. Klauck, Die religiöse Umwelt des Urchristentums I, 1995, S. 140 ff.: Ed. Meyer, Apollonius von Tyana, in: Kleine Schriften II, 1924, S. 131–191.

33 Eine Sammlung deutscher Übersetzungen bei B. Kytzler (Hg.), Im Reiche des Eros. Sämtliche Liebes- und Abenteuerromane der Antike, 2. Bde., 1983 (ND 2001); N. Holzberg, Der antike Roman, 1986 (zusammenfassend); T. Hägg, Eros und Tyche. Der Roman in der antiken Welt, 1983; zur Neugier auf fremde Länder M. Landfester, Reise und Roman in der Antike, in: Chloë 13, 1992, S. 29–41.

34 P. Veyne, Leben des Trimalchio, in: Ders., Die Originalität des Unbekannten, 1988, S. 43–89.

35 R. Helm, Der antike Roman, 1948, S. 51 in einer ansonsten hoch zu lobenden Abhandlung des Themas.

36 Aithiopika; O. Weinreich, Der griechische Liebesroman, 1962.

37 Zur Rezeptionsgeschichte A. Demandt, Alexander der Grosse. Leben und Legende, 2009, S. 405 ff.

38 Kytzler, aaO. II, S. 620 ff.; P. von Möllendorff, Auf der Suche nach der verlogenen Wahrheit. Luians «Wahre Geschichten», 2000.

39 Apuleius zeigt dem Historiker eine Welt, von der er mehr ahnt als weiß: F. Millar, The World of the Golden Ass, in: S. J. Harrison (Hg.), Readings in the Roman Novel, 1999, S. 247–268; W. Riess, Apuleius und die Räuber, 2001.

40 Metamorphosen 8,17–18; ein weiteres Beispiel siehe S. 147.

41 Apuleius, Metamorphosen, lateinisch und deutsch von R. Helm, 1978, S. 149 ff.

42 W. Schneemelcher, aaO. S. 71–367; R. Helm, Der antike Roman, 1948, S. 53–60.

43 Kor 25,1 ff. Die wichtigsten Quellen: Herodot, 2,73; Ovid, Metamorphosen 15,390 ff.; Tacitus, Annalen 6,28; Tertullian, De carnis resurr. 13; Physiologus, Vom Vogel Phönix. Vgl. A. Lindemann, Die Clemensbriefe, 1992, S. 88 f.; 263–277.

44 Laktanz, Carmen de ave Phoenice (Römische Literatur in Text und Darstellung II, Hg. H. A. Gärtner, 1988, S. 154 ff.)

45 Der Physiologus, übertragen und erläutert von O. Seel, 1995, nr. 7.

XI
Die Götter der Welt

1 Herodot 2,53.

2 Xenophanes, Fragment 16; zur Religionskritik der Sophisten K. Meister, «Aller Dinge Maß ist der Mensch». Die Lehren der Sophisten, 2010, S. 120 ff.

3 Herodot 3,40–45; 120–125.

4 Weitere Beispiele bei H.-J. Klauck, Die apokryphe Bibel, 2008, S. 303 ff.

5 Zu Priene S. 232; zu Lystra S. 320. Zu Mariccus Tacitus, Historien 2,61; zu Polykarp Eusebius, Kirchengeschichte 4,15,41. Vgl. A. von Harnack, Lehrbuch der Dogmengeschichte I, 4. Aufl. 1909, S. 137 ff. (ND 1990).

6 Plutarch, Perikles 12 (Übers.: K. Ziegler).

7 Augustus, Tatenbericht 20; Horaz, Oden 3,6,1–4.

8 Ammianus Marcellinus 22,16,12 f.

9 H. Rahner, Griechische Mythen in christlicher Deutung, 1992.

10 Grundlegend zur griechischen Religionsgeschichte sind die Arbeiten von W. Burkert. Dazu gehören: Griechische Religion der archaischen und klassischen Epoche, 1977; Kulte des Altertums. Biologische Grundlagen der Religion, 1998; Antike Mysterien, 1990; Vgl. K.-H. Kohl, Die Macht der Dinge. Geschichte und Theorie sakraler Objekte, 2003.

11 OGIS 56; Historische griechische Inschriften in Übersetzung III, Hg. K. Brodersen u. a., 1999, nr. 412; Burkert, Kulte, S. 166 ff.

12 Tertullian, Apologie 13,6.

13 Cicero, Vom Wesen der Götter, Vorrede.

14 H.-P. Müller, Das Hiobproblem, 3. Aufl. 1995; Dassmann, in: RAC 1991 s. v.

15 Herodot 1,90–91; W. Burkert, in: Festschrift B. Wyss, 1985, S. 4 ff.; P. Veyne, Die griechisch-römische Religion, 2008, S. 18 ff.

16 *Ultra (sc. vita) neque curae neque gaudio locum esse*: Sallust, Catilina 51.

17 Plinius, Naturgeschichte 7,190.
18 W. Burkert, Griechische Religion, S. 440 ff. Zu den religiösen Wandlungen im Hellenismus H.-J. Gehrke, Geschichte des Hellenismus, 1990, S. 75 ff.; A. von Harnack, Dogmengeschichte I, S. 133 ff. Zu den Mysterienreligionen W. Burkert, Antike Mysterien, 1990; H. Kloft, Mysterienkulte der Antike, 2. Aufl. 2003.
19 De legibus 2,36. Zu Firmicus Burkert, Mysterien, S. 63; R. Schulz, Kleine Geschichte des antiken Griechenland, 2008, S. 316 ff.
20 Johannes Chrysostomos, Matthäus-Kommentar 4,7 f.
21 Eine um vieles Anstößige gereinigte Fassung des Mythos bei Plutarch, Über Isis und Osiris (in: Plutarch, Drei religionsphilosophische Schriften, übers. und hg. von H. Görgemanns, 2003, S. 136 ff.); M. Clauss, Das Alte Ägypten, 2001, S. 105 ff. Zu den Mysterien Apuleius, Metamorphosen, Buch 11. Zu Vespasian E. Künzl, Der römische Triumph, 1988, S. 10 f.
22 Diodor 1,25.
23 11,25,1 ff. (Übers.: R. Helm).
24 Athenaios, Das Gastmahl der Gelehrten 253e; Plutarch, Demetrios 11 ff.
25 Plutarch, Antonius 54,9; Dio 50,5; Clauss, Kleopatra, S. 69 ff.
26 Zu den Plänen Kleopatras W. Huß, Ägypten in hellenistischer Zeit, 2001, S. 703 ff. mit ausführlicher Diskussion der Quellen und der Literatur. Die Isis-Theologie belegt bei Plutarch, Antonius 14,9; Dio 50,5,3,; 15,2; 25,3; Serv. Aen. 8,696; Stähelin, in: RE 11,1, 1921, S. 764.
27 Vgl. C. Schneider, Kulturgeschichte des Hellenismus II, 1969, S. 801 ff.
28 D. Kienast, Augustus, S. 231 f.; F. Kolb, Rom. Die Geschichte der Stadt in der Antike, 1995, S. 334 ff.
29 Polybios 6,56.
30 Edikt Diokletians gegen die Manichäer: Ritter, Alte Kirche, 1994, S. 113.
31 Zum Institut der *evocatio* Livius 5,21,1 ff.; Plinius, Naturgeschichte 28,18.
32 Tacitus, Historien 1,3,2.
33 Cicero, Gegen Vatinius 14.
34 Horaz, Oden 3,6,5: *dis te minorem quod geris imperas.*
35 Livius 5,51,5.
36 Symmachus, 3. Relatio im Streit um den Altar der Victoria.
37 Augustinus, Gottesstaat 18,2; 22.
38 Augustinus, Sermo 105,7 ff.

XII

Das Land ohne Wiederkehr

1 Dessau, ILS 8403 (Übers.: Th. Mommsen).
2 Sueton, Vita des Vergil 36; Plinius, Naturgeschichte 7, 139 f.; Carmina Latina Epigraphica 856; Dessau, ILS 8157.
3 Homer, Odyssee 11,489 ff. (Übers.: W. Schadewaldt).
4 Euripides, Die Troerinnen 632 f.

5 Thukydides 2,64,5.

6 Cicero, Für Milo 97 (Übers.: M. Fuhrmann); Tacitus, Agricola 46,2. Vgl. H. Arendt, Fragwürdige Traditionsbestände im politischen Denken der Gegenwart, 1957, S. 52 ff.

7 Ovid, Metamorphosen 15,875 f. (Übers.: Ch. Ransmayr).

8 Homer, Ilias 8,13; Hesiod, Theogonie 720 ff.

9 Vergil, Aeneis 6,635–669 (Übers.: J. Götte).

10 Ambrosius, Vom Segen des Todes 48 f.

11 Paulus, An die Philipper 3,21.

12 H. Metz, Katalog der frühchristlichen Inschriften des Bischöflichen Dom- und Diözesanenmuseums Trier, 1990, nr. 3.

13 D. Forstner, Die Welt der Symbole, 1961, S. 350.

14 Acta Iustini 5,3.

15 Cyprian, Über die Sterblichkeit 20 f.

16 Augustinus, Sermones 273; 280.

17 Paulinus, Briefe 13,11; 15.

18 M. Becker, Eunapios aus Sardes, 2013.

19 Visio Thurkilli, zitiert nach: A. Angenendt, Heilige und Reliquien, 1994, S. 192; Ch. Auffarth, in: Erinnerungsorte des Christentums, Hg. Ch. Markschies, 2010, S. 515 ff.

20 H. Heinen, Frühchristliches Trier, 1996, S. 163 f.

21 H. Heinen, aaO. S. 167 ff.

22 H. Brandenburg, Die frühchristlichen Kirchen in Rom, 2004, S. 63 ff.

XIII
Der Kampf um den Glauben im Schatten des Allmächtigen

1 Mt 5,81; Tertullian, Apologie 47,12–13.

2 Clemens von Alexandrien, Stromata 5,56,4; A. von Harnack, Die Entstehung der christlichen Theologie und des kirchlichen Dogmas, 1927; J. Bleicken, Verfassungs- und Sozialgeschichte des Römischen Kaiserreiches Bd. 2, 3. Aufl. 1994, S. 179 ff.

3 Die Forschung hat diesen Konflikt unter dem Stichwort der «Volksfrömmigkeit» abgehandelt; grundlegend N. Brox, Der einfache Glaube und die Theologie, in: Kairos 14, 1972, S. 161 ff.

4 Nach Harnack war das Christentum «ein Werk des griechischen Geistes auf dem Boden des Evangeliums»; eine «synkretistische Religion» (Die Mission und Ausbreitung des Christentums, 1924, S. 324 ff.). Zugespitzt wurde die These von C. Schneider, der im Christentum eine genuine Schöpfung des griechischen Geistes sah. Zur Forschungsentwicklung Ch. Markschies, «Hellenisierung des Christentums»?, in: F. W. Graf / K. Wiegandt (Hgg.), Die Anfänge des Christentums, 2009, S. 397–436.

5 2. Petr 2,1; Justin, Apologie 1,26,8; Ignatius, An die Trallaner 6–10. Zu Paulus, Galater 1,6–9; J. Becker / U. Luz, Die Briefe an die Galater, Epheser und Kolosser, 1998, S. 23 ff.

6 Oratio pseudocypr. II,2,1.
7 Ammianus Marcellinus 22,5,4.
8 2,1–3; H.-J. Klauck, Die antike Briefliteratur und das Neue Testament, 1998, S. 306 ff.
9 Tertullian, De praescriptionibus 7.
10 Tertullian, Apologie 23,7.
11 Tertullian, Prozesseinreden 7.
12 Eusebius, Kirchengeschichte 5,16,6–10; A. M. Ritter, Alte Kirche, 1994, S. 29 f.
13 Tertullian, Wider Marcion 1,2,1. Grundlegend A. von Harnack, Marcion. Das Evangelium vom fremden Gott, 1924 (ND 1996); zur Gnosis St. Runciman, Häresie und Christentum, 1988 (engl. 1947); Ch. Markschies, Die Gnosis, 2001.
14 Kurze Textauszüge bei Ritter, aaO. S. 53 ff. und 65 ff. Überblick bei K. S. Frank, Lehrbuch der Geschichte der Alten Kirche, 1996, S. 183 ff.
15 W. Kinzig, Novitas Christiana, 1994, S. 118ff; zur Kanonisierung des AT Ch. Gertz, Das Alte Testament – Heilige Schrift des Urchristentums und Teil der christlichen Bibel, in Graf / Wiegandt, aaO. S. 231–260.
16 1. Mose 25–27; Paulus, Röm 9,9–20. Zu Augustinus K. Flasch, Logik des Schreckens. De diversis quaestionibus ad Simplicianum, 1990.
17 Zusammenfassend Ch. Markschies, aaO. S. 94 ff.
18 Der Kanon Muratori kennt bereits den Akt des kirchlichen Plazet: *in catholicam ecclesiam recipi non potest.* Ausführlich B. Metzger, The Canon of the New Testament, 1987 (dt. 1993).
19 Irenäus, Gegen die Häresien 3,1; von der Autorität «apostolischer Kirchen» spricht Tertullian, Die Prozesseinreden gegen die Häretiker 36,1–4.
20 5. Mose 6,4.
21 N. Brox, Terminologisches zur frühchristlichen Rede von Gott, 1996 (zu den Anfängen des Vergöttlichungsprozesses).
22 Die Quellen bei Ritter, aaO. S. 130 ff.
23 Athanasius, Reden wider die Arianer 2,67; Nizäa: Ritter, aaO. S. 135 f.
24 Schreiben des Eusebius in Auszügen bei Ritter, aaO. S. 137 ff.
25 De synodis 91 (Übers.: J. N. D. Kelly).
26 Die Dekrete mit dt. Übers. bei J. Wohlgemuth (Hg.), Conciliorum oecumenicorum Decreta I, 2. Aufl. 1998, S. 1–35; H. Lietzmann, Symbole der Kirche, 5. Aufl. 1961.
27 Gegen die Häretiker 3,22,4.
28 G. Schneider (Hg.), Apokryphe Kindheitsevangelien, 1995 (FCh 18), S. 96 ff.
29 Umfassender Überblick bei G. Söll, Mariologie, in: Hdb. der Dogmengeschichte III / 4, 1978, S. 1–134 und K. Schreiner, Maria. Jungfrau, Mutter, Herrscherin, 1994.
30 Im Einzelnen K. Hoheisel, in: RAC, S. 838–878 s. v. Jesus III.
31 G. Schöllgen, Die Anfänge der Professionalisierung des Klerus, 1998, S. 41 ff.; Didache 11–12.
32 Origenes, Contra Celsum (acht Bücher); R. J. Hoffmann, Celsus, 1987.
33 G. Schöllgen, Magier, Gaukler, Scharlatane. Das Christentum als Unterschichtenreligion bei Kelsos, in: Volksglaube im antiken Christentum, Hgg. Grieser / Merkt, 2009, S. 28 ff.; Ch. Markschies, Warum hat das Christentum in der Antike über-

lebt?, 3. Aufl. 2006, S. 16 ff. Textauszüge bei M. Fiedrowicz, Christen und Heiden, 2004, S. 356 ff. und Ritter, aaO. S. 41 ff. u. ö.

34 Grundlegend A. von Harnack, Porphyrius «Gegen die Christen», 1916; die Hauptthesen bei R. L. Wilken, Die frühen Christen. Wie die Römer sie sahen, 1986, S. 138 ff.; Quellen und Literatur bei Fiedrowicz, aaO. S. 653 ff.

35 C. Bammel, Die erste lateinische Rede gegen die Christen, in: Ztschr. f. K. G. 104, 1993, S. 295–311.

36 Diognetbrief 16; E. Dassmann, Kirchengeschichte, 1991, S. 85 f.

XIV
Der Sieg des Gekreuzigten

1 2 Clemensbrief 6,3 ff.

2 G. Theißen, Studien zur Soziologie, 2. Aufl. 1983, S. 83 ff.

3 So die Haustafel Kolosser 3,18–4,1; U. Luz, in: NTD Bd. 8 / 1, 1998, S. 232 ff.

4 1 Kor 7,12–16; Tertullian, An seine Frau 2,3–4; P. Guyot / R. Klein, Das frühe Christentum bis zum Ende der Verfolgungen II, 1994, S. 19 ff. (zu Justin); W. Wischmeyer, Von Golgotha zum Ponte Molle, 1992, S. 112 ff.

5 Tertullian, Apologie 37,9; Plinius, Briefe 10,96,9. Grundlegend zur Bedeutung der alltäglichen Kommunikation W. Reinbold, Propaganda und Mission im ältesten Christentum, 2000.

6 J. Trellenberg, Tatianos, Oratio ad Graecos, 2012, S. 1 ff.; Cyprian, Brief an Donatus; H. Lietzmann, Geschichte der Alten Kirche II, 1936, S. 229 f.; weitere Zeugnisse bei Reinbold, aaO. S. 332 ff.

7 G. Bardy, Menschen werden Christen, 1988, S. 17–125; 177 f.; G. Theißen, Tradition und Entscheidung, in: Kultur und Gedächtnis, Hg. J. Assmann, 1992, S. 181 ff.

8 Eusebius, Kirchengeschichte 5,1,3 ff.; H. Gülzow, in: H. Frohnes / U. W. Knorr, Kirchengeschichte als Missionsgeschichte I, 1974, S. 200 ff. mit anschaulichen Beispielen; Quellentexte bei Guyot / Klein, aaO. S. 4 ff.

9 J.-U. Krause, Witwen und Waisen im römischen Reich, Bd. IV, 1995.

10 G. Schöllgen, Die Anfänge der Professionalisierung des Klerus, 1998, S. 147 ff.; skeptisch Krause, aaO. S. 52–66, der die Vorstellung, «Frauen seien in der Kirche aus einer anfänglich sehr viel prominenteren Position zunehmend zurückgedrängt worden», als mit den Quellen nicht vereinbar zurückweist.

11 Johannes Chrysostomos, Kommentar zum Kolosserbrief 3,5.

12 Didache 15,1 f.; dazu S. 412 f.

13 Cyprian, Briefe 66,8,3; B. Kötting, Bischofsamt und Bischofswahl, in: Ders., Ecclesia peregrinans. Das Gottesvolk unterwegs, Bd. 1, 1988, S. 467 ff.; E. Dassmann, Ämter und Dienste in den frühchristlichen Gemeinden, 1994, S. 49 ff.; Ders., Kirchengeschichte I, 2. Aufl 1991, S. 161 ff.

14 J. Molthagen, Die ersten Konflikte der Christen in der griechisch-römischen Welt, in: Historia 40, 1991, S. 42 ff.; 61 f. mit Verweis auf den Bacchanalienkult und sein Verbot im Jahr 186 v. Chr. (Dessau, ILS 18).

15 Justin, Apologie 1,17; Tertullian, An Scapula 2,6. H. Rahner, Kirche und Staat im frühen Christentum, 2. Aufl. 1961, S. 31 ff.; zu den wenigen anderen Stimmen und den Feindbildern der Gegner: W. Schäfke, Frühchristlicher Widerstand, in: ANRW II 23,1, 1979, S. 460–723.

16 Hirt des Hermas 50,1; Tertullian, Apologie 2.

17 Minucius Felix, Octavian 8,4; Tertullian, de idol. 11,17; Hirt des Hermas 53,1 ff.; B. Kötting, aaO. S. 231 ff.

18 *Deserunt enim vitae societatem*: de officiis 1,29.

19 1 Petr 4,12 ff. u. ö.; R. Feldmeier, Die Christen als Fremde, 1992; N. Brox, Der erste Petrusbrief, 4. Aufl. 1993.

20 F. Vittinghoff, Christianus sum, in: Ders., Civitas Romana, 1994, S. 322 ff.

21 Reinbold, aaO. S. 206 ff.: Molthagen, aaO. S. 42 ff.

22 *Fiunt, non nascuntur Christiani*: Tertullian, Apologie 18,4.

23 Tertullian, Apologie 7,1–5; die Zeugnisse bei Guyot / Klein, aaO. S. 140–225.

24 Grundlegend K. Bringmann, Christentum und römischer Staat, in: Ausgewählte Schriften, 2001, S. 299 ff.

25 M. Clauss, Kaiser und Gott, S. 420–465.

26 Psalm 96,5.

27 J. Bleicken, Verfassungs- und Sozialgeschichte des Römischen Kaiserreiches, Bd. 1, 4. Aufl. 1995, S. 96 ff.

28 A. M. Ritter, Alte Kirche, 6. Aufl. 1994, S. 44 f.; M. Hengel, Reich Christi, in: M. Hengel / A. M. Schwemer, Königsherrschaft Gottes und himmlischer Kult, 1991, S. 163–184.

29 Zu Cyprian und seiner Rolle S. 417 f.

30 Petrusakten 4,8 (Hennecke / Schneemelcher, Neutestamentliche Apokryphen II, 1989, S. 266).

31 Paulus, 1 Kor 3,16.

32 Matthäus 18,20.

33 Paulus, 1 Kor 3,16; 2 Kor 6,14 ff.

34 1 Kor 11,17–22.

35 Justin, Apologie 1,61–67.

36 Cyprian, Briefe 63,2–14.

XV
Literatur im Licht des Heils: Vom Missionsprediger zum Historiker

1 Die Einzelheiten bei F. Lang, Die Briefe an die Korinther, NTD 7, S. 297 ff.

2 Kolosser-, Epheser-, Timotheus-, Titusbrief, 1. Brief des Petrus, Jakobusbrief.

3 2 Clemensbrief 6,3 ff.

4 Eusebius, Kirchengeschichte 3,39; G. Theißen, Lokalkolorit und Zeitgeschichte in den Evangelien, 2. Aufl. 1992; R. Bauckham, Jesus and the Eyewitnesses, 2006.

5 Paulus, Galater 1,17; Römer 16,7; 1 Kor 9,5.

6 Irenäus von Lyon, Gegen die Häresien 3,1.

7 Zur Entstehung der Evangelien im sozialen und geistesgeschichtlichen Kontext der Zeit G. Theißen, Die Entstehung des Neuen Testaments als literaturgeschichtliches Problem, 2007; H.-J. Klauck, in: Die Anfänge des Christentums, Hgg. F. W. Graf/K. Wiegandt, 2009, S. 57 ff.; zum direkten Textvergleich mit den Zeugnissen jüdischer und griechisch-römischer Literatur K. Berger/C. Colpe, Religionsgeschichtliches Textbuch zum Neuen Testament, 1987.

8 OGIS 458.

9 Apostelgeschichte 4,20.

10 Theißen, Lokalkolorit, aaO. S. 2 ff.

11 So z. B. D. Dormeyer, in: Rom und das himmlische Jerusalem, Hg. R. von Haehling, 2000, S. 29–52: dem Caesar des Plutarch und dem Evangelium des Markus läge ein gemeinsames Gattungsmuster zugrunde.

12 Bultmann, Jesus, 1926, S. 12.

13 Zitiert nach H.-J. Klauck, Die religiöse Umwelt des Urchristentums I, 1995, S. 19.

14 Nach dem griechischen Wort *logia* (Worte, Sprüche); seit J. Weiß, Predigt Jesu vom Reiche Gottes, 1892, auch kurz als «Q» (Quelle) bezeichnet. Der rekonstruierte Text in: Die Spruchquelle Q, Hgg. P. Hoffmann/Ch. Heil, 3. Aufl. 2009. Grundlegend D. Zeller, Kommentar zur Logienquelle, 1984.

15 Das sogenannte «Sondergut»; dazu gehören zahlreiche Gleichnisse Jesu; G. Bornkamm, Bibel, 2. Aufl. 1976, S. 35 ff.

16 Zur kontroversen Literatur D. Timpe, Römische Geschichte und Heilsgeschichte, 2001, S. 40 ff.

17 Erst die jüngere Forschung ist geneigt, ihn als Quelle für die Geschichte des Urchristentums ernst zu nehmen: H. Botermann, Das Judenedikt des Kaisers Claudius. Römischer Staat und Christiani im 1. Jahrhundert, 1996 («Das Claudiusedikt ist das früheste Echo der christlichen Mission»); Forschungsstand bei Noethlichs, in: Rom und das himmlische Jerusalem, aaO. S. 59–63.

18 Grundlegende Analysen bei Theißen, Studien zur Soziologie des Urchristentums, 2. Aufl. 1983, S. 201–330.

19 Grundlegend D. Timpe, Heilsgeschichte, aaO. S. 40–57.

20 G. Schneider, Apokryphe Kindheitsevangelien, 1995 (FCh 18).

21 Hennecke/Schneemelcher II, S. 71–367; R. Söder, Die apokryphen Apostelgeschichten und die romanhafte Literatur der Antike, 1932; H.-J. Klauck, Die apokryphe Bibel, 2008.

22 Dies belegt vor allem die um 1230 entstandene *Legenda aurea* des Jacobus de Voragine (Hg. R. Benz, 10. Aufl. 1984, S. 676 ff. u. ö.). Vgl. Schneider, aaO. S. 1–34; 95–145.

23 H. Busse, Die theologischen Beziehungen des Islams zu Judentum und Christentum, 1988, S. 116 ff.

24 Forschung bei O. Böcher, Die Johannesapokalypse, 4. Aufl. 1998.

25 Mk 13; Lk 17,22–37; 21,5–36; Mt 24,1–25.

26 Die wichtigsten in dt. Übers. bei E. Kautzsch, Die Apokryphen und Pseudepigraphen des Alten Testaments II, 1900, S. 177–458.

27 Hennecke/Schneemelcher, Apokryphen II, S. 491–679.

28 Cyprian, An Demetrianus 3.
29 Offenbarung 6,10.
30 Tertullian, Apologie 32,1 (Übers.: C. Becker).
31 Ausgaben und Übersetzungen: H.-J. Klauck, Die antike Briefliteratur und das Neue Testament, 1998, S. 252–266 mit Literatur; Timpe, Heilsgeschichte, aaO. S. 57 ff.
32 Didache 11,4 ff.; 1 Clemens 5–6, 37–61; Ignatius-Briefe; Brief des Polykarp.
33 Hippolyt, In Dan. 1,18,7. Vier von ihnen sind aus den ersten drei Jahrhunderten erhalten: Die *Didache* (Zwölf-Apostel-Lehre) aus der Zeit um 100, die *Traditio apostolica* des Hippolyt aus dem frühen 3. Jhdt., die Syrische Didaskalie aus der ersten Hälfte des 3. Jhdts. und die Apostolische Kirchenordnung aus dem 3. (oder frühen) 4. Jahrhundert.
34 Grundlegend G. Schöllgen, Die Anfänge der Professionalisierung des Klerus und das kirchliche Amt in der Syrischen Didaskalie, 1998.
35 Didache, Hg. Schöllgen (FCh 1), S. 21.
36 Apologie 42,2 (Übers.: C. Becker).
37 Bittschrift für die Christen (*Legatio pro Christianis*) 11; 37.
38 Lukas 6,22.
39 Tertullian, Apologie 40,2.
40 Zum sozialen Hintergrund der Apologeten grundlegend D. Timpe, Apologeti christiani e storia sociale della chiesa antica, in: Annali della Facoltà di Lettere e Filosofia. Universita di Siena 7, 1986, S. 99–127.
41 Zur Forderung nach Toleranz vgl. B. Kötting, Religionsfreiheit und Toleranz im Alterum, in: Ders., Ecclesia peregrinans. Das Gottesreich unterwegs, 1988, S. 15–46; P. Brown, Autorität und Heiligkeit, 1998, S. 45 ff.
42 Überblick bei B. Studer, in: Neues Hdb. der Literaturwiss. 4, 1997, S. 161–164; M. Fiedrowicz, Apologie im frühen Christentum. Die Kontroverse um den christlichen Wahrheitsanspruch in den ersten Jahrhunderten, 2000, S. 34 ff.
43 Justin, Dialog mit Tryphon 8: im christlichen Glauben stecke die «allein verläßliche und angemessene Philosophie»; zum philosophischen Hintergrund K. Rosen, in: Rom und das himmlische Jerusalem, aaO. S. 126–151.
44 Tertullian, Apologie 46,18 f.; D. Timpe, Was ist Kirchengeschichte?, in: Festschrift R. Werner, 1989, S. 175 f.
45 Timpe, Heilsgeschichte, aaO. S. 87 ff.
46 Timpe, Apologeti christiani, aaO. S. 126 f.
47 Zu Tertullian H. M. Zilling, Tertullian. Untertan Gottes und des Kaisers, 2004.
48 *Habere iam non potest Deum patrem qui ecclesiam nom habet matrem*: Cyprian, Über die Einheit der katholischen Kirche 6; Schneider, Geistesgeschichte, S. 566.
49 Tertullian, Über die Ehrbarkeit 21,17.
50 Schrift an einen sonst unbekannten Demetrianus; dazu K. Strobel, Das Imperium Romanum im 3. Jahrhundert, 1993, S. 171 ff.
51 Eusebius, Kirchengeschichte 1,1,5; eine erste lateinische Bearbeitung und Fortsetzung bis zum Jahr 395 wagte Rufinus, Bischof von Aquileia, gest. 410.

52 Timpe, Was ist Kirchengeschichte?, aaO. S. 171–204; Ders., Heilsgeschichte, aaO. S. 105 ff.

XVI
Die Kunst der Verführung: Die heidnische Literatur

1 2. Mose 12,35; Origenes, Epistula ad Gregorium 2; O. Seel, Weltdichtung Roms, 1965, S. 448 f.

2 Augustinus, Die christliche Bildung (*de doctrina Christiana*) 2,40,144 ff. (Übers.: K. Pollmann).

3 Tertullian, Apologie 46,18 (Übers.: C. Becker). In der Syrischen Didaskalie aus dem 3. Jahrhundert heißt es bündig und drohend: «Von allen Schriften der Heiden halte dich fern.»

4 Hieronymus, Brief 22 (BKV); Dormeyer, in: Neues Hdb. der Literaturwiss. 4, 1997, S. 121–124; S. Greenblatt, Die Wende. Wie die Renaissance begann, 2012, S. 104 ff.

5 Gregor der Große (gest. 604), Leben und Wunder des hl. Benedikt, in: Vier Bücher Dialoge, Buch 2 (BKV).

6 Johannes Malalas, Chronik 18,47.

7 Dante, Fegefeuer 22,67–73 (Übers.: K. Vossler); das Vergilzitat: 4. Ekloge, 6 ff.

8 Augustinus, De civitate Dei 2,22.

9 K. S. Frank, in: Latein und Europa, Hg. K. Büchner, 1978, S. 115.

10 M. Giebel, Vergil, 1986, S. 127.

11 Vergil, 4. Ekloge (Übers.: Gauger). «Lucina» ist ein Synonym für Diana; sie tritt hier als Geburtsgöttin auf.

12 Laktanz, Religionslehre (*Divinae Institutiones*) 5,1,21.

13 Prudentius, Gegen Symmachus 2,808 ff.

14 Ausonius, Gedicht auf Bissula 3 (nach: H. Heinen, in: Historia Einzelschrift 100, 1995, S. 94 f.).

15 H. A. Gärtner, Kaiserzeit II, in: Die römische Literatur in Text und Darstellung, 1988, S. 493 ff.; M. Fuhrmann, Rom in der Spätantike, 1994, S. 104 ff.

16 Augustinus, Die christliche Bildung 2,11,16.

17 Überblick bei Frank, aaO. S. 110 ff.

18 J. Freeley, Platon in Bagdad, 2012.

Zeittafel

Jüdische Geschichte

587–538 v. Chr.	Die «Babylonische Gefangenschaft» der Juden in Mesopotamien. Die Rückkehrer bauen den Tempel in Jerusalem wieder auf.
167–143 v. Chr.	Der Aufstand der Makkabäer gegen die seleukidische Vorherrschaft ist erfolgreich.
63 v. Chr.	Römische Truppen unter dem Befehl des Pompeius nehmen Jerusalem ein.
37–4 v. Chr.	Herodes König von Roms Gnaden in Judäa und den umliegenden Gebieten.
6 n. Chr.-66	Judäa wird als römische Provinz eingerichtet. Der jüdische Widerstand gegen die römische Fremdherrschaft wächst.
38–41	Bürgerkrieg in Alexandria zwischen den jüdischen und griechischen Bevölkerungsteilen.
66–70	Der Aufstand der Juden in Judäa scheitert; der Tempel in Jerusalem wird zerstört, das Land prätorische Provinz.
70–132	In der Akademie von Jabne stellen die Schriftgelehrten die jüdische Religion auf eine neue Grundlage.
115–117	Jüdische Revolten in vielen großen Städten des Imperiums.
132–135	Der Aufstand des Bar-Kochba in Judäa. Auf den Trümmern Jerusalems wird die römische Kolonie *Aelia Capitolina* gebaut.

Die Geschichte des Imperiums und seiner Nachbarn

43 v.–14 n. Chr.	Das Ende der Bürgerkriege und die Ausbildung der Monarchie unter Octavian / Augustus.
29 v. Chr.	Octavian gestattet den Provinzialen in Bithynien und Asia die Einrichtung eines Kultes für die Göttin Roma und seine eigene Person. Das Modell für die Verehrung des Kaisers als Gott ist gefunden.
27 v. Chr.	Die Herrschaft über das Imperium wird geteilt: Der Senat regiert wie bisher die befriedeten, der Prinzeps übernimmt die Grenzprovinzen. Der Senat verleiht Octavian das Cognomen Augustus.
20 v. Chr.	Rom verzichtet auf die Eroberung des Partherreiches, setzt aber die Expansion in die Binnenräume West- und Mitteleuropas fort.

13–9 v. Chr.	Errichtung des Altars der Friedensgöttin (*ara pacis*) auf dem Marsfeld. Seine Bilder verherrlichen die neue monarchische Ordnung als die Erfüllung der römischen Geschichte.
12 v.–16 n. Chr.	Der römische Versuch, die Elbe zu erreichen und Germanien zu provinzialisieren, scheitert. Der Rhein und die Donau bilden im Norden fortan die Grenze des Imperiums.
69–96	Die flavische Dynastie (Vespasian: 69–79; Titus: 79–81; Domitian: 81–96). Im August 79 zerstört ein Ausbruch des Vesuv die Städte Pompeji und Herculaneum.
98–180	Das Jahrhundert der «Adoptivkaiser» (Trajan: 98–117; Hadrian: 117–138; Antoninus Pius: 138–161: Mark Aurel: 161–180). Die Monarchie wird für alle Belange der Reichsbevölkerung zuständig, die die städtische Selbstverwaltung nicht lösen können.
161–180	Völkerwanderungen im germanischen Raum lösen die Einfälle der Markomannen, Quaden und Jazygen in die Donauprovinzen aus.
212/213	Caracalla verleiht das römische Bürgerrecht an fast alle Reichsbewohner.
224/226	Im Iran erhebt der Sassanide Schapur I. (241–272) Anspruch auf die Weltherrschaft.
632–718	Unter den Nachfolgern des Propheten Muhammad, den Kalifen, brechen die arabischen Stämme aus der Wüste aus und erobern Palästina, Syrien, Mesopotamien, die ostiranischen Gebiete bis an den Oxus, Ägypten und die nordafrikanische Küste; 711 fällt der Berberfürst Tariq in Spanien ein. Die Einheit des Mittelmeerraums zerfällt.

Die Geschichte des Christentums

30	Wahrscheinlich am 7. April wird Jesus von Nazareth von Pontius Pilatus als Aufrührer zum Tod am Kreuz verurteilt.
35–45	In Jerusalem verfolgte Anhänger Jesu wandern ins syrische Antiochia aus und beginnen, Nichtjuden zu taufen. Der Name *Christiani* setzt sich durch.
48–58	Paulus aus Tarsos gründet auf drei Missionsreisen zahlreiche Gemeinden in den Ostprovinzen. Er rechtfertigt in seinen Schreiben an die von ihm gegründeten Gemeinden die Taufe von Heiden.
50–100	Die frühe christliche Literatur beginnt mit den Briefen des Paulus. Zwischen 70 und 90 erscheinen vier Biografien über Jesus (die Evangelien) und die Apostelgeschichte. Ihre Sprache ist griechisch.
70–120	In den Gemeinden schwindet die Hoffnung auf die baldige Wiederkunft Christi. Die Kirche löst sich von der Synagoge.

112/113	Trajan regelt die staatliche Behandlung der Christenfrage neu: Das Christsein an sich wird strafbar.
150–200	Bischöfe, Presbyter und Diakone übernehmen die Leitung der Gemeinden. Apologetische Werke verteidigen den Glauben und die christlichen Lebensformen. Heidnische und jüdische Streitschriften gegen die Christen erscheinen.
249–260	In den reichsweiten Verfolgungen werden vom Glauben abgefallene Christen wieder in den Schoß der Kirche aufgenommen. Der Grundsatz, außerhalb der Kirche könne es kein Heil geben, setzt sich durch.
311–325	Das am 30. April 311 erlassene Toleranzedikt des Kaisers Galerius beendet die Christenverfolgungen. Unter Konstantin (306–337) beginnt die Bevorzugung der Christen in allen Bereichen des öffentlichen und gesellschaftlichen Lebens.
325	Das erste ökumenische Konzil in Nizäa: Unter dem Vorsitz Konstantins erheben die versammelten Bischöfe den Glauben an die Gottgleichheit Christi (gr.: *Homousie*) zum Dogma.
638	Arabische Truppen unter dem Kalifen Omar erobern Jerusalem; der Ort wird zur Heiligen Stadt der neuen muslimischen Herren.

Quellen- und Literaturhinweise

Das Literaturverzeichnis beschränkt sich auf Titel, die dem Leser einen vertieften Einblick in die Quellen und die Forschung ermöglichen. Im Internet stehen für jedermann abrufbare Datenbanken zur Verfügung; dazu gehören vornehmlich die *Gnomon Bibliographische Datenbank* (GBD) und die *L'Année philologique (APh)*. Hinzukommen die einschlägigen Bände von Oldenbourgs *Grundriss der Geschichte* mit ausführlichen Bibliografien (M. Clauss, Geschichte des Alten Israel; H.-J. Gehrke, Geschichte des Hellenismus; W. Dahlheim, Geschichte der römischen Kaiserzeit; J. Martin, Spätantike und Völkerwanderung).

Quellensammlungen

Albrecht, M. von: Die römische Literatur in Text und Darstellung, Bd. 3–5, Stuttgart 1987/9, und Görgemanns, H.: Die griechische Literatur in Text und Darstellung, Bd. 5: Kaiserzeit, 1988

Bardenhewer, O./Schermann, Th. u. a.: Bibliothek der Kirchenväter, 1. Reihe 1911–32; 2. Reihe 1932–39, 81 Bde. u. 2 Registerbde. (BKV)

Bringmann, K./Schäfer, Th.: Augustus und die Begründung des römischen Kaisertums, Berlin 2002

Die Gnosis, Hg. W. Förster, 2. Aufl. Zürich 1995 (nur dt. Übers.; Bd. 1: Zeugnisse der Kirchenväter, Bd. 2: Koptische und mandäische Quellen, Bd. 3: Der Manichäismus)

Fiedrowicz, M.: Christen und Heiden. Quellentexte zu ihrer Auseinandersetzung in der Antike, Darmstadt 2004

Fontes Christiani (FCh): Zweisprachige Ausgabe christlicher Quellentexte aus Altertum und Mittelalter, Hgg. N. Brox/S. Döpp u. a., Freiburg 1991 ff., 1. Folge, 21 Bde.

Geschichte in Quellen Band I: Altertum, bearbeitet von W. Arend, 2. Aufl. München 1989

Guyot, P./Klein, R.: Das frühe Christentum bis zum Ende der Verfolgungen. Eine Dokumentation, Darmstadt 1997

Heilmann, A./Kraft, H.: Texte der Kirchenväter, 5 Bde. mit Kirchenväterlexikon, München 1963–65 (*thematisch geordnete Texte über Gott, die Schöpfung, den Menschen, die Kirche und das Ende der Zeiten*)

Hennecke, E./Schneemelcher, W.: Neutestamentliche Apokryphen in deutscher Übersetzung, 2 Bde., 5. neu bearbeitete Aufl. Tübingen 1990. 7. Neuauflage: Antike christliche Apokryphen in deutscher Übersetzung, Bd. 1 (Hg. Ch. Markschies): Evangelien, Tübingen 2012 (*kommentierte Sammlung der apokryphen Evangelien, Apostelgeschichten und Apokalypsen*)

Herrmann, J. (Hg.): Griechische und lateinische Quellen zur Frühgeschichte Mitteleuropas bis zur Mitte des 1. Jahrtausends n. Chr., 4 Bde., Berlin 1988/1992

Kautzsch, E.: Die Apokryphen und Pseudepigraphen des Alten Testaments, 2 Bde., Tübingen 1921 (ND Darmstadt 1975) und: Charlesworth, J. H.: The Old Testament Pseudepigrapha, 2 Bde., Garden City 1983–85

Klauck, H.-J.: Die religiöse Umwelt des Urchristentums I: Stadt- und Hausreligion, Mysterienkulte, Volksglaube, Stuttgart 1995, II: Herrscher- und Kaiserkult, Philosophie, Gnosis, Stuttgart 1996

Ritter, A. M.: Alte Kirche, in: Kirche und Theologiegeschichte in Quellen, Hg. H. A. Oberman u. a., Bd. I, 10. überarb. Aufl. Neukirchen/Vluyn 2012 (*Quellen vornehmlich zur innerkirchlichen Entwicklung*)

Stern, M.: Greek and Latin Authors on Jews and Judaism, 3 Bde., Jerusalem 1974–84

Texte aus der Umwelt des Alten Testaments, Neue Folge, Hg. B. Janowski/G. Wilhelm, Gütersloh 2003 ff. (*mehrbändiges Quellenwerk zur Kultur der Völker des Alten Orients*)

Gesamtdarstellungen

Andresen, C.: Die Kirchen der alten Christenheit, Stuttgart 1971 (Die Religionen der Menschheit, Band 29, 1/2)

Beard, M.: SPQR. Die tausendjährige Geschichte Roms, Frankfurt a. M. 2016

Brown, P.: Die Entstehung des christlichen Europa, München 1996

Christ, K.: Geschichte der römischen Kaiserzeit: von Augustus bis zu Konstantin, München 1998.

Dassmann, E.: Kirchengeschichte Bd. 1: Ausbreitung, Leben und Lehre der Kirche in den ersten drei Jahrhunderten, 2. Aufl. 2000

Esler, Ph. E. (Hg.): The Early Christian World, 2. Bde., London 2000 (*von verschiedenen Autoren bearbeitete Geschichte des Christentums bis Theodosius unter starker Betonung von Literatur und Kunst*)

Frank, K. S.: Lehrbuch der Geschichte der Alten Kirche, Paderborn 1996 (*von der Heidenmission des Paulus bis zur 2. Trullanischen Synode 692*)

Heuß, A.: Römische Geschichte (1960; 4. Aufl. 1976), neu hrsg. von H.-J. Gehrke, Paderborn 2016 (*Das bis heute unübertroffene Standardwerk zu allen Aspekten der Geschichte Roms und seines Imperiums*)

Kötting, B.: Ecclesia peregrinans. Das Gottesvolk unterwegs, 2 Bde., Münster 1988 (*Aufsätze des Autors*)

Lane Fox, R.: Die Klassische Welt. Eine Weltgeschichte von Homer bis Hadrian, Stuttgart 2010

Neues Testament und Antike Kultur, Hg. K. Erlemann u. a., 5. Bde., Darmstadt 2011 (*170 Artikel zum Thema*)

Pitz, E.: Die griechisch-römische Ökumene und die drei Kulturen des Mittelalters. Geschichte des mediterranen Weltteils zwischen Atlantik und Indischem Ozean 270–812, Berlin 2001

The Cambridge Ancient History (CAH), second Edition, Hg. A. K. Bowman u. a.: Bd X:

The Augustan Empire, 43 B. C.-A. D. 69, 1996; Bd. XI: The High Empire, A. D. 70–192, 2000; Bd. XII: The Crisis of Empire, A. D. 193–337, 2005

Jenseits des Horizonts

Bleckmann, B.: Die Germanen. Von Ariovist bis zu den Wikingern, München 2009
Müller, K. E.: Geschichte der antiken Ethnographie und ethnologischen Theoriebildung, 2 Bde., Frankfurt / Main 1980
Timpe, D.: Mitteleuropa in den Augen der Römer, in: Bonner Jahrbücher 207, 2007 (2010), S. 5–32
Timpe, D.: Römisch-Germanische Begegnung in der späten Republik und frühen Kaiserzeit, München / Leipzig 2006

Der Kaiser

Clauss (Hg.): Die römischen Kaiser. 55 historische Porträts von Caesar bis Iustinian, 4. Aufl. München 2011
Dahlheim, W.: Augustus. Aufrührer, Herrscher, Heiland, München 2010
Heuss, A.: Zeitgeschichte als Ideologie. Bemerkungen zu Komposition und Gedankenführung der Res Gestae Divi Augusti (1975), in: Gesammelte Schriften Bd. 2, Stuttgart 1995, S. 1319–1359
Millar, F.: The Emperor in the Roman World 31 B. C.-A. D. 337, 2. Aufl. London 1991 (*Die Regierungspraxis der römischen Kaiser*)
Winterling, A. (Hg.): Zwischen Strukturgeschichte und Biographie. Probleme und Perspektiven einer neuen Römischen Kaisergeschichte, München 2011 (*Aufsatzsammlung*)
Winterling, A.: Aula Caesaris. Studien zur Institutionalisierung des römischen Kaiserhofes in der Zeit von Augustus bis Commodus (31 v. Chr.–192 n. Chr.), München 1999

Das Imperium

Bleicken, J.: Verfassungs-und Sozialgeschichte des Römischen Kaiserreiches, 2 Bde., 4. Aufl. Paderborn 1995
Eck, W.: Die Verwaltung des Römischen Reiches in der Hohen Kaiserzeit. Ausgewählte Beiträge, 2 Bde., Basel 1995 / 98 (*Überarbeitete Aufsätze des Autors*)
Kolb, A. (Hg.): Herrschaftsstrukturen und Herrschaftspraxis im römischen Kaiserreich, Berlin 2006 (*Aufsatzsammlung*)
Lendon, J. E.: Empire of Honour. The Art of Government in the Roman World, Oxford 1997
Vittinghoff, F.: Civitas Romana: Stadt und politisch-soziale Integration im Imperium Romanum der Kaiserzeit, Stuttgart 1994 (*Aufsätze des Autors zur kaiserzeitlichen Stadt*)

Quellen- und Literaturhinweise

Gesellschaft und Wirtschaft des Imperiums

Alföldy, G.: Römische Sozialgeschichte, 4., neu überarbeitete Aufl., Stuttgart 2011

Fischer, W. (Hg.): Handbuch der europäischen Wirtschafts- und Sozialgeschichte Bd. 1.: Europäische Wirtschafts- und Sozialgeschichte in der römischen Kaiserzeit, Hg. F. Vittinghoff, Stuttgart 1990.

Giardina, A.: Der Mensch der römischen Antike, Frankfurt/Main 1991 (*Von verschiedenen Autoren verfasste Schilderung der Lebensverhältnisse, geordnet nach Berufsgruppen*)

Knapp, R.: Römer im Schatten der Geschichte: Gladiatoren, Prostituierte, Soldaten: Männer und Frauen im römischen Reich, Stuttgart 2012

Schumacher, L.: Sklaverei in der Antike. Alltag und Schicksal der Unfreien, München 2001

Kunst und Literatur

Albrecht, M. von: Geschichte der römischen Literatur: von Andronicus bis Boethius; mit Berücksichtigung ihrer Bedeutung für die Neuzeit, 2 Bde., 2. Aufl. Bern 1994 (3. Aufl. 2012)

Dihle, A.: Die griechische und lateinische Literatur der Kaiserzeit. Von Augustus bis Justinian, München 1989

Neues Handbuch der Literaturwissenschaft (Hg. K. von See), Bd. 3: Römische Literatur (Hg. M. Fuhrmann), Stuttgart 1999; Bd. 4: Spätantike (Hgg. J. Lodewijk/J. Engels/H. Hofmann, Frankfurt/Main 1997

Schneider, C.: Geistesgeschichte der christlichen Antike, München 1970

Zanker, P.: Augustus und die Macht der Bilder, 4. Auflage München 2003 (*Leitmotiv: «Bauwerke und Bilder spiegeln den Zustand der Gesellschaft, ihre Wertvorstellungen ebenso wie ihre Krisen und Aufbruchstimmungen»*)

Zanker, P.: Die Römische Kunst, 2. Aufl. München 2015

Die Religion

Burkert, W.: Antike Mysterien, 5. Aufl. München 2013

Burkert, W.: Kulte des Altertums. Biologische Grundlagen der Religion, 2. Aufl. München 2009

Clauss, M.: Kaiser und Gott. Herrscherkult im römischen Reich, Stuttgart 1999

Graf, F.: Gottesnähe und Schadenzauber. Die Magie in der griechisch-römischen Antike, München 1996

Linke, B.: Antike Religion, München 2014

Markschies, Chr.: Gottes Körper. Jüdische, christliche und pagane Gottesvorstellungen in der Antike, München 2016

Rüpke, J.: Von Jupiter zu Christus. Religionsgeschichte in römischer Zeit, Darmstadt 2011

Scheer, Tanja S.: Die Gottheit und ihr Bild. Untersuchungen zur Funktion griechischer Kultbilder in Religion und Politik, München 2000

Veyne, P.: Die griechisch-römische Religion. Kult, Frömmigkeit und Moral, Stuttgart 2008

Jüdische Geschichte

Baltrusch, E.: Die Christianisierung des Römischen Reiches. Eine Zäsur in der Geschichte des Judentums?, in: HZ 266, 1998, S. 23–46

Baltrusch, E.: Herodes. König im Heiligen Land, München 2012

Bringmann, K.: Geschichte der Juden im Altertum. Vom babylonischen Exil bis zur arabischen Eroberung, Stuttgart 2005

Conzelmann H.: Heiden – Juden – Christen. Auseinandersetzungen in der Literatur der hellenistisch-römischen Zeit, Tübingen 1981

Hengel, M.: Jerusalem als jüdische und hellenistische Stadt, in: Hellenismus, Hg. P. Funke, Tübingen 1997, S. 269–306

Nirenberg, D.: Antijudaismus. Eine andere Geschichte des westlichen Denkens, München 2015 *(Jüdische Weltdeutungen im Konflikt vom Alten Orient bis heute)*

Price, J. J.: Jerusalem under Siege. The Collapse of the Jewish State, 66–70 C. E., Leiden 1992

Schäfer, P.: Geschichte der Juden in der Antike. Die Juden Palästinas von Alexander dem Großen bis zur arabischen Eroberung, Stuttgart 1983

Schäfer, P.: Judeophobia. Attitudes toward the Jews in the Ancient World, Cambridge 1997

Schäfer, P.: Zwei Götter im Himmel. Gottesvorstellungen in der jüdischen Antike, München 2017

Schürer, E.: Geschichte des jüdischen Volkes im Zeitalter Jesu Christi, 3 Bde., 2. Aufl. Leipzig 1901–1909, ND Hildesheim 1964; engl. Bearbeitung von F. Millar, u. a.: History of the Jewish People, 3 vol. in 4, Edinburgh 1973–87

Schwartz, D. R.: Agrippa I: The Last King of Judaea, Tübingen 1990

Schwier, H.: Tempel und Tempelzerstörung. Untersuchungen zu den theologischen und ideologischen Faktoren im ersten jüdisch-römischen Krieg (66–74 n. Chr.), Göttingen 1989

Smallwood, E. M.: The Jews under Roman Rule from Pompey to Diocletian. A Study in Political Relations, Boston 2001

Wander, B.: Trennungsprozesse zwischen frühem Christentum und Judentum im 1. Jh. n. Chr., Tübingen 1994

Jesus

Becker, J.: Jesus von Nazareth, Berlin 1996

Brown, R. E.: The Death of the Messiah: From Gethsemane to the Grave. A Commentary on the Passion Narratives in the Four Gospels, 2 Bde., New York 1993/94

Demandt, A.: Pontius Pilatus, München 2012
Gnilka, J.: Jesus von Nazaret. Botschaft und Geschichte, Freiburg 1993
Hengel, M. / Schwemer, A. M.: Jesus und das Judentum, Tübingen 2007
Kertelge, H. (Hg.): Der Prozeß gegen Jesus. Historische Rückfrage und theologische Deutung, 2. Aufl. Freiburg 1989 (*Aufsatzsammlung*)
Lemonon, J.-P.: Pilate et le gouvernement de la Judée. Textes et Monuments, Paris 1981
Rosen, K.: Rom und die Juden im Prozeß Jesu (um 30 n. Chr.), in: A. Demandt (Hg.), Macht und Recht, München 1991, S. 39–58
Sanders, E. P.: Sohn Gottes. Eine historische Biographie Jesu, Stuttgart 1996
Strotmann, A.: Der historische Jesus: eine Einführung, Paderborn 2012
Theißen, G. / Merz, A.: Der historische Jesus: ein Lehrbuch, Göttingen 1996
Zimmermann, R. (Hg.): Die Wunder Jesu, in: Kompendium der frühen Wundererzählungen Bd. 1, Gütersloh 2013.

Die Ausbreitung des Christentums

Clauss, M.: Ein neuer Gott für die alte Welt. Die Geschichte des frühen Christentums, Berlin 2015 (*Umfassende Darstellung der historischen Bedingungen der Ausbreitung und der theologischen Entwicklung des Glaubens*)
Dassmann, E.: Ämter und Dienste in den frühchristlichen Gemeinden, Bonn 1994 (*Aufsätze des Autors zum Thema*)
Eisen, Ute E.: Amtsträgerinnen im frühen Christentum: epigraphische und literarische Studien, Göttingen 1996
Gnilka, J.: Paulus von Tarsus. Zeuge und Apostel, Freiburg 1996
Graf, F. W. / Wiegandt, K. (Hgg.): Die Anfänge des Christentums, Frankfurt / Main 2009 (*Wie fanden die Christen zu ihrem Glauben, ihren Gemeindeordnungen und zu ihrer eigenen Literatur, und warum konnten sie sich in einer Welt durchsetzen, die sie als Fremde empfand?*)
Harnack, A. von: Das Wesen des Christentums, 1900 (ND Gütersloh 1999)
Harnack, A. von: Die Mission und Ausbreitung des Christentums, 4. Aufl. Leipzig 1924
Kinzig, W.: Novitas Christiana. Die Idee des Fortschritts in der Alten Kirche bis Eusebius, Göttingen 1994
Reinbold, W.: Propaganda und Mission im ältesten Christentum. Eine Untersuchung zu den Modalitäten der Ausbreitung der frühen Kirche, Göttingen 2000
Schöllgen, G.: Die Anfänge der Professionalisierung des Klerus und das kirchliche Amt in der syrischen Didaskalie, Münster 1998
Zeller, D. (Hg.): Christentum I. Von den Anfängen bis zur Konstantinischen Wende, Stuttgart 2002 (*Themenkomplexe: «Die Entstehung des Christentums», «Die Konsolidierung in der 2./3. Generation», «Die Selbstbehauptung und Interkulturation in feindlicher Umwelt»*)

Die soziale Ordnung der christlichen Gemeinden

Countryman, L. W.: The Rich Christian in the Church of the Early Empire. Contradictions and Accomodations, New York 1980

Eck, W.: Christen im höheren Reichsdienst im zweiten und dritten Jahrhundert?, in: Chiron 9, 1979, S. 449–464

Kee, H. C.: Das frühe Christentum in soziologischer Sicht, Göttingen 1982

Markschies, Ch.: Das antike Christentum. Frömmigkeit, Lebensform, Institutionen, 3. Aufl. München 2016

Schöllgen, G.: Ecclesia sordida? Zur Frage der sozialen Schichtung frühchristlicher Gemeinden am Beispiel Karthagos zur Zeit Tertullians, Münster 1984

Stark, R.: Der Aufstieg des Christentums. Neue Erkenntnisse aus soziologischer Sicht, Weinheim 1997 (*Betonung der Rolle der Diaspora-Juden und der Frauen*)

Theißen, G.: Studien zur Soziologie des Urchristentums, 2. Aufl. Tübingen 1983 (*Aufsätze des Autors zur Methodik; grundlegend S. 231–271: Soziale Schichtung in der korinthischen Gemeinde*)

Troeltsch, E.: Die Soziallehren der christlichen Kirchen und Gruppen, in: Gesammelte Schriften I, Tübingen 1922, S. 1–178

Die Entwicklung der christlichen Literatur

Andresen, C.: Logos und Nomos. Die Polemik des Kelsos wider das Christentum, Berlin 1955

Conzelmmann, H. / Lindemann, A.: Arbeitsbuch zum Neuen Testament, 13. Aufl. Tübingen 2000

Fiedrowicz, M.: Apologie im frühen Christentum. Die Kontroverse um den christlichen Wahrheitsanspruch in den ersten Jahrhunderten, Paderborn 2000

Haehling, R. von: Griechische Mythologie und frühes Christentum, Darmstadt 2005

Hahn, F.: Frühjüdische und urchristliche Apokalyptik: Eine Einführung, Neukirchen-Vluyn 1998

Harnack, A. von: Marcion. Das Evangelium vom fremden Gott, 2. Aufl. 1924 (ND 1996)

Heid, St. (Hg.) Petrus und Paulus in Rom. Eine interdisziplinäre Debatte, Freiburg 2011 (*konzentriert auf die Frage, ob Petrus in Rom war und ob er dort als Märtyrer starb und dort begraben wurde; Forschungsbericht von E. Dassmann*)

Hengel, M.: Zur urchristlichen Geschichtsschreibung, Stuttgart 1979

Hoffmann, A.: Kirchliche Strukturen und Römisches Recht bei Cyprian von Karthago, Paderborn 2000

Klauck, H.-J.: Die antike Briefliteratur und das Neue Testament. Ein Lehr- und Arbeitsbuch, Paderborn 1998

Theißen, G.: Lokalkolorit und Zeitgeschichte in den Evangelien. Ein Beitrag zur Geschichte der synoptischen Tradition, 2. Aufl. Göttingen 1992

Theißen, G.: Urchristliche Wundergeschichten. Ein Beitrag zur formgeschichtlichen Erforschung der synoptischen Evangelien, 5. Aufl. Gütersloh 1987

Timpe, D.: Römische Geschichte und Heilsgeschichte, Berlin 2001 (*Grundlegend zum christlichen Geschichtsverständnis; Forschungsstand*)

Timpe, D.: Was ist Kirchengeschichte? Zum Gattungscharakter der Historia Ecclesiastica des Eusebius, in: Festschrift R. Werner, Hg. W. Dahlheim u. a., Konstanz 1989, S. 171–204

Zilling, H.: Jesus als Held – Odysseus und Herakles als Vorbilder christlicher Heldentypologie, Paderborn 2011

Zilling, H.: Tertullian. Untertan Gottes und des Kaisers, Paderborn 2004

Zwierlein, O.: Petrus in Rom. Die literarischen Zeugnisse, 2. Aufl. Berlin 2010

Der Glaube

Grieser, H. / Merkt, A. (Hgg.): Volksglaube im antiken Christentum, Darmstadt 2009

Harnack, A. von: Lehrbuch der Dogmengeschichte, Bd. 1: Die Entstehung des kirchlichen Dogmas, 4. Aufl. 1909 (ND 1990)

Kelly, J. N. D.: Altchristliche Glaubensbekenntnisse. Geschichte und Theologie, Göttingen 1972

Kohl, K.-H.: Die Macht der Dinge. Geschichte und Theorie sakraler Objekte, München 2003

Markschies, Ch.: Kaiserzeitliche christliche Theologie und ihre Institutionen: Prolegomena zu einer Geschichte der antiken christlichen Theologie, Tübingen 2009

Stroumsa, G. G.: Das Ende des Opferkults. Die religiösen Mutationen der Spätantike, Berlin 2011 (*Die Abschaffung des Opferkultes, der zentralen Handlung tradierter Frömmigkeit, signalisiert den religiösen Wandel*).

Theißen, G.: Die Religion der ersten Christen. Eine Theorie des Urchristentums, Gütersloh 2000

Rezeptionsgeschichte

Büchner, K.: Latein und Europa. Traditionen und Renaissancen, Stuttgart 1978 (*Grundlegende Aufsätze zum Thema*)

Die Textüberlieferung der antiken Literatur und der Bibel, Hg. H. Hunger u. a., München 1975

Freely, J.: Platon in Bagdad. Wie das Wissen der Antike zurück nach Europa kam, Stuttgart 2012

Greenblatt, St.: Die Wende. Wie die Renaissance begann, Stuttgart 2012 (*Ausgangspunkt: Die Wiederentdeckung von Lukrez, «De rerum natura», zu Beginn des 15. Jahrhunderts wird zur Geburtsstunde der Renaissance*)

Personenregister

Sach- und Ortsregister

K

L

M

Karten- und Abbildungsnachweis

Teylers Museum, Haarlem: Abb. 1
akg-images / Manuel Cohen: Abb. 2
akg-images: Abb. 3
akg-images / Peter Connolly: Abb. 4
akg-images / André Held: Abb. 5
akig-images / De Agostini Pict. Lib.: Abb. 6
bpk / The Trustees of the British Museum: Abb. 7
Photo: Michael Jeiter, Merzenich-Morschenich: Abb. 8
akg-images, Berlin: Abb. 9, 19, 31, 44
Bildarchiv Foto Marburg: Abb. 10, 42
Album / Prima / akg-images: Abb. 12
akg-images / Erich Lessing: Abb. 14, 16, 17, 30, 40
Peter Palm, Berlin: Abb. 15
bpk, Berlin / Lutz Braun: Abb. 21
bpk / Kupferstichkabinett, SMB / Jörg P. Anders: Abb. 22
Photo: Eric Schmidt: Abb. 11
Santa Maria del Popolo, Rom / The Bridgeman Art Library: Abb. 13
GDKE_Ursula Rudischer (Landesmuseum Mainz): Abb. 18
bpk / Scala: Abb. 20, 29
Aus Ranuccio Bianchio Bandinelli, Rom. Das Zentrum der Macht, Universum der Kunst, München 1970, Abb. Nr. 365, 110. 239: Abb. 23, 33, 36
Hirmer Fotoarchiv, München: Abb. 24
Aus Roman Ghirsman, Iran. Parther und Sassaniden, Universum der Kunst, München 1963, Abb. 107: Abb. 25
Caroline Penn: Abb. 26
Centrale Bibiliotheek van de Universiteit Gent: Abb. 27
Gemäldegalerie Alte Meister, Kassel, Germany / © Museumslandschaft Hessen Kassel / Ute Brunzel / The Bridgeman Art Library: Abb. 28
Ny Carlsberg Glyptotek, Photo Ole Haupt: Abb. 32
Lotos-Film, G. Thiem, Kaufbeuren: Abb. 34
Privatsammlung / The Bridgeman Art Library: Abb. 35
Yvan Travert / akg-images: Abb. 37
bpk / RMN-Grand Palais: Abb. 38
Archiv Autor: Abb. 39, 48
© Rheinisches Landesmuseum Trier, Th. Zühmer: Abb. 41
akg-images / Andrea Jemolo: Abb. 43

Stadtbibliothek / Stadtarchiv, Trier. Photo: Anja Runkel: Abb. 45
akg-images / Jürgen Sorges: Abb. 46
bpk / Gemäldegalerie, SMB / Jörg P. Anders: Abb. 47
Santa Trinita, Florenz / Alinari / The Bridgeman Art Library: Abb. 49
Bayerisches Nationalmuseum, München: Abb. 50

Peter Palm, Berlin: Karten 1, 2, 3, 6, 7, 8, 9, S. 492 f., S. 494 f.
Nach Christoph Markschies, Das antike Christentum. Frömmigkeit, Lebensformen, Institutionen, München, ²2012, S. 85 (Ausschnitt der Karte von BITMap, Mannheim): Karte 4
Aus Karl Christ, Geschichte der römischen Kaiserzeit. Von Augustus bis Konstantin, ⁶2010 München, S. 575: Karte 5

Das Imperium Romanum zur Zeit Jesu

Italia. Römisches Bürgergebiet
(erst unter Diokletian provinzialisiert)
Gebiete unter senatorischer Verwaltung
Gebiete unter kaiserlicher Verwaltung
Klientelvölker und -staaten

Mare
Caspium
BOSPORANISCHES
REICH
DACIA
107 n. Chr.
Troesmis
Tomis
Pontus Euxinus
Colchis
Danuvius
Durostorum
Oescus
Novae
Naïssus
MOESIA
Serdica
THRACIA
Sinope
BITHYNIA
ET PONTUS
Heraclea
Byzantium
Nicomedia
Artaxata
ARMENIA
Amasia
Zela
Nicopolis
Ancyra
CAPPADOCIA
15 n. Chr.
Melitene
Caesarea
ASSYRIA
Thessalonice
Mare
Aegaeum
ASIA
Pergamum
Apamea
GALATIA
COMMAGENE
PARTHERREICH
230 v. Chr. – 226 n. Chr.
Actium
Ephesus
Miletus
Tarsus
Corinthus
Athenae
ACHAIA
LYCIA
CILICIA
Antiochia
Tigris
Euphrat
Apamea
Dura
Europos
Babylon
RHODOS
CYPRUS
SYRIA
CRETA
Cnossus
Damascus
Tyrus
JUDAEA
Cyrene
Berenice
Hierosolyma
Gaza
Alexandria
Babylon
Fossatum
ARABIA
105 n. Chr.
Nabatäer
Memphis
CYRENE
Araber
AEGYPTUS
Nilus
Rotes
Meer
0 100 200 300 km

Die Ausbreitung des Christentums in den ersten drei Jahrhunderten

Karpaten
Schwarzes Meer
Tomi
Donau
Sinope
Trapezus
Amastris
Byzanz
Ancyra
Caesarea
Philippi
Thessalonice
Tigris
Nisibis
Edessa
Pergamon
Ägäis
Sardes
Taurus
Euphrates
Ctesiphon
Ephesos
Antiochia
Dura
Athen
Seleucia
Korinth
Milet
Palmyra
CYPRUS
Damaskus
Tyrus
CRETA
Knossos
Caesarea
Pella
Jerusalem
Mittelmeer
Alexandria
Cyrene
Arsinoë
Nilus
Rotes Meer
0 100 200 300 km

edition C·H·Beck PAPERBACK

405 S., 47 Abb. Klappenbr. ISBN 978-3-406-71506-8

492 S., 50 Abb., 11 Ktn. Klappenbr. ISBN 978-3-406-71507-5

303 S., 49 farbige Abb. Klappenbr. ISBN 978-3-406-71469-6

494 S., 9 Abb, 1 Karte. Klappenbr. ISBN 978-3-406-71508-2